KB161952

Be the Solver

통계적
품질 관리(SQC)

– 생산 중 문제 해결 방법론

문제해결

Be the Solver

통계적
품질 관리(SQC)

– 생산 중 문제 해결 방법론

송인식 지음

이담
Books

'문제 해결 방법론(PSM)'[1]의 재발견!

오랜 기간 기업의 경영 혁신을 지배해온 「6시그마」의 핵심은 무엇일까? 필자의 과제 수행 경험과 강의, 멘토링, 바이블 시리즈 집필 등 20년 넘게 연구를 지속해오면서 6시그마를 지배하는 가장 중요한 요소가 무엇인지 깨닫게 되었다. 그것은 바로 **'문제 처리(Problem Handling)', '문제 해결(Problem Solving)', '문제 회피(Problem Avoiding)'**이다. 이에 그동안 유지해온 타이틀 『6시그마 바이블』 시리즈와 『Quality Bible』 Series를 이들 세 영역에 초점을 맞춘 『**Be the Solver**』 시리즈로 통합하고, 관련 내용들의 체계를 재정립한 뒤 개정판을 내놓게 되었다.

기업에서 도입한 경영 혁신의 핵심은 대부분 '문제 처리/문제 해결/문제 회피(이하 '3대 문제 유형')'를 위해 사전 활동으로 '과제 선정'이 요구되고, '3대 문제 유형'을 통해 사후 활동인 '성과 평가'가 이루어진다. 또 '3대 문제 유형'을 책임지고 담당할 '리더'가 정해지고, 그들의 '3대 문제 유형' 능력을 키우기 위해 체계적인 '전문 학습'이 기업으로부터 제공된다. 이들을 하나로 엮으면 다음의 개요도가 완성된다.[2]

---

1) Problem Solving Methodology.
2) 송인식(2016), 『The Solver』, 이담북스, p.38 편집.

상기 개요도에서 화살표로 연결된 내용들은 '용어 정의'를, 아래 밑줄 친 내용들은 '활동(Activity)'을 각각 나타낸다. 기업에는 모든 형태의 문제(공식화될 경우 '과제')들이 존재하고 이들을 해결하기 위해 세계적인 석학들이 다양한 방법론들을 제시했는데, 이같이 문제들을 해결하기 위한 접근법을 통틀어 **'문제 해결 방법론(PSM, Problem Solving Methodology)'**이라고 한다.

필자의 연구에 따르면 앞서 피력한 대로 문제들 유형은 '문제 처리 영역', '문제 해결 영역' 그리고 '문제 회피 영역'으로 나뉜다. '문제 처리 영역'은 '사소한 다수(Trivial Many)'의 문제들이, '문제 해결 영역'은 고질적이고 만성적인 문제들이, 또 '문제 회피 영역'은 연구 개발처럼 '콘셉트 설계(Concept Design)'가 필요한 문제 유형들이 포함된다. '문제 회피(Problem Avoiding)'의 의미는 설계 제품이 아직 고객에게 전달되지 않은 상태에서 '향후 예상되는 문제들을 미리 회피시키기 위해 설계 노력을 강구함'이 담긴 엔지니어 용어이다. 이들 '3대 문제 유형'과 시리즈에 포함되어 있는 '문제 해결 방법론'을 연결시켜 정리하면 다음과 같다.

[총서]: 문제 해결 역량을 높이기 위한 이론과 전체 시리즈 활용법 소개.
- The Solver → 시리즈 전체를 아우르며 문제 해결 전문가가 되기 위한 가이드라인 제시.

[문제 처리 영역]: '사소한 다수(Trivial Many)'의 문제들이 속함.

- 빠른 해결 방법론 → 전문가 간 협의를 통해 해결할 수 있는 문제에 적합. '실험 계획(DOE, Design of Experiment)'을 위주로 진행되는 과제도 본 방법론에 포함됨(로드맵: 21 – 세부 로드맵).
- 원가 절감 방법론 → 원가 절감형 개발 과제에 적합. 'VE(Value Engineering: 가치공학)'를 로드맵화한 방법론(로드맵: 12 – 세부 로드맵).
- 단순 분석 방법론 → 분석량이 한두 건으로 적고 과제 전체를 5장 정도로 마무리할 수 있는 문제 해결에 적합.
- 즉 실천(개선) 방법론 → 분석 없이 바로 처리되며, 1장으로 완료가 가능한 문제 해결에 적합.
- 실험 계획(DOE) → '요인 설계'와 '강건 설계(다구치 방법)'로 구성됨 (로드맵: '빠른 해결 방법론'의 W Phase에서 'P – D – C – A Cycle'로 전개).

[문제 해결 영역]: 고질적이고 만성적인 문제들이 속함.

- 프로세스 개선 방법론 → 분석적 심도가 깊은 문제 해결에 적합(로드맵: 40 – 세부 로드맵).
- 통계적 품질 관리(SQC) → 생산 중 문제 해결 방법론. '통계적 품질 관리'의 핵심 도구인 '관리도'와 '프로세스 능력'을 중심으로 전개.
- 영업 수주 방법론 → 영업 수주 활동에 적합. 영업·마케팅 부문(로드맵: 12 – 세부 로드맵).
- 시리즈에 포함되지 않은 동일 영역의 기존 방법론들 → TPM, TQC, SQC, CEDAC, RCA(Root Cause Analysis) 등.[3]

---

3) TPM(Total Productive Maintenance), TQC(Total Quality Control), SQC(Statistical Quality Control), CEDAC(Cause and Effect Diagram with Additional Cards).

[문제 회피 영역]: '콘셉트 설계(Concept Design)'가 포함된 문제들이 속함.

- 제품 설계 방법론 → 제품의 설계·개발에 적합. 연구 개발(R&D) 부문 (로드맵: 50 − 세부 로드맵).
- 프로세스 설계 방법론 → 프로세스 설계·개발에 적합. 금융/서비스 부문 (로드맵: 50 − 세부 로드맵).
- FMEA → 설계의 잠재 문제를 적출해 해결하는 데 쓰임. Design FMEA 와 Process FMEA로 구성됨. 'DFQ(Design for Quality) Process'로 전개.
- 신뢰성(Reliability) 분석 → 제품의 미래 품질을 확보하기 위해 수명을 확률적으로 분석·해석하는 데 적합.
- 시리즈에 포함되지 않은 동일 영역의 기존 방법론들 → TRIZ, NPI 등.[4]

다음은 『**Be the Solver**』 시리즈 전체와 개별 주제들의 서명을 나타낸다.

분류	『Be the Solver』 시리즈
총서	The Solver
문제 해결 방법론 (PSM)	[문제 처리 영역] 빠른 해결 방법론, 원가 절감 방법론, 단순 분석 방법론, 즉 실천(개선) 방법론 [문제 해결 영역] 프로세스 개선 방법론, 영업 수주 방법론 [문제 회피 영역] 제품 설계 방법론, 프로세스 설계 방법론
데이터 분석 방법론	확증적 자료 분석(CDA), 탐색적 자료 분석(EDA), R분석(빅 데이터 분석), 정성적 자료 분석(QDA)
혁신 방법론	혁신 운영법, 과제 선정법, 과제 성과 평가법, 문제 해결 역량 향상법
품질 향상 방법론	[문제 처리 영역] 실험 계획(DOE) [문제 해결 영역] **통계적 품질 관리(SQC)**−관리도/프로세스 능력 중심 [문제 회피 영역] FMEA, 신뢰성 분석

---

4) TRIZ(Teoriya Resheniya Izobretatelskikh Zadach), DFQ Process(Design for Quality Process), NPI(New Product Introduction).

본문의 구성

개정판을 내놓으며 본문의 '개요'를 가장 많이 손본(?) 대상이 본 책이 되었다. 이전 시리즈 서명은 「관리도/프로세스 능력」편이었다. 당시 생산 프로세스에서 활용 빈도가 높은 '관리도'와 '프로세스 능력'에만 초점을 맞추려는 애초의 의도도 있었지만 무엇보다 도구(Tools)로써 둘의 작동 원리와 해석에 집중하는 것이 큰 도움이 되리란 판단이 앞서 있었다. 컨설팅을 목적으로 기업에 나가보면 엔지니어나 연구원들이 자주 접하는 도구들임에도 기본 원리는 물론 응용 면에서도 어려움을 호소하곤 한다. 관리도 계산과 사용 방법, 모니터링과 판단, 결과의 적용, 또 '프로세스 능력'과 '프로세스 성능' 및 '프로세스 능력 지수'의 혼재 사용, 단기/장기 구분의 혼란 등이 그 예들이다.

그러나 이번 개정판에서 접근 개념을 바꿨다. '관리도'와 '프로세스 능력'을 생산 중에 왜 사용하게 됐는지 근본적인 질문을 다시 해본 것이다. 이전 시리즈도 이 부분을 본문 초두에서 다루긴 했으나 '생산 중 문제 해결 방법론'보다 '도구 용법' 자체에 무게중심을 더 둔 측면이 있다. 반면, 이번 『Be the Solver』 시리즈 명칭에서도 알 수 있듯 기존 17권을 '문제 해결'에 맞춰 개정판을 내놓으며 서명도 「통계적 품질 관리(SQC)」로 정했다. 이를 뒷받침하기 위해 본문 서두의 '개요' 영역을 '통계적 품질 관리'로 채운 뒤 이전 시리즈와 동일하게 'SQC'의 핵심인 '관리도'와 '프로세스 능력'으로 들어간다. 적은 분량의 '개요'를 삽입한 모양새지만 기존의 '도구 학습'에서 '방법론 학습'으로의 전환을 꾀한 것이다. 이에 본문 구성은 다음과 같다.

「Ⅰ. 통계적 품질 관리(SQC) 개요」에서는 'SQC'의 탄생 배경과 당시 주요 이슈, 생산 중 문제 해결 방법론으로서의 위상과 문제 해결을 위해 필요한 관리도 해석 등에 대해 간단히 언급한다. 본 학습을 통해 이후 나오게 될 '관리도'와 '프로세스 능력'이 왜 생산 중 문제 해결 방법론으로서 중요한 자리매김을 하게 되는지 이해하게 된다.

「Ⅱ. 관리도」에서는 '관리도'의 탄생 초창기부터 그 이후 벌어지는 모든 상황을 추적하고, 관리도 유형과 각 용법들에 대해 심도 있게 다룬다. 사실 '관리도'가 Shewhart에 의해 1924년도에 생겨나 지금으로부터 한 세기의 세월이 흘렀음에도 일목요연하게 시간순으로 발전 역사를 볼 수 있는 방법은 적어도 주변에선 찾아보기 어렵다. 어딘가는 있겠지만 유사한 내용을 복사해서 반복적으로 재탕하는 자료 외에는 필자가 찾는 근거가 명확하고 정확한 문헌명을 손에 쥐기란 하늘에서 별 따기만큼 어려웠다. 모두 찾아 목록으로 만들어놓은들 죽 읽어 내리면 "그렇군!" 하고 말 일을 자그마치 6개월의 시간을 소비해야 했다. 지내놓고 보면 참 어처구니없단 생각이 들곤 한다. 그러나 탄생 배경을 추적하면서 「Be the Solver_FMEA」편과 똑같은 일이 반복됐는데, 바로 원조 격인 중요한 문헌을 발견한 일이다.

도구들은 제때 정확히 써야 하고, 전달자 역시 용도나 용법을 제대로 기재해야 한다. 도구들의 탄생 시점이 지금으로부터 한 세기 전이라 그동안 덧붙여진 내용이 상당하고, 또 출처가 불분명한 용어나 계산법들이 생겨나 과연 이 정보가 올바른 것인지 의문이 가는 경우가 많다. 이 때문에 어느 곳에서 어떤 의도로, 또 무엇을 근거로 얼마나 체계적이고 정교하게 구성된 자료인가가 "올바르고 제대로 된 정보"를 제공할 것이며, "왜" 해야 하는지의 물음에 명확한 답을 줄 수 있다. 이에 대해 관리도의 역사적 배경을 탐구하면서 마치 남들이 한 번도 보지 못한 권법서를 손에 쥔 듯한 문서가 바로 Western Electric社의 「SQC Handbook」이다. 이것은 FMEA에서의 Ford社 매뉴얼과 같은 맥락의 자료다. 너무 놀라운 것은 1956년도 자료임에도 그 정교함과 완성도에 감탄이 절로 나온다. Shewhart나 Juran이 당시 모두 이 회사 출신이란 점도 내용에 신뢰성을 더한다. 이에 본문에서는 역사적 배경과 더불어 꼭 필요한 기본 개념들과 원리, 관리도의 현업 적용 절차와 방법들을 **1절부터 3절**까지 철저하게 강조하면서 필요 부분에 대해 Western Electric社의 핸드북을 인용하고 있다.

또 다른 특징 중 하나는 관리도 작성법을 소개하면서 기존에 잘 알려진 '$\bar{X}-R$ 관리도', '$I-MR$ 관리도', 'p 또는 np-관리도', 'u 또는 c-관리도' 외에 특수 관리도로 분류되고 있는 'CUSUM-관리도'와 'EWMA-관리도'뿐만 아니라, 여러 변수를 한꺼번에 관리할 수 있는 '다변량 관리도', 빈도가 매우 낮게 발생되는 상황에 적용이 가능한 '희귀 사건 관리도'까지 평소 쓰임새가 매우 높으면서 그동안 잘 몰라 손이 안 갔던 유용한 관리도 용법들을 **4절**에서 그 이론부터 해석까지 철저하게 기술해놓은 점이다. 본 용법들을 이해하고 적합한 위치에 적용함으로써 생산 중 문제 해결 능력을 크게 끌어올릴 것이라 자신하는 바이다.

5절 '관리도의 해석'에서는 관리도에서 자주 관찰되는 '정상 패턴'을 포함한 총 13가지의 패턴들을 Western Electric社 핸드북의 분류 기준에 따라 설명하고 있으며, 이에는 주기, 돌출, 수준의 점진적 변화, 군집 또는 뭉침, 불안정, 상호작용, 혼합, 층화, 수준의 급변, 규칙성 변동, 동조 성향, 경향들이 포함된다. 이들의 분류와 해석법, 발생원들을 학습하면서 독자는 관리도를 좀 더 분석적 시각에서 해석하는 능력을 키울 수 있다.

「**Ⅲ. 프로세스 능력**」은 용어에 다소 어색함을 느낄 수 있는데 우리가 알고 있는 '공정 능력'이다. 단지 '공정'이란 용어가 제조 현장에만 국한되어 서비스 분야 등 범용으로 사용하는 데 제약이 있어 한 소리 들을 거란 생각이 들면서도 과감하게 포괄적 언어인 'Process'를 '프로세스'로 직역해 옮겼다. 따라서 '공정 능력'은 '프로세스 능력'으로, '통계적 공정 관리'는 '통계적 프로세스 관리' 등으로 고쳐 썼으며, 이에 대한 변명(?)은 '프로세스 능력'의 발전 배경과 주요 용어들을 설명하는 **1절 '개요'**에 언급해놓았다.

2절에서는 실제 '프로세스 능력'을 산출하는 단계로 '프로세스 능력 지수'부터 '시그마 수준'까지 다양한 상황에 적합한 계산법과 원리, 해석법들에 대해 논리적이고 명확하며, 상세히 다루고 있다. 따라서 독자들은 이 절에서 본인들이 몸담고 있는 현업에 빗대어 '프로세스 능력' 지표들의 활용 능력을 배가할 기회를 갖게 될 것이다.

끝으로 **3절**에서는 '프로세스 능력 연구(Process Capability Study)'를 다룬다. '연구'라는 용어 자체가 좀 낯설게 느껴질 수 있다. '프로세스 능력 연구'는 '관리도'와 '프로세스 능력' 도구들을 이용해 체계적이고 과학적으로 프로세스에 존재하는 문제들을 찾아 개선해나가는 과정과 방법을 담고 있다. 결국 이 단계를 위해 앞의 모든 학습 과정이 필요했다고 보면 틀림없다. FMEA를 집필하면서도 느낀 점이지만 서구에서의 도구들에 대한 인식은 우리네의 '툴(Tools)'이 아닌 '문제 해결 방법론', 즉 'Methodology'로써 의미를 가지며, 모든 도구들의 내용과 용법은 여기에 맞춰져 있다고 해도 과언이 아니다. 간혹 개별적, 낱개로 인식하는 접근법과는 차이가 있어 보이는 대목이다. 따라서 독자들은 이 절에서 '관리도'와 '프로세스 능력'이라는 개별 도구들이 서로 협업하면 어떻게 문제 해결에 쓰이는 'Methodology'가 되는지에 대해 인식하는 기회를 갖게 될 것이다.

책을 써 내려가면서 그저 공식에 넣고 기계적으로 계산만 하는 일은 응용력이 생기지 않을 거란 생각이 들었다. 이에 한편으론 도구의 진짜 모습은 무엇일까? 어떤 생각을 갖고 만들어진 것일까? 누가 무엇을 어떤 이유로 더 발전시킨 것일까? 등에 관심을 가져보았다. 그래서 그런 걸까, 너무 자주 써서 쉽다고만 느껴졌던 '관리도'와 '프로세스 능력'이 점점 더 어려워졌다. 이런 이유로 교육에서 통상 서너 시간이면 내용 전달이 끝나버리는 '관리도'와 '프로세스 능력'을 책으로 마무리하는 데만 1년 2개월이 소요되었다. 너무 고민을 깊게 한 탓인지 스스로에게 질문도 해봤지만 결국은 이 정도는 알아야 "기본은 안다!"라고 말할 수 있을 것이란 생각에 이르렀다. 물론 "기본은 안다~"에 해당하는 내용은 본문에 빠짐없이 기술해놓았다. 따라서 독자들이 본문을 보면서 실제 어떤 느낌이 들 것인지 매우 궁금하다. "별걸 다 책으로~!", "그저 그런?", "처음 보는데?", "어렵다?"…. 아무쪼록 본 책에 대해 긍정적 평가가 더 많길 기원하면서 작은 지원과 성원을 바란다.

차례

통계적 품질 관리(SQC) 개요

생산 중 문제 해결을 위한 방법론이 곧 '통계적 품질 관리(Statistical Quality Control)'이다. 또 'SQC'의 골격을 이루는 도구들이 '관리도', '프로세스 능력', '실험 계획'이며, 방법론은 이들을 유기적으로 잘 연결해 생산 중 문제를 지속적으로 해결한다. 본 장에서는 '관리도'와 '프로세스 능력'에 들어가기 전 'SQC'가 어떤 필요에 의해 탄생했고, 어떻게 쓰여야 하는지를 간단히 알아본다. 독자들은 본문을 통해 이후 주제들인 '관리도'와 '프로세스 능력'의 활용도를 높이는 데 도움을 받게 될 것이다.

1. 'SQC' 탄생 배경[5]

　　　　　　　　'통계적 품질 관리(SQC, Statistical Quality Control)'가 왜 생겨났고, 어떤 과정을 거쳐 현재에 이르렀는지 거시적인 흐름을 추적한다. 즉, '산업혁명' 이후 '테일러 시스템(1895)'과 '포드 시스템(1913)'처럼 대량 생산 방식의 양적 확대 이후 생산품 모두에 대한 전수 검사의 어려움과 시장에서 늘어나는 불량품들의 압박은 새로운 관리 체계를 절실히 요구하는 시기를 초래했다.

　이 같은 요구는 1908년 W. S. Gosset의 '소 표본 이론'과 1918년, 1921년, 1925년 R. A. Fisher의 '분산 분석(ANOVA, Analysis of Variance)'의 발표 같은 통계적 접근의 발전(Statistical), 그리고 Dodge & Romig의 '샘플링 이론'의 정립(Quality), Shewhart의 양산 상황에서 품질 특성 관리를 가능케 한 '관리도'의 탄생(Control) 등을 통해 '통계적 품질 관리(SQC)'의 서막을 열었다.

　새로운 품질 관리의 장을 연 Shewhart, Deming, Juran, Dodge & Romig 등 주요 인물들로부터 제각각 탄생했던 기법들은 이후 한 곳에 모여 'SQC'의 모태가 되는데 바로 미국의 Western Electric社가 그 주역이다. 지금으로 치면 IT 공룡인 구글에 버금가는 통신 업계 선두 기업이다. 따라서 당시 품질 구루(Guru)들이 모이는 것은 당연했거니와, 13명이나 되는 노벨상 수상자를 배출한 벨연구소도 소속되어 있을 만큼 주요 품질 기법 대부분이 한 곳에서 만들어졌다고 해도 전혀 이상하단 느낌이 들지 않는다. 상기한 전문가들이 탄생시킨 품질 기법들을 모두 모아 1956년 Western Electric社의 Bonnie B. Small이 주축이 되어 완성한 「Western Electric Statistical Quality Control Handbook」이 바로 'SQC의 원조이자 바이블'이다. 핸드북은 품질을 높이기 위해 생산에

---

5) 이하 '개요'의 본문은 「Be the Solver_The Solver」편의 해당 본문을 유형으로 구분해 그대로 옮겨놓았다.

종사하는 담당자들을 체계적으로 교육시킬 목적으로 제작된 것이며, 'SQC'를 다음과 같이 정의하고 있다.

생산(Manufacturing Operation) 중,
▷ 통계적(Statistical) → 숫자 또는 데이터의 도움으로(With the help of numbers, or data),
▷ 품질(Quality) → 우리 프로세스의 특성치들을 조사(We study the characteristics of our process)함으로써,
▷ 관리(Control) → 그들을 설계된 대로 작동시키기 위함(In order to make it behave the way we want it to behave).

핸드북엔 조직 관리는 물론 품질 관리에 쓰이는 작은 도구나 기구, 통계 처리, 용어 정의들까지 상세히 열거하고 있어 여러 세대가 바뀐 지금까지도 토씨 하나 버릴 것이 없을 정도로 완성도가 높다. 또 공정 엔지니어나 조업자들을 위한 만큼 실무적이고 실질적인 내용으로 꾸며져 있다. 예를 들어, 생산 중 문제를 발굴하기 위한 준비 과정과 방법, 그를 해결하기 위한 해법까지 세세한 절차를 담고 있어 한마디로 **'SQC'는 곧 "생산 중 문제 해결 방법론"**으로 요약됨을 알 수 있다.

2. 생산 중 문제 해결 방법론

'SQC'가 문제 해결을 위해 어떻게 작동하는 지 개요도로 표현하면 다음 [그림 Ⅰ-1]과 같다.

[그림 Ⅰ-1] 'SQC(통계적 품질 관리)' 문제 해결 개요도

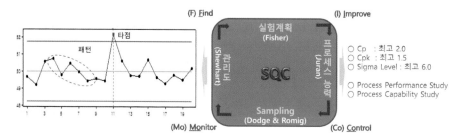

[그림 Ⅰ-1]의 왼쪽 그래프는 프로세스에서 일정한 시간 간격으로 데이터를 수집해 타점한 차트다. '생산 프로세스'는 현재 잘 운영되면서 그 상태가 지속되는지가 매우 중요하다. 따라서 측정 가능한 데이터를 주기적으로 수집해 그림과 같이 타점하면 시간에 따른 변동 상태를 눈으로 확인할 수 있다. 이때 쓰이는 도구가 Shewhart가 고안한 '관리도(Control Chart)'이며, 프로세스 상태를 "지켜보고 있다"의 의미로 '**Monitor(Mo)**'라 표현한다. 그런데 지속성을 갖는 프로세스는 그만큼 데이터양도 늘어나므로 모두를 타점하는 것은 현실적으로 어렵다. 따라서 경제적이고 합리적인 'Monitor'를 위해 적은 데이터로 '관리도'를 작성할 필요가 있는데, 이때 Dodge & Romig의 '샘플링(Sampling) 이론'이 적용된다.

[그림 Ⅰ-1]의 '관리도'를 보면 관찰할 사항이 두 개 존재한다. 하나는 개별 '타점'의 이상 변동(튐) 여부이고, 다른 하나는 타점들로 이루어진 '이상 패

턴(Pattern)'의 존재 여부이다. 예를 들어, 그래프에서 상한선을 벗어난 11번째 타점은 프로세스에 알 수 없는 변화가 생겼다는 신호일 가능성이 높다. 또 점 선으로 표시된 '패턴'은 프로세스 내 특정 부위가 제 기능을 못 해 "값이 점 점 떨어지는 형태"로 나타났을 수도 있다. '이상 변동'은 분명 프로세스에 알 수 없는 변화가 생겼다는 신호일 것이므로 빠르고 정확히 그 원인을 찾아야 하는데, 이 같은 활동을 '**Find(F)**'라 한다. 프로세스 운영 중에는 "원인을 분석 (Analyze)"하는 일보다 담당자가 해당 프로세스를 늘 지켜보며 쌓아온 많은 익숙한 경험을 토대로 "원인을 찾는(Find)" 활동이 쉽고 우선한다.

'원인'이 찾아지면 원래 의도(설계)했던 값이나 상태로 돌려놔야 하며, 이를 '최적화'라고 한다. 이때 기술적으론 Fisher가 정립한 '실험 계획(DOE, Design of Experiment)'이 쓰이며, 요인들을 한데 묶어 수리적으로 최적의 값을 찾는 다. 그러나 변동을 유발시킨 원인들을 '최적화'시키기 위해 반드시 '실험 계획 법'만을 고집할 이유는 없다. 프로세스의 변동 요인을 가장 안정적으로, 그리 고 최적의 상태로 유지시키는 모든 방법이 동원될 수 있다. 따라서 이와 같은 접근은 '개선', 즉 '**Improve(I)**'로 명명한다.

'개선' 후 '관리도'로부터 별다른 특징이 관찰되지 않으면 '프로세스 능력 (Process Capability)'을 측정한다. 우리가 얼마나 잘 관리하고 있는지를 표현 한 숫자인데, 이때 여러 지표를 이용한다. 예를 들어 'Cp'는 '2.0', 'Cp_k'는 '1.5', '시그마 수준(Sigma Level)'은 '6.0'이 최고치이다.[6] 어느 측도를 들이 대든 현재 관리 수준과 최고치 간의 격차가 존재하면 프로세스 '산포'를 줄이 는 활동으로 넘어간다. 반대로 수용 가능한 상태이면 변동을 유발하는 요인들 이 다시 안 좋은 과거 상태로 돌아가지 않도록 최적의 수준을 철저히 유지시 키는 활동에 전념해야 하며, 이 과정을 '**Control(Co)**'이라고 한다.

---

6) '시그마 수준(Sigma Level)'은 모토로라에서 개발한 지표이다.

따라서 [그림 Ⅰ-1]을 종합하면 운영 중인 프로세스에서 원치 않는 변화가 일어나는지를 지속적으로 관찰하다 실제 '이상 변동'이 확인되면 개선과 유지 활동이 반복적으로 일어나며, 로드맵으로 'Monitor - Find - Improve - Control', 또는 알파벳 첫 자를 따서 'MoFICo Cycle'이라고 한다. 'Cycle'은 생산이 지속되므로 계속 반복된다는 뜻이다. 우리말로는 '모피코 사이클'이다.

[그림 Ⅰ-1]에서의 '관리도'는 데이터가 '연속 자료'인지 아니면 '이산 자료'인지에 따라, 또 '표본 크기(Sample Size)'나 변동의 감지 정도에 따라 다양한 유형들이 존재한다. 특히 연속된 프로세스에서 여러 '관리도'를 적용할 경우 확률적으로 오판할 가능성이 높아지는 문제를 해결하기 위해 '다변량 관리도'가 쓰이며, 발생 빈도가 매우 낮은 상황에서의 '희귀 사건 관리도', 다품종 소량 생산에 적합한 '짧은 생산 주기 관리도' 같은 특수 목적의 관리도들도 포함되어 있다. 결국 생산 중인 프로세스에서의 변동성을 과학적으로 파악하고 해결할 기회를 갖는 데 있어 'SQC 방법론'의 역할은 절대적이다.

특히 [그림 Ⅰ-1]에 포함된 활동 'Process Capability Study(프로세스 능력 연구)'는 곧 'MoFICo Cycle'이다. 또 유사 용어로 'Process Performance Study(프로세스 성능 연구)'가 있다. 이 활동은 '프로세스 능력 연구' 전체 과정의 부분으로써 프로세스를 안정화시키기 위해 모니터링 범위를 '일시적 단계'들로 나눈 뒤(각 단계는 약 20여 개의 타점들로 구성) 관리도로 '이상 원인'에 의한 변동성을 확인하고 개선해나가는 절차이다. 따라서 주로 '프로세스 능력 연구' 초반에 프로세스의 급격한 변동성을 줄이거나 제거하기 위해 실시되는 것이 일반적이다.

3. 관리도 해석의 필요성

프로세스에서 생산 중 'MoFICo Cycle'을 효과적으로 사용하려면 꼭 체득해야 할 핵심 역량이 필요한데 바로 **'관리도'의 해석 능력**이다. Western Electric社의 'SQC 핸드북'에 따르면 그들의 오랜 운영 경험을 토대로 다음 [표 Ⅰ−1]과 같이 관리도의 '타점'과 '패턴'을 분류·해석하고 있다.

[표 Ⅰ−1] 관리도의 패턴(Pattern) 분류(Western Electric社)

구분		설명
정상 패턴 (Natural Patterns)		'비정상 패턴'에 포함되지 않는 패턴
비정상 패턴 (Unnatural Patterns)	검정(Tests)	Western Electric Rules(4개), Nelson Rules(8개) 등
	특이 패턴 (Unusual Patterns)	[표 Ⅰ−2]의 총 10개 항목

'관리도의 해석 능력'을 키우려면 [표 Ⅰ−1]의 '비정상 패턴'을 정확하게 이해해야 한다. 우선 표에서 '검정(Tests)'은 출처에 따라 '검정 항목'이 '4개', 또는 '8개'로 명확히 구분되어 있어 정해놓은 기준에 따라 패턴을 인식하고 프로세스에서의 문제 발생 여부를 판독한다. 예를 들어, 모니터링 중 "9개의 연속된 점이 중심선으로부터 같은 쪽에 있음"이 관찰되면, 프로세스에 이상 변동이 발생한 것으로 인식한다. 만일 '관리도'에 이 같은 패턴이 뜨면 기계적으로 문제가 있는 것으로 판단하고 원인을 찾는 활동으로 들어간다(물론 꼭 문제가 있는 것은 아니다!).

[표 Ⅰ−1]의 '비정상 패턴'들 중 또 다른 분류인 '특이 패턴(Unusual

Patterns)'은 다음 [표 Ⅰ-2]에 기술한 유형들이 포함된다.

[표 Ⅰ-2] 특이 패턴(Unnatural Patterns)

유형
1) 주기(Cycles)
2) 돌출(Freaks)
3) 수준의 점진적 변화(Gradual Change in Level)
4) 군집 또는 뭉침(Grouping or Bunching)
5) 불안정(Instability)
6) 상호작용(Interaction)
7) 혼합(Mixtures)
7-1) 안정형 혼합(Stable Mixture)
7-2) 불안정형 혼합(Unstable Mixture)
8) 층화(Stratification)
9) 수준의 급변(Sudden Shift in Level)
10) 규칙성 변동(Systematic Variation)

[표 Ⅰ-2]의 '특이 패턴'에 대해서는 '검정(Test)'만큼 정확한 해석 기준은 마련되어 있지 않다. 따라서 이들은 소속 부서에서 오랜 시간 관리도의 운영과 관찰 및 개선 경험을 축적해야 "이 현상이 A 특이 패턴이군!"과 같은 일정 수준 이상의 해석 경지에 오를 수 있다. 짧은 운영 경험이나 충분한 학습이 이루어지지 않은 상태에서 생산 현장의 관리도로부터 얻은 다양한 패턴들이 [표 Ⅰ-2]들 중 하나라고 판단하기란 쉽지 않다. 국내 기업들 중 생산 현장의 관리도를 모니터링하면서 [표 Ⅰ-2]의 유형들을 분류하는 곳이 몇 군데나 될까?

얼마 전 전자 부품을 생산하는 M 기업의 생산 현장을 찾아갔을 때의 일이다. 멘토링을 위해 생산 공정을 소개 받던 자리였다. 설명을 듣던 중 눈에 가장 잘 띄는 벽면에 표준에서 정한 주기대로 표집과 계산식에 의거해 타점을 찍어놓은 관리도가 보였다. 한눈에도 다수의 타점들이 '관리 한계'를 넘어선 것이 보였고, 최근 타점에선 하락하는 '추세(Trend)'도 관찰되었다. 궁금해서 그들이 어떻게 처리되고 있는지 직접 타점을 찍던 담당자한테 물었지만 정작 적절한 대답을 듣진 못했다. 후속 활동은 없었다는 것이다. 눈에 잘 띄는 위치였으므로 전시용(?) 목적이 아닌가 싶었다. Western Electric社의 'SQC Manual'에서 그들이 보여준 '이상 패턴'들에 대한 하나하나의 꼼꼼한 처리 과정과 너무 대비되어 아쉽게만 느껴졌다.

　[표 Ⅰ-2]는 Western Electric社에서 오랜 프로세스 운영 노하우를 통해 '관리도'에 나타난 패턴과 실제 프로세스 안에서 일어난 현상을 연결해 얻은 결과물이다(핸드북에는 각 '특이 패턴'별로 프로세스 내 존재 가능한 잠재 원인들을 기술하고 있다). 끊임없는 관찰 경험을 토대로 [표 Ⅰ-2]의 패턴 분류를 정립한 WE社의 깊이 있는 연구 노력에 감탄치 않을 수 없다. 물론 누구나 [표 Ⅰ-2]의 패턴을 참고해서 관리 중인 프로세스에서의 유사 문제 해결은 가능하다. 그러나 프로세스가 속한 공간적 특성과 생산되는 제품·서비스가 모두 다른 상태에서 해석과 원인이 모두 같을 순 없다. 따라서 **본인이 운영 중인 프로세스에 'SQC' 관리 체계를 적용해가며 [표 Ⅰ-2]의 분류를 기반으로 자신만의 해석 노하우를 축적하고, 그로부터 패턴 파악 즉시 프로세스의 원인 발생 위치를 찾아내는 경지에 하루빨리 올라야 한다. 'SQC'에 대한 개인의 문제 해결 역량도 바로 이 부분에 맞춰져야 한다**는 점을 명심하자.

$$\text{II}$$

관리도(Control Chart)

'관리도(Control Chart)'는 시간에 따른 프로세스 내 변동을 모니터링하고, 문제의 유형을 구분하는 데 매우 유용한 통계 도구(Tools)이다. 제조업에 속한 연구원 또는 엔지니어라면 너무 쉽게 주변에서 듣고 또 실제 업무 활용도도 매우 높은 만큼 관련 업종에 종사하는 모든 독자들은 그 용법과 응용에 깊이 있는 학습이 요구된다. 이를 위해 다음 본문부터 관리도의 역사적 탄생 배경부터 그 용법에 이르기까지 하나하나 또 찬찬히 실체를 밝혀나갈 것이다.

1. 품질 역사 속에서의 '관리도'

　　　　　　　　　본 책의 전체 개요와 전개에 대해서는 도입부의 「본문의 구성」을 참조토록 하고 여기서부터는 본론 중 하나인 '관리도(Control Chart)' 설명으로 바로 들어간다. 그에 앞서 여느 때와 마찬가지로 반드시 확인하고 넘어갈 일이 있다. 바로 '관리도의 탄생 배경'이다.

　늘 그래왔듯이 새로운 학문 영역이나 관심 가는 대상을 파악할 때 가장 먼저 알고 싶은 사안이 바로 "그것이 어떻게 생겨났는가?"이다. 왜냐하면 태어난 시대적 배경이나 그 시점에서의 이유가 있었을 테고 아마도 우리 역시 동일한 이유 때문에 그것을 찾고 있는지 모르기 때문이다. 사용할 이유가 같다면 당시 고민했던 내용들을 학습해 크게 득이 되는 쪽으로 **빠르게 효율과 효과**, 두 마리 토끼를 잡는 쪽이 더 현명하다.

　다행히 여타 도구들과 달리 '관리도' 자체만 놓고 보면 그 탄생 배경이 매우 명확하고 문헌 정보도 구체적이라 조사하고 기술해내는 일엔 별 어려움이 없다. 그러나 단순히 '도구(Tools)'를 누가, 왜, 어디서, 어떻게 만들었는지에만 초점을 맞춘다면 '도구(Tools)' 활용에 제한된 의미만 있을 뿐, 그를 응용하고 다각화하는 노력엔 한계에 부딪힐 수밖에 없다. 따라서 내 것으로 소화한 뒤 활용성을 극대화하는 일이 무엇보다 중요하다. 그러나 생각이 이쯤에 이르러선 의욕에 다소 흔들림이 생긴다. 어디까지 다루어야 할지 그 범위와 경계를 정하는 일이 순탄치만은 않기 때문이다. '관리도'가 생겨난 1920년대를 전후해 생산 관리 시스템에 큰 변혁이 일어났고, 그 빅뱅은 이후 연속적인 굵직한 변화들을 야기했다. '관리도'를 논할 자리에 잘못하면 '품질 관리의 역사'를 평하게 될 수 있다는 뜻이다. 결국 이들을 잘 조리해 주제인 '관리도'를 제대로 바라볼 수 있게 만드는 역사적 사명(?)을 띠고 다음의 접근을 시도하였다.

1) 주요 사건들을 시간순으로 엮었다.

우리 주변에서 새로운 변화가 갑자기 일어난 것처럼 여겨지는 일도 자세히 관찰하면 그 이전에 현재 결과를 내기 위한 다방면의 자잘한 두드림이 계속 있었음을 알 수 있다. 그들을 하나하나 되짚어봄으로써 당시의 시대적 상황을 이해하고, 품질 관리에서의 '관리도'가 차지하는 위상과 중요성을 인식하는 계기를 만든다. 이를 위해 여러 출처에서 기술하고 있는 당시 문헌들을 모두 시간대별로 모아 정리하는 작업부터 시작하였다. 이로부터 얻을 수 있는 정보는 기업에서 운영되고 있는 현재의 다양한 '품질 경영' 방법들이 시간대별로 어떻게 변천되어 왔는지 그 큰 흐름을 읽는 데도 도움을 줄 것이다.

2) 사건들을 세 개 유형으로 구분하였다.

동 시점에 일어난 일들을 모두 모아놓으면 관련성은 있더라도 그들의 관심사가 서로 다르다는 것을 알 수 있다. 예를 들어, 어떤 이는 프로세스 '품질 관리'에 관심이 있는 반면 어떤 전문가는 '샘플링 검사'에, 또 어떤 이는 '관리도'에 깊이 연구한 결과를 세상에 공표한다. 따라서 시간대별로 사건을 훑어보면서 그들을 유형별로 구분하는 시도는 흐름에 대한 이해뿐만 아니라 우리의 관심사인 '관리도'를 알아가는 데 도움을 준다. 이를 위해 '1)'에서 구성된 표의 내용들을 '품질 경영론', '관리도', '샘플링 검사'로 구분하였다.

이 외에 '품질 관리' 또는 '품질 경영'에 영향을 미치는 또 다른 유형과 그들에 대한 시간적 흐름의 전개가 존재할 수 있으나 '관리도'의 발전 과정과 관련해 여러 출처에서 공통으로 언급되는 역사적 사건들만 본문에서 다루었다. 주제인 '관리도'에 집중하기 위한 사전 포석쯤으로 이해하면 좋을 듯하다.

3) 문헌의 출처를 모두 모아놓았다.

품질 역사를 논한 여러 출처들을 보면 한글로 번역하는 과정에 그 원 의미가 퇴색되거나 잘못 기입된 경우, 오타, 출처 오류 등 진위를 파악하기 어려운 상황들을 종종 목격한다. 이럴 바에야 정확한 원문을 찾아 번역 글과 함께 원어(영어)로 정리하는 것이 향후 좀 더 탐독하고 싶은 독자의 욕구를 채워줄 수 있지 않을까? 이에 시간대별로 정리된 주요 사건들의 관련 문헌들을 책 맨 뒤 '참고문헌(References)'에 정리하기보다 아예 본문에 목록으로 포함시켰다. 시간대별로 정리된 표([표 Ⅱ-1])에서는 원문 제목을 '한글'로 적고, 이어지는 소단원에 다시 원문 제목을 '영어'로 모두 기술하였다. 이전에 보지 못한 낯선 시도이긴 하지만 독자가 정확한 문헌을 찾아 탐독할 수 있도록 정보를 제공하고, 그 출처를 명료히 한다는 취지로 이해해주기 바란다.

4) 시간대별 사건과 원문들을 엮어 이야기를 구성하였다.

어차피 표로 정리된 개개 사건들이 서로 연결되어 사고의 발전을 꾀하고 진보된 결과를 낳는 원동력이므로 그들의 행간을 채워 설명하면 독자들의 폭넓은 이해를 구할 수 있지 않을까? 물론 단순히 말 잇기가 아닌 여러 출처들을 인용하고 사실에 근거하는 일은 기본 중의 기본이다. 이에 대해서는 '2)'와 '3)'의 본문 설명에 적용하고 있으며 별도로 '관리도'에 대해서는 탄생 당시의 상황을 상세히 묘사함으로써 앞으로 '관리도' 용법을 이해하는 데 도움을 주고자 노력하였다. 이 단계에서 '관리도'의 윤곽도 수면 위로 부상한다.

다음 [그림 Ⅱ-1]은 앞서 논의된 '1)~3)'을 표현한 개요도이며, 표를 보는 방법도 포함되어 있으므로 꼭 미리 훑어본 뒤 넘어가기 바란다.

[그림 Ⅱ-1] 품질의 역사 관련 시간대별 사건 표 개요도

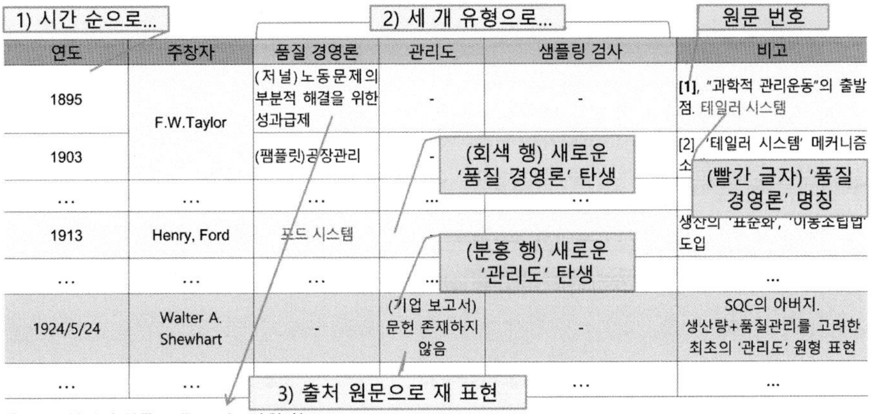

1) 시간 순으로...   2) 세 개 유형으로...   원문 번호

연도	주창자	품질 경영론	관리도	샘플링 검사	비고
1895	F.W.Taylor	(저널)노동문제의 부분적 해결을 위한 성과급제	-	-	[1]. "과학적 관리운동"의 출발점. 테일러 시스템
1903		(팸플릿)공장관리			[2] '테일러 시스템' 메커니즘 소...
...	...	...	...	...	...
1913	Henry, Ford	포드 시스템			생산의 '표준화', '이동조립법' 도입
1924/5/24	Walter A. Shewhart	-	(기업 보고서)문헌 존재하지 않음	-	SQC의 아버지. 생산량+품질관리를 고려한 최초의 '관리도' 원형 표현
...	...	...	...	...	...

- (회색 행) 새로운 '품질 경영론' 탄생
- (빨간 글자) '품질 경영론' 명칭
- (분홍 행) 새로운 '관리도' 탄생
- 3) 출처 원문으로 재 표현

『1.3. 문헌의 출처를 모두 모아』 단원 참조
[1] Taylor, F. W. (1895) 'A piece-rate system, being a step toward partial solution of the labor problem, Transactions, AMSE, 16, June, pp. 856-903.
[2] ...

이어지는 소단원은 '1)~4)'에 대해 자세히 언급한 내용이다.

1.1. 주요 사건들을 시간순으로

현재 알려진 품질의 역사는 중간중간 큰 전환점을 마련한 사건들이 있어 왔으며, 따라서 그들을 시간대별로 엮어봄으로써 굵직한 변화의 흐름을 한눈에 쉽게 파악할 수 있다. 다음 [표 Ⅱ-1]의 "①~⑧"은 그들의 연도와 주창자 및 관련 문헌들을 표로 정리한 것이다.

[표 Ⅱ-1] 품질의 역사 관련 시간대별 사건 표 - ①

연도	주창자	품질 경영론	관리도	샘플링검사	비고
1895	F.W. Taylor	(저널) 노동문제의 부분적 해결을 위한 성과급제	–	–	[1] "과학적 관리 운동"의 출발점. 테일러 시스템
1903		(팸플릿) 공장 관리	–	–	[2] '테일러 시스템' 메커니즘 소개
1908	W.S. Gosset	(논문) 평균의 확률 오차			[3] 소 표본 이론으로써 SQC의 통계적 접근에 기여
1910	H.L. Gantt	(저서) 노동, 임금 및 이윤	–	–	[4], [5], [6] "과학적 관리운동"의 보급과 촉진. 주로 '생산량'과 '시간 관리'
1911	F.W. Taylor	(저서) 과학적 관리의 원리	–	–	
	F.B. Gilbreth	(저서) 동작 연구	–	–	
1913	Henry, Ford	포드 시스템	–	–	생산의 '표준화', '이동 조립법' 도입
1917	Radford, G. S.	(저널) 품질 관리	–	–	[7] 'QC' 용어의 최초 공식적 사용
1918	R.A. Fisher	(논문) 멘델 유전의 추정에 대한 동류들 간 상관관계			[8] 최초의 'Variation' 사용. 분산 분석(ANOVA)의 기초
1921		(논문) 소 표본으로부터 유추된 상관 계수의 "확률 오차"에 대하여			[9] 최초의 '분산 분석' 응용 사례
1922	Radford, G.S.	(저서) 생산의 품질 관리	–	–	[10] 최초의 'QC(품질 관리)' 설명 서적
1924/5/24	Walter A. Shewhart	–	(기업 보고서) 문헌 존재하지 않음	–	SQC의 아버지. 생산량+품질관리를 고려한 최초의 '관리도' 원형 만들어냄.
1925	R.A. Fisher	(서적) 연구원들을 위한 통계적 방법			[11] 본 서적을 통해 '분산분석'이 폭넓게 알려진 계기가 됨.

[표 Ⅱ-1] 품질의 역사 관련 시간대별 사건 표 - ②

연도	주창자	품질 경영론	관리도	샘플링 검사	비고
1925	Walter A. Shewhart	–	(논문) 생산 제품의 품질 유지를 위한 통계학의 적용	–	[12] '관리도' 처음 소개. QC 최초 소개 자료로도 인식
	H.F.Dodge	–	–	해당 자료 인용한 간접 문헌만 존재	[13] AT&T 재직 중 '샘플링' 개념과 '샘플링 검수' 용어 처음 개발. 또는, 제품 이산형 특성(결점)에 대한 통계적 품질 검사 개발(Acceptance Sampling Plans)
1926	Walter A. Shewhart	–	(저널) 품질 변동의 원인 연구 결과	–	[14] '관리도' 원형에 대한 공식 문서
		–	(저널) 품질 관리도	–	[15] '관리도' 원형에 대한 공식 문서
1928	H.F.Dodge	–	–	(저널) 품질 관리에 검사 데이터의 활용	[16]
	J.Neyman/E.S.Pearson	–	–	(저널) 통계적 추론 목적의 검정 기준 사용과 해석에 대하여	[17] 정규, 사각, 지수 모집단으로부터의 샘플링. *영국
1929	H.F.Dodge/H.G.Romig	–	–	(저널) 샘플링 검사법	[18]
1931	Walter A. Shewhart	–	(저서) 공업 제품의 경제적 품질 관리	–	[19] SQC에 대해 심도 있게 다룬 최초의 서적
	Hotelling, H.	–	(논문) Student 비율의 일반화	–	[20] 'T² 관리도'의 통계적 논리에 대한 기반이 되는 논문

[표 Ⅱ-1] 품질의 역사 관련 시간대별 사건 표 - ③

연도	주창자	품질 경영론	관리도	샘플링 검사	비고
1933	ASTM	(규격) 제시 데이터에 대한 매뉴얼	–	–	[21] 도수/상대 분포 등과 관련된 해석
	J.Neyman/E.S.Pearson	(저널) 통계적 가설의 가장 효율적인 검정 문제에 대하여	–	–	[22] 평균, 분산에 대한 통계적 검정
	E.S.Pearson	(저널) 공산품 품질의 관리와 표준에 통계적 방법의 활용 조사	–	–	[23] 영국 표준인 「BS 600: 1935」가 만들어지는 계기
1935	British Standards Institute	(규격) 산업 표준화와 품질 관리에 대한 통계적 방법의 적용	–	–	[24] QC에 대한 최초 표준. 여러 통계 도구 포함. 「BS 600:1935」 *영국
	H.F.Dodge	–	–	(저널) 샘플링 검사 계획의 통계적 양상	[25]
1939	Walter A. Shewhart/William Edwards Deming	–	(저서) 품질 관리 관점으로의 통계적 방법	–	[26] Shewhart의 '[19]'를 보강한 두 번째 저서
	Jennett.W.J./ Welch.B.L.	–	–	(논문) 연속적인 값으로 변하는 하나의 품질 특성에 의해 판단되는 비율 결점의 관리	[27] 연속형 샘플링 검사의 기초 마련

연도	주창자	품질 경영론	관리도	샘플링 검사	비고
1941	H.F.Dodge/ H.G.Romig	-	-	(저널) 단일, 이중 샘플링 검사 표	[28] '샘플링 절차'에 대한 매우 특별한 서적. MIL-STD '샘플링 표'의 전신. 우리나라를 비롯한 많은 국가에서 국가 규격으로 채택. 슈와르트의 '관리도' 이론과 함께 '통계적 품질 관리(Statistical Quality Control: SQC)'의 두 축을 이룸.
	ASA (미국표준협회)	(규격) 분석하는 데이터의 품질 관리와 관리도법 가이드 ▷ Z1.1 → 품질 관리	▷ Z1.2 → 관리도	-	[29] 미 육군성이 2차 대전 중 ASA에 의뢰해 작성된 전시 규격(American War Standards). ASTM 매뉴얼 참고. 43~45년 전시 생산청의 "Office of Production Research & Development" 주관으로 품질 관리 강습회를 미국 전역에서 개최. 이를 통해 2차 대전 이후 SQC가 미국 전역으로 빠르게 전파됨(810개 기관 참가).
		-	▷ Z1.3 → 양산 중 품질 관리를 위한 관리도법	-	
1942	DoD (미국 국방부), the Army's Office of the Chief Ordnance	-	-	(규격)「MIL-STD-105A」이산형 검사를 위한 샘플링 절차와 테이블 / 육군과 해군에서 사용한 JAN-STD-105가 전신 (참고) JAN (Joint Army-NAVY Standard)	[30], [31] Edwards, Dodge, Gause Romig 이론을 기초로 이산형 검사를 위한 로트나 배치의 「Standard Inspection Procedure」 제시. AQL에 기반을 두므로 "AQL- based Sampling Plan Standards", 줄여 "AQL- Plan"으로 명명. 63.4월 MIL-STD-105D로 완성. 105D를 기초로 105E(폐기), 미국 민간 규격 ANSI Z1.4, 국제 규격 ISO 2859-1.2, 한국 공업 규격 KSA3109가 제정됨.

[표 Ⅱ-1] 품질의 역사 관련 시간대별 사건 표 - ⑤

연도	주창자	품질 경영론	관리도	샘플링 검사	비고
1943	H.F.Dodge	-	-	(서적) 연속 생산을 위한 샘플링 계획	[32] CSP-1. 이후 CSP-2,3,T,V 등으로 발전. 'MIL-STD-1235C'에서도 제공
1944	H.F.Dodge/ H.G.Romig (Bell Tel. Lab.)	-	-	(서적) 샘플링 검사 테이블: 단일, 이중 샘플링	[33] AOQL을 보증하는 샘플링 검사(선별형 샘플링 검사) 제시. 불합격 로트는 전수 검사를 함. 보증 절차를 둔 수정된 샘플링 검사
1946	(미국) ASQC(American Society for Quality Control, 미국 품질 관리 협회) 설립 (in Milwaukee, Wisconsin). (일본) JUSE(Japanese Union of Scientists and Engineer) 창립				(ASQC)QA(품질 보증)에 관한 ANSI Z1 위원회 담당
1947	Hotelling, H.	-	(서적) 다변량 품질 관리	-	[34] 출처 '[20]'을 기반으로 발표된 최초의 '다변량 관리도' 내용 포함
1950	DoD(미국 국방부), RDB(R&D Board)	신뢰성(Reliability) 연구를 위한 "Ad hoc Committee" 결성 → 1952년 영구 그룹 AGREE(Advisory Group on Reliability on Electronics Equipment)로 탈바꿈			전자 기기의 신뢰성을 연구하기 위한 비공식 그룹. 보전 횟수가 적은 신뢰성 높은 기기를 얻기 위한 방법을 제안할 목적
1951	JUSE(Japanese Union of Scientists and Engineers)	'데밍상(Deming Prize)' 도입			1950년도의 데밍 공적을 기리고, 품질 붐 조성을 위해 JUSE에 의해 제정됨.
	Joseph M. Juran	Quality Control Handbook	-	-	[35] 1st Edition. "the Juran's Trilogy"소개. 'SQC→ TQC'로의 토대 마련. (Ed.)'62,'74,'88,'99,'10
	A.V. Feigenbaum	(서적) Total Quality Control	-	-	[36] 「전사적 품질 관리」. 통계적 방법만으로는 품질 개선, 품질 관리의 한계 경험. 회사 내 전원이 QC를 이해하고 조직적으로 제품의 질을 높이려고 노력하는 관리 방식. 1983년 두 번째 책 "Total Quality Control" 출간

연도	주창자	품질 경영론	관리도	샘플링 검사	비고
1954	E.S.Page	-	(논문) 연속 검사 계획	-	[37] "누적합(CUSUM: Cumulative Sum) 관리도." 과거 자료와 현재 자료에 동일 가중치를 주어 합함으로써 프로세스의 시간적 변화를 감지. 통계적 품질 관리 기술에의 새로운 진전
	Joseph M. Juran	JUSE가 경영자와 중간 관리자를 위한 QC Course에 Juran을 초대. QC Course → '55년 중간 관리자, '57년에 임원들을 위해 개설	-	-	[38] 여기서 주란은 기존 생산/검사에 치중된 협의의 QC의 확장된 의미로 파이겐바움의 TQC와 구별하기 위한 CWQC를 제안. 이후 데밍상 수상 기업을 축으로 일본 내 CWQC가 확산됨. 명칭은 이시가와가 정했다는 출처도 상당 존재함.
1956	A.V. Feigenbaum	(논문) Total Quality Control	-	-	[39] Harvard Business Review
	Western Electric/ Bonnie B. Small	(서적) Statistical Quality Control Handbook	-	-	[40] Western Electric사에서 자사 제조와 운영에 SQC 원리를 적용토록 하기 위한 안내 목적으로 발간함.
1957	DoD(미국 국방부)	-	-	(표준) 「MIL-STD-414」, 불량률에 대한 연속형 검사 샘플링 절차와 테이블	[41] '연속 조정형 샘플링 검사'. 수입 검사에서 로트의 품질을 불량률로 나타내는 연속 자료 검사에 적용. ANSI Z1.9, ISO 3951과 동일. 이산형 샘플링 검사에 비해 적은 '표본 크기' 사용함.

[표 Ⅱ-1] 품질의 역사 관련 시간대별 사건 표 - ⑦

연도	주창자	품질 경영론	관리도	샘플링 검사	비고
1959	S.W. Roberts	–	(논문) 기하 이동 평균에 기초한 관리도 검정	–	[42] '지수 가중 이동 평균(EWMA: Exponentially Weighted Moving Average) 관리도.' 오래된 자료에 더 작은 가중치 부여함.
1961	Philip B.Crosby	무결점(ZD: Zero Defects) 창안	–	–	미국 Martin Company에서 퍼싱 미사일(Pershing missile) 제조 과정 중 창의적 노력을 통해 무결점의 미사일 제조 및 납기 단축까지 이룬 경험을 토대로 창안함.
1966	Halpin, James F.	(서적) 무결점 품질 보증의 새로운 차원	–	–	[43] '무결점(ZD)'에 대한 탄생 시점 상황과 확산 배경 설명함.
1968	Ishikawa, Kaoru	품질 관리 가이드	–	–	[44] 이시가와의 품질 관리 관련 문헌. "Ishikawa Diagram(특성 요인도)" 소개 등. '일본식 TQC'에 대한 윤곽을 보여줌.
1975	Taiichi Ohno, Shigeo Shingo & Eiji Toyoda	TPS(Toyota Production System) 완성	–	–	– 1948~1975 발전 – [45] → 1990년 MIT IMVP서 Lean Manufacturing 으로 명명함.
1979	Philip B.Crosby	(서적) 품질은 무료	–	–	[46] 본 책에서 ZD란 기술적으로 가능하며 보다 경제적이라고 주장. 이를 품질의 4대 절대 원칙 중 하나로 들고 있음.
1983	A.V. Feigenbaum	(서적) Total Quality Control	–	–	[47] 1991년도 경우 3rd Edition

연도	주창자	품질 경영론	관리도	샘플링 검사	비고
1985	Ishikawa, Kaoru	(서적) TQC란? 일본 방식	–	–	[48] '일본식 TQC'인 CWQC (Company-Wide Quality Control)에 해당. CWQC는 미국의 TQM에 대응. 본 서적은 파이겐바움의 [47]과 더불어 TQC 대중화에 기여 및 TQM의 기원으로도 인식함.
1986	Bill Smith	Six Sigma정립	–	–	모토로라의 엔지니어로서 6시그마의 아버지로 불림. TQM 경우 생산 품질 자체에 집중하지만, 6시그마는 회사 모든 부서의 업무에 적용. 마이클 해리가 확산 주도함.
1987	Malcolm Baldrige	말콤 볼드리지 국가 품질 상(Malcolm Baldrige National Quality Award) 제정			80년대 경쟁력 약화의 원인이 고비용 저효율에 있다고 봄. 당시 상무 장관이었던 말콤 볼드리지 제안으로 행정부와 의회에 의해 일본 데밍상에 비교되는 국가 품질상 제정함.
1988	Harry, Mikel J.	(서적) 6시그마 품질의 성질			[49] 6시그마 철학, 이론, 모토롤라 프로그램 설명함.

'품질 관리'의 역사를 논할 때 화자에 따라 시대적 구분을 크게는 '산업혁명 이전과 이후'로 나누기도 하고, 작게는 그 시작을 '고대'부터 '중세', '근대'로 세분하기도 한다. 그러나 우리에게 이해될 수 있는 공업적 산업 발전은 James Watt(1736~1819)가 1769년 자신의 증기기관을 특허로 신청하면서부터 시작된다. 그 이후부터 익숙한 산업혁명이 일어나고, 이어 대량 생산이 이루어지며 그에 따른 다양한 생산 관리 필요성이 강하게 요구되는 시대가 온다. 그 첫 삽이 Frederick Winslow Taylor(1856~1915)의 『과학적 관리법 (Scientific Management)』이다. 따라서 본 책에서는 품질 역사를 논하는 "[표 Ⅱ-1]-①"의 첫 사건에 「테일러 시스템(Taylor System)」을 두었다.

그러나 「테일러 시스템(Taylor System)」은 '동작 연구'나 '시간 연구'와 같은 과학적인 방법을 활용했다는 점에서는 긍정적이나 다음의 예와 같이 '제품의 품질(Quality)'을 목적으로 하기보다 작업 효율화를 통한 성과 극대화에 초

점이 맞춰져 있음을 확인할 수 있다.[7]

"실제로 테일러는 그가 근무했던 베들레헴 철강 회사에서 삽질 작업에 대한 연구를 발표하여 많은 관심을 불러일으켰다. 그 내용을 보면 현재 우리나라에서 활발히 추진하고 있는 품질 분임조 활동을 연상케 한다. 철강 회사에서 작업하고 있는 많은 운반 작업 개선이 연구 대상이었는데, 대부분의 운반 작업이 한 명의 조장 밑에 약 5~60명의 작업자들이 동일한 삽으로 작업하고 있다는 사실에 착안한 것이다. 즉, 석탄과 같이 한 삽의 무게가 3.5파운드밖에 되지 않는 가벼운 것이 있는가 하면, 철광석과 같이 38파운드나 되는 무거운 것도 있다는 것을 알게 되었다. 테일러는 이를 조사하고 분석하여 한 삽의 무게가 21.5파운드(약 10kg)일 때 가장 작업 능률이 높게 된다는 사실을 발견하고 모든 삽질 작업에서 한 삽의 무게가 이 정도가 되도록 작업 대상물에 따라 삽의 크기를 다르게 만들도록 했다.

이와 같은 간단한 작업 개선으로 1인당 하루 작업량을 종전의 16톤에서 59톤으로 높일 수 있었을 뿐만 아니라 3년 만에 종업원 수를 4~500명에서 140명으로 줄일 수 있었다고 한다. 이러한 성과로 종업원의 급료도 일당 1.15달러에서 1.88달러로 60% 이상 인상해주는 성과를 얻었다. 이 외에도 톤당 운반비를 0.072달러에서 0.033달러로 절반 이상 줄일 수 있는 등 많은 성과를 거두었다고 발표하였다."

따라서 실질적인 '품질(Quality)' 전개의 시작은 1917년 Radford, G. S.에 의해 '품질 관리'란 용어가 공식적으로 사용된 시점으로 보기도 하나 "[표 Ⅱ-1]-①"의 1895년도 「테일러 시스템(Taylor System)」을 시작점으로 정한 이유는 1924년 Walter A. Shewhart에 의한 「SQC(Statistical Quality Control)」의 탄생과 대비를 시키기 위함이다. 생산량 증대의 배경이 「SQC의 탄생」과 무관하지 않음을 강조하기 위해서인데, 즉 「테일러 시스템(Taylor System)」에서의 생산 프로세스 내 양적 팽창의 성공이 마치 다음 수순으로 질적 변화의 시작인 「SQC」의 탄생을 자연스레 예고한 것처럼 보이기 때문이다. 본 책에서

---

7) 「품질경영의 발전과 Single PPM」, 대한상공회의소 싱글PPM 품질혁신추진본부, 2004.

품질의 시작을 「테일러 시스템」에 두었다면 반대로 '품질 역사'의 끝은 "[표 Ⅱ-1]-⑧"에 보인 바와 같이 'Six Sigma'까지로 하였다. 아무래도 '품질' 향상과 관련한 최근 20여 년의 국내외 여정을 살펴보면 적절한 범위 설정으로 보인다. 「품질 역사」와 관련해 본문의 범위를 넘어선 그 이전과 이후 사건들에 대해서는 관련 자료를 참고하기 바란다.

1.2. 사건들을 세 개 유형으로 구분

[표 Ⅱ-1]의 "①~⑧"에 포함된 연도별 각 사건들을 시간 순서 그대로 나열하기보다 '품질을 높이려는 노력의 접근 방법론(품질 경영론)', '관리도' 그리고 '샘플링 검사' 이렇게 셋으로 구분하면 전체 흐름을 한눈에 파악하기 훨씬 쉽고, 또 본문에서 탐구하려는 '관리도'로의 이동도 용이하다. 먼저 그 첫 번째 분류인 '품질 경영론'을 보자.

[품질 경영론]: [표 Ⅱ-1]에서 한 개 행 전체를 '회색'으로 처리한 사건들은 새로운 '품질 경영론', 예를 들어 '테일러 시스템', '포드 시스템', 'SQC', 'Sampling Plans(통상 SQC에 포함됨)', '신뢰성', 'TQC', 'CWQC', 'ZD', 'TQM', 'Six Sigma'를 구분하기 위함이다. 용어 "품질 경영론"은 "품질 기법", "품질 관리" 등 용어 선정에 고민이 있었으나 앞서 기술한 모든 유형들을 포괄하는 데 적합하단 판단에 따라 그들을 총칭한 용어로 도입하였다. 이들은 별도 빨간색 글자로도 강조되어 있다.

표에 근거해 해석하면 1900년대는 '테일러 시스템'이, 1910년대부터 '포드 시스템', 20년대 중반~40년대 후반까지는 'SQC'가, 50년대 초부터 '신뢰성'과 'TQC', 60년대 초부터 'ZD' 탄생 및 'TQC(CWQC)'의 지속 발전, 이후

'TQC'가 대세를 이루다 80년대 중반부터 'TQM'으로 전환, 80년대 후반부터는 'Six Sigma'가 자리한다. 하나의 방법론이 끝나고 다른 방법론이 새롭게 시작되기보다 앞서 창출된 품질 경영 방법론(?)들을 발판으로 그 위에 새로운 개념이나 사상, 도구(Tools)들이 덧붙여져 발전해가는 양상이다. 반도체나 디스플레이, 통신 또는 여타 기술의 발전 과정과 대상만 다를 뿐 완성도를 높여가는 방식엔 차이가 없다.

일찍이 파이겐바움(Armand V. Feigenbaum, 1922~2014)은 그의 저서, 『Total Quality Control』8)에서 품질경영의 큰 흐름을 5단계로 대략 구분한 바 있다. 최초 출간이 1951년도이므로 5단계 구분은 80년대 이후 출간된 서적에 구체화되어 있다. 다음은 '품질 경영 발전 5단계'를 간단히 요약한 것이다.

[표 Ⅱ-2] 파이겐바움의 품질 경영 발전 5단계

단계	명칭	내용
1단계	작업자에 의한 품질 관리(Operator Quality Control)	1800년대 말, 자신의 작업을 스스로 관리함.
2단계	직장에 의한 품질 관리 (Foreman Quality Control)	1900년대 초, 분업화로 감독 책임자 관리가 형성됨
3단계	검사에 의한 품질 관리 (Inspection Quality Control)	20~30년대(제1차 세계대전 이후) 복잡화로, 검사 중심으로 재편됨.
4단계	통계적 품질 관리 (Statistical Quality Control)	40년대 이후(제2차 세계대전 전후), Shewhart의 관리도, Dodge & Romig의 샘플링 검사('29) 적용으로 QC 발전
5단계	종합적 품질 관리 (Total Quality Control)	60년대 이후 일본서 확대. Ishikawa의 QC 서클 등

[표 Ⅱ-2]의 "3단계 - 검사에 의한 품질 관리"만 빼고 [표 Ⅱ-1]의 시간대별 문헌 정보를 통한 해석과 [표 Ⅱ-2]의 파이겐바움 해석엔 큰 차이가 없

---

8) McGraw-Hill, 1951년 이후 1983년, 1991년 등 3차례 출간('56년 동일 제목의 논문). [표 Ⅱ-1] 내 해당 기록 참고.

음을 알 수 있다. 예를 들어, '1단계 - 테일러 시스템', '2단계 - 포드 시스템', '4단계 - SQC', '5단계 - TQC(CWQC, TQM)'가 그것이다. "3단계 - 검사에 의한 품질 관리"는 구분상 '4단계 - SQC'에 포함시켜도 좋을 듯하지만 제1차 세계대전을 중심으로 늘어나는 물량과 조업의 복잡성, 그로부터 얻어지는 제품의 완성도를 갈망하는 시대적 요구가 반영되어 제품 하나하나를 모두 검사하는 체계의 도입이 절실했던 것으로 여겨진다. 즉 '검사(Inspection)'가 중시되는 시점으로의 변화가 품질 역사 관점에선 큰 의의가 있다 하겠다.

본문에서 관심 두고 있는 '품질 경영론'은 '통계적 품질 관리', 즉 'SQC(Statistical Quality Control)'이다. '[표 Ⅱ-1] - ①'의 내역을 보면 'SQC'가 탄생할 수밖에 없는 당위적 과정이 있었음을 짐작게 한다. 예를 들어, 산업혁명 이후 '테일러 시스템'과 '포드 시스템'처럼 대량 생산 방식을 통한 양적 확대가 이루어지고, 이때 생산품 모두를 검사하는 전수 검사 방식의 한계와 그에 따른 불량 발생의 현실은 새로운 관리 체계 도입에 목말라했을 것이란 추측을 낳는다. 이 같은 시대적 요청에 부응하기 위한 사전 다지기로 '[표 Ⅱ-1] - ①'에 포함된 1908년 W. S. Gosset의 '소 표본 이론'과, 1918년, 1921년, 1925년 R. A. Fisher의 '분산 분석(ANOVA, Analysis of Variance)' 등과 같은 통계적 접근의 발전(*Statistical*), Dodge & Romig의 '샘플링 이론'의 정립(*Quality*), Shewhart의 양산 상태에서의 관리 방법인 '관리도'의 탄생(*Control*)이 'SQC'의 근간을 이룬다.

'6시그마'는 'TQC → CWQC → TQM → 6시그마'로 이어지는 전사 대상의 종합적 품질 혁신의 확장 판으로 해석할 경우 'TQC'의 연장선상에서 이해된다. TQC와 CWQC, TQM 간 관계와, '품질 경영론' 변천사에 대해 잘 설명한 예가 있어 다음에 옮겨놓았다.[9]

---

9) http://blog.naver.com/h19730206/10035947470 내용 중 연도와 일부 내용 [표 Ⅱ-1]에 맞춰 편집. 원 출처는 "한국표준협회 김용대 전문위원이 제공한 자료."

QC는 발상지인 미국보다 1960년대에 일본에서 '종합적 품질 관리' 또는 'TQC'란 약호로 급속히 보급, 확산되고, 일본 특유의 방식으로 발전하였다([표 Ⅱ-1] 내 1968년, 1985년 참조). 일본은 QC의 실천 과정에서 좋은 품질을 실현하려면 관리자, 스텝이 주도하는 통계적 방법 위주의 품질 관리만으로는 불충분하다고 생각하여 ① 경영자에서부터 말단 작업자까지 참여하는 전원 참가, ② 제조뿐만 아니라 기술, 구매, 판매 등 전 부문이 협력하는 전사적 활동, ③ 품질 문제 외에 원가, 생산성 향상도 동시에 해결하는 종합 관리 활동으로 발전하기 시작했다. 즉, Feigenbaum의 원조 격인 TQC([표 Ⅱ-1] 내 1951년, 1956년, 1983년 참조)와는 여러 면에서 다른 일본식 TQC로 발전한 것이다.

구미 선진국은 전통적인 전문가 사회이므로 프로페셔널리즘(Professionalism)이 매우 강한 문화적 배경이 있다. 즉 스텝과 작업자의 권한과 책임의 한계가 엄격히 구분되어 있다. 예를 들면 작업 표준의 결정은 전적으로 스텝의 책무이고 작업자는 작업 표준의 준수 의무만 있을 뿐이다. 또 스텝 간에도 전문 영역이 명확하게 구분되어 있다.

따라서 A. V. Feigenbaum이 주장한 TQC는 한마디로 전문가, 즉 QC 엔지니어에 의한 TQC를 뜻한다. 이것은 영업 부문의 QC는 영업 부문의 QC 담당자가 책임지는 방식이다. 이에 비해 일본식 TQC는 영업부 직원 전체가 QC 교육을 받고 각자 자기 업무에 QC를 적용하는 방식이다. 프로페셔널리즘이 강한 구미는 전문가에 의한 전문화된 QC를, 그렇지 못한 일본은 전원에 의한 보편화된 QC를 추구한 것이다. 이 일본식 TQC(CWQC)의 구미에서의 재정립이 TQM으로 이해된다. 다음 [표 Ⅱ-3]은 '품질 경영론' 변천사를 기술한 또 다른 예이다.

[표 Ⅱ-3] '품질 경영론'의 변천사

연대	품질 경영론 명칭	내용
20세기 초	감독자 시대	1895~1911: Taylor 과학적 관리법 1913~1920: Ford 시스템, Ford 자율 검사
20년대	품질 전문가 시대	1924: Shewhart 관리도 1925~1929: Dodge와 Romig 샘플링 검사 이론
40년대	통계적 품질 관리 시대(SQC)	1942: MIL-STD-105A 제정(이산형 샘플링) 1946: ASQC, JUSE 창립

50년대 초반	품질 보증 시대	1942~1963: MIL-STD-105A~105D 제정 1947: 국제 표준화 기구 ISO 발족 1951: A. V. Feigenbaum의 TQC 발간, 데밍상 제정
60년대	무결점 시대	1961: 무결점(Zero Defect) 개념 소개 1962: Ishikawa 품질 분임조
70년대	전사적 품질 관리 시대	1972: 미국 소비자 제품 안전법(PL) 제정, TQC 대세
80년대	품질 경영 시대	1980: TQM 탄생 1985: APQCO(아시아 태평양 품질 기구) 창립 1986: 6시그마 탄생 1987: Malcolm Baldrige 제정
90년대 후	경영 품질 시대	1997: ASQC가 ASQ로 변경 2000: ISO 9000 - 2000 개정

[표 Ⅱ-3]은 구별에 다소 모호한 부분도 있지만 [표 Ⅱ-2]의 5단계 구분과 큰 맥락에선 차이가 없어 보인다. 또 좀 더 세분화되어 있어, '품질 경영론'의 시간대별 변천도 이해하기 쉽다는 느낌이 든다.

이들 외에 '도요타 생산 방식'으로 불리는 'TPS(Toyota Production System)'가 있다. 1948년부터 1975년에 이르기까지 오랜 기간 Taiichi Ohno, Shigeo Shingo 및 Eiji Toyoda에 의해 개발되었으며, 일반적으로 "Lean Manufacturing"으로 불린다. 자동차 산업의 고객과 공급자를 포함, 뛰어나고 차별된 생산 혁신 시스템을 창조한 것으로 정평이 나 있다. 원래 'JIT 생산(Just-In-Time Production)'으로 불렸다. 1980년대 중반 MIT의 IMVP(International Motor Vehicle Program)의 연구 결과 도요타는 이미 타 자동차 제조업체에 비해 절반의 제조 시간, 2/3의 공수, 1/5의 불량률을 기록한 것으로 알려져 있으며, IMVP 연구원은 TPS를 일컬어 "Lean Production"으로 명명하고 그 연구 결과를 "The Machine that Changed the world(1990)"라는 책으로 발간하여 세상에 알렸다(「1.3. 문헌의 출처를 모두 모아」의 '[45]' 참조). 더 자세한 내용은 관련 문헌을 참고하기 바란다.

5단계 구분 중 최근까지 그 효용성과 원류가 면면히 이어지고 있는 단계는 3단계 이후가 아닌가 싶다. 즉 '통계적 품질 관리'이며, 이에 대해 발전 과정을 논하기보다 누가 최초로 이와 같은 발전의 줄기를 태동시켰느냐에 관심을 가져볼 만한데 바로 그 중심에 'SQC'의 시작을 알리는 'Walter A. Shewhart'가 자리한다. 이에 대해선 「1.4. 시간대별 사건과 원문들을 엮어 이야기를 구성」에서 자세한 설명이 있을 것이다.

[관리도]: [표 Ⅱ-1]에서 또 하나의 유형 구분인 '관리도'는 실로 Walter A. Shewhart의 독무대이다. 1924년 5월 24일 최초의 '관리도' 원형이 소개된 이래, 1926년 'Bell System Technical Journal'에 발표한 논문 「Quality Control Charts」를 통해 품질을 다루는 엔지니어들에게 '관리(Control)'란 단어가 각인되었고, 1931년에 Shewhart가 생각하는 '관리도'의 모든 정립된 개념이 『공업 제품의 경제적 품질 관리(Economic Control of Quality of Manufactured Product)』의 출판을 통해 세상에 드러났다. 이 책은 다시 1939년 William Edwards Deming과 공저로 출간된 『Statistical Method from the Viewpoint of Quality Control』에서 내용이 보강됨으로써 약 15년에 걸쳐 '관리도'가 완전한 도구로 완성되었다(「1.3. 문헌의 출처를 모두 모아」의 '[26]' 참조). 우연인지 필연인지 1939년 8월 31일 아돌프 히틀러가 폴란드 침공을 명령하는 작전 명령 1호를 발동하면서 시작된 제2차 세계대전 과정에 군수 물품의 품질이 주요 이슈로 부각하였고, 이때 Shewhart의 '관리도'는 그 진가를 발휘함과 동시에 미국 전역으로 확산되는 계기가 되었다. 1941~1942년 미 육군성이 ASA(American Standards Association)에 의뢰해 작성된 '전시 규격(American War Standards)', 즉 "Z1-1~3"은 '관리도'를 포함해 다음의 내용을 담고 있다.

[표 Ⅱ-4] 미 육군성의 '관리도'가 포함된 전시 규격

연도	규격	내용
1941	Z1-1	Guide for Quality Control
	Z1-2	Control Chart Method of Analyzing
1942	Z1-3	Control Chart Method of Controlling Quality During Production

[표 Ⅱ-4]는 ASTM 매뉴얼을 참고했으며, 1943～1945년 전시 생산청의 "Office of Production Research & Development" 주관으로 품질 관리 강습회를 미국 전역에서 개최하였고, 총 801개 기관이 참가함으로써 제2차 세계대전 이후 '통계적 품질 관리(SQC)'가 미국 전역으로 빠르게 전파되는 계기가 되었다.

유럽 국가 중 하나인 영국에서는 1933년, "Journal of the Royal Statistical Society"에 E. S. Pearson의 「공산품 품질의 관리와 표준에 통계적 방법의 활용 조사」[10]가 실리면서 영국 규격 'BS-600'에 영향을 주었으나 이후 미국의 'Z1 표준'을 그대로 도입하였다. 1942년 Pearson의 저서 『통계적 수법과 대량 생산 방법(Statistical Methods and Mass Production Method)』[11]이 번역되어 일본에 '관리도'가 소개되었으며, 1954년 일본 국가 규격인 'JIS-Z 9021(관리도법)'이 제정되었다. 우리나라는 1963년 5월 '한국 공업 규격(KS)'으로 '3201(관리도법)'이 제정된 바 있다.

'관리도'의 다양화는 1954년 E. S. Page에 의한 "누적합 관리도", 1959년 S. W. Roberts에 의한 "지수 가중 이동 평균 관리도" 등 특수 목적의 도구들이 덧붙여져 그 효용성이 높아지는 전기를 맞는다(「1.3. 문헌의 출처를 모두 모아」의 '[37]', '[42]' 참조). 또 여러 특성들을 한 번에 관찰 관리할 수 있도록 도와주는 'T²-관리도'가 1947년 Hotelling, H.에 의해 제시되면서 '다변량

---

10) 「1.3. 문헌의 출처를 모두 모아」에 기술된 참고문헌 '[22]' 참조.
11) (Kawade Shobo 출판, 1942) by E. S. Pearson (translated by Yasushi Ishida and Toshio Kitagawa).

관리도'의 장이 열렸다(「1.3. 문헌의 출처를 모두 모아」의 '[20]', '[34]' 참조).
이들 용법에 대해서는 익숙한 '관리도'와 함께 본문에서 모두 다루고 있다.

　'[샘플링 검사]'는 1925년 AT&T에 재직 중이던 닷지(Dodge)가 '샘플링' 개
념과 '샘플링 검수' 용어를 처음 개발하면서 시작되었다. '샘플링 검사'가 진
면목을 보인 시기는 1939년 제2차 세계대전이 발발하면서부터다. 미국은 1941
년 12월 7일 일본군으로부터 진주만을 습격 받은 뒤 전쟁에 가세하기 시작하
면서 유럽, 아시아 등 새로운 환경에 적응하기 위한 군수품의 대량 생산과 품
질 향상을 꾀하게 되었고, 이에 미 국방성은 군수품 조달 시 통계적 샘플링 검
사를 채용한 검수 절차를 1941년의 Dodge & Romig의 '샘플링 검사 표'에
근거해 1942년 '군사 표준(Military Standard)'을 제정했다. 이것이 「MIL-STD-
105A」인 "이산형 검사를 위한 샘플링 절차와 테이블"이다.12) 당시는 프로세
스 로트나 배치의 '표준 검사 절차(Standard Inspection Procedure)'를 제시한
것으로, AQL(Acceptance Quality Level)에 기반을 두고 있어 "AQL-based
Sampling Plan Standards", 또는 줄여서 "AQL-Plan"으로 명명하였다. 1963년
4월 「MIL-STD-105D」로 개정되었으며, 이를 토대로 미국 민간 규격 ANSI
Z1.4, 국제 규격 ISO 2859-1.2, 한국 공업 규격 KSA3109 등이 제정되었다.
　'연속형 샘플링 검사'는 이후 한참 뒤인 1957년 미 국방부에 의해 「MIL-
STD-414」인 "불량률에 대한 연속형 검사 샘플링 절차와 테이블"이 제정되었
고 이 표준은 수입 검사에서 로트의 품질을 불량률로 나타내는 연속형 검사에
적용하였다. '이산형 샘플링 검사'에 비해 적은 '표본 크기'를 사용했으며,
ANSI Z1.9 및 ISO 3951과 동일한 내용을 담고 있다. 다음 내용은 샘플링 이
론 관련 표준들에 대해 한 문헌13)의 정리된 내용을 옮겨놓은 것이다.

---

12) 육군과 해군에서 사용한 JAN-STD-105가 전신. (참고) JAN(Joint Army-NAVY Standard).
13) 영진사이버대학교(YeungJin Cyber College), 2003학년도 교육인적자원부·한국교육학술정보원의 지
　　원에 의하여 개발된 "샘플링 검사방법"의 PPT 본문 중에서 발췌함.

‘이산형 샘플링 검사’는 거의 모든 나라에서 규격으로 채택하고 있다. 가장 널리 알려진 규격으로는 미국 군용 규격인 ‘MIL-STD-105E’, 미국 민간 규격인 ANSI Z1.4, 국제 규격인 ISO 2859-1.2, 그리고 한국 공업 규격인 KSA-3109가 있으며, 이들은 모두 미국 군용 규격인 ‘MIL-STD-105D’에 기초한다. 미국 군용 규격은 제2차 세계대전 중에 만들어진 샘플링 검사 절차 등에 기초한 ‘MIL-STD-105A’가 세 번의 개정을 거쳐 ‘MIL-STD-105E’가 되었다. 그런데 미국 군 당국은 ‘MIL-STD-105E’를 끝으로 ‘이산 조정형 샘플링’ 검사 규격을 보유하지 않기로 하고 그 대신 민간 규격 ‘ANSI Z1.4’를 쓸 것을 권고하고 있고, 최근의 공업 규격의 세계화 추세에 따라 머지않아 민간 규격 ‘ANSI Z1.4’도 국제 규격 ‘ISO 2859-1.2’로 통합될 것으로 전망된다.

‘연속 조정형 샘플링’ 검사 규격으로는 미국 군용 규격인 ‘MIL-STD-414’, 미국 민간규격인 ‘ANSI Z1.9’, 국제 규격인 ‘ISO 3951’이 있으나 우리나라에는 규격이 제정되어 있지 않다. ‘MIL-STD-414’는 초기의 이산형 규격 ‘MIL-STD-105A’와 로트의 합격 확률, 엄격도 조정 규칙 등이 유사하도록 설계된 이래 아직 한 번도 개정되지 않고 있다. 미국 민간 규격과 국제 규격은 ‘MIL-STD-105D’와 로트의 합격 확률, 엄격도 조정 규칙 등이 유사하도록 ‘MIL-STD-414’를 수정하여 제정된 후 부분적인 개정을 거쳐 현재의 ‘ANSI Z1.4(1993)’와 ‘ISO 3951’에 이르고 있다. ‘ISO 3951’은 품질 특성치가 정규 분포를 따른다는 가정하에 설계되어 있으며, 로트의 품질은 불량률로 표시하고 있다. 적용 절차는 이산형 규격인 ‘ISO 2859-1.2’와 매우 유사하다. 로트의 크기, 검사 수준 그리고 AQL이 지정되면, 주 샘플링 검사 표를 사용하여 보통 검사, 까다로운 검사, 수월한 검사의 세 가지 검사 방식이 결정되고, 엄격도 조정 규칙에 따라 이들을 선택적으로 적용한다.

[표 Ⅱ-1]의 시간대별 사건들을 ‘품질 경영론’과 ‘관리도’, ‘샘플링 검사 이론’으로 구분해 특징들을 알아보았다. 이 글을 접하는 독자는 앞으로 학습할 ‘관리도’에 대해 윤곽을 잡는 데 도움이 되었으면 한다. 이어지는 소단원에 설명된 내용들의 원문 출처들을 모두 정리하였다.

1.3. 문헌의 출처를 모두 모아

품질 역사에서 큰 변화를 일으킨 주요 사건들과 직접적으로 관계된 문헌들을 모두 찾아 본문에 나열하였다. 이것은 내용을 좀 더 깊이 있게 탐구하고 싶어 할 독자들이 쉽게 정보를 찾아 연구할 수 있도록 배려한 것이다. 특히 [표 Ⅱ-1]의 '시간대별 사건 표' 내 '비고' 열에 기술된 '번호'와 본 소단원의 문헌 '번호'가 일치한다는 점도 참고할 사항이다. [표 Ⅱ-1]과 함께 활용하기 바란다.

'관리도'와 연관된 문헌의 저자를 '파란색'으로 표식 하였다. '관리도' 탄생과 관련되어서는 W. A. Shewhart의 '문헌 [12]', '문헌 [14]', '문헌 [15]', '문헌 [19]' 총 4건, 1941~1942년 미 육군성이 제2차 세계대전 중 ASA에 의뢰해 작성된 전시 규격(American War Standards)인 '문헌 [29]', 그리고 과거 자료와 현재 자료에 동일 가중치를 주어 합함으로써 프로세스의 시간적 변화를 감지하는 "누적 합(CUSUM, Cumulative Sum) 관리도"의 '문헌 [37]', 오래된 자료에 더 작은 가중치를 부여하는 "지수 가중 이동 평균(EWMA, Exponentially Weighted Moving Average) 관리도"의 '문헌 [42]', 끝으로 상관관계에 있는 여러 특성들의 영향을 한 번에 관찰할 수 있는 '다변량 관리도(T^2-관리도 등)'의 '문헌 [20], [34]' 등이 대표적이다. 1920년대부터 1980년대에 이르기까지 약 60여 년간 생겨난 '관리도' 관련 핵심 문헌들을 모아놨음에도 그 수가 많지 않은 것은 그만큼 초기 구성된 개념의 완성도가 높다는 방증이다. 필요한 독자는 [표 Ⅱ-1]과 대조해가며 다음의 목록을 참고하기 바란다.

[1] Taylor, F. W. (1895). A piece-rate system, being a step toward partial solution of the labor problem, Transactions, AMSE, 16, June, pp.856~903.

[2] Taylor, Frederick Winslow (1903). Shop Management. New York, NY, US: American Society of Mechanical Engineers. OCLC 2365572. "Shop Management" began as an address by Taylor to a meeting of the ASME, which published it in pamphlet form. The link here takes the reader to a 1912 republication by Harper & Brothers. Also available from Project Gutenberg.

[3] William Sealy Gosset (1908). "The probable error of a mean." Biometrika 6 (1): 1-25. March 1908.

[4] Henry L. Gantt (1910). Work, Wages, and Profits: Their Influence on the Cost of Living, New York, USA: Engineering Magazine Company, LCCN 10014590. (See also second edition, 1916, revised and enlarged.).

[5] Taylor, Frederick Winslow (1911). The Principles of Scientific Management. New York, NY, US and London, UK: Harper & Brothers. LCCN 11010339. OCLC 233134. (Also available from Project Gutenberg.). (원문 위치)http://www.marxists.org/reference/subject/economics/taylor/principles/index.htm

[6] Gilbreth, F. B. (1911). Motion Study: A Method for Increasing the Efficiency of the Workman. New York: D. Von Nostron.

[7] Radford, G. S. (1917). Quality Control(Control of Quality), Industrial Management, Vol., p.100.

[8] Ronald A. Fisher (1918). The Correlation Between Relatives on the Supposition of Mendelian Inheritance. Philosophical Transactions of the Royal Society of Edinburgh. 1918. (volume 52, pp.399~433).

[9] Ronald A. Fisher (1921). On the "Probable Error" of a Coefficient of Correlation Deduced from a Small Sample. Metron, 1: 3-32 (1921).

[10] Radford, G. S. (1922). The Control of Quality of Manufacturing, New York: The Ronald press company.

[11] Ronald A. Fisher (1925). Statistical Methods for Research Workers.

[12] W. A. Shewhart (1925). The application of statistics as an aid in maintaining quality of a manufactured product[J]. Journal of American Statistical Association. 1925, 20 (152):546-548

[13] Banks, Jerry. (1989). Principles of quality control. John Wiley & Sons, Inc., N.Y(Dodge의 'Acceptance Sampling Plans'에 대한 원 자료는 없고 본 문헌에서 당시 상황을 소개).

[14] W. A. Shewhart (1926a). Finding causes of quality variations. Manufacturing Industrials 11, 125-128.

[15] W. A. Shewhart (1926b). Quality control charts. Bell System Technical Journal 5, 593-603.

[16] H. F. Dodge (1928). Using inspection data to control quality. Manufacturing Industries 16, 517-519, 613-615.

[17] J. Neyman and E. S. Pearson (1928). On the Use and Interpretation of certain Test Criteria for the Purposes of Statistical Inference: Part I. Biometrika, 20A 1-2, 175-240.

[18] H. F. Dodge and H. G. Romig (1929). A method of sampling inspection. Bell System Technical Journal 8, 613-631.

[19] W. A. Shewhart (1931). Economic control of quality of manufactured product. New York: D. Van Nostrand Company.

[20] Hotelling, H. (1931). The generalization of Student's ratio. Annals of Mathematical Statistics 2 (3): 360-378.

[21] American Society for Testing and Materials. Committee E-1 on Methods

of Testing, (1933). 1933 A.S.T.M. manual on presentation of data with table of squares and square roots, Philadelphia: American Society for Testing Materials.

[22] Neyman, J. and E. S. Pearson (1933). On the Problem of the Most Efficient Tests of Statistical Hypotheses, Philosophical Transactions of the Royal Society of London, A, 231, 289-337.

[23] Pearson, E. S. (1933). A Survey of the Uses of Statistical Method in the Control and Standardization of the Quality of Manufactured Products (with discussion), Journal of the Royal Statistical Society, 96, (1), 21-75.

[24] London: British Standards Institution, Publication Department (1935). The Application of Statistical Methods to Industrial Standardization and Quality Control. Standard Number BS 600:1935. (E. S. Pearson 연구 결과 반영).

[25] H. F. Dodge (1935). Statistical aspects of sampling inspection plan. Mechanical Engineering 57, 645-646.

[26] Walter A. Shewhart and William Edwards Deming (1939). Statistical Method from the Viewpoint of Quality Control, Washington, The Graduate School, The Dept. of Agriculture.

[27] Jennett, W. J. and Welch, B. L. (1939). The Control of Proportion Defective as Judged by a Single Quality Characteristic Varying on a Continuous Scale, Supplement to the Journal of the Royal Statistical Society, Vol. 6, No. 1, pp.80~88. H. F. dodge and H. G. Romig (1941).

[28] H. F. dodge and H. G. Romig (1941). Single sampling and double

sampling inspection tables. Bell System Technical Journal 20, 1-61.

[29] ASA (1941). Guide for Quality Control and Control Chart Method of Analyzing Data. American War Standards, Z1.1—1941 and Z1.2—1941. New York: American Standards Association. 15, pp.47~66.

[30] Department of Defense, (1942). MIL-STD-105A, Sampling Procedures and Tables for Inspection by Attributes.

[31] Hans-Joachim Lenz, Peter-Th. Wilrich(2006), Frontiers in Statistical Quality Control 8, p.6. 인용문 참고.

[32] H. F. Dodge (1943). The Annals of Mathematical Statistics, Volume 14, Number 3, 264-279.

[33] H. F. Dodge and H. G. Romig (1944). Sampling inspection tables: single and double sampling. New York: John Wiley & Sons, Inc., vi, p.106.

[34] Hotelling, H. (1947). "Multivariate Quality Control", Techniques of Statistical Analysis, Eisenhart, Hastay and Wallis (eds.) McGraw-Hill, New York.

[35] J. M. Juran (1951). Quality Control Handbook, New York: McGraw-Hill. 1st Edition.

[36] Armand Vallin Feigenbaum, (1951). Total quality control: engineering and management: the technical and managerial field for improving product quality, including its reliability and for reducing operating costs and losses, McGraw-Hill. 1951. p.627.

[37] Page, E. S. (June 1954). "Continuous Inspection Scheme." Biometrika, VOL 41, No.1. pp.100~115.

[38] Kenneth S. Stephens, (2005). Juran, Quality and a Century of Improvement,

ASQ Quality Press, 2005. 1. 1. p.304. (1954년 주란이 'CWQC'를 JUSE에 제안했다고 쓰여 있음).

[39] Feigenbaum, Armand V. (1956). "Total Quality Control." Harvard Business Review (Cambridge, Massachusetts: Harvard University Press) 34 (6): 93-101. ISSN 0017-8012.

[40] Western Electric (1956). "Statistical Quality Control Handbook", first edition by Western Electric Co., Inc.

[41] Department of Defense, (1957). MIL-STD-414A, Sampling Procedure and Table for Inspection by Variables for Percent Defective(S/S by ASQC-Z1.9).

[42] Roberts, S. W. (1959). "Control Chart Tests Based on Geometric Moving Averages." Technometrics, Vol. 1.

[43] Halpin, James F. (1966). Zero Defects: A New Dimension in Quality Assurance. New York: McGraw-Hil.

[44] Ishikawa, Kaoru (1968). Guide to Quality Control. Tokyo, Japan: Asian

Productivity Organization.

[45] Womack, James P.; Daniel T. Jones; Daniel Roos (1990). "The Machine That Changed the World."

[46] Philip B. Crosby, (1979). Quality is Free. New York: McGraw-Hill. ISBN 0-07-014512-1.

[47] Armand Vallin Feigenbaum, (1983). Total quality control: McGraw Hill Book Company, p.851.

[48] Ishikawa, Kaoru (1985). What Is Total Quality Control? The Japanese Way (1 ed.), Englewood Cliffs, New Jersey: Prentice-Hall, pp.90~91,

ISBN 978-0-13-952433-2, translated by David J. Lu Book Company, p.851.

[49] Harry, Mikel J. (1988). The Nature of six sigma quality. Rolling Meadows, Illinois: Motorola University Press. p.25. ISBN 978-1-56946-009-2.

1.4. 시간대별 사건과 원문들을 엮어 이야기를 구성

[표 Ⅱ-1]의 사건들을 엮되 없는 이야기를 만들 순 없다. 사실에 입각해야 하고 더 중요한 건 이야기가 우리의 주제인 '관리도'와 관계해야 한다. 이런 조건들을 만족할 만한 좋은 소재가 있다. 바로 '관리도' 탄생 당시의 주변 환경 묘사가 배경으로 깔리고, 'SQC'의 핵심 인물들인 Shewhart, Deming, Juran, Dodge 등이 주인공으로 등장한다. 이들 모두를 한데 묶어 'SQC'의 드라마를 만든 이가 바로 미국의 Western Electric社이다. 다음은 '두산백과'에서 옮긴 이 회사의 일대기이다.

Western Electric은 미국의 통신 장비 제조업체로서 전화기, 전화선 및 케이블, 전자 장치 및 회로, 동력 장비, 전송 시스템, 통신 위성 등 광범위한 통신 장비를 생산하였다. 또 레이더, 항공 우주 유도 및 통신 시스템, 미사일 시스템, 핵무기 등을 생산한 주요 방위 산업체였다.

1869년 오하이오주(州) 클리블랜드에서 그레이앤드바턴(Gray & Barton)이라는 이름의 전기 기구점으로 설립되었다. 공동 설립자인 엘리셔 그레이(Elisha Gray)와 에노스 N. 바턴(Enos N. Barton)은 그해에 회사를 시카고로 이전하였다. 1872년 '웨스턴 일렉트릭 매뉴팩처링(Western Electric Manufacturing Company)'이라는 이름으로 법인이 되었으며, 세계 최초의 상업용 타자기와 백열등 등 여러 가지 새로운 발명품을 생산하면서 성공을 거두기 시작하였다.

1878~1879년 웨스턴 유니언(Western Union)과 벨 전화 회사(Bell Telephone)가 전화 산업의 지배권을 둘러싸고 다툴 때, 이 회사는 웨스턴 유니언의 주요 연합 세력이었으며 공급 업체였다. 하지만 1881년 특허 분쟁에서 승리한 벨 전화 회사에 지배권이 넘어갔다. 이듬해 웨스턴 일렉트릭이라는 이름의 새 법인이 되었으며, 벨 전화 회사는 AT&T(American Telephone and Telegraph Co.)의 계열사가 되었다.

그 후 오랫동안 AT&T의 지배를 받다가, 1984년 AT&T가 해체되면서 별도의 계열사로 분리되었고, 1996년 루슨트 테크놀로지스(Lucent Technologies)의 일부가 되었다.

Western Electric이 1869년에 생겨났으므로 영국에서 산업혁명이 일어난 지 약 30여 년 후이고, [표 Ⅱ-1]-①의 '테일러 시스템' 태동기에 비해서는 약 30여 년 전의 일이다. 한마디로 오랜 기간 명맥을 유지해온 전통 있는 회사이고 벨 전화 회사와 최근의 AT&T 및 루슨트 테크놀로지스社와의 관계 형성도 특이하다고 할 만한 점이다. 그러나 무엇보다 관심 둘 만한 사건은 이 회사에 몸담았던 인물들 중 세계 품질 관리 역사의 주류들이 상당 존재했다는 사실이다. 바로 Shewhart, Deming, Juran, Dodge 등이며, 이들의 당시 활동 상황을 "Western Electric History"에서 찾아볼 수 있다. 물론 여기엔 '관리도'가 태동됐던 당시의 상황도 잘 묘사되어 있다. 다음은 그 원문을 번역해 옮긴 내용이다.[14]

1994년 10월 AT&T Power Systems는 미국 내 제조업체로서는 처음으로 TQM의 성공에 전념한 회사에 주어지는 일본의 데밍상을 수상했다. 2년 전 AT&T Transmission Systems는 말콤 볼드리지 품질 상을 수상한 바 있다. 일부에선 이 상을 통해 결국 미국 산업이 일본의 경영 주의를 따라잡은 증거라고 생각했지만, Western Electric은 사실 오랜 기간 현대적 품질 운동의 온상이 되어왔다. AT&T Power

---

14) http://www.beatriceco.com/bti/porticus/bell/westernelectric_history.html#Western, 보완을 위해 필자가 일부 내용 삽입.

Systems의 최고 운영 책임자인 Andrew M. Guarriello는 "오늘날 TQM의 뿌리는 세 명의 AT&T 과학자와 품질 개척자인 Walter Shewhart, W. Edwards Deming, 그리고 Joseph Juran의 연구 활동에 기반을 둔다. 이 상은 나에게 생산에 관한 한 품질이 다시 원점으로 돌아왔음을 말해준다"라고 언급했다.

Western Electric을 위시한 주변 기업들에서, 작업자와 그들의 생산량 간 관계 변화를 통해 품질을 보증하는 방법이 수개 년에 걸쳐 발전되어 왔다. 회사 설립 시절엔 장인 개개인은 그들 자신의 작업을 스스로 점검했다([표 Ⅱ-2]의 '1단계' 참조). 창립 7주년째인 1876년에 Western Electric은 필라델피아의 100주년 박람회에서 주요 통신 제품들에 대해 다섯 개의 1등급 메달을 수상함으로써 그 품질의 우수성을 인정받았다.[15] 회사는 그 상을 통해 더 높은 품질의 제품을 창조해낼 수 있음을 입증하는 것이었지만 대량 생산에서도 일관성을 보일지는 사실 의문이었다. 회사의 창립 50주년 되던 때(1919년)에 Western Electric의 생산 담당 부사장인 H. F. Albright는 1880년도의 도전을 회상했다. "우리는 하루에 48개의 전화기와 송신기를 생산하도록 되어 있었다. 운이 좋은 몇몇 날에는 12개 또는 2개만큼의 제품을 생산하는 데 그쳤고 운이 따르지 않는 날엔 선적 제품 전체가 불량 처리된 적도 있었다. 공장 관리자는 절망하는 데서 벗어나 공장이 계속 유지되도록 견디어냈고, 마침내 제품을 안정적으로 선적하는 데 성공하였다."

그 시기를 필두로 Western Electric은 불량품이 고객에게 전달되지 않도록 규격과 품질 기준을 보증하기 위해 검사자 개개인을 훈련시켰다. 1920년대에 Western Electric의 Walter Shewhart 박사는 생산 품질을 한 단계 높은 수준, 즉 제품 결점을 최소화시키기 위해 통계 기법을 관리 프로세스에 적용하였다. Shewhart 박사가 1918년 Hawthorne에서의 검사 기술부에 합류했을 때, 당시 산업의 품질은 최종 제품을 검사하고 결점 있는 제품을 걸러내는 데 한계에 도달해 있었다. 그러나 1924년 5월에 모든 것이 뒤바뀌었다. Shewhart 박사의 상사인 George Edwards는 다음과 같이 당시를 회고했다. "Shewhart 박사는 종이 한 장 정도밖에 안 되는 작은 메모지를 준비했다. 그 쪽지의 3분지 1에 현재 우리가 알고 있는 도식적으로 나타낸 관리도 다이어그램이 그려져 있었다. 앞뒤로 기록된 다이어그램과 짧은 문장은 현재 프로세스 품질 관리에 필

---

15) Western Electric은 1869년 오하이오주(州) 클리블랜드에서 그레이앤드바턴(Gray & Barton)이라는 이름의 전기 기구점으로 설립되었다.

수적인 원리와 고려 사항 모두를 제시하고 있었다." Edwards는 프로세스 관리에 없어
서는 안 될 현대적 과학 분야의 탄생을 목격한 것이었다([표 Ⅱ-1]-①의 **1924년,
'Shewhart' 참조**). 같은 해 Shewhart 박사는 통계적 표집 절차를 수반한 최초의 통계적
관리도를 만들어냈다. Shewhart는 그의 발견을 1931년 "공업 제품의 경제적 품질 관리
(Economic Control of Quality of Manufactured Product)"란 제목의 책으로 출판하였다
(**[표 Ⅱ-1]-②의 1931년, 'Shewhart' 참조**). 참고로, 다음 [그림 Ⅱ-2]는 1925년
Walter A. Shewhart가 ASA(American Statistical Association) 저널에 실은 논문 내용
중 '관리도' 개념을 세상에 알린 개념도이다.[16]

[그림 Ⅱ-2] Shewhart가 1925년에 발표한 '관리도' 설명 개요도

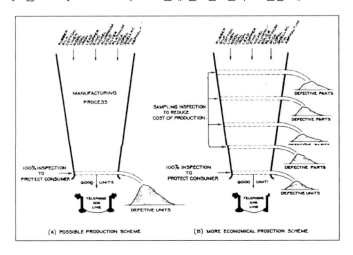

   [그림 Ⅱ-2]에서 깔때기 모양의 원통은 '생산 프로세스'를 나타내고, 그 위의 작게
보이는 글자들의 모임은 여러 '원료(Material)'들을 표기한 것이다. 이때 왼쪽 그림은
'원료' 투입 후 모든 프로세스를 거쳐 최종 단계에서 100% 검사(Inspection)로 결점
제품을 걸러내는 개요도이며, 원통 맨 아래를 통과한 제품들은 '양품(굵은 두 개 전화

---

16) Operations Management by William J. Stevenson 11th edition published by McGraw-Hill.

기가 서로 연결된 모습, 전화기와 케이블은 제품을 상징)', '정규 분포' 형태의 모래가 쌓인 형상은 문제가 발견되어 걸러진 '결점 제품'들을 각각 나타낸다. 반면에 오른쪽 개요도는 생산 프로세스 중간중간 '표집 검사(Sampling Inspection)'를 통해 '결점 제품'들을 걸러내는 구조로, 생산 비용을 줄일 수 있는 경제적 모형임을 표현한다. 이때 프로세스 중간에서의 '표집 검사'를 위해 '관리도(Control Chart)' 사용을 제안하고 있다.

그러나 Shewhart의 연구는 1930년대 후반까지 Western Electric 내 생산 환경의 경계를 넘어설 정도로 파급력을 갖진 못했다. Western Electric에서 잠시 일을 했던 당시 육군성 소속인 W. Edwards Deming은 Shewhart를 초대해서 이야기를 나누었으며 후에 데밍은 출판물을 편집하는 데 일조했다. 1947년, 새롭게 구성된 ASQC(American Society for Quality Control)는 품질 분야에 기여한 개인에게 Shewhart 메달을 수여하기 시작했는데, 그 해 첫 번째 수상자가 바로 Walter Shewhart 박사였다([표 Ⅱ-1]-⑤의 1946년, 'ASQC' 참조). 그때까지 Western Electric의 Joseph Juran과 Bell Labs의 Harold Dodge는 연방 정부의 품질 노력에 주요한 품질 관리적 기여를 하고 있었다. 제2차 세계대전 동안 그들과 Western Electric 및 Bell Labs에서 차출된 여러 엔지니어와 통계학자들은 육군성을 위해 '표집 검사 계획(Sampling Inspection Plans)'을 군 표준(Military Standard)으로 만드는 작업을 이행했다. 이에 'MIL-STD'는 미국뿐만 아니라 전 세계에서 사용되는 표준으로 자리 잡았다([표 Ⅱ-1]-④의 1941년, 'ASA' 참조).

전쟁 후, 미국은 품질 전문가를 일본에 보냈다. 연합국 최고 사령관의 총 사령부 내 민간 통신 섹션(CCS)[17]은 일본의 통신 시스템을 재건하고 동시에 품질을 높이는 활동을 수행하고 있었다. CCS는 Western Electric과 Bell Labs의 엔지니어들을 접촉해 일본 장비 제조 실무자들에 품질 기초를 가르치도록 했는데, 훗날 그들은 이 같은 학습 과정이 얼마나 가치 있었는가를 세계에 알리는 계기가 되었다.

일본 실무진을 가르치는 데 가장 두드러졌던 인물은 첫 직장인 Western Electric에서 12년을 일했던 Juran과 두 번의 여름을 동일 직장에서 일했던 Deming이었다([표 Ⅱ-1]-⑤의 1951년, 'JUSE' 참조). Western Electric에서의 경험에 영향 받았던 Juran은 품질에 대한 훈련 프로그램의 중요성을 강조하였다. 훈련 프로그램의 활용을

---

17) The Civil Communications Section (CCS) of the General Headquarters of the Supreme Commander for the Allied Powers.

통해서만 회사 내 모든 작업자가 필요한 품질 관리 기술, 즉 지속적으로 품질을 향상시키는 데 요구되는 조건을 확립할 수 있다고 믿었다(**[표 Ⅱ-1]-⑥의 1954년, 'Joseph M. Juran' 참조**).

　Western Electric에서 품질에 대한 이 같은 전문 지식은 작업 현장에서의 소통에 유용하였는데, 가장 극적인 예가 1940년에 Hawthorne 품질 보증부에 합류한 Bonnie Small에 의해서이다. 제2차 세계대전 동안 그녀의 경험은 그녀로 하여금 Shewhart의 추상적인 아이디어가 새롭게 고용된 작업자들에겐 거의 도움 되지 못한다는 확신을 서게 했고, 그래서 그녀는 Shewhart의 아이디어를 실용적 방법으로 바꾸는 작업에 착수하였다. 1948년 Allentown Plant에 합류한 후 Small은 Western Electric 전체에 소속된 품질 전문가들과의 커뮤니티를 결성해 공장을 위한 핸드북을 집필했다. 이것이 Western Electric의 오랜 전통의 품질 관리와 교육 및 훈련을 융합한 대표적인 핸드북이다. 책 내용을 구성하는 데 필요한 많은 자료는 1949년부터 1956년까지 관리자, 엔지니어, 그리고 작업 현장 근로자들을 대상으로 실시된 Western Electric의 훈련 과정에 기반을 둔다. "Western Electric의 통계적 품질 관리 핸드북(Western Electric Statistical Quality Control Handbook)"은 1958년에 세상에 나왔으며, 지금까지 전 세계를 통틀어 제조 작업 현장 내 품질 관리의 바이블이 되어왔다(**[표 Ⅱ-1]-⑥의 1956년, 'Western Electric' 참조**).

　'품질'과 '기술 혁신'은 오늘날 세계 제조 현장의 경쟁에서 성공하기 위한 두 개의 품질 보증마크가 되고 있다. '품질'과 '기술 혁신' 모두는 생산 분야에서 Western Electric의 유산이며, 이제는 Lucent Technologies가 물려받고 있다.

　[표 Ⅱ-1]과 같은 품질 역사의 사건별 목록을 이야기로 엮어낸 예에서 앞으로의 내용 전개를 위해 제일 먼저 어떤 내용을 탐독해야 하는지가 확인되었다. 즉, 1956년 Bonnie B. Small[18]이 완성한 「Western Electric Statistical Quality Control Handbook」이 그것이다. 물론 '관리도'의 원조 격 출처는 그를 탄생시킨 Shewhart의 『공업 제품의 경제적 품질 관리(Economic Control

---

18) 실제는 제조부 엔지니어 스텝이 지명한 '핸드북 위원회(Handbook Committee)'가 주관했으며, Miss Bonnie B. Small은 '기록 위원회(Writing Committee)'의 의장이었다.

of Quality of Manufactured Product)』란 책이 적절할 것이나 『Western Electric Statistical Quality Control Handbook』이 프로세스 담당자를 대상으로 한 교육적 목적의 '관리도' 관련 최초 출판물이고, 또 우리 역시 프로세스 엔지니어 또는 연구원을 대상으로 본문을 기술하고 있어 Western Electric의 핸드북을 원조(?)로 보고 '관리도'의 기본 원리를 이해하는 게 바람직할 것 같다. 이에 다음 단원부터 Western Electric의 SQC 핸드북 본문 중 '관리도' 관련 기본 내용을 자주 인용할 것이다. 이 같은 접근은 '관리도'를 단순히 '도구(Tools)'로 보고 그 용법만을 익히는 협의의 접근보다, '통계적 품질 관리(SQC)' 차원에서 '관리도'에 대한 해석의 폭을 넓히고 응용력을 키우는 계기로 작용할 것이다.

1.5. Shewhart의 관리도에 대한 철학과 우연·이상 원인의 탄생

여기서 다룰 내용이 '관리도' 본래의 주제에서 약간 벗어날 수 있을 것이란 우려감도 든다. 그러나 Shewhart가 '관리도'를 만들어 낼 때 가졌던 바탕 사상, 또는 쉽게는 현상을 타점으로 표현하는 '부호 이론'이나 사건을 과거/현재/미래로 표현하는 '시점의 관리', 또 관리도 전체의 '레이아웃'을 어떻게 완성시켰는지 철학적 관점에서 바라보는 것도 의미가 있다. 이를 통해 '관리도'를 그저 하나의 고정된 도구로만 볼 것이 아니라 프로세스 담당자가 처한 상황에 따라 다양하게 응용하는 데 활용되었으면 하는 바이다. 본 내용은 '관리도' 창시자인 Shewhart의 철학적 사고를 연구한 Dr. Mark Wilcox의 논문을 기반으로 한다.[19] Shewhart 본인이 물리학 전공자임을 감안하면 이후 언급될 그의

---

19) Dr Mark Wilcox, 2003. "The Philosophy of Shewhart's Theory of Prediction", modified version of the author's presentation to the Proceedings of the 9th Research Seminar:

주장들 속에서 자연 현상, 철학, 확률 등에 대한 그의 고민을 약간이나마 엿볼 수 있다. 참고로, 본 소단원에서 쓰고 있는 '저자'라는 단어는 논문의 저자인 'Dr. Mark Wilcox'를 이르니 혼선이 없었으면 한다.

사실 논문은 철학 용어와 관련 학파들의 사상으로 약간(?) 도배되어 있어 기업인들에 불필요한 내용이 포함될까 편집해 옮기는데 노심초사 신경이 많이 쓰였다. 우선 저자는 한 세기 가깝게 엔지니어나 통계학자뿐만 아니라 수학자나 다양한 분야의 전문가들에게 '관리도'가 별다른 거부감 없이 지속적으로 연구와 실용성의 대상으로 자리 잡힌 이유를 철학적 견지에서 설명하고 있다. 또 관리도를 형성하는 근본 원리들을 Shewhart의 1931년도와 1939년도 두 개 저서를 중심으로 다룬다. 이런 이유로 "관리도가 어떻게 해서 사람들의 필요성을 충족시켜 주고 있는지 해답을 줄 수 있지 않을까?"란 생각에 이르고, 아마도 '관리도'가 갖고 있는 그것만의 보이지 않는 특징을 우리에게 잘 설명해 줄 수 있지 않을까 하는 기대감을 낳는다.

(Shewhart 발상의 뿌리) 저자는 '관리도'를 해석하기 위해 두 개의 철학적 사상을 도입해 관리도와 빗대는 것으로부터 시작하는데, 여기엔 Whitehead(1929)[20]가 형이상학적 논쟁거리로 정한 '실체(Substance)'와 '끊임없는 변화(Flux)'가 등장한다. 전자는 'Being', 후자는 'Becoming'으로도 해석되며, '관리도'와의 관계는 다시 "Being은 어떤 것이 존재하는 정적 상태인 실체(중심선, 그룹 내 변동)"를, "Becoming은 끊임없이 변화하는 흐름의 상태, 즉 프로세스(그룹 간 변동)"를 지칭한다(어렵다!).

'Being', 곧 '실체(Substance)'는 사실 잘 와 닿지 않는다. 실제 'Substance'를 철학적 관점에서 조사하면 아리스토텔레스부터 어쩌고 하는 꽤나 어려운

Deming Scholar's Program, Fordham University, New York.
20) Whitehead, A. N. (1929/60). Process and Reality The MacMillan Company. New York.

단어들이 쏟아져 나와 이걸 옮겼다간 당장 "뭔 책이지?" 하는 악성 댓글이 쇄도할 게 뻔하다. '실제'를 조금 순화한 내용으로 옮기면 "(철학사전, 2009, 중원문화)마르크스주의 이전의 철학에서, 모든 존재하는 것의 기초에 있고 이들 존재의 성질 변화나 각종 현상에도 불구하고 **항상 변하지 않고 동일하게 머무는**, 존재의 근원을 이루는 것"을 말한다. '실체(Substance)'는 곧 '정적인(Static), 변하지 않는 (상태)'를 나타낸다(즉, **관리도의 '중심선', '그룹 내 변동'에 비유됨**). 이 대목에서 저자는 Shewhart가 관리도를 세상에 드러내기 이전까지는 엔지니어와 과학자들이 파르메디안 원칙에 기반을 둔 우주관을 따랐다고 기술하고 있다. 파르메니데스(B.C. 515?~445?)는 기원전 5세기경 그리스 철학자로 "존재하는 것은 생성되지도 소멸되지도 않으며, 나누어질 수 있는 것도 아니고, 더 많이 있지도 않고, 더 적게 있지도 않은 하나의 연속적인 전체"라고 결론 내렸는데, 이것을 '파르메니데스의 일자(一者)'라고 한다. 이것은 이후에 기술할 헤라클레이토스(B.C. 540?~480?)의 'Flux'와 상반되는 주장이다. 결국 'Being과 Becoming', 또는 'Substance와 Flux'는 서로 간 대비되는 개념이라는 것을 알 수 있다.

저자는 논문 서두에서 "'Shewhart 관리도'는 통계적 프로세스 관리의 전형이자 시스템적 사고와 연결되어 있다. 다시 '시스템'이란 공동의 목표하에 서로 연결되어 있는 부분들의 집합, 즉 '프로세스'들이며 우주에 대한 시스템적 사고란 정적이지 않고 항상 변화하는 상태"라고 기술하고 있다. 좀 더 저자의 의도를 Shewhart와 관련지으면, "Shewhart는 그가 창조한 관리도와, 변동을 야기하는 '알려져 있지 않은 우연 원인 및 이상 원인'을 통해 그만의 독특한 방식으로 2500여 년간 이어져온 Being과 Becoming 간 논쟁을 다루고 있다"로 해석된다.

Shewhart는 만물에 '변동(Variation)'이 어떻게 존재하는지를 설명하려고 애썼는데, 이런 노력은 그동안 기반이 되어온 과학적 사고와는 근본적으로 다른 새로운 방식의 우주관이었다. '만일 만물에 변동이 존재한다면, 그때는…?'이란 물음에 Shewhart는 다음과 같이 답한다([표 Ⅱ-1]-②의 1931년, 'Walter A. Shewhart' 참조: p.6).

"만일 만물에 변동이 존재하면, 그 때는 원하는 것을 할 수 없다거나 왜 할 수 없는지 그 이유를 알아내기가 매우 어렵게 된다. '품질' 역시 관리가 이루어질 경우 그것이 일정하게 유지되지 않을 것이란 점도 명백하다. 품질이 관리되어도 그 품질 역시 변화하기 때문이며 이것이 첫 번째 특징이다."

이 논점은 세상에 속한 만물에는 항상 움직임이 있다는 것이고(**관리도의 '그룹 간 변동'에 비유됨**), 저자(Dr. Mark Wilcox)는 이런 의미를 "Discourse of Flux"로 명명한다. 굳이 우리말로 표현하면 "끊임없는 움직임"의 총체적 표현(?)쯤 된다('Discourse'는 '담론'이란 뜻으로 철학적 개념은 가히 복잡~!).

'Being Static'의 반대인 '끊임없는 변화(Flux)나 움직임(Motion)'을 우주에 대해 지속적으로 논한 학자는 기원전 5세기경 그리스 철학자 헤라클레이토스(B.C. 540?~480?)로 거슬러 올라간다. 그는 'Being and Becoming'의 논쟁을 촉발시킨 'Flux' 가설의 창시자로서 "사람은 같은 강에 두 번 설 수 없다"는 유명한 말을 남겼다. 사람과 강 모두가 시시각각 변화하므로 조금 전 상황이 똑같이 재현되는 일은 없다는 뜻이다.

혹 여기까지 꾸준히 읽어온 독자가 있다면 "욱!" 하고 인내의 한계를 보일는지 모르겠다. 해서 지금까지의 내용을 우리 식으로 요약해보았다.

"'(필자) Shewhart 관리도'는 모든 게 변화한다는 '변동'에 기반을 두고 탄생했으며, 이 사상의 뿌리는 헤라클레이토스의 'Flux'와 동일선상에서 이해되어야 한다"이다.

이렇게 간단한 걸 너무 복잡하게 써 내려와 죄송스럽기까지 하다. 하지만 '관리도' 그 자체만으로의 '가벼움'을 충분히 무게 있고 튼실하게 해주는 느낌이 들었다면 본 공간이 의미 있는 역할을 한 것이다.

(통계의 접목) 'Shewhart 관리도'가 통계를 십분 활용한다는 점에서 당시이에 대한 배경을 Shewhart가 교황의 어록을 비유해 쓴 저서의 서문에서 엿볼 수 있다(**[표 Ⅱ-1]-②의 1931년, 'Walter A. Shewhart' 참조: pp.4~5**).

> "'(교황) 우연(확률)은 존재하지만 (어떤) 영향으로 나타날지 모르므로, 그것을 알지 못하는 상황에선 때를 기다려야 했다.' (Shewhart) 이것은 다른 말로 우연의 법칙보다 물리 법칙의 정확성을 강조한 것이다. 그러나 오늘날 강조해야 할 대상은 다른 곳에 있는데… '최근의 수리 물리학자들은 소위 자연의 법칙이 기본적으로 통계에 기반을 둔다는 쪽으로 의견 일치를 보고 있으며, 방정식과 이론이 할 수 있는 역할은 연속적으로 바뀌는 확률의 영향력을 우리에게 알려주는 것에 있다."

Shewhart가 이 글을 쓴 시점은 자연 과학사 속에서 통계적 방법이 막 불붙던 시기였다. Shewhart는 8년 뒤인 두 번째 저서에서 이 내용을 좀 더 명확하고 현실감 있게 발전시켰다(**[표 Ⅱ-1]-③의 1939년, 'Walter A. Shewhart' 참조: p.4**).

> "…1787년 대량 생산 개념이 정밀과학[21]에 기반을 두고 탄생했다면, 1924년 관리도 기법의 근간을 이루는 개념은 확률을 기반으로 한 과학에서 탄생하였다."

---

21) (국어사전) 양적 관계를 엄밀하게 측정하여 얻는 논증이나 인식으로부터 성립하는 과학. 수학, 화학 따위를 이른다.

당시 엔지니어들은 초창기 대량 생산의 특징 중 하나인 '정확하게 호환할 수 있는 부품'의 생산에 집중하고 있었으며(즉, '정밀과학'이 필요한 이유가 여기에 있었음), 당시의 '품질 활동'은 주로 검사와 검출 활동에 의존하고 있었다. Shewhart는 다음을 타당한 원칙으로 받아들이고 있었다([표 Ⅱ-1]-② 의 1931년, 'Walter A. Shewhart' 참조: p.353).

"때로 사람은 자연의 모든 법칙을 알게 되고, 그 결과 절대적 확신하에 미래의 제품 품질이 어떻게 될지를 예측할 수 있다고 믿는다… (이하 추가된 내용) 실험실에서 단일 법칙의 작용을 높은 정밀성으로 관측할 수 있도록 조건들을 충분히 일정하게 유지할 순 있어도, 오늘날 상업적 생산에서 요구되는 조건들하에서 실험실의 그와 같은 불변성의 정도가 일반적으로 유지될 수 없다는 것쯤은 엔지니어도 명확하게 인지하고 있다. 사실, 과학적 사고로 무장된 많은 리더들이 하고 있는 것처럼, 만일 우리에게 믿음이 있다면 이 세계에서 **변하지 않는 유일한 대상은 아마 통계적 성질**이 되리라는 것이고, 이때 '모든 자연 법칙과 관련된 지식은 정밀과학(精密科學)으로 해석될 수 있다'는 완전한 깨달음은 불가능한 것으로 여겨진다."

관리도가 '변동'에 기반을 두고 있고, '변동'을 설명할 수학적 처리로써 '통계'가 가장 적합하다면 당시 Shewhart의 입장에선 "최선의 수순을 밟고 있었다"고 해석하는 게 가장 이상적일 것 같다.

(Shewhart의 '관리'와 '예측' 이론) Shewhart는 만물이, 심지어 '정밀과학' 조차도 변동한다고 주장했는데 이를 통해 나타나는 '문제'를 철학자적 소양으로 다음과 같이 서술하고 있다([표 Ⅱ-1]-②의 1931년, 'Walter A. Shewhart' 참조: p.6).

"과거 경험을 통해 하나의 현상을 예견할 수 있으면 그 같은 경우를 '관리'라 하고, 그 현상은 최소한의 한계들 안에서 미래에 어떻게 변화할지 예측될 수 있다. 여기서 '한계들 안에서의 예측'이란 관측된 현상이 대략 주어진 한계들 안에 존재할 확률을 나타낸다는 뜻이다…."

이 내용을 통해 **'예측(Predict)'이 '관리(Control)'와 불가분의 관계에 있다는 것**과 '관리(Control)'는 "현재, 이곳(Here), 또는 지금(Now)"을, '예측(Prediction)'은 "장래에 일어날 일"임을 알 수 있다. 잘 알려져 있다시피 관리도 원리는 **타점들이 현재 '상·하 관리 한계' 안에서 움직이면 미래에 존재하게 될 다음 타점도 그 영역 안에서 나타날 것이란 '예측'의 의미**를 담고 있다. 하지만 관리도의 '예측' 기능에 대해 다소 불현듯 튀어나온 듯한 느낌을 지을 수 없다. 이를 보완이라도 하듯 Shewhart는 다음의 규칙을 정하고 있다([표 Ⅱ-1]-② 의 1931년, 'Walter A. Shewhart' 참조: p.7).

"사실 일식(日蝕)의 시점을 알아내는 예측은 과학과 산업에서 이루어지는 연구에선 이례적이다. 모든 예측에는 '우연' 성분이 들어간다. 여기서 특별히 관심 가질 문제는 '우연' 성분이 예측에 있어 과학적 근거로 공식화되는 데 있으며, 이에 대한 논의로써 하나의 현상에 포함된 '알려지지 않은 원인(Unknown Cause)'을 **'우연 원인(Chance Cause)'으로 정의**할 것이다"

'우연 원인(Chance Cause)'이 탄생되는 순간이다. '알려지지 않은 원인(Unknown Cause)'의 개념은 아주 흥미로운데, A. S. Eddington 교수가 Gifford에서 강의한 내용을 통해 간접적으로나마 그의 영향을 받았음을 알 수 있다. 즉 "알려져 있지 않은 무엇인가에 의해 우리가 알지 못하는 뭔가가 일어난다." Shewhart가 기술한 '알려져 있지 않은(Unknown)' 문제와 '우연 원인'이 무엇인지 명확하게 설명될 경우, A. S. Eddington과 Shewhart의 아이디어가 매우 유사할 것이란 판단과, '관리'와 '예측'의 개념도 분명해질 수 있다.

Shewhart가 오래전부터 철학적 논쟁거리인 'Flux(만물이 끊임없이 변화하는) 이론'을 받아들였으므로, 거기에 그가 도입한 '관리'와 '예측'의 개념을 추가로 발전시킬 필요가 생겼다. '우연 원인'에 대한 그의 신선한 아이디어는 정적인 담론(Being)의 덫을 피하면서, 변화의 담론(Flux)을 사회적으로 형성해보려는 최초의 시도였다. 만물 속에 존재하는 변동이 '우연 원인'에 의해 생겨난다는 발상은(원인들이 사소하고 늘 존재하며, 제어의 대상이 아니라는 점에서) 그 원인은 '알려져 있지 않음(Unknown)'으로 불릴 만하다. 2500년 동안 철학자들은 Being과 Becoming의 개념을 붙잡고 '이곳(Here)'과 '지금(Now)'을 어떻게 이해할 것인지에 대해 막대한 논리를 쏟아내며 싸워왔다. '변동'과 '우연 원인' 및 '이상 원인'의 개념은 이 문제를 다루려는 Shewhart의 시도로 보인다.

Shewhart는 그의 이론이 어떻게 작동하는지를 보여주기 위해 네 개의 사례를 이용했으며 이때 적용한 '대수 법칙(the Law of Large Numbers)'을 통해 Eddington으로부터 몇 가지 조언을 받고, 당시 '알려져 있지 않은 우연 원인계(Unknown Systems of Chance Cause)'의 이론을 인정받기에 이른다. 이때 '우연 원인계' 역시 변동하며, 여기엔 '제어되는 우연 원인계' 또는 '일정한 우연 원인계'가 포함된다고 하였다(1931: Chapter X). 그는 이때 '품질 관리' 및 '예측'과 관련된 아이디어를 더 명확하게 정립한다.

그러나 개념상 미래를 알아내는 '예측'에 여전히 문제 소지가 있었으며, 이에 '우연 원인'에 대한 그의 개념을 '관리' 및 '예측'과 연계해 과학적 근거를 마련할 필요성이 대두되었다. 그는 향후 30년간 주가를 예측하는 것과, 30년간 동전을 100번 던지는 극단적인 결과를 생각했는데, 확실히 전자가 신뢰도가 떨어지므로 그같이 투자하진 않을 것이나 동전을 던져 비슷한 과정의 결과를 확률적 한계 내에서 예측하는 것은 상대적으로 무난하다는 느낌을 갖게 한다(즉, 동전 던지기는 매번 우연에 의해 결과가 나타나지만 결국은 1/2이라는 예측된 결과에 수렴함). 이 예는 모든 '우연 원인계'들이 동일하지 않다는 뜻으로, 이로부터 그의 이론을 뒷받침할 다음 세 개의 공준들 중 첫 번째를 탄생시키는 계기가 되었다(**[표 Ⅱ-1]-②의 1931년, 'Walter A. Shewhart' 참조: p.8, 12, 14**).

1) 공준 1: 모든 '우연 원인계'가 과거의 자료로 미래를 예측할 수 있게 한다는 의미는 아니다. 그러므로 만일 우리가 제품의 품질을 미리 정한 한계 안에서 예측할 수 있으려면 품질을 결정하는 원인계가 미래 예측이 가능한 것인지 아닌지 결정하기 위해, 관측된 변동성을 채택할 몇 가지 기준(Criteria)을 찾아야 한다.
2) 공준 2: 일정하게 유지되는 '우연 원인계'들이 자연에 존재하나, 생산 프로세스에 존재하는 '우연 원인계'와는 완전히 다른 것이다. 오늘날 통신 장비를 생산하는 프로세스에서 그와 같은 '원인계'들을 상당히 자주 접하고 있다.
3) 공준 3: 변동의 '이상 원인(Assignable Causes)'들은 관리 확보를 위해 생산 담당자가 반드시 찾아내 제거해야 한다. 그러나 통상 관측된 데이터의 집합으로부터 '이상 원인'의 존재 유무를 판단하기는 꽤나 어렵다. 따라서 '이상 원인'들을 찾아내기 위한 몇몇 기준이 필요하다. (필자) 이에 대해서는 이후에 설명될 '결정 규칙'이나 '비정상 패턴' 등의 상세 설명과 연결된다.

(관리 한계) Shewhart는 '우연 원인계'와 '이상 원인계'를 구별하기 위해 '관리 한계'의 개념을 도입했으며, '관리 한계' 적용으로 '이상 원인'들이 드러나고 제거될 수 있었다. 그는 이 과정을 설명하기 위해 세 개의 관리도에 '이상 원인'의 제거 과정을 선보였는데, 즉 "'공준 3'을 통해 '원인계'와 품질 분포의 편차가 안정화될 때까지 변동을 일으키는 원인들을 찾아 제거하는 과정은 반복된다"로 설명하고 최종 관리도의 표제를 다음과 같이 적고 있다(**[표 Ⅱ-1]-②의 1931년, 'Walter A. Shewhart' 참조: p.8, 12, 14**).

"판단+현대적 통계 시스템이 그와 같은 한계(Limits)의 설정을 가능케 한다."

이때 위 문장 중 '판단(Judgement)'이 포함된 것에 주목할 필요가 있다. Shewhart는 수리 통계학자들이 '이상 원인'을 구별해내기 위한 기준을 제대로 제공하지 못한다고 주장했으며, 다음과 같이 엔지니어의 판단을 주문하였다(**[표 Ⅱ－1]－②의 1931년, 'Walter A. Shewhart' 참조: p.18**).

> "설사 아무리 뛰어난 이론가들이 확률과 통계 이론에 근거한 기준이 있다고 주장하더라도 이론만으로의 기준은 존재할 수 없다. '판단(Judgement)'을 강조하는 것은 '이론'과 '실행' 사이의 선을 나눈다는 취지이며 **사람의 의사 결정력을 열어둔 것**이다. 멋진 통계 이론을 기초로 만들어진 기준이라도 모든 문제 해결에 다 들어맞는 것은 아니다. 기준의 타당성은 그것이 사용되는 환경하에서 경험적으로 증명되어야 하며, 실용 노선의 공학자라면 '푸딩의 검증은 먹어 보는 것이다'라고 말할 것이다."

'이론'과 프로세스에 입각한 '역할'을 현실적으로 결합시킨 것은 Lewis의 관념을 그대로 따른 것으로 보인다. Shewhart는 엔지니어와 과학자들이 제한된 실험실에서가 아닌 '실제'의 결론들로 '의사 결정'을 해야 한다는 점을 피력하고, 순수 통계와 응용 통계 사이를 구별하는 데 전념했다. Shewhart는 원인들을 완전히 제거할 때까지 '시행착오'의 사용을 종용했는데, 다음과 같이 역설하였다(**[표 Ⅱ－1]－②의 1931년, 'Walter A. Shewhart' 참조: p.21**).

> "그러므로 실험 내용을 기반으로 변동의 원인들을 제거하기 위해 연구를 더 해나가는 것은 실현성이 없다고 생각했다."

1939년에 Shewhart는 그가 연구한 결과를 믿고 해당 개념을 다음과 같은 내용으로 그의 두 번째 저서에 포함시켰다(**[표 Ⅱ－1]－③의 1939년, 'Walter A. Shewhart' 참조: p.42**).

"올바른 결론에 이르기 위해 확률 이론으로부터 유도된 조건들을 이론이 아닌 사람의 경험을 통해서도 성공적으로 얻을 수 있다는 사실은, 합리적 사고에 기반을 두고 사람의 행위가 이루어질 필요가 있다는 것이며 그 행위는 늘 과거의 '증거 E'를 '예측 P'와 연관시키기 위한 시도가 된다는 것을 의미한다."

따라서 통계 이론이 전체 역할 중 일부를 담당하고는 있지만, 관리도에서 최종 한계를 결정하는 일은 인간이 판단해야 할 소임이다. 과학 철학의 관점에서 이 같은 연구의 중요성이 과소평가되어서는 안 된다. Shewhart는 'Flux' 이론을 따랐고 프로세스에서 'Flux'를 이해하고 해석할 수 있는 방법을 완성한 것이다.

(정밀도와 정확도의 측정) 관리도의 타점은 '여기와 지금'을 표현하는 데 있어 대단히 상징적이다. 그 자체가 존재의 상징이 될 수 있으나 몇 개가 서로 연결될 경우 'Becoming'과 'Flux'를 형성한다. Shewhart는 관심 대상의 사물을 정밀하고 정확하게 측정하는 방법을 찾았을 정도로 측정 프로세스를 매우 진지하게 고려했다는 것을 알 수 있으며, 이 문제에 대한 규칙을 고민하던 중 Goodwin(1908)의 연구를 알게 되었다. Goodwin은 측정 방법으로써의 '정확도'와, 유사한 환경에서 재현성을 의미하는 '정밀성'을 정의했던 인물이다. 온갖 수단을 강구하던 Shewhart는 '오차론(the Theory of Error)'에 매혹됐고, 'Discourse of Flux'에 대한 더 많은 변동을 실증하였다. 우리는 데이터가 '통계적 관리' 방법으로 얻어졌는지(즉, 정확도와 정밀도) 또는 그렇지 않은지에 주목할 필요가 있다. 만일 데이터 수집 절차가 통계적이면 그때 우리는 데이터로부터 이루어진 예측을 신뢰할 수 있으며, 그 역도 성립한다. 데이터 수집 절차를 묘사한 'Shewhart Diagram'은 대단히 단순하면서도 그 상황 표현력에 감동을 선사한다(?)([표 Ⅱ-1]-③의 1939년, 'Walter A. Shewhart' **참조: p.89**).

X

H　　　　　　　　C

‘X=측정 값’, ‘H=관측자’, 그리고 ‘C=초기 조건’을 설명하는 알파벳이다. 기본적으로 이 과정은 매번 데이터가 수집될 때마다 반복된다. 만일 ‘H’ 또는 ‘C’ 중 하나가 변하면 그땐 ‘관리 이탈’을 야기하는 ‘측정 프로세스(중 생겨난) 원인’이 될 수 있다는 점에 주목하자. ‘Shewhart Diagram’을 연속해서 반복하면 ‘예측’ 과정을 설명하는 개요도가 완성되며, 따라서 ‘Shewhart Diagram’을 관리도에 타점한 이후 벌어지는 ‘과정(Process)’으로 인식할 수 있다.

(예측) 지금까지 ‘예측’에 중요한 기반 역할을 하면서 Shewhart의 ‘이론적 지식’과도 연결되는 ‘데이터 수집 방법(정확, 정밀, 통계적 수집 등)’에 대해 알아보았다. 이 대목에서 Shewhart가 Lewis의 영향을 받았다는 사실은 더욱 공공연해지고 ‘예측’ 과정에서 나타나는 실용주의 노선도 확인할 수 있다. 기본적으로 ‘예측’은 각 시점의 데이터가 수집된 후 관리도에 매번 타점될 때마다 벌어지는 과정이다(**[표 Ⅱ-1]-③의 1939년, ‘Walter A. Shewhart’ 참조: p.86, Figure 11**).

[그림 Ⅱ-4] Shewhart의 예측 다이어그램

[그림 Ⅱ-4]의 모델을 사용할 때 왼쪽 모퉁이의 '원 데이터'로부터 시작한
다. 다음 Shewhart는 '예측'을 위한 여러 방법들을 설명하고 있는데(그림의 중
간 영역), 예를 들어, '예측'에 적합한 가장 좋은 '추정량'이나 '확률' 등이 그
것이다. 이같이 '확률 정도'를 보고 '판단(Judgement)'하는 상황은 앞서 설명
된 '데이터'와 '이론'의 결합을 통해 완성된다.

그러나 통계와 확률 이론의 영향을 고려한 것뿐만 아니라 반대로 Shewhart
의 연구에 대한 과학 철학의 영향도 빼놓을 수 없다. 다음은 확률의 부정적 견
해를 담고 있다(**[표 Ⅱ-1]-②의 1931년, 'Walter A. Shewhart' 참조: p.481**).

> "일반적으로 추정의 문제는 모든 유도와 관련해 보편적 어려움을 겪게 만든
> 다. 만일 A Treatise on Probability, J. M. Keynes, …와 같은 책을 읽는다면
> 먼저 확률 이론을 적용해서 얻어지는 많은 심각한 어려움들에 직면한다는 사실
> 때문에 큰 실망감을 금치 못할 것이다. 그런 경우의 유용한 강장제는 다음의 책
> 한두 권을 읽는 것이다. The Nature of the Physical World, Eddington(1928)…
> The Logic of Modern Physics, Bridgman(1928)… The Analysis of Matter
> Russel(1927)…. 만일 불평 많은 사람이 의욕도 남다르다는 말이 맞는다면, 최
> 소한 이들 서적을 통해 해답을 찾을 수 있다. 확실히 물리적 현상을 해석할 때
> 겪는 심각한 어려움들이 다른 모든 분야에서도 공통적으로 나타나는 현상이며
> 이들 책에서의 설명은 심지어 정밀과학에서조차 확률적 이론의 응용에 얼마만
> 큼 의존해야 하는지를 보여준다."

역사적으로 유도 과정은 문제들을 수반하고, 문제들은 다양한 'Flux 주의(主
義)' 속에 항상 내재한다. 앞서 강장제로 소개된 책들 중 Eddington(1928)의
연구만을 생각해보자. 시간의 흐름 속에서 당시 그가 다룬 '여기와 지금'에 대
한 정확한 위치 규정 방법이 공론화됨으로써 '사건들의 위치(Location of
Events)'화 개념은 과거와 현재, 미래 모두를 대상으로 발전하였다. 그는 우주

의 웅장한 이론들이 크게 도전받던 당시 17세기에 '지금(Now)'의 개념은 "세상에서의 순간적인 상태"라고 설명했다. 이 개념은 전반적으로 시간과 빛은 움직이기 때문에 '지금'은 순간적이 될 수 없다고 주장한 천문학자 Romer에 의해 묵살되기도 하였다.

Eddington은 'Becoming'에 대한 몇 가지 유용한 개념인 엔트로피와 새로운 인식론을 개발했다. 그는 인식론과 관련된 책의 본문을 마무리하면서 재미와 더불어 Shewhart의 주의를 끌 만한 구절을 기술하고 있는데, 이것은 해석 과정에 현재의 지식이 어떻게 쓰이고 모든 해석이 어떻게 '예측'과 관계하는지에 대한 것이었다. 그는 지식의 총체를 시시각각으로 변화하는 상황에서의 '새고 있는 양동이'로 묘사한다. 다음은 이에 대한 Shewhart의 논점이다(**[표 Ⅱ-1]-③의 1939년, 'Walter A. Shewhart' 참조: p.104**).

> "정적이지 못한 지식의 특징이란… 새로운 증거가 더 많은 데이터에 의해 입증될 때, 또는 새로운 예측들이 새로운 이론에 의해 동일한 데이터로부터 만들어지자마자 우리는 지식을 '변화하는 것'으로써 규정짓도록 강요받는다. 이런 의미에서의 지식은 연속적인 프로세스 또는 방법이며, 기본적으로 이 점에서 예측하는 접근 자체가 확실성에 도달할 가능성이 있을 것이란 생각에는 차이가 있다."

우리는 또 '현재(Present)'를 해석할 때, 실제 값에 의해 이론과 법칙들이 어떻게 판단될지도 관심 가져야 한다. 이론과 법칙들은 수정되거나 잘못 만들어진 신규 데이터, 또는 해석들 때문에 형성된 '변동'의 영향을 받을 수 있기 때문이다.

지금까지의 내용은 '예측'에 대해 화자들의 생각을 전달만 하고 있어 독자들은 다소 난해한 느낌을 가질 것이다. 관리도 관점에서 요약하면 다음과 같다.

(필자) '예측'은 현재 데이터를 기반으로 하기 때문에 그들의 수집 상태에 영향 받고, 또 그들로부터 '현재를 어떻게 규징지을시가 화두'이며, 현재를 바탕으로 한 미래의 예측 방법은 변화무쌍할 것이고 대안은 "확률 통계가 의미 있을 것이다"이다.

(과거, 현재 그리고 미래) 이 주제를 강조하기 위해 Shewhart는 Lewis(1934)의 다음 말을 인용하고 있다(1939, p.80). "경험을 통해 시작과 끝을 안다는 것…, 그러나 경험에서 끝나는 것이 아니라 시작하는 것이다(이 의미는 Shewhart's Wheel을 염두에 둔 표현임)." Shewhart는 확실히 해결하고 싶은 난제(과거, 현재, 미래를 한 번에 표현할 방법)들에 골몰하곤 했는데, 그의 아이디어를 완성하는 데 도움 되는 몇 가지 방식들을 채택하고자 하였다. 특히 Shewhart는 단순한 다이어그램을 통해 그의 난제를 해결하려고 노력하였다. 그가 생각했던 개념을 앞서 설명했던 '예측'을 위한 다이어그램(1939, Shewhart, [그림 Ⅱ-4])과 결부시키면 '현재'에 해당되는 지점, 즉 그림 중심의 왼쪽에서부터 시작한다. Shewhart가 고안한 개념과 이 다이어그램이 함께 작동될 때의 혜택을 알아보기 위해 시간의 화살표는 미래로 계속 연장되는 상황에서 '현재' 위치에 회전하는 바퀴 같은 작용의 그림([그림 Ⅱ-5])을 상상할 수 있다. 이

[그림 Ⅱ-5] 'Shewhart's Wheel' 개요도

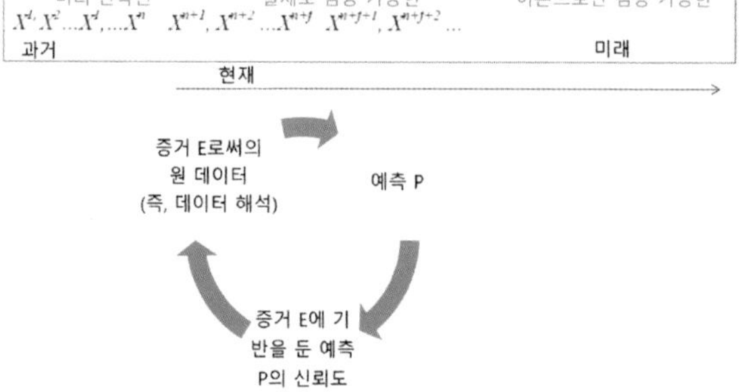

를 통해 Flux 개념을 설명하는 Shewhart의 인식론적 기술들을 이해할 수 있다(그림은 ([표 Ⅱ-1]-③의 1939년, 'Walter A. Shewhart' **참조: p.133**).

이들 두 개의 결합된 다이어그램을 'P(Plan)-D(Do)-S(Study)-A(Act) Cycle'의 기원으로 본다(Shewhart's Wheel). 이것은 양산을 위해 꼭 필요한 절차인 규격, 생산, 검사의 세 가지 개념을 나타내며, 원형 나선형으로 순환한다. 이에 대해 Shewhart는 다음과 같이 언급하고 있다(**[표 Ⅱ-1]-③의 1939년, 'Walter A. Shewhart' 참조: p.45**).

"세 개 단계들은 지식을 획득하기 위한 역동적인 과학적 과정이다."

자신의 연구를 완전히 이해시키기 위해 Shewhart는 과학자와 통계학자들에게 협력하는 방법을 역설했다. 즉 과학자(Scientists)들은 규격을 결정하고 (Step1), 그리고 나서 통계학자들과 함께 예측이 이루어질 수 있는 타점에 존재하는 이상 변동의 원인들을 제거한다(Step2). 통계학자들은 물리 같은 프로세스 지식이 다소 부족할 수 있으므로 그 원인들을 제거하기 위해 과학자들의 도움을 받는다. 다음 '통계적 관리 상태'가 얻어지면, 이때 통계학자들은 과학자들 없이 과정을 반복하며(Step3), "가장 효과적인 예측으로 연결될 수 있도록 규칙들을 설정한다(1939, p.119)."

관리도는 특히 알려져 있지 않은, 그러나 예측이 가능한 미래를 대변하는 용도로 발전하였다. 이제 관리도를 통해 과거, 현재와 미래를 펼쳐볼 수 있게 되었다. '관리도'는 '프로세스(과정)의 소리'라고 하는데, 은유적으로 "이야기를 한다(Tell a Story)"의 뜻이다. 관리도의 타점들을 읽는 방법에 대해 배우고, 이로부터 프로세스의 중심치 이동을 검출한다거나(평균 위 또는 아래에서 연속된 7 타점 등), 또는 지그재그 같은 프로세스의 변화를 경험적으로 감지할 수 있다. 이런 것들을 이해할 수 있는 원동력은 바로 '변동'의 개념 때문에 가능하다. 관리도로부터 완전한 이야기를 들으려면 '변동'을 해석할 수 있어야한다. 그러나 '변동'을 이해하는 것이 중요하긴 하나 진짜 목적인 미래를 예측하려는 노력에서 단 한 치라도 벗어나서는 안 된다.

(부호 이론과 디스플레이의 중요성) 통계학자들은 그들 연구 내용을 묘사하기 위해 색인과 함께 심벌을 사용한다. 그러나 Flux와 Substance를 묘사하기 위해 관리도에서도 심벌을 이용한다. Shewhart는 Morris(1938)를 통해 부호와 심벌로 정보를 표현하는 중요한 방법을 익혔다. 다음은 Morris(1938, p.3)가 기술한 내용이다.

> "과정 속에서 부호로 기능하는 것을 '기호 작용'이라 부른다. 그리스인들로 거슬러 올라가는 이 과정은 보통 세 개(또는 네 개) 요소들을 수반한다. 기호 작용에서 이들 세 개 성분들을 'the Sign Vehicle', 'the Designatum', 그리고 'Interpretant'라고 부른다. 'Interpreter'는 네 번째 요소로 포함될 수 있다(중략)…"

Morris는 부호의 심리적·사회학적·실용적 사용법과 의미 전달을 위해 그들을 어떻게 다루어야 할지를 설명했다. 그의 사상을 관리도에서, 특히 의사소통의 수단으로써 부호가 어떻게 작용하는지를 생각해보자. 수직축은 측정될 변동의 척도로 주어지고, 수평축은 심벌(수치)을 포함하는 직선이다. 이 직선은 벡터(즉, '크기'와 '방향'을 가짐)를 연상시키며 종종 '시간'을 대변한다. 그리고 두 직선은 관리도상에 축을 형성하며, 그 위에 데이터가 타점된다. 그리고 나서 수평축에 평행인 선을 긋는데, 이것은 프로세스의 '심장'이라 할 수 있는 '평균'이나 '중앙값'을 나타낸다. '평균'은 정적으로 설명되며, '실체(Substance)' 또는 'Being'으로 고려될 수 있다. 그러나 위와 아래로 움직이는 타점들은 더 이상 정적이지 않고 움직임의 지배를 받는 'Flux' 또는 'Becoming'이 된다.

'관리 한계'는 3시그마 경계를 유지한다. '알려져 있지 않은(Unknown)' 그러나 '일정하게 유지되는 우연 원인계'는 '상·하 관리 한계' 안에서 안정하게 분포한다. 과거 데이터, 현재, 예측된 미래가 끝없이 반복되며, '관리 한계' 밖으로 벗어난 '이상 원인'들이 발생하기도 한다. 이들은 상황을 고려해 그에 맞게 처리된다.

'타점'은 '정밀도'와 '정확도'의 측정 과정을 거쳐 얻어진 측정값이며, 관리도 위에서 그의 위치를 결정한다. 이어 '점'들은 보통 직선으로 연결된다. 그들은 연결성, 관계 그리고 측정되는 대상의 공간적이고 시간적 성질을 나타낸다. 그러나 더욱 중요한 것은 타점들이 '움직임 속에서의(the Flux of Becoming) Being'을 표현한다는 점이다. '관리도'는 하나의 과정을 거쳐 메시지를 옮기는 부호이다. 관리도 설계를 통해 'Flux', '일정한 우연 원인계' 그리고 '알려진 이상 원인계'가 전달되며 과학자와 엔지니어들이 이를 매일 사용할 경우 프로세스 관리에 매우 효과적이다.

다소 길고 난해한 표현들로 점철됐으나 관리도 판단에 사람의 의사결정이 중요하게 작용한다는 점, 과거/현재/미래의 시차 모두를 포함한다는 점, 통계적 사고로 표집과 관리가 이루어진다는 점, 변동에 '우연 원인'과 '이상 원인'이 있고 그들을 구분하기 위해 '관리 한계'가 도입된다는 점 등 우리가 관리도에 대해 알고 있는 대부분의 요소들이 어떤 사고와 과정을 거쳐 탄생되었는지를 이 글을 통해 어느 정도 짐작할 수 있다. 우리가 'SPC(또는 관리도) 교육 과정' 속에서 단순히 관리도 몇 개의 용법만을 학습하는 것보다, 관리도 내면이 갖고 있을 여러 관점을 적은 시간이나마 훑어봄으로써 응용력과 발전 기회를 가져본다는 데 약간의 의의를 뒀으면 하는 바이다.

2. 관리도 사전 학습

'관리도'는 '통계적 품질 관리(SQC, Statistical Quality Control)'를 이루는 핵심 도구들 중 하나이다. 본론으로 들어가기에 앞서 몇 가지 짚고 넘어갈 대목이 있는데, <u>첫째로</u>, 근래 기업 내 품질 관련 교재나 시중 서적에서 쉽게 발견되는 '통계적 프로세스 관리(SPC, Statistical Process Control)'와 어떤 차이점이 있는지 알아보는 일이다. 왜냐하면 '통계적 품질 관리(SQC)'보다 '통계적 프로세스 관리(SPC)'란 용어가 더 많이 보이고 있고, 후자 설명 시 항상 '관리도'가 주된 도구로 소개되고 있기 때문이다. 만일 둘이 다르다면 '관리도'를 주된 도구로 쓰는 공통된 이유가 있는 것인지, 아니면 동일한 관리 방식을 단지 현대적 용어로 재표현한 것인지, 또 그렇지 않으면 둘 사이에 함수 관계, 예를 들어 하나가 다른 것의 일부로 속해 있는지 등 명확한 관계 정립이 요구된다.

'통계적 품질 관리(SQC)'와 '통계적 프로세스 관리(SPC)'의 구분이 서면, 시간적으론 전자가 분명 우선하므로 그를 좀 더 이해하기 위해 <u>두 번째</u>, '관리도'를 이루는 '원칙(Rules)'엔 어떤 것들이 있는지 알아볼 것이다. '관리도'를 통해 프로세스 상태를 파악하고 조치에 대한 의사 결정이 이루어지는 만큼 그를 구성하고 해석하는 데 필요한 기본 '원칙'들이 마련되어 있어야 한다. 우리 마음대로 정할 사항이 아니므로 선각자들이 어떤 생각과 방법으로 '원칙(Rules)'을 정해놨는지 파악함으로써 이후 '관리도'의 유형별 소개와 해석 때 기본 지식으로 활용할 것이다. '원칙(Rules)'엔 주로 '관리 한계'나 '타점 패턴'들에 대한 것들이 포함된다.

<u>끝으로</u>, '관리도'를 형성하는 통계적 기본 이론들에 대해 설명이 있을 것이다. 이에는 필자가 집필한 「Be the Solver_확증적 자료 분석(CDA)」편에서의

'중심 극한 정리', '가설 검정' 및 '그룹 내 변동과 그룹 간 변동' 등이 포함된다.

2.1. '통계적 품질 관리(SQC)'와 '통계적 프로세스 관리(SPC)'의 차이

'품질 관리' 바이블이라 할 수 있는 1956년도 Western Electric Company의 「Statistical Quality Control Handbook」에 따르면 'SQC'의 정의를 다음과 같이 설명하고 있다(**[표 Ⅱ−1]−⑥의 1956년, 'Western Electric' 참조**).

· **SQC 의미** (Western Electric Company, SQC Handbook)

▷ 통계적(Statistical): "숫자로 행해지는(having to do with numbers)", 또는 좀 더 실질적으로 "숫자로부터 결론을 이끌어내는(drawing conclusions from numbers)"의 의미.

▷ 품질(Quality): 제품의 양/불 이상의 의미를 담음. 즉, "조사될 제품이나 프로세스의 질(質) 또는 특성들(形質)[22](Qualities or characteristics of the thing or process being studied)"을 지칭.

▷ 관리(Control): "대상을 한계 값 내에 유지시키는 것(To keep something within boundaries)" 또는 "대상을 설계된 대로 작동시키는 것(To make something behave the way we want it to behave)"을 의미.

정의에서 'Quality(품질)'의 대상이 '제품'과 '프로세스' 둘 다를 언급하고 있어 문맥상으론 'SPC'가 'SQC'에 포함되는 것으로 유추된다. 앞서 정의된 내용들을 연결하면 다음과 같이 정리된다.

---

22) 이후 Western Electric社의 'Process' 해석의 다양성을 고려해 'Characteristics'를 '특성들'이 아닌 '형질'로 번역할 수 있음. '형질'은 "생긴 꼴과 성질"을 지칭하며, '특성'보다 포괄적 의미를 내포함.

동일 출처에서 용어 'Process'를 다음과 같이 별도로 자세히 풀이하고 있다.

"정의에 쓰인 단어 'Process'는 여러 서로 다른 의미로 해석될 수 있다. 'Process'는 '조건들의 집합' 또는 '원인들의 집합'이며, 이들의 상호작용으로 미리 기획된 결과물이 만들어진다. 생산 공장에서의 'Process'를 떠올릴 때면, 대개 생산물, 예를 들어, 케이블, 전자관, 릴레이, 교환대나 장치 또는 장비를 만들어내는 일련의 제작, 조립 프로세스 등이 제일 먼저 연상된다. 그러나 단어 'Process'를 하나의 '원인계(a System of Causes)'로 간주하면, 'Process' 의미는 앞서 언급했던 것보다 훨씬 더 단순하거나 아니면 훨씬 더 복잡해진다. '통계적 품질 관리(SQC)'에 있어, 관심 가져야 할 'Process'는 다음의 것들이 해당된다.

1) 단독 기계, 단독 설비, 또는 기계의 구성 요소(Elements)
2) 한 명의 작업자, 또는 사람에 의해 이행된 단독 행동
3) 시험 장비 일부
4) 측정이나 게이징 방법
5) 조립 방법
6) 타이핑(또는 임의 사무직 업무의 수행)

7) 서로 다른, 또는 유사한 제품 일부를 생산하는 일련의 많은 설비들

8) 많은 사람들로 구성된 집단(예를 들어, 임금 받는 집단, 공장)

9) 사람, 기계, 재료, 방법, 설비 구성 요소 등의 조합. 예를 들어, 스위치나 고무, 전선들을 제조하는 데 필요한 절차

10) 처리 방법. 예를 들어, 화학 처리나 도금 등

11) 정신적인 활동. 예를 들어, 육안 검사나 계산하기 등

12) 표현이 쉽지 않은, 사람과 관련된 요소들. 예를 들어, 태도, 동기, 기량 (Skill)

13) 수백 또는 수천 개의 공급사에 의해 제공된 저항, 콘덴서, 전자관과 그 외의 다른 부품들로 이루어진 시스템, 예를 들어, '유도 미사일 시스템 (Guided Missile System)'에서의 엄청나게 많은 원인들

14) 풀리지 않는 문제들과 연계된 그 밖의 모든 것들

아주 좁은 의미에서의 용어 'Process'는 "단독 원인(Single Cause)의 작용"을 뜻한다. 반면, 매우 넓은 의미에서의 'Process'는 "아주 복잡한 원인계 (Cause System)"를 뜻한다. 이것이 '프로세스 능력 연구(Process Capability Studies)'[23]를 엔지니어링 전 부문, 운용, 검사, 또는 경영상 문제와 실질적으로 결부시키는 것이 가능한 이유이다. (필자) 예로, 원인계에 산포가 존재하면 프로세스 능력이 중요하며, 경영상 문제를 야기할 수 있다. 경영상 문제엔 제품 전체의 손실, 전체 유지비용, 전 공장의 검사 비율 등이 있다."

우리가 알고 있던 기존의 'Process' 정의와는 약간 다른 관점에서 기술하고 있다. '프로세스(Process)'의 사전적 정의는 "일이 처리되는 경로나 일이 진척되는 과정"이다. 그러나 이 정의는 앞서 나열한 '1)~14)'들 중 겨우 '9)' 하나

---

23) 일반적으로 "공정 능력 연구"로 표현하는 것이 타당하나, '프로세스(Process)'란 표현이 작은 생산 과정부터 큰 규모의 생산 과정, 또 분야를 불문하고 쓰일 수 있어 "공정 능력" 대신 "프로세스 능력"으로 표현했으며, 이후 모든 설명에 그대로 적용하고 있다.

정도에만 해당한다. 'Process'가 '단 하나의 설비, 또는 단 한 명의 작업자'부터 '매우 많은 원인들'까지 포함하므로 상황에 맞게 "이게 내 Process야!" 하고 정해버리면 되는 매우 포괄적 용어로 이해된다. '1)~14)'까지의 내용들 전체가 'Process의 형질'을 나타내므로, 여기에 '제품의 질'을 더하면 'SQC'가 되며, 따라서 'SQC'가 'SPC'를 포함할 것이라 유추한 바 있다.

다른 한 출처[24]에서 'SQC'와 'SPC' 간 차이를 다음과 같이 언급하고 있다.

> "'SQC'와 'SPC' 간에는 약간의 차이가 있다. 한때 그들을 냉철히 분리하기도 했지만, 최근 들어 거의 동의어로 간주한다. 일부에선 'SQC'의 사용을 선호하는데, 그 이유는 ('Quality'가 들어 있어) '품질'이 쉽게 떠오르고, '프로세스' 개념을 망라하기 때문이다. 그러나 이에 대해 반론을 제기하는 측에선 용어 'Process'란 태생적으로 많은 문제를 안고 있는 반면, 'Quality'는 성격상 증상에 초점을 맞춘다고 생각한다(즉, 둘의 관심사가 다르다는 것)(중략)…."

이들의 설명과 약간 다른 관점의 해석도 있다. 다음은 또 다른 출처[25]에서의 'SQC'와 'SPC' 간 비교 내용을 번역해 옮긴 것이다.

…(중략) 'SQC'는 'QC 7가지 도구'와 '신 QC 7가지 도구'를 적용해 '프로세스 출력(종속 변수)'을 '모니터(Monitor)'하는 반면, 'SPC'는 적용 툴은 동일하지만 '프로세스 입력(독립 변수)'을 '관리(Control)'하는 차이가 있다. [그림 Ⅱ-6]은 이 같은 관계를 묘사한다.

[그림 Ⅱ-6]은 'QC 7가지 도구'와 '신 QC 7가지 도구'를 기반으로 왼쪽

---

24) MSG-Bot, http://www.isixsigma.com/ask-dr-mikel-harry/ask-tools-techniques/what-difference-between- spc-and-sqc/
25) Jack B. ReVelle's Quality Essentials: A Reference Guide from A to Z, ASQ Quality Press, 2004, pp.18~186.

[그림 Ⅱ-6] 'SQC'와 'SPC'의 비교

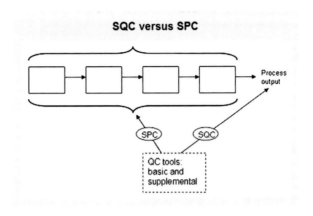

의 'SPC'는 프로세스 내 'Xs'를 대상으로, 오른쪽의 'SQC'는 'Y'를 대상으로 각각 '관리'와 '모니터'가 이루어지고 있음을 잘 표현하고 있다. 최종 프로세스 단계를 거쳐 나온 제품이 검사 결과 문제가 생겼다면 당연히 그를 만들어낸 이전 프로세스에 관심을 둬야 하므로 'SQC'가 'SPC'를 포함하는 것은 당연해 보인다. 그러나 이 정의에 따르면 업무적으로 둘을 따로 분리하는 것도 가능한데, 예를 들어 'SQC' 입장에선 최종 제품을 검사해 결점 여부를 판독하게 되고, 문제가 생기면 원인 규명에 들어간다. 원인 유형에 따라 제품에 쓰인 원 재료 종류, 또는 원재료 자체의 물리/화학적 작용에 의해 부적합품이 발생한 것으로 판명날 수 있다. 반면, 'SPC' 입장에선 프로세스 관리 규격에서 벗어난 제어변수가 있었는지, 또는 예상하지 못한 변동이 있었는지가 주된 관심사가 될 수 있다. 만일 'SQC'와 'SPC'의 담당 엔지니어가 따로 배치되어 있다면 당연히 업무 관심사도 크게 다를 수밖에 없다.

다음의 출처[26]는 지금까지의 설명을 뒷받침할뿐더러, 좀 더 상세한 내용을

---

26) http://www.differencebetween.net/business/difference-between-spc-and-sqc/#ixzz36H BtWb7i

담고 있어 옮겨놓았다.

　"'SPC'는 제품의 품질을 보증하고, 제품을 균일하게 만들어 낭비를 최소화시키기 위해 통계적 방법을 써서 제품이 잘 만들어지도록 감독하고 제어하는 절차이다. 'SPC'는 1920년대 초 생산 제품의 품질을 높일 목적으로 시작되었으며, 이후 소프트웨어 엔지니어링같이 제조보다 프로세스 업무에 적용하고 응용되었다.

　전통적 품질 관리(QC)는 생산된 제품의 양/불 판정을 해당 규격에 근거해 판단하는 반면, 'SPC'는 불량 제품을 초래한 결점들이 프로세스 어느 단계에서 생겨났는지를 점검한다. 특히 관리도, 지속적 개선 그리고 '실험 계획'과 같은 도구들을 사용해 문제의 예방과 조기 발견이 강조되어 왔다. 이를 통해 양질의 제품, 낭비 최소화, 그리고 제품 생산 시간의 단축 효과를 얻는다. 사전 계획, 잦은 모니터링, '실험 계획'과 여러 도구들을 이용해 변동 원인들을 확인하고 이상 원인에 의한 변동을 제거함으로써 생산 프로세스를 알고 이해해나간다. 이것은 품질 담당 엔지니어에게 생산 프로세스 어디에서 무엇이, 언제 변화가 있었는가를 알려주며, 그를 통해 엔지니어들은 변동의 원인이나 변경점, 또 손쓸 수 없는 상황이 오기 전 일어날 수 있는 모든 문제들을 즉각 보정할 수 있다.

　'SPC'는 'SQC'의 세 가지 분류 중 하나에 속한다. 'SQC'의 첫 분류는 더 좋고 효과적인 제품을 만들기 위해 제조 프로세스에서 변동을 분석하는 일에 통계적 방법을 적용하는 것이다. 제품이 수용될 수 있는지 여부를 결정하는 데 특정 수량의 표본들이 요구된다. 즉, 생산될 제품으로부터 특정 '표본 크기'만큼의 데이터를 수집하고 프로세스 산출물을 점검하기 위해 통계를 사용한다. 이로부터 얻어진 결과는 다시 프로세스를 개발하고 향상시키는 데 이용된다. 이것이 'SPC'이다.

　'SPC' 외에 'SQC'의 또 다른 두 분류는 '기술 통계(Descriptive Statistics)'와 '표집 검수(Acceptance Sampling)'다. '기술 통계'는 품질 특성과의 관계 설명에 이용되는 반면, '표집 검수'는 제품의 무작위 검사에 이용된다.

　품질 담당 엔지니어들은 'SQC'를 통해, 생산된 제품에 대한 수용 한계를 설정할 수 있다. 다음은 지금까지의 내용을 요약한 것이다.

1) 'SPC'는 'Statistical Process Control'을, 'SQC'는 'Statistical Quality Control' 을 각각 나타낸다.
2) 'SQC'는 더 나은 제품을 만들기 위해 제조 프로세스에서의 변동을 분석할 목적으로 통계 도구들을 사용하는 반면, 'SPC'는 'SQC'의 한 분류로써 낭비 없는 균일한 제품을 생산하기 위해 생산 프로세스를 감독하고 관리할 목적으로 통계 도구를 사용한다.
3) 'SPC'는 저품질 제품들을 야기할 수 있는 결점들에 대해 생산 프로세스를 점검하는 활동이 주인 반면, 'SQC'는 한 제품의 수용 가능성을 결정하기 위해 특정 수량만큼의 표본들을 사용한다."

언뜻 보기에도 'SQC'와 'SPC'의 표현에 약간 혼선이 있을 수 있다. 그러나 지금까지 모든 출처들의 공통적이고 일관된 주장(?)이 있다면, 바로 'SQC'는 **"제품 자체의 품질을 높이려는 접근에 '통계'를 이용"**한다는 점이고, 'SPC'는 **"프로세스의 산포를 줄이려는 목적에 '통계'를 이용"**한다는 점이다. 또 하나 '프로세스 내 산포를 줄이려는 노력'은 결국 '완전한 제품을 만드는 데 목적'이 있으므로 'SPC'는 'SQC'의 한 분류로 보는 게 타당하다는 점이다.

참고로, Western Electric社의 「SQC Handbook」에서는 'SQC'에 필요한 4개의 필수 도구들을 소개하고 있다. 이들엔 '① 프로세스 능력 연구(Process Capability Studies) → 관리도 사용 시 기본적으로 이행할 사항임', '② 프로세스 관리도 → 프로세스의 모니터링과 관리 목적', '③ 통계적 표집 검사 → 관리도 사용 여부와 관계없이 활용', '④ 통계적 실험 계획 → 변수들을 비교하고, 그들의 유의성 여부를 결정하기 위해 활용하며, 경우에 따라 관리도와 함께 사용'이 속해 있다. 이 내용만 보면 'SPC'는 '②'의 목적으로 존재하는 도구이며, 'SQC'의 일부임을 확실하게 파악할 수 있다. 여러 고민할 것 없이 둘의 관계를 가장 쉽게 이해할 수 있는 대목이다.

'결정 규칙'이란 '관리도'를 활용할 때, 현재가 어떤 상황인지 판단하는 데 필요한 의사 결정 기준이다. 기준이 없으면 저마다 주관적 판단을 해야 하므로 어떤 결정이 의미 있는 것인지 다시 한번 논의되는 과정이 필요하다. 또 논의 과정에 예상치 못한 불협화음이 계속해서 발생하리란 예측도 가능하다. 그렇다면 현재의 상황이 어떻다고 판단할 가장 합리적이고 객관적인 판단 기준은 무엇이고, 또 어떤 근거로 그 기준을 정해야 할까?

하나의 '특성'을 떠올려보자. 이 '특성'은 지속적으로 관찰하고 통제될 프로세스의 일부이며, 생산 제품에 중요한 영향을 미친다고 가정하자. 따라서 담당 엔지니어는 그 '특성'에 이상이 없는지 매일같이 데이터를 수집해 타점을 찍어나간다. 다음 [그림 Ⅱ-7]은 본 상황을 가정해서 얻어진 예이다.

[그림 Ⅱ-7] 중요 '특성'의 시간대별 값의 타점

Western Electric社의 「Statistical Quality Control Handbook」에 따르면 [그림 Ⅱ-7]은 다음의 세 가지 특징을 갖는다. 특징별 하단의 상세 설명은 필자가 추가하였다.

1) 모든 측정값들은 변한다(Everything varies).

어느 분야, 어떤 특성의 데이터든 동일한 조건과 상황에서 일정 간격으로 수집을 해 타점할 경우 똑같은 값이 아닌 [그림 II-7] 또는 [그림 II-8]의 왼쪽 그림과 같이 변모하는 양상을 보인다. 이를 'Fluctuation(오르내림 또는 변동)'27)이라고 한다. 이런 '오르내림'의 원인은 '잡음 인자(Noise Factor)'들의 아주 작고 복합적 영향에 기인하며, 이들을 제어할 필요성을 느끼지 않는 한 극히 정상적 패턴으로 인식한다. 예를 들어, 주변 습도 변화로 시간대별 점도 값이 미세하게 오르내리는 현상 등이 해당한다. 이와 같은 오르내림에 영향 주는 원인들을 모두 싸잡아(?) '우연 원인(Common Cause)'이라고 한다. 만일 대부분의 타점들에 비해 특이하게 튀거나, 또는 특이하게 낮은 타점이 관찰되면 '5M-1I-1E'28)의 큰 변화에 기인한 것으로 판단하며, 이에 영향을 준 원인들을 한데 묶어 '이상 원인(Assignable Cause, 또는 Special Cause)'이라고 한다. 비정상적 상황이 발생한 것이다.

2) (다음 타점이 어느 값이 될는지) 개별 타점들의 예측은 불가능하다(Individual things are unpredictable).

[그림 II-7], 또는 [그림 II-8]의 왼쪽 그림 내 타점들의 오르내림은 확인이 어려운 여러 사소한 원인들의 영향이며, 이 때문에 그 차이가 크진 않더라도 측정할 때마다 값이 약간씩 변동한다. 따라서 다음 한 타점이 정확히 어떤 값이 될지 알기란 사실상 불가능하다. 이는 모아서 바라보는, 즉 통계적 해석이 필요한 주된 배경이 된다.

3) 일정한 원인계로부터 얻어진 일군의 타점들은 예측 가능한 성향을 띤다(Groups of things from a constant system of causes tend to be predictable).

---

27) 'Fluctuation'을 '변동'으로 해석하면 의미에 부합하나, 'Variation'과 혼동이 되어 이후부터는 어떤 상황인지 연상하기 쉬운 '오르내림'으로 표현함.

28) (5M) Man, Machine, Material, Method, Measurement - (1I) Information - (1E) Environment.

만일 타점들의 오르내림에 영향을 주는 원인계가 별다른 변화 없이 일정한 상태를 유지하면, 타점들은 [그림 Ⅱ-8]의 오른쪽 그림과 같이 특정 중심 값을 가운데 두고 중심 집중화 경향을 띠며, 이 같은 패턴 또는 형태를 '도수 분포(Frequency Distribution)'라고 한다('정규 분포'를 연상하기 바란다). 이런 작용은 모든 자연계에서 일어나는 자연스러운 현상이다. 이때 원인계가 변동하지 않으므로 그룹화된 상태에서의 다음 타점은 적어도 어느 영역 내에서 등락할지 예측이 가능하다.

[그림 Ⅱ-8] '관리도의 전형적 패턴'과 '관리도 내 점들의 그룹화(분포)'

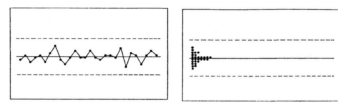

앞서 설명된 세 가지 특징들로부터 두 개의 매우 의미 있는 통계적 현상을 이끌어낼 수 있다. 즉 '분포(Distribution)'와 '오르내림(Fluctuation)'이 그것이다. Western Electric社의 「Statistical Quality Control Handbook」에서는 '표본 크기'가 상당수 늘어나는 상황에서 이 둘에 대해 다음과 같이 논하고 있다.

· **'Distribution'과 'Fluctuation'** (Western Electric Company, SQC Handbook)

▷ <u>분포(Distribution)</u>: (무작위의) 오르내림(타점들)을 한데 모아놓은 무리(a composite mass of fluctuations). 복합 변동.

▷ <u>오르내림(Fluctuation)</u>: 분포의 한계 값 안에 갇혀 있는(유동)(confined within the limits of a distribution).

'오르내림'의 설명에서 '한계(Limits) 값 안에 갇혀 있다'는 표현은 [그림 Ⅱ
－7]처럼 관련 **원인계가 비정상적 변화를 일으키지 않는 한, 타점들은 상하
일정 영역 내에서 유동할 것이며,** 따라서 **현재 상황을 진단할 때, '분포'로부
터 '통계적 한계(Statistical Limits)' 값의 도입이 가능**하다는 것을 시사한다.
이것이 **'관리도'에서 현재의 상태가 변화된 것인지 그렇지 않은지를 판가름하
는 기준, 즉 '결정 규칙'을 가능케 하는 근간**이 된다.[29]

'결정 규칙'을 알아보기 전에 그들의 발전 단계를 간단히 요약하면 다음
[그림 Ⅱ－9]와 같다.

[그림 Ⅱ－9] '비정상 패턴' 검증을 위한 발전 단계

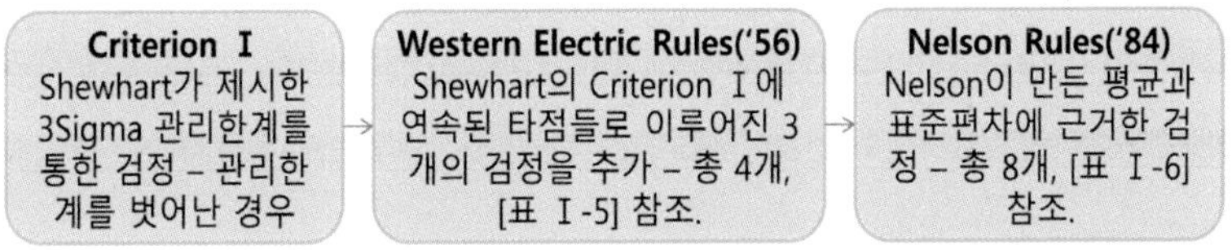

[그림 Ⅱ－9]의 'Criterion Ⅰ'은 Shewhart가 '관리도' 창조 당시 설정한
'±3σ'에 기반을 둔 검정으로 [그림 Ⅱ－10]의 'Zone A'를 벗어난 타점을 일
컫는다. 이어 1956년에 설정된 'Western Electric Rules'는 연속된 타점들로
구성된 패턴을 통해 프로세스 이상을 탐지하는 검정법을 제시한다. Shewhart
의 'Criterion Ⅰ'에 3개의 패턴이 추가되어 있다([표 Ⅱ－5] 참조). 이어
'Nelson Rules'가 1984년도 Nelson에 의해 발표되었으며, 총 8개 패턴으로 이
루어져 있다. 이는 최근 관리도 해석에 일반적으로 사용된다. 이제 이들에 대
해 알아보자.

'결정 규칙'에 대해 영문판 WIKIPEDIA에서는 "Western Electric Rules"란

---

29) 「2.3. '관리 한계(Control Limit)'의 결정」 참조.

제목으로 관리도에 대한 진단 규칙을 Western Electric社의 「Statistical Quality Control Handbook」에 근거해 기술하고 있다. 다음은 내용을 번역해 옮긴 것이다. 참고하기 바란다.

· the Western Electric Rules (WIKIPEDIA)

"the Western Electric Rules"는 '통계적 프로세스 관리'에서 관리도의 관리 이탈 또는 비임의성 상태를 감지할 때 쓰이는 결정 규칙이다.[30] '관리 한계 (통상 ±3×표준 편차)'와 중심선에 대한 관측점들의 위치를 파악해 '이상 원인(Assignable Causes)'의 작용 여부를 알려준다. "The Western Electric Rules"는 Western Electric社 내 제조 부문의 특별 위원회에서 규정한 규칙으로 1956년도 최초 판인 "Statistical Quality Control Handbook"에 잘 나타나 있다. 그들의 목적은 프로세스 작업자, 엔지니어들이 통일된 방식으로 관리도를 해석하게끔 지원하는 데 있다.

규칙들은 '정상 패턴(Natural Patterns)'과 '비정상 패턴(Unnatural Patterns)'을 몇 개의 기준에 근거해 구별한다. 다음은 그 기준(Criteria)들을 나타낸다.[31]

1) 중심선 근처에 타점들이 없으면 '혼합(Mixture)'의 비정상 패턴으로 판단.
2) 관리 한계 근처에 타점이 없으면 '층화(Stratification)'의 비정상 패턴으로 판단.
3) 관리 한계를 벗어난 타점들은 '불안정(Instability)'의 비정상 패턴으로 판단.
4) 기타 비정상 패턴으로 알려진 자기 상관, 반복, 경향 패턴들이 있음.[32]

---

30) Montgomery, Douglas C. (2005). Introduction to Statistical Quality Control (5 ed.), Hoboken, New Jersey: John Wiley & Sons, ISBN 978-0-471-65631-9.
31) Western Electric Company (1956). Statistical Quality Control handbook. (1 ed.), Indianapolis, Indiana: Western Electric Co., **p.24**.
32) 원문엔 없는 항목임.

이들을 활용하기 위해 '중심선' 한쪽 영역과 '관리 한계' 사이를 다음 [그림 Ⅱ-10]과 같이 '표준 편차'의 배수만큼씩 세 개 영역으로 나눈다.

[그림 Ⅱ-10] '비정상 패턴' 검증을 위한 개요도

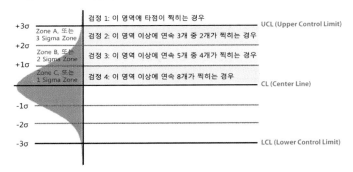

이들 영역에 타점이 찍힐 때마다, 프로세스 상황이 어떤지를 판단하는 기본 규칙을 'Zone Rules'라 하며, '비정상 패턴(Unnatural Patterns)'을 판단하는 근거로 삼는다. 다음 [표 Ⅱ-5]는 「Statistical Quality Control Handbook」에서 제시된 4가지 규칙을 정리한 것이다.[33]

[표 Ⅱ-5] 4개의 'Western Electric Rules', 또는 'Zone Rules'

규칙	설명	관리도 예
규칙 1	한 개 타점이 중심으로부터 3σ 한계선 밖에 존재하는 경우(즉, 중심선 위쪽 또는 아래쪽의 'Zone A'를 넘어선 임의 타점)	

---

33) Western Electric Company (1956). Statistical Quality Control handbook. (1 ed.), Indianapolis, Indiana: Western Electric Co., **pp.25~28**. 예시된 표 내 관리도는 WIKIPEDIA의 "Western Electric Rules" 내 그림을 편집해 옮김.

규칙 2	세 개의 연속된 점들 중 2개가 2σ 한계선을 넘어선 경우 ('Zone A' 내, 또는 넘어섬)	
규칙 3	다섯 개의 연속된 점들 중 4개가 1σ 한계선을 넘어선 경우 ('Zone B' 내, 또는 넘어섬)	
규칙 4[34]	8개의 연속된 점들이 중심선 한쪽에 존재하는 경우('Zone C' 내, 또는 넘어섬)	

'Western Electric Rules'는 줄여서 'WECO Rules', or 'WE Runtime Rules'로도 불린다. 이 규칙은 SQC 전문가 Douglas Montgomery가 "Introduction to Statistical Quality Control (~7 ed./2012)"를 통해 4개를 추가함으로써 총 8개가 되었으며, 이를 "Western Electric Trending(or Supplemental) Rules" 또는 그의 이름을 따 "the Montgomery Rules"로 명명한다.

한 문헌[35]에 따르면, '이상 원인'에 의한 영향을 진단하기 위해 [표 Ⅱ-5]의 4개 규칙 모두를 적용할 경우, 프로세스상 문제라기보다 단순히 확률적으로 우연히 발생할 가능성 때문에 잘못 판단할 빈도는 매 91.75 타점들 중 하나라고 지적한다. 매 92 타점이 찍힐 때마다 프로세스엔 이상이 없음에도 이상이 있다고 판단할 가능성을 적어도 한 번씩 경험할 것이란 얘기다. 물론 '관리도'로부터 이상이 있다고 판단되면 이것이 확률적 오류인지, 아니면 실제 프로세스 내 '이상 원인'에 의한 현상인지 조사를 통해 확인해야 한다.

"Western Electric Rules"가 나온 지 28년 만인 1984년 10월에 Lloyd S.

---

34) '규칙 4' 경우 WIKIPEDIA의 "Western Electric Rules"는 '9개 타점'으로 정의됨.
35) Champ, Charles W.; Woodall, William H. (1987). "Exact Results for Shewhart Control Charts with Supplementary Runs Rules", Technometrics (American Society for Quality) 29 (4): 393-399.

Nelson은 'Journal of Quality Technology'에 기존 4개의 'Zone Rules'를 8개 규칙으로 새롭게 제시하였다.[36) 이것은 이후 "Nelson Rules"로 알려져 있으며, 모든 규칙들은 표본의 '평균'과 '표준 편차'에 근거한다. 이 규칙은 경험적으로 프로세스 현상을 잘 설명함에 따라 현재 대부분의 관리도 해석에 쓰이고 있으며, 미니탭의 '연속형 관리도'에도 그대로 반영되어 있다. 다음 [표 Ⅱ-6]은 'Nelson Rules'를 정리한 것이다. 참고로 미니탭 '도움말'에서는 "Automotive Industry Action Group (1991). Fundamental Statistical Process Control, AIAG, Southfield, MI"와 "Western Electric (1956). Statistical Quality Control Handbook, Western Electric Corporation, Indianapolis, Indiana." 두 개를 참고문헌으로 활용한다.

[표 Ⅱ-6] 8개 항목의 'Nelson Rules'

규칙	설명	관리도 예	규칙	설명	관리도 예
규칙 1	1개의 점이 중심선으로부터 3표준편차 범위 밖에 존재		규칙 5	3개 중 2개가 중심선으로부터 2표준편차 범위 밖에 존재	
규칙 2	9개의 연속된 점이 중심선으로부터 같은 쪽에 존재		규칙 6	5개 중 4개가 중심선으로부터 1표준편차 범위 밖에 존재	
규칙 3	6개의 연속된 점이 모두 상승 또는 하락		규칙 7	15개의 연속된 점이 중심선으로부터 1표준편차 내에 존재	
규칙 4	14개의 연속된 점이 교대로 상승 또는 하락		규칙 8	8개의 연속된 점이 중심선으로부터 1표준편차 밖에 존재	

36) Lloyd S. Nelson. "Technical Aids", Journal of Quality Technology 16, no. 4 (October 1984), 238-239. 참고로 현재 미니탭에서의 검정 규칙과 동일하다.

미니탭의 「통계 분석(S) > 관리도(C) > 부분군 계량형 관리도(S) > Xbar-R(B)…」에 들어가 '대화 상자' 내 ' Xbar-R 옵션(P)… '의 '검정' 탭에 [표 Ⅱ-6]과 동일한 규칙들이 기본으로 설정되어 있다. 다음 [그림 Ⅱ-11]은 그 위치와 8개의 "Nelson Rules"를 나타낸다.

[그림 Ⅱ-11] '미니탭'에 기본으로 설정된 '연속형 관리도'의 'Nelson Rules'

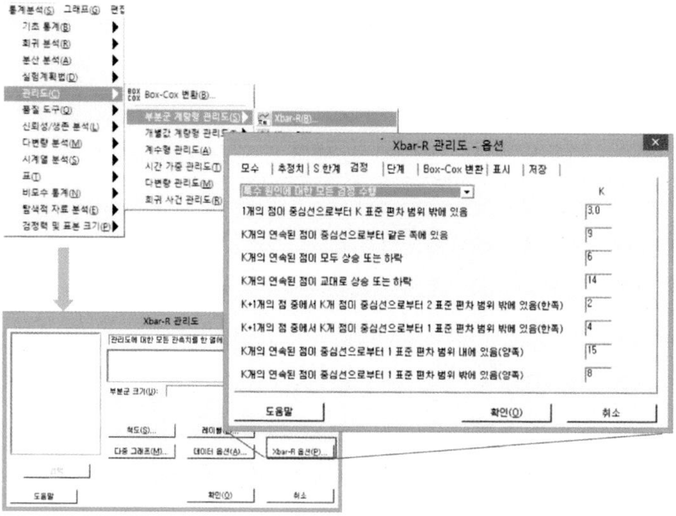

[그림 Ⅱ-11]에서 'K'는 상황에 따라 바꿀 수 있으나 일반적으로 현 상태를 '기본 설정(Default)'으로 두고 그대로 사용한다.

참고로, '연속형 관리도'와 달리 '이산형 관리도' 경우 8개가 아닌 [표 Ⅱ-6] 중 '규칙 1~규칙 4'인 4개의 규칙만을 적용한다. 다음 [그림 Ⅱ-12]는 미니탭에 기본으로 설정된 '이산형 관리도(p-관리도)'의 경로와 'Zone Rules'를 보여준다.

[그림 Ⅱ-12] '미니탭'에 기본으로 설정된 '이산형 관리도'의 규칙

이 외에 관리도 해석에 매우 중요한 '비정상 패턴(Unnatural Patterns)'들이 있으며, 이들엔 '주기(Cycles)', '돌출(Freaks)', '수준의 점진적 변화(Gradual Change in Level)', '군집 또는 뭉침(Grouping or Bunching)', '불안정(Instability)', '상호작용(Interaction)', '혼합(Mixture)', '안정형 혼합(Stable Forms of Mixture)', '불안정형 혼합(Unstable Forms of Mixture)', '층화(Stratification)', '수준의 급변(Sudden Shift in Level)', '규칙성 변동(Systematic Variation)', '동조 성향(Tendency of One Chart to Follow Another)', '경향(Trend)'이 있다. 이들은 '규칙'이라기보다 관리도를 통해 프로세스 내 문제를 '해석'하는 일에 가까우므로 이후 「5. 관리도의 해석」에서 별도로 상세하게 다룰 것이다. 현재까지 알려진 관리도 규칙(Rules)들을 모두 모아보면 다음 [표 Ⅱ-7]과 같다.

[표 Ⅱ-7] 관리도 해석을 위한 규칙(Rules) 모음

규칙	출처	검정(Test) 수
Western Electric Rules (WECO Rules 또는 WE Runtime Rules)	Western Electric社에서 '56년 제작한 Statistical Quality Control handbook(1 ed.)에 수록. 이후 SQC 전문가 Douglas Mongtomery가 '96년에 "Introduction to Statistical Quality Control (5 ed.)"에서 4개를 추가했으며 이름, "Supplemental Rules" 또는 그의 이름을 따 "the Montgomery Rules"로 불림.	8개(초기 4개, 추가 4개)
Nelson Rules	Lloyd S Nelson이 1984년 10월 「the Journal of Quality Technology」에 최초로 공개	WECO 항목들 중 4번째의 '8개 런'이 '9개 런'만 차이
AIAG Rules	The Automotive Industry Action Group(AIAG)이 발간한 "Statistical Process Control Handbook"에 수록	4개
Juran Rules	품질 관리 전문가인 Joseph M. Juran이 그의 저서 "Juran's Quality Handbook"에서 정의한 규칙(McGraw-Hill Professional; 6 Edition (May 19, 2010), ISBN-10: 0071629734)	9개
Hughes Rules	Hughes가 정립한 규칙	15개
Duncan Rules	품질 관리 전문가인 Acheson Johnston Duncan이 교제인 "Quality Control and Industrial Statistics"에서 정의한 규칙 (Fifth Edition, Irwin, 1986)	7개
Gitlow Rules	6시그마, TQM, SPC 전문가인 Dr. Howard S. Gitlow가 그의 저서 "Tools and Methods for the Improvement of Quality"에서 밝힌 규칙(1989, ISBN-10: 0256056803)	9개
Westgard Rules	"Laboratory Quality Control Rules"로도 불리며 실험 품질 관리 전문가인 James Westgard의 연구에 기반을 둠 (http://www.westgard.com).	13개

항목들에 대해 자세한 내용을 알고 싶은 독자는 해당 웹 사이트를 참조하기 바란다.[37)]

---

37) http://www.quinn-curtis.com/spcnamedrulesets.htm

[표 Ⅱ－7]에 소개된 여러 규칙들은 저마다의 특징이 있겠지만 산업 군별로 또는 자사에 적합한 규칙을 스스로 마련할 순 없을까란 의구심이 든다. 실제 오랜 기간 관리도를 이용해 프로세스를 운영해봤다면 분석과 개선에 최적화된 프로세스 고유의 규칙을 마련하는 일은 어쩌면 엔지니어에게 주어진 필수 임무 중 하나가 될 수 있다.

이에 대한 가이드라인이 '주) 37'에 "관리 규칙 설정을 위한 표준 견본 (Standardized Templates for Control Rule Evaluation)"의 소제목하에 제시되어 있어 옮겨놓았다. 아래 11개 견본들은 모수인 X, M, N을 바꿈으로써 [표 Ⅱ－7]에 알려진 규칙들을 수정하거나 새로운 규칙을 창조하는 데 이용된다.

'표준 관리 한계'의 검정들('Standard Control Limit' Tests)

① UCL 검정에 사용되며, (중심선으로부터) X sigma 위로 M개 중 N개

② LCL 검정에 사용되며, (중심선으로부터) X sigma 아래로 M개 중 N개

③ 별도 지정

④ X Sigma(중심선으로부터, 양쪽) 또는 '관리 한계'를 넘어선 M개 중 N 개(±한계 값들을 넘어선 점들). 반드시 한쪽에 모두 있을 필요는 없음.

▷ (적용 예) 모든 규칙들에 공통인 '규칙 1'은 "±3sigma 바깥에 한 점이 찍히는 경우"로, 이때 '견본 ①'은 X=3, M=1, N=1, '견본 ②'는 X=-3, M=1, N=1로 설정된 경우임.

▷ (적용 예) 'WECO Rules'와 'Nelson Rules'의 '규칙 2'는 "±2sigma 바깥에 세 점 중 두 점이 찍히는 경우"로, 이때 '견본 ①'은 X=2, M=3, N=2, '견본 ②'는 X=-2, M=3, N=2로 설정된 경우임.

▷ (적용 예) 'Hughes Rules'의 '규칙 4'와 '규칙 5'는 "2 sigma 관리 한계 위/아래 일곱 개 점들 중 세 점이 찍히는 경우"로, 이때 '견본 ①'은 X=2, M=7, N=3, '견본 ②'는 X=-2, M=7, N=3으로 설정된 경우임.

경향(Trending)

⑤ M개 중 N개가 올라가는 경향(증가)

⑥ M개 중 N개가 내려가는 경향(감소)

⑦ M개 중 N개가 올라가거나(증가) 내려가는(감소) 경향

▷ (적용 예) 'Gitlow Rules'의 '규칙 6'은 "8개 점들이 잇달아 증가하는 경우"로, 이때 '견본 ⑤'는 M=8, N=8로 설정된 경우임.

산포 결여(Lack of Variance, Hugging) (참고) Hugging; 관리 한계에 다가섬.

⑧ X sigma(중심선으로부터, 양쪽) 안쪽 M개 중 N개

⑨ (중심선 언급 없이)각자의 X sigma 안쪽 M개 중 N개

진동(Oscillation)

⑩ X sigma(중심선으로부터) 주변에서 M개 중 N개가 번갈아 생김.

⑪ (중심선 언급 없이)M개 중 N개가 번갈아 생김.

2.3. '관리 한계(Control Limit)'의 결정

'관리도'에서 프로세스의 이상 발생 여부는 '±3σ 관리 한계(Control Limit)'를 기반으로 한다. '관리도' 사용 시 별 고민 없이 사용하거나 그 존재를 크게 의식하지 않아서 그렇지, 사실 의사 결정의 핵심 기준이 되므로 이 값이 어떤 근거로 형성되었는지 한 번쯤은 의구심을 가질 만하다. '±3σ 관리 한계(Control Limit)'는 도대체 어떤 근거로 설정된 것일까?

WIKIPEDIA 영문판에서 "Control Chart"를 검색하면 그곳에서 해당 정보를 일부 얻을 수 있다. 다음은 Shewhart와 Deming이 본 주제에 대해 결론적으로

언급한 내용이다.

Shewhart는 다음과 같이 언급하였다. "멋진 통계적 이론을 기초로 만들어진 기준이라도 모든 문제 해결에 다 들어맞는 것은 아니다. 기준의 타당성은 그것이 사용되는 환경하에서 경험적으로 증명되어야 하며, 실용 노선의 공학자라면 '푸딩의 검증은 먹어보는 것,[38] 즉 백문이 불여일견이다."

Shewhart는 최초 '관리 한계' 설정을 확률 분포에 기반을 두고 여러 실험적인 연구를 거듭했으나 결국 다음과 같이 결론지었다. "관리 상태를 통계적으로 특징지으려는 최초의 몇몇 시도는 특별한 형태의 도수 분포 'f'가 존재하리란 믿음에 기초하였고, 정규 법칙이 그 같은 상태를 특징지을 수 있을지에 초기 고민이 있었다. 이후 정규 법칙으로는 설명이 충분치 않다는 결론에 이르렀고 일반 함수 형태가 논의되었으나, 최근 들어 고유 함수 'f'를 찾겠다는 희망은 산산이 부서져 내렸다."

'관리도'는 시행착오적 체험 방식으로 만들어졌다. 이에 Deming은 그것을 일러 가설검정도 아닐뿐더러, 'Neyman-Pearson Lemma'[39]에도 영향 받지 않는다고 주장했다. 그는 모든 산업에서 일어나는 상황들 중 모집단과 표집 틀[40] 간 일치되지 않는 성질이 평범한 통계 도구만으로 확인될 일은 아니라고 강조한다. Deming의 고민은 과거와 미래를 포함해 우리가 알 수 없는 넓은 범위의 영역에서도 프로세스 원인계에 대한 통찰력을 발휘해내는 일이었다(즉, 공통으로 적용되는 일반적 규칙을 원함). 그런 의미에서 '3시그마 한계'는 다음 두 개의 오류로부터 경제적 손실을 최소화할 합리적이고 경제적인 가이드를 제공한다고 주장하였다. 즉,

1) 실제 시스템에 영향을 준 원인이 '우연 원인(Common Cause)'임에도, 변동 또는

---

38) Shewart, W. A. (1931). Economic Control of Quality of Manufactured Product. Van Nordstrom. p.18.
39) 통계학에서 검정의 한 방법.
40) (네이버지식백과) 표본이 추출될 수 있는 전체 모집단의 구성 요소의 목록을 말한다. 예를 들어, 이러한 목록은 투표자에 관한 정보를 얻으려면 선거 등록 명부, 건강 조사가 계획된다면 의료보험공단의 목록, 차량 소유나 도로 수송이 연구 대상이면 자동차 등록 명부가 이에 속한다.

잘못을 '이상 원인(Special Cause, 또는 Assignable Cause)'의 탓으로 여기는 오류(Type I Error).

2) 실제 시스템에 영향을 준 원인이 '이상 원인'임에도, 변동 또는 잘못을 '우연 원인'의 탓으로 여기는 오류(Type II Error).

Shewhart와 Deming의 논점을 한마디로 요약하면 '3시그마 관리 한계'는 분포 등을 통한 통계와 이론에 바탕을 두고 설계됐다기보다 경험에 근거하되, 가장 합리적이고 경제적인 한계 값으로 설정됐음을 시사한다.

WIKIPEDIA에 따르면, 이들 외에 'Wheeler Rules'[41]가 있으나 'Western Electric Rules'와 동일한 것으로 알려져 있다. 또 1935년 영국 규격 협회(British Standards Institution)에서 Egon Pearson의 주도하에 기존 Shewhart 방식과 다른 '정규 분포의 퍼센타일(Percentile)'에 기반을 둔 '3시그마 한계'를 설정한 뒤 John Oakland 등이 바통을 이어받아 연구에 관여했으나, Shewhart-Deming의 강력한 전통에 부딪혀 확산엔 실패하였다.

한 출처[42]에 따르면 '관리 한계' 설정에 대해 매우 객관적이고 논리적으로 설명한 구절이 있어 다음에 번역해 옮겨놓았다. Shewhart가 정해놓은 그대로 따른다기보다 '왜?'라는 물음 속에서 다양한 고민이 있어 왔다는 사실을 알 수 있다. 내용 이해에 많은 도움이 될 것으로 생각된다.

'관리 한계' 설정을 위해 다음의 고려가 필요하다.

---

41) Wheeler, Donald J.; Chambers, David S. (1992). Understanding statistical process control (2 ed.). Knoxville, Tennessee: SPC Press. p.96.

42) http://qualityamerica.com/Knowledgecenter/statisticalprocesscontrol/defining_control_limits.asp. Qualityamerica社는 각종 통계 소프트웨어를 개발, 판매, 교육, 컨설팅 하는 미국 내 기업임.

1) ‘우연 원인’에 의한 변동을 규명하기 위해 프로세스의 많은 이력 수집

프로세스를 파악하기 위해 얼마나 많은 부분군(Subgroup)들이 필요할까? 이를 위해 고려해야 할 두 가지 사안이 있다. 첫째는 ‘프로세스’다. ‘이상 원인(Special Causes)’ 과 ‘우연 원인(Common Causes)’을 구분하기 위해, 프로세스의 ‘우연 원인’ 작동 실태를 규명할 수 있을 만큼의 충분한 부분군들이 필요하다. 즉, 가능한 모든 유형의 ‘우연 원인’들이 수집된 데이터에 포함되어 있어야 한다. 두 번째 사안은 ‘통계학을 다루는 일’이다. ‘관리 한계’를 정할 때 이용되는 상수들(예로써, d_2 또는 c_4)[43]은 실제는 (‘표본 크기’에 따라 변하는)변수들이고, 부분군들 수가 클 때에만 상수에 근접한다. 예를 들어, ‘부분군 크기(표본 크기)’가 다섯 개이면서, 부분군들 수가 약 25개일 때 ‘d_2’는 상수에 근접한다(Duncan, 1986). 부분군들 수가 제한적일 때는 ‘Short Run Techniques’[44]를 사용한다.

2) ‘관리 한계’를 얼마나 넓게 설정할 것인지 결정하기 위한 기초 마련

프로세스 데이터의 부분군들 수가 정해지면 적정 한계(Limit)를 결정하기 위해 분포, 예로써 정규성, 또는 그와 약간 차이 나는 유사 분포를 가정해 해당 값을 설정할 수 있다. 참고로 분포를 찾기 위한 ‘곡선 맞춤(Curve Fitting)’[45]엔 몇 가지 기술적 고려사항이 존재한다. ‘$\overline{X}$ – 관리도’에 쓰이는 부분군 평균들이 정규성을 띤다는 가정엔 약간의 통계적 논란이 있다. ‘중심 극한 정리’에 따르면 관측치들이 어느 분포에서 왔는지에 관계없이 많은 표본 수의 평균들로 이루어진 분포는 대략 정규성을 띤다. 이것은 컴퓨터 시뮬레이션 연구를 통해 입증되어 왔다. 즉 원 분포가 극단적으로 치우쳐 있거나 한쪽 끝이 잘려나가지 않는 한 부분군 평균들은 ‘정규 분포’에 근사하고, 이때

---

43) ‘d_2’, ‘c_4’는 ‘표본 크기’에 따라 정해진 상수로 ‘표준 편차’ 산정 때 반영할 경우 모수의 추정력을 높여 주는 역할을 한다. 이런 추정량을 ‘비편향 추정량’이라고 한다. 상수들은 보통 표로 제공된다.

44) 데이터 수가 적을 때 사용되는 분석 기법. 자세한 사항은 Qualityamerica社의 http://qualityamerica.com/ Knowledgecenter/statisticalprocesscontrol/short_run_techniques.asp 참조.

45) (필자) 수집된 임의 데이터 군에 대해, 그들이 어떤 분포를 따르는지 찾아낼 목적으로 기존에 알려진 여러 분포 함수들을 통계적으로 대응시키는 과정. 본문과 관련된 사항은 Qualityamerica社의 http://qualityamerica.com/Knowledgecenter/statisticalinference/curve fitting. asp 참조.

부분군 수가 큰 경우 부분군 크기는 4~5개 정도면 충분하다.

일부 품질 공동체 내에서는 기본 프로세스의 분포 및 부분군 평균들의 분포와, 관리도를 이해하고 활용하는 것 사이에 관련성이 없다고 주장한다. 이 논의 자체는 소수의 편견으로 여겨지는데, 왜냐하면 분포의 활용과 관리도의 해석은 유사한 결론을 이끌어낼 수 있기 때문이다. 예를 들어 관리도, 특히 '$\overline{X}$ – 관리도'는 프로세스에서의 변화를 감지하는 데 유용한 툴이다. 그러나 관련성이 없다는 주장도 자세히 새겨보면, 몇몇 관리도, 예를 들어 'I – 관리도'와 최근 개발된 '$CUSUM$ – 관리도', '$EWMA$ – 관리도' 등에 대해서 특별한 논의가 필요할 수 있음을 알 수 있다.

'관리 한계' 설정 시, <u>확률 모델 사용에 반대하는</u> 측에선 다음의 주장을 편다.

1. Shewhart는 관리도 개발 시 '정규 분포'에 의존하지 않았다. 대신, 그는 경험적 실험 데이터를 사용했고, 자체 프로세스를 설명하면서 그 환경에 맞는 적절한 한계 값을 설정했다.
2. 관리도는 뚜렷한 확률 모델에 기반을 두지 않기 때문에, 분포에 적합시키거나 프로세스나 데이터에 대한 가정을 따로 둘 필요가 없다. Shewhart 방정식을 통해 계산되는 '관리 한계'는 프로세스의 원 분포가 어떻게 달라지든 항상 일정한 '관리 한계'를 제공한다.
3. 만일 '$\overline{X}$ – 관리도'가 '정규 분포'에 의존한다고 주장한다면, 그건 '중심 극한 정리'에 의존한다는 말과 같다(평균들로 이루어진 분포는 정규성을 띰). 그러나 '중심 극한 정리'는 부분군 범위나 '표준 편차' 계산에 쓰이는 이론이 아니므로, 그를 이용해 부분군 범위(또는 '표준 편차')에 대한 한계를 어떻게 결정할지에 의문이 생긴다.
4. '관리 한계'가 분포의 '꼬리 영역'에 설정되므로, 분포를 찾기 위한 적합(Fitting)은 이들 꼬리 영역에서 오류를 발생시킬 수 있다.

'관리 한계'를 결정하기 위해 <u>확률 모델을 사용하려는</u> 측에선 다음에 주목한다.

1. 만일 Shewhart에 의해 정의된 관리도가 완전히 경험적 데이터에 기반을 두고 있다면, 그리고 모든 프로세스에 광범위하게 적용될 만한 어떤 이론에도 기반을 두지 않는다면, 관리도들은 오직 Shewhart-형 프로세스에 대해서만 유용할 것이다. 이것은 타당하다고 보기 어렵다. 관리도는 수학적(또는 엄밀히 통계적) 이론에 기초하므로 특정 프로세스만을 위해 존재한다고 보기는 어렵다.

2. '관리 한계'는 수학적으로 결정되고, 계산에 사용된 공식은 정규 확률 이론을 직접적으로 차용하고 있다. 비록 수학적 모델이 경험적 증거에 기반을 둔다 하더라도, 모델이 완전히 정규 분포 통계량을 쓰고 있다는 점, 통계량이 정규성에 미치지 못하면 적용성도 그에 따라 떨어진다는 점 등은 우연의 일치가 아니다. '$\overline{X}$ – 관리도'에서 '관리 한계'를 어떻게 추정하는지 생각해보라: 다음을 보자.

- 두 개의 파라미터가 계산된다. '전체 평균(Overall Average)', 그리고 '부분군 평균'으로부터 얻어진 '표준 편차'가 있다. 이들의 계산에서 관측치들이 '정규 분포'할 것을 요구하진 않으나, '정규 분포'는 오로지 이들 두 파라미터에 의해 완전히 설명되는 분포이다.

- 표로 구성된 '비편향 상수('표본 크기'에 따라 결정)'가 있다. '그룹 내 변동'을 프로세스 관측치들의 '기대 변동'으로 변환하는 데 사용된 인자(d_2 또는 c_4)들은 부분군 크기에 따라 결정된다. 'd_2' 또는 'c_4'의 추정량은 관측치들의 정규성 가정에 기반을 두고 유도된다.

- '표준 편차'의 배수가 정의된다. '관리 한계'를 결정하는 데 필요한 '표준 편차 수'는 보통 '3'을 적용한다. 중심으로부터 '±3 표준 편차' 거리에 '관리 한계'를 위치시키는 것은 '정규 분포'나 '정규 분포'와 유사한 모양의 분포만이 적합하다. 그 외의 다른 분포들은 프로세스가 변했음에도 변하지 않았다거나, 또는 발생 빈도가 아주 낮은데도 신호에 훨씬 더 유의한 반응을 자주 보일 수 있다. '관리도'의 애초 개발 의도가 잘못된 알람을 최소화시키기 위해 만들어

졌으므로 이 같은 오류는 바람직하지 않다.

관리도 내 부분군들의 패턴이 무작위가 아닐 때도, 'Western Electric 런 검정'은 확률 모델을 사용하고 있다. 사실 부분군 평균들이 '$\overline{X}$ – 관리도'에서 '정규 분포' 한다는 것을 모르면, 'Western Electric 런 검정'을 적용할 수 없다. '런 검정'은 그들의 기반이 되는 확률 모델의 이해 없이는 의미가 없다. 비슷하게, 2시그마 한계를 사용하기 위한 논의 역시 부분군들 원 분포의 이해 없이는 의미가 거의 없다.

3. '중심 극한 정리'가 부분군의 '범위'나 '표준 편차' 통계량에 쓰이지 못하는 것은 사실이다. 그러나 그것을 입증하는 일은 다소 회의적이다. 아마 '범위'와 '표준 편차'의 분포가 관측치들의 정규성 가정에 민감하지 않을는지도 모른다.
4. 데이터의 분포를 찾기 위해 수행되는 '곡선 맞춤(Curve Fitting)'엔 오류가 발생할 가능성이 있으며, 특히 분포의 꼬리처럼 데이터 수가 적은 영역에서의 통계적 오류 발생 가능성은 훨씬 높아진다. 그러나 이 상황들을 처리할 기술들 또한 존재한다.

이 논쟁들이 의미하는 것은 무엇일까?

1. 만일 '$\overline{X}$ – 관리도'를 사용한다면 문제는 좀 줄어든다. 양쪽 진영은 '$\overline{X}$ – 관리도' 가 매우 유용한 툴이라는 데 이견이 없다. 히지만, 단지 왜 유용한지에 대해 의견일치를 못 보고 있다. 위에서 언급된 바와 같이, 확률 모형의 부재 상태에서 '런 검정(Run Test)'이 정당한가에 대한 의문이 여전히 존재할 수 있다.
2. 만일 'I – 관리도'를 사용하거나 '프로세스 능력'을 평가할 경우, 분포는 상관없다거나, 아니면 분포에 적합하다고 하는 둘 중 하나를 가정해야 한다. 프로세스 거동을 가장 잘 설명하기 위해 적합된 곡선을 Shewhart 계산과 쉽게 비교할 수 있다. Shewhart 계산은 위에서 지적했던 바와 같이 '정규 분포'에 대한 계산과

정확히 일치한다는 점에 주목하라.

3. '$EWMA$ – 관리도'는 관점에 따라 두어 개의 재미있는 용처를 갖는다.

- 우선 상황상 '합리적 부분군(Rational Subgroup)'들의 크기가 '1'일 때, '$EWMA$ – 관리도'는 데이터에 맞는 분포를 찾을 필요가 없다. 대신 지수적으로 가중된 이동 평균을 타점해나가는데, 이때 '중심 극한 정리'와 '정규 분포'에 기반을 둔 '관리 한계'의 적용이 가능하다. 만일 '관리 한계' 설정 시 개별 관측치들에 대한 분포 적합이 필요치 않다면, 이때 '$EWMA$ – 관리도' 사용을 통해 얻을 수 있는 이점은 매우 제한적이다.

- '$EWMA$ – 관리도'를 수학적으로 해석하면 작은 프로세스 변이를 감지하는 데 매우 뛰어나다는 것을 알 수 있다. 이 개념은 그대로 표준 '관리 한계'가 적용된 상태에서 '우연 원인 변동'과 같은 작은 프로세스 변이(대략 0.5에서 1.5시그마 단위)를 감지해내는 데 유용하게 쓰일 수 있다. 이때 '오류 알람'을 증가시키지 않고 이 같은 높은 민감도를 얻을 수 있다는 점에 주목할 필요가 있다. '관리 한계' 설정 시, 분포 사용을 꺼리는 측에선, '$EWMA$ – 관리도'의 민감도가 꽤 높다거나, 또는 그 쓰임새가 타당하다는 주장을 받아들이지 않는다. 대신에 그들은 (민감도가 높은 만큼) 표준 Shewhart 계산 방식의 관리도에서는 드러나지 않을 변동이 '이상 원인(Special Cause)'의 영향으로 오인됨으로써 '오류 알람(Tampering)'을 촉진시킬 가능성이 크다고 주장한다(즉, '우연 원인'으로부터의 변동을 '이상 원인'으로부터의 변동으로 잘못 판단하는 오류 발생).

지금까지의 내용을 토대로 '±3σ' 토대의 '관리 한계' 기원을 정리하면, 애당초 Shewhart가 분포를 이용해 통계적 관점의 한계 값 설정에 노력은 했으나 결론적으로 경험상 얻은 자료를 통해 설정했다는 점, 이후 '정규 분포'에 기반을 두고 있어, 주변 학자들이 분포로서의 해석 여부를 두고 다양한 논의와 변형된 접근을 시도해 왔다는 점이다. 그러나 과정이야 어찌 되었든 현재 우리가 쓰고 있는 '관리 한계'는 '정규 분포'를 기반으로 한 '±3σ'를 유지하고 있으며, 이것은 Shewhart의 경험적 결과만도, 또 그렇다고 통계적 분포만의 접근도 아닌 두 방식을 모두 포용한다는 점에서 큰 이견을 가질 필요는 없을 것 같다. 참고로, Shewhart는 '±3σ' 기준을 "Criterion Ⅰ"으로 불렀다.

경우에 따라서는 '±2σ 한계'를 도입하는 학자들도 있었다. '±2σ 한계'와 '±3σ 한계' 간 관계를 통계적으로 해석해놓은 글이 있어 옮겨놓았다. 관심 있는 독자는 읽어보기 바란다.[46)]

"'±3σ 법'을 채택할 때에는 귀무가설(H_O)이 옳은데도 불구하고 기각될 확률(제1종의 과오: $α$)은 '정규 분포'의 경우 '0.0027(0.27%)'에 불과하므로 매우 좋다고 볼 수 있다. 그러나 ±3σ의 폭이 비교적 넓기 때문에, 모수에 약간의 변화가 생겨서 대립가설(H_A)이 옳기 때문에 이 가설을 채택해야 하는데도 불구하고 기각될 확률(제2종의 과오: $β$)이 높게 된다. 즉, 검출력($1-β$)이 충분히 크지 못하다는 결점이 있다. 그러나 이 경우 만일 '2σ 법'을 사용하게 되면 $α$는 증가하고 $β$는 감소하게 된다."

2.4. '중심 극한 정리(Central Limit Theorem)'와의 관계

앞서 '관리 한계'를 논하는 도중에 가끔씩 출몰했던 단어가 '중심 극한 정리'이다. 사실 Shewhart의 생각대로 '관리도 구조'와 '관리 한계'의 설정 등이 모두 완연한 경험적 자료를 토대로 형성된 거라면 이 소단락에서 논할 '중심 극한 정리'는 별 소용이 없을지도 모른다. 왜냐하면, '중심 극한 정리'는 말 그대로 '정리(定理)', 즉 "이미 진리라고 증명된 일반 명제"이며, 통계학에서 다양한 도구들의 해석 때 주요한 이론적 배경을 제공하고 있어 "경험적"이 아닌 "확률 통계적"이란 용어에 더 근접하기 때문이다. 따라서 관리도를 논할 때 이

---

46) 통계적 프로세스 관리, 박성현·박영현·이명주, pp.156~157, 민영사, 1998.

‘정리’를 결부시키는 것은 Shewhart의 의도와 여러 면에서 배치될 수 있다.

그러나 관리도를 두고 이루어지는 다양한 해석은 순전히 통계학에 근거하고 있으므로 아마 Shewhart가 생존해 있었다면 본인도 상당한 스트레스를 받지 않을까란 생각도 든다. ‘관리도’ 속에서 ‘중심 극한 정리’를 이용해 어떤 해석과 응용이 존재하는지 지금부터 하나씩 확인해보도록 하자. 쉬운 설명과 이해를 돕기 위해 관리도 중 대표적인 ‘$\bar{X}$-관리도’를 활용할 것이다. 다른 관리도인 ‘I-관리도’, ‘p-관리도’ 등은 모두 ‘$\bar{X}$-관리도’의 응용으로 볼 수 있어 앞으로 설명할 내용을 그들과 연결시키는 데는 별 문제가 없다.

‘중심 극한 정리’는 필자가 집필한 「Be the Solver_확증적 자료 분석(CDA)[47]」편의 내용을 약간 편집해 옮겨놓았다. 이와 관련된 ‘정규 분포’, ‘표준 정규 분포’, 또는 ‘중심 극한 정리’의 ‘미니탭’ 또는 ‘정규 분포 가법성’을 이용한 증명 등에 대해서는 해당 시리즈를 참고하기 바란다. 여기서는 정의와 약간의 보조 설명만 기술할 것이다.

모집단을 생각해보자. 우리나라 성인 남자 키의 ‘평균’과 ‘표준 편차’를 알 수 있는 가장 정확한 방법은 모든 사람을 대상으로 실제 키를 측정하는 것이다. 물론 현실적으로 매우 어려운 일이라는 것쯤은 삼척동자도 다 아는 사실이다. 따라서 우리는 “표집을 하면 되지!”라고 바로 답을 낼 수도 있다. 그런데 그다음이 문제다. 어떻게 해야 그 추출된 표본들을 이용해 전체 성인의 남자 집단 ‘평균 키’와 ‘표준 편차’를 얻어낼 수 있단 말인가? 보통 모집단의 ‘평균’과 ‘표준 편차’를 ‘모수(Population Parameter)’라고 총칭하고, 각각 ‘모평균’, ‘모 표준 편차(Population Standard Deviation)’라고 명명하며, 따라서 이 **‘모평균’**과 **‘모 표준 편차’**를 소위 ‘표본’으로부터 얻어내는 일이 주요 관심사이다. 이것을 가능케 한 기막힌 통계 이론이 바로 ‘중심 극한 정리’이다. 결론부터 말하면 이 정리는 다음 [그림 Ⅱ - 13]과 같은 순서로 설명된다. 그림의 ‘원 번

---

47) pp.216~229 참조.

호'에 대응해서 순서대로 읽어나가기 바란다.

[그림 Ⅱ-13] '중심 극한 정리' 개요도

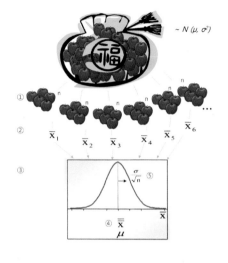

① 모집단에서 '표본 크기'가 'n'인 표본을 계속해서 추출한다. 모집단은 편의상 ~ N(μ, σ²), 즉 '정규 분포'를 따른다고 가정하자. 그림에서 'n=5'인 경우를 보여주고 있다 − 사과가 다섯 개씩임. 설명을 쉽게 하기 위해 통상 'n'개를 뽑은 것으로 표현함. (참고) 모집단이 '정규 분포'를 띠지 않아도 '중심 극한 정리'는 성립함.

② 각 표본에 대해 평균을 계산한다 − 사과 무게를 측정한 데이터라고 할 때, 다섯 개에 대한 무게 값 평균, 즉 '표본 평균'을 얻은 것임. 그림에서 $\overline{x_1}$, $\overline{x_2}$, $\overline{x_3}$…에 해당.

③ 그 평균한 값들을 이용해 히스토그램을 그리거나 도수 곡선을 그린다. 그러면 십중팔구 **'정규 분포'가 될 것이다.**

④ 이 '정규 분포'의 중심을 '$\overline{\overline{x}}$'라 하면, 이는 「표본 평균」들로 이루어진 분포의 「평균」이 될 것이고, '중심 극한 정리'에 의하면 이 값은 바로 **모평균 'μ'와 같아진다.** 또,

⑤ 이 '정규 분포'의 '표준 편차'를 '$\hat{\sigma_{\overline{x}}}$'라고 하면('$\overline{X}$'들로 이루어진 분포이므로 '$\hat{\sigma}$' 아래 첨자로 '$\overline{X}$'가 붙음), 이것은 「표본 평균」들로 이루어진 분포의 「표준 편차」가 될 것이고, '중심 극한 정리'에 의하면 이 값은 바로 모집단의 '표준 편차'를 '표본 크기'의 제곱근 '$\sqrt{n}$'으로 나눈 값과 일치한다. 즉 '$\sigma/\sqrt{n}$'이다. 그림의 '원 번호'와 설명의 '원 번호'를 대응시키며 참조하면 이해하는 데 도움 받을 것이다. '표본 평균 분포'의 '표준 편차'를 특히 '표준 오차(Standard

Error)'라고 부른다.

지금까지 '표본 평균'의 집단이 '정규 분포'가 되고, 그들의 '평균'은 '모평균'을, 또 '표준 편차'는 '모 표준 편차'를 '표본 크기의 제곱근'으로 나눈 값과 같다 ($\hat{\sigma_{\bar{x}}} = \sigma / \sqrt{n}$)는 '중심 극한 정리'에 대해 알아보았다. "모 표준 편차를 '표본 크기의 제곱근'으로…"처럼 글로 적다 보니 복잡하게 느껴지는데 독자는 식을 통해 잘 헤아리기 바란다.

'중심 극한 정리'를 처음 접해 매우 어렵게 느껴지는 독자라면 앞서 소개한 참고 서적을 통해 기본부터 차근차근 쌓아놓기 바란다.

이제 '$\bar{X}$-관리도' 예로 돌아와 보자. '관리도'와 '중심 극한 정리'를 연결시키기 전에 우선 다음 [그림 Ⅱ-14]를 보자.

[그림 Ⅱ-14] '$\bar{X}$-관리도'와 '중심 극한 정리' 관계 개요도

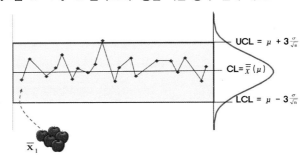

[그림 Ⅱ-14]의 각 타점은, 예로써 사과 5개(부분군)의 '무게'들을 평균한 값이며, [그림 Ⅱ-13]에서와 같이 모집단으로부터 5개씩 표집할 때마다 '부분군 평균'은 달라질 것이므로 위아래 오르내림으로 관찰된다. 이때 타점들을 하나의 용수철이라 가정하고 오른쪽으로 꽉 압축하면 히스토그램을 얻는다(그

림 오른쪽의 분포). 이 분포는 [그림 Ⅱ-13]에서 설명했던 바와 같이 "표본 평균들로 이루어진 분포"이므로 '중심 극한 정리'의 상황과 일치하며, 따라서 타점이 많아질수록 '정규 분포'에 근접해간다. 또 이 분포의 평균($\overline{\overline{x}}$) 역시 '중심 극한 정리'에 따라 '모평균(μ)'과 동일하며, 그 '표준 편차(즉, 표준 오차)'는 '$\sigma/\sqrt{n}$'이다.

이제 '중심 극한 정리'를 '관리도'와 연결시켜 보자. 다음의 두 가지 유형으로 구분할 수 있다.

1) '관리도'의 '관리 한계(Control Limit)'를 계산할 수 있다.

관리도는 '표본 크기=n'인 표본들의 평균을 타점해나가므로 '중심 극한 정리'의 지배를 받는다. '$\overline{x}$-관리도' 경우, '중심 극한 정리'를 통해 형성된 '평균(즉, $\overline{\overline{x}}$=μ)'과 '표준 편차(즉, 표준 오차인 $\sigma/\sqrt{n}$)'를 이용해 '표본 크기=5'인 경우의 '관리 한계'는 다음과 같이 계산된다.

$$UCL = \mu(\overline{\overline{x}}) + 3\frac{\sigma}{\sqrt{5}}$$
$$LCL = \mu(\overline{\overline{x}}) - 3\frac{\sigma}{\sqrt{5}}$$

(식 Ⅱ-1)

단, UCL : $Upper\ Control\ Limit$
LCL : $Lower\ Control\ Limit$

(식 Ⅱ-1)을 보면 Shewhart가 제시했던 '평균(즉, $\overline{x}$=μ)'을 중심으로 '±3×표준 편차'만큼씩의 거리에 '관리 상한(UCL)'과 '관리 하한(LCL)'이 형성된다.

2) '이상 원인' 검출에 필요한 민감도를 조정할 수 있다.

대표 관리도인 '$\bar{x}$-관리도'를 통해 '이상 원인' 검출에 따른 민감도를 '중심 극한 정리'로부터 확인할 수 있다. 다음 [그림 Ⅱ-15]를 보자.

[그림 Ⅱ-15] '표본 크기' 변화에 따른 '관리 한계' 폭의 변화

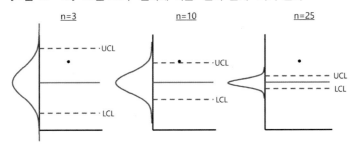

[그림 Ⅱ-15]에서 '표본 크기'가 증가할수록 (식 Ⅱ-1)의 '표준 오차'인 '$\sigma/\sqrt{n}$'가 자꾸 작아져 '관리 상한(UCL)'과 '관리 하한(LCL)' 간 폭이 줄어든다. 만일 그림에서처럼 한 개의 타점이 일정한 위치에 있다면 '표본 크기=3'의 경우 '안정한 상태'로 판단하지만, 값이 동일함에도 '표본 크기=25'인 경우는 '불안정한 상태'로 판단하게 된다. 확률적으로 해석하면 '2종 오류(二種誤謬, Type Ⅱ Error)', 즉 "평균이 실제로 변했음에도 변하지 않았다고 판정할 오류를 줄이는 효과"가 생긴다. 실제 프로세스에 변동이 생기면 관리도도 민감하게 반응하기 때문이다. 물론 '표본 크기'가 증가할수록 반대로 '1종 오류(一種誤謬, Type Ⅰ Error)', 즉 "평균이 실제로 변하지 않았음에도 변했다고 판정할 오류는 증가"됨으로써 프로세스 이상을 확인하기 위해 불필요한 자원 낭비를 초래할 수 있다. 일반적으로 '$\bar{x}$-관리도'의 부분군 크기는 '2~6개', 전형적으로 '5개'를 적용한다.

앞서 '관리 한계' 설정이 '중심 극한 정리'의 지배를 받는다고 하였다. 이 정리에 따르면 '평균'들로 이루어진 분포는 그 표본을 추출한 모집단이 어떤 형상을 따르든 관계없이 항상 '정규 분포' 한다는 것을 알려준다. 결국 [그림 Ⅱ-14]의 분포는 정규성을 따를 가능성이 높다. 또한, Shewhart의 애당초 '관리 한계' 설정이 '±3σ'로 제시되어 있어 관리도 해석 시 확률론 적용의 근거로 삼는다.

관리도에서의 확률을 계산하기 위해서는 관리도 그림상에 '표준 편차' 배수만큼씩의 정해진 확률을 미리 기록하고, 'Western Electric Rules' 등의 각 패턴들과 비교해 확률을 계산한다. 다음 [그림 Ⅱ-16]은 활용 빈도가 높은 '$\bar{X}$-관리도'에서의 각 Zone별 확률을 계산한 결과이다.

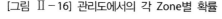

[그림 Ⅱ-16] 관리도에서의 각 Zone별 확률

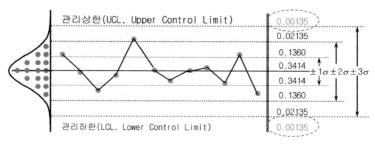

[그림 Ⅱ-16]에서 '관리 상한'과 '관리 하한'을 벗어난 영역에 타점이 들어가면 프로세스에 '이상 원인'에 의한 변동이 발생했다고 판단하므로 "유의(有意), 즉 의미가 있을 정도로 비정상적 상황임"을 의미한다. 이 경우의 확률은

'0.27%'이므로 평균 하나가 '±3×표준 편차' 범위 밖에 찍힐 가능성은 100회 중 0.27회 정도의 극히 희박한 사건에 해당되어 실제 이런 사건의 발생은 프로세스에 원치 않는 변화가 일어났음을 시사한다. 따라서 이후 활동은 원인 규명과 해결, 그리고 재발 방지책 마련까지 자연스럽게 연결된다. 확률이 약 '0.0027'이란 평균적으로 370개 타점들 중 하나는 프로세스에 '이상 원인'에 의한 변동이 발생하지 않았음에도 'WECO Rules' 중 '규칙 1'의 현상이 야기될 수 있음을 의미한다(1/370≒0.002703).

'WECO Rules'의 각 패턴별 확률을 계산해 검정을 수행하는 시도는 Western Electric社의「Statistical Quality Control Handbook」에도 잘 나와 있다. 다음 [표 Ⅱ-8]은 각 패턴별 확률을 계산한 예이다. 참고로 기본 패턴들에 대한 확률은 통상 '중심선(CL, Center Line)'을 중심으로 한쪽만 고려한다.

[표 Ⅱ-8] 'Western Electric Rules'의 각 규칙별 발생 확률

규칙	설명	관리도 패턴 예	발생 확률
규칙 1	한 개 타점이 중심으로부터 3σ 한계선 밖에 존재하는 경우(즉, 중심선 위쪽 또는 아래쪽의 'Zone A'를 넘어선 임의 타점)		$P(X>3\sigma)=0.00135$
규칙 2	세 개의 연속된 점들 중 2개가 2σ 한계선을 넘어선 경우('Zone A' 내, 또는 넘어섬)		$P_{n=3,\ p=0.0227}(X>2\sigma)=$ $3\times0.0227^2\times(1-0.0227)≒$ 0.0015
규칙 3	다섯 개의 연속된 점들 중 4개가 1σ 한계선을 넘어선 경우('Zone B' 내, 또는 넘어섬)		$P_{n=5,\ p=0.1587}(X>1\sigma)=$ $5\times0.1587^4\times(1-0.1587)≒$ 0.0027
규칙 4[48]	8개의 연속된 점들이 중심선 한 쪽에 존재하는 경우('Zone C' 내, 또는 넘어섬)		$P_{n=8,\ p=0.5}(X>0)=0.5^8≒$ 0.0039

우선 패턴별 확률 계산은 '이항 분포'를 활용한다. 예를 들어, '규칙 3'의 경우 "5개 타점들 중 4개 점이 1σ를 넘어선 사건"이므로 n=5, x=4, p=0.1587(=0.00135+0.02135+0.1360)인 이항 분포를 따른다('p'는 [그림 Ⅱ-16]에서 1σ 이상 영역의 확률 값임). 참고로 분포에 대한 이해와 활용 방법은 「Be the Solver_확증적 자료 분석(CDA)」편을 참고하기 바란다. 다음은 계산 과정을 기술한 예이다.

$$P_{n=5.\,p=0.1587}(X > 1\sigma) = \frac{5!}{4! \times (5-4)!} \times 0.1587^4 \times (1-0.1587)^{5-4} \qquad \text{(식 Ⅱ-2)}$$

$$= 5 \times 0.000634 \times 0.8413 ≒ 0.0027$$

(식 Ⅱ-2)에 따르면 [그림 Ⅱ-16]의 '1σ' 이상의 영역에 "5개 타점들 중 4개가 들어갈 가능성"은 '약 0.27%'로 '유의 수준'을 '1%'로 가져가더라도 매우 희박한 사건임을 알 수 있다. 즉, 관리도 모니터링 중 이와 같은 현상이 관찰되면 프로세스에서 흔치 않은 이상 변동이 발생한 것으로 간주할 수 있다.

'가설 검정'의 사전적 정의는 "모집단의 특성에 대한 통계적 가설을 모집단으로부터 추출한 표본을 사용하여 검토하는 통계적 추론을 말한다"이다.[49] 한 마디로 "가설을 세워 현재의 상태가 모집단과 동일한 상태인지 여부를 확인하는 것"으로 '관리도'에서의 '가설'은 다음과 같이 설정된다.

귀무가설(H_0): 프로세스는 관리 상태이다.   (식 Ⅱ-3)

대립가설(H_A): 프로세스는 관리 이탈 상태이다.

---

48) '규칙 4' 경우 WIKIPEDIA의 "Western Electric Rules"는 '9개 타점'으로 정의됨.

49) 자세한 설명이 필요한 독자는 「Be the Solver_확증적 자료 분석(CDA)」편을 참조하기 바람.

현재의 프로세스 상태가 (식 Ⅱ-3) 중 어디에 해당할는지는 '가설 검정'의 '정의'에서와 같이 "모집단으로부터 추출한 표본을 사용하여 검토"한다. 관리도는 이미 표집이 이루어진 결과물이므로 [표 Ⅱ-8] 또는 (식 Ⅱ-2)와 같이 'p-값'을 구해 '유의 수준=1%' 등과 비교해 '귀무가설' 또는 '대립가설' 중 하나를 취한다. 통상 관리도는 '±3σ' 토대에 기반을 두고 그를 넘어선 타점에 대해 불안정 요소로 판단하고 있어, 기본적으로 'α=0.00135(한쪽 기준)'를 주로 적용한다.

그러나 관리도를 두고 '가설 검정'을 수행한 뒤 관찰된 패턴이 프로세스에서의 이상 변동을 나타낸 것인지 판단하는 데는 상당한 논란이 있다. 왜냐하면, 관리도를 만든 Shewhart와 전파에 공을 세운 Deming 등이 확률적 해석에 매우 부정적 시각을 갖고 있기 때문이다. 다음은 이에 대한 DR. Shewhart의 의견을 번역해 옮겨놓은 것이다.[50]

"통계적 관리를 통해 운영의 발전을 꾀하려 할 때, 정식으로 이루어지는 가설 검정의 수학적 접근은 매우 중요하다. 그러나 우리는 통계적 가설 검정 같은 정식의 이론과, 통계적으로 프로세스를 관리하면서 취해진 경험적 가설 검정 사이에 근본적으로 차이가 있음을 결코 잊어서는 안 된다."

다음은 동일한 주제에 대해 DR. Deming의 의견을 번역해 옮긴 것이다.[51]

"'이상 원인'을 감지하고 그를 개선하는 데 필요한 규칙(Rules)들은 시스템이 안정한 상태에 있다고 해서 가설 검정의 대상이 되는 것은 아니다."

---

50) Shewhart, W. A., Statistical Method from the Viewpoint of Quality Control (Graduate School of Agriculture, 1939) p.40.
51) Deming, W. Edwards, Out of the Crisis (Cambridge, MA: MIT Center for Advanced Engineering Study, 1986), p.335.

관리도에서 'WECO Rules'와 같은 8개 패턴에 대해 과연 확률론적 '가설 검정'의 의미와 필요성이 있는가라는 해석은 여전히 논란의 핵심이다. 그러나 필자의 판단으로는 Shewhart가 지적한 바와 같이 "경험적 가설 검정"의 테두리에서 "프로세스에 무언가 이상이 생겼다는 '증상' 정도의 정보를 얻는 것만으로도 상당한 관리 수준에 이를 수 있지 않을까?"란 생각이 든다. 확률 계산을 통한 '가설 검정'의 접근은 여러분의 탐구 영역으로 남겨둔다.

2.6. '이상 원인(Assignable Cause)'과 '우연 원인(Chance Cause)'의 이해

통계 패키지인 미니탭을 이용해 가장 대표적인 '$\overline{X}-R$관리도'를 작성하면 다음 [그림 Ⅱ-17]과 같은 두 개의 관리도를 얻는다.

[그림 Ⅱ-17] 데이터와 그를 이용해 작성한 '$\overline{X}-R$관리도'

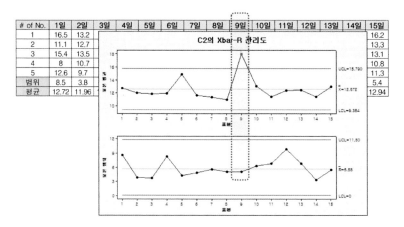

[그림 Ⅱ-17]을 보면 매일 5개씩 총 15일 분량의 부분군 데이터가 수집됐으며, 각 부분군별 '범위(Range, 최댓값-최솟값)'와 '산술 평균(Mean)'이 산정되어 있다. '$\bar{X}$ 관리도'는 각 부분군별 '평균'을, 'R 관리도'는 부분군별 '범위'를 타점했다는 것도 알 수 있으며, 9일 차엔 평균이 '관리 상한'을 벗어나 프로세스 내 이상 변동이 발생했을 것이란 추측을 낳게 한다. 즉, 9일 차 변동은 'WECO Rules'나 'Nelson Rules'에 있어 "규칙 1"의 상황이 발생한 것이다.

이때 'R 관리도'의 9일 차 부분군 '범위'는 별다른 반응이 없는 것으로 보아(즉, 5개끼리는 값들이 비슷함) 9일 차 부분군 5개 데이터 모두 타 부분군들에 비해 값이 클 것이라(즉, 평균이 증가한 것으로) 짐작된다. 그러나 만일 9일 차 '범위'가 매우 큰 값을 형성하고, 그 이유가 5개 데이터 중 한 개 값이 특이하게 크다는 것이 밝혀졌다면, 그로 인해 부분군 '평균'이 커짐과 동시에 '범위' 역시 큰 값을 형성한다. 따라서 '평균'의 상승이 그를 구성하는 개개 값들의 상승 때문인지, 아니면 부분군 내 값 하나가 특이하게 튀어 나타난 현상인지 가늠하기 위해 '평균'과 '범위' 둘 다의 변화를 동시에 관측하는 것이 매우 중요하다.

다시 본론으로 돌아와 9일 차 '평균'이 갑자기 커지게 된 배경이 무엇인지 생각해보자. 데이터 자체의 오류가 아니라면 '5M-1I-1E', 즉 Man, Machine, Material, Method, Measurement, Information, Environment 들 중 어느 하나 이상이 프로세스를 흩트려놓았다는 뜻이며, 그로 인해 변동이 유발된 것으로 볼 수 있다. 따라서 어느 원인이 작용했는지 모르는 상황에서 가능성 있는 모든 원인들을 용의선상에 올려놓고 이들을 싸잡아 **'이상 원인(Assignable Cause)'**이라 부른다. 영문을 그대로 직역하면 "할당 가능한 원인"이며, 이것은 "그 큰 변동을 유발한 '원인'이 무엇인지 프로세스 내에서 알아낼 수 있다거나 정해질 수 있음"을 의미한다.[52] 「Western Electric SQC Handbook」에 따르면, 관리도에서 어떻게 '이상 원인(Assignable Cause)'의 작용을 감지할 수 있는지를 다음과 같이 설명하고 있다(일부 내용 편집).

1) 아주 적은 '표본 크기'를 여러 번 측정해 시간에 따라 타점해나갈 경우, 프로세스에 장애를 일으키는 원인들은 다음 두 방식 중 하나를 야기한다.

(a) 프로세스 내 일부 장애들이 나타났다 사라졌다 하는 주기성을 보인다(간간이 오는 장애). → 예로써, 설비 담당자가 수행하는 세팅 값에 차이가 날 경우 프로세스 내에 주기적인 장애가 나타날 수 있다. 이와 같이 간간이 작용하는 원인들은 서로 근접한 측정값들 사이엔 별다른 영향을 미치지 않지만, 시점상 동떨어져 있거나 설정을 달리한 서로 다른 표본들 간에는 영향을 미친다. 즉 설비를 세팅한 직후 이어지는 측정값들은 다음 새롭게 설정된 이후 값들과 차이를 보일 수 있으며(평균 간 차이, 즉 장애 발생), 이 원인들을 "표본들 간(Between Samples)53) 작용하는 원인"이라 부른다(표본들 간 값의 차이를 유발시키는 원인).

(b) 또 다른 장애의 경우, 주기적으로 오고 가는 것이 아니라 상당한 기간 동안 계속해서 프로세스에 존재한다(지속적 장애). → 예로써, 몇 대의 설비 혹은 몇몇 작업자들에 의해 만들어진 일상적인 제품들의 혼재가 그 같은 장애를 일으킨다(값 산포를 증가시킴). 이와 같이 지속성을 갖는 원인들은 시점상 동떨어진 관측값, 또는 서로 다른 관측 값에 미치는 영향 못지않게 단 한 개의 소그룹이나 소표본 내 관측 값들에도 영향을 미친다. 이들을 "표본 내(Within Samples)54) 작용하는 원인"들이라 부른다.

2) "Between Sample"을 야기하는 원인들은 '불안정(Instability)', '주기(Cycles)', '경향(Trends)', '규칙성 변동(Systematic Variation)' 등을 초래한다. "Within Sample"을 야기하는 원인들은 '층화(Stratification)'와 '혼합(Mixture)'의 형태를 만들어낸다. "Between Sample"은 '관리 한계'가 너무 넓어지는 양상을, 반대로 "Within

---

52) Western Electric Company, 1956, "Statistical Quality Control Handbook", pp.149~150.
53) "군간", "그룹 간", "계급 간" 등으로도 불린다.
54) "군내", "그룹 내", "계급 내" 등으로도 불린다.

Samples"은 '관리 한계'가 좁아지는 양상을 보인다. 관리도에서 "Between Sample"과 "Within Sample"을 야기하는 원인들 모두가 사라지면 프로세스는 지속적으로 자연적인(외부 영향이 없는 안정한) 패턴만을 띠게 된다.

프로세스에서 '이상 원인'이 모두 나쁘다거나 반드시 제거되어야 하는 것은 아니다. 예를 들어, 툴 마모는 툴링이 필요한 모든 프로세스에서 필연적이다. 그러나 관리도의 '규칙(Rules)'을 고려할 때, '이상 원인'은 제조의 경제성을 고려해서 제거되거나 제한될 필요가 있다. 그들이 제거되든 그렇지 않든 프로세스에서의 그들의 존재를 인지하는 것은 매우 중요하다.

이제 통상적인 품질 교육에서 다루는 '이상 원인'과 '우연 원인'에 대해 좀 더 알아보자. [그림 Ⅱ-18]은 '이상 원인'과 '우연 원인'의 전체 개요도이다.

[그림 Ⅱ-18] '이상 원인'과 '우연 원인'의 요약

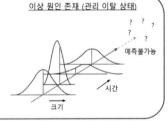

■ 이상 원인(Assignable Cause, Special Cause)
- 예측할 수 없음.
- 평균의 변화, 산포의 변화 둘 다에 영향
- 우연원인보다 일반적으로 폭이 큼.
- 프로세스에서 특정한 원인, 혹은 일련의 방해요소에 의해 발생함.
- 기본적인 프로세스 관리 혹은 모니터링을 통해 제거, 감소될 수 있음.

이상 원인 존재 (관리 이탈 상태)

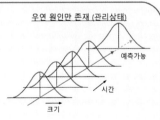

■ 우연 원인(Common Cause, Chance Cause)
- 예측이 가능함.
- 모든 프로세스에 항상 존재함. 즉, 설계되어진 대로 프로세스가 지속적으로 운영되면서 발생한 결과값임
- 프로세스 자체에서 여러 요소가 복합적으로 작용하여 발생하는 것임.
- 감소 혹은 제거할 수 있으나 프로세스 내의 근본적인 변화를 필요로 함.

우연 원인만 존재 (관리상태)

‘이상 원인’은 ‘이상 변동(Assignable Variation)’을 유발한다. 구체적으론 ‘Nelson Rules’ 중 어느 하나 이상의 패턴을 만들어낸다. 즉, 프로세스에 원치 않는 문제의 발생 가능성을 암시하며, ‘관리도’ 관점에선 “관리 이탈 상태(Out of Control)”로 판정한다. ‘이상 원인’에 의한 변동은 엔지니어들이 프로세스를 열심히 관리하고 있으므로 언제 다시 나타날지 예측이 어렵다. 그러나 일단 발생하면 프로세스가 잘 관리되고 있는 상태에선 그만큼 원인 규명도 용이하다. ‘이상 원인’의 영문은 출처에 따라 약간 차이가 있다. Walter A. Shewhar 는 “Assignable Cause”[55]로, W. Edwards Deming은 “Special Cause”, Juran 은 “Sporadic Problem(간헐적 문제)”으로 명명하였다.

만일 ‘Nelson Rules’의 어느 패턴도 관찰되지 않으면, 프로세스는 ‘우연 원인’에 의한 ‘우연 변동(Chance Variation)’만이 존재하고, ‘관리도’ 관점에선 ‘관리 상태(In Control)’로 판정한다. 프로세스 내 주변 온도 변화나 습도, 진동, 담당자들의 작업 습성 차이 등 다양하면서 사소한 원인들이 복합되어 측정값의 미세 변동을 유발하므로 늘 존재하는 정상적 상황이다. 그러나 이 변동을 줄이기 위해 많은 사소한 원인들을 찾아 제거하려면 상당한 어려움이 뒤따른다. 예를 들어, 미세 온도, 또는 습도 변화를 억제하기 위해 프로세스 내 전체를 항온·항습 시키려면 막대한 자금이 필요하다. 진동 제거 역시 바닥에 내진 설계를 해야 하므로 과연 비용 투입 대비 효과가 있는 것인지 경제성을 따져봐야 한다. 결국 ‘우연 원인’을 줄이거나 제거하려는 노력은 경영자의 의사 결정이 매우 중요하다. 그 필요성의 판단뿐만 아니라 막대한 투자의 결정이 뒤따르기 때문이다. ‘우연 원인’의 영문은 Walter A. Shewhart 경우 “Chance Cause”로, 1947년 Harry Alpert는 “Common Cause”로, Juran은 “Chronic Problem (만성적 문제)”으로 불렀다. 다음 [표 Ⅱ-9]는 ‘이상 원인’에 의한 변동과 ‘우연

---

55) Shewhart, Walter A. (1931). Economic control of quality of manufactured product. New York City: D. Van Nostrand Company, Inc. p.14.

원인'에 의한 변동을 구분하는 상황별 키워드이다.

참고로 용어상 혼선이 있는 '이상 원인', '우연 원인', '제어 인자', '잡음 인자' 들의 정의와 비교는 [표 Ⅱ-33]을 참고하기 바란다.

[표 Ⅱ-9] '이상 원인'과 '우연 원인'의 상황별 키워드

이상 원인	비정상	변동 폭 넓음	특정 요소	관리적 문제	제거 가능	항상 존재하지 않음	예측 불가능	불안정
우연 원인	정상	변동 폭 작음	복합적	기술적 문제	제거 어려움	항상 존재	예측 가능	안정

다음 [표 Ⅱ-10]은 미니탭 '도움말("특수 원인"으로 검색)'에 포함된 주변에서 찾아볼 수 있는 '이상 원인'과 '우연 원인'으로 발생하는 변동의 예이다.

[표 Ⅱ-10] '이상 원인'과 '우연 원인'으로 발생하는 '변동'의 주변 사례

	'우연 원인'에 의한 변동 예	'이상 원인'에 의한 변동 예
빵 굽기	오븐의 자동 온도 조절기는 온도가 위아래로 약간 표류하는 것을 허용함.	빵을 굽는 중에 오븐의 자동 온도 조절기를 변경하거나 문을 반복해서 열 경우 온도가 불필요하게 변동할 수 있음.
고객 연락처 기록	경험이 많은 운영자가 우발적인 오류를 만듦.	교육받지 않은 신입 사원이 다량의 데이터 입력 오류를 만듦.
플라스틱 장난감 사출 성형	공급 업체의 플라스틱에 작은 변동이 발생하면 각 묶음의 제품 강도에 사소한 변동이 발생함.	신뢰도가 낮은 플라스틱 공급 업체로 변경된 후 최종 제품의 강도와 일관성에 변화가 생김.

'이상 원인'에 의한 변동은 없애야 하나, '우연 원인'에 의한 변동을 제거하려고 하면 상황이 더 나빠질 수 있다. '빵 굽기 공정'을 가정할 때, 공정의 '자연 변동' 중 일부는 오븐의 자동 온도 조절기가 느슨해서 생긴다. 이때 '자연 변동', 즉 '우연 원인에 의한 변동'을 줄이기 위해 수동으로 온도를 위아래로 조정할 경우 새로운 변동성을 공정에 추가하는 상황이 될 수 있다. 이를 '과도 수정(Overcorrection)'이라고 한다. 참고로 '이상 원인에 의한 변동'을 식별하는 데 '관리도'가 쓰인다.

이 단계에서 추가로 꼭 알아둬야 할 용어가 있다. 바로 **'합리적 부분군**

(Rational Subgroup)'이다. 다음 설명 역시 용어의 원조 격인 「Western Electric SQC Handbook(p.151)」의 내용을 일부 편집해 옮겨놓았다.

"관리도가 유지되는 데 매우 중요한 영향을 미치는 요소들 중 하나는 바로 표본을 어떻게 추출하는가이다. 즉, 가능한 모든 수단을 동원해 표본들이 '합리적 부분군'이 되도록 계획을 세워야 한다. '합리적 부분군'은 합리적이고 논리적으로 구성됐다고 믿기 때문에 그들 간 값의 차이엔 '이상 원인'이 작용하고 있지 않다고 여긴다.

만일 관리도의 한 타점이 큰 값을 보였고, 조사 결과 그 이유가 관련 설비의 세팅 값 변화에 기인했다면, 그 타점을 구성한 개개 데이터는 동일 설정 값의 영향을 받아 나타난 결과이다. 또 배치별로 재료의 차이가 존재할 경우도 같은 맥락이다. 이때 설비 설정 값별, 배치별로 일련의 표본들을 구성할 경우 설정 값별, 배치별 차이가 관리도상에는 등락의 차이로 나타난다.

'합리적 부분군'은 가능한 균일한 조건들로 이루어진 집합체를 뜻한다. 일반적으로 생산 프로세스 조건들은 우리가 알지 못하는 사이 이따금씩 변하는 경향이 있다. 이런 환경 속에서 가장 좋은 '합리적 부분군'을 얻는 최상의 방법은 가능한 동일한 시간대에 한 묶음의 표본을 확보하는 일이다.

프로세스에서 연속적으로 생산된 아이템들로부터 소표본을 취하면 '합리적 부분군'이 될 수 있다. 그러나 아무리 주의를 해도 합리적이라고 믿는 부분군들 사이엔 사실상 '이상 원인'이 포함될 수 있다. 이 경우 "Within Sample" 변동을 야기한다. "Within Sample" 변동을 야기하는 원인들은 "Between Sample" 변동을 야기하는 원인들보다 규명하기가 훨씬 더 어렵다. 이런 이유 때문에 데이터 수집 시 '합리적 부분군'을 형성시켜 "Within Sample"의 변동은 최소화하고, 대신 "Between Sample"의 변동을 최대화함으로써 관리도 해석의 단순화에 노력해야 한다."

지금까지의 과정을 통해 관리도에 대한 기본적인 설명은 모두 이루어진 것 같다. 다음 단원부터는 데이터나 상황별로 관리도를 선택하는 방법과 각 관리도별 용법 및 해석들에 대해 알아보자.

3. 관리도의 적용

우리 주변에서 쉽게 접할 수 있는 '관리도'들은 주로 그들의 용법을 쉽게 파악해 바로 적용할 수 있는 '도구(Tools)' 위주의 설명이 주를 이룬다. 그러나 만일 본인이 특정 프로세스를 책임지고 품질이나 수율을 높여야 할 입장이라면, 그래서 '관리도'를 주요한 프로세스 개선도구로 사용하고 싶다면 당장 "어떻게 시작하면 좋을까?"란 의구심을 한 번쯤 가질 법도 하다. 이에 대한 해답은 근래의 정보 시스템 발전과 더불어 쉽게 결론 날 수도 있다. 그러나 학습이 목적인 이 시점에 IT Infra의 지원이 최소화되었다고 가정한 상황에서 어떻게 시작하면 좋을지 심도 있게 고려해보는 것도 큰 의미가 있다.

언급한 정보 시스템의 도움을 최소화한다면 이들이 크게 뒷받침되지 않았던 시기로 되돌아가 당시 엔지니어들이 '관리도'를 처음 프로세스에 도입하기 위해 어떤 고민과 해법을 구사했는지 알아보는 게 최상이다. 물론 이에 대한 가장 좋은 해법은 1956년도 Western Electric Company의 "Statistical Quality Control Handbook"에 잘 나와 있다. 아니 왜 하필 첨단을 구가하는 21세기에 50년대 자료를 가져다 배우자고 하는지 떨떠름하게 생각하는 독자도 있을 것이다. 이럴 때면 한 개 문장으로 정리하곤 한다. 필자 曰, "품질을 높이는 데 유행이 따로 없다!"는 것이다. 제품의 질을 높이는 데 50년대 사고나 지금의 사고가 별반 차이가 없으며, 오히려 용어 정의와 해석의 정교함과 구체성에 감탄만 연발할 따름이다. 물론 현대적으로 해석하기 위해 나름 필자의 의견을 가미해 독자가 이해하고 학습하는 데 일조코자 노력했다는 점 또한 강조하고 싶다. 이제부터 이 원조 격의 문헌 내용을 섭렵하면서 우리의 '관리도'에 대한 이해도를 높여나가 보자.[56)]

---

56) Western Electric Company, 1956, "Statistical Quality Control Handbook", pp.187~221.

프로세스에 '관리도'를 도입하기 위해서는 크게 '도입 전 계획', '도입', '도입 후 조치'로 구분한다.

3.1. 관리도의 '도입 전 계획'

프로세스에서 '관리도'와 함께 쓰일 수 있는 도구들엔 '실험 계획(Designed Experiments)', '프로세스 능력 연구(Process Capability Studies)', '표집 계획(Sampling Plans)'이 있다. '실험 계획(DOE)'은 '프로세스 능력 연구(Process Capability Studies)'에 도움이 되고, '프로세스 능력 연구'는 프로세스의 정보를 얻는 데 도움이 되며, 검사(Inspection)에 의한 '표집 계획(Sampling Plans)'은 프로세스 관리의 적절성을 파악하는 데 유용하다. 그러나 프로세스 운영상 과정과 결과를 눈으로 명확하게 관찰할 수 없거나 미흡하다면 '실험'이나 '프로세스 능력 연구'로부터 얻은 모든 개선은 한낱 문서에 지나지 않으며, 마찬가지로 프로세스 '관리'에 실패할 경우 '표집 검사'의 유용성과 경제성 역시 무용지물이 될 수 있다. 따라서 프로세스 내에서 '관리도의 운용과 활용'은 매우 중요하다. 프로세스 내 담당 영역이나 작업에 '관리도'를 도입하기 위한 목적은 다음과 같다.

'관리도' 도입 목적
a. 품질을 높이기 위함.
b. 손실이나 재작업을 줄이기 위함.
c. 예측력을 높여 프로세스를 안정시키기 위함.
d. 현재 직면하고 있는 문제들의 원인을 규명하기 위함.
e. 작업이나 특성들이 타 작업에 미치는 영향 또는 변화를 파악하기 위함.

f. 규격이 적절한지를 검토하기 위함.

이들은 모두 제품의 '질(Quality)'을 높이고 '비용(Costs)'을 낮추는 일과 맥락을 같이한다. 관리도의 '도입 전 계획', '도입', '도입 후 조치'와 관련한 세부 활동들은 '품질 관리 팀(Quality Control Team)'과 연계해서 이루어진다.

3.1.1. 관리도의 도입 준비

□ 관리도 도입이 필요한 장소

프로세스 내 거의 모든 작업과 활동에 '관리도'가 이용될 수 있다. 관리도를 통해 작업에 영향을 미치는 유의한 '변동의 원인(Cause)'들이 가능한 한 확인될 수 있어야 한다. 일반적으로 프로세스에서 '변동의 원인'들을 발견하는 데는 다음 세 가지 접근 방법들이 쓰인다.

(1) 프로세스 능력 연구(Process Capability Studies). '프로세스 능력'은 "외부로부터 '이상 원인'들에 의해 영향을 받지 않은 상태에서 측정된 프로세스 수준"이다. 그러므로 만일 관리도를 통해 '이상 원인'에 의한 변동성이 관찰되면 바로 그 원인을 추적해 제거하는 활동이 요구된다. 덧붙여 '프로세스 능력 연구'란 이와 같이 프로세스 안정화를 목적으로 지속되는 개선 활동이다. 관리도를 통해 관심 가는 프로세스의 안정성 여부를 판단해야 하므로 '프로세스 능력 연구'가 필요한 장소는 곧 관리도가 최우선적으로 도입되어야 할 장소이기도 하다.

(2) 프로세스 성능 연구(Process Performance Studies). '성능 연구'는 앞서 설명된 '능력 연구' 전체 과정의 부분 활동들이다. 즉 프로세스를 안정

화시키기 위해 전체 과정을 '일시적 단계'들로 나누어(각 단계는 약 20여 개의 타점들로 구성) 관리도로 '이상 원인'에 의한 변동성을 확인하고, 필요시 개선해나가는 절차이다. 따라서 주로 '프로세스 능력 연구'의 초반에 실시되며, 이 역시 변동성 확인이 필요하므로 관리도가 요구된다. 다음과 같은 상황의 예 경우 '프로세스 능력 연구' 대신 '프로세스 성능 연구'가 수행된다.

a. 관리 특성이 하나임에도 그를 만족시키기에 어려움을 겪는 장소
b. 상당한 양의 재작업이 있는 장소
c. 조정, 재조정 또는 '선택 조립(Selective Assembling)'[57]이 있는 장소
d. 작업자에 의해 100% 검사가 이루어지는 장소

(3) 조업이나 품질 특성의 성향 조사. 다음 상황들은 문제의 발생 조짐이 보이든 그렇지 않든, 관리도를 상시 이용한다.

a. 작업자 개인이 주요 산출물들을 직접 관리하는 경우
b. 설비 담당자가 '관리 한계' 폭이 좁게 설정된 상황에서 조정을 통해 관리 특성의 중심을 유지해야 하는 경우
c. 특정 장소에서 경제적인 이유로 분포를 일정하게 유지해야 하는 경우
d. 규격을 연구하거나 그 적정성에 의문이 제기된 경우

경우에 따라서는 엔지니어가 '기술 정보(Engineering Information)'를 수집할 목적으로 작업장에 관리도를 도입할 수 있다. 이 같은 관리도를 앞서 나열한 용도의 관리도와 구분해 "실험 관리도(Experimental Chart)" 또는 "기술 연구

---

57) (네이버백과사전) 서로 끼워 맞추어지는 것. 예를 들면, 축과 구멍의 다듬질 치수에는 어느 정도의 제작 오차가 허용되어 있으므로, 이 오차 범위 내에서 큰 치수의 구멍에는 큰 치수의 축을, 작은 치수의 구멍에는 작은 치수의 축을 선택적으로 조립하는 방법.

(Engineering Study)"로 불린다.

□ 상황에 맞는 관리도 선정법

어떤 상황에 어느 관리도를 써야 하는지는 이미 [그림 Ⅱ-19]의 「관리도 선정 로드맵」을 통해 잘 알려져 있다. 관리도 선정과 관련해 이 흐름도가 없으면 상황을 고주알미주알 표현하고 왜 이 관리도가 그 상황에 적합한지도 하나씩 토를 달아야 한다. 최근 국내 기업들의 품질 관리 눈높이를 감안하면 흐름도가 무엇이고 어떻게 사용해야 하는지 사실상 자세하게 늘어놓을 필요는 없을 것 같다. 모두가 잘 알고 있는 기본 사항이기 때문이다. 특히 국내에 6시그마 방법론의 정착과 함께 거의 대중화(?)가 된 것도 한몫한다. 그만큼 활용과 응용 측면에서 확산도 매우 빠르게 일어나고 있다.

[그림 Ⅱ-19]를 이용해 관리도를 어떻게 선정하는지 간단히 알아보자.[58] 우선 '관리도 선정 로드맵'의 첫 판단 단계는 "① 결점에 대해 실수 방지(MP)를 할 수 있는가?"이다. '실수 방지(MP, Mistake Proofing)'는 '관리'라기보다 시스템적으로 문제의 근원, 즉 결점 발생을 원천적으로 차단하는 접근이므로, 만일 '실수 방지'가 가능하면 굳이 '관리도'를 사용할 필요가 없다. '실수 방지'는 'SQC(통계적 품질 관리)' 차원은 아니지만 관리 도구 측면에서 함께 고려하면 효과적이다.

---

58) 이하 설명은 「Be the Solver_제품 설계 방법론」편의 내용을 편집해 옮김.

[그림 Ⅱ-19] 관리도 선정 로드맵

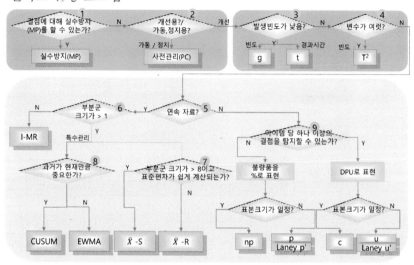

이어 두 번째 판단 단계는 "② 개선용?/가동·정지용?"이다. 생산 라인에서 쓰이는 '사전 관리(Pre-Control)'는 현 생산 프로세스에 대해 문제가 큰지 작은지만 판단해 생산을 '지속'할 것인지 또는 '중단'할 것인지를 결정한다. '사전 관리' 용법이 궁금한 독자는 「Be the Solver_프로세스 개선 방법론」편을 참고하기 바란다. 다시 [그림 Ⅱ-19]로 돌아가 세 번째 단계인 "③ 발생 빈도가 낮음?"은 새롭게 추가된 항목이다. 결점이나 사고가 매달 한두 건 등 빈도가 극히 낮은 사건일 경우 "희귀 사건 관리도"를 사용한다. 여기엔 'g-관리도'와 't-관리도'가 있다. 전자는 '희귀 사건 발생 간 기회 수, 또는 일 수'를, 후자는 '희귀 사건 발생 간 시간'을 각각 사용한다. 자세한 내용은 본문「4.11. 희귀 사건 관리도(Rare Events Control Charts)」에 포함되어 있다. 다음

"④ 변수가 여럿?"도 새롭게 포함된 도구이다. 통상 관리도들이 한 개 특성의 시계열적 상태를 모니터링 하는 반면 두 개 이상의 특성을 동시에 관리하는 목적으로 개발되었다. 미니탭 명칭은 'T^2-일반화 분산 관리도'이며 자세한 내용은 본문 「4.10. 다변량 관리도(Multi-variate Control Charts)」에 포함되어 있다.

이어 잘 알려진 관리도들이 포진해 있다. "⑤ 연속 자료?"는 '관리도'가 '연속형 관리도'와 '이산형 관리도'로 구분되는 만큼 데이터 유형을 판단하기 위한 과정이다. '연속 자료'이면 다시 "⑥ 부분군 크기가 > 1?"을 판단하는데, 만일 1개라면('0'개는 의미 없음) 관리도 중 한 개의 데이터로 관리가 이루어지는 'I-MR 관리도'를 선택한다. 참고로 '부분군(Subgroup)'이란 한 번 표집할 때 '낱개들의 한 묶음'을 지칭한다. 만일 부분군 크기가 한 개를 초과하면 '⑦ 부분군 크기(표본 크기) > 8?'에 따라 '$\overline{X}$-S 관리도', '8개 이하'면 '$\overline{X}$-R 관리도'가 쓰인다('8개'의 근거는 '주) 66' 참조). 그 외에 평균의 미세 변화를 감지할 목적이면 "⑧ 과거가 현재만큼 중요한가?"의 특수 관리도인 'CUSUM-관리도'나 'EWMA-관리도'를 활용한다. 전자는 "목표 값에 대한 표본 값의 편차에 대한 누적 합계"를 타점하며, 후자는 "최근 자료에 더 큰 가중치를 부여한 값"을 타점한다. 이들 모두 본문에 포함되어 있다. 끝으로 만일 '이산 자료'이면 "⑨ Unit당 하나 이상의 결점을 탐지할 수 있는가?"를 통해 '불량 특성'과 '결점 특성'으로 분류하고, 여기엔 'p-관리도'나 'np-관리도', 또는 'c-관리도'나 'u-관리도'들이 포함된다. 자세한 용법에 대해서는 「4. 관리도의 작성」을 참고하기 바란다. 다음은 일반적으로 알려진 각 관리도 종류별 적합한 사용 환경을 나열한 것이다.

$\overline{X}$-R 관리도

(1) 새로운 작업, 또는 풀리지 않는 기술적 문제들이 존재하는 작업

(2) 생산 중 가끔, 그러나 만성적으로 문제가 발생하는 작업

(3) 파괴 시험에서와 같이 데이터를 얻기 어렵거나 비용이 많이 드는 작업

(4) 공차들이 중첩되거나, 여유도가 부족해 조립에 간섭이 생기는 작업

(5) 작업에 문제가 있으나 그것이 왜 발생하는지 알 수 없어 상시 진단이 필요한 작업

(6) 규격의 변경이 필요하다고 판단되는 작업

(7) '관리 상태'에서 최소의 '합격 검사(Acceptance Inspection)'를 하고 싶은 작업

(8) 설비 또는 프로세스의 조정 시점을 결정해야 하는 작업. 여기엔 설정 상태가 만족스러운지 판단하는 활동도 포함

(9) '이산형 관리도'를 사용해 왔으나 '관리 상태'에 이르지 못한 작업

'$\overline{X} - R$ 관리도'는 (a) 중요한 품질 특성, (b) 경제적 이유로 중요한 특성, 또는 (c) 종종 문제가 발생하는 특성들에서 유용하게 사용된다.

p-관리도, 또는 다른 '이산형 관리도'

(1) 오퍼레이터가 관리도를 이용해 더 나은 성과를 낼 수 있는 작업

(2) 오퍼레이터나 조업팀에 의해 관리되거나 알려진 원인들, 수리, 재작업 또는 스크랩을 줄이고자 하는 작업

(3) 업무 내용을 요약하거나 이력을 시각적으로 표현하고자 하는 작업. '$\overline{X} - R$ 관리도'가 한 개 특성만을 관리하는 대신, 'p - 관리도'는 여러 특성들을 양/불 두 개의 속성으로 분류한 뒤 한 개 차트에 모두 포함시킬 수 있어 유리

(4) 결점이나 결점 집합체의 경향 연구가 중요한 작업

(5) '이상 원인'들을 감지해야 하나 '$\overline{X}-R$ 관리도'의 연속 자료 수집이 경제적이지 못한 작업

'p-관리도'는 (a) 불량률, (b) 양품률, 또는 (c) 손실률이나 불용률처럼 비율을 산정해 타점한다. 복잡한 장비나 설비에 속한 동일 아이템의 결점들 관리가 중요한 경우, 'p-관리도' 대신 'c-관리도'를 사용한다.

I-MR 관리도
(1) 한 번에 한 개 측정값만 가능한 작업. 예를 들어, 노광 온도, 가스 압력, 화학 분석에 필요한 분말이나 액체의 양 등
(2) 데이터가 회계 수치들로부터 얻어지는 작업. 주로 주별 또는 월별 관리가 이루어지는 경우가 많음.
(3) 연속형이든 이산형이든 정기적으로 수집이 불가하거나 어려운 작업

□ 관리도 수를 결정하는 방법
도대체 얼마나 많은 관리도들이 도입 초기 때 필요한 걸까? 적정 수를 결정하는 방법이 있다면 시작하는 데 도움이 될 것이다. 그에 대한 지침을 요약하면 다음과 같다.

(1) 초기에, 중요하다고 생각되는 특성이나 조업들에 관리도를 도입한다. 이를 통해 관리도가 실제 필요한지에 대한 정보를 얻게 된다.
(2) 시간이 지남에 따라 불필요하다고 판단되는 관리도들은 제거한다. 반대로 필요하다고 판단되는 관리도가 있으면 추가해나간다. 통상 작업이 안정화된 이후보다 초창기 때 더 많은 관리도들이 필요하다.

(3) 해당 작업에서 갱신되는 관리도들의 수를 계속 기록한다. 이때 연속형과 이산형 관리도들은 따로 분리해서 기록한다. 경험적으로 관리도들이 처음 도입된 이후 몇 달 동안은 최대 수에 이를 때까지 그 수는 점차 증가하는 경향이 있다. 최대 수에 이르면 그 수가 일정하게 유지될 수도 있지만 거꾸로 감소할 수도 있다. 해당 작업에서의 관리도 수가 안정화된 이후 일 년이 지날 때까지 지속적으로 유지되는 일은 다반사이나 이때 관리도 종류는 바뀔 수 있다.

(4) 만일 관리도들이 효과적으로 사용되고 있고 변수들을 관리하기 위한 주요 정보를 얻고 있다면, '이산형 관리도'보다 '$\overline{X} - R$ 관리도'의 점유율을 점차 높여나간다.

(5) 관리도들을 제거하거나 추가하는 모든 업무는 항상 품질 관리팀과 협의해서 결정한다.

□ 관리도가 올바로 도입됐는지 확인하는 방법

생산 프로세스에서 쓰이는 '프로세스 관리도'는 '프로세스 능력 연구'에 쓰이는 관리도와 구별된다. '프로세스 능력 연구'에 쓰이는 관리도는 '관리 이탈' 여부가 중요하며, 만일 '관리 이탈'이면 "여기에 추가적인 정보가 있다"는 메시지의 의미가 담겨 있다. 거꾸로 '문제(Problem) 해결'을 위해서는 관리도가 반드시 '관리 이탈' 상태여야 한다. 그에 반해, '프로세스 관리도'에서의 '관리 이탈'은 '우려(Trouble)'의 의미로 해석된다. '프로세스 관리도'에서의 '관리 이탈' 상태(Condition), 즉 '우려' 상황은 다음의 의미를 담는다.

a. (제품의)부품은 규격을 벗어날 것이다.
b. 조립이 점차 어려워질 수 있다.

c. 어느 시점에 이르면 조업에 애로 사항이 생길 것이다.

d. 수율이 떨어질 것이다.

e. 수리가 많아지거나 원치 않는 일, 또는 비용 낭비의 문제들이 생겨날 것이다. 만일 관리도가 '관리 이탈'임에도 우려했던 결과가 나타나지 않으면, 그 작업에서의 관리도는 적절하게 설정되지 못한 것으로 판단한다.

관리도가 잘못 도입되었다면 다음의 원인들 중 하나 이상이 될 수 있다.

(1) 문제의 원인이 관리도가 위치되어 있는 지점에서 너무 멀리 떨어져 있을 수 있다. 그런 경우, 해당 작업에서 '관리 이탈'을 유발하는 문제를 추적하기란 사실상 어렵다.

(2) 관리도가 적용되고 있는 작업 이전에 이미 문제 제품들이 선별되고 있거나 100% 검사가 이루어지고 있을 가능성이 있다. 이 경우 관리도에서 얻을 수 있는 정보는 선별된 불량품에 묻혀 계속 사라지게 된다.

(3) 'p-관리도'처럼 여러 특성들을 단지 양/불 두 개의 판정만으로 분류할 경우 관리도에 이상 징후가 있을 때, 어떤 특성 때문에 '관리 이탈'이 발생한 것인지 찾아내기가 쉽지 않을 수 있다.

(4) 만일 관리도가 통상과 같이 단 하나의 특성만으로 이루어질 때, 그 특성에 영향을 미치는 원인들은 상당히 많을 수 있다. 예를 들어, 엔지니어가 관리도 문제 징후에 대한 1차 조치에 실패했고 원인들 목록을 작성해본 결과 47개나 된다는 것을 알았다면 해당 작업장의 어느 누구도 그 많은 수의 원인들을 조사할 만큼 여유롭진 못할 것이다. 이 경우 품질 관리팀은 프로세스 규모를 원인 점검이 가능하도록 나눈 뒤 각각 별개의 관리도로 운영할 수 있게 조치한다.

품질 관리팀은 전체 관리도가 계획대로 잘 사용되게끔 조치하는 일 외에 통계적으로 올바로 운영되고 있는지도 관리 감독할 책임이 있다. 만일 관리도의 Y-축 척도가 부적절하게 설정될 경우 관리도를 잘못 해석할 수 있다. 예를 들어 척도가 좁게 설정되어 타점들의 오르내림이 상대적으로 매우 큰 폭으로 관찰되면, 설비 관리자가 설비를 과조정하는 경향이 있다고 판단할 수 있다. 반대로, 척도가 넓어 타점들의 오르내림이 매우 작다고 판단하면, 해당 공정 담당자들은 별문제가 없다고 결론지음으로써 제때 조치를 취하지 못해 문제를 키울 수 있다.

프로세스 관리가 잘 이루어질수록 관리도에서 타점들의 오르내림 폭은 점점 줄어드는 경향을 띤다. 이 경우, 관리도 내 패턴들의 해석이 용이하도록 척도를 확장할 필요가 있다.

'규격 한계'를 관리도에 표시하려면, 이를 염두에 두고 척도들을 설정해야 한다. 예를 들어, '규격 한계'는 관리도 주변 여백에 화살표로 표시해서 관리도의 '중심선', 또는 '관리 한계'의 해석과 혼선이 생기지 않도록 한다.

□ 관리도가 필요치 않은 조업

모든 조업에 관리도를 도입할 필요는 없다. 일부 조업 경우 관리도가 전혀 필요치 않을 수 있다. 예를 들어 오퍼레이터가 생산 중 일정 간격으로 비공식적으로나마 부품 한두 개를 점검하는 것만으로도 충분히 관리가 이루어질 수 있다. 이와 같이 관리도에 타점하지 않거나 통계적 검정이 불필요한 비공식적 점검을 'Casual Checking'이라고 한다.

그러나 'Casual Checking'에 너무 많이 의존해서도 안 된다. 통계적 한계를 갖추지 못한 소규모 표본들은 한계를 대신할 두 기준, 즉 100% 좋은 상태와 100% 나쁜 상태 사이에서 상황 판단이 이루어지므로 통계적 한계를 갖춘 경우에 비해 의사 결정이 어렵다. 만일 해당 작업에서 불량품을 찾거나, 또는 제품이 치수 제한을 만족하는지 등을 확인하려면 관리도를 도입하는 것이 훨씬 유리하다.

□ 단계별 도입 순서

다음 각 단계는 해당 작업에 관리도를 어떻게 도입하는지 그 순서와 내용을 담고 있다. 프로세스에 관리도를 처음 도입하는 데 관심 있는 독자는 정독하기 바란다.

(1) *점검이 필요하다고 판단되는 프로세스 내 위치와, 표본들이 어디서 어떻게 선택되어야 하는지를 결정한다.* 만일 생산 중 점검이 필요하다고 판단되는 프로세스가 있다면 그 활동이 끝나는 지점 주변에 관리도를 도입하고, 표본도 그 지점에서 추출한다. 즉 해당 조업의 상태를 파악해야 하므로 프로세스가 변경됐음을 빠르고 경제적으로 검출하려면 활동이 끝나는 지점 이후에서 표집이 이루어져야 한다. 이때 추출된 표본들이 그 프로세스를 확실하게 대변하고 있는지도 중요한데, 통상 표집은 해당 조업으로부터 소규모로, 연속적이면서, 일정 간격하에, 순간적으로(외부 변동을 최소화하기 위한 조처임) 취하는 것이 바람직하다. 표집 계획을 수립할 때, 타점되고 있는 특성에 영향을 미칠 수 있는 이미 알려진 프로세스에서의 변경 점들을 목록으로 만들어놓는 일도 중요하다. 예측 변경 점들이 실제 변경됐을 때 관리도상에서 검출될 수 있도록 표집이 이루어져야 한다. 경우에 따라 한 개 조업에 여러 개의 관리도가 필요할 수도 있다.

(2) *표집 간격(또는 빈도)을 결정한다.* 표집 간격은 (a) 점검에 소요되는 비용과 (b) 프로세스에 변경이 발생하는 속도에 의존한다. 표집 간격(또는 빈도)은 몇 분, 몇 시간, 교대 시간당 한 번, 하루에 한 번, 일주에 한 번 또는 한 달에 한 번이 될 수 있다. 관리도가 해당 조업에 정착되어 안정화된 이후가 아니라면 초기에 표집 간격을 짧게 잡아주는 게 좋다.

품질 관리팀은 가능한 한 점검 주기를 길게 가져갈 수 있도록 지속적인 관찰과 검토 노력을 반복한다.

(3) *적정 '표본 크기'를 결정한다.* '표본 크기'는 보통 관리도 종류에 따라 적정 수준이 있으며, 다음 [표 Ⅱ-11]에 관련 내용을 간단히 기술하였다. 만일 기술된 내용보다 더 나은 방식이 있으면 검토 후 적용한다. 표 내의 주의 사항들에 대해서는 품질 관리팀과 협의해 결정한다.

[표 Ⅱ-11] 관리도별 '표본 크기' 정하기

관리도	추천된 '표본 크기'	비고
$\bar{X} - R$	(a)프로세스의 기술적 연구를 위해, 4 또는 5개의 표본을 사용함. (b)실험 연구나, 데이터 수집에 큰 제약이 있는 경우, 2, 3개의 표본을 사용함.	(a)큰 쪽보다 작은 쪽 크기로 정하는 게 유리하고 가급적 10개 이내에서 결정 (b)2, 3개 경우, R관리도에서 관리 한계가 비대칭 되며, 패턴 해석에 어려움 있음.
I-MR	개별 측정값들만 타점되는 경우로, '표본 크기=1'임	'개별 측정값'이란 매회 일정 간격으로 수집되는 데이터 1개를 지칭. 예로 회계 수치를 한 주나 한 달 식으로 수집하는 식임. 만일 매달이면 5주가 속한 달은 4주 달이 속한 달로 상황을 맞춰 작성함.
p	(a)가능하면 25, 50, 100개의 표본을 일정하게 유지하도록 함. (b)'np(표본 크기×비율)'가 대략 4, 5면 해석에 가장 적합. 만일 불량률(p)이 작으면, 식에 의해 '표본 크기'의 급격한 상승 초래 (c)로트나 양을 '표본 한 개'로 간주할 경우, 전수 검사 비율을 타점	(a)'n'이 표본별로 다르면, 관리도는 특별한 해석이 필요 (b)'n'이 매우 작고, 'p' 또한 작으면, 관리 한계는 비대칭이 될 수 있음. 특별한 검정들이 필요 (c)'n'이 매우 크면(수백 또는 수천), '이동 범위 관리 한계'를 사용
np	'n'이 표본별로 항상 일정하다는 것을 빼곤 'p-관리도'와 동일	(a)'np'가 작으면, 관리 한계는 비대칭 됨 (b)'n'이 매우 크면(수백, 수천), 특별한 해석이 필요
c	표본은 다음과 같은 형태의 일정한 아이템(Unit) 또는 양을 포함해야 함. (a)설비 한 대 (b)고무 또는 천 넓이	(a)표본은 한 개 아이템으로 처리되지만 그 안에 수 개의 하위 아이템들을 포함. 예로, 하나의 전등 안에 8개 전구가 있다면 아이템(Unit)은 한 개이고 관리해야 할 대상은

		8개가 되는 식임. (b)추가 정보는 '*np*−관리도'의 비고 참조
	(c)철사 길이 등	
u	'*c*−관리도'와 동일하나 아이템의 수가 일정할 필요는 없음. 예로, 첫 달 표본이 레이더 시스템 10개였다면 두 번째 달엔 8개의 레이더 시스템들을 포함하는 식	(a)매회 아이템 수가 바뀌면 '관리 한계'는 회별로 계산 (b)매회 아이템 수가 일정하면, '*c*−관리도'로 전환 (c)추가 정보는 '*p*−관리도'의 비고 참조

(4) **관리도의 '중심선'과 '관리 한계'를 결정한다.** '프로세스 능력 연구' 경우 이들을 데이터로부터 계산하지만 '프로세스 관리도'에서는 기술적 판단이 필요하다.

(5) **데이터를 관리도에 타점하고, 그를 다루는 데 필요한 것들을 제공한다.** 이것은 다음을 포함한다.

a. 점검에 필요한 게이지와 관련 장치들을 제공함.

b. 해당 작업장의 담당자를 지정해서 표집, 관리도 작성 및 점검을 수행토록 함.

c. 패턴이 '관리 이탈'일 때 관리도에 'X'를 표시토록 하고, 이들 업무가 적절하게 이행되도록 프로세스 점검자를 훈련시킴. 프로세스 점검자는 비정상 데이터 혹은 '돌출(Freaks)' 발생 시 수행해야 할 조치가 무엇인지 확실하게 이해할 수 있도록 학습함.

d. 데이터를 기록하기 위한 적합한 양식들과, 관리도들을 타점하기 위한 관련 양식들을 준비함.

e. 또, 관리도 걸개와 그 걸개를 지지하기 위한 시설물을 준비함. 쓰임새 있고 외관도 보기 좋도록 생산 공정 전체에 표준화가 되도록 함. 걸개의 고정자는 벤치, 파이프, 기둥, 벽돌 또는 해당 공간에서 이용 가능한 것은 무엇이든 활용될 수 있으며, 관리도용 고정자는 위치 변경을 고려

해서 쉽게 제거되거나 대체될 수 있도록 고안함. 또 과거의 이력이나 갱신된 관리도들도 일목요연하게 확인할 수 있도록 구조와 레이아웃을 구성함. 요즘같이 정보 시스템이 활용될 경우 그에 준해 운영함.

(6) **_해당 작업장에서의 관리도 사용법에 대한 지침을 표준서로 작성한다._** 표준(또는 회사에서 마련된 공식 문서)을 마련하는 일은 제품 엔지니어의 역할임. 표집, 점검, 계산하기, 타점하기, 패턴 표시하기, '관리 이탈' 시 해야 할 일 등에 대한 지침을 포함하며, 제품 엔지니어는 보통 품질 관리팀의 도움을 받아 위와 같은 업무를 수행함. 노하우가 축적될수록 표준 문서를 상황에 맞게 갱신하는 일도 잊어서는 안 됨.

□ **중심선(Center Line)의 결정**

'프로세스 관리도'에서의 '중심선'은 기술적 판단에 따라 그 위치가 정해진다. 즉 담당 팀의 프로세스 운영 경험으로 비추어볼 때 가장 최적이라 생각되는 위치를 선정한다. 물론 이와 같은 판단에는 기본이 될 전제 조건들이 필요하다. 일반적으로 '중심선(Center Line)'을 결정하기 위한 다음의 세 가지 방법이 있다.

(1) 프로세스가 **최상의 상태를 유지할 때의 평균**을 '중심선'으로 정한다. 최상의 상태란 프로세스가 가장 좋은 결과를 지속적으로 유지할 때의 상태이며, 이때의 분포 중심 값을 '희망 평균(Desired Average)'이라 부른다. "가장 좋은 결과"를 구체적으로 나열하면 최상의 품질, 가장 높은 수율, 가장 낮은 원가, 또는 이들 전체가 서로 최상의 균형을 이루고 있을 때를 지칭한다. 이와 같이 결정되는 '중심선'은 대부분 '프로세스 능력 연구'에서 쓰이며, 일반적으로 기술적 판단에 따라 '최상의 평균'이 미리 정해지곤 한다. '$\bar{X}$-관리도'나 '이동 범위'를 기반으로 '관리 한계'

를 얻는 'I-관리도', 또는 이따금씩 'R-관리도'나 'p-관리도'에서도 사용
된다. 다음 [그림 Ⅱ-20]은 '희망 평균'의 설정 개요도이다.

[그림 Ⅱ-20] '중심선'을 '희망 평균'으로 설정

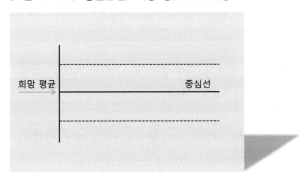

(2) '희망 평균'의 설정이 어려운 경우, 엔지니어 입장에서 **더 이상 높아지
거나 더 이상 낮아지길 원치 않는 허용 한계**를 주로 '$\bar{X}$', 'I', 'R' 또는
'p' 관리도의 '중심선'으로 설정한다. 예를 들어, 'R-관리도'나 'p-관리
도' 경우 지금까지 프로세스를 운영해오면서 가장 낮았던 평균을 '중심
선'으로 설정함으로써 엔지니어는 그를 초과하는 '중심 값'이 나오지 않
도록 노력함과 동시에 낮추기 위한 개선을 지속적으로 추진해야 할 의
무를 진다. 대게, '$\bar{R}$' 또는 '$\bar{p}$'는 경제적 이유 때문에 가능한 '0'에 근접
해야 한다. [그림 Ⅱ-21]은 바로 앞서 설명된 '중심선' 예로 기존의
'가장 좋은(낮은) 허용 한계(평균)'를 '중심선'으로 설정한 예이다. 엔지
니어는 설정된 '중심선(평균)'보다 더 좋아지도록 지속적인 노력을 기울
여야 한다.

[그림 Ⅱ-21] '중심선'을 '최고/최저의 평균'으로 설정

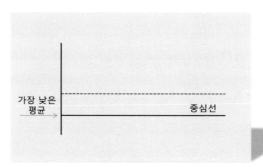

(3) 엔지니어는 프로세스 운영에 필요한 '평균'이 **어떤 값들의 영역 또는 밴드**
에 머물러주기를 기대한다. 예를 들어, 기계의 운전 조건을 설정할 때 어쩔
수 없이 발생하는 차이나 또는 재료 배치 간에 존재하는 차이들, 공구 마
모가 중요해서 몇천 분의 일 인치의 변화만을 허용하고 싶을 때 등이다.
이 경우 분포의 평균이 허용한 밴드 안에 있는 것이 중요하고, 그 밖에 등
락의 크기에는 관심을 두지 않을 수 있다. 다음 [그림 Ⅱ-22]는 마치 '관
리 한계선'이나 '양쪽 규격'의 모습처럼 보이나 적어도 타점들의 '평균'이
'상단 중심선(Upper Center Line)'과 '하단 중심선(Lower Center Line)' 사

[그림 Ⅱ-22] '중심선'을 '평균의 밴드'로 설정

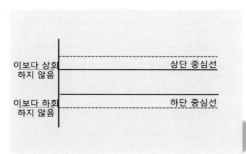

이에 지속적으로 머물러주길 기대하는 상황을 보여준다.

[그림 Ⅱ-22]의 '이중 중심선(Double Centerline)'은 'R-관리도'나 'p-관리도'처럼 '0'에 근접할수록 좋은, 즉 방향성을 갖는 관리도엔 적용이 불가하며, 주로 '$\bar{x}$-관리도'나 'I-관리도'에서 유용하게 쓰인다.

위에서 설명된 방법들로 결정된 '중심선'들은 "경제적 중심선(Economic Center Lines)"이라 불리는데, 그 이유는 그들이 경제적이거나 기술적 여건을 고려해서 선택되기 때문이다. 더불어 '중심선'들과 함께 마련된 '관리 한계'들을 "경제적 관리 한계(Economic Control Limits)"라고 한다.

'프로세스 관리도'에 '중심선'을 넣을 때의 주의 사항

프로세스 내 작업이 정상적으로 이루어질 수 없거나 현실적이지 못한 값을 '중심선'으로 써서는 안 된다. 다만 데이터 수집이 용이하고 프로세스 개선을 추진할 목적으로 '중심선'을 배치할 수는 있다. 이에 대한 예가 다음 [그림 Ⅱ-23]이다.

[그림 Ⅱ-23] '중심선' 설정 시 주의 사항

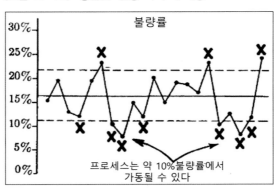

[그림 Ⅱ - 23]의 관리도로부터 현재 평균 불량률이 약 15%임을 확인할 수 있다. 그러나 관찰로부터 약 10%대에서도 프로세스가 운영될 수 있음을 알 수 있다. 한편, *'p-관리도'의 프로세스 불량률에 대해 개선을 원하는 목표 수준이 있다고 해서 그 값으로 '중심선'을 설정해서는 안 된다.* 만일 현 프로세스가 10% 불량률에서 운영될 수 있고, 목표 값으로 2% 불량률을 원한다면, 프로세스를 먼저 개선하고 난 뒤에 중심선을 아래로 움직인다. 그 외에 프로세스가 개선되어서 '중심선'을 아래 방향으로 움직이고 싶으면, 오퍼레이터들에게 처음부터 변경이 어디서 일어나는지 상세히 설명해야 한다.

□ **'관리 한계(Control Limit)'의 결정**

'프로세스 관리도'에서 '중심선'이 결정되면 그로부터 통계적으로 정해진 위치에 '관리 한계'를 설정한다. '중심선'이 고정 값이면, '관리 한계'들은 그에 맞춰 자동적으로 결정된다.

'프로세스 관리도(Process Control Chart)'의 '관리 한계'와 '프로세스 능력 연구(Process Capability Study)'상의 '관리 한계' 간 두드러진 차이점이 있다. 즉, '프로세스 능력 연구'에 쓰이는 관리도엔 두 개의 '관리 한계'가 있으며, '중심선'을 기준으로 위쪽과 아래쪽에 각각 하나씩 위치한다. 그에 반해 '$\bar{x}$-관리도'나 'I-관리도' 같은 '프로세스 관리도'상의 '관리 한계'는 다음과 같은 상황에서 '관리 한계' 하나를 제외시킬 수 있다.

a. 만일 '중심선'이 두 개인 경우, 각 '중심선' 바깥쪽으로 '관리 한계'를 설정한다. 이것은 두 '중심선'들 사이에서 일어나는 변동은 조치 대상에 포함되지 않기 때문이다(다음 소주제인 「'$\bar{x}$-R 관리도'의 '수정 관리 한계' 설정」참조).

b. '중심선'이 더 이상 높아지길 원치 않는 최곳값으로 설정될 경우, '관리

한계'는 '중심선' 위쪽으로 하나만 그어진다. 이것은 그 아래에서 일어나는 변동은 조치 대상에 포함되지 않기 때문이다.

c. 비슷한 이유로, '중심선'이 더 이상 낮아지길 원치 않는 최젓값으로 설정될 경우, '관리 한계'는 '중심선' 아래쪽에 하나만 그어진다. 역시 그 위에서 일어나는 변동은 조치 대상에 포함되지 않는다.

프로세스가 경제성을 갖는 저점에서 안정 상태를 보일 때, 'p-관리도'에서의 '관리 하한(Lower Control Limit)'은 빼도 좋다. 이것은 해당 작업에서 '관리 하한' 이하 값으로의 개선은 더 이상 불필요하다는 것을 의미한다.

관리도에 '관리 한계'가 존재한다는 것은 해당 작업에서 '비정상 패턴(Unnatural Patterns)'들이 있는지 '검정(Test)'이 필요하다는 뜻이며, 이들이 발견되면 그 위치에 항상 'X'를 표시한다. 'X'들의 존재는 어떤 식으로든 조치가 필요하다는 뜻이다. 역으로 분포가 임의 방향으로 움직였을 때 그에 상응하는 조치가 이루어지지 않으면, 이것은 그쪽 방향으로 '관리 한계'가 빠졌다는 것을 의미한다.

'R-관리도'에서 특히 주목할 만한 사항은 "'관리 하한'은 반드시 포함되어야 한다"는 것이다. 이것은 'R-관리도'의 저점 쪽에서 관찰된 'X'들은 그 속에 경제적으로 매우 중요한 정보를 담고 있기 때문이다.

□ '$\bar{x}$-R 관리도'의 '수정 관리 한계' 설정

만일 '중심선'을 규격과 마찰이 일어나지 않는 선에서 충분히 높거나 낮게 설계할 수 있으면 '수정 관리 한계(Modified Control Limits)'를 적용할 수 있다. '수정 관리 한계'는 다음의 요건을 만족해야 한다.

먼저 '프로세스 능력 연구'가 수행되어야 하고, 'R-관리도'가 '관리 상태'여

야 한다. 이때 '관리 한계 폭'[59]인 '$\pm 3\overline{R}/d_2$'를 계산한다. 만일 타점이 '규격 한계' 내 어느 위치에 있든 제품은 합격이고, 계산된 '관리 한계 폭'이 '규격 한계 폭'보다 훨씬 좁으면, '$\overline{X}$-R 관리도' 경우 '수정 관리 한계'를 사용할 수 있다. 반대로 위의 조건들이 만족되지 않으면 '수정 관리 한계'는 적용될 수 없다.

'수정 관리 한계'의 적용 이론

[그림 Ⅱ-24]에서 보인 바와 같이, '규격 한계 폭'이 넓고 상대적으로 분포 폭이 좁을 때, 그 분포가 위와 아래로 움직일 수 있는 공간은 상당히 크다는 것을 알 수 있다.

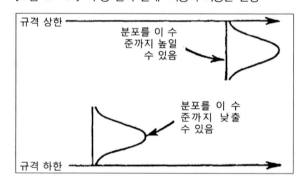

[그림 Ⅱ-24] '수정 관리 한계' 사용이 가능한 환경

정해진 규격 상/하한 내에서 분포가 최대로 올라갈 수 있는 위치와 최소로 내려갈 수 있는 위치를 고려하고, 분포 이론에 근거해서 '수정 관리 한계'를 계산한다. 계산은 '$\overline{X}$-관리도'에서만 적용하며 다음과 같다.

---

59) "Process Spread of Individuals", 또는 간단히 "Spread."

정규분포의 '수정 관리 한계' 산정 예

(1) 우선 '$\bar{X}$-관리도' 내에서 '규격 상한'과 '규격 하한'에 가장 근접할 수 있는 지점에 분포의 중심을 각각 위치시킨다. 다음과 같다.

   a. 관리도 작성에 쓰인 '표본 크기'별 'd_2'를 찾는다([표 Ⅱ-17] 참조).
   b. '$\bar{X}$-관리도'상에 '중심선' 두 개를 아래와 같이 위치시킨다.

      ▷ $\bar{X}$에 대한 위쪽 중심선=규격 상한-'$3\bar{R}/d_2$'
      ▷ $\bar{X}$에 대한 아래쪽 중심선=규격 하한+'$3\bar{R}/d_2$'

이들에 대한 개요도는 다음 [그림 Ⅱ-25]와 같다.

[그림 Ⅱ-25] '수정 관리 한계' 위치 찾기

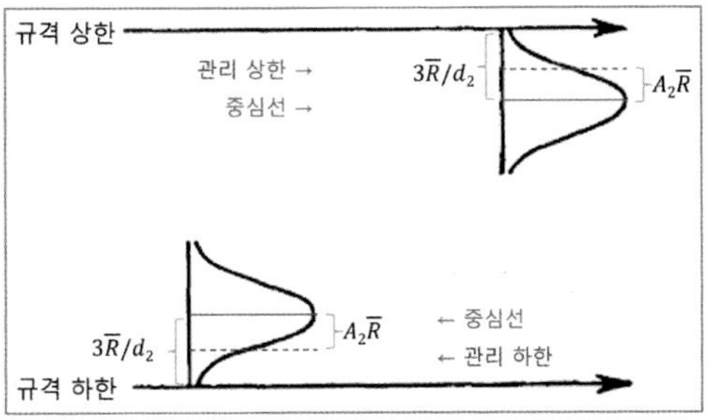

(2) 만일 '관리 한계'가 한 개이면(위쪽 또는 아래쪽), [그림 Ⅱ-25]의 상하 중 해당 방향 '중심선'을 사용한다.

(3) $\pm A_2\bar{R}$를 상하 각 '중심선' 값들에 더한다. 이때 사용된 '표본 크기'에 맞는 상수를 찾아 '관리 한계'를 계산한다. 각 '중심선'별 '관리 한계' 개요도는 [그림 Ⅱ-25]에 잘 나타나 있다.

(4) '수정 관리 한계'가 제대로 설정되었는지 눈으로 점검한다. 예로써 '표본 크기=5'의 경우, 점선의 '관리 한계'는 '중심선'과 '규격 한계' 사이의 약 반쯤에 위치할 것이다(더 정확하게 말하면 거리의 약 45%). 이 규칙은 다음으로부터 얻어진다.

중심선(Centerline Outward)으로부터 거리의 퍼센티지$=(100 \times A_2)/E_2$

여기서 A_2와 E_2는 '표본 크기'와 함께 변화하고, [표 Ⅱ-17]에 주어진 테이블로부터 각각 얻는다($E_2 = 3/d_2$).

'표본 크기=5'에 대해, $A_2 = 0.577$이고, $E_2 = 1.29$

$$(100 \times 0.577)/1.29 = 45\%$$

'표본 크기'가 달라지면 그에 맞춰 동일한 방식으로 계산한다.

비정규 분포의 '수정 관리 한계'

정규성을 띠지 않는 분포들은 '관리 한계'가 '평균'으로부터 '3×표준 편차'를 넘을 수도 있고 그보다 작을 수도 있다. 즉, '정규 분포의 수정 관리 한계'를 설명했던 '(1)'의 산식에서 상수 '3'을 수정할 필요가 있다. 만일 분포가 기울어져 있다면, 긴 꼬리를 갖는 쪽에 적용되는 상수와, 짧은 꼬리를 갖는 쪽에 적용되는 상수를 서로 다르게 가져간다. 이 상수들은 기술적 판단에 따라 결정된다. 또 '정규 분포의 수정 관리 한계'의 (4)에 쓰인 'E_2' 역시 '3'을 포함하고 있으므로 수정 시 함께 고려되어야 한다.

'수정 관리 한계' 사용 조건 요약

(1) 만일 프로세스의 '관리 한계 폭(Spread)'이 '규격 한계 폭'보다 더 넓으면, '$\bar{x}$-관리도'에 '수정 관리 한계'를 적용할 수 없다.

(2) 만일 프로세스의 '관리 한계 폭(Spread)'이 '규격 한계 폭'과 일치하면, '$\bar{x}$-관리도'에서 위쪽과 아래쪽 '중심선'들이 서로 일치하므로 '수정 관리 한계'를 적용해도 이점은 없다.

(3) 만일 한쪽 규격, 즉 최대나 최소만 있으면, '$\bar{x}$-관리도'에 '수정 관리 한계'를 적용할 수 있다.

(4) '프로세스 능력 연구'가 수행되었고 'R-관리도'가 '관리 상태'인 상황에서 '$\bar{x}$-관리도'에 '수정 관리 한계'를 적용하면, 'R-관리도'는 항상 표준 상태를 유지해야 한다.

(5) '수정 관리 한계'가 'R-관리도'에 영원히 적용되는 일은 없다.

□ 'I-관리도'에 대한 '수정 관리 한계' 설정

만일 개별 값들 분포의 형상(Shape)을 잘 알고 있으면, 'I-관리도'에 '수정 관리 한계'를 적용할 수 있다.

□ 'p-관리도' 또는 'c-관리도'에 대한 '수정 관리 한계' 설정

일반적으로 'p-관리도'나 'c-관리도'에 '수정 관리 한계'를 사용하진 않는다. 그러나 'p-관리도'가 생산 공정의 끝에서 사용되고 있고, '표본 크기'가 매우 크면 앞서 논의한 '수정 관리 한계'와 동일한 효과를 내는 특수한 형태의 '관리 한계'를 'p-관리도'상에 적용할 수 있다. 다음은 이 같은 '관리 한계'를 사용하기 위한 기본 전제 조건들이다.

원료, 부품 번호, 코드 번호, 프로세스 배치 또는 검사 로트들에서 일어나는 다양한 변동들을 모두 포함하고, 데이터양도 많은 상태에서 '종합형 p-관리도 (Overall p-chart)'를 작성한다고 하자. '종합형'이 아니면 '이상 원인' 개개에 대해 각각의 'p-관리도'가 필요하다. 영향력이 크지 않은 원인들도 서로 중첩되어 작용하면 전체 프로세스의 평균을 이동시키거나 시간에 따른 상승이나 하락 같은 경향을 만들어낼 수 있다. '종합형 p-관리도'의 '관리 한계'는 다음으로 계산되며, 이로부터 큰 폭의 프로세스 이동이나 경향들을 탐지할 수 있다.

(1) 표본의 백분율을 회계에서의 숫자처럼 개개 데이터로 간주한다.
(2) '이동 범위'를 사용해서 이들 값에 대한 '관리 한계'들을 계산한다.
(3) 계산에 필요한 '기간(Period)'은 작업에 문제가 없는 매우 정상적인 상황에 기반을 두고 설정한다.

이와 같이 설정된 '관리 한계'들은 "정상(Normal)" 기간 동안 '이상 원인'들을 검출해내지 못할 수 있으나 큰 규모의 경향들은 드러날 수 있다. 만일 프로세스를 직접 관리할 목적으로 '관리도'를 사용한다면 'p-관리도' 경우 '수정 관리 한계'를 적용해서는 안 된다.

3.1.3. 관리도의 변경

'프로세스 관리도'는 정적이기보다 지속적인 관찰과 연구를 통해 변화하는 역동성을 보인다. 관리도의 형태는 프로세스 상황, 계획, 요구 사항, 제품 설계 등이 변화할 때 그에 맞춰 변경이 이루어질 수 있다. 사용 중인 관리도는 현재까지 확인된 결과들과 운영 노하우를 기반으로 계속해서 재평가되어야 한다. 다음의 상황에 해당하면 관리도를 변경할 수 있다.

▷ 좀 더 나은 해석을 위해

▷ 척도 조정으로 눈에 쉽게 들어오도록 하기 위해

▷ 현재의 경제적 이득을 위해

▷ 더 이상 필요치 않거나 경제성이 떨어지는 관리도들을 제거하기 위해

▷ 경제성을 이유로 관리도 하나에 다수를 통합하기 위해

▷ 더 나은 분석을 이유로 하나의 관리도에서 다수로 분할하기 위해

▷ 표집 간격을 줄이거나 증가시키기 위해

▷ 개선의 성과를 높이기 위해

▷ '프로세스 능력 연구'로부터 얻은 새로운 지식을 반영하기 위해

통상 '프로세스 관리도'는 현재 작업이 변하면 그에 맞춰 변하는 것이 일반적이다. 이것은 작업의 변화가 관리도에 반영되는 것이므로 그를 변화시킬 조건들을 작성해놔야 한다. 관리도 변경이 잦으면 품질 관리팀의 역할이 매우 중요하며, 따라서 정해진 관리 양식에 프로세스의 일상적인 관리 정보 모두가 소상히 기록되어야 한다.

3.2. 관리도의 도입

품질 관리 중 발생되는 모든 사안들은 관련 부서 담당자들의 공동 책임하에 처리되며 관리도 도입 역시 예외는 아니다. 관리도 도입에 책임 있는 부서는 '품질 관리팀'이며 프로세스에 잘 적응시키는 업무까지 수행한다. 특히 관리 책임자는 다른 부서의 관련 담당자들과 소통하는 창구이므로 좀 더 특별한 책임을 갖는데, 이에는 다음의 것들이 포함된다.

(1) 품질 관리의 일반 원칙들을 꿰차고 있어야 한다.

(2) 업무 영역에 있는 모든 관리도들의 작업 상태를 이해해야 한다.

(3) 관리도와 관계된 모든 담당자들에게 다음 사항을 설명해줘야 한다.

    (a) 관리도의 중요성

    (b) 그들이 작동하는 방법

    (c) 관리도를 잘 사용했을 때 얻는 혜택

    (d) 관리 책임자 본인이 작업 중 관리도를 사용한다는 사실

(4) 관리도에 타점하고 그를 해석하는 담당자들 스스로가 무엇을 해야 하는지 확실하게 알도록 하는 일이다.

(5) 관리도와 여타 프로세스 관리 상태를 관찰해서, 관리도가 계획했던 대로 기능하고 있는지를 확인하는 일이다.

다음의 상당 내용은 관리 책임자의 경험에 근거하며 정확하게 이행한다. 즉, (a) 관리도에 대해 설명해주기, (b) 관리도 사용 시 이점 알리기, (c) 프로세스 관리를 위한 일반 지침 알리기, (d) 프로세스 점검 담당자를 위한 지침 알리기 등이다. 또 참고 사항으로 '프로세스 관리 양식' 사용 설명이 포함되어 있다. 각각에 대해 알아보자.

3.2.1. 관리도에 대해 설명해주기

주요 프로세스에 특별한 협의나 설명 없이 관리도를 도입할 수 있다. 이 경우 운영을 해나가면서 오퍼레이터나 설비 설정 담당자들로부터 문의가 생겨나고, 관리 책임자는 원하는 만큼 그들의 질문에 소상히 답할 수 있으며, 짧은 시간 안에 담당자들은 관리도에 익숙해질 수 있다. 그러나 가장 바람직한 접근은 관리도 도입을 사전에 공지할 수 있도록, 늦어도 2주 전쯤 오퍼레이터들

과 회의를 갖는 일이다. 이때 품질 관리팀의 모든 구성원들이 회의에 참석한다. 회의 내용은 다음을 포함해야 한다.

(1) 관리 책임자는 회의 시작 후 10분 정도에 걸쳐 관리도가 업무 중에 바로 시작되어야 한다는 점을 강조한다. 그는 관리도가 무엇인지, 그리고 작업 중인 오퍼레이터들에게 어떤 혜택이 주어지는지도 설명한다. 또 관리도가 어떻게 만들어지며, 누가 프로세스를 점검하는 담당자인지, 표본들이 어떻게 추출되는지도 소상히 알린다. 제품을 수리하거나 검사로부터 분류해내기보다 처음부터 올바로 만드는 것이 훨씬 더 중요하다는 점도 강조한다.

(2) 품질 관리 엔지니어는 약 20분에 걸쳐 관리도가 어떻게 작동하는지를 설명한다. 이때 '$\bar{X}-R$ 관리도'인지 또는 'p-관리도'인지에 따라 이해를 돕기 위해 적절한 기구를 사용한다('p-관리도' 경우 구슬을 이용한 표집 등). 품질 관리 엔지니어는 관리도의 의미, 'X'의 의미 그리고 관리도상에 'X'가 표시될 때 행해져야 하는 조치들을 설명한다.

(3) 제품 엔지니어는 쉬운 용어와 오퍼레이터 눈높이에 맞춰 제품이 어떻게 만들어지는지와 관리가 필요한 특성들이 무엇인지 알려준다.

(4) 오퍼레이터들이 약 20여 분에 걸쳐 질문할 수 있는 환경을 조성하고, 이에는 관리도에 타점하는 방법, 오퍼레이터와 그의 작업에 대해 프로세스를 점검하는 방법, 관리도의 효과 등을 포함한다.

첫 회의가 성사되면 이어 후속 회의로 연결될 수 있도록 노력한다. 다음 회의에서 관리 책임자는 개선으로 연결된 관리도 사례를 강조하고 어려움에 처한 상황들에 대해 그 원인들을 논의하도록 한다. 프로세스 작업이 개선되고 '관리 상태'에 이르기 시작할 때, 오퍼레이터들이 그 변화를 인지하고 만족해

하는지도 확인할 필요가 있다. 성공 체험에 대한 만족은 관리도 확산을 이끌어내는 기폭제 역할을 한다.

회의의 중요성

생산 프로세스에 관리도가 성공적으로 안착할지의 여부는 관련 회의의 운영 방식도 한몫한다. 회의에는 오퍼레이터뿐만 아니라 노조 대표, 유지 보수 직원, 급여나 인센티브 조직 소속원도 참석하도록 유도한다. 이것은 오퍼레이터들의 참여 의식을 높이는 데 중요한 역할을 한다. 관리도 도입의 성공 열쇠는 관리도 운영이 항상 (a) 오퍼레이터를 돕도록, 또 (b) 프로세스 정보를 얻도록 사용되는 것이지 작업자가 제대로 일을 하고 있는지 확인하는 용도로 사용되어서는 안 된다.

3.2.2. 관리도 사용 시 이점 알리기

다음은 관리도를 사용할 경우 각 대상자별로 어떤 이점이 생기는지 정리한 예이다. 관리 책임자는 해당 내용들을 각 담당자와 함께 공유하고 운영에 활용한다.

□ 설비 설정 담당자, 오퍼레이터, 그룹장, 기술 담당자가 얻는 이점

핵심 기술 담당자들이 관리도 사용으로 얻을 수 있는 이점은 다음과 같다.

(1) 품질 관리 방식의 새로운 장을 열게 된다. 관리도를 통해 프로세스가 가동되는 곳이면 어디든지 과학적인 판단이 가능하다.

(2) 기술 담당자는 관리도 사용으로 일을 좀 더 쉽게 할 수 있다. 즉 오퍼

레이터와 설비가 최고의 효율로 운영될 수 있는 조합을 찾아낼 수 있으며, 설비와 프로세스 능력을 확실하게 이해할 수 있다. 이로써 일이 잘못되어갈 때 왜 그 같은 일이 벌어졌는지에 대한 원인 규명이 쉬워진다.

(3) 관리도는 '플러스 또는 마이너스 공차'가 아닌 '분포'로써 프로세스를 진단한다. 관리도를 통해 프로세스가 좋은 상태에 있던 시점을 알 수 있으며, 우려하던 바가 현실화되면 그 즉시 개선으로 연결시켜 부품의 품질 저하를 막을 수 있다.

(4) 특정 조업에서 변경점이 발생하면 관리도를 통해 최종 제품에 미치는 영향을 파악할 수 있다. 관리도는 설비 설정 담당자에게 프로세스를 조정하는 방법뿐만 아니라 조정의 정도까지 알려준다. 관리도를 통해 설비 문제를 오퍼레이터 문제와 분리시킬 수 있으며, 설비의 설정 오류로 일어난 문제인지 아니면 수리가 필요한 시점인지도 구분해낼 수 있다.

(5) 대부분의 조업에 관리도가 적용되면 엔지니어로부터 제때 도움받기가 쉬워지고 검사에서 경험하는 애로 사항을 상당 부분 해소할 수 있다.

□ **오퍼레이터가 얻는 이점**

관리도 사용으로 오퍼레이터가 얻는 이점들은 다음과 같다.

(1) 관리도를 통해 공구, 고정구(Fixture), 게이지의 상태들을 진단할 수 있으며, 필요 시 이들의 조건을 올바로 설정하는 일이 가능하다.

(2) 오퍼레이터들은 정상적인 프로세스 가동하에서 일어나는 특성 값의 오르내림 현상을 이상 징후로 해석할 필요가 없으며, 조치를 취해야 하는 압박감으로부터 벗어날 수 있다.

(3) 관리도를 통해 오퍼레이터들은 과거와 똑같은 시간 동안 일을 하면서도 제품 품질은 더 높게 유지할 수 있으며 성과급도 높일 수 있는 기회를 얻게 된다.

(4) 관리도를 통해 조업의 수준을 높일 수 있고 올바로 일할 수 있는 노하우를 쌓는다. 따라서 프로세스 가동 중에 제품이 불합격되어서 겪게 될 부담으로부터 상당 부분 벗어날 수 있다.

(5) 관리도 운영을 통해 오퍼레이터들의 조업 중 장점을 드러나게 함으로써 그들의 조업 만족도를 높일 수 있다.

□ 일반적인 이점

관리도를 통해 얻을 수 있는 일반적인 이점을 사례로써 [그림 Ⅱ-26]~[그림 Ⅱ-30]에 자세히 소개하였다. 내용은 (a) 설비로 인한 문제, (b) 수작업으로 인한 문제, (c) 규격과 관련된 문제, (d) 규격 문제로 보이지만 실제는 그렇지 않은 예들이다. 관리도 사용을 통해 예상되는 문제들을 찾아 개선하였으며 그 전후 비교 역시 관리도로 보여주고 있다.

설비로 인한 문제 사례, [그림 Ⅱ-26]

본 예의 경우 설비 설정 담당자는 실제 간단한 조치만으로 프로세스를 개선할 수 있었다. 설비는 원래 '과 조정(Over-adjusted)' 상태였으며 변경이 발생

[그림 Ⅱ-26] 설비로 인한 문제 사례

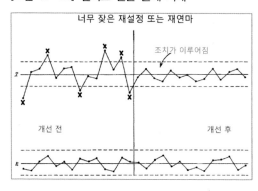

된 이유는 해당 '프로세스 변수'들의 문제가 아닌 '측정값' 때문이었다. 그림에는 '개선 전'과 '개선 후'의 상태를 알기 쉽게 구분해놓았다.

관리도는 설비 설정 담당자에게 재설정 시점뿐만 아니라, 설정하지 말아야 할 시점들도 알려준다. 일반적으로 '설비 설정'은 '$\bar{X}$-관리도'로, '설비 능력'은 'R-관리도'로 확인한다.

수작업으로 인한 문제 사례, [그림 Ⅱ-27]

오퍼레이터의 교육 중요성을 알려주기 위해 사용된 관리도 예이다. [그림 Ⅱ-27]의 '관리 한계'는 숙련된 오퍼레이터가 운영했던 안정된 관리도의 값을 적용했고, 본 예를 작성한 두 오퍼레이터들은 최근에 고용되었다.

관리도를 보면 '오퍼레이터 1'은 'R-관리도'의 패턴이 일정치 않으며 조업을 위해 더 많은 훈련이 필요함을 알 수 있다. 반면 '오퍼레이터 2'의 'R-관리도'는 '관리 상태'로부터 기본 훈련은 되어 있는 것으로 보이나, '$\bar{X}$-관리도'는 초기부터 낮은 값에서 시작해 조금씩 증가하는 경향을 보인다. 이것은 작업의

[그림 Ⅱ-27] 오퍼레이터의 수작업으로 인한 문제 사례

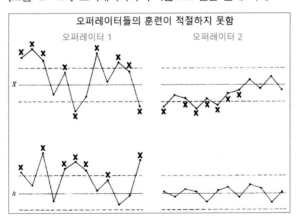

일관성이 떨어지는 상황으로 해석되며 약간의 편의도 관찰된다. 개선을 위해 오퍼레이터들은 재훈련되었으며, 두 패턴의 차이로부터 각자의 훈련 프로그램에도 상당한 차이가 있었다.

규격과 관련된 문제 사례, [그림 II-28]

이 경우 프로세스는 '$\bar{X}$-관리도'와 'R-관리도' 모두 '관리 상태'이며, 정상적으로 가동 중임을 알 수 있다. 그러나 '관리 상·하한 폭'이 '규격 상·하한' 폭보다 벌어져 있어 불량품 발생이 우려된다. 프로세스의 관리 문제라기보다 제품의 기술적 문제를 지적할 수 있는 상황이다.

[그림 II-28] 프로세스와 규격 간 문제 사례

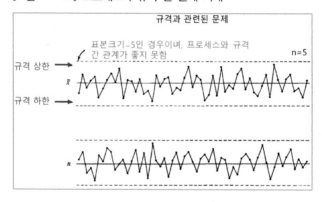

규격과의 문제로 보이지만 실제는 다른 데 기인한 사례, [그림 II-29]

[그림 II-29]로부터 많은 양의 제품이 규격을 벗어난 것으로 보이며, 이 경우 상당량의 불량품이 예상된다. 그러나 패턴들이 비정상적이었음이 밝혀지면서 결과적으로 규격과의 문제가 아니라 프로세스에 내재된 문제로 밝혀졌다. 오른쪽 관리도는 장비의 유지 보수 계획을 통해 확연하게 개선되었음을

알 수 있다.

[그림 Ⅱ-29] 규격이 아닌 다른 원인에 의해 발생된 변동 예

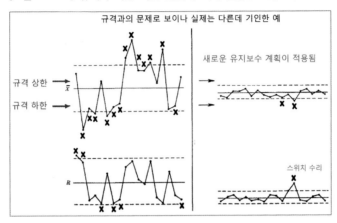

지금까지의 사례들은 모두 '$\bar{X}-R$ 관리도'에 근거한 설명이었다. 그러나 이와 유사한 경우들이 'p-관리도'나 'c-관리도'를 통해서도 동일하게 적용된다.

3.2.3. 프로세스 관리를 위한 일반 지침 알리기

제품을 생산하는 기업이면 모두 프로세스를 어떻게 관리하고 운영할지에 대한 세부적인 표준들이 마련되어 있어 굳이 본문에서 설명을 늘어놓으면 사족이 될 수 있다. 그러나 '관리도'를 단독 주제로 다루면서 프로세스 관리 지침을 언급하지 않으면 중요한 부품을 하나 빼먹은 느낌이 들 것 같다. 다음은 '관리도' 운영을 위한 일반 지침이며 관리 책임자는 해당 담당자 모두가 이들을 숙지할 수 있도록 책임져야 한다. 아주 기본적인 용어들의 정의도 포함하

고 있어 그냥 한번 죽 읽어나가는 것만으로도 그 의미와 내용을 쉽게 파악할 수 있다.

프로세스 관리를 위한 지침들

1. 일반

1.1. 목적

1.1.1. 이 지침의 목적은 프로세스 관리 절차에 관한 일반 정보를 제공하고, 생산과 프로세스 관리 양식에서 요구하는 프로세스 관리 정보를 보충하는 데 있다.

1.1.2. 프로세스 관리 양식에서 정해지지 않은 그 밖의 모든 프로세스 관리 활동은 본 지침을 따른다.

1.2. 정의와 심벌들

1.2.1. 평균($\bar{X}$)

'평균(Average)'은 표본의 모든 측정값들을 더해서 개별 측정값들의 수로 나눈 값이다.

1.2.2. 범위(R)

'범위(Range)'는 표본에서 가장 큰 측정값으로부터 가장 작은 측정값을 빼서 얻은 값이다.

1.2.3. 불량률(p)

'불량률(Percent Defective)'은 표본에서 발견된 불량 아이템들의 수를 표본의 전체 수로 나눈 후 100을 곱해서 얻어진 값이다.

1.2.4. $\bar{X}$-관리도

'평균'들을 연속해서 타점한 관리도

1.2.5. R-관리도

'범위'들을 연속해서 타점한 관리도

1.2.6. p-관리도

'불량률' 값들을 연속해서 타점한 관리도

1.2.7. np-관리도

'불량률'이 아닌 부분군 내 실제 불량 아이템 수를 타점한 관리도

1.2.8. c-관리도

불량 아이템 수가 아닌 부분군 내 전체 결점 수를 타점한 관리도

1.2.9. 관리도

한 개 이상의 굵은 중심선과 한 개 이상의 점선으로 이루어진 관리
한계를 포함하는 차트. 프로세스 관리 상태를 평가하는 데 사용된다.

1.2.10. '이동 범위(Moving Range)'의 '관리 한계'를 갖는 관리도

'관리 한계'가 '이동 범위'를 적용해 얻어지는 개별 값들의 관리도,
즉 'I-관리도.'

1.2.11. 표본 크기(n)

'표본 크기(Sample Size)'는 부분군으로 선택되고 점검이 이루어지
는 아이템(Item, 또는 Unit)들의 수이다.

1.2.12. 표집 간격 또는 표집 빈도

'표집 간격 또는 빈도(Sampling Interval or Frequency)'는 부분군들
간 시간 간격이다. 표집은 다수의 분, 시간, 일자 등으로 표현될 수
있다.

2. 기록에 필요한 양식들

프로세스 관리를 위한 기록에는 "(a) 각 표본의 조사 결과들을 기록하고
계산할 데이터 시트들, (b) 결과가 타점될 관리도 양식들"이 필요하며,

각 관리도 유형별로 '데이터 시트'와 '관리도 양식'들이 따로 마련되어 있다. 프로세스 점검 담당자는 제품 엔지니이 또는 품실 관리 엔지니어가 정한 기간 동안 과거 '데이터 시트' 파일들을 보관해야 하며, 여기엔 프로세스 관리도의 이전 복사본들도 포함된다. 프로세스 점검 담당자는 필요한 시점에 품질 관리 기술 조직이나 권한이 주어진 여타 조직으로부터 새로운 '관리도 양식'과 '데이터 양식'들을 수령한다. 단, 정보 시스템이 운영될 경우 그 기준에 따른다.[60]

3. 데이터의 수집, 기록, 계산 및 타점

3.1. 표본 선택하기

3.1.1. 표본들은 프로세스 또는 제품에 명시된 방법으로 선택되어야 한다.

3.1.2. 만일 표본이 설비 또는 오퍼레이터로부터 직접 취해지는 경우, 생산 중에 정해진 수만큼을 연속된 순서로 추출한다.

3.1.3. 만일 표준에 표본의 시간적 수집 범위가 명시되어 있으면, 그 기간 동안 생산된 모든 제품으로부터 무작위로 표본을 표집한다.

3.1.4. 표준에는 하나의 설비가 몇 개의 상태 또는 헤드 부를 보유하는지, 오퍼레이터는 몇 개의 고정구와 공구들을 사용하는지 등에 대한 지침들이 명시되어 있어야 한다.

3.1.5. 표준에 수집 간격이 명시되어 있어야 하나, 매 시간 또는 날짜별로 정확히 동 시간대에 표본을 얻도록 하는 규칙성은 피해야 한다.

3.2. 데이터 기록하기

3.2.1. 표본이 취해지면 가능한 빨리 그들을 점검한다.

3.2.2. 점검한 결과는 '프로세스 관리 양식(Process Control Layout)'으로

---

60) 프로세스의 정보 시스템화는 최근 일반화된 경향이며, 따라서 그에 대한 상황을 필자가 반영하였다.

불리는 정해진 데이터 양식에 기록되어야 한다.

3.2.3. '연속 자료' 경우 '데이터 시트'는 품질 특성별로 따로 관리되어야 한다. '이산 자료'는 표본 크기, 불량 수, 결점 유형이 기록되어야 한다.

3.2.4. 프로세스 관리 점검을 위해 데이터를 기록할 때, 데이터를 식별할 수 있도록 보조 정보를 함께 기록한다. 예를 들어 설비 번호, 오퍼레이터 이름, 교대 수, 시간과 날짜 등이 포함된다. 또 프로세스 점검 담당자는 설비나 부품들에 변경점이 발생하면 그 즉시 기록한다. 예를 들어, 새로운 절단 공구의 도입이나 새로운 공급자로부터 들어온 부품들이 해당한다.

3.3. 계산하기

프로세스 점검 담당자는 관리 양식 규정에 명시된 모든 계산을 수행한다. $\bar{x}$, R, p 등의 값들이 수집된 원 데이터별로 기록되어야 한다.

3.4. 데이터의 타점

데이터에 필요한 계산들이 이루어지자마자 그 결과를 적절한 관리도상에 타점한다. 또 데이터를 식별하는 데 필요한 모든 관련 정보(변경점 등)들을 관리도에 기록한다.[61]

4. 비정상 패턴들을 위한 검정들

4.1. 패턴을 점검할 시기

만일 관리도의 패턴이 '중심선(Center Line)'을 기준으로 균형 잡혀 보이지 않으면, 다음의 검정들을 통해 '관리 이탈' 징후를 파악한다.

---

61) 이 설명은 매우 중요한데, 타점들 중 비정상적 관측치나 특징들이 생기면 바로 관리도 해당 위치에 간단히 기록하라는 뜻이다. 프로세스에서 일어나는 변동을 즉각 파악하는 일 못지않게 기록을 통해 공유하는 일도 매우 중요하다.

4.2. 패턴을 점검하는 방법

검정을 수행할 때, 관리 밴드의 한쪽 반만을 고려한다.

4.2.1. 다음 그림과 같이 마음속으로 관리 밴드를 같은 간격의 세 개 영역(Zone)으로 나눈다.

[그림 Ⅱ-30] 관리 밴드의 구분 및 검정

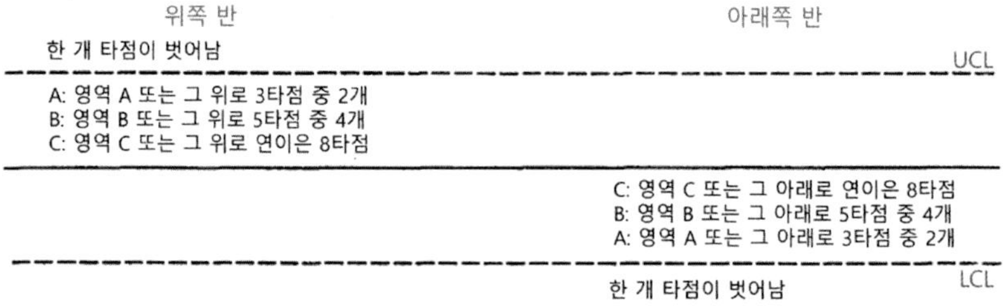

위쪽 반 　　　　　　　　　　　　　　　　　　　아래쪽 반

한 개 타점이 벗어남 　　　　　　　　　　　　　　　　　　　　　UCL

A: 영역 A 또는 그 위로 3타점 중 2개
B: 영역 B 또는 그 위로 5타점 중 4개
C: 영역 C 또는 그 위로 연이은 8타점

C: 영역 C 또는 그 아래로 연이은 8타점
B: 영역 B 또는 그 아래로 5타점 중 4개
A: 영역 A 또는 그 아래로 3타점 중 2개

한 개 타점이 벗어남 　　　　　　　　　　　　　　　　　　　　　LCL

4.2.2. 만일 타점이 각 영역(Zone)들에 써놓은 검정 항목들 중 하나에 해당되면 '비정상 패턴'으로 간주한다. 검정에 대해서는 [표 Ⅱ-6]의 'Nelson Rules' 등을 참고하기 바란다.

4.2.3. '비정상 패턴'의 맨 끝 지점에 "X"를 표시한다. 만일 '중심선'의 위쪽에 있으면 맨 끝 타점의 위에 "X"를 표시하고, '중심선' 아래쪽에 있으면 맨 끝 타점의 아래에 "X"를 표시한다.

4.2.4. "X"들의 수를 통해 '비정상 패턴'의 규모를 파악한다.

4.2.5. 관리도에 기록된 배경 정보 및 기록들과 "X"들이 어떤 방식으로 연관되어 있는지 점검한다.

5. '관리 이탈'일 때의 조치

'관리 이탈'이 관측되면 관리 책임자에게 즉시 보고한다. 또 관리도의 '관리 이탈' 타점 근처에 '관리 이탈'의 원인과 취해진 조치를 기록한다. 만일 기록해야 할 내용이 많으면 '관리 이탈' 타점들 근처에 일련번호를 부여하고 차트 뒤의 별도 부착된 시트나 정해진 공간에 기록해나간다. 물론 최근 대부분의 기업들에서 운영 중인 별개의 정보 시스템이 있다면 그의 운영 기준을 따른다. 만일 부분군들의 '관리 이탈' 상태가 지속되면 관리 책임자의 집중적인 주의를 요한다.

6. '돌출(Freaks)' 현상과 명확한 결점들

회로의 합선이나 개방과 같이 결점의 증상이 명확하거나 성향이 분명한 '돌출(Freaks)' 현상들에 대해서는 관리 규정에 정한 지침을 따른다.

관리 양식

앞서 설명된 일반 지침들과 모든 프로세스 관리 활동들은 '프로세스 관리 양식(Process Control Layouts)'에 포함되어야 한다. '양식(Layout) 항목'들에는 다음이 포함된다.

(1) 제품, 조업, 관리되어야 할 특성 등을 묘사하는 식별 데이터
(2) 연속되는 조업 상황에서 표본들이 취해지는 지점들
(3) 표본 크기, 점검 빈도와 표본을 선택하는 방법
(4) 점검해야 할 특성들
(5) 측정 또는 분류 방법
(6) 타점되고 기록될 정보
(7) 조치가 필요할 때 판단을 위한 기준들
(8) 취해질 조치

다음 [표 Ⅱ-12]는 '프로세스 관리 양식(Process Control Layout)'[62]으로서 관리도가 필요한 특정 조업에서 '작업 위치', '도면 번호', '표집 방법', '표집 간격', 요구되는 '표본 크기', 조업 상황에 맞는 '관리도 유형' 등을 상세하게 규정한 사례이다. 또 '관리 이탈'이 발생한 경우 관리 책임자에게 보고해야 하

[표 Ⅱ-12] 「프로세스 관리 양식」에 기술된 프로세스 관리를 위한 정보 예

프로세스 관리 양식(Process Control Layout)		
(주제) 전면 이음 조립체	(도면 번호) ASS1930 .	
	(용도) 머큐리 스위치용	
조작과 방법		시설
표본은 매 두 시간마다 전면 이음 용접기로부터 5개씩 추출한다. 1. 이음 높이는 최소 0.0185부터 0.0199가 되어야 한다. 양식 AP-100에 측정 값을 기록한다. 매 5개의 표본마다 확인된 값을 '$\overline{X}-R$ 관리도'에 타점한다. 		비교 측정기
2. 이음 위치는 최소 0.077부터 최대 0.083이 되어야 한다. 측정은 이음부 높이 의 중심에서 도선의 끝까지를 기준 한다. 양식 AP-100에 측정값을 기록한다. 매 5개의 표본마다 확인된 값을 '$\overline{X}-R$ 관리도'에 타점한다.		비교 측정기
3. 이음부 용접: 집게를 이용해 이음부가 확실하게 접합되었는지 확인한다. 용접 물질이 용접 부위 금속 주변에 튀었는지 점검한다. 양식 AP-120에 불량 용접 결점 수와 용접 물질의 튄 수를 기록하다. 결점 수 관리도에 매 20단위마다 (a) 불량 용접 결점 수, (b) 용접 물질 튄 수를 각각 타점한다.		집게
(주의): 프로세스 점검 담당자는 본 지침에 의문점이 제기될 경우 설비 설정 담당 자, 관리 책임자, 엔지니어와 함께 점검 방법과 패턴에 대해 상의한다. 프로세스 점검 담당자는 「프로세스 관리를 위한 일반 지침」에 따라 패턴을 표시하고 '관 리 이탈'일 때 관리 책임자에게 보고한다. 만일 4시간 이상 관리 이탈인 차트 는 관리 책임자가 주의를 기울일 수 있도록 정기적으로 보고하고, 이때 모든 표본들은 수집 즉시 타점되도록 한다.		

62) '프로세스 관리 양식'은 'Process Control Layout'을 필자가 편의상 번역해놓은 용어다. Western Electric社에서 쓰인 업무 양식 명칭이다.

며, '관리 이탈'이 4시간 이상 지속되는 경우의 조치 사항에 대해서도 상세히 규정한다. 표와 똑같진 않더라도 조업에서 관리도가 쓰이면 이 정도 수준의 지침서는 반드시 마련되어 있어야 한다. 기업마다 상황이 다를 것이므로 내용을 참고해서 본인의 활동과 비교해보기 바란다.

다음 [그림 Ⅱ-31]은 관리도에 변경점이나 현재의 상황에 대해 간단히 메모해놓은 예이다. 최근 대부분 기업들이 정보 시스템을 운영하고 있어 관리도 위에 직접 기록하는 일은 매우 드물다. 그러나 관리도를 작성하면서 기록된 요구 사항을 하나라도 만족시키지 못하거나 정보 시스템이 기대에 부응하지 못하면 그에 준한 시스템 개선이 반드시 뒤따라야 한다. 편의를 위해 일부 내용은 편집해 실었다.

[그림 Ⅱ-31] 관리도상의 주요 내역 기록 예

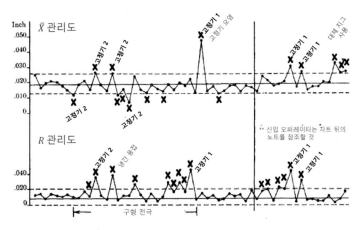

[그림 Ⅱ-31]에서 각 검정 결과 '관리 이탈'로 관측된 타점에 'X'가 표시되어 있고, '고정기 2'처럼 조치 번호(여기선 '2')가 기록되어 있다(조치 번호 옆에 기록 담당자 사인도 포함할 수 있음). 예를 들어, 번호 '1'은 "설비를 조

정했다", 번호 '2'는 "오퍼레이터가 지침을 따랐다"를 각각 나타낸다(고 가정한다). 조치를 취한 직후에는 타점들이 '관리 상태'가 됐다는 것을 개선 후 차트와 연결시켜 놓음으로써 쉽게 확인할 수 있다. 작성된 시점이 1956년도 전후이고 Western Electric社의 공정 관리 예이지만 지금 따라 해도 전혀 손색이 없을 정도로 정교하고 치밀하단 생각이 든다.

우리 내 프로세스 조업 관리에서도 과연 이와 같은 '관리도' 관리가 이루어지고 있을까? 국내 많은 기업들을 방문하며 지금까지의 경험으로 비추어볼 때 사실 "본 적은 없다!" 아마 동일한 관리가 이루어지고 있음에도 필자가 보안상 보지 못했거나 아니면 하고 있지 않거나 아니면 다른 방식(예를 들어 정보 시스템 등)으로 관리가 이루어지고 있을 수 있다. 그러나 기업에서 관찰된 대부분의 변경점 관리는 주로 '관리도'와 별개인 상태에서 '관리 대장'에 기록되고 있는 경우가 많았으며, 문제를 지적하기 위해서는 저장된 프로파일과 변경점을 하나씩 맞춰봐야 하는 번거로움도 있었다. [그림 Ⅱ-31]과 같이 촘촘한 관리가 이루어지려면 조업 점검 담당자의 엄청난 인내력과 관찰력이 요구되고, 또 그전에 철저한 훈련을 받아야 함은 두말할 나위도 없다.

이 시점에 독자에게 전해주고 싶은 조언(?)은 혹 특정 조업에 관계할 경우 별도의 정보 시스템이 있든 없든 일단 '관리도'를 수작업으로 작성해 [그림 Ⅱ-31]과 같이 한 주만이라도 운영해보라는 것이다. 아마 일부 '관리 이탈'을 경험할 수도 있고 튀는 타점들의 원인이 무엇인지 당장 찾아내기 어려울 수도 있다. 만일 설명된 바와 같이 관리도를 통해 문제 해결이 가능하단 생각이 조금이라도 든다면 남은 일은 어떻게 시작할지다. 관리도와의 실질적인 스킨십을 통해 얻을 수 있는 결과는 그렇게 하지 않았을 때 얻는 결과보다 열매의 당도는 훨씬 높다는 점을 잊지 말자. "해보지 않았으면 말을 하지 마라!"는 TV 개그 방송의 유행어를 떠올린다. 다음 [그림 Ⅱ-32]는 또 다른 작성 예이다.

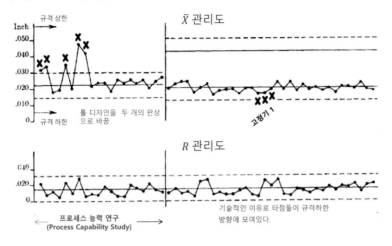

[그림 Ⅱ-32] 규격을 포함시킨 관리도

[그림 Ⅱ-32]는 규격을 포함하고 있으며, 조업에서 쓰이는 툴을 한 개에서 두 개로 변경함에 따라 변경 후 관리도의 '중심선'이 두 개로 나뉘었다. 개선 후 타점들이 '하한 규격' 방향의 '중심선'에 몰려 있음도 알 수 있다. 만일 본 관리도 용도가 '기술적 정보(Engineering Information)'를 얻는 데 맞춰졌다면 그림 왼쪽 아래의 "프로세스 능력 연구" 대신 "기술 연구(Engineering Study)"로 명명한다. 전자는 프로세스의 안정화, 즉 '관리 상태'를 목적으로 추진되는 활동인 반면 후자는 변경점이 발생된 후 프로세스에서 어떤 변화가 일어나는지 관찰하기 위한 활동이다.

3.2.4. 프로세스 점검 담당자를 위한 지침 알리기

다음에 이어지는 설명은 '프로세스 점검 담당자(Process Checkers)'들에게 필요한 내용이다. '프로세스 점검 담당자'는 표본을 추출하고 관리도를 작성해야 하는 책임자를 지칭하며, 오퍼레이터, 오퍼레이터 도움이, 설비 설정 담당자, 또는 배치 오퍼레이터나 그룹의 리더 등이 될 수 있다. '프로세스 점검 담당자'는 '관리도'와 관련해 다음을 수행한다.

'프로세스 점검 담당자'가 알아둬야 할 사항

'프로세스 점검 담당자'는 표본을 적절하게 선택하는 방법, 필요한 특성들을 점검하는 방법, 평균이나 범위 또는 퍼센티지를 계산하는 방법, 차트를 작성하는 방법, 비정상 패턴들을 인지하는 방법들에 익숙해야 한다.

품질 관리팀은 이 작업을 위해 '프로세스 점검 담당자'가 적절하게 훈련받도록 할 책임이 있다. 또 훈련 내용은 실습을 포함, '프로세스 관리를 위한 일반 지침(General Instruction for Process Control)'에서 설명된 "X"의 표시법, 패턴들의 해석 등에 집중하도록 반복 학습으로 이루어진다. 모든 '프로세스 점검 담당자'는 이 지침을 따라야 하며, '프로세스 관리 양식'에 기술된 규정과 마찬가지로 '일반 지침'에 대해서도 매우 잘 알고 있어야 한다.

'프로세스 점검 담당자'가 새로 들어오면 일정 기간 품질 관리팀(일반적으로 품질 관리 엔지니어)의 일원으로 업무를 보도록 해서 해당 업무를 확실하게 파악할 수 있도록 충분히 교육한다. '관리도' 운영의 성공 여부는 '프로세스 점검 담당자'의 업무 처리 신속성과 신뢰성에 의존한다는 점을 명심하자.

표집(Sampling)

'관리도'에서 얻는 정보는 모두 표본으로부터 오므로 표본이 어떻게 선택되는지 아는 것은 매우 중요하다. 표본의 추출은 통계 법칙에 크게 좌우된다. 만일 표본을 추출할 때 통계 법칙을 고려하지 않으면, 그로부터 얻을 수 있는 정보는 매우 제한적이다.

'프로세스 점검 담당자'가 표본을 추출하는 데 알아둬야 할 주요 지침은 '프로세스 관리 양식'에 잘 나타나 있다. 관련 표준은 대게 표본 크기, 표집 간 간격, 표본을 위한 대표 제품 등을 알려준다. 표본의 대표성에 대해서는 최종 프로세스에서 추출된 부품인지, 점검이 다 끝난 이후 생산된 부품에서 추출된 것인지, 또는 4명의 오퍼레이터들로부터 각각 추출된 것인지 등이 고려되어야 한다. 이들은 모두 '프로세스 관리 양식'에 명시되어 있어야 하며, 각 조항들을 엄격하게 따르도록 한다. 추가로 '프로세스 점검 담당자'는 다음의 내용에 대한 책임을 진다.

(1) 표본에는 편의(Bias)가 없어야 한다. 좋은 표본은 설비 또는 오퍼레이터가 작업 중인 상태에서 생산된 제품 5개를 선택하거나, 쌓아놓은 포장 더미에서 무작위로 5개를 선택했을 때의 부분군을 지칭한다. 그러나 포장 더미 한쪽의 모든 제품이나 상단에 있는 제품 모두를 선택하는 것은 생산 시 특징이 공통으로 반영될 수 있어 편의가 발생할 수 있다. 또 특히 크거나 움푹 들어간 제품, 오퍼레이터가 분류해놓은 제품 등 특징적인 것들을 의도적으로 추출하는 것도 피해야 한다.

(2) '프로세스 관리 양식'에서 지적되지 않은 설비나 오퍼레이터로부터 생산된 표본은 취하지 않는다.

(3) 만일 표집을 위한 점검이 30분 간격일 때, 10시 정각, 10시 30분처럼 정확한 시점에 수집하지 않는다. 표집 시점이 예측되면 오퍼레이터의 작업이 그에 맞춰 달라질 수 있다.

(4) 일단 표본이 선택되면 수집에 그대로 포함시킨다. 표본을 선택했을 때 제품의 상태에 불만족해 그를 제외시키면 관리도가 보여줄 수 있는 좋은 정보를 차단시키는 우를 범할 수 있다.

(5) 만일 표본으로부터 '돌출(Freak)' 상태가 관측됐다면, '프로세스 관리 양

식'에 지시된 데로 처리한다. 만일 규정이 명확하지 않거나 없다면 관리 책임자로부터 적합한 지침을 넘겨받는다.

(6) 프로세스가 정상 조건에서 조업 중일 때, '프로세스 관리 양식'에서 정한 표집 간격만으로 충분하다. 그러나 긴급 상황에서 관리 책임자는 이전보다 더 잦은 빈도로 표본을 추출하도록 요청할 수 있으며, 이때 추출된 표본들 중 그 어떤 것도 버려서는 안 된다. 즉 모두를 타점한다.

만일 관리 책임자가 '표본 크기', '표집 빈도' 또는 '프로세스 관리 양식'에 명시된 표집 방법에 문제가 있다고 판단하면, '프로세스 관리 양식'을 갱신한다. 그러나 갱신하기 전까지는 표집 방법을 바꿔서는 안 된다. 만일 표집 방법을 바꾸면 무심결에 통계적 규칙들을 위반할 수 있으며, 작업 수행에 필요한 중요 정보를 잃을 수 있다.

차트 작성과 검정 결과 표시

'프로세스 검사 담당자'는 관리도를 작성하고 검정 결과를 표시하기 위해 다음의 규칙들을 숙지한다.

(1) 데이터를 확보한 즉시 차트를 작성한다. 프로세스에 문제가 없는 한 프로세스 관리도는 항상 갱신되어야 한다.

(2) 계산, 특히 '범위(R)'의 계산에 주의한다. 수집된 데이터에서 최댓값과 최솟값을 서로 빼고 있는지 명확히 하고, 특히 소수점이 있거나 부호가 붙은 숫자들에 주의한다. 오류를 피하기 위해 가능하면 단순한 숫자들을 사용한다. 예를 들어, 만일 측정값이 '0.1276', '0.1249'와 같다면(모든 수자들은 0.12로 시작) '76'과 '49'로 작업한다. 숫자들을 단순화시킬 경우 관리 책임자와 협의한다. 만일 이 같은 과정을 거쳐 타점한 결과 '비정상 패턴'이나 기이한 결과를 얻는다면 다음 작업에 들어가기

전에 수학 계산을 점검한다. 다음은 점검을 위한 목록이다.

a. 만일 암산으로 대부분의 결과를 얻었다면 재계산을 통해 검증한다.
b. 만일 습관적으로 전체를 더해 5로 나누어 평균을 얻었다면, 전체에 0.2를 곱해 같은 값이 나오나 확인한다.
c. 개개 값들을 죽 훑어보고 '$\bar{X}$'가 될 만한 값을 추측해본다.
d. 'R 값'을 표본들 중 가장 작은 값에 더해서 그 합이 가장 큰 값과 어떻게 일치하는지 점검한다.
e. '퍼센티지'와 '표본 크기'를 곱해서, 그 결과가 '불량 제품의 수'와 어떻게 일치하는지를 관찰한다.

(3) 관리도의 척도를 확인한 뒤 적합한 위치에 값들을 타점한다. 특히, 'R-관리도'의 척도가 '$\bar{X}$-관리도'의 척도와 같은지 주목한다. 두 관리도의 척도 차이는 특히 'R-관리도'에서의 타점을 더 어렵게 만든다. 통계 패키지를 활용하면 자동으로 척도와 그에 준한 타점이 형성되므로 척도에 대한 별도의 고려는 불필요하다.

(4) '관리 이탈'을 포함한 모든 값들을 관리도에 타점한다. 만일 최상의 상태를 보인다면 관리도는 깔끔할 것이나, '관리 이탈'이 발생해서 '관리 양식'에 따라 그를 정정한 후 별개 표본을 취하도록 규정하고 있으면, 관리도에는 그 전과 후로 구분해 타점함으로써 '관리 상태'로 돌아왔음을 확인시킨다.

(5) 표준에 명시된 점검 주기를 명확하게 따른다.

(6) 모든 타점들의 날짜, 설비 번호, 교대 등을 식별할 수 있게 한다.

(7) 각 값이 타점되는 즉시 "X" 표시 여부를 결정한다. 이에 대해서는 '프로세스 관리를 위한 일반 지침(The General Instruction for Process Control)'

의 내용을 따른다. 만일 (a) 그 타점이 '관리 한계'를 벗어나거나, 또는 (b) 타점을 이전 타점들과 같이 고려할 때 '비정상 패턴'으로 결론 나면 해당 위치에 "X"를 표시한다. 지침에 따라 타점과 패턴을 평가하고 모든 "X"가 표시될 때까지 이 과정을 계속한다.

(8) 관리 책임자는 경험적으로 패턴에 영향을 주리라 예측되는 프로세스 내 변경점을 관리도에 기록한다.
- 새로운 로트의 부품 유입
- 주석의 비율이 더 높아진 땜납
- 땜납 팁의 변경
- 신입 오퍼레이터 또는 검사 담당자 영입
- 달라진 설비

향후 프로세스에 실제 문제가 발생할 경우 이들 기록은 매우 유용하게 쓰일 것이다.

끝으로 데이터를 수집하는 담당자는 그에 필요한 사전 지식을 완전히 숙지하고 있어야 한다. 예를 들어, 부품을 측정해야 할 위치가 모서리인지 중심인지, 각 부품의 점검 횟수는 몇 번인지, 게이지는 어떻게 사용하는지, 또 측정값을 어떻게 기록하는지도 알아야 한다. 눈으로 검사하는 경우, 측정 기준을 어디다 둬야 하는지도 명확히 숙지해야 한다. 만일 이들 중 단 하나라도 의심이 가면 즉각 관리 책임자와 함께 점검에 들어간다. 데이터가 정확하지 않으면 관리도 사용은 최소화한다. 따라서 측정 문제를 해결하기 위해서는 '측정 시스템 분석(Measurement System Analysis)'이 반드시 선행되어야 한다.

조업 담당자가 왜 직접 관리도를 작성해야 하는가?

조업 담당자는 자신이 속한 업무에서 해당 관리도를 직접 타점해야 한다.

통상 해당 조업 이외의 조직에서 관리도를 인계받아 작성하는 경우 품질 관리 프로그램은 단명하는 경우가 대부분이며 그 이유를 요약하면 다음과 같다.

(1) 잘 사용 중인 관리도는 제품을 생산하는 조업의 일부이다. 즉 조업을 위한 필수 도구들 중 하나이다. 예를 들어, 스크루 드라이버, 고정 장치, 지그, 그 외의 다른 필수적 장비와 유사하다.

(2) 조업 담당자는 제품이 올바로 만들어지도록 필요한 모든 일을 해야 하며, 여기에는 '프로세스 관리도'도 포함된다.

품질 관리 프로그램의 초기 단계에서 관리도를 처음 시작하는 조업 담당자는 지원이 필요하다. 초기 관리도는 검사 담당자, 통계 담당자, 품질 관리 엔지니어에 의해 타점될 수 있으나 결국 지속적으로 관리가 이루어질 해당 조업 부서로 인계되어야 한다.

조업 담당자는 자동차 운전자가 복잡한 고속도로를 운전할 때 자신의 눈을 필요로 하듯 자신의 관리도를 통해 프로세스를 직접 봐야 한다. 어떤 운전자도 눈을 가린 채 언제 회전할지, 속도를 높일지, 신호등 앞에서 멈출지 또는 다른 자동차를 언제 지나칠지에 대해 누군가에게 지시받고 싶지 않을 것이다.

3.3. 관리도를 통한 조치

지금까지 「3.1. 관리도의 '도입 전 계획'」, 「3.2. 관리도의 도입」에 대해 알아보았다. 다음은 실제 관리도를 운영하면서 맞닥트릴 '비정상 패턴'들에 어떻게 대처해야 하는지에 대해 알아보자.

3.3.1. 신속한 조치의 중요성

모든 프로세스 관리도는 미리 계획된 스케줄에 맞춰 점검이 이루어지고 검정 결과 '비정상 패턴'이 관측되면 바로 조치를 취함으로써 긍정적 결과를 얻는다. 만일 조치가 지연되면 다음과 같은 역효과가 생길 수 있다.

(1) '비정상 패턴'의 존재는 프로세스에 원치 않는 영향을 주고 있다는 의미며, 이를 방치할 경우 결점 있는 제품을 양산할 수 있다. 이것은 다른 말로 수율이 떨어지거나, 스크랩이 늘거나, 또는 불합격 제품의 양이 증가한다는 것을 뜻한다.
(2) 문제에 영향을 주는 '이상 원인'은 그 발생 시점에서 점점 멀어질수록 구별해내기 어렵거나 전혀 식별할 수 없는 상황에 이를 수 있다. '이상 원인'을 확인할 수 있는 시기는 그들이 활성화되고 있는 기간 동안이라는 점을 명확하게 인식한다.

3.3.2. 첫 번째 조치 유형: '프로세스 검사 담당자'에 의한 조치

'프로세스 검사 담당자'가 '관리 이탈'을 확인하면 그 즉시 '프로세스 관리 양식'에 따라 조치한다. 일반적으로 '관리 이탈'을 유발하는 원인들에 대해 관리 책임자에게 상황을 알리는 것이 우선이다. 관리 책임자는 설비 설정 담당자, 배치 오퍼레이터, 개별 작업 오퍼레이터 등이 해당한다.

또 '프로세스 검사 담당자'는 조치가 지연되지 않도록 해당 직원들의 참여를 종용하며, 만일 즉각 조치가 취해지지 않을 경우 관리 책임자에게 통보하거나 관리도에 내용을 기록한다. 이와 같은 조치는 모든 관리도에 공통으로 적용되며, 어떤 이유로든 예외가 있어서는 안 된다.

3.3.3. 두 번째 조치 유형: 설비 설정 담당자, 배치 오퍼레이터에 의한 조치

'관리 이탈'은 프로세스 운영 상태에 의존하므로 '설비 설정 담당자'는 프로세스, 기계, 장비, 부품, 오퍼레이터 또는 조업 방법들을 철저히 점검할 필요가 있다. 또 문제 확인 시, '관리 이탈' 정상화를 위해 즉시 보완 작업에 착수한다. 만일 즉각적인 조치가 어려우면 상황에 맞는 적절한 조치를 취하고 관리 책임자에게도 내용을 알린다. 조치가 어떤 이유로든 지연될 경우 책임자는 그 이력을 상세히 기록하며, 이때 관리도에 직접 기록하거나 내용이 많으면 그 외의 정해진 장소를 활용한다. 정보 시스템 인프라가 갖춰져 있으면 그에 준해 내용을 기록하고 보관한다.

설비 설정 담당자나 관련 책임자가 필요한 조치를 제때 취할 수 없으면, 상황을 관리 책임자에게 즉시 통보하고 필요한 도움을 받도록 한다. 어떤 경우든 관리 책임자는 해당 책임자들로 하여금 (a) 조치를 스스로 취하게 하거나, 어려울 시 (b) 누군가의 지원을 받아 조치가 취해지도록 해야 한다.

3.3.4. 세 번째 조치 유형: 관리 책임자에 의한 조치

관리 책임자는 관리도 담당 직원들을 위해 줄 수 있는 도움에 어떤 것들이 있는지 늘 고민한다. 또, 문제들을 기록한 "문제 기록판(Trouble Board)"을 주시하거나 '관리 상태'로 돌아가지 못하는 차트들의 선별에 쓰이는 조항들을 숙지한다. 또 규정된 조치가 이행될 수 있도록 관리도를 무작위로 추출해 점검하는 일을 반복한다. 관리 책임자는 다음의 상황에 따라 적절한 조치를 취한다.

(1) *필요한 조치가 알려져 있으나 바로 취하지 못하는 상황:* 관리 책임자는 해당 내용을 관리도에 기록하고 품질 관리팀의 다음 회의 때 이 문제를 철저히 논의한다.

(2) *필요한 조치가 알려져 있지 않고 관리 책임자가 판단해야 하는 상황:* 관리 책임자는 상황을 조사하고 해석할 수 있는 역할과 역량이 요구된다. 조사 대상의 관리도 점검은 그 업무에 정통한 설비 설정 담당자나 그 외의 책임자와의 긴밀한 협조를 통해 이루어져야 한다.

조치의 필요성 여부는 다음의 조사를 통해서 결정된다.

a. 표준 검정 절차에 따라 관리도상에 'X'를 표시한다. 관리도에 'X'들이 존재할 경우 해석이 용이하다.

b. 조업 중 이미 알고 있는 패턴이 있으면 이들도 활용한다. 관리도 운영이 오래될수록 그들에 대한 활용도는 더욱 높아진다.

c. 만일 관리도의 패턴에 대해 그 발생 이유를 바로 파악하지 못하면, 다음의 단계를 밟는다.

1. 할 수 있는 한 안 좋아 보이거나 기존과 다른 제품을 식별한다. 예로,
   - 유닛을 제작한 오퍼레이터는 누구인가?
   - 어느 설비에서 만들어졌는가?
   - 어느 로트의 재료로부터 왔는가?
   - 어느 벤치(작업대)에서 처리되었는가?

- 하루 중 어느 시간대에 제작되었는가?
- 식각에 쓰인 용액은 어떤 비커로부터 왔는가?
- 유닛들이 식각되기 전 비커는 무슨 용도로 쓰였는가?

검사와 시험도 제품만큼 변경점이 존재할 수 있다. 주로 게이지나 테스트 설비가 바뀌거나, 검사 담당자가 바뀌었을 때 등이다. 이상 패턴을 보이는 제품을 주의 깊게 파악함으로써 프로세스나 시험 방법에서의 예상치 못한 변경 내역들을 발견해낼 수 있다.

2. "우리는 항상 같은 방식으로 하고 있는 중"이라거나 또는 "아무것도 변경하지 않았음"과 같이 상황을 너무 단정 짓지 않도록 한다. 관리도가 평상시와 다른 패턴을 보이면 프로세스에 변화가 발생했을 가능성이 매우 높다.

3. 관리도를 다른 관리도와 비교할 경우 해석이 명백해질 수 있다. 조업 초기의 관리도부터 종료까지의 관리도 모두를 관찰하는 습관을 갖도록 한다. 함께 연동하는 관리도, 또는 프로세스 처리를 위해 시간 지연이 있은 후의 관리도와 비교한다. 때로 현재 운용 중인 관리도 대신 새로운 관리도가 필요할 수 있는데, 만일 'p-관리도'를 해석하는 데 어려움이 있으면, '$\overline{X}-R$ 관리도'로 대체한다.

4. 패턴 해석은 「5. 관리도의 해석」을 참고한다. 해당 본문에 예시된 원인들을 본인의 상황과 비교함으로써 원인 규명 활동에 활용한다.

5. 대부분의 원인들은 '단독'이 아닌 다른 요소들과 '복합'적으로 관계한

다. 즉, 한 명 이상의 오퍼레이터, 한 개 이상의 설비, 한 개 이상의 제어부품, 한 개 이상의 표면 조건 등이다. 설비가 한 대이거나 오퍼레이터가 한 명이라도 상황에 따라 복수의 존재처럼 작용할 수 있다. 예를 들어 베어링이 느슨해지거나 고정구를 규정 이상 사용한 경우, 작업자의 피로도가 존재할 때 등이다.

관리도에 영향을 줄 수 있는 원인들이 발견될 때, 관리도에 바로 기록하고 해당 내용을 지속적으로 보관한다. 같은 유형의 제품에서 발견된 '이상 원인'들은 다른 제품을 연구하는 데 큰 도움이 된다.

6. 필요하면 업무에 정통한 사람들과 함께 관찰된 패턴에 대해 논의한다. 여기엔 설계 엔지니어, 제품 엔지니어, 유지보수 담당자, 검사 담당자 뿐만 아니라 소속 직원들도 포함된다. 비정상 패턴이나, 비정상 원인의 패턴들에 대해서는 발생 즉시 품질 관리팀 담당자와 논의한다.

7. 만일 원인 규명에 어려움이 있으면, 문제의 근원을 밝혀내기 위해 '실험 계획'을 실시한다. 이에 대해서는 별도의 자료를 참고하기 바란다.

문제를 해결하는 데 필요한 아주 작은 정보만을 관리도로부터 얻고, 그 외의 대부분의 정보는 업무 지식에서 얻어야 한다. 또 통계 해석으로 전체 문제를 해결할 순 없지만, 관리 책임자는 그것의 중요성을 충분히 인식하고 있어야 한다. 따라서 '관리도'로부터 오는 프로세스 정보와 업무 지식에 통계의 도움까지 덧붙여 결과에 대한 효과를 극대화시킬 수 있다. 관리 책임자뿐만 아니라 엔지니어의 지식도 동일한 중요성을 갖는다.

'관리도'에 나타난 '비정상 패턴'들의 발생 이유를 가늠할 수 있으면, '관리 상태'로 되돌리기 위한 작업에 착수한다. 예측되는 경제적 불이익이나 악영향을 미연에 방지하기 위해 가능한 빨리 정상 상태로 복귀하는 활동에 들어간다.

3.3.5. 네 번째 조치 유형: 품질 관리팀에 의한 조치

앞서 지적된 바와 같이 필요한 시점에 프로세스 담당자에 의해 즉각적인 조치가 취해져야 하는 반면, 품질 관리팀은 기본적으로 프로세스 내 '관리도'들이 제대로 작동하는지에 대한 책임을 진다. 만일 프로세스에서 발생된 몇몇 문제들을 해결했음에도 별다른 성과를 거두지 못하거나, 또는 프로세스 관리 담당자들이 조치를 취하는 데 어려움을 겪는다면, 품질 관리팀은 즉각 다음의 목록을 점검하고 해당 사항을 시정한다.

(1) 프로세스에 반드시 필요한 관리도 모두가 설치되어 있지 않을 수도 있고, 아니면 관리도가 필요치 않은 프로세스일 수도 있다.
(2) 잘못된 표집 방법이나 잘못된 표집 빈도, 또는 잘못된 '관리 한계'를 사용하고 있을 수 있다.
(3) 측정, 계산 또는 타점에 오류가 생겨 그들로부터 얻어지는 관리도에 프로세스의 진 모습이 나타나지 않을 수 있다.
(4) '관리 이탈'이 발생했을 때 조치가 제대로 취해지지 못했을 수 있다.
(5) '관리 이탈'을 야기하는 원인들에 품질 관리팀이 충분하게 조치를 취하지 못했을 수 있다.

품질 관리팀은 '관리도' 해석과 연계해 다음을 수행한다.

  a. 오퍼레이터 또는 프로세스 검사 담당자를 재교육한다.

b. 설비 설정 상태를 점검하기 위한 더 나은 방법을 강구한다.

c. 부품들을 얻기 위한 더 나은 방법을 강구한다.

d. 설비 전체의 분해 순서를 공론화한다.

e. 고정구, 시험 기구, 납땜 팁 등의 유지 보수 수준을 높인다.

f. 게이지를 점검한다.

g. 공급자와 협의한다.

h. 방법을 변경한다.

i. 공구를 보정한다.

j. 관리 규정을 수정한다.

k. 규격을 개정한다.

l. 계획된 실험을 수행한다.

3.3.6. '관리도'와 연계한 프로세스에서의 실험 수행

프로세스가 가동되고 있는 상태에서 관리도와 연계한 실험을 수행할 수 있으며, 품질 관리팀이 주관한다. 이때 프로세스에서의 변경점은 한 번에 한 개씩 적용한다. 변경점의 영향이 관리도에 패턴으로 나타나는지 관찰한다. 따라서 패턴에 영향을 줄 만큼의 충분한 시간이 주어져야 한다(즉, 적정 수준의 연속된 타점들이 필요함). 변경점의 영향은 최초 한두 타점들만으로 확인될 수 없기 때문에 다음과 같은 실험 방법을 염두에 둔다.

(1) **기술 연구(Engineering Studies):** 프로세스에서 이루어지는 모든 '기술 연구'는 프로세스 관리도와 밀접한 관계에 있다. 엔지니어가 연구 계획을 수립할 때 관리도 정보는 필수적이다. 관리 책임자는 엔지니어의 연

구 활동과 시너지를 낼 수 있는 관리도가 필요하다. 중요한 기술적 실험들이 생산 중에 수행되며, 그 결과는 프로세스 관리도를 통해 확인될 수 있다. 따라서 기술적 실험들이 성공하려면 해당 프로세스 내 변수들이 모두 '관리 상태'에 있거나 또는 허용 범위 안에서 유지되어야 한다.

(2) **규격의 상단이나 하단 근처에서의 가동:** 관리 책임자는 프로세스에서의 여타 조건들을 안정화시키기 위해 관리도 중심에서 위쪽 또는 아래쪽 영역에 타점을 형성시키고 싶을 때가 있다. 이것은 관리도로부터 분포의 위치나 위아래로 얼마나 이동시킬 수 있는지 등 한계 범위를 파악할 수 있기 때문에 가능하다. 즉 관리 책임자, 엔지니어, 부품 생산 담당자 모두는 관리도를 통해 프로세스에서 일어나는 사항들을 확실하게 이해할 수 있다. 만일 분포를 의도적으로 중심에서 벗어나게 하려면 프로세스의 다른 요인들을 조절한다. 분포는 영구적 또는 일시적으로 중심에서 벗어난 채로 운영될 수 있다. 이를 위해서는 다음 내용을 숙지한다.

(a) 규격 한쪽으로 이동시켜 운영해야 할 상황이면 언제든지 품질 관리 회의에서 이 점을 확실하게 논의한다.

(b) 일시적인 문제 보정을 위해 분포를 이동시키는 것은 좋지 않다. 대부분의 경우 주요 문제를 직접 접하고 그의 근원을 찾아 올바로 보정하는 것이 더 중요하다.

(c) 규격의 한쪽 방향에 분포가 위치하도록 프로세스를 일시적으로 변경하면 예측하지 못한 다른 특성에 영향을 줄 수 있다. 즉 이 조치로 잘못하면 많은 "이해하기 힘든" 문제들이 발생할 수 있다.

일반적으로, 프로세스가 최적의 상태에서 가동 중일 때 관리도에 나타나는 분포의 위치를 지속적으로 유지하는 것이 바람직하다. 이때 경제성을 고려해 분포의 이동을 꾀할 경우 이동 뒤 공구 마모 등이 수반된다면 변경을 제고한다. 또 프로세스에서 품질 관리팀과 계획된 실험을 하는 것은 권장 사항이나 품질 관리팀이 빠진 채 단독으로 수행되는 실험은 바람직하지 않다. 프로세스에서 계획된 실험이 성공하려면 제품 엔지니어의 기술적 지식과 품질 관리 엔지니어의 통계적 경험이 매우 중요하기 때문이다.

3.3.7. '경제적 관리 상태'의 의미

생산 프로세스에서 '관리 상태'를 지속적으로 유지하기란 쉬운 일이 아니다. '프로세스 관리도'를 운영하는 주된 목적은 프로세스를 완벽하게 하기보다 바람직하고 경제적인 '관리 상태'를 추구하는 데 있다. 결점을 예방하는 활동은 재해를 예방하는 활동과 여러모로 유사하다. 재해를 완전히 차단하는 일은 불가능하다. 그러나 재해의 '이상 원인'들을 적극적으로 추적해 그들을 최소화하거나 제거할 수 있는 모든 실제적 방법들을 찾아내 발생 빈도를 낮추는 일은 가능하다. 결점에 대해서도 예방을 위해 '프로세스 관리도'는 반드시 '관리 상태'를 유지하도록 노력해야 한다. 그러나 반대로 '관리 상태'가 지속적으로 유지되고 있으면 해당 조업에 관리도가 필요한 것인지의 검토도 필요하다. '관리 이탈'이 발생하면 프로세스 관리를 위해 반드시 적절한 조치가 뒤따라야 한다.

만일 결점을 유발한 '이상 원인'이 오퍼레이터가 제어할 수 있는 관리 범위를 벗어난 것이거나, 정황상 즉각적인 조치가 어려운 경우, 해결을 위해 새로운 재료나 설비들이 도입되거나, 아니면 적합한 대책이 수립될 때까지 '관리 이탈'은 계속될 수 있다. 이 같은 상황은 정해진 조치가 제때 취해지지 않는 경우와는 구별되어야 하며, 공론화를 위해 항상 관리도에 적절히 메모하는 습관을 들인다.

신입 오퍼레이터들이 투입된 시점에 '관리 이탈 상태'가 되는 경우가 종종 있다. 이것은 거꾸로 관리도 자체가 훈련을 위한 매체로 이용될 수 있음을 암시한다. 또, 아직 개발 중인 신제품이나 개발 제품들의 '프로세스 능력 연구'에서도 관리도가 유용하게 이용될 수 있다. 관리도에서 관찰되는 '관리 이탈 패턴'들로부터 주요 변수들 사이의 인과관계에 관한 중요 정보를 얻을 수 있다.

관리도가 '관리 이탈'로 갈 때, 그에 준한 조치는 항상 즉각 취해져야 한다. 즉 조치의 중요성을 잊어서는 안 된다. 또 타점이 '관리 이탈'로 갈 때 담당 오퍼레이터들이 비평의 대상이 되어서는 결코 안 된다.

3.3.8. '관리도'의 요약

다수의 관리도를 운용할 때 생기는 경제성 문제와 한 번에 상황을 파악해야 할 필요성 때문에 품질 관리팀에서는 둘 다를 만족시키기 위해 '요약 관리도 (Summary Control Chart)'를 작성할 수 있다. 다수의 관리도가 개별적으로 운용되는 상황(예를 들어, 많은 오퍼레이터들이 각각 한 개 이상의 관리도, 또는 각 조업에서 많은 수의 분리된 관리도가 사용되는 경우 등)이면 '요약 관리도'의 쓰임새는 더욱 돋보인다. 요약 관리도는 다음과 같이 작성된다.

(1) 요약에 포함시킬 모든 관리도를 모은다. 만일 여럿의 오퍼레이터와 설비에 따로 관리도가 있으면, 그 조업의 모든 관리도들을 함께 그룹화한다. 다른 조업에서 쓰이는 관리도와의 결합도 가능한데, 예를 들어 특수한 조업에서의 관리도부터 전체 생산 라인에서의 모든 관리도까지 포함시킬 수 있다.

(2) '요약 관리도'에 타점하기 위한 시간 간격을 결정한다. 매일이나 한 주

또는 매달 간격으로 값을 타점할 수 있다.

(3) 결정된 시간 간격 동안 모든 관리도에 타점된 '전체 타점 수'를 센다. 그리고 '표준 검정'을 적용해서 표식된 'X들의 수'를 센다. '관리 이탈' 점들의 퍼센티지를 얻기 위해 'X들의 수'를 '전체 타점 수'로 나눈다. 이때 '관리 한계'는 '이동 범위'를 사용해서 얻는다.

이런 유형의 관리도는 많은 수의 관리도들을 동시에 연구하고 다루기 쉽게 할뿐더러 관리 수준의 향상을 알리는 척도 역할도 한다. 다음 [그림 II-33] 은 '32개'의 개별 관리도들 포괄한 '요약 관리도'의 예이다. 이 조업에서 이루어지는 지속적인 개선이 '32개' 관리도 각각을 통해서가 아닌 이 '요약 관리도' 하나를 통해 더 쉽게 확인될 수 있다.

[그림 II-33] '요약 관리도(Summary Control Chart)' 예

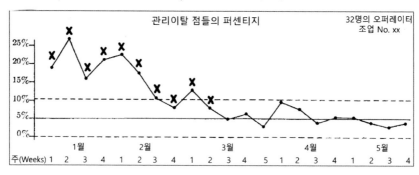

[그림 II-33]을 좀 더 보충 설명하면 32명의 오퍼레이터가 관리하는 관리도를 '요약 관리도' 한 개로 통합한 것이며, 지속적인 개선으로 프로세스가 안정화되고 있음을 쉽게 파악할 수 있다.

4. 관리도의 작성

이 단원은 관리도가 유형별로 어떻게 만들어
지는지 이론 학습과 직접 계산으로 이루어진다. 관리도 작성은 이미 서적이나
사내 품질 교육에서 많이 다루고 있고, 또 통계 패키지를 활용하면 누구든 쉽
게 작성할 수 있다. 그러나 전체를 일목요연하게 학습하고 싶은 독자는 본문
을 통해 분석 역량을 높이는 기회로 삼기 바란다. 특히 접할 기회가 적은
'CUSUM-관리도'와 'EWMA-관리도', 관리 수준을 높일 수 있는 '다변량 관
리도(Multi-variate Chart)', '희귀 사건 관리도(Rare Events Control Charts)'
및 다품종 소량 생산에 쓰이는 '짧은 생산 주기 관리도(Short-run Production
Control Charts)'가 포함된다. 다음 [그림 Ⅱ-34]는 이해를 돕기 위해 [그림
Ⅱ-19]의 '관리도 선정 로드맵'을 다시 옮긴 것이다.

[그림 Ⅱ-34] 관리도 선정 로드맵

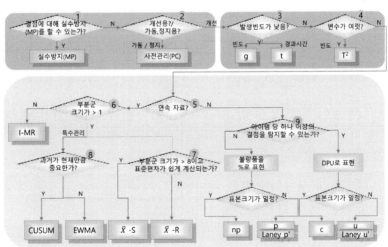

4.1. $\overline{X}$-R 관리도

'$\overline{X}$-R 관리도'는 명칭에서 보이듯 '$\overline{X}$(평균)'와 'R(범위)'을 시간에 따라 타점해가는 '연속형 관리도'이다. 이제 프로세스를 관리하거나 새롭게 관리해야할 프로세스가 생겼다고 가정해보자. 어떤 경우든 관리를 위한 대상, 즉 특성(또는 변수, 구체적으로는 X's들일 것임)들이 존재할 것이고, '연속 자료'이므로 프로세스로부터 일정 크기(표본 크기, Sample Size)만큼씩 주기적으로 '표집(Sampling)'한다. 이때 '표본 크기=8'을 초과할 정도로 충분하면 '평균'은 물론 '표준 편차' 계산도 용이하므로 '$\overline{X}$-S 관리도'가, 경험적으로 현업에서 많은 수의 표본을 추출하는 것이 시간적·경제적으로 제약이 따르면 '$\overline{X}$-R 관리도'가 쓰인다. 이 경우 통상 '5개' 내외가 쓰인다. '표본 크기=5'는 통계적 오차를 줄일 수 있는 최소한의 개수로 알려져 있다. 다음은 '$\overline{X}$-R 관리도'의 작성 단계이다.

① 데이터를 수집한다.
'$\overline{X}$-R 관리도' 경우, [그림 Ⅱ-34]에 따르면 '표본 크기=8개 이하', '표본(부분군) 수'는 최소 30개 이상이 되도록 한다. 일반적으론 '표본 크기=4~5개'가 주를 이룬다. 이때 「2.6. '이상 원인'과 '우연 원인'의 이해」에서 소개된 '합리적 부분군'이 되도록 구성한다. '그룹 내 변동'에 '이상 원인'에 의한 변동이 포함되면 '그룹 간 변동'을 식별하는 데 악영향을 미칠 수 있다. 다음 [표 Ⅱ-13]은 본문 설명을 위해 마련한 '압축력' 데이터 예이다(부분군 크기=4). 미니탭을 사용하면 관리도를 얻어 바로 해석에 들어가겠지만 형성 원리를 이해하는 차원에서 단계별로 설명해나가겠다.

[표 Ⅱ-13] '압축력'에 대한 20일간 데이터 예

1일	2일	3일	4일	5일	6일	7일	8일	9일	10일	11일	12일	13일	14일	15일	16일	17일	18일	19일	20일
48.8	49.6	49.6	50.3	51.0	52.4	50.9	50.8	47.4	49.7	57.3	50.9	49.5	49.3	50.5	49.5	49.2	50.9	50.4	49.6
49.7	49.0	50.1	50.1	49.6	49.6	49.2	49.3	50.4	49.7	50.6	50.4	50.1	49.8	49.8	50.8	50.2	50.3	49.9	49.8
49.5	48.4	50.7	51.6	50.4	49.4	50.1	49.0	51.8	50.8	50.8	50.8	50.3	49.7	50.8	48.7	47.1	48.2	47.6	50.1
50.7	49.8	52.0	51.0	48.3	50.4	49.6	48.7	48.6	47.4	50.1	50.4	49.1	49.9	51.7	49.5	50.6	49.6	50.0	51.2

② 표본(부분군)별로 '평균'을 계산한다.

'평균'은 '$\overline{X}$-관리도' 작성을 위한 기본 자료로 쓰인다. 다음 [표 Ⅱ-14]는 [표 Ⅱ-13]의 하단에 부분군별 '평균'을 포함시킨 예이다.

[표 Ⅱ-14] 부분군별 '평균($\overline{X}$)' 산정 예

	1일	2일	3일	4일	5일	6일	7일	8일	9일	10일	11일	12일	13일	14일	15일	16일	17일	18일	19일	20일
	48.8	49.6	49.6	50.3	51.0	52.4	50.9	50.8	47.4	49.7	57.3	50.9	49.5	49.3	50.5	49.5	49.2	50.9	50.4	49.6
	49.7	49.0	50.1	50.1	49.6	49.6	49.2	49.3	50.4	49.7	50.6	50.4	50.1	49.8	49.8	50.8	50.2	50.3	49.9	49.8
	49.5	48.4	50.7	51.6	50.4	49.4	50.1	49.0	51.8	50.8	50.8	50.8	50.3	49.7	50.8	48.7	47.1	48.2	47.6	50.1
	50.7	49.8	52.0	51.0	48.3	50.4	49.6	48.7	48.6	47.4	50.1	50.4	49.1	49.9	51.7	49.5	50.6	49.6	50.0	51.2
평균	49.7	49.2	50.6	50.8	49.8	50.5	49.9	49.4	49.6	49.4	52.2	50.6	49.8	49.7	50.7	49.6	49.3	49.8	49.5	50.2

③ 표본(부분군)별로 '범위(Range)'를 계산한다.

'범위'는 'R-관리도' 작성을 위한 기본 자료로 쓰인다. 다음 [표 Ⅱ-15]는 [표 Ⅱ-13]의 하단에 부분군별 '범위'를 계산해 포함시킨 예이다. 참고로 '범위'는 '$X_{\max} - X_{\min}$'을 통해 얻는다.

[표 Ⅱ-15] 부분군별 '범위(R)' 산정 예

	1일	2일	3일	4일	5일	6일	7일	8일	9일	10일	11일	12일	13일	14일	15일	16일	17일	18일	19일	20일
	48.8	49.6	49.6	50.3	51.0	52.4	50.9	50.8	47.4	49.7	57.3	50.9	49.5	49.3	50.5	49.5	49.2	50.9	50.4	49.6
	49.7	49.0	50.1	50.1	49.6	49.6	49.2	49.3	50.4	49.7	50.6	50.4	50.1	49.8	49.8	50.8	50.2	50.3	49.9	49.8
	49.5	48.4	50.7	51.6	50.4	49.4	50.1	49.0	51.8	50.8	50.8	50.8	50.3	49.7	50.8	48.7	47.1	48.2	47.6	50.1
	50.7	49.8	52.0	51.0	48.3	50.4	49.6	48.7	48.6	47.4	50.1	50.4	49.1	49.9	51.7	49.5	50.6	49.6	50.0	51.2
평균	49.7	49.2	50.6	50.8	49.8	50.5	49.9	49.4	49.6	49.4	52.2	50.6	49.8	49.7	50.7	49.6	49.3	49.8	49.5	50.2
범위	1.89	1.46	2.38	1.48	2.72	2.97	1.69	2.12	4.38	3.45	7.23	0.52	1.24	0.59	1.89	2.08	3.48	2.68	2.87	1.68

④ '$\overline{X}$-관리도'의 '중심선(CL, Center Line)'을 계산한다.

'총 평균(Grand Mean, $\overline{\overline{x}}$)'을 계산하며, 다음과 같다. '중심선'은 주로 '실선'을 사용한다.

$$\overline{\overline{x}} = \frac{\sum_{i=1}^{80} x_i}{N_x} = \frac{48.8 + 49.7 + 49.5 + 50.7 + \cdots + 49.8 + 50.1 + 51.2}{80} \cong 50.0 \qquad (\text{식 II-4})$$

⑤ 'R-관리도'의 '중심선(CL, Center Line)'을 계산한다.

중심선(CL, Center Line)'의 일반식은 '$CL = d_2 \hat{\sigma}$'이다[근거는 (식 II-6) 해석 참조]. 따라서 추정량 '$\hat{\sigma}$'를 '$\overline{R}$('$\overline{R}$'는 호칭이고 실제 값은 '$\overline{R}/d_2$'이다)'로 할 것인지 '합동 표준 편차(Pooled Standard Deviation)'로 할 것인지에 따라 결과는 달라진다. 여기선 '$CL = d_2 \times (\overline{R}/d_2) = \overline{R}$'로 선택했으며, '표준 편차'의 자세한 설명은 「⑥ '관리 한계(Control Limit)'를 계산한다」를 참조하기 바란다.

$$\overline{R} = \frac{\sum_{i=1}^{20} R_i}{N_R} = \frac{1.89 + 1.46 + 2.38 + \cdots + 2.68 + 2.87 + 1.68}{20} \cong 2.44 \qquad (\text{식 II-5})$$

참고로 '$\hat{\sigma}$'를 '합동 표준 편차'로 쓰면, '$CL \cong 2.627$'이다(미니탭 '불편화 상수' 선택 안할 시). 따라서 (식 II-5)와 동일한 값을 얻으려면 미니탭 「통계 분석(S) > 관리도(C) > 부분군 계량형 관리도(S) > Xbar-R(B)…」내 'Xbar-R 옵션(P)...'의 탭 '추정치'에서 '표준 편차 추정 방법=Rbar(R)'을 선택한다('부분군 크기'가 모두 동일할 경우의 추정치가 '$\overline{R}/d_2$'이며, 다를 경우의 산식은 미니탭 '도움말' 참조).

⑥ '관리 한계(Control Limit)'를 계산한다.

'관리 한계'는 '$\overline{X}$-관리도'와 'R-관리도'를 따로 구한다. 다음 [표 Ⅱ-16]에 '$\overline{X}-R$ 관리도'의 '관리 상·하한'을 얻는 데 필요한 산식을 모아놓았다.

[표 Ⅱ-16] '$\overline{X}-R$관리도'의 '관리 한계(Control Limit)' 계산식

상황	관리 도	계산식	비고
모집단 'μ', 'σ'가 알려진 경우	$\overline{X}$ - 관리도	$UCL_{\overline{x}} = \mu + 3(\sigma/\sqrt{n}) = \mu + A\sigma$ $CL_{\overline{x}} = \mu$ $LCL_{\overline{x}} = \mu - 3(\sigma/\sqrt{n}) = \mu - A\sigma$	$A = \dfrac{3}{\sqrt{n}}$
	R 관리도	$UCL_R = \mu_R + 3\sigma_R = (d_2 + 3d_3)\sigma = D_2\sigma$ $CL_R = \mu_R = d_2\sigma$ $LCL_R = \mu_R - 3\sigma_R = (d_2 - 3d_3)\sigma = D_1\sigma$	$D_2 = (d_2 + 3d_3)$ $D_1 = (d_2 - 3d_3)$
모집단 'μ', 'σ'가 알려져 있지 않은 경우 (주로 사용됨)	$\overline{X}$ - 관리도	$UCL_{\overline{x}} = \overline{\overline{x}} + 3(\overline{R}/d_2)/\sqrt{n} = \overline{\overline{x}} + A_2\overline{R}$ $CL_{\overline{x}} = \overline{\overline{x}}$ $LCL_{\overline{x}} = \overline{\overline{x}} - 3(\overline{R}/d_2)/\sqrt{n} = \overline{\overline{x}} - A_2\overline{R}$	$A_2 = \dfrac{3}{d_2\sqrt{n}}$ $\hat{\sigma} = \overline{R}/d_2$
	R 관리도	$UCL_R = \overline{R} + 3d_3(\overline{R}/d_2) = D_4\overline{R}$ $CL_R = \overline{R}$ $LCL_R = \overline{R} - 3d_3(\overline{R}/d_2) = D_3\overline{R}$	$D_4 = (1 + 3d_3/d_2)$ $D_3 = (1 - 3d_3/d_2)$

'관리 한계'를 얻기 위해 '모수(모 평균, 모 표준 편차)'가 알려져 있는지, 혹은 그렇지 않은지에 따라 산식이 다르다. '관리 한계'가 중심에서 '표준 편차의 3배' 되는 거리에 정해지기 때문에 '표준 편차'의 결정이 매우 중요하다. 특히 '모 표준 편차'를 알고 있으면 [표 Ⅱ-16]처럼 관리 상·하한 계산은 쉬워지나 그렇지 않으면 'σ' 대신 '추정 값'을 써야 한다. 이때 쓰이는 '추정 값($\hat{\sigma}$)'들엔 '합동 표준 편차(Pooled Standard Deviation)', '$\overline{R}$', '$\overline{s}$', '$\overline{MR}$', 'MSSD의 제곱근'[63]이 있으며(모두 호칭이며 각각의 계산식은 '비편향 상수'를 반영해 얻는

---

63) 'MSSD'; The Mean of the Squared Successive Differences(연속 차이의 제곱 평균).

다), 이들의 산정 식은 '$\overline{X} - R$ 관리도'의 미니탭 '대화 상자' 내 「도움말 > 참고 항목 > 방법 및 공식」에서 자세한 정보를 얻을 수 있다. 'σ' 위에 '모자 [^(hat)]'가 씌워지면 '모 표준 편차의 추정 값'이란 뜻이다.

[표 Ⅱ-16]의 '$\overline{X}-$관리도(모수가 알려져 있지 않은 경우)'는 '모 표준 편차(σ)'의 '추정 값($\hat{\sigma}$)'으로 '$\overline{R}$(호칭이며 계산식은 비편향 상수를 반영한 $\overline{R}/d_2$ 이다)'가 주로 쓰인다. '$\overline{R}$'는 '부분군(Subgroup) 범위들의 평균'을, 'd_2'는 '표본 크기'에 따라 결정되는 '비편향 상수(Unbiasing Constants)'[64]를 각각 나타내나 사실 왜 이 값이 도입됐는지 이해하기란 간단치 않다. 역사적으로 한참 거슬러 올라가야 할뿐더러 수학적으로도 난해하기 이를 데 없기 때문이다. 그러나 왜 '$\overline{R}$'와 '비편향 상수'인 'd_2'가 쓰이는지에 대해 어느 정도 갈증을 해소할 필요는 있다. 우선 1925년 영국의 통계학자 Tippett, L. H. C.(1902~1985)가 발표한 '정규 모집단으로부터 추출된 표본들의 범위'[65]에 대한 논문이 그 시작이라 할 수 있다. 논문에서 Tippett은 프로세스 변동을 모니터링하고 평가하는 데 '표본 표준 편차, s'를 사용하는 대신 '표본 범위, R'을 사용해도 통계적 판단에 큰 영향을 미치지 않음을 검증하였다. 이때 부분군 (Subgroup)의 적정 '표본 크기(n)'는 '8개 이하'이다.[66] 이를 수식적으로 요약하면 다음과 같다.[67]

"모수가 알려진 정규 모집단으로부터 추출된 표본의 '범위(R)'와 '모 표준 편차' 간

---

64) '비편향'은 "불편(편이 없음)"으로 번역되는 경우가 많으나 여기서는 한국통계학회 용어 정의를 따랐다.
65) Tippett, L. H. C. (1925). On the Extreme Individuals and the Range of Samples from a Normal Population. Biometrika, vol 17, 364-387.
66) 이 내용은, Emanuel Pimentel Barbosa 외. Pange Control Charts Revisited: Simpler Tippett-like Formulae, It's Practical Implementation and the Study of False Alarm. p.2 참조.
67) Douglas C. Montgomery, George C. Runger (2011). Applied Statistics and Probability for Engineers. 5th, John Wiley & Sons, Inc. p.650.

관계는 'R'이 확률 변수(Random Variables)이기 때문에 동일한 확률 변수인 양 'W=R/σ'를 정의할 수 있고, 이를 '상대 범위(Relative Range)'라 부른다. 이때 W 분포의 모수들은 표본 크기 'n'에 의해 결정되며, W 분포의 '평균'과 '표준 편차'를 각각 'd_2'와 'd_3'라 칭한다. 이때 'W'를 다시 고쳐 쓰면 'R=Wσ'이므로 'R'의 '평균'과 '표준 편차'는 각각 다음과 같이 정리된다([표 Ⅱ-16] 내 'R-관리도(모수가 알려진 경우)'의 '관리 한계' 계산식에 적용되어 있으니 참고 바람).

$$\mu_R = d_2\sigma, \quad \sigma_R = d_3\sigma \qquad (식 Ⅱ-6)$$

이제 (식 Ⅱ-6)을 이용해 '$\overline{X}$-관리도' 등에 필요한 'σ'를 얻어보자. 대부분의 경우 모수가 알려져 있지 않으므로 'σ'를 알기 위한 추정 값이 필요하다. 이에 만일 i번째 부분군의 범위를 'R_i'라 할 때 '$\overline{R} = \dfrac{1}{m}\sum_{i=1}^{m}R_i$'이며, 이때 '$\overline{R}$'는 (식 Ⅱ-6)으로부터 '$\mu_R$의 추정량'이 된다. 즉, '$\hat{\mu}_R = \overline{R} = d_2\hat{\sigma}$'의 관계가 형성된다. 따라서 '모 표준 편차'인 'σ'는 '$\hat{\sigma} = \hat{\mu}_R/d_2 = \overline{R}/d_2$'에 의해 추정된다."

이 같은 내용이 Tippett에 의해 1925년에 발표되었으며, 그 이듬해인 1926년에 Shewhart, W. A.의 「Quality Control Charts[68]」가 발표된 것은 결코 우연이 아니다. 참고로 Tippett의 논문에 따르면 'd_2'는 다음의 분포 함수를 따르며, 식을 좀 더 간단히 해석하기 위한 접근이 논문 '주) 66'이다.

$$d_2(n) = \int_{-\infty}^{\infty}\left[1 - (1-\Phi(x))^n - (\Phi(x))^n\right]dx \qquad (식 Ⅱ-7)$$
$$where\ \Phi(x)는 표준 정규 누적분포함수$$

---

68) Shewhart, W. A. (1926). Quality Control Charts. Bell System Technical Journal 5, 593–603.

(식 Ⅱ-7)의 구조를 보면 꽤나 복잡하다. 따라서 단지 'd_2'가 '부분군 크기 (n)'의 함수라는 것만 확인하자.[69] 통상 'n'의 영역은 '2~25개'를 지칭한다. 'R-관리도'의 관리 상·하한 계산에는 'd_3'도 쓰이며, 그 외에 'A'와 'A_2' 및 'D_3'와 'D_4' 등은 몇 개 항들을 묶어 미리 계산해놓은 값들이다. '표본 크기' 별 '비편향 상수'들에 대해서는 다음 [표 Ⅱ-17]을 참고하기 바란다.

[표 Ⅱ-17] '표본 크기'에 따른 '비편향 상수(Unbiased Constant)' 표

n	$\bar{X}$ 관리도			S 관리도						R 관리도						
	관리 한계			중심선		관리 한계				중심선		관리 한계				
	A	A_2	A_3	c_4	$1/c_4$	B_3	B_4	B_5	B_6	d_2	$1/d_2$	d_3	D_1	D_2	D_3	D_4
1	3.000	3.000		*	*					1.000	1.0000	0.820				
2	2.121	1.880	2.659	0.7979	1.2533	0.000	3.267	0.000	2.606	1.128	0.8865	0.853	0.000	3.686	0.000	3.267
3	1.732	1.023	1.954	0.8862	1.1284	0.000	2.568	0.000	2.276	1.693	0.5907	0.888	0.000	4.358	0.000	2.574
4	1.500	0.729	1.628	0.9213	1.0854	0.000	2.266	0.000	2.088	2.059	0.4857	0.880	0.000	4.698	0.000	2.282
5	1.342	0.577	1.427	0.9400	1.0638	0.000	2.089	0.000	1.964	2.326	0.4299	0.864	0.000	4.918	0.000	2.114
6	1.225	0.483	1.287	0.9515	1.0510	0.030	1.970	0.029	1.874	2.534	0.3946	0.848	0.000	5.078	0.000	2.004
7	1.134	0.419	1.182	0.9594	1.0423	0.118	1.882	0.113	1.806	2.704	0.3698	0.833	0.204	5.204	0.076	1.924
8	1.061	0.373	1.099	0.9650	1.0363	0.185	1.815	0.179	1.751	2.847	0.3512	0.820	0.388	5.306	0.136	1.864
9	1.000	0.337	1.032	0.9693	1.0317	0.239	1.761	0.232	1.707	2.970	0.3367	0.808	0.547	5.393	0.184	1.816
10	0.949	0.308	0.975	0.9727	1.0281	0.284	1.716	0.276	1.669	3.078	0.3249	0.797	0.687	5.469	0.223	1.777
11	0.905	0.285	0.927	0.9754	1.0252	0.321	1.679	0.313	1.637	3.173	0.3152	0.787	0.811	5.535	0.256	1.744
12	0.866	0.266	0.886	0.9776	1.0229	0.354	1.646	0.346	1.61	3.258	0.3069	0.778	0.922	5.594	0.283	1.717
13	0.832	0.249	0.850	0.9794	1.0210	0.382	1.618	0.374	1.585	3.336	0.2998	0.770	1.025	5.647	0.307	1.693
14	0.802	0.235	0.817	0.9810	1.0194	0.406	1.594	0.399	1.563	3.407	0.2935	0.763	1.118	5.696	0.328	1.672
15	0.775	0.223	0.789	0.9823	1.0180	0.428	1.572	0.421	1.544	3.472	0.2880	0.756	1.203	5.741	0.347	1.653
16	0.750	0.212	0.763	0.9835	1.0168	0.448	1.552	0.44	1.526	3.532	0.2831	0.750	1.282	5.782	0.363	1.637
17	0.728	0.203	0.739	0.9845	1.0157	0.466	1.534	0.458	1.511	3.588	0.2787	0.744	1.356	5.820	0.378	1.622
18	0.707	0.194	0.718	0.9854	1.0148	0.482	1.518	0.475	1.496	3.640	0.2747	0.739	1.424	5.856	0.391	1.608
19	0.688	0.187	0.698	0.9862	1.0140	0.497	1.503	0.490	1.483	3.689	0.2711	0.734	1.487	5.891	0.403	1.597
20	0.671	0.180	0.680	0.9869	1.0133	0.510	1.490	0.504	1.470	3.735	0.2677	0.729	1.549	5.921	0.415	1.585
21	0.655	0.173	0.663	0.9876	1.0176	0.523	1.477	0.516	1.459	3.778	0.2647	0.724	1.605	5.951	0.425	1.575
22	0.640	0.167	0.647	0.9882	1.0119	0.534	1.466	0.528	1.448	3.819	0.2618	0.720	1.659	5.979	0.434	1.566
23	0.626	0.162	0.633	0.9887	1.0114	0.545	1.455	0.539	1.438	3.858	0.2592	0.716	1.710	6.006	0.443	1.557
24	0.612	0.157	0.619	0.9892	1.0109	0.555	1.445	0.549	1.429	3.895	0.2567	0.712	1.759	6.031	0.451	1.548
25	0.600	0.153	0.606	0.9896	1.0105	0.565	1.435	0.559	1.420	3.931	0.2544	0.708	1.806	6.056	0.459	1.541

---

69) 'd_2'에 대한 추가적인 정보는 다음을 참조; ASQC Glossary and Tables for Statistical Quality Control, the ASTM Manual on Presentation of Data and Control Chart Analysis, Kume(1985), Montgomery(1996), and Wadsworth and others(1986).

[표 Ⅱ-17]은 부록에 실어도 되는 사항이지만 '관리 한계' 계산에 중요한 역할을 하므로 본문에 실었다. 물론 첫 열에서 보듯 '표본 크기'에 따라 '비편향 상수'가 결정된다.

우리의 예인 [표 Ⅱ-13]의 원 데이터를 이용해 '관리 한계'를 계산하면 다음 [표 Ⅱ-18]과 같다. 현재는 "모집단 'μ', 'σ'가 알려져 있지 않은 경우"에 해당하므로 [표 Ⅱ-16]의 두 번째 '상황'에 대한 산식을 적용하였다. [표 Ⅱ-18]의 각 계산 항목은 [표 Ⅱ-16] 내 두 번째 '상황'의 계산 항목들과 일대일로 대응시키며 학습하기 바란다.

[표 Ⅱ-18] '$\overline{X}-R$관리도'의 '관리 한계(Control Limit)' 계산 예

상황	관리도	'관리 한계' 계산 결과	비고
모집단 'μ', 'σ'가 알려져 있지 않은 경우	$\overline{X}$-관리도	$UCL_{\overline{x}} = 50.0 + 3\dfrac{(2.44/2.059)}{\sqrt{4}} = 50.0 + 0.729 \times 2.44$ $\cong 51.78$ $LCL_{\overline{x}} = 50.0 - 3\dfrac{(2.44/2.059)}{\sqrt{4}} = 50.0 - 0.729 \times 2.44$ $\cong 48.22$	$A_2 = \dfrac{3}{2.059 \times \sqrt{4}}$ $\hat{\sigma} = \dfrac{2.44}{2.059}$
	R-관리도	$UCL_R = 2.44 + 3 \times 0.88(\dfrac{2.44}{2.059}) = 2.282 \times 2.44$ $\cong 5.57$ $LCL_R = 2.44 - 3 \times 0.88(\dfrac{2.44}{2.059}) = 0 \times 2.44$ $\cong 0$	$D_4 = (1 + 3 \times \dfrac{0.88}{2.059})$ $\cong 2.282$ $D_3 = (1 - 3 \times \dfrac{0.88}{2.059})$ $\cong -0.282 = 0$

[표 Ⅱ-18]의 'LCL_R' 계산에서 '$D_3 = -0.282$'는 '음수'이며, 이 경우 [표 Ⅱ-17]은 'n=4' 경우 '0'으로 설정하고 있어 이를 반영하였다.

⑦ '선'을 그리고 타점한다.

선을 그릴 때는 선 종류의 선택에 약속이 있는데, '중심선(Center Line)'은

'실선'을 사용하며, '관리 한계(Control Limit)'는 용도에 따라 '해석용'과, '관리용'으로 나누어 한계선을 구분하기도 한다. 미니탭에서는 구분 없이 '실선'이 쓰인다.

▷ 해석용 관리도: '점선'을 쓴다. 현 프로세스에 존재하는 원인을 규명할 목적으로 작성하는 관리도. 과제 수행 시 적합.

▷ 관리용 관리도: '일점쇄선'을 쓴다. 시간에 따라 프로세스에서의 이상 발생을 점검하고, 그 즉시 '1) 원인 규명 → 2) 개선 → 3) 재발 방지책 마련'의 조치를 취해나갈 목적으로 작성된 관리도. 프로세스 관리 시 적합.

다음 [그림 Ⅱ-35]는 지금까지의 '$\bar{X}-R$ 관리도'를 미니탭으로 작성한 결과이다(미니탭 「통계 분석(S) > 관리도(C) > 부분군 계량형 관리도(S) > Xbar-R(B)…」).

[그림 Ⅱ-35] '압축력' 데이터에 대한 '$\bar{X}-R$ 관리도' 미니탭 예

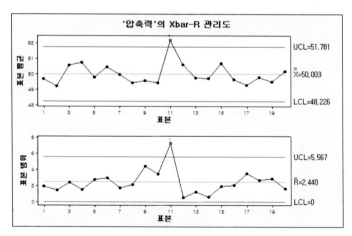

‘중심선’ 계산 값인 (식 Ⅱ-4)와 (식 Ⅱ-5) 및 [표 Ⅱ-18]의 산식을 이용한 ‘관리 한계’ 값들을 미니탭 결과인 [그림 Ⅱ-35]와 비교하기 바란다.

[그림 Ⅱ-35]에서 ‘R-관리도’의 ‘11번째 타점’이 ‘관리 상한(UCL)’ 밖으로 벗어났다는 것은 11번째 ‘부분군’을 구성하는 네 개 표본들의 최댓값과 최솟값 간 차이가 크다는 것을 의미한다. **항상 ‘R-관리도’를 먼저 해석한다.** ‘R-관리도’의 ‘관리 이탈 상태’는 이후 관리도 해석에 큰 영향을 미치는데, 이는 ‘$\overline{X}$-관리도’ 경우 ‘R-관리도’에서의 ‘범위 평균($\overline{R}$)’을 ‘관리 한계’ 계산에 사용하므로 상황을 잘못 판단할 수 있기 때문이다(예로써, $\overline{R}$가 커지면 $\overline{X}$-관리도의 관리 한계 폭이 커짐). ‘$\overline{X}$-관리도’ 경우, 11번째 ‘부분군 평균’이 동시에 ‘관리 상한’ 밖으로 벗어났으므로 최댓값이 부분군 내 다른 세 개의 값에 비해 특이하게 큰 쪽으로 치우쳐 있음을 예견할 수 있다. 이 같은 현상은 ‘1) 원인 규명 → 2) 개선 → 3) 재발 방지책 마련’의 조치를 취할 필요가 있음을 암시한다. 관리도 해석에 대한 자세한 설명은 「5. 관리도의 해석」에서 별도로 상세하게 다룰 것이다. 해석에 관심을 둔 독자는 해당 단원으로 바로 넘어가기 바란다.

4.2. $\overline{X}-S$ 관리도

‘$\overline{X}-S$ 관리도’는 명칭에서도 알 수 있듯이 ‘$\overline{X}$(평균)’와 ‘S(표준 편차)’를 시간 흐름에 따라 타점해가는 ‘연속형 관리도’이다. [그림 Ⅱ-34]의 「관리도 선정 로드맵」에서 ‘부분군 크기(n)가 8을 초과(9 이상)’하는 상황에 쓰인다.

‘$\overline{X}-S$ 관리도’는 부분군의 ‘표준 편차’ 사용만 다를 뿐 근본적으로 ‘$\overline{X}-R$ 관리도’의 작성과 별반 차이가 없다. 굳이 차이를 찾자면 ‘관리 한계(Control

Limit)' 계산 시 '$\overline{X}-R$ 관리도'에서의 'd_2' 대신 'c_4'가 쓰인다는 점이다. 다음은 작성 과정과 그 예이다.

① 데이터를 수집한다.

[그림 Ⅱ-34]에 따르면 '표본 크기=9개 이상'이며, '표본(부분군) 수'는 최소 30개 이상이 되도록 한다. 이때 「2.6. '이상 원인'과 '우연 원인'의 이해」에서 소개된 '합리적 부분군'이 되도록 구성한다. 다음 [표 Ⅱ-19]는 본문 설명을 위해 도입한 '온도' 데이터 예이다(단순화를 위해 부분군 수는 '20개'로 함). 관리도 형성 원리를 이해하는 차원에서 단계별로 설명하였다.

[표 Ⅱ-19] '온도'에 대한 20일간 데이터 예

1일	2일	3일	4일	5일	6일	7일	8일	9일	10일	11일	12일	13일	14일	15일	16일	17일	18일	19일	20일
26.0	17.0	22.0	16.0	16.0	22.0	9.0	28.0	24.0	18.0	21.0	21.0	17.0	20.0	25.0	10.0	24.0	21.0	28.0	15.0
19.0	23.0	28.0	22.0	24.0	24.0	17.0	15.0	13.0	17.0	13.0	25.0	27.0	12.0	23.0	15.0	9.0	14.0	14.0	15.0
25.0	22.0	30.0	10.0	29.0	13.0	18.0	30.0	19.0	20.0	26.0	30.0	11.0	17.0	17.0	15.0	15.0	16.0	16.0	16.0
16.0	23.0	28.0	18.0	19.0	22.0	29.0	29.0	14.0	26.0	24.0	10.0	18.0	19.0	13.0	28.0	21.0	25.0	29.0	25.0
16.0	13.0	17.0	23.0	28.0	20.0	13.0	19.0	15.0	11.0	14.0	17.0	15.0	11.0	10.0	14.0	23.0	21.0	29.0	28.0
15.0	13.0	15.0	17.0	22.0	30.0	9.0	12.0	27.0	20.0	22.0	23.0	19.0	16.0	15.0	11.0	13.0	27.0	11.0	22.0
10.0	28.0	23.0	24.0	14.0	12.0	13.0	30.0	29.0	28.0	14.0	30.0	24.0	11.0	22.0	13.0	24.0	25.0	28.0	22.0
14.0	20.0	28.0	25.0	16.0	25.0	9.0	14.0	11.0	18.0	16.0	22.0	27.0	10.0	12.0	13.0	9.0	17.0	14.0	29.0
23.0	24.0	12.0	24.0	27.0	11.0	30.0	30.0	14.0	13.0	9.0	23.0	15.0	19.0	13.0	29.0	21.0	9.0	27.0	28.0
9.0	26.0	19.0	29.0	21.0	27.0	11.0	9.0	14.0	21.0	22.0	12.0	24.0	22.0	21.0	28.0	28.0	26.0	25.0	26.0

② 표본(부분군)별로 '평균'을 계산한다.

'평균'은 '$\overline{X}$-관리도' 작성을 위한 기본 자료로 쓰인다. 다음 [표 Ⅱ-20]은 [표 Ⅱ-19]의 하단에 부분군별 '평균'을 계산해 포함시킨 예이다.

	1일	2일	3일	4일	5일	6일	7일	8일	9일	10일	11일	12일	13일	14일	15일	16일	17일	18일	19일	20일
	26.0	17.0	22.0	16.0	16.0	22.0	9.0	28.0	24.0	18.0	21.0	21.0	17.0	20.0	25.0	10.0	24.0	21.0	28.0	15.0
	19.0	23.0	28.0	22.0	24.0	24.0	17.0	15.0	13.0	17.0	13.0	25.0	27.0	12.0	23.0	15.0	9.0	14.0	14.0	15.0
	25.0	22.0	30.0	10.0	29.0	13.0	18.0	30.0	19.0	20.0	26.0	30.0	11.0	17.0	17.0	15.0	15.0	16.0	16.0	16.0
	16.0	23.0	28.0	18.0	19.0	22.0	29.0	29.0	14.0	26.0	24.0	10.0	18.0	19.0	13.0	28.0	21.0	25.0	29.0	25.0
	16.0	13.0	17.0	23.0	28.0	20.0	13.0	19.0	15.0	11.0	14.0	17.0	15.0	11.0	10.0	14.0	23.0	21.0	29.0	28.0
	15.0	13.0	15.0	17.0	22.0	30.0	9.0	12.0	27.0	20.0	22.0	23.0	19.0	16.0	15.0	11.0	13.0	27.0	11.0	22.0
	10.0	28.0	23.0	24.0	14.0	12.0	13.0	30.0	29.0	28.0	14.0	30.0	24.0	11.0	22.0	13.0	24.0	25.0	28.0	22.0
	14.0	20.0	28.0	25.0	16.0	25.0	9.0	14.0	11.0	18.0	16.0	22.0	27.0	10.0	12.0	13.0	9.0	17.0	14.0	29.0
	23.0	24.0	12.0	24.0	27.0	11.0	30.0	30.0	19.0	13.0	9.0	23.0	15.0	19.0	13.0	29.0	21.0	9.0	27.0	28.0
	9.0	26.0	19.0	29.0	21.0	27.0	11.0	9.0	14.0	21.0	22.0	12.0	24.0	22.0	21.0	28.0	28.0	26.0	25.0	26.0
평균	17.3	20.9	22.2	20.8	21.6	20.6	15.8	21.6	18.5	19.2	18.1	21.3	19.7	15.7	17.1	17.6	18.7	20.1	22.1	22.6

③ 표본(부분군)별로 '표준 편차(Standard Deviation)'를 계산한다.

'표준 편차'는 'S 관리도' 작성을 위한 기본 자료로 쓰인다. 다음 [표 Ⅱ-21]은 [표 Ⅱ-19]의 하단에 부분군별 '표준 편차'를 계산해 포함시킨 예이다. 참고로 부분군별 '표준 편차'는 '$\sqrt{\sum(x_i - \overline{x})^2/(n-1)}$'을 통해 얻는다.

[표 Ⅱ-21] 부분군별 '표준 편차' 산정 예

	1일	2일	3일	4일	5일	6일	7일	8일	9일	10일	11일	12일	13일	14일	15일	16일	17일	18일	19일	20일
	26.0	17.0	22.0	16.0	16.0	22.0	9.0	28.0	24.0	18.0	21.0	21.0	17.0	20.0	25.0	10.0	24.0	21.0	28.0	15.0
	19.0	23.0	28.0	22.0	24.0	24.0	17.0	15.0	13.0	17.0	13.0	25.0	27.0	12.0	23.0	15.0	9.0	14.0	14.0	15.0
	25.0	22.0	30.0	10.0	29.0	13.0	18.0	30.0	19.0	20.0	26.0	30.0	11.0	17.0	17.0	15.0	15.0	16.0	16.0	16.0
	16.0	23.0	28.0	18.0	19.0	22.0	29.0	29.0	14.0	26.0	24.0	10.0	18.0	19.0	13.0	28.0	21.0	25.0	29.0	25.0
	16.0	13.0	17.0	23.0	28.0	20.0	13.0	19.0	15.0	11.0	14.0	17.0	15.0	11.0	10.0	14.0	23.0	21.0	29.0	28.0
	15.0	13.0	15.0	17.0	22.0	30.0	9.0	12.0	27.0	20.0	22.0	23.0	19.0	16.0	15.0	11.0	13.0	27.0	11.0	22.0
	10.0	28.0	23.0	24.0	14.0	12.0	13.0	30.0	29.0	28.0	14.0	30.0	24.0	11.0	22.0	13.0	24.0	25.0	28.0	22.0
	14.0	20.0	28.0	25.0	16.0	25.0	9.0	14.0	11.0	18.0	16.0	22.0	27.0	10.0	12.0	13.0	9.0	17.0	14.0	29.0
	23.0	24.0	12.0	24.0	27.0	11.0	30.0	30.0	19.0	13.0	9.0	23.0	15.0	19.0	13.0	29.0	21.0	9.0	27.0	28.0
	9.0	26.0	19.0	29.0	21.0	27.0	11.0	9.0	14.0	21.0	22.0	12.0	24.0	22.0	21.0	28.0	28.0	26.0	25.0	26.0
평균	17.3	20.9	22.2	20.8	21.6	20.6	15.8	21.6	18.5	19.2	18.1	21.3	19.7	15.7	17.1	17.6	18.7	20.1	22.1	22.6
표준편차	5.9	5.1	6.3	5.5	5.4	6.6	7.9	8.6	6.3	5.2	'5.6	6.7	5.5	4.4	5.3	7.6	6.7	6.0	7.4	5.5

④ '$\overline{X}$-관리도'의 '중심선(CL, Center Line)'을 계산한다.

'총 평균(Grand Mean, $\overline{\overline{x}}$)'을 계산한다. '중심선'은 주로 '실선'을 사용하며,

본 예의 경우 다음의 값을 얻는다.

$$\overline{\overline{x}} = \frac{\sum_{i=1}^{200} x_i}{N_x} = \frac{26.0 + 19.0 + 25.0 + 16.0 + \cdots + 29.0 + 28.0 + 26.0}{200} \cong 19.575 \qquad \text{(식 II-8)}$$

⑤ 'S-관리도'의 '중심선(CL, Center Line)'을 계산한다.

'R-관리도' 때와 유사하게 'CL=$c_4 \hat{\sigma}$'이며, 따라서 추정량 '$\hat{\sigma}$'를 '$\overline{S}$('$\overline{S}$'는 호칭이고 실제 값은 '$\overline{S}/c_4$'이다)'로 할 것인지 '합동 표준 편차(Pooled Standard Deviation)'로 할 것인지에 따라 결과는 달라진다. 여기선 '$CL = c_4 \times (\overline{S}/c_4) = \overline{S}$'로 선택했으며, '표준 편차' 추정의 자세한 설명은 '$\overline{X} - S$ 관리도'의 미니탭 '대화 상자' 내 「도움말 > 참고 항목 > 방법 및 공식」을 참조하기 바란다. 본 예의 경우 다음의 값을 얻는다. '중심선'은 주로 '실선'을 사용한다.

$$\overline{S} = \frac{\sum_{i=1}^{20} s_i}{N_s} = \frac{5.89 + 5.13 + 6.29 + \cdots + 5.95 + 7.37 + 5.54}{20} \cong 6.166 \qquad \text{(식 II-9)}$$

미니탭 「통계 분석(S) > 관리도(C) > 부분군 계량형 관리도(S) > Xbar-S(A)…」 내 ' Xbar-S 옵션(P)... '으로 들어가 탭 '추정치'에서 '표준 편차 추정 방법 =Sbar(S)'을 선택한다. 만일 '합동 표준 편차'를 사용하면 '불편화 상수 사용 (N)'의 선택 여부에 따라 값에 차이가 나지만, '$\overline{S}$'를 선택하면 부분군 크기가 동일(현재는 n=10으로 동일)할 경우 '불편화 상수 사용(N)'의 선택 여부에 관계없이 결과 값은 같다.

⑥ '관리 한계(Control Limit)'를 계산한다.

'관리 한계'는 '$\overline{X}$ 관리도'와 'S 관리도'를 따로 구한다. 다음 [표 II − 22]에 '$\overline{X}$ − S 관리도'의 '관리 상·하한'을 얻는 데 필요한 산식을 모아놓았다.

[표 II − 22] '$\overline{X}$ − S 관리도'의 '관리 한계(Control Limit)' 계산식

상황	관리도	계산식	비고
모집단 'μ', 'σ'가 알려진 경우	$\overline{X}$ − 관리도	$UCL_{\bar{x}} = \mu + 3\dfrac{\sigma}{\sqrt{n}} = \mu + A\sigma$ $CL_{\bar{x}} = \mu$ $LCL_{\bar{x}} = \mu - 3\dfrac{\sigma}{\sqrt{n}} = \mu - A\sigma$	$A = \dfrac{3}{\sqrt{n}}$
	S-관리도	$UCL_S = \mu_s + 3\sigma_s = (c_4 + 3\sqrt{1-c_4^2})\sigma = B_6\sigma$ $CL_S = c_4\sigma$ $LCL_S = \mu_s - 3\sigma_s = (c_4 - 3\sqrt{1-c_4^2})\sigma = B_5\sigma$	$B_6 = c_4 + 3\sqrt{1-c_4^2}$ $B_5 = c_4 - 3\sqrt{1-c_4^2}$
모집단 'μ', 'σ'가 알려져 있지 않은 경우 (주로 사용됨)	$\overline{X}$ − 관리도	$UCL_{\bar{x}} = \overline{\overline{x}} + 3\dfrac{(\bar{s}/c_4)}{\sqrt{n}} = \overline{\overline{x}} + A_3\bar{s}$ $CL_{\bar{x}} = \overline{\overline{x}}$ $LCL_{\bar{x}} = \overline{\overline{x}} - 3\dfrac{(\bar{s}/c_4)}{\sqrt{n}} = \overline{\overline{x}} - A_3\bar{s}$	$A_3 = \dfrac{3}{c_4\sqrt{n}}$ $\hat{\sigma} = \dfrac{\bar{s}}{c_4}$
	S-관리도	$UCL_S = \bar{s} + 3\dfrac{\bar{s}}{c_4}\sqrt{1-c_4^2} = B_6(\dfrac{\bar{s}}{c_4}) = B_4\bar{s}$ $CL_S = \bar{s}$ $LCL_S = \bar{s} - 3\dfrac{\bar{s}}{c_4}\sqrt{1-c_4^2} = B_5(\dfrac{\bar{s}}{c_4}) = B_3\bar{s}$	$B_6 = c_4 + 3\sqrt{1-c_4^2}$ $B_5 = c_4 - 3\sqrt{1-c_4^2}$

'$\overline{X}$ − R 관리도'와 동일하게 '모수(모평균, 모 표준 편차)'가 알려져 있는지 여부에 따라 산식에 차이를 보인다. '$\overline{X}$ − S 관리도'에서는 '모 표준 편차(σ)' 의 '추정 값($\hat{\sigma}$)'으로 '$\bar{S}/c_4$'가 쓰인다. '$\bar{S}$'는 '부분군(Subgroup) 표준 편차들의 평균'을, 'c_4'는 '표본 크기'에 따라 결정되는 '비편향 상수(Unbiasing Constants)' 를 각각 나타낸다. 'R-관리도'에서의 '$\bar{R}/d_2$'와 마찬가지로 '$\bar{S}/c_4$'가 도입된 배경 역시 단순치 않지만 학습적 차원에서 약간만 짚어보기로 하자.

'모 표준 편차(σ)'를 추정하기 위해 일반적으로 알려진 '표본 표준 편차'인 '$\sqrt{\sum(x_i - \bar{x})^2/(n-1)}$'를 사용하면 어떨까? 여기서 'n-1'을 분모로 갖는 '표본 분산(s^2)'은 '모 분산(σ^2)'을 잘 설명하는 '비편향 추정량'이다. 예를 들어, 표본을 취해 그들로부터 '표본 분산(s^2)'을 구하면 그 값은 '모 분산'을 추정하는 데 무리가 없다는 뜻이다. 그러나 '모 표준 편차(σ)'를 추정하기 위해 '표본 분산(s^2)'에 '제곱근($\sqrt{}$)'을 취하면 제곱근의 비선형 관계로 인해 큰 값이 상대적으로 더 많이 변한다($\sqrt{100} = 10$이나, $\sqrt{9} = 3$). 이것은 '표본 분산의 평균'을 제곱근해도 '표본 표준 편차의 평균'으로 전환되지 않음을 의미하며, 이 상황을 한마디로 딱 잘라 말하면 "표본으로부터 계산된 '표준 편차'는 '모 표준 편차'와 비교해 항상 작은 쪽으로 치우친다"[70]이다. 'S-관리도'에 적용된 'c_4'는 바로 작은 쪽으로 치우친 '표본 표준 편차'를 보정해 '모 표준 편차' 쪽으로 이동시킬 목적으로 도입된 '비편향 상수'이다.

'표본 표준 편차'의 치우침과 'c_4의 도입 배경을 이해하기 위해서는 'n-1'이 들어간 '베셀 보정(Bessel's Correction)'부터 '모 표준 편차'의 추정 값인 '$\bar{S}/c_4$'에 이르기까지 하나씩 검증해나갈 필요가 있다. 따라서 이들 모두를 본문에서 논하면 매우 산만하므로 '부록(Appendix)-A'에 해당 내용을 별도로 실었으니 위 설명만으로 부족함을 느끼거나 호기심이 발동(?)하는 독자는 부록을 참고하기 바란다. 또 [표 Ⅱ-23]에 포함된 '표본 크기'별 '비편향 상수'들에 대해서는 [표 Ⅱ-17]을 참고하기 바란다.

다음 [표 Ⅱ-23]은 앞서 제시된 예인 [표 Ⅱ-19]의 원 데이터를 이용해

---

70) 이를 수학적으로 표현하면, '제곱근(Square Root)'은 '진(眞) 오목 함수(Strictly Concave Function)'이기 때문에 '옌센 부등식(Jensen's Inequality)'으로부터 '표본 분산의 제곱근'은 과소평가되는(모 표준 편차에 비해 작은 쪽으로 치우치는) 경향을 띤다. 어렵다! 즉, $E(\sqrt{s^2}) < (\sqrt{E(s^2)} = \sigma)$의 관계로부터 's'는 '$\sigma$'보다 작은 쪽으로 기운다. 또 다른 방식의 검증은 http://stats.stackexchange.com/questions/ 11707을 참조하기 바란다.

'관리 한계'를 계산한 예이다. 현재는 "모집단 'μ', 'σ'가 알려져 있지 않은 경우"에 해당되므로 [표 Ⅱ-22]의 두 번째 '상황'에 대한 산식을 적용하였다.

[표 Ⅱ-23] '$\overline{X}-S$ 관리도'의 '관리 한계(Control Limit)' 계산 예

상황	관리도	'관리 한계' 계산 결과	비고
모집단 'μ', 'σ'가 알려져 있지 않은 경우	$\overline{X}-$ 관리도	$\begin{aligned} UCL_{\overline{x}} &= 19.58 + 3\frac{(6.166/0.9727)}{\sqrt{10}} \\ &= 19.58 + 0.975 \times 6.166 \cong 25.59 \\ LCL_{\overline{x}} &= 19.58 - 3\frac{(6.166/0.9727)}{\sqrt{10}} \\ &= 19.58 - 0.975 \times 6.166 \cong 13.57 \end{aligned}$	$\begin{aligned} A_3 &= \frac{3}{c_4\sqrt{10}} \\ &= 0.975 \\ \hat{\sigma} &= \frac{\overline{s}}{c_4} = \frac{6.166}{0.9727} \end{aligned}$
	S-관리도	$\begin{aligned} UCL_S &= 6.166 + 3 \times \frac{6.166}{0.9727} \times \sqrt{1-0.9727^2} \\ &= 1.669 \times \frac{6.166}{0.9727} = 1.716 \times 6.166 \cong 10.58 \\ LCL_S &= 6.166 - 3 \times \frac{6.166}{0.9727} \times \sqrt{1-0.9727^2} \\ &= 0.276 \times \frac{6.166}{0.9727} = 0.284 \times 6.166 \cong 1.75 \end{aligned}$	$\begin{aligned} B_6 &= 0.9727 \\ &+ 3\sqrt{1-0.9727^2} \\ &\cong 1.669 \\ B_5 &= 0.9727 \\ &- \sqrt{1-0.9727^2} \\ &\cong 0.276 \end{aligned}$

[표 Ⅱ-23]의 각 항들을 [표 Ⅱ-22]의 동일 위치에 있는 항들과 일대일 대응시키면 '비편향 추정량'과 '기호(A_x, B_x 등)'들을 쉽게 파악할 수 있다.

⑦ '선'을 그리고 타점한다.

'$\overline{X}-R$ 관리도'와 동일하게, '중심선(Center Line)'은 '실선'을, '관리 한계(Control Limit)'는 용도에 따라 '해석용'과, '관리용'으로 나누어 전자는 '점선', 후자는 '일점쇄선'으로 구분하기도 하나, 일반적으로 '실선'이 쓰인다.

다음 [그림 Ⅱ-36]은 지금까지의 '$\overline{X}-S$ 관리도'를 미니탭으로 작성한 결과이다(미니탭 「통계분석(<u>S</u>) > 관리도(<u>C</u>) > 부분군 계량형 관리도(<u>S</u>) > Xbar-S(<u>A</u>)…」).

[그림 Ⅱ-36] '온도' 데이터에 대한 '$\overline{X}-S$ 관리도' 미니탭 예

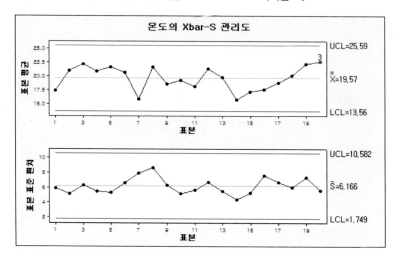

'중심선' 계산 값인 (식 Ⅱ-8)과 (식 Ⅱ-9) 및 [표 Ⅱ-23]의 산식을 이용한 '관리 한계' 값들을 미니탭 결과인 [그림 Ⅱ-36]과 비교해보기 바란다.

[그림 Ⅱ-36]의 'S-관리도'는 '관리 상태'로 보인다. 이 관리도가 '관리 상태'이어야 '평균($\overline{X}$ 관리도)'의 움직임 관찰에 의미가 생긴다. '$\overline{X}$-관리도'의 맨 끝 타점에 '3'이 찍혀 있으며, 이것은 "6개의 연속된 점이 모두 상승 또는 하락"의 상황에 해당되며, 따라서 '1) 원인 규명 → 2) 개선 → 3) 재발 방지책 마련'의 조치를 취할 필요가 있음을 시사한다. 관리도 해석에 대한 자세한 설명은 「5. 관리도의 해석」에서 별도로 상세하게 다루고 있다. 해석에 관심을 둔 독자는 해당 단원으로 바로 넘어가기 바란다.

4.3. I-MR 관리도

'I-MR 관리도'는 프로세스로부터 매회 데이터 1개씩만 추출되는 경우에 쓰이는 관리도이다. 'I'는 '낱개'라는 의미의 'Individual' 첫 대문자이며, 한 개씩 얻어지므로 'I' 대신 'X'를 쓰기도 한다. 이 경우 'X-MR 관리도'로 불린다. 'MR'은 'Moving Range'의 첫 알파벳을 합친 용어이며, 매회 1개씩만 존재하므로 '산포'를 표현하기 위해 직전 타점과의 '차이(Difference)의 절댓값'을 이용한다. 두 값의 '차이'는 통계적으론 '최댓값과 최솟값 간 차이', 즉 '범위(Range)'에 대응한다. 'MR'은 새로운 타점이 생길 때마다 하나씩 얻어지므로 '움직이면서(Moving) 범위(Range)를 계산'하는 모습이며, 'MR(Moving Range)'이란 명칭이 왜 붙여졌는지를 알게 해준다. '중심선(CL)'과 '관리 한계(Control Limit)'의 계산은 '$\bar{X}$-R 관리도'와 유사하다. 작성 과정은 다음과 같다.

① 데이터를 수집한다.

화학 공정의 중합 탱크에서 얻어지는 '점도'는 미리 정해진 시간 간격에 따라 한 개씩만 측정될 수 있고, 조립된 엔진의 출력 특성 역시 한 개씩 기록된다. 또 구매량이나 재고 금액 등은 주로 월별로 한 개의 값만 얻는다. 이와 같이 정해진 주기에 따라 한 개의 데이터만 지속적으로 얻어질 경우 'I-MR 관리도'가 유용하다. 본문 설명을 위해 다음 [표 Ⅱ-24]의 '점도' 데이터가 수집된 것으로 가정하자.

[표 Ⅱ-24] '점도'에 대한 20일간 데이터 예

1일	2일	3일	4일	5일	6일	7일	8일	9일	10일	11일	12일	13일	14일	15일	16일	17일	18일	19일	20일
18.1	19.6	19.6	20.3	21.0	22.4	20.9	21.8	18.4	20.7	28.3	21.9	20.5	20.3	20.1	19.1	18.8	20.5	20.0	19.2

② 연속되는 두 데이터 간 '범위'인 '이동 범위(Moving Range)'를 계산한다. 'I-관리도'는 [표 Ⅱ-24]의 각 개별 값들이 타점되므로 별도의 처리는 불필요하다. 따라서 'MR-관리도'에 쓰일 '이동 범위(Moving Range)'만 계산한다. 다음 [표 Ⅱ-25]는 [표 Ⅱ-24]의 하단에 연속되는 두 데이터 간 '범위($MR_i = |x_i - x_{i-1}|, \ i = 2,...,n$)'를 계산해 포함시킨 예이다.

[표 Ⅱ-25] 연속되는 두 데이터 간 '이동 범위(Moving Range)' 산정 예

	1일	2일	3일	4일	5일	6일	7일	8일	9일	10일	11일	12일	13일	14일	15일	16일	17일	18일	19일	20일
	18.1	19.6	19.6	20.3	21.0	22.4	20.9	21.8	18.4	20.7	28.3	21.9	20.5	20.3	20.1	19.1	18.8	20.5	20.0	19.2
이동 범위(MR)	-	1.5	0.0	0.7	0.7	1.4	1.5	0.9	3.4	2.3	7.6	6.4	1.4	0.2	0.2	1.0	0.3	1.7	0.5	0.8

③ 'I-관리도'의 '중심선(CL, Center Line)'을 계산한다.

이전의 '$\overline{X}-R$ 관리도'나 '$\overline{X}-S$ 관리도'에서의 '총 평균(Grand Mean), $\overline{\overline{x}}$' 와 달리 여기서는 '$\overline{x}$'가 필요하다. 개별 데이터들의 '평균'을 구하기 때문이다.

$$\overline{x} = \frac{\sum_{i=1}^{20} x_i}{N_x} = \frac{18.1 + 19.6 + 19.6 + \cdots + 20.5 + 20.0 + 19.2}{20} \cong 20.575 \qquad \text{(식 Ⅱ-10)}$$

④ 'MR-관리도'의 '중심선(CL, Center Line)'을 계산한다.

최초 '점도'인 '18.1'은 그 앞의 값이 없으므로 'MR₁'은 존재하지 않는다. 따라서 전체 'MR의 개수=19'이다.

$$\overline{MR} = \frac{\sum_{i=2}^{20} MR_i}{n-1} = \frac{1.5 + 0.0 + 0.7 + \cdots + 1.7 + 0.5 + 0.8}{19} \cong 1.7105 \qquad \text{(식 Ⅱ-11)}$$

⑤ '관리 한계(Control Limit)'를 계산한다.

'모평균', '모 표준 편차'가 알려진 경우와 그렇지 않은 경우로 나눠 산정한다.

[표 Ⅱ-26] 'I-MR 관리도'의 '관리 한계(Control Limit)' 계산식

상황	관리도	계산식	비고
모집단 'μ', 'σ'가 알려진 경우	I-관리도	$UCL_x = \mu + 3\sigma$ $CL_x = \mu$ $LCL_x = \mu - 3\sigma$	-
	MR-관리도	$UCL_{MR} = \mu_R + 3\sigma_R = (d_2 + 3d_3)\sigma = D_2\sigma$ $CL_{MR} = \mu_R = d_2\sigma$ $LCL_{MR} = \mu_R - 3\sigma_R = (d_2 - 3d_3)\sigma = D_1\sigma$	$D_2 = d_2 + 3d_3$ $D_1 = d_2 - 3d_3$
모집단 'μ', 'σ'가 알려져 있지 않은 경우 (주로 사용됨)	I-관리도	$UCL_x = \overline{x} + 3\overline{MR}/d_2 = \overline{x} + E_2\overline{MR}$ $CL_x = \overline{x}$ $LCL_x = \overline{x} - 3\overline{MR}/d_2 = \overline{x} - E_2\overline{MR}$	$E_2 = 3/d_2$ $\hat{\sigma} = \overline{MR}/d_2$
	MR-관리도	$UCL_{MR} = \overline{MR} + 3d_3\overline{MR}/d_2 = D_4\overline{MR}$ $CL_{MR} = \overline{MR}$ $LCL_{MR} = \overline{MR} - 3d_3\overline{MR}/d_2 = D_3\overline{MR}$	$D_4 = 1 + 3d_3/d_2$ $D_3 = 1 - 3d_3/d_2$

다음 [표 Ⅱ-27]은 앞서 제시된 [표 Ⅱ-24]의 데이터를 이용해 '관리 한계'를 계산한 예이다. 현재는 "모집단 'μ', 'σ'가 알려져 있지 않은 경우"에 해

[표 Ⅱ-27] 'I-MR 관리도'의 '관리 한계(Control Limit)' 계산 예

상황	관리도	'관리 한계' 계산 결과	비고
모집단 'μ', 'σ'가 알려져 있지 않은 경우	I-관리도	$UCL_x = 20.575 + 3\dfrac{1.7105}{1.128}$ $= 20.575 + 2.66 \times 1.7105 \cong 25.124$ $LCL_x = 20.575 - 3\dfrac{1.7105}{1.128}$ $= 20.575 - 2.66 \times 1.7105 \cong 16.026$	$E_2 = \dfrac{3}{1.128} \cong 2.66$ $\hat{\sigma} = \dfrac{1.7105}{1.128} \cong 1.516$
	MR-관리도	$UCL_{MR} = 1.7105 + 3 \times \dfrac{0.853}{1.128} \times 1.7105$ $= 3.269 \times 1.7105 \cong 5.591$ $LCL_{MR} = 1.7105 - 3 \times \dfrac{0.853}{1.128} \times 1.7105$ $= 0 \times 1.7105 = 0$	$D_4 = 1 + 3 \times \dfrac{0.853}{1.128}$ $\cong 3.269$ $D_3 = 1 - 3 \times \dfrac{0.853}{1.128}$ $\cong -1.269$
		※(참고) 'D_3'이 음수면 '0'으로 설정	-

당되므로 [표 Ⅱ-26]의 두 번째 '상황'에 대한 산식을 적용하였다.

[표 Ⅱ-27]의 각 항목을 [표 Ⅱ-26]의 각 항복과 일대일 대응시키면 계산 과정을 이해하는 데 도움 된다. 현재와 같이 'n=2'인 상황에서 'D_3'은 계산 결과 값이 '-1.269'로 '음수'이다. '음수'인 경우 [표 Ⅱ-17]의 「표본 크기」에 따른 '비편향 상수(Unbiased Constant)' 표」에서 알 수 있는 바와 같이 '0'으로 처리한다 (소수점 이하 자리 처리로 약간의 값 차이 존재할 수 있음).

⑥ '선'을 그리고 타점한다.

지금까지의 중간 결과를 토대로 'I-MR 관리도'를 작성한다. 다음 [그림 Ⅱ-37]은 [표 Ⅱ-24]의 원 데이터로부터 얻은 미니탭 결과이다.

[그림 Ⅱ-37] '점도' 데이터에 대한 'I-MR 관리도' 미니탭 예

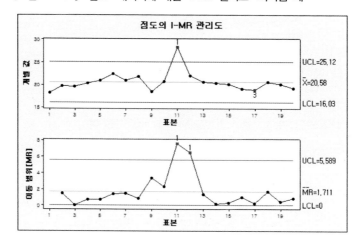

[그림 Ⅱ-37]에서 두 관리도 모두 '관리 이탈'로 관찰되며, 이것은 11일째 '점도' 값이 특이하게 커졌기 때문에 벌어진 현상이다. 따라서 11일째 직전과

직후 간 차이도 커졌으므로 두 개의 '이동 범위(MR)' 값도 '관리 상한(UCL)'
을 벗어났다. 또 'I-관리도'의 17일째 '3'은 "6개의 연속된 점이 상승 또는 하
락"을 지칭하므로 연속 하락의 '1) 원인 규명 → 2) 개선 → 3) 재발 방지책 마
련'의 조치가 요구된다. 각 관리도의 '관리 상·하한'과 '중심 값'들을 [표 Ⅱ-
27]의 해당 값들과 비교하기 바란다.

4.4. p-관리도

'p-관리도'는 '이산형 관리도'들 중 쓰임새가 가장 높다. 다른 명칭으로 '불
량률 관리도'로도 통용되며, 영문으론 'Proportions Control Chart', 'Control
Chart for Fraction Defectives(또는 Nonconforming)', 또는 간단히 'Percentage
Charts', 'Attributes Charts'로 쓰이지만 'Proportion'의 첫 자를 딴 'p-Charts'
가 대세다. Western Electric사의 「SQC Handbook」에도 'p-Charts'로 쓰고 있
으니 호칭은 그를 따르는 게 좋겠다. 그러나 'Attributes Charts' 경우 핸드북
에서 'p-Charts'와 함께 'np-Charts', 'u-Charts', 'c-Charts' 모두를 포괄하는 용
어로 쓰이고 있어 활용 시 주의가 필요하다. 우리말로는 간단히 'p-관리도'이
다. 만일 '불량률 관리도'로 부를 경우 '불량률'에만 쓰이는 것으로 오인할 소
지가 있다. 잘 알려져 있다시피 'p-관리도'는 프로세스에서의 '비율(Proportion)'
로 표현되는 모든 자료에 적용이 가능하다.

간혹 교육 중에 '이산형'과 '연속형'을 어떻게 구분하는지 질문을 받곤 한
다. 혹자는 창피해서 적당히 넘어가기도 하는데 드러나지 않은 교육생을 모두
합하면 그 수가 적지 않은 데 놀라곤 한다. 쉬울 것 같지만 막상 물어보면 선
뜻 구분하지 못한다는 뜻이다. 기업의 한 통계 교재에서 "반쪽 테스트"란 제
목하에 숫자를 반으로 쪼개는 것이 가능하면 '연속형', 그렇지 못하면 '이산

형’으로 기술하는 것을 보았다. 예를 들어 ‘사람 한 명’ 했을 때 ‘사람’은 반으로 쪼개 구분할 수 없으므로 ‘이산형’이고, ‘시간’ 같은 경우는 ‘0.5시간’처럼 나눔이 가능하므로 ‘연속형’이 된다는 식이다. 그러나 사람도 ‘한 명’을 ‘1.0’으로 표현하면 속성이 바뀌니 “반쪽 테스트”에 혼란이 생긴다. 소수점으로 표현되면 ‘연속형’이 되기 때문이다.

‘이산형’을 ‘계수형(計數形)’으로도 쓰는데 말 그대로 “수를 계산한다”이다. 전자 용어 사전에 따르면 ‘Digital’, 즉 “(중략) 두 가지의 안정 상태를 갖는 물리적 현상을 2진법의 수치에 대응시키는 경우 (중략)”이므로 “이것 아니면 저것”을 가리킬 때 쓰이는 숫자다. 프로세스를 관리하는 입장에선 “불량인지 양품인지”, “정확한지 아닌지”와 같은 이분법적 구분을 뜻한다. 그러나 프로세스 관리는 하루나 한 달 식으로 기간을 끊어 발생 빈도를 따져야 하므로 당연히 정해진 기간 동안 “관찰한 전체 수”들 중 “불량(또는 잘못된) 건수”의 비율이 중요하다. 결과적으로 우리 주변에서 볼 수 있는 수들 중 ‘비율(Proportion)’로 표현되는 모든 경우는 ‘이산형’으로 간주할 수 있다. 한마디로 ‘이산형’은 “관찰한 전체 아이템들 수를 분모에 두고 우리가 관심 갖는 아이템(예, 불량)을 그들에서 하나씩 골라내 분자에 올려놓으며 계수한 모양”쯤으로 정리할 수 있다. 교육 중엔 “비율로 표현되면 모두 이산(계수)형입니다. 분자에 몇 개가 올라가는지 계수하잖아요!”로 마무리한다. 이제부터 ‘p-관리도’의 작성에 대해 알아보자.

① 데이터를 수집한다.

생산품 하나의 평가가 ‘길이’, ‘무게’, ‘처짐 반경’처럼 측정 항목들이 ‘연속형’이면 그들 각 특성을 단 한 개씩, 또는 최소 다섯 개 이상씩 수집해 ‘I-MR 관리도’나 ‘$\bar{x}$-R관리도’, 또는 ‘$\bar{x}$-S관리도’로 관리할 수 있다. 그러나 ‘이산형’은 아이템의 ‘길이’, ‘무게’, ‘처짐 반경’이 규격을 벗어났거나, 외관 불량처럼 미리 정해놓은 결점들 중 하나 이상이 발생하면 일단 그 아이템(생산품)을 '불량 한 개'로 분류하므로 '연속형'에 비해 '표본 크기'가 훨씬 많아야 한다. 예를 들어 '불량 한 개'로는 '비율'이 되기도, 특성과 관련된 정보를 이끌어내기도 어렵기 때문이다. '이산형 관리도'를 위한 적정 '표본 크기'는 [표 Ⅱ-11]에 관리도 종류별로 간단히 정리해놓은 바 있다.

'표본 크기'는 가능하면 (a) 25, 50, 100개의 표본을 일정하게 유지하거나, (b) 'n×p(표본 크기×비율)'가 대략 4, 5가 되도록, (c) 로트나 양을 '표본 한 개'로 간주할 경우, 전수 검사 결과의 비율을 적용하는 것 등이다. '(a)'처럼 표본 크기(부분군 크기)가 일정하면 'np-관리도'의 적용이 가능하다. '(b)'는 만일 'p=불량률'로 볼 경우 'np=4 또는 5'란 불량 개수가 네 개나 다섯 개가 포함되어야 한다는 뜻이다[$n \times (4$또는$5)/n = 4$또는5이므로]. 따라서 '불량률 =5%'면 'n×0.05=4 또는 5'에서 적정 '표본 크기(n)=80~100개'가 필요하다. 다른 출처 경우,[71] 불량 개수를 '1~5개' 포함되도록 해 적정 '표본 크기(부분군 크기)=20~100개'로 기술하고 있다.

다음 [표 Ⅱ-28]은 20일에 걸쳐 수집된 제품 '외관 불량'의 자료이다.

[표 Ⅱ-28] '외관 불량'에 대한 20일간 데이터 예

일차	1일	2일	3일	4일	5일	6일	7일	8일	9일	10일	11일	12일	13일	14일	15일	16일	17일	18일	19일	20일
부분군 크기	25	36	58	39	74	62	34	55	61	52	53	46	42	50	32	47	29	67	53	39
외관불량 수	1	2	4	1	2	6	3	1	5	3	1	8	6	1	1	0	1	3	4	2

② 'p(비율)'를 계산한다.

'p'는 '불량률', '양품률', '오류율', '이익률' 등 모든 '비율' 값들이 올 수 있다. [표 Ⅱ-28]에 '외관 불량률'을 계산한 행을 다음과 같이 추가한다. 참

71) 통계적 공정 관리, 박성현·박영현·이명주, 민영사, p.237.

고로 소수 셋째 자리에서 반올림하였다.

[표 Ⅱ-29] 일차별 '외관 불량률' 계산 예

일차	1일	2일	3일	4일	5일	6일	7일	8일	9일	10일	11일	12일	13일	14일	15일	16일	17일	18일	19일	20일
부분군 크기	25	36	58	39	74	62	34	55	61	52	53	46	42	50	32	47	29	67	53	39
외관불량 수	1	2	4	1	2	6	3	1	5	3	1	8	6	1	1	0	1	3	4	2
외관불량률	0.04	0.06	0.07	0.03	0.03	0.10	0.09	0.02	0.08	0.06	0.02	0.17	0.14	0.02	0.03	0.00	0.03	0.04	0.08	0.05

③ '중심선(CL)'인 '총 평균($\bar{p}$)'을 계산한다.

[표 Ⅱ-29]의 '외관 불량률'의 '평균'을 구한다. 주의할 사항은 'p_i들의 평균'이 아닌 '(총 불량품 수)/(총 부분군(표본) 크기)'로 계산해야 하는 점이다.

$$\bar{p}(CL) = \frac{\displaystyle\sum_{\text{일자}=1}^{20} x_i}{\displaystyle\sum_{\text{일자}=1}^{20} n_i} = \frac{1+2+4+\cdots+3+4+2}{25+36+\cdots+53+39} = \frac{55}{954} \cong 0.05765 \qquad (\text{식 Ⅱ-12})$$

$where, \quad x_i \rightarrow$ 일자별 '외관불량수', $\quad n_i \rightarrow$ 일자별 '부분군 크기',

④ '관리 한계(Control Limit)'를 계산한다.

'관리 한계'를 얻기 위해서는 약간의 이론적 설명이 필요하다. (식 Ⅱ-12)에서 부분군별 '불량률'들의 '총 평균($\bar{p}$)'을 구하는 방식은 '모비율(p)'을 알지 못한다는 것을 전제한다. 그러나 앞서 '연속형 관리도'들의 '관리 한계' 계산에서 보였다시피 '모수'인 'μ, σ를 알고 있는 경우'와 'μ, σ를 모르는 경우'로 구분해서 각각을 기술한 바 있다. 물론 대부분 현실적으로 후자가 일반적이긴 하나 장기간 운영해서 얻은 '평균'이나 '표준 편차'가 있으면 충분히 'μ, σ를 알고 있는 경우'로 간주한다. 따라서 'p-관리도' 역시 '모수(p)'를 알고 있는 경우와 모르는 경우에 대한 '관리 한계'를 고려해야 한다.

만일 'p'가 장기적으로 계속해서 운영되고 있는 프로세스에서의 '비율(예로, 불량률 등)'이라고 하자. '장기적'은 통계학적으로 '무한 모집단'으로 간주된다. 이 프로세스로부터 'n개'를 표집했을 때, 그 안에 '불량 개수'가 'x개' 들어 있을 확률을 계산해보자. 이 과정은 그대로 '이항 분포'를 이용해 계산된다.[72]

$$p(x) = \binom{n}{x} p^x (1-p)^{n-x} \qquad \text{(식 II-13)}$$

이 같은 이상적 상황에서 'n개'를 계속 추출해 '불량 개수(x)'를 얻으면 'x'는 어떤 값이 나올지 모르면서(확률적) 계속 변하므로(변수) '확률 변수(X)'로 간주되고 그들의 '평균'과 '분산'의 기대치는 각각 다음과 같이 쓸 수 있다.[73]

$$E(X) = np, \quad V(X) = np(1-p) \qquad \text{(식 II-14)}$$

(식 II-14)의 유도는 본 책 맨 뒤의 '부록(Appendix)'을 참고하기 바란다. (식 II-14)는 표본을 'n개' 추출했을 때 '불량 개수(X)'가 평균적으로 몇 개 나올 것인가? 또 분산은 얼마인가?에 대한 답으로 만일 한 프로세스에서 기존 모든 생산품의 '불량률=5%'라면 그 환경 속에서 '100개'를 추출했을 때 '평균 불량 개수=100×0.05=5개', 분산, 즉 '평균'을 중심으로 불량 개수가 왔다 갔다 하는 정도는 '100×0.05×(1-0.05)=4.75개'라는 뜻이다.

그러나 우리에게 필요한 수치는 '불량 개수(X)'가 아닌 '비율', 즉 '불량률'이므로 예상되는 '불량 개수(X)'를 '표본 크기(부분군 크기)'인 'n'으로 나눈 'X/n'의 기대되는 '평균'과 '분산'이 필요하다. 이 계산은 다음으로 간단히 정

---

72) '이항 분포'의 이론과 활용에 대한 자세한 설명은 「Be the Solver_확증적 자료 분석(CDA)」편을 참고하기 바란다.
73) '확률 변수(X)'의 '평균'과 '분산'의 기대치 유도는 「부록(Appendix)-B」 참조.

리할 수 있다.

$$E(X/n) = \frac{E(X)}{n} = \frac{np}{n} = p \qquad\qquad \text{(식 II-15)}$$
$$V(X/n) = \frac{V(X)}{n^2} = \frac{np(1-p)}{n^2} = \frac{p(1-p)}{n}$$

(식 II-15)를 이용하면 '모수(p)'를 알고 있을 때 '평균' 및 '분산'의 제곱근인 '표준 편차'를 알게 되므로 '관리 한계' 계산이 가능해진다. 또 '모수(p)'가 통상적으로 알려져 있지 않은 경우 부분군에서의 불량률 추정 값은 'p_i'를, '총 평균($\bar{p}$)'은 (식 II-12)를 통해 얻게 된다. 이때의 '표준 편차(σ_{p_i})'는 (식 II-15)에서 '$p \rightarrow \bar{p}$'로 대체한 뒤 '분산'을 제곱근해 얻는다($\sigma_{p_i} = \sqrt{\dfrac{\bar{p}(1-\bar{p})}{n_i}}$). 다음 [표 II-30]은 'p-관리도'의 '관리 한계' 계산식이다.

[표 II-30] 'p-관리도'의 '관리 한계(Control Limit)' 계산식

상황	관리도	계산식	비고
모집단 'p'가 알려진 경우	p-관리도	$UCL = p + 3\sqrt{\dfrac{p(1-p)}{n_i}}$ $CL = p$ $LCL = p - 3\sqrt{\dfrac{p(1-p)}{n_i}}$	'p-관리도' 공통. - UCL이 1을 초과 시 '1'로 설정 - LCL이 음수인 경우 불량률이 음수가 될 수 없으므로 '0'으로 설정
모집단 'p'가 알려져 있지 않은 경우 (주로 사용됨)		$UCL = \bar{p} + 3\sqrt{\dfrac{\bar{p}(1-\bar{p})}{n_i}}$ $CL = \bar{p}$ $LCL = \bar{p} - 3\sqrt{\dfrac{\bar{p}(1-\bar{p})}{n_i}}$	- $\bar{p} = \dfrac{\text{총 불량품수}}{\text{총 표본크기}} = \dfrac{\sum x_i}{\sum n_i}$ - 'n=표본(부분군) 크기'이므로 '관리 한계'는 부분군별로 각각 산정되어야 함.

'모비율'이 알려진 경우와 그렇지 않은 경우로 나눠 계산한다. [표 II-28]의 원 데이터는 "모비율(p)이 알려져 있지 않은 경우"에 해당되므로 [표 II-30]의 두 번째 '상황'에 대한 산식을 적용한다. 여기서 주의할 점은 ① '중심

선(CL)'은 'p$_i$들의 평균'이 아닌 '(총 불량품 수)/(총 표본 크기)'라는 점이고, ② '관리 한계'는 각 표본(부분군)별로 각각 계산되어야 한다는 점이다([표 Ⅱ-30]에서 부분군별로 계산된다는 의미의 'n_i' 존재). 교육 중엔 "관리 한계가 만리장성처럼 보입니다!"로 표현하곤 한다. 따라서 기존의 일직선인 '관리 한계'가 아닌 '비율'의 타점 때마다 그에 해당하는 '관리 한계'가 별개로 얻어진다. 다음 [표 Ⅱ-31]은 [표 Ⅱ-30]의 데이터를 이용해 20일째 자료의 '관리 한계'를 계산한 예이다.

[표 Ⅱ-31] 'p-관리도' 20일째 부분군의 '관리 한계(Control Limit)' 계산 예

상황	관리도	'관리 한계' 계산 결과	비고
모집단 'p'가 알려져 있지 않은 경우	p-관리도	$UCL = 0.0577 + 3\sqrt{\dfrac{0.0577 \times (1 - 0.0577)}{39}}$ $= 0.0577 + 3 \times 0.0373 \cong 0.1696$ $CL(\overline{p}) = \sum x_i / \sum n_i = 55/954 \cong 0.0577$ $LCL = 0.0577 - 3\sqrt{\dfrac{0.0577 \times (1 - 0.0577)}{39}}$ $= 0.0577 - 3 \times 0.0373 \cong -0.0542 \Rightarrow 0$	- LCL이 음수인 경우 불량률이 음수가 될 수 없음. 관리도상에는 '0'으로 설정됨. - 소수점 이하 자릿수 차이로 실제 미니탭 결과와 약간의 차이 존재함.

[표 Ⅱ-31]에서 '관리 하한(LCL)'이 '-0.0542'로 '음수'이며, 이 경우 관리도상에는 '0'으로 설정한다. 유사하게 '관리 상한(UCL)'의 계산 결과가 '1 이상'이 나오면 불량률이 100%를 초과하는 경우는 없으므로 '1'로 설정한다.

다음 [표 Ⅱ-32]는 전체 부분군들의 'UCL'과 'LCL'을 계산한 결과다.

[표 Ⅱ-32] '외관 불량' 자료의 'p-관리도' '관리 한계(Control Limit)' 계산 예

일차		1일	2일	3일	4일	5일	6일	7일	8일	9일	10일	11일	12일	13일	14일	15일	16일	17일	18일	19일	20일
부분군 크기		25	36	58	39	74	62	34	55	61	52	53	46	42	50	32	47	29	67	53	39
외관불량 수		1	2	4	1	2	6	3	1	5	3	1	8	6	1	1	0	1	3	4	2
외관불량률		0.04	0.06	0.07	0.03	0.03	0.10	0.09	0.02	0.08	0.06	0.02	0.17	0.14	0.02	0.03	0.00	0.03	0.04	0.08	0.05
관리한계	UCL	0.1975	0.1742	0.1495	0.1696	0.1389	0.1465	0.1776	0.1519	0.1472	0.1546	0.1537	0.1608	0.1655	0.1565	0.1813	0.1596	0.1875	0.1431	0.1537	0.1696
	LCL	-0.0822	-0.0589	-0.0342	-0.0543	-0.0236	-0.0312	-0.0623	-0.0366	-0.0319	-0.0393	-0.0384	-0.0454	-0.0502	-0.0412	-0.0660	-0.0443	-0.0722	-0.0278	-0.0384	-0.0543

[표 Ⅱ-32]의 맨 아래 두 행들이 '관리 한계'를 나타낸다. 요일에 따른 부분군별 'UCL'이 계속 변하고 있음을 알 수 있다. 'LCL'은 모두 '음수'이므로 관리도 작성 시 동일하게 '0'으로 설정된다.

이어 앞서 계산된 'p_i'와 '관리 한계'들을 적용해 실제 관리도를 작성해야 하나 'p-관리도(또는 u-관리도)'는 특성상 '과대 산포' 또는 '과소 산포'인지의 판단이 필요하며, 산포가 정상에서 벗어나면 'Laney p-관리도'라고 하는 조정된 관리도를 사용한다. 이에 대해서는 다음 순서인 '⑤'를 참조하고, 여기서는 일단 지금까지의 계산 결과를 미니탭으로 확인해보자. 다음 [그림 Ⅱ-38]은 [표 Ⅱ-28]의 '외관 불량' 자료에 대한 미니탭 결과이다.

[그림 Ⅱ-38] '외관 불량'에 대한 'p-관리도' 결과

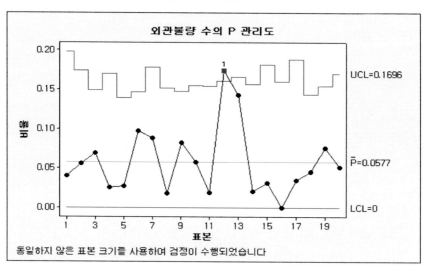

[그림 Ⅱ-38]에서 '중심선(CL)'은 (식 Ⅱ-12)와 같은 '0.05765'와 같고, '관리 상한(UCL)'은 부분군별로 존재하므로 맨 끝 데이터인 20일 차의

'0.1696'만 기록되어 있으며([표 Ⅱ-31] 참조), '요철선'으로 표현된다. 반대로 '관리 하한(UCL)'은 [표 Ⅱ-31]처럼 모두 '음수'가 나왔으므로 '0'으로 설정된다. '12일 차'의 '외관 불량률'이 '관리 상한'을 벗어나 프로세스는 '관리 이탈 상태'를 보인다. 따라서 '원인 규명'과 '개선' 및 '재발 방지책 마련'의 조치가 필요하다.

　⑤ 'p-관리도'를 진단한다.

　지금까지 본문에서 한 번도 설명되지 않았던 새로운 내용이다. "관리도의 진단?" 낯설긴 하지만 사실 Shewhart의 관리도 이후 수십 년간 관리도의 '오경보 문제(the Problem of False Alarms)'는 항상 해결해야 할 골칫거리로 남겨져 있었다. '오 경보'란 '관리 상태'임에도 '관리 이탈'로 판단해야 하는 상황이며, 물론 그 역도 성립한다. '오 경보 문제'를 이해하기 위해서는 두 개의 새로운 용어를 도입해야 한다. 하나는 '① 과대 산포(Over-dispersion)'이고, 다른 하나는 특히 'p-관리도'와 'u-관리도'에서의 '② 관리 한계 폭의 줄어듦'이다.74)

　먼저 '① 과대 산포'는 'p-관리도' 경우 그의 이론적 모델인 '이항 분포(Binomial Distribution)'에서의 '기대 분산(Expected Variation)'75)이 시간에 걸쳐 일정한 반면('식 Ⅱ-15' 참조), 실제 측정해 얻은 표본 데이터로부터의 '관측 분산(Observed Variation)'은 그보다 커지는 현상을 말한다. '과대 산포'의 사전적 정의는 다음과 같다.

---

74) 'u-관리도'는 이후 해당 본문에서 다시 언급할 것이다.
75) 'Variation'은 '변동'으로 해석되나 내용 이해가 쉽도록 '분산'으로 번역하였다.

· **과대 산포(Over-dispersion)** (WIKIPEDIA) 통계학에서의 '과대 산포'는 통계 모델에 기반을 두어, 예측된 분산보다 실제 프로세스로부터 수집된 데이터에서의 분산이 더 큰 경우를 말한다. 응용 통계학은 경험적으로 얻은 데이터를 잘 설명할 수 있는 모수적 (통계)모델(Parametric Model)을 잘 선택하는 학문이다. 이때 모델에 속한 이론상 모평균이 표본 평균과 대략 일치하도록 모델의 모수들(Parameters)을 선택하는데, 문제는 관측된 분산(Variance)이 이론 모델의 분산보다 더 큰 '과대 산포'가 발생하는 점이다. 반대로 실제 산포가 이론상 예측된 산포보다 더 적으면 '과소 산포(Under-dispersion)'가 발생했다고 한다. 특히 이론적 모델의 모수는 일정하다고 가정하는 것과 달리 실제에서의 모집단은 불균일한 경우가 많기 때문에 데이터 분석 시 '과대 산포'는 매우 자주 마주치는 현상으로 알려져 있다.

'이항 분포'에 대한 '과대 산포'의 예는 인간의 성비에서 찾아볼 수 있다.[76] 즉 각 가정에서 출생하는 남아 수는 무작위로 선택할 때 '이항 분포'를 따르지 않고 남아 선호에 입각해 한쪽으로 치우친 경향을 보이곤 한다(여아 선호 경우도 성립). 또 통상 알려진 남아 대 여아 평균 비율인 51:49에 근접하기보다 남아나 여아 쪽으로 치우친 경향을 띠곤 하는데, 이것은 '이항 분포'에서의 (기대) 분산보다 더 큰 (추정) 분산이 얻어진 결과이다. 통상 우리가 알고 있는 'p-관리도'는 그의 모수(p, 예로써 불량률)가 시간에 따라 일정하게 유지된다고 가정한다('식 II-15' 참조). 그러나 실제는 외부로부터의 '잡음 인자(Noise Factors)'[77]들 때문에 불량률에 변동(Variation)이 생기므로 '불량률'이 이론처럼 일정하게 유지되는 프로세스는 사실상 존재하기 어렵다. 따라서 'p-관리도'에서는 이와 같은 현실을 '관리 한계' 내에서 감안하고 프로세스를 해석한다.

---

76) 이하 설명은 www.minitab.com의 'Topic Library / Control charts'의 "What are over-dispersion and under-dispersion?"의 내용과 미니탭 '도움말' 내용을 편집해 옮겨놓았음.
77) '이상 원인(Assignable Causes)'은 해당되지 않음.

'과대 산포'에 대한 설명이 와 닿지 않으면 이 문제를 고민하고 해결책을 내놓았던 Laney와의 다음 인터뷰 내용을 통해 이해해보도록 하자.[78]

> "나는 1990년에 BellSouth에서 대규모 품질 교육을 시작했으며 사람들에게 관리도 사용법을 가르치고 있었다. 그때 흥미로웠던 점이 플로리다 911 센터에 걸려온 전화들 중 통화 처리가 안 된 비율을 조사하는 프로젝트 수행 때 발생하였다. 목숨이 왔다 갔다 하는 중요 전화들이니 문제가 있어서는 안 된다. 그런데 작성된 'p-관리도'를 보니 관리 상·하한이 밀리미터 거리로 매우 근접해 있었고, 데이터양이 굉장히 많아 보였으며, 모든 타점들이 '관리 이탈 상태'를 보였다. 당시 이렇게 많은 타점들이 어떻게 관리 한계를 벗어날 수 있을지에 대해 강력한 의구심을 가졌고, 급기야 AT&T 핸드북을 통해 이 같은 현상이 매우 큰 '표본 크기' 때문에 생긴 것으로 파악되었다. 나는 이런 현상을 '과대 산포'로 규정지었다."

참고로 앞서 '불량률에 차이(변동)'를 유발하는 요인으로 '잡음 인자(Noise Factor)'가 있으며, '(주) 77'에서 '이상 원인(Assignable Cause)'은 제외된다고 하였다. '잡음 인자'나 '이상 원인' 등 용어 활용에 혼란이 예상되므로(?) 요인들의 사전적 정의에 대해 간단히 짚고 넘어가자.[79] 본 요인들은 「2.6. '이상 원인'과 '우연 원인'의 이해」에서도 사례와 함께 간단히 기술한 바 있다.

[표 Ⅱ-33] '요인 유형'들에 대한 사전적 정의

요인 유형	정의	비고
이상 원인	프로세스 출력 값들 중 일부에만 영향을 미치는, 규모가 있으면서 간간히 발생하지만 예측할 수 없는 변동	–Shewhart: 'Assignable Cause' –Deming: 'Special Cause'

---

78) http://www.minitab.com/en-us/Published-Articles/On-the-Charts--A-Conversation-with-David-Laney/
79) http://www.itl.nist.gov/div898/handbook/glossary.htm, Glossary.

	의 원인임.	−Juran: 'Sporadic Problem'으로 명명
우연 원인	프로세스 출력 값들 모두에 영향을 미치는 자연 변동의 원인. 다수이고 전체 변동에 모두가 소금씩 기여하며, 제거가 어려움.	−Shewhart: 'Chance Cause' −Alpert: 'Common Cause' −Juran: 'Chronic Problem'으로 명명
잡음인 자	주로 실험 중 제어가 어렵거나 곤란한 인자 및 프로세스 입력(Input)들. 제품 사용 조건(온도 조건, 환경)들도 포함됨. '제어 인자(Control Factor)'와 구분됨.	−Noise Factor
제어인 자	주로 실험 중 제어가 쉬운 인자나 프로세스 입력(Input)들. 반응 값(Y)에 미치는 영향이 크지만, 변동성에 미치는 영향은 미미. '잡음 인자(Noise Factors)'와 구분됨	−Control Factor

[표 II−33]의 정의에 따라 '잡음 인자'가 '우연 원인'과 차이가 있다는 점만 기억해두자.

'과대 산포'에 덧붙여 '② 관리 한계 폭의 줄어듦'은 '표본 크기(부분군 크기)'가 매우 큰 경우에 발생한다. 이에 대한 이론적 근거는 「2.4. '중심 극한 정리(Central limit theorem)'와의 관계」의 [그림 II−13], 또는 [표 II−30]에서 '관리 한계'에 포함된 계산식(' $\sqrt{\overline{p}(1-\overline{p})/n_i}$ ')의 ' n_i '가 증가할 때 나타난다. 즉, ' n_i '가 증가하면 ' $\sqrt{\overline{p}(1-\overline{p})/n_i}$ '가 작아지므로 '관리 상·하한'은 '중심선(Center Line)'에 근접하게 된다. ' n '이 줄어들면 반대의 현상이 생긴다. 전통적인 'p-관리도(또는 u-관리도)'에서 '부분군 크기'와 '관리 한계' 간의 관계는 '검정력'과 '1-표본 t-검정' 간의 관계와 유사하다. '표본 크기'가 증가하면 't-검정' 경우 차이를 탐지할 '검정력'도 커진다.[80] 그러나 '표본 크기'가 충분히 커지면 아주 미세한 차이도 통계적으로 "유의함"으로 결론짓는 문제를 낳는다. 예를 들어, 관측치가 1,000,000개인 표본의 경우 0.001의 차이는 프로세스

---

80) '검정력'이 커진다는 의미는 그룹 간 평균의 차이를 점점 더 잘 감지해낸다는 뜻이다. 평균 차이를 감지하기 위해 수집된 그룹별 '표본 크기'가 증가하면 '검정력'은 커진다.

관리상 아무런 영향을 주지 않지만 't-검정'에서 '50.001'의 표본 평균이 '50'과 유의하게 다르다고 결론 내리는 식이다. 이 예는 '표본 크기(부분군 크기)'의 증가로 나타난 '관리 한계 폭의 줄어듦'이 '불량률'의 작은 변화에도 프로세스에 유의한 변화가 있다고 판단하는 것과 동일하다.

이제 '① 과대 산포(Over-dispersion)'가 존재하는 상황에서 '② 관리 한계 폭의 줄어듦(즉, 부분군 크기가 큼)'이 생기면 타점들이 '관리 이탈 상태'가 아님에도 '관리 이탈'인 것처럼 보이는 '오 경보'가 발생한다. 이와 같은 문제는 2002년 품질 엔지니어인 David Laney가 'p'-관리도'와 'u'-관리도'를 개발함으로써 해결되었다.[81] 일부 출처에서는 그의 이름을 따 'Laney p'-관리도'로 명명하며 미니탭에서도 이 명칭을 쓴다. 즉 'p-관리도'를 써야 하는 상황에서 과연 'p-관리도'가 적합한지, 아니면 'Laney p'-관리도'가 적합한지 미리 진단을 통해 알아보고 분석에 들어간다. 만일 진단을 통해 'Laney p'-관리도'를 선택하게 되면 실제 순수 '이상 원인'에 의한 변동과 '우연 원인'에 의한 변동을 구별해냄으로써 '오 경보'를 줄일 수 있다.

이와는 반대로 전통적인 'p-관리도'에서 변동이 너무 작은 '과소 산포(Under-dispersion)'도 문제가 될 수 있다. '과소 산포'가 존재할 때는 전통적인 'p-관리도(또는 'u-관리도)'에서 '관리 한계'가 너무 넓어져 프로세스가 '관리 상태'로 보이는 문제가 발생한다. '과소 산포'가 발생하는 이유는 인접한 부분군이 서로 상관되는, 즉 '자기 상관(Autocorrelation)' 관계에 있을 때 발생할 수 있다. 예를 들어, 도구가 마모됨에 따라 불량 개수가 증가하는 상황 등이다. 이 역시 'Laney p'-관리도'의 선택을 통해 순수 '이상 원인'에 의한 변동과 '우연 원인'에 의한 변동을 구별해 탐지할 수 있게 해준다. '과대 산포와 과소 산포'에 대해 좀 더 알고 싶은 독자는 해당 문헌을 참고하기 바란다.[82]

---

81) D. B. Laney (2002). "Improved Control Charts for Attributes", Quality Engineering, 14(4), 531–537.

다음은 미니탭을 통해 'p-관리도의 진단' 과정을 정리한 예이다. 우선 본문 예인 [표 Ⅱ-28]의 제품 '외관 불량' 자료는 '부분군 크기'가 수십 개로 비교적 작아 'p-관리도의 진단'에는 부적합할 수 있다. 따라서 미니탭 제공 기본 파일인 '불량 기록.mtw'을 진단에 추가한 뒤 둘의 결과를 비교하였다.[83]

'p-관리도의 진단'은 미니탭 「통계 분석(S) > 관리도(C) > 계수형 관리도(A) > P 관리도 진단(D)…」으로 들어가 'p-관리도'와 동일하게 입력한 뒤 실행하면 다음 [그림 Ⅱ-39]의 결과를 얻는다('외관 불량'과 '불량 기록.mtw'의 진단 결과).

[그림 Ⅱ-39] '외관 불량'과 '불량 기록.mtw'에 대한 'p-관리도' 미니탭 진단 결과

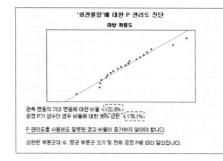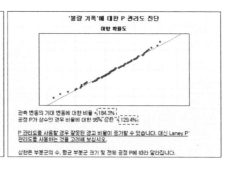

[그림 Ⅱ-39]의 왼쪽 그래프인 '외관 불량' 경우 "관측 변동의 기대 변동에 대한 비율=122.8%", "공정 p가 상수인 경우 비율에 대한 95% 상한=176.1%"이며, 오른쪽 그래프인 '불량 기록.mtw'는 "184.3%"와 "129.4%"를 각각 보이고 있다. 또 각 그래프 아래쪽에 판단을 기술하고 있는데, '외관 불

---

82) G. Jones and K. A. Govindaraju (2000). "Graphical Method for Checking Attribute Control Chart Assumptions", Quality Engineering, 13(1), 1926.

83) 미니탭 메뉴의, '파일(F)/워크시트열기(W)/'에서, "C:/Program Files/Minitab/한국어/표본데이터/불량 기록.mtw"를 불러옴.

량' 경우 "*p 관리도를 사용해도 잘못된 경고 비율이 증가하지 않아야 합니다*"로, 오른쪽 '불량 기록.mtw' 경우 "*p 관리도를 사용할 경우 잘못된 경고 비율이 증가할 수 있습니다. 대신 Laney p' 관리도를 사용하는 것을 고려해 보십시오*"로 되어 있다. 결론적으로 오른쪽 '불량 기록.mtw' 경우 'p-관리도'가 아닌 'Laney p'-관리도'를 쓰도록 제안한다. 그럼 그래프에 제시된 % 값들을 가지고 어떻게 'Laney p'-관리도' 사용 여부를 결정할까? 이들의 판단 기준은 다음 [표 Ⅱ-34]와 같다.

[표 Ⅱ-34] 'p-관리도 진단' 판단 기준

비율	부등호	95% 상한	판단
관측 변동의 기대 변동에 대한 비율	〉	공정 p가 상수인 경우 비율에 대한 95% 상한	'관리 한계 폭'이 좁아져 '오 경보' 가능. 즉, '관리 상태'를 '관리 이탈'로 판단가능성 → 'Laney p'-관리도' 사용
	〉60% & ≤		정상적인 상황 → 'p-관리도' 사용
	〈 60%		'관리 한계 폭'이 넓어져 '오 경보' 가능. 즉, '관리 이탈'을 '관리 상태'로 판단가능성 → 'Laney p'-관리도' 사용

[표 Ⅱ-34]의 필드명들 중 '비율'과 '95% 상한'은 [그림 Ⅱ-39]에 보인 두 개의 '% 값'들을 나타내고, 가운데 '부등호' 열은 두 '% 값'들을 비교한다. 'Laney p'-관리도'는 '비율'이 기준인 '95% 상한'보다 크거나(과대 산포), '60% 미만(과소 산포)'일 때 선택된다.

[그림 Ⅱ-39]의 결과를 [표 Ⅱ-34]로 평가하면 다음 [표 Ⅱ-35]와 같다.

[표 Ⅱ-35] '외관 불량'과 '불량 기록.mtw'에 대한 판단

그래프	비율	부등호	95% 상한	판단
외관 불량	122.8%	〉60% & ≤	176.1%	정상적인 상황 → 'p-관리도' 사용
불량 기록.mtw	184.3%	〉	129.4%	'과대 산포' 상황 → 'Laney p'-관리도' 사용

[표 Ⅱ－35]의 결과를 통해 '불량 기록.mtw' 자료는 '관리 한계의 폭'이 줄어들어 민감도가 높아질 가능성이 있으며, 'p-관리도'를 쓸 경우 '관리 상태' 임에도 '관리 이탈'로 판단할 가능성이 커진다. 따라서 'Laney p'-관리도' 사용을 통해 이와 같은 문제를 줄일 수 있다.

참고로 [그림 Ⅱ－39]에 포함된 '비율' 값들의 유도, '95% 상한 값'들의 유도, 해석 원리 등은 주제와 약간 거리가 있어 본문에서 제외하였다. 관심 있는 독자는 미니탭 '도움말'을 참조하거나,[84] 또는 해당 논문 「G. Jones and K. A. Govindaraju (2000). "Graphical Method for Checking Attribute Control Chart Assumptions", Quality Engineering, 13(1), 1926」을 참고하기 바란다.

⑥ '선'을 그리고 타점한다.

우선 [표 Ⅱ－35]의 결과에 따라 '불량 기록.mtw' 자료를 이용해 이후를 진행해보자. 바로 'Laney p'-관리도'의 분석으로 들어가기에 앞서 비교를 위해 평상시 접했던 'p-관리도'를 작성한다. 다음 [표 Ⅱ－36]은 '불량 기록.mtw'의 '비율(p_i)' 산정을, [그림 Ⅱ－40]은 그에 대한 'p-관리도'이다(미니탭 위치: 통계 분석(S) > 관리도(C) > 계수형 관리도(A) > P(P)…).

[표 Ⅱ－36] '불량 기록.mtw'의 '비율(p_i)' 산정

불량 수	31	34	27	5	28	29	17	3	16	45	17	26	27	23	30	21	25	18	40	…	11	20
총 기록 수	3450	2364	2677	1315	3401	3500	2949	1778	2506	2902	2727	2862	3164	2871	3026	1808	2767	2148	3055	…	1655	2842
P_i	0.009	0.014	0.010	0.004	0.008	0.008	0.006	0.002	0.006	0.016	0.006	0.009	0.009	0.008	0.010	0.012	0.009	0.008	0.013	…	0.007	0.007

---

84) 도움말에서 검색어 "p 관리도, p 관리도 진단"을 입력 후 버튼 '표시'를 눌러, 도움말 메뉴들 중 '참고 항목/방법 및 공식/p chart diagnostic'의 내용 참조.

[그림 Ⅱ-40] '불량 기록.mtw'에 대한 'p-관리도' 미니탭 예

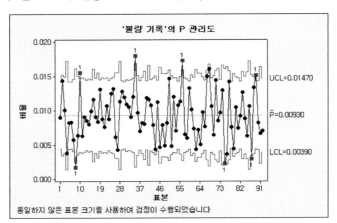

원 데이터를 보면 '부분군 크기(필드명 '총 기록 수')'는 '1,315~3,500개' 사이에서 수집되었으며, 평균이 '약 2,547개'로 적지 않은 규모이다. 그러나 '부분군 크기'가 큰 상황에서 '관리 한계 폭의 줄어듦' 때문에 [그림 Ⅱ-40] 의 '관리 이탈'이 발생한 것인지, 아니면 '이상 원인'에 의한 것인지는 현재로 선 확인이 어렵다. '부분군 크기'가 크다는 이유로 프로세스가 '관리 이탈'이 라 판단하는 것엔 분명 문제가 있다. 그러나 '부분군 크기'가 커지면 프로세스 가 약간만 움직여도 '관리 한계'를 넘어버리는, 즉 민감도가 높아지는('관리 한계' 폭이 줄어드는) 문제를 피할 순 없다. 따라서 현실에서 일어나는 일인 만큼 해법도 뒤따라야 한다.[85]

지금과 같은 의심이 생길 경우 기존의 해결책은 데이터가 '이산 자료'인 점 을 아예 무시하고 '연속형 관리도'인 'I-관리도(또는 X-관리도)'로 전격 교체하 는 것이었다.[86] 왜냐하면, 'I-관리도'에서는 '관리 한계'를 계산할 때 'p-관리

---

85) 미니탭 최신 버전은 '오 경보' 발생 여부를 자동 알려준다.
86) 이에 대한 적용 논리는 아래 출처 참조.

도'의 '관리 한계' 계산식('$\sqrt{\bar{p}(1-\bar{p})/n_i}$')에 포함된 '부분군 크기, n_i'와 달리, '이동 범위(Moving Range)' 계산에 필요한 '부분군 크기'가 항상 '2'이고 그에 해당되는 '$d_2 = 1.128$'로 고정되어 있으며($\hat{\sigma} = \overline{MR}/d_2 = \overline{MR}/1.128$), 따라서 '표본 크기(부분군 크기)' 증가에 따른 '관리 한계 폭의 줄어듦' 현상이 발생하지 않기 때문이다. 이해를 돕기 위해 '주) 78'의 Laney 인터뷰 중 관련 내용을 옮기면 다음과 같다.

> "'표본 크기'가 아주 커지면 샘플링 변동은 '0'에 근접하고, 'p-관리도'의 '관리 한계'는 매우 근접하게 되어 데이터는 '관리 한계'를 벗어나게 된다. 그래서 AT&T 핸드북은 'I-MR 관리도'를 사용하도록 규정한다. 이 관리도의 '관리 한계'엔 '이동 범위'가 사용되며, '이동 범위'의 '표본 크기=2'는 단기 변동을 측정한다. 과거 Shewhart는 단기 변동이 중요하다고 했는데, 그 이유는 장기 변동을 사용하면 '이상 원인'과 '우연 원인'을 구별하려는 시도에 '경향(Trend)'이나 '계절적 변동(Seasonality)'이 방해를 줄 수 있기 때문이다."

[그림 II-41]은 각 '불량률(p_i)'을 '불량치(x_i)'로 간주하고 작성한 'I-관리도'이다. 이때 '중심선'과 '관리 한계'의 계산에 주의한다. 정상적인 'I-관리도'라면 '중심선(CL)' 계산 시 '$\bar{x} = \sum_i x_i/n$'에 해당하는 '$\bar{p} = \sum_i p_i/n$'를 써야 하나 '과대 산포' 축소를 염두에 둔 지금의 상황에서는 'p-관리도'의 '중심선' 값을 그대로 가져다 쓴다([표 II-30]의 '중심선($\bar{p}$)' 계산 식 참조). 또 '관리 한계' 계산에도 이를 반영한다(미니탭 위치: '통계 분석(S) > 관리도(C) > 개별값 계

---

(1) Wheeler, D. J. Advanced Topics in Statistical Process Control SPC Press: Knoxville, TN, 1995. p.259.

(2) Western Electric. Statistical Quality Control Handbook AT&T Customer Information Center: Indianapolis, IN, 1956. pp.196~197.

(3) Wheeler, D. J. Understanding Variation-The Key to Managing Chaos SPC Press: Knoxville, TN, 1993. p.136.

량형 관리도(I) > 개체[I](I)…'). 이를 위해 'I-관리도'의 '|관리도 옵션(P)...|'으로 들어가 '모수' 탭 내 '평균(M):'란에 '0.0092964'를 입력한다.

[그림 Ⅱ−41] '불량 기록.mtw'에 대한 'p-관리도' → 'I-관리도' 대체

상황	관리도	계산식		비고
'과대 산포'가 예상됨에 따라 연속형 관리도로 대체	p-관리도 ↓ 'I-관리도'	$UCL=\bar{p}+3\times\frac{\overline{MR}_p}{d_2}$ $CL(\bar{p})=\frac{\sum x_i}{\sum n_i}$ $LCL=\bar{p}-3\times\frac{\overline{MR}_p}{d_2}$	$UCL==0.0092964+3\times\frac{0.003934}{1.128}\cong0.01976$ $CL=\frac{2,179}{234,391}=0.0092964$ $LCL=0.0092964-3\times\frac{0.003934}{1.128}\cong-0.00117$	-'중심선(CL)'은 p-관리도 중심선을 사용

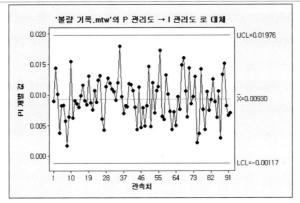

[그림 Ⅱ−41]의 결과는 [그림 Ⅱ−40]과는 사뭇 다르다. [그림 Ⅱ−40]의 'p-관리도'에서 총 7개의 'UCL/LCL' 이탈 점들이 관찰된 반면, [그림 Ⅱ−41]의 'I-관리도' 경우 '관리 상태'의 결과를 얻었다. 관리도 '중심선(Center Line), $\bar{X}$'는 '총 불량품 수÷총 표본 크기'이므로 'p-관리도'의 그것과 차이가 없지만 '관리 한계'만은 계산식이 다르기 때문에 그 폭도 달라졌다. 여기까지의 내용을 한 문장으로 정리하면 "'부분군 크기'가 프로세스의 '관리 이탈'에

미치는 영향을 제거시켰다"로 해석할 수 있다.

그러나 여전히 아쉬움이 남는다. 왜냐하면 'p-관리도'의 특징이 '부분군 크기'가 매번 변하는 것을 전제로 만들어졌고, 따라서 각 부분군의 '관리 상태 여부'는 '부분군 크기'에 따라 '관리 한계'의 높낮이도 그에 맞춰 변해야 하기 때문이다. 예를 들어, '관리 한계 폭의 줄어듦' 영향은 최소화되어야 하나 '관리 한계'의 모습은 [그림 Ⅱ-41]처럼 "일직선"이 아닌 [그림 Ⅱ-40]의 "요철선"이 되어야 한다. 이를 위해 '주) 81'에 기술한 David B. Laney의 'p'-Chart(이하 p'-관리도)'가 도입되었다. 내용 발표가 2002년이므로 'p-관리도'의 분석 수준을 한 단계 끌어올린 게 최근이라는 데 다소 놀랍다. 'Laney p'-관리도'를 통해 얻고자 하는 것은 '관리 한계'가 [그림 Ⅱ-41]의 'I-관리도'처럼 원래 'p-관리도'의 '관리 한계 폭'보다 넓혀지면서, [그림 Ⅱ-40]처럼 '부분군 크기'의 변화를 반영한 '요철선'을 만드는 것이다. Laney는 이 과정을 세 개의 단계로 구분해 설명한다.

(Step-1: 'z-관리도' 작성)

이 내용은 각 부분군별 '불량률(p)'을 연속형인 'z-값'으로 바꿔 타점하는 방식이다. 기초 통계에서 익히 알고 있는 표준화인 'z-변환'을 의미한다. 참고로 Laney는 'z-chart'로 썼지만 참고문헌인 Western Electric社의 「SQC Handbook, p.197」에는 기본 관리도($\overline{X}-R, p$ 등)를 제외한 "Other Methods of Charting"에서 'z-chart'가 아닌 't-chart'로 명명하고 있다. 'z-관리도'의 도입 배경에 대해서는 '주) 78'의 Laney와의 인터뷰에서 다음과 같이 언급하고 있다.

"911 프로젝트가 있은 지 얼마 안 되어 나는 테네시주, 녹스빌의 한 호텔 콘퍼런스 룸에서 Don Wheeler 박사의 '분산 분석(ANOVA)' 강의를 듣고 있었다. 잘 알려져 있다시피 그것은 Fisher에 의해 평균들 간 차이를 검증하기 위해 도입된 원리로 ‘그룹 내 변동’과 ‘그룹 간 변동’의 비를 이용하는 것이다. 그때 ‘p-관리도’는 왜 그렇게 하지 않는가라는 의구심이 들었다. 우리가 겪는 세상에서 ‘비율’로 표현되는 문제들은 매일매일의 비나 기온, 달의 기울기 상태에 의존한다. 예를 들어, 전화 통화 품질은 해당 월에 얼마나 많은 천둥이 있었는가에 크게 영향 받는다. 만일 AT&T의 핸드북처럼 ‘표본 크기’가 매우 커져서 ‘과대 산포’가 예상된다고 ‘I-관리도’를 도입하면 ‘관리 한계’는 항상 일직선이 될 것이고, 이때 월별 천둥 횟수 여부에 따라 통화 품질 수에 차이가 남에도 일직선의 동일한 잣대로 해석해야 하는 우를 범하게 된다. 플로리다의 911 통화 수도 유사하게 설명될 수 있다. 여름에는 고온과 관련된 질병이 많아 전화 수도 증가하는 반면, 겨울에는 그 수가 크게 줄어든다. ‘부분군(표본) 크기(예로, 여름의 전화 수)’가 커지면 상대적으로 통계적 확실성은 증대된다. 이 같은 상황은 ‘p-관리도’에도 그대로 적용되어야 하는데, 결론적으로 ‘z-관리도’로 전환하면 ‘z값’ 계산식과 같이 분모에 ‘부분군 크기’가 반영되어 그에 따른 영향을 해석 때 고려할 수 있다($z_i = (p_i - \bar{p})/\sqrt{\bar{p} \times (1 - \bar{p})/n_i}$).”

‘z-관리도’의 가장 큰 특징은 이론상 ‘평균’, 즉 관리도에서의 ‘중심선(Center Line)’이 ‘0’이고, 분산의 변동성은 ‘1’로 고정되며, ‘관리 상·하한’은 ‘±3’으로 정해지면서 ‘일직선’의 특징을 갖는다.

[표 Ⅱ-37] ‘z-관리도’의 ‘관리 한계(Control Limit)’ 계산식

관리도	‘관리 한계’ 계산식	비고
z-관리도	$UCL = +3$ $CL = 0$ $LCL = -3$	참고로, ‘z_i’는 다음으로 얻는다. $z_i = \dfrac{p_i - \bar{p}}{\hat{\sigma}_{p_i}}$. 여기서, $\hat{\sigma}_{p_i} = \sqrt{\dfrac{\bar{p}(1 - \bar{p})}{n_i}}$

이를 근거로 ‘불량 기록.mtw’ 데이터를 ‘z-변환’하면 [표 Ⅱ-38]과 같다.

[표 Ⅱ-38] 'z_i-값'의 산정식과 계산 결과

불량 수	31	34	27	5	28	29	17	3	16	45	17	26	27	23	30	21	25	18	40	...	11	20
총 기록 수	3450	2364	2677	1315	3401	3500	2949	1778	2506	2902	2727	2862	3164	2871	3026	1808	2767	2148	3055	...	1655	2842
p_i	0.009	0.014	0.010	0.004	0.008	0.008	0.006	0.002	0.006	0.016	0.006	0.009	0.009	0.008	0.010	0.012	0.009	0.008	0.013	...	0.007	0.007
Z_i	-0.190	2.577	0.426	-2.076	-0.646	-0.623	-1.998	-3.343	-1.519	3.486	-1.666	-0.118	-0.447	-0.718	0.354	1.027	-0.143	-0.443	2.187	...	-1.123	-1.255

$$z_i = \frac{p_i - \bar{p}}{\hat{\sigma}_{p_i}} = \frac{p_i - \bar{p}}{\sqrt{\frac{\bar{p}*(1-\bar{p})}{n_i}}} = \frac{p_i - 0.009296}{\frac{0.09597}{\sqrt{n_i}}}. \qquad \left(단, \ \bar{p} = \frac{\Sigma \, 불량수}{\Sigma \, 총 \, 기록수} = 0.009296\right)$$

[표 Ⅱ-38]의 맨 아래 행이 식으로 구한 'z-값'들이고, '관리 한계'는 'z-분포'의 '표준 편차=1'이므로 계산할 것도 없이 당연히 '±3×1=±3'이다[표 Ⅱ-37] 참조). 다음 [그림 Ⅱ-42]는 비교를 위해 '불량 기록.mtw'의 'p-관리도'와 'z-관리도'를 함께 작성한 결과이다(미니탭 위치: 통계 분석(S) > 관리도(C) > 개별값 계량형 관리도(I) > 개체[I](I)···).

[그림 Ⅱ-42] '불량 기록.mtw'의 'p-관리도'와 'z-관리도' 비교

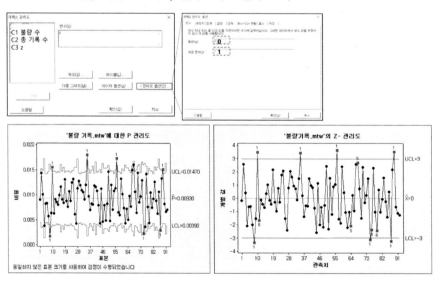

[그림 Ⅱ-42]의 오른쪽 관리도는 미니탭 'I-관리도(개체[I])'이다. 'z-관리도'가 [표 Ⅱ-38]의 'z_i값'들을 이용하므로 개별 값으로 간주할 수 있기 때문에 미니탭 'I-관리도(개체[I])'의 이용이 가능하다. 다만 'CL=0'과 '표준 편차=1'을 반영시키기 위해 [그림 Ⅱ-42]의 상단 '대화 상자'와 같이 'I 관리도 옵션(P)... '으로 들어가 '모수' 탭 내 '평균(M):'과 '표준 편차(S):'에 '0'과 '1'을 각각 입력한다.

[그림 Ⅱ-42]의 왼쪽 'p-관리도'는 '관리 한계'가 만리장성(?)인 반면 'z-관리도'는 '일직선'이고, 'CL=0, UCL/LCL=±3'임을 확인할 수 있다. 그러나 두 관리도 모두 타점들 중 '관리 상한'을 동일한 수만큼씩 벗어났고, 시각적으로도 'z-관리도 진단'에서 확인된 바와 같이 '과대 산포'로 인한 영향이 줄어든 모습은 보이지 않는다. 또 '분산=1'이라는 점도 과연 타당한지에 대해 의구심이 든다.

이에 Laney는 'z-관리도'는 그대로 유지하면서, '표준 편차=1' 대신에 'I-관리도'의 방식으로 '표준 편차'를 새롭게 정립하였다. 'I-관리도'의 '표준 편차' 추정은 '$\overline{MR}_z/d_2$'처럼 '범위(Range)'를 쓰므로 '관리 한계'가 '단기 변동(Short-term Variation)'에 기반을 둔다는 관리도의 기본 원칙과 잘 맞아떨어진다.[87] 따라서 다음의 'Step-2' 과정을 거쳐 '표준 편차'가 '1'로 고정되지 않도록 조정이 이루어진다.

(Step-2: 'z'-관리도' 작성)

이 대목에서 Laney는 인터뷰로부터 다음과 같이 회고하고 있다.

"기존의 'z-관리도' 경우 '±3 표준 편차 관리 한계'를 설정한다. 이 대목에

---

87) 이하 일부 내용은 다음 문헌 참조. Mark L. Crossle, 2008, The Desk Reference of Statistical Quality Methods, ASQ Quality Press, pp.349~352.

서 나는 미국의 통계학자인 Dr. Donald J. Wheeler의 넋두리를 기억한다. 즉
"분산을 측정할 수 있는데 왜 가정해서 사용하죠?"라는 반문이다. 왜 우리는
맹목적으로 "관리 상한은 3이 되어야 해"라고 가정하는가? 왜 우리는 'I-MR
관리도'처럼 '표본 크기=2'인 '이동 평균'을 사용하지 못하는가? 왜 그게 무엇
이 될 것인지에 대해 알려고 하지 않는가? 이에 나는 '표준 편차' 추정에 '크
기=2'인 '이동 범위'를 사용하였고 그 '표준 편차'를 "σ_z"라 불렀다. 그리고 나
서 '관리 한계'를 '+/-3σ_z'로 설정하였다. 이때 'z-관리도'와 연결됐을 거란 기
대에, 그러나 분명히 차이가 있기를 바라면서 그 명칭을 'z'-관리도'라 정했다.
기존 대부분의 타점이 '관리 한계'를 벗어난 것에 비해 이 관리도는 20개 중
한두 개만 벗어난 상태가 되었고 해석에 긍정적 영향을 미쳤다."

'Step-1'에서 구한 'z-값'들을 '±3 관리 한계'에 그대로 타점하기보다 이들을
다시 'I-관리도'로 전환한다. 이때 'Step-1'에서의 'z-관리도'와 차이점은 '관리
한계' 계산에 '$\overline{MR_z}/d_2$'가 쓰인다는 점, 그러나 '중심선(CL)'은 그대로 '0'을
유지시킨다는 점이다. 이 관리도를 'z-관리도'의 외형은 유지하면서 '관리 한
계'가 좀 더 개선됐다는 의미로 'z'-관리도'라 부른다(이하 'z'-관리도'로 명명).
정리하면 'Step-1'은 '이산 자료'를 '연속 자료'로 전환하는 과정을, 여기
'Step-2'는 'I-관리도'를 응용해 '관리 한계의 조정'을 이루었다고 볼 수 있다.
'관리 한계'를 계산하면 다음 [표 Ⅱ-39]와 같다.

[표 Ⅱ-39] 'z'-관리도'의 '관리 한계' 계산식과 계산 예

관리도	'관리 한계' 계산식 및 계산 결과	비고
개선된 z-관리도 (z'-관리도)	$UCL = 3\hat{\sigma}_z = 3\dfrac{\overline{MR_z}}{d_2} = 3\dfrac{\overline{MR_z}}{1.128}$ $CL = 0$ $LCL = -3\hat{\sigma}_z = -3\dfrac{\overline{MR_z}}{d_2} = -3\dfrac{\overline{MR_z}}{1.128}$	$- \ MR_{z_i} = \|z_i - z_{i-1}\| \quad (i = 2,...,n)$ $\qquad \overline{MR_z} = \dfrac{1}{n-1}\sum_{i=2}^{n} MR_{z_i}$ $- \ \hat{\sigma}_z = \overline{MR_z}/d_2$ $-$ z값들의 '표준 편차'는 '1'로 고정되어 있 지 않음.

[표 II-37] 자료를 이용한 'z'-관리도' 계산	$UCL = 3\hat{\sigma_z} = 3\dfrac{1.9302}{1.128} \cong 5.134$ $CL = 0$ $LCL = -3\hat{\sigma_z} = -3\dfrac{1.9302}{1.128} \cong -5.134$	$-\overline{MR}_z = \dfrac{1}{n-1}\sum\limits_{i=2}^{n} MR_{z_i} \cong 1.9302$ $-\hat{\sigma_z} = \overline{MR}_z / d_2 = \dfrac{1.9302}{1.128} \cong 1.7112$

먼저 [표 II-38]의 'z값'과 [표 II-39]의 '관리 한계'를 적용해 'z'-관리도'를 작성해보자. 미니탭 기준으론 'I-관리도'를 작성하는 것과 같고, 단지 [그림 II-42]의 '대화 상자'에서처럼 '평균(M):'엔 '0(단, '표준 편차(S):'는 빈 공간으로 둠)'만 입력하고 실행한다. 비교를 위해 [그림 II-42]의 'z-관리도'를 함께 표시하였다. 결과는 다음 [그림 II-43]과 같다.

[그림 II-43] '불량 기록.mtw'에 대한 'z-관리도'와 'z'-관리도'의 비교

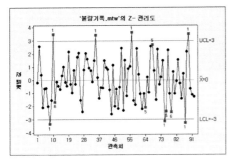
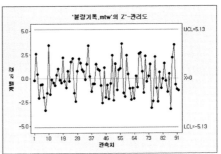

[그림 II-43]의 오른쪽 'z'-관리도'는 [그림 II-41]의 'I-관리도'와 비교할 때 'p' 대신 'z'를 적용한 것을 빼곤 대부분 유사하다. 또 바로 왼쪽의 'z-관리도'와 비교하면 '표준 편차=1'로 '가정'하는 대신, 프로세스의 '모 표준 편차' 추정 값인 '$\hat{\sigma_z} = \overline{MR}_z / d_2 = 1.9302/1.128 = 1.7112$'를 적용함으로써 '관리 한계'가 'z-관리도'의 이항(Binomial) 가정에 비해 '단기 변동(Short-term Variation)'상 '1.7112배' 더 커졌음을 의미한다. 즉 고정 값 '1'이 아니라 상황에 맞는 변동을

반영하고 있다는 뜻이다. 요약하면 '부분군(표본) 크기'가 커서 '관리 한계 폭이 줄어듦'에 대한 영향은 이번 'z'-관리도'를 통해 상당 부분 해소되었다고 볼 수 있다. 그러나 'z-값'의 접근이 대부분의 사람들에게 익숙한 표현법이 아니기 때문에 다시 관리 중인 '불량률(p)'의 표현으로 전환이 필요한데 이 과정은 다음 'Step-3'에서 진행된다.

(Step-3: Laney p'-관리도)

이 단계에서 'z-변환'을 다시 원래의 'p' 단위로 전환하고, 그에 맞는 '표준 편차'를 구성한다. 이에 대한 Laney의 인터뷰 내용을 옮기면 다음과 같다.

'''z'-관리도'를 통해 기존 '이항 분포'로부터의 변동보다 월별 변동이 몇 배 더 커졌고(즉, '관리 한계'가 벌어짐), 따라서 이 관리도 도입을 통해 큰 성과를 보기 시작했으나 당시 많은 사람들이 'z'가 뭐죠? 그 의미가 뭐죠? 하는 물음에 시달리게 되었다. 접근 방식엔 문제가 없어 보였지만 비전문가들에게 그것이 어떤 것이라는 것을 설명하기엔 현실적으로 역부족이었다. 그래서 나온 해법이 'z값'을 'p값'으로 다시 전환하는 것이었다. 그리고 '관리 한계'를 '+/-3 $\hat{\sigma}_{p_i}\hat{\sigma}_z$'로 설정하였다. 이로써 간단하지만 강력한 개념이 70년 동안의 논점이 되어왔던 문제를 해결하게 됐는데 이것이 바로 'p'-관리도'이다."

우선 전환 과정을 살펴보면, [표 Ⅱ-37]의 '$z_i = (p_i - \bar{p})/\hat{\sigma}_{p_i}$'로부터,

$$z_i = \frac{p_i - \bar{p}}{\hat{\sigma}_{p_i}} \rightarrow p_i = \bar{p} + \hat{\sigma}_{p_i} z_i. \ (where, \ \hat{\sigma}_{p_i} = \sqrt{\bar{p} \times (1-\bar{p})/n_i}) \qquad (식 \ Ⅱ-16)$$

을 유도한다. 이때 'p_i'의 '표준 편차($\hat{\sigma}_z$)'는 다음과 같이 정해진다.

$$sd(p_i) = \hat{\sigma}_{p_i}\hat{\sigma}_z. \quad (where, \hat{\sigma}_z = \overline{MR}_z / d_2 = \overline{MR}_z / 1.128) \qquad (\text{식 } \text{II}\text{-}17)$$

'비율'의 관리 체계로 돌려놨을 때 최종 '중심선(CL)'과 '관리 한계'는 다음 [표 Ⅱ－40]으로 요약되며, 이같이 작성된 관리도를 '(Laney) p'－관리도'라고 한다. 표에 '(Laney) p'－관리도'의 '관리 한계' 계산 예(맨 끝 데이터인 92번째 자료)도 포함시켰다.

[표 Ⅱ－40] '(Laney) p'－관리도'의 '관리 한계' 계산식과 계산 결과

관리도	'관리 한계' 계산식 및 계산결과	비고
p'－관리도	$UCL_i = \bar{p} + 3\hat{\sigma}_{p_i}\hat{\sigma}_z$ $CL = \bar{p}$ $LCL_i = \bar{p} - 3\hat{\sigma}_{p_i}\hat{\sigma}_z$	$- \bar{p} = \dfrac{\text{총 불량품수}}{\text{총 표본크기}} = \dfrac{\sum x_i}{\sum n_i}$ $- \hat{\sigma}_{p_i} = \sqrt{\bar{p} \times (1-\bar{p})/n_i}$ $- \hat{\sigma}_z = \overline{MR}_z / d_2 = \overline{MR}_z / 1.128$
- '과대 산포'가 존재하지 않으면($\hat{\sigma}_z = 1$), '관리 한계'는 'p-관리도'와 같아짐. - 모든 '부분군 크기'가 동일하면, 'I-관리도'와 같이 '관리 한계'가 일직선이 됨.		
[표 Ⅱ－39] 자료를 이용한 'p'－관리도' 계산(데이터 92번째 '부분군'에 대해)	$UCL_{92} = 0.009296 + 0.0018 \times$ $1.711 \cong 0.01854$ $CL = 0.009296$ $LCL_{92} = 0.009296 - 0.0018 \times$ $1.711 \cong 0.00005$	$- \bar{p} \cong 0.0092965$ $- \hat{\sigma}_{p_i} = 0.0018$ $- \hat{\sigma}_z = \dfrac{1.9302}{1.128} \cong 1.711$

[표 Ⅱ－40]의 중간에 '(Laney) p'-관리도'의 중요한 특징을 정리해놓았는데 '$\hat{\sigma}_z = 1$'의 경우와 '부분군 크기'가 모두 동일한 경우 'p-관리도'와 'I-관리도' 의 성향을 각각 보인다는 점이다. 즉 지금까지 사용되어 오던 'p-관리도'와 '과대 산포' 문제점 해결을 위해 제시된 'I-관리도' 등이 모두 '(Laney) p'-관리도'의 특수한 경우로 해석될 수 있다. [표 Ⅱ－40]을 적용해 '(Laney) p'－관리도'를 작성하면 다음 [그림 Ⅱ－44]와 같다. 변화된 모습을 비교하기 위

해 [그림 Ⅱ-40]의 'p-관리도'를 함께 포함시켰다.

[그림 Ⅱ-44] '불량 기록.mtw'의 'p-관리도'와 '(Lanry) p'-관리도' 비교

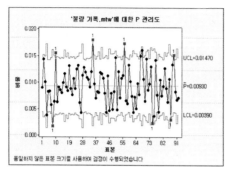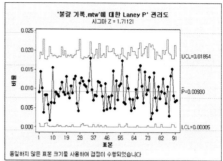

[그림 Ⅱ-44]는 '중심선(CL)'은 '0.00930'으로 동일한 반면 '관리 한계 폭 (관리 상한-관리 하한)'은 'p-관리도'가 '0.0108', '(Laney) p'-관리도'는 '0.01849'로 후자의 경우가 더 벌어져 있음을 알 수 있다. '과대 산포' 존재를 보정한 결과로 해석된다. 이에 따라 'p-관리도'에서 일곱 개의 타점이 '관리 한계'를 벗어난 반면, '(Laney) p'-관리도'는 프로세스가 '관리 상태'임을 보여준다. 해석에 큰 차이가 있는데, 경험을 토대로 '(Laney) p'-관리도'의 사용이 프로세스 현황을 이해하는 데 더 긍정적이라는 점만 기억해두자. 또 어떤 결론이 나오든 프로세스 관리자 또는 엔지니어는 실제 벌어지는 현상과 관리도로부터 확인된 결과를 항상 밀도 있게 분석하고 추적하는 것이 잘못된 해석을 피할 수 있는 지름길임을 명심하자. 참고로 '(Laney) p'-관리도'의 'UCL'과 'LCL'은 [표 Ⅱ-40]에서 계산된 맨 끝(92번째) 자료의 '관리 상·하한'과 일치하고 있다.

끝으로 [표 Ⅱ-40]은 '92번째 부분군' 하나에 대한 '관리 한계'인 반면 다

음 [표 Ⅱ-41]은 '불량 기록.mtw'의 모든 부분군들에 대한 '관리 한계' 결과이다. 중간에 'z-관리도'와 'z'-관리도'를 얻어야 'Laney p'-관리도' 계산이 가능하므로 여유 있으면 직접 얻어본 뒤 [표 Ⅱ-41]과 비교해보기 바란다. 데이터 수가 많아 중간 일부는 제외하였다.

[표 Ⅱ-41] '불량 기록.mtw'의 전체 부분군에 대한 '관리 한계' 계산 결과

p_bar	0.00930
R_bar(z_i)	1.93025
σ_z	1.71121
σ_{ui}	0.00091 부분군에 따라 달라짐

총 기록 수	3450	2364	2677	1315	3401	3500	...	2066	1322	2402	2616	3368	3292	1655	2842
불량 수	31	34	27	5	28	29	...	13	14	7	35	51	27	11	20
P_i	0.0090	0.0144	0.0101	0.0038	0.0082	0.0083	...	0.0063	0.0106	0.0029	0.0134	0.0151	0.0082	0.0066	0.0070
이동범위(P_i)		0.0054	0.0043	0.0063	0.0044	0.0001	...	0.0026	0.0043	0.0077	0.0105	0.0018	0.0069	0.0016	0.0004
z_i	-0.1903	2.5767	0.4256	-2.0760	-0.6463	-0.6231	...	-1.4228	0.4901	-3.2593	2.1759	3.5353	-0.6545	-1.1233	-1.2549
이동범위(z_i)		2.7670	2.1511	2.5017	1.4297	0.0232	...	1.1910	1.9129	3.7494	5.4352	1.3593	4.1898	0.4688	0.1316
UCL	0.01768	0.01943	0.01882	0.02288	0.01774	0.01762	...	0.02014	0.02285	0.01935	0.01893	0.01779	0.01788	0.02141	0.01854
LCL	0.00091	-0.00084	-0.00023	-0.00429	0.00085	0.00097	...	-0.00154	-0.00425	-0.00076	-0.00034	0.00081	0.00071	-0.00281	0.00005

[표 Ⅱ-41]의 맨 끝 '관리 한계'가 [표 Ⅱ-40]의 '92번째' 계산 결과이다.

4.5. np-관리도

'p-관리도'가 '부분군(표본) 크기'가 일정하지 않은 상태에서 '불량품 수와의 비율'을 타점하는 것과 달리 'np-관리도'는 '부분군(표본) 크기'가 항상 일정한 상태에서 '불량품 수'의 시간적 변화를 파악한다. 교육을 할 때면 "부분군 크기가 일정하면 np, 일정치 않으면 p입니다" 하고 일방적(?)으로 얘기하면 헷갈린다는 반응을 보인다. 그럴 때면 "'p'는 '[불량품 개수/부분군 크기(n)]'이므로 'np'를 다시 쓰면 '부분군 크기(n)×[불량품 개수/부분군 크기(n)]'가 되어 약분하면 '불량품 개수'만 남지요. 즉 'np-관리도'는 '개수'로만 타점되는 관리도입

니다" 하고 마무리한다. 사실 '부분군 크기(분모)'가 계속 변하는 상황에서 '분자'에 포함된 '불량품 수'만 얘기했다간 동일한 '4개'라도 '100개 중 4개'인지, '5개 중 4개'인지 불분명해지므로 '비율'로밖에 표현할 수 없고 그를 타점한 것이 'p-관리도'이다. 반대로 '부분군 크기'가 항상 일정하면 굳이 '분모'를 고려할 필요가 없으므로 분자인 '불량품 수'만 관리하면 그만이다. 간단하다. '중심선(CL)'과 '관리 한계(Control Limit)'의 계산 및 그들을 이용한 관리도 작성은 다음의 순서를 따른다.

① 데이터를 수집한다.

전자 제품 조립 라인의 A-부분품은 두 개의 부품을 조립해서 만들어진다. 접촉 부위가 미세하게 찍힘이 발생하면 검사 공정에서 불량품으로 처리된다. 불량품의 관리는 매일 이루어지며 '80개'의 부분군을 표집해 발생 빈도를 점검한다. 이 상황은 '이산 자료'이면서 '부분군 크기'가 일정하므로 'np-관리도'가 요구된다. 본문 설명을 위해 [표 Ⅱ-42]와 같이 20일간의 '조립 불량' 데이터가 수집된 것으로 가정한다. 매일의 '부분군 크기=80'으로 고정되어 있다.

[표 Ⅱ-42] '조립 불량'에 대한 20일간 데이터 예

일차	1일	2일	3일	4일	5일	6일	7일	8일	9일	10일	11일	12일	13일	14일	15일	16일	17일	18일	19일	20일
부분군 크기	80	80	80	80	80	80	80	80	80	80	80	80	80	80	80	80	80	80	80	80
조립불량품	4	1	3	7	2	1	3	8	6	3	4	2	11	13	1	2	1	3	2	5

② '중심선(CL)'이 되는 '평균 불량 개수($n\bar{p}$)'를 계산한다.

다음의 계산식을 이용한다. 그러나 [표 Ⅱ-42]의 '조립 불량품 수'에 대해 단순히 그 '평균'만을 구해도 결과는 동일하다.

$$n\bar{p}=n\left(\frac{\sum\limits_{i=1}^{k}n_{\text{불량품},i}}{n\cdot k}\right)=80\times\frac{4+1+3+...+3+2+5}{80\times20}=\frac{82}{20}=4.1 \qquad (\text{식 II-18})$$

$$\text{또는, } n\bar{p}=\frac{\sum\limits_{i=1}^{20}n_{\text{불량품},i}}{k}=\frac{4+1+3+...+3+2+5}{20}=\frac{82}{20}=4.1$$

$where,\ n=$ 부분군(표본) 크기 : 모두 동일, $\bar{p}=$ 평균 불량률
$n_{\text{불량품},i}=$ 부분군별 불량품수, $k=$ 부분군수

③ '관리 한계'를 계산한다.

이전의 'p-관리도'에서 '관리 한계'를 얻을 때 도입했던 (식 II-13)~(식 II-15) 및 계산식 [표 II-30]을 그대로 활용한다. 다만 '총 평균'에 해당하는 '중심선(CL)'이 (식 II-18)이므로 'p-관리도'에서의 '$\bar{p}$'를 'np-관리도'에서는 '$n\bar{p}$'로 대체한다.

[표 II-43] 'np-관리도'의 '관리 한계(Control Limit)' 계산식

상황	관리도	계산식	비고
모집단 'p'가 알려진 경우	np-관리도	$UCL=np+3\sqrt{np(1-p)}$ $CL=np$ $LCL=np-3\sqrt{np(1-p)}$	'np-관리도' 공통. - UCL이 n을 초과 시 'n'으로 설정 - LCL이 음수인 경우 '0'으로 설정 - 'n'은 '부분군(표본) 크기'
모집단 'p'가 알려져 있지 않은 경우 (주로 사용됨)		$UCL=n\bar{p}+3\sqrt{n\bar{p}(1-\bar{p})}$ $CL=n\bar{p}$ $LCL=n\bar{p}-3\sqrt{n\bar{p}(1-\bar{p})}$	- $\bar{p}$는 p의 추정값 - $n\bar{p}$는 (식 II-18) 참조

[표 II-42]의 '관리 한계'를 계산하면 [표 II-44]와 같다.

[표 Ⅱ-44] 'np-관리도'의 '관리 한계(Control Limit)' 계산 예

상황	관리도	'관리 한계' 계산 결과	비고
모집단 'p'가 알려져 있지 않은 경우 (주로 사용됨)	np-관리도	$UCL = 4.1 + 3\sqrt{4.1 \times (1 - 0.05125)}$ $= 10.017$ $CL = 4.1$ $LCL = 4.1 - 3\sqrt{4.1 \times (1 - 0.05125)}$ $= -1.817$	- LCL은 음수이므로 '0'으로 설정

④ '선'을 그리고 타점한다.

지금까지의 결과를 토대로 'np-관리도'를 작성한다. 다음 [그림 Ⅱ-45]는 [표 Ⅱ-42]의 원 데이터로부터 얻은 미니탭 결과이다(「통계 분석(S) > 관리도(C) > 계수형 관리도(A) > NP(N)…」).

[그림 Ⅱ-45] '조립 불량품' 데이터의 'np-관리도' 예

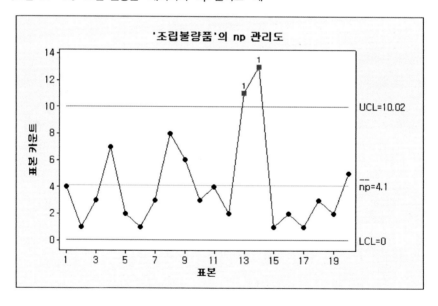

[그림 Ⅱ-45]에서 '13일째'와 '14일째' 조립 불량률이 타 일자에 비해 두
드러지게 높다는 것을 알 수 있다. '1) 원인 규명 → 2) 개선 → 3) 재발 방
지책 마련'의 조치가 요구된다. '관리 하한(LCL)'은 [표 Ⅱ-44]에서 음수가
나와 자동 '0'으로 설정되었다.

다음 관리도로 넘어가기 전에 'p-관리도'와 'np-관리도'가 차트상으로 어떻
게 다른지 알아보자. 각 차트의 '관리 한계'와 '중심선', 'Y-축 척도'를 비교함
으로써 둘의 차이를 확인할 수 있다. 이를 위해 [그림 Ⅱ-38]의 「'외관 불량'
에 대한 'p-관리도' 미니탭 결과」와 바로 앞서 전개한 [그림 Ⅱ-45]의 「'조
립 불량품' 데이터에 대한 'np-관리도' 예」를 다음 [그림 Ⅱ-46]에 함께 옮
겨놓았다.

[그림 Ⅱ-46] 'p-관리도'와 'np-관리도'의 비교

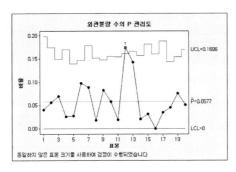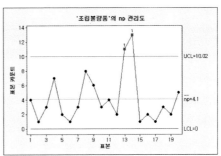

[그림 Ⅱ-46]에서 'p-관리도'와 'np-관리도'가 어떻게 다른지 명확하게 드
러난다. 우선 '관리 한계' 형상이 'p-관리도'는 '부분군 크기'가 달라 각각의
'관리 한계'를 갖고 평가해야 하므로 '요철선'인 데 반해, 'np-관리도'는 '부분
군(표본) 크기'가 일정함에 따라 '일직선'으로 나타난다. 'Y-축 척도'도 차이가
있는데, 전자의 경우 '비율'이면서 그 값이 '1'을 넘길 수 없으므로 '1보다 작

은 비율 값'이, 후자는 개수를 헤아리므로 '정수'가 오면서 '최대 부분군(표본) 크기'보다 작은 정수'가 온다. 이와 달리 'LCL'은 계산상 음수가 올 수 있으나 '불량률(또는 불량품 수)' 관점에선 의미가 없으므로 '최솟값'이 공통적으로 '0'이 설정되어 있음도 알 수 있다.

4.6. u−관리도

'불량 제품'과 '결점 있는 제품'은 어떻게 다를까? 교육 중에 질문하면 빈도가 아주 높은 답이 있다. "영어 단어가 틀립니다!" 웃어넘길 수 있는 일이지만 틀린 답은 아니다. '불량'은 형용사인 'Defective', '결점'은 'Defect'로 쓰곤 한다. 둘의 정의는 Western Electric社 핸드북에 다음과 같이 기술하고 있다.

(출처) Western Electric社 Handbook, p.20
- **Defect** is an individual failure to meet a single requirement.
  (단일 요구를 만족시키지 못한 개체)
- **Defective** is an unit of product which contains one or more defects.
  (한 개, 또는 다수 결점(Defect)들이 포함된 아이템(Item, Unit)).

'불량 제품(또는 불량품)'은 정의대로 "Defective"가 될 수 있으나 명확히 하기 위해 "Defective Product(Goods)"나 "Faulty Product(Goods)", 또는 일반적으로 "Nonconforming Units"가 자주 쓰인다. 정의에 따라 한 개 제품에 '긁힘', '패임', '일정 값 이상의 변색'이 있어선 안 될 경우 각각은 '결점(Defect)'이, 그들 중 한 개 이상이 발생한 제품을 '불량품(Defective Product)'로 표기한다.

따라서 'p-관리도'와 'np-관리도'는 '불량품'에 대한 차트이고, 지금부터 설명할 'u-관리도'나 'c-관리도'는 '결점'에 대한 차트이다. 특히 'p-관리도'와 'u-관리도'의 극명한 차이는 전자는 발생률이 '100%'를 초과할 수 없지만 후자는 한 개 제품에 정의상 여럿의 결점이 존재할 수 있으므로 '100%'를 넘길 수 있다. 이것이 '불량률'과 '결점률'이 따로 관리되어야 할 근본적인 이유이다. 좀 더 자세한 내용을 원하는 독자는 「Be the Solver_프로세스 개선 방법론」편의 'Step-5.2. 현 프로세스 능력 평가'에 설명된 두 분류 체계를 참고하기 바란다.

'u'라는 단어는 'Unit당 결점'의 의미로부터 붙여졌다.[88] 다만 교육 중 기억하기 쉽도록 'Uncounted(세지 않은)'의 첫 자를 가리킨다고 설명한다. 즉 "(결점을)세서는 안 된다!"는 의미는 "분모로 쓰일 단위 제품 수가 일정치 않으므로…", 따라서 "제품들에 발생한 결점을 수치화하는 방법은 '비율'밖에 달리 대안이 없다"로 해석한다. 반대로 'c-관리도'는 'Count'의 첫 자로 설명하고 몇 개인지 수만을 센다는 의미이며, 따라서 분모가 일정한 상황에 유용하다. 둘을 어떨 때 써야 하는지 기억하기 좋도록 영어 단어를 활용한 예이다.

또 하나 짚고 넘어갈 사항은 'u-관리도' 역시 'p-관리도'와 마찬가지로 '과대 산포' 발생을 염두에 둬야 한다. '과대 산포'는 데이터의 변동이 '포아송 분포'를 기준으로 예상보다 더 클 때를 의미한다. 전통적인 'u-관리도'에서는 '결점률'이 시간이 지남에 따라 일정하게 유지된다고 가정하지만 일반적으로 외부 '잡음 요인(Noise Factor)'에 의해 결점률에 변동이 생긴다. 이때 '부분군 크기'가 증가하면 'p-관리도'에서와 마찬가지로 '관리 한계 폭의 줄어듦'으로 인한 '오 경보 문제(the Problem of False Alarms)'가 발생할 수 있다. 따라서 'u-관리도 진단'과 'u'-관리도'가 본문에 포함된다. 이와 관련된 원리와 처리

---

88) http://www.itl.nist.gov/div898/handbook/

과정은 'p-관리도'를 참고하기 바라며, 여기서는 'u-관리도'와 관련된 기본 사항들에 대해서만 언급할 것이다.

① 데이터를 수집한다.

'u-관리도'에 대한 표본 구성 방법은 [표 Ⅱ-11]에 간단히 요약되어 있다. 예를 들어, 직물을 제조하는 공정에서 면의 표면 상태를 조사할 때 '뜯어짐' 발생이 '15개'였고, 당일 조사된 면제품의 총 넓이가 '$10m^2$'이었다면 "단위 1 m^2당 1.5개의 결점률"로 산정된다. 또 철사를 생산하는 공정에서 그날 '패임'이 '4개'였고 조사된 총 철사 길이가 '100m'라면 '단위 m당 0.04개의 결점률'을 얻는다. 이 같은 상황은 '포아송 분포(Poisson Distribution)'를 따르며 다음의 예들이 있다.

[표 Ⅱ-45] '포아송 분포'를 따르는 표본 구성 상황 예

상황	결점률 표현
1. 은행 창구에 시간당 도착하는 고객의 수	▷ (고객 수)/(조사 시간)
2. 한 전표에서 발생하는 오류 항목 수	▷ (오류 항목 수)/(조사 전표 수)
3. 자동차 대리점에서 하루에 팔리는 차량 수	▷ (판매 수)/(조사 일수)
4. 자동 절단기가 한 주 동안 고장 나는 수	▷ (고장 수)/(조사 주 수)
5. 직물 1입방 야드당 발생하는 흠집 수	▷ (흠집 수)/(조사한 직물 넓이)
6. 회로판 1개에서 발생하는 납땜 불량 건수	▷ (납땜 불량 수)/(조사 회로 수)
7. 시간당 걸려오는 전화 수	▷ (전화 수)/(조사 시간)
8. 경부고속도로에서 하루에 발생하는 사고 수	▷ (사고 수)/(조사 일수)
9. 공항에서 시간당 착륙하는 비행기 수	▷ (착륙 비행기 수)/(조사 시간)

다음 [표 Ⅱ-46]은 20일에 걸쳐 수집된 한 제품의 '표면 흠집' 자료이다.

[표 Ⅱ-46] '표면 흠집'에 대한 20일간 데이터 예

일차	1일	2일	3일	4일	5일	6일	7일	8일	9일	10일	11일	12일	13일	14일	15일	16일	17일	18일	19일	20일
부분군 크기	67	90	71	97	121	80	54	63	90	99	92	71	101	108	72	51	46	122	59	63
표면 흠집	8	9	9	13	1	4	7	13	10	1	6	5	12	10	2	3	0	6	15	4

② '비율'을 계산한다.

'비율'은 대체로 '결점률'이 되겠지만 "아이템당 몇 개"의 개념이면 뭐가 오든 상관없다. [표 Ⅱ-46]에 '표면 결점률'을 계산한 행을 다음과 같이 추가하였다. 참고로 소수 넷째 자리에서 반올림하였다.

[표 Ⅱ-47] '표면 결점률' 계산 예

일차	1일	2일	3일	4일	5일	6일	7일	8일	9일	10일	11일	12일	13일	14일	15일	16일	17일	18일	19일	20일
부분군 크기	67	90	71	97	121	80	54	63	90	99	92	71	101	108	72	51	46	122	59	63
표면 흠집	8	9	9	13	1	4	7	13	10	1	6	5	12	10	2	3	0	6	15	4
표면 결점률	0.119	0.100	0.127	0.134	0.008	0.050	0.130	0.206	0.111	0.010	0.065	0.070	0.119	0.093	0.028	0.059	0.000	0.049	0.254	0.063

③ '중심선(CL)'인 '총 평균($\bar{u}$)'을 계산한다.

[표 Ⅱ-47]의 '표면 결점률'의 '평균'을 구한다. 만일 결점률의 '기대치(무한히 얻었을 때 수렴하는 평균 값)'가 알려져 있다면 그를 써야 하지만, 그렇지 않으면 수집된 자료로부터 추정한다. 추정 값 사용 시 주의할 사항은 '각 결점률 u_i들의 평균'이 아닌 '(총 표면 흠집 수)/(총 부분군(표본) 크기)'를 통해 얻는다는 점이다. 다음은 그 결과이다.

$$\bar{u}(CL) = \frac{\sum_{\text{일자}=1}^{20} x_i}{\sum_{\text{일자}=1}^{20} n_i} = \frac{8+9+9+\cdots+6+15+4}{67+90+\cdots+59+63} = \frac{138}{1,617} \cong 0.0853 \qquad (\text{식 Ⅱ-19})$$

$where, \ x_i \rightarrow 일자별\,'표면흠집\,수',\ n_i \rightarrow 일자별\,'부분군\,크기',$

④ '관리 한계(Control Limit)'를 계산한다.

'관리 한계'를 얻기 위해서는 'p-관리도'와 같이 약간의 이론석 설명이 필요하다. '모비율'인 'u를 알고 있는 경우'와 'u를 모르는 경우'로 구분해서 각각을 얻어야 한다. 물론 대부분 현실적으로 후자가 일반적이긴 하나 장기간 운영해서 얻은 'u'가 있다면 충분히 'u를 알고 있는 경우'로 간주한다.

만일 'u'가 장기적으로 계속해서 운영되고 있는 프로세스에서의 '아이템당 평균 결점 수(즉, 평균 결점률)'라고 하자. '장기적'이란 통계학적으로 '무한 모집단'으로 간주된다. 이때 프로세스에서 n개를 추출할 때 '결점 개수'가 'x개' 들어 있을 확률을 계산해보자. 이 과정은 그대로 '포아송 분포'를 이용해 계산된다.

$$p(x) = \frac{u^x e^{-u}}{x!}. \quad where \ x = 0,1,2,3,... \qquad \text{(식 II-20)}$$

이 같은 이상적 상황에서 'n개'를 계속 추출해 결점 수(x)'를 얻으면 'x'는 어떤 값이 나올지 모르면서(확률적) 계속 변하므로(변수) '확률 변수(X)'로 간주되고 그들의 '평균'과 '분산'의 기대치는 각각 다음과 같이 쓸 수 있다.[89]

$$X = nu \ \rightarrow \ E(X) = nu, \ \ V(X) = nu \qquad \text{(식 II-21)}$$

(식 II-21)로부터 '아이템당 결점 수(u)'의 분산을 계산하면 다음과 같다.

$$V(u) = V(X/n) = V(X)/n^2 = E(X)/n^2 = nu/n^2 \qquad \text{(식 II-22)}$$
$$= u/n$$

---

89) '포아송 분포'에 대한 확률 변수(X)의 '평균'과 '분산'의 기대치는 WIKIPEDIA 또는 관련 문헌을 참조하기 바람.

따라서 'u가 알려져 있는 경우'의 '관리 한계'는 (식 Ⅱ-22)의 제곱근인 '$\sqrt{u/n}$'을 '표준 편차'로 대입해 얻는다. 그러나 현실적으론 'u'가 알려져 있지 않으므로 대부분 다음의 추정치를 이용한다.

$$\bar{u} = \frac{\text{총 결점 수}}{\text{총 검사 단위}(Unit)\text{ 수}} = \frac{\sum_i c_i}{\sum_i n_i}. \qquad (\text{식 Ⅱ-23})$$

$$where, \text{'}i\text{'는 부분군, } \text{'}c\text{'는 발견된 결점 수}$$

다음 [표 Ⅱ-48]은 'u-관리도'의 '관리 한계' 산정 식이다.

[표 Ⅱ-48] 'u-관리도'의 '관리 한계(Control Limit)' 계산식

상황	관리도	계산식	비고
모집단 'u'가 알려진 경우	u 관리도	$UCL_i = u + 3\sqrt{\dfrac{u}{n_i}}$ $CL = u$ $LCL_i = u - 3\sqrt{\dfrac{u}{n_i}}$	'u-관리도' 공통. - UCL이 1을 초과할 수 있음. - LCL이 음수인 경우 '결점률'이 음수가 될 수 없으므로 '0'으로 설정됨.
모집단 'u'가 알려져 있지 않은 경우 (주로 사용됨)		$UCL_i = \bar{u} + 3\sqrt{\dfrac{\bar{u}}{n_i}}$ $CL = \bar{u}$ $LCL_i = \bar{u} + 3\sqrt{\dfrac{u}{n_i}}$	- $\bar{u} = \dfrac{\text{총 결점 수}}{\text{총 검사 단위 수}} = \dfrac{\sum_i c_i}{\sum_i n_i}$ - 'n=표본(부분군)크기'이므로 '관리 한계'는 부분군별로 각각 산정되어야 함.

'u-관리도'의 특징은 한 개 아이템(또는 Unit)에서 결점이 여럿 나올 수 있으므로 [표 Ⅱ-48]의 '비고'란처럼 "UCL이 1을 초과할 수 있음"으로 기술되어 있다. 'p-관리도'에서는 'UCL'이 최대 '1'로 설정됐었다. 다음 [표 Ⅱ-49]는 [표 Ⅱ-46]의 데이터를 이용해 20일째 부분군의 '관리 한계'를 계산한 예이다.

[표 Ⅱ-49] 'u-관리도' 20일째 부분군의 '관리 한계(Control Limit)' 계산 예

상황	관리도	'관리 한계' 계산 결과	비고
모집단 'u'가 알려져 있지 않은 경우	u-관리도	$UCL = 0.0853 + 3\sqrt{\dfrac{0.0853}{63}}$ $= 0.0853 + 3 \times 0.0368 \cong 0.1957$ $CL(\overline{u}) = \sum x_i / \sum n_i = 138/1.617 \cong 0.0853$ $LCL = 0.0853 - 3\sqrt{\dfrac{0.0853}{63}}$ $= 0.0853 - 3 \times 0.0368 \cong -0.0251$	- 'LCL'이 '음수'인 경우 '0'으로 설정됨

[표 Ⅱ-49]에서 '관리 하한(LCL)'이 '-0.0251'로 '음수'이며, 이 경우 관리도상에는 '0'으로 설정한다. 다음 [표 Ⅱ-50]은 전체 부분군들에 대한 'UCL'과 'LCL'을 계산한 결과다. 'LCL' 중 노란색 칸을 제외한 모든 음수 값들은 관리도 작성 시 '0'으로 설정된다.

[표 Ⅱ-50] '표면 흠집' 자료의 'u-관리도' '관리 한계(Control Limit)' 계산 예

일차	1일	2일	3일	4일	5일	6일	7일	8일	9일	10일	11일	12일	13일	14일	15일	16일	17일	18일	19일	20일
부분군 크기	67	90	71	97	121	80	54	63	90	99	92	71	101	108	72	51	46	122	59	63
표면 흠집	8	9	9	13	1	4	7	13	10	1	6	5	12	10	2	3	0	6	15	4
표면 결점률	0.119	0.100	0.127	0.134	0.008	0.050	0.130	0.206	0.111	0.010	0.065	0.070	0.119	0.093	0.028	0.059	0.000	0.049	0.254	0.063
관리한계 UCL	0.1924	0.1777	0.1894	0.1743	0.1650	0.1833	0.2046	0.1958	0.1777	0.1734	0.1767	0.1894	0.1725	0.1697	0.1886	0.2081	0.2146	0.1647	0.1994	0.1958
관리한계 LCL	-0.0217	-0.0070	-0.0187	-0.0036	0.0057	-0.0126	-0.0339	-0.0251	-0.0070	-0.0027	-0.0060	-0.0187	-0.0019	0.0010	-0.0179	-0.0374	-0.0439	0.0060	-0.0288	-0.0251

이어 앞서 계산된 'u_i'와 '관리 한계'들을 적용해 실제 관리도를 작성해야 하나 'u-관리도'는 특성상 '과대 산포' 또는 '과소 산포'인지의 판단이 필요하며, 산포가 정상에서 벗어나면 'Laney u'-관리도'를 사용한다. 이에 대해서는 바로 이어지는 '⑤'를 참조하고, 여기서는 일단 지금까지의 계산 결과를 미니탭으로 확인해보자. 다음 [그림 Ⅱ-47]은 [표 Ⅱ-46]의 '표면 흠집' 자료에 대한 미니탭 결과이다(「통계 분석(S) > 관리도(C) > 계수형 관리도(A) > U(U)…」).

[그림 Ⅱ-47] '표면 흠집'에 대한 'u-관리도' 미니탭 결과

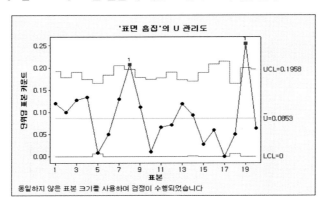

[그림 Ⅱ-47]에서 '중심선(CL)'은 (식 Ⅱ-19)와 같은 '0.0853'이고, '관리 상한(UCL)'은 부분군별로 존재하므로 맨 끝 데이터인 20일째의 '0.1958'만 기록되어 있으며([표 Ⅱ-49] 참조), '요철선'으로 표현된다. 반대로 '관리 하한 (UCL)'은 [표 Ⅱ-50]처럼 세 개를 제외하고 모두 '음수'가 나왔으므로 '0'으로 설정된다. '8일 차, 19일 차'에 '표면 결점률'이 '관리 상한'을 벗어나 프로세스는 '관리 이탈 상태'를 보여준다. 따라서 '원인 규명'과 '개선' 및 '재발 방지책 마련'의 조치가 필요하다.

⑤ 'u-관리도'를 진단한다.

'관리도 진단'에 대해서는 'p-관리도'에서 충분히 설명했으므로 여기선 'u-관리도'에 대해 필요한 사항들만 그 과정과 결과를 기술한다. 참고로 자세한 내용 설명이 필요한 독자는 「4.4. p-관리도」로 돌아가 본문 중 'p'를 'u'로 바꿔 읽어나가면 된다.

'u-관리도의 진단'은 미니탭 「통계 분석(S) > 관리도(C) > 계수형 관리도

(**A**) > u 관리도 진단(**O**)…」으로 들어가 해당 열 이름을 입력한 뒤 실행하면 다음 [그림 Ⅱ-48]의 결과를 얻는다([표 Ⅱ-46]의 '표면 흠집' 자료에 대한 진단 결과임).

[그림 Ⅱ-48] '표면 흠집' 자료에 대한 'u-관리도' 미니탭 진단 결과

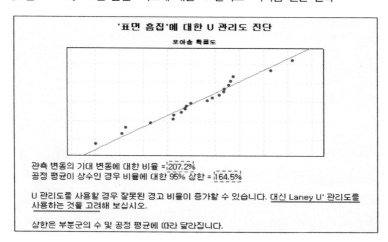

[그림 Ⅱ-48]은 "*관측 변동의 기대 변동에 대한 비율=207.2%*"를, "*공정 평균이 상수인 경우 비율에 대한 95% 상한=164.5%*"를 보이고 있어, '과대 산포'가 예상된다. 또 그래프 아래쪽에 판단은 "*u 관리도를 사용할 경우 잘못 된 경고 비율이 증가할 수 있습니다. 대신 Laney u' 관리도를 사용하는 것을 고려해 보십시오*"로 되어 있다. 결론적으로 '표면 흠집' 자료는 'u-관리도' 대 신 'Laney u'-관리도'를 쓰도록 제안한다.

만일 'Laney u'-관리도'를 쓰지 않을 경우 '표면 흠집' 자료는 '관리 한계의 폭'이 줄어들어 민감도가 높아질 가능성이 있으며, 'u-관리도'를 그대로 쓸 경 우 '관리 상태'임에도 '관리 이탈'로 판단할 가능성이 커진다. 따라서 'Laney u'-관리도' 사용을 통해 이와 같은 문제를 줄일 수 있다.

참고로 [그림 Ⅱ-48]에 포함된 '비율' 값들의 유도, '95% 상한 값'들의 유도, 해석 원리 등은 주제와 약간 거리가 있어 본문에서 제외하였다. 관심 있는 독자는 미니탭 '도움말'을 참조하기 바란다.[90]

⑥ '선'을 그리고 타점한다.

이미 [그림 Ⅱ-48]을 통해 'Laney u'-관리도'가 결정됐으므로 그에 대한 '관리 한계'를 새롭게 얻는다. 다음 [표 Ⅱ-51]은 '관리 한계' 계산식과 '20일째 부분군'에 대한 계산 결과이다.

[표 Ⅱ-51] '(Laney) u'-관리도'의 '관리 한계' 계산식과 계산 결과

관리도	'관리 한계' 계산식 및 계산 결과	비고
u'-관리도	$UCL_i = \overline{u} + 3\hat{\sigma}_{u_i}\hat{\sigma}_z$ $CL = \overline{u}$ $LCL_i = \overline{u} - 3\hat{\sigma}_{u_i}\hat{\sigma}_z$	$-\ \overline{u} = \dfrac{\text{총 결점 수}}{\text{총 표본크기}} = \dfrac{\sum x_i}{\sum n_i}$ $-\ \hat{\sigma}_{u_i} = \sqrt{\overline{u}/n_i}$ $-\ \hat{\sigma}_z = \overline{MR}_z/d_2 = \overline{MR}_z/1.128$
	– '과대 산포'가 존재하지 않으면($\hat{\sigma}_z = 1$), '관리 한계'는 'u-관리도'와 같아짐. – 모든 '부분군 크기'가 동일하면, 'I-관리도'와 같이 '관리 한계'가 일직선이 됨.	
'u'-관리도' 계산 (20일째 '부분군'에 대해)	$UCL_{20} = 0.08534 + 3 \times 0.03681 \times$ $\qquad 1.800 \cong 0.2841$ $CL = 0.0853$ $LCL_{20} = 0.08534 - 3 \times 0.03681 \times$ $\qquad 1.800 \cong -0.1134 \Rightarrow 0$	$-\ \overline{u} \cong 0.08534$ $-\ \hat{\sigma}_{u_{20}} = \sqrt{0.08534/63} = 0.03681$ $-\ \hat{\sigma}_z = \dfrac{2.0304}{1.128} \cong 1.80$

'(Laney) p'-관리도'와 마찬가지로 '(Laney) u'-관리도' 역시 '$\hat{\sigma}_z = 1$'의 경우와 '부분군 크기'가 모두 동일한 경우 'u-관리도'와 'I-관리도'의 성향을 각각

---

90) 도움말에서 검색어 "u 관리도, u 관리도 진단"을 입력 후 버튼 '표시'를 눌러, 도움말 메뉴들 중 '참고 항목/방법 및 공식/u chart diagnostic'의 내용 참조.

나타낸다. 즉 지금까지 사용되어 오던 'u-관리도'와 '과대 산포' 문제점 해결을 위해 제시된 'I-관리도' 등이 모두 '(Laney) u'-관리도'의 특수한 경우로 해석된다. [표 Ⅱ-51]을 적용해 '(Laney) u'-관리도'를 작성하면 다음 [그림 Ⅱ-49]와 같다. 변화된 모습을 비교하기 위해 [그림 Ⅱ-47]의 'u-관리도'를 함께 포함시켰다.

[그림 Ⅱ-49] '표면 흠집' 자료의 'u-관리도'와 '(Lanry) u'-관리도' 비교

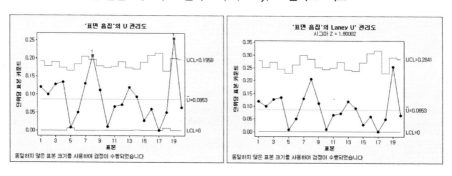

[그림 Ⅱ-49]의 두 관리도에 대한 '중심선(CL)'은 '0.0853'으로 동일한 반면 '관리 한계 폭(관리 상한-관리 하한)'은 'u-관리도'가 '0.1958', '(Laney) u'-관리도'는 '0.2841'로 후자의 경우가 더 벌어져 있음을 알 수 있다. '과대 산포' 존재를 보정한 결과로 해석된다. 이에 따라 'u-관리도'에서 두 개의 타점이 '관리 한계'를 벗어난 반면, '(Laney) u'-관리도'는 프로세스가 '관리 상태'임을 보여준다. 다음 [표 Ⅱ-52]는 '표면 흠집' 자료의 전체 부분군들에 대한 '관리 한계'를 [표 Ⅱ-51]의 계산식으로 구해 정리한 결과이다. 참고하기 바란다.

[표 Ⅱ-52] '표면 흠집'의 전체 부분군에 대한 '관리 한계' 계산 결과

u_bar	0.08534	
R_bar(z)	2.03042	
σ_z	1.80002	
σ_{ui}	0.03569	부분군에 따라 달라짐

부분군 크기	67	90	71	97	121	80	54	63	90	99	92	71	101	108	72	51	46	122	59	63
표면 흠집	8	9	9	13	1	4	7	13	10	1	6	5	12	10	2	3	0	6	15	4
u_i	0.1194	0.1000	0.1268	0.1340	0.0083	0.0500	0.1296	0.2063	0.1111	0.0101	0.0652	0.0704	0.1188	0.0926	0.0278	0.0588	0.0000	0.0492	0.2542	0.0635
이동범위(u_i)		0.0194	0.0268	0.0073	0.1258	0.0417	0.0796	0.0767	0.0952	0.1010	0.0551	0.0052	0.0484	0.0262	0.0648	0.0310	0.0588	0.0492	0.2051	0.1907
z_i	0.9543	0.4760	1.1946	1.6411	-2.9023	-1.0821	1.1140	3.2877	0.8368	-2.5627	-0.6608	-0.4304	1.1514	0.2579	-1.6720	-0.6483	-1.9814	-1.3673	4.4407	-0.5937
이동범위(z_i)		0.4784	0.7186	0.4465	4.5434	1.8202	2.1961	2.1737	2.4509	3.3995	1.9019	0.2304	1.5817	0.8935	1.9299	1.0237	1.3331	0.6141	5.8080	5.0344
UCL	0.2781	0.2516	0.2726	0.2455	0.2288	0.2617	0.3000	0.2841	0.2516	0.2439	0.2498	0.2726	0.2423	0.2371	0.2713	0.3062	0.3179	0.2282	0.2907	0.2841
LCL	-0.1074	-0.0809	-0.1019	-0.0748	-0.0581	-0.0910	-0.1293	-0.1134	-0.0809	-0.0732	-0.0791	-0.1019	-0.0716	-0.0665	-0.1006	-0.1356	-0.1473	-0.0575	-0.1200	-0.1134

[표 Ⅱ-52]의 맨 끝 부분군에 대한 '관리 한계' 결과가 [표 Ⅱ-51]에서 얻은 '20일째 부분군' 결과이다.

4.7. c-관리도

'c-관리도'는 'p-관리도'의 특별한 형태이고, 앞서 설명했던 'u-관리도'는 'c-관리도'의 변종이다. 따라서 '이산형 관리도(Attribute Charts)'의 가계도(?)를 작성하면 가장 상단에 'p-관리도'가 있고 그 아래 특별한 형태의 'np-관리도'와 'c-관리도'가, 다시 'c-관리도'의 변형된 형태로 'u-관리도'가 자리한다. Western Electric社에서 기술한 'c-관리도'의 특징은 다음과 같다.

a) 결점들이 발생할 가능성은 이론적으로 무한대이다. (필자) 한 개의 '아이템(Unit)'에 결점 수는 무한대로 발생할 수 있으며, '결점률(DPU, Defect per Unit)'은 'p-관리도'의 '불량률'과 달리 100%를 초과할 수 있다.

b) 특정 영역에서 결점 하나가 발생할 가능성은 매우 낮다. (필자) 실제로 너무 많은 결점들이 발생한다면 관리의 의미가 없다. '포아송 분포'에 근

거하므로 '결점률(DPU)'은 실제 '1'에 근접하지 않아야 한다.

'c-관리도'는 '부분군(표본) 크기'가 일정한 상황에 쓰인다. 분모가 항상 일정하면 굳이 비율로써 표현할 필요가 없다. 따라서 'np-관리도'처럼 차트의 'Y-축'은 정수로 이루어져 있다. 다음은 작성 순서이다.

① 데이터를 수집한다.

한 통신 시스템의 매달 운영 보고서에 고장 건수가 기록되고 있으며, 최근 이의 관리 필요성이 제기되었다. 이때 직전 20개월 동안의 월별 고장 건수 자료는 다음 [표 Ⅱ-53]과 같다.

[표 Ⅱ-53] '통신 시스템 고장' 자료에 대한 최근 20개월 데이터 예

월차	1월차	2월차	3월차	4월차	5월차	6월차	7월차	8월차	9월차	10월차	11월차	12월차	13월차	14월차	15월차	16월차	17월차	18월차	19월차	20월차
통신시스템 고장	8	8	1	6	6	2	9	10	8	2	4	4	3	2	2	1	1	4	5	7

② '중심선(CL)'이 되는 '평균 결점 개수($\bar{c}$)'를 계산한다.

'아이템(단위)당 결점 수'는 잘 알려져 있다시피 '포아송 분포'를 따른다. 필자가 연구소에서 평판 디스플레이를 개발할 당시 대형 화면을 켜두고 장시간 열화 특성을 관찰하면 화소가 특이하게 밝거나 청색, 검은색 등으로 보이는 현상이 발생하곤 한다. 통상 한 화면에 화소가 얼마나 많이 존재하느냐가 우리가 잘 알고 있는 선명도를 결정하는데 단위 넓이당 RGB(색의 3요소인 Red, Green, Blue를 지칭함) 화소를 많이 넣을수록 품질 유지도 그만큼 어려워진다. 예를 들어 '1,000×1,000'의 화소 수가 있는 상태에서 장시간 켜둘 때 화면 어느 위치에서 흑점이나 휘점이 나올지는 알 수 없다. 그렇다고 발견되는 개수만 기록할 경우 현상을 정량화하고 차후 제품들과의 비교, 또는 다양

한 품질 해석을 하는 데 제약이 따른다. 이때 적용 가능한 분포가 바로 '포아송 분포'이다. 화면 여기저기서 낮은 빈도로 발생하는 화소 결점 수들을 멋지게(?) 함수로 전환시켜 다양한 해석에 응용할 수 있다. 만일 '평균 결점 화소 수(c, 모수)'가 알려져 있다면 다음의 식으로 표현이 가능하다. '결점 수(x)'는 발생할 때마다 몇 개인지 알 수 없으므로 '확률 변수'이다.

$$p(x) = \frac{c^x e^{-c}}{x!}. \ \ where \ x = 0, 1, 2, 3, \dots$$ (식 Ⅱ-24)

그러나 대부분의 경우 모수인 'c'가 알려져 있지 않으므로 과거 데이터를 통해 추정해야 한다.

$$\bar{c} = \frac{\text{총 결점 수}}{\text{부분군 수}} = \frac{\sum_{i}^{n} x_i}{n} = \frac{93}{20} = 4.65$$ (식 Ⅱ-25)

$$where, \ 'i' 는 부분군, \ 'x_i' 는 발견된 결점 수$$

주의할 점은 (식 Ⅱ-25)의 분모는 항상 일정하므로 '부분군(표본) 크기'가 아닌 '부분군 수'를 써야 한다. 예를 통해 내용을 확실히 알아두자.

③ '관리 한계'를 계산한다.
이전의 관리도들과 마찬가지로 '모수를 아는 경우'와 '모수를 모르는 경우'로 구분해 '관리 한계'를 계산한다. 특히 '포아송 분포'에서의 '확률 변수, X'에 대한 '기댓값(평균값)'과 '분산'은 각각 '$E(X) = c$'와 '$V(X) = c$'로 동일하다. '모수를 모르는 경우' 역시 추정치 '$\bar{c}$'가 '기댓값'과 '분산'이 동일하므

로 다음과 같이 '관리 한계' 계산식을 정리할 수 있다.

[표 Ⅱ-54] 'c-관리도'의 '관리 한계(Control Limit)' 계산식

상황	관리도	계산식	비고
모집단 'c'가 알려진 경우	c- 관리도	$UCL = c + 3\sqrt{c}$ $CL = c$ $LCL = c - 3\sqrt{c}$	– 공통으로 'LCL'이 '음수'이면 '0'으로 설정
모집단 'c'가 알려져 있지 않은 경우 (주로 사용됨)		$UCL = \bar{c} + 3\sqrt{\bar{c}}$ $CL = \bar{c}$ $LCL = \bar{c} - 3\sqrt{\bar{c}}$	$-\ \bar{c} = \dfrac{\text{총 결점 수}}{\text{부분군 수}} = \dfrac{\sum_{i}^{n} x_i}{n}.$ $where, 'i'$는 부분군, $'x_i'$는 발견된 결점 수

[표 Ⅱ-54]를 적용해 [표 Ⅱ-53]의 '관리 한계'를 계산하면 다음 [표 Ⅱ-55]와 같다.

[표 Ⅱ-55] 'c-관리도'의 '관리 한계(Control Limit)' 계산 예

상황	관리도	'관리 한계' 계산 결과	비고
모집단 'p'가 알려져 있지 않은 경우 (주로 사용됨)	c- 관리도	$UCL = 4.65 + 3\sqrt{4.65}$ $\cong 11.12$ $CL = 4.65$ $LCL = 4.65 - 3\sqrt{4.65}$ $\cong -1.82$	– LCL은 음수이므로 '0'으 로 설정

④ '선'을 그리고 타점한다.

지금까지의 결과를 토대로 'c-관리도'를 작성한다. 다음 [그림 Ⅱ-50]은 [표 Ⅱ-53]의 원 데이터로부터 얻은 미니탭 결과이다(「통계 분석(S) > 관리도(C) > 계수형 관리도(A) > C(C)⋯」).

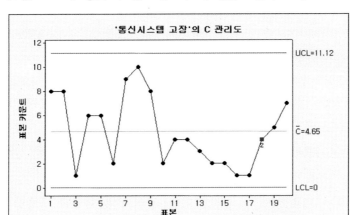

[그림 Ⅱ-50]에서 '18개월째'에 "9개의 연속된 점이 중심선으로부터 같은 쪽에 있음"이 관찰됨에 따라 프로세스는 '관리 이탈'로 판단된다. 그러나 타점이 '통신 시스템 고장' 자료이고 작을수록 좋은 특성이므로 낮은 쪽에서 일관되게 유지됐다는 점은 오히려 그 이유를 파악해 개선 정책으로 삼을 수도 있다. 왜 그 구간에서 낮아졌는지? 또 17개월째를 넘어서부터 왜 다시 급상승하는지 변경점을 파악해 개선 활동을 추진한다.

앞서 'p-관리도', 'np-관리도'와 마찬가지로 'u-관리도', 'c-관리도'의 차트상 차이점을 비교해보도록 하자. 두 관리도의 '관리 한계'와 '중심선', 'Y-축 척도' 등에서 원리와 계산 과정의 차이를 직접 확인할 수 있다. 다음 [그림 Ⅱ-51]에, [그림 Ⅱ-47]의 '표면 흠집에 대한 u-관리도'와 [그림 Ⅱ-50]의 '통신 시스템 고장에 대한 c-관리도'를 비교 목적으로 모아놓았다.

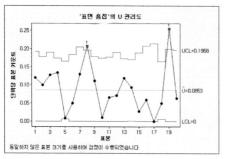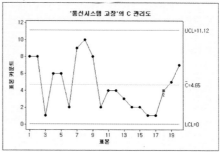

[그림 Ⅱ-51]을 보면 'u-관리도'와 'c-관리도'가 어떻게 다른지 잘 드러나 있다. 우선 '관리 한계' 형상이 'u-관리도'는 부분군별로 크기가 달라 각각의 '관리 한계'를 갖고 평가해야 하므로 '요철선'인 데 반해, 'c-관리도'는 '부분 군(표본) 크기'가 일정함에 따라 '일직선'으로 나타난다. 'Y-축 척도'도 전자의 경우 '비율'인 반면, 후자는 개수를 헤아리므로 '정수'가 온다. 다만 이전의 'p-관리도' 및 'np-관리도'와 달리 'u-관리도'의 비율은 이론상 '1을 초과'할 수 있고, 'c-관리도' 역시 결점 수의 상한이 존재하지 않는다. 'LCL'은 계산상 음수가 올 수 있으나 '결점 수' 관점에선 의미가 없으므로 공통적으로 '0'이 설정되어 있다.

4.8. CUSUM-관리도

지금까지 소개된 모든 관리도가 1924년 Walter A. Shewhart가 제시한 원리에 기반하고 있다면, 'CUSUM-관리도'부터는 그의 영역을 벗어나 좀 더 특화되고 전문화된 환경에 적합한 구조로 발전되어 간다. 따라서 앞서 본문에서 설명한 관리도들을 'Shewhart Charts(이하 Shewhart 관리도)'로 통칭하는 반면 그 이외의 관리도들을 비공식적이긴 하지만 '특수 관리도'로 따로 구분하고, 여기에는 'CUSUM-관리도', 'EWMA-관리도', 'Z-MR 관리도' 등이 포함된다. 그들 중 'CUSUM-관리도'는 "작은 변동을 검출할 때 사용하며 기준 값으로부터의 편차 누적 합을 구해 타점"한다. 'CUSUM'은 "Cumulative Sum"의 첫 자를 딴 명칭이다. 'EWMA-관리도'는 'Exponentially Weighted Moving Average'의 첫 자를 따서 지어진 이름으로 "작은 변동을 검출하는 데 유리하며 가장 최근 데이터에 가중을 더해주는 특징"이 있다.

'CUSUM-관리도'의 기원은 1954년으로 거슬러 올라간다. [표 Ⅱ-1]의 「품질의 역사 관련 시간대별 사건 표 - ⑥」을 보면 E. S. Page가 이론적 체계를 정립하였다. 당시의 좀 더 자세한 상황을 알아보기 위해 WIKIPEDIA의 다음 내용을 옮겨놓았다.

· **CUSUM 관리도** (WIKIPEDIA) '통계적 품질 관리(SQC)' 분야에서의 'CUSUM-관리도'는 케임브리지대학의 E. S. Page가 개발한 '축차 분석 기법(Sequential Analysis Technique)'이며,[91] 일반적으로 작은 변화 감지를 목적으로 모니터링하는 데 이용된다. 'CUSUM-관리도'는 1945년 6월 Abraham Wald가 발표한 '축차적 확률비 검정(SPRT, the Sequential Probability Ratio Test)' 이론[92]을 기초로 1954년 Biometrika에 발표되었다. Page는 확률 분포의 '평균'과 유사한 파라미터로 "Quality Number, θ"를 도입했는데, 'CUSUM-관리도'는 이 값을 조정하도록 고안되었고 올바른 조치를 위한 하나의 기준으로 사용될 것을 제안하였다. 'CUSUM-관리도' 방법이 평균의 변화를 추적하는 데 이용되면 평균의 시간에 따른 변화, 즉 시계열 분석이 가능해진다. 이후 5년 뒤인 1959년에 Barnard, G. A.는 'θ'의 증가나 감소를 감지하기 위한 시각화 방법의 하나로 'V-mask Chart'를 개발하였다.[93]

기원 설명 중 '축차 분석 기법(Sequential Analysis Technique)'은 시간 순서대로 발생되는 데이터를 연속적으로 분석에 이용하는 방법이다. 'CUSUM-관리도'는 '목표 값'과 데이터(부분군이면 그의 평균) 간 차이를 계속 누적해 나가므로 'Time-weighted Control Chart'라고 하며, 이 차이 값들이 계속 덧붙는 '가중치(Weighted)' 역할을 한다. 따라서 '축차 분석 기법'에 속한다. 'V-mask Chart'는 관리도 제일 끝 타점에 'V자' 모양의 차트를 댄 뒤 그 영역을 벗어난 타점이 관찰되면 '관리 이탈'로 판단할 때 쓰인다. 모두 'CUSUM-관리도'의 해석에 중요한 역할을 하는 원리와 해석법이다.

이전의 'Shewhart 관리도'들이 특정 시점에서의 타점이 '전체 평균(또는 중심선)'으로부터 '표준 편차' 기준 '2배'나 '3배'를 벗어났을 때 이상 여부를 알려주는 대신, 'CUSUM-관리도'는 '약 1배' 정도의 변화도 감지한다. 이에 대해 Lucas(1976)는[94] "V-mask는 1σ의 평균 변화를 감지하는 속도가 'Shewhart 관리도'에 비해 약 4배가량 빠르다"고 주장했다. 한마디로 "감지 민감도가 매우 높다"로 요약될 수 있다. 또 특성상 편차를 계속 누적해가므로 프로세스가 조금씩 이동(Shift)하는 상황에 매우 효과적이다. 따라서 제철이나 디스플레이용 유리, 화학제품처럼 제조 프로세스가 일관되게 연속되는 장치 산업에서 그 쓰임새가 매우 높은데, 왜냐하면 이 같은 생산 환경에서 미리 변화를 감지해내는 일은 프로세스 관리상 매우 중요한 일이기 때문이다. 예를 들어, 동일한 원료를 사용하더라도 서로 다른 시점에 계속해서 투입이 반복될 경우, 아무래

91) Page, E. S. (June 1954). "Continuous Inspection Scheme." Biometrika 41 (1/2): 100-115.
92) Wald, Abraham (June 1945). "Sequential Tests of Statistical Hypotheses." Annals of Mathematical Statistics 16 (2): 117-186.
93) Barnard, G. A. (1959). "Control charts and stochastic processes." Journal of the Royal Statistical Society. B (Methodological) (21, number 2): 239-71.
94) Lucas, J. M. (1976). The design and use of cumulative sum control schemes, Technometrics, 14, pp.51~59.

도 프로세스 내 미세한 변화가 조금씩 발생할 수 있고, 이들이 시간의 경과에 따라 프로세스 중심으로부터 벗어나는 정도도 심화될 수 있다. 또는 시간에 따라 기능이 조금씩 떨어져가는 기계적 마모나 설비 보정 문제 등을 검출할 때도 유용하게 이용된다. 'CUSUM-관리도'와 'Shewhart 관리도'의 기본적인 차이점을 요약하면 다음과 같다.

1) 'Shewhart 관리도'는 부분군 평균을 타점하고 각각에 대해 '관리 이탈' 여부를 판단하는, 즉 개개 정보에 기반을 두는 반면, 'CUSUM-관리도' 는 현재 부분군은 물론 이전 모든 부분군들의 정보를 활용한다.

2) 'Shewhart 관리도'가 '관리 이탈' 여부를 판단하기 위해 일직선의 '관리 한계'를 사용하는 반면, 'CUSUM-관리도'는 '관리 한계'와 유사한 일직 선의 'Decision Interval' 또는 'V-자' 모양의 한계를 사용한다.

3) 'Shewhart 관리도'의 '관리 한계'는 '3σ'에 근거하는 반면, 'CUSUM-관 리도'는 한계 수준을 정하는 데 있어 AVR(Average Run Length), 오류 확률(Error Probabilities), 경제적 설계들을 고려해서 이루어진다.

이론과 작성 방법 및 해석들에 대해서는 단계별로 진행해나가면서 학습할 것이다. 다음은 단계별 작성 방법이다.

① 데이터를 수집한다.

'CUSUM-관리도'는 '프로세스 기댓값(또는 목표 값)'과 데이터와의 차이를 누적해 타점하므로 한 개씩 얻어지는 데이터, 또는 부분군으로 얻어지는 데이 터 모두에 적용 가능하다. 후자의 경우는 '부분군 평균'을 쓴다. 본문에서는 원리 설명이 쉽도록 '연속 자료' 한 개씩만 추출한 것으로 가정하였으며, 이를 위해 Montgomery(2005)에 실린 데이터를 [표 Ⅱ-56]에 옮겨놓았다.[95]

[표 II-56] 'CUSUM-관리도' 설명을 위한 데이터(n=1)

번호	1	2	3	4	5	6	7	8	9	10	11	12	13	14	15
Data	9.45	7.99	9.29	11.66	12.16	10.18	8.04	11.46	9.20	10.34	9.03	11.47	10.51	9.40	10.08
번호	16	17	18	19	20	21	22	23	24	25	26	27	28	29	30
Data	9.37	10.62	10.31	8.52	10.84	10.90	9.33	12.29	11.50	10.60	11.08	10.38	11.62	11.31	10.52

주의할 점은 [표 II-56]은 시간 순서로 수집된 자료이며, 한 번에 동일한 '부분군 크기(예로, 5개씩)' 또는 불규칙한 크기(예로, 2개, 5개, 3개 등) 모두 가능하다.

다음 순서로 넘어가기 전 고려해야 할 사항이 있는데, 'Shewhart 관리도'와 달리 'CUSUM-관리도'는 [표 II-56]의 값들을 그대로 타점할 수 없다. 특성 이 "목표 값과의 차이를 누적"하기 때문이다. 따라서 이 시점에 실제 타점이 가능한 형태로 원 데이터를 변경해놓아야 이후 과정이 순조롭다. 두 가지 접 근이 있으며, 'Tabular(또는 Algorithmic) CUSUM'과 'V-mask CUSUM'이 있 다.[96] 각각의 타점들은 다음의 과정을 통해 결정된다.

(Tabular(또는 Algorithmic) CUSUM 유형)

두 개의 '단측 누적 합'을 얻어야 하며, '위쪽 누적 합'은 프로세스의 상향 이동을 탐지하고 '아래쪽 누적 합'은 하향 이동을 탐지한다. 특히 '관리 한계 (UCL 및 LCL)'를 사용하여 '관리 이탈' 상태가 발생한 시점을 확인할 수 있 다. 이 유형으로 분석 시 [표 II-56]은 '상위 누적 합(Upper Cumulative Sum)' 과 '하위 누적 합(Lower Cumulative Sum)'으로 각각 나누어 타점 값을 준비 한다. 이론적 계산 과정은 다음과 같다.

---

95) Montgomery, D. C. (2005). Introduction to Statistical Quality Control (5th edn). New York: John Wiley & Sons.
96) 미니탭은 각각 '단측(UCL, LCL) 유형'과 '양측(V-mask) 유형'으로 구분한다.

$$상위 누적합 : \quad C_i^+ = Max\left\{0, \ C_{i-1}^+ + \left(\overline{x_i} - (T + k\frac{\sigma}{\sqrt{n}})\right)\right\} \qquad (식 \ \text{II}\text{-}26)$$

$$하위 누적합 : \quad C_i^- = Min\left\{0, \ C_{i-1}^- + \left(\overline{x_i} - (T - k\frac{\sigma}{\sqrt{n}})\right)\right\}$$

$$where \quad C_0 = \begin{cases} if \ FIR, & f\frac{\sigma}{\sqrt{n}}, \quad T = 목표값 \\ otherwisw, 0 \end{cases}$$

(식 II-26)을 먼저 이해해야 한다. 이진 관리도와 달리 두 개의 식들이 있는데, 'CUSUM-관리도'는 프로세스의 미세한 변화를 누적해 표현하므로 그 전개 방향이 '+' 쪽에서 주로 일어나는지 아니면 '-' 쪽에서 강하게 일어나는지를 알 수 있다. 프로세스 이동(Shift)이 어느 쪽으로 점진적 변화가 일어나는지에 따라 개선 방향을 잡는 일도 그만큼 쉬워진다. 또 'C_0'는 대부분의 경우 '0'이지만, 'FIR(First Initial Response)'인 경우 '$f\sigma/\sqrt{n}$'를 쓴다. 'FIR'은 'Head Start'라고도 불린다. 프로세스에 처음으로 관리도를 적용할 때 '관리 이탈'일 경우 부분군의 상태를 정상적으로 탐지하기 어려우며, 이때 'FIR' 방법을 사용한다. 이 방법을 통해 'C_0^+'와 'C_0^-'를 '0'이 아닌 값으로 설정할 수 있다. 미니탭에서의 설정은 [그림 II-53]의 '대화 상자'를 참고하기 바란다 (추가 정보는 Lucas(1982) 참조).[97]

'위쪽 방향의 식(C_i^+)'을 예로 들어보자. 식을 보면 '0' 또는 '계산 값', 둘 중 큰 쪽(Max)이 선택된다. '$\overline{x_i} - (T + k\sigma/\sqrt{n})$'는 '부분군 평균(또는 개별 값)-[목표 값+$k(\sigma/\sqrt{n})$]'이며 만일 [표 II-56]과 같이 '개별 값(x_i)'이면 '$\overline{x_i}$'를 'x_i'로 대체한다. 즉 수집된 부분군 데이터가 '목표 값'으로부터 얼마나 벗어났는지를 나타낸다. 이때 '$k(\sigma/\sqrt{n})$'에 관심을 집중할 필요가 있다. 이 항의 '$\sigma/\sqrt{n}$'는 모집단에서 'n개'를 여러 개 표집해서 그들을 평균한 뒤, 다시 그

97) M. Lucas and R. B. Crosier (1982). "Fast Initial Response for CUSUM Quality-Control Schemes: Give Your CUSUM a Head Start", Technometrics, 24, 199-205.

평균들로 분포를 그렸을 때의 '표준 편차'를 지칭한다(자세한 사항은 「2.4. '중심 극한 정리(Central Limit Theorem)'와의 관계」참조). 이렇게 탄생한 '표준 편차'를 특히 '표준 오차'로 부른다고 설명한 바 있다. 'k'는 '표준 오차'의 배수이며, 따라서 만일 'C_{i-1}^+'를 고려치 않을 때 '$\overline{x_i} - (T + k\sigma/\sqrt{n})$' 중 '$\overline{x_i}$'가 '$T + k(\sigma/\sqrt{n})$'보다 작으면 '음수'가 되고 '$C_i^+$'는 '0'과의 비교를 통해 'Max'를 선택하도록 되어 있으므로 이 경우 '0'이 된다. 쉽게 말해 '음수'가 나오면 '0'이 선택되므로 '목표 값' 대비 프로세스가 '이동(Shift)'이 없었거나, 아니면 아래쪽으로 '이동(Shift)'했음을 의미한다('C_i^-'에 값이 기록될 것이다. [표 Ⅱ-57] '하위 누적 합' 참조). 정리하면 '$\overline{x_i}$'가 '목표 값+$k(\sigma/\sqrt{n})$'보다 크면 "프로세스는 위쪽으로 이동했거나 또는 하고 있다"라고 판단한다. '<u>아래쪽 방향의 식(C_i^-)</u>'도 동일하게 해석할 수 있는데, 'C_{i-1}^-'를 고려하지 않을 때, '$\overline{x_i} - (T - k\sigma/\sqrt{n})$' 중 '$\overline{x_i}$'가 '$T - k(\sigma/\sqrt{n})$'보다 작으면 '음수'가 되므로 프로세스가 아래쪽으로 이동했다고 판단한다('0'과 비교해서 'Min'을 선택해야 하므로).

그럼 '$k(\sigma/\sqrt{n})$'에서 'k'는 어떻게 정할까? 값이 나타내는 물리적 의미를 파악해야 할 것 같다. (식 Ⅱ-26)에서 '목표 값(T)'에 덧붙여진 양으로 되어 있는데 만일 '$k(\sigma/\sqrt{n})$'가 없다면 단순히 '$\overline{x_i} - T$'만이 의미가 있고, 이것은 수집된 데이터가 'T' 대비에서 위로 이동했는지 아래로 이동했는지를 바로 알려준다. 그러나 그 이동량이 어느 정도쯤 되어야 프로세스가 안 좋은 쪽으로 가고 있다고 믿을 것인지 참 애매모호하다. 이론적으론 '$-\infty \sim +\infty$'가 존재하므로 만일 프로세스의 이동이 시작되는 시점을 파악할 수 있는 가이드라인이 있다면 관리도 해석이 훨씬 용이해진다. 즉 '목표 값(T)'에 '±여유도'를 주고 이 영역을 벗어나면 이동이 시작된 것으로 여기는 식이다. 이런 이유로 양 '$k(\sigma/\sqrt{n})$'는 "변화가 생겼음을 알리는 기준 되는 이동량(the Size of the Shift)"쯤으로 풀이되며, 통상 'K'로 표시하고 'Reference Value'나 'Slack Value', 또는 'Allowance Value'로 불린다. 'Slack'은 우리말로 "느슨함"이며, 관리도에서 어느 정도를 허용해서 관찰할 것인지를 결정한다는 뜻이다. 산식으로써의 'K' 는 일반적으로 다음과 같이 정해진다.

$$K = k\left(\frac{\sigma}{\sqrt{n}}\right) = \frac{\delta}{2}\left(\frac{\sigma}{\sqrt{n}}\right) = \frac{|\mu_{out} - T|}{2} \qquad \text{(식 II-27)}$$

$$\left(\mu_{out} = T + \delta\frac{\sigma}{\sqrt{n}}\right)$$

$$where, '\mu_{out}' \text{은 '프로세스 중심이 변했다고 판단되는 평균 값'}$$

'μ_{out}'은 "중심(T)에서 '표준 편차($\sigma/\sqrt{n}$)'의 δ배 되는 지점"이다. '타점된 부분군 평균(또는 개별 값)'이 'μ_{out}'이 되면 "뭔가 변화가 일어났는가 보다" 로 판단하겠다는 뜻이다. (식 II-27)을 글로 표현하면 "'부분군 평균(또는 개별 값)'이 '중심(T)'으로부터 'μ_{out}' 사이의 반쯤에 타점되는 시점을 프로세스에 변화가 생겼다는 조짐으로 여긴다"가 될 것이다. 한 문헌[98]에 따르면 'k=0.5'일 때, 프로세스의 변화가 시작되는 시점을 잘 인지하고 잘못된 경보를 줄일 수 있는 최적의 값으로 제시한다. 미니탭도 'k=0.5'를 디폴트로 정하고 있으며, 필요 시 'ARL(Average Run Length) Table'을 참조해서 결정하도록 하고 있다('ARL'에 대해서는 이후에 설명이 다시 나옴). 지금처럼 '표준 정규 분포' 이외의 분포에서 'k'를 정하는 방법에 관심 있는 독자는 Hawkins and Olwell(1998),[99] 포아송 분포는 Lucas(1985)[100] 등을 참고하기 바란다.

---

98) Rogerson, P. (1997). Surveillance Systems for Monitoring the Developments of Spatial Patterns, Statistics in Medicine, 16:2081-2093.

99) Hawkins, D. M. and Olwell, D. H. (1998). Cumulative sum charts and charting for quality improvement, Berlin, Heidelberg and New York: Springer.

100) Lucas, J. M. (1985). Counted Data CUSUM's. Technometrics, 27 (2), 129-144.

[표 Ⅱ-56]의 원 데이터로 (식 Ⅱ-26)을 적용해 'Tabular(또는 Algorithmic) CUSUM 유형'에 대한 타점 값들을 정하면 [표 Ⅱ-57]과 같다(목표 값=10).

[표 Ⅱ-57] 'Tabular CUSUM 유형'의 '상위 누적 합'과 '하위 누적 합'

목표 값=	10														
k=	0.5														
$\overline{MR}$=	1.3534	표준편차($\hat{\sigma}$=MR/d₂=1.3534/1.128)=			1.1999										

번호	1	2	3	4	5	6	7	8	9	10	11	12	13	14	15
Data	9.45	7.99	9.29	11.66	12.16	10.18	8.04	11.46	9.20	10.34	9.03	11.47	10.51	9.40	10.08
범위		1.46	1.30	2.37	0.50	1.98	2.14	3.42	2.26	1.14	1.31	2.44	0.96	1.11	0.68
상위 누적 합	0	0	0	1.0601	2.6201	2.2002	0	0.8601	0	0	0	0.8701	0.7801	0	0
하위 누적 합	0	-1.4101	-1.5201	0	0	0	-1.3601	0	-0.2001	0	-0.3701	0	0	-0.0001	0

번호	16	17	18	19	20	21	22	23	24	25	26	27	28	29	30
Data	9.37	10.62	10.31	8.52	10.84	10.90	9.33	12.29	11.50	10.60	11.08	10.38	11.62	11.31	10.52
범위	0.71	1.25	0.31	1.79	2.32	0.06	1.57	2.96	0.79	0.90	0.48	0.70	1.24	0.31	0.79
상위 누적 합	0	0.0201	0	0	0.2401	0.5401	0	1.6901	2.5901	2.5902	3.0703	2.8503	3.8704	4.5805	4.5005
하위 누적 합	-0.0301	0	0	-0.8801	0	0	-0.0701	0	0	0	0	0	0	0	0

계산 과정을 알아보기 위해 '상위 누적 합, $C^+{}_1 \sim C^+{}_5$'와 '하위 누적 합, $C^-{}_1 \sim C^-{}_3$'을 직접 계산하면 다음과 같다.

(상위 누적합): (식 Ⅱ-28)

$$C_1^+ = Max\left\{0, (0+(9.45-10))-0.5\frac{1.3534/1.128}{\sqrt{1}}\right\} = Max\{0, -1.15\} = 0$$

$$C_2^+ = Max\left\{0, (0+(7.99-10))-0.5\frac{1.3534/1.128}{\sqrt{1}}\right\} = Max\{0, -2.61\} = 0$$

$$C_3^+ = Max\left\{0, (0+(9.29-10))-0.5\frac{1.3534/1.128}{\sqrt{1}}\right\} = Max\{0, -1.31\} = 0$$

$$C_4^+ = Max\left\{0, (0+(11.66-10))-0.5\frac{1.3534/1.128}{\sqrt{1}}\right\} = Max\{0, 1.06\} \cong 1.06$$

$$C_5^+ = Max\left\{0, (1.06+(12.16-10))-0.5\frac{1.3534/1.128}{\sqrt{1}}\right\} = Max\{0, 2.12\} \cong 2.62$$

(하위 누적합):

$$C_1^- = Min\left\{0, (0+(9.45-10))+0.5\frac{1.3534/1.128}{\sqrt{1}}\right\} = Min\{0, 0.0499\} = 0$$

$$C_2^- = Min\left\{0, (0+(7.99-10))+0.5\frac{1.3534/1.128}{\sqrt{1}}\right\} = Min\{0, -1.41\} = -1.41$$

$$C_3^- = Min\left\{0, (-1.41+(9.29-10))+0.5\frac{1.3534/1.128}{\sqrt{1}}\right\} = Min\{0, -1.52\} = -1.52$$

원 데이터가 '부분군 크기=1'이므로 '$\sqrt{n} = \sqrt{1}$'이, '모 표준 편차, σ' 추정에 '$\overline{MR}/d_2$'를 쓰므로 '$d_2 = 1.128$'이 적용되었다. 'C_5^+'과 'C_3^-' 계산에 이전 값들이 누적되고 있음에 주의한다. (식 Ⅱ-28)을 [표 Ⅱ-57]의 해당 값과 비교해보기 바란다. 또 이 값들이 실제 타점된 관리도를 보기 위해서는 「④ 선을 그리고 타점한다」의 본문으로 넘어가기 바란다. 특히 '모 표준 편차' 추정엔 (식 Ⅱ-28)에 적용된 '부분군 범위의 평균' 이외에 '합동 표준 편차(Pooled Standard Deviation)' 등 총 6개 방식이 있다. 이들에 대해서는 미니탭 '누적 합 관리도'로 들어가 도움말을 참조하면 설명과 자세한 산식이 나와 있으니 관심 있는 독자는 참고하기 바란다.

(V-mask CUSUM 유형)

'V-mask'는 '관리 이탈' 여부를 판단하기 위해 'V-자' 모양의 관리 영역을 이용하는 방법으로 1959년에 Barnard, G. A.가 제안하였다. 실제 관리도에 타점되는 값들은 '부분군 평균(또는 개별 값)'인 '$\overline{x_i}$(또는 x_i)'와 '목표 값(T)'과의 차이를 구한 뒤 순서대로 누적해서 얻는다. 'V-mask'에 대한 이론적 배경을 빼면 타점되는 값들은 'Tabular(또는 Algorithmic) CUSUM 유형'과 비교해 상대적으로 매우 쉽게 얻는다. 다음은 '누적 합'을 얻는 식과, 그를 이용해 [표 Ⅱ-56]의 원 데이터를 계산한 표이다.

$$\text{누적 합}(Cumulative\ Sum) : \text{관리도에 타점되는 값} \qquad \text{(식 Ⅱ-29)}$$
$$C_i = \sum_{j=1}^{i} (\overline{x_j} - \mu_o). \qquad where,\ \mu_o = T$$

[표 Ⅱ-58] 'V-mask 유형'의 관리도에 타점되는 '누적 합(Cumulative Sum)'

목표 값 = 10

번호	1	2	3	4	5	6	7	8	9	10	11	12	13	14	15
Data	9.45	7.99	9.29	11.66	12.16	10.18	8.04	11.46	9.20	10.34	9.03	11.47	10.51	9.40	10.08
누적 합	-0.55	-2.56	-3.27	-1.61	0.55	0.73	-1.23	0.23	-0.57	-0.23	-1.20	0.27	0.78	0.18	0.26

번호	16	17	18	19	20	21	22	23	24	25	26	27	28	29	30
Data	9.37	10.62	10.31	8.52	10.84	10.90	9.33	12.29	11.50	10.60	11.08	10.38	11.62	11.31	10.52
누적 합	-0.37	0.62	0.31	-1.48	0.84	0.90	-0.67	2.29	1.50	0.60	1.08	0.38	1.62	1.31	0.52

다음은 (식 II-29)를 이용해 [표 II-58]의 '$C_1 \sim C_3$'을 계산한 예이다.

$$C_1 = \sum_{j=1}^{1} (\overline{x_i} - 10) = 9.45 - 10 = -0.55,$$ (식 II-30)

$$C_2 = \sum_{j=1}^{2} (\overline{x_i} - 10) = (9.45 - 10) + (7.99 - 10) = -2.56,$$

$$C_3 = \sum_{j=1}^{3} (\overline{x_i} - 10) = (9.45 - 10) + (7.99 - 10) + (9.29 - 10) = -3.27$$

② '중심선(CL)'을 계산한다.

'CUSUM-관리도'에서의 '중심선(CL)'은 '목표 값'이 정해져 있더라도 항상 '0'이다. 데이터와의 차이를 다루기 때문이다. 따라서 별도로 고려할 필요는 없다. 본 예 경우 '목표 값=10.0'이며, '중심선(CL)=0'이다.

③ '관리 한계'를 계산한다.

'CUSUM-관리도' 경우 'Tabular(또는 Algorithmic) CUSUM'과 'V-mask CUSUM' 두 개의 유형이 있으므로 '관리 한계' 역시 각각을 따로 고려해야 한다. 특히 후자는 'V-mask'를 사용한다. 각각에 대해 알아보자.

(Tabular(또는 Algorithmic) CUSUM 유형)

앞서 '상위 누적 합(C_i^+)'과 '하위 누적 합(C_i^-)'을 구한 바 있으며, 이 타점들의 '관리 이탈' 여부를 판단하기 위해 '관리 한계(Control Limit)'를 설정한다. 이때 쓰이는 파라미터로 'Decision Interval'이라 불리는 'h'가 있다. '관리 한계'는 'Shewhart 관리도'에서와 유사하게 다음으로 결정된다.

[표 Ⅱ-59] 'Tabular CUSUM 유형'의 '관리 한계(Control Limit)' 계산식

상황	관리도	계산식	비고
'상위 누적 합'과 '하위 누적 합'으로 타점됨.	CUSUM-관리도	$UCL = +H = +h\dfrac{\sigma}{\sqrt{n}}$ $CL = 0$ $LCL = -H = -h\dfrac{\sigma}{\sqrt{n}}$	– '부분군 크기=1'이면 '$\sqrt{n}=1$' – 통상 'σ'는 모르므로 추정치 사용함 ($\hat{\sigma} = \bar{R}/d_2$ 등). – 'h'는 'k'와 'ARL(Average Run Length)'을 고려해서 결정됨.

[표 Ⅱ-59]에서 고려할 사항은 'Decision Interval'이라 불리는 'h'의 결정이다. 이에 대해서는 Rogerson(2006)의 근사식을 통해 얻어진다.[101] 다음과 같다.

$$\text{if } k = 0.5, \qquad h \approx \frac{ARL_0 + 4}{ARL_0 + 2} \ln\left(\frac{ARL_0}{2} + 1\right) - 1.166 \qquad (\text{식 Ⅱ-31})$$

$$\text{if } 1/\sqrt{ARL_0} \leq k \leq 1, \quad h \approx \frac{2k^2 ARL_0 + 2}{2k^2 ARL_0 + 1} \ln\left(\frac{2k^2 ARL_0}{2k} + 1\right) - 1.166$$

$where,\ 'ARL_0'$ 는 관리상태에서의 '평균런길이'

(식 Ⅱ-27)에서 '$K = k\sigma/\sqrt{n}$'를 정의했고, [표 Ⅱ-59]에선 '$H = h\sigma/\sqrt{n}$'를 정의했다. 전자는 '부분군 평균'이 '목표 값(T)'에서 벗어나는 임의 시점을, 후자는 '관리 상태' 여부를 결정하는 데 쓰인다. 그런데 둘은 공통적으로 '표준편차의 배수'인 'k'와 'h'가 있으며, 만일 'h=0, k=3'이면 'Shewhart 관리도'와 같아진다. 따라서 'Shewhart 관리도'는 'CUSUM-관리도'의 특별한 경우로 간주한다.

---

101) Rogerson, P. (2006). Formulas for the Design of CUSUM Quality Control Charts. Communications in Statistics−. Theory and Methods, 35:1−11.

(식 Ⅱ-31)은 연구 논문 결과이므로 필요한 시점에 활용하면 그만이다. 그러나 그 속에 포함된 'ARL(Average Run Length)'은 시사하는 바가 크므로 약간 짚고 넘어가자. 'ARL'은 'CUSUM-관리도'를 만든 Page가 관리도의 성능(Performance)을 평가할 목적으로 정의한 측도이다. '런 길이(Run Length)'는 "관리도상에서 '관리 이탈' 신호가 생길 때까지의 타점 수"인데, 만일 프로세스가 '관리 상태'이면 타점들이 '관리 한계' 내에만 존재하게 되고, 이때 타점이 한계를 우연히 벗어났다면 '제1종 오류(α-오류)'가 발생한 것이며(관리 상태임에도 한계를 벗어났으므로), 이때 '런 길이(ARL)'도 결정된다. 관리도에서의 '관리 한계=3σ'를 표방하므로 그 한계를 벗어날 확률이 '0.0027'이고, 따라서 '관리 상태'에서는 프로세스에 이상이 없음에도 약 370회 타점마다 한 개씩의 '관리 이탈'이 발생한다(1/α=1/0.0027≒370). 즉 프로세스가 '관리 상태'에서의 'ARL₀'은 'Shewhart 관리도' 경우 '약 370'이다. 물론 반대로 실제는 '관리 이탈 상태'임에도 경보 없이 지속된 타점 수는 '제2종 오류(β-오류)'이며, 이때의 'ARL₁'은 '1/(1-β)'로 얻어진다.

그러나 (식 Ⅱ-31)을 계산하기 위해 일반적으로 알려진 'k=0.5'를 적용해도 'CUSUM-관리도'에서의 'ARL'은 그렇게 쉽사리 얻어지진 않는다. 고려할 관련 변수들이 다수이기 때문인데 다음 'ARL' 산식은 참고만 하자[주) 99].

$$ARL = \frac{e^{-2\triangle b} + 2\triangle b - 1}{2\triangle^2}, \qquad \text{(식 Ⅱ-32)}$$

$$where,\ \triangle \neq 0,\quad \triangle = \delta^* - k,\quad b = h + 1.166,\quad \delta^* = (\overline{x} - T)/\sigma$$

if $\delta^* = 0$, 관리상태에서의 $'ARL_0'$을 구함

if $\delta^* \neq 0$, 관리이탈상태에서의 $'ARL_1'$을 $(\overline{x} - T)$, 즉 $shift$를 결정한 후 구함.

⇒이때 양쪽 관리한계를 갖는 $CUSUM$의 ARL은,

$$ARL = \left(\frac{1}{ARL^+} + \frac{1}{ARL^-} \right)^{-1}$$

이 식을 어떻게 계산할까 하고 고민할 필요는 없다(^^). 단지 현재로선 'CUSUM-관리도'와 그의 특수한 형태인 'Shewhart 관리도'의 성능(Performance)을 비교하는 용도로 써먹으면 충분하다. 그러나 프로세스를 실제 관리하는 엔지니어 입장에서는 관리 중인 프로세스에 맞는 (식 II-32)의 적정 'h'를 얻기 위해, 본인 분야의 전문성은 물론 오랜 기간 프로세스 성향의 관찰 경험 등을 'ARL' 결정에 활용할 필요가 있다. [표 II-59]에서와 같이 'h'가 '관리 이탈' 여부를 판독할 중요한 기준 역할을 하기 때문이다. 혹 관심 갖는 독자를 위해 'ARL'을 계산하는 간단한 예를 부록(Appendix-C)에 실었으니 참고하기 바란다. (식 II-32)를 이용해 두 관리도의 성능을 계산한 결과는 다음과 같다.[102]

[표 II-60] 'CUSUM-관리도'와 'Shewhart 관리도'의 성능비교

	Shewhart 관리도	Cusum-관리도
'관리 상태'에서의 ARL_0	370.4	938.2
'관리 이탈 상태'에서의 ARL_1	43.96	10.34

[표 II-60]을 보면 'CUSUM-관리도'가 훨씬 유용하다는 것을 알 수 있다. 즉 '관리 상태에서의 ARL_0' 경우, 프로세스에 이상이 없어도 통계상 '랜덤 오차(Random Error)'의 우연한 누적 때문에 발생하는 '오 경보(False Alarm)'가 'Shewhart 관리도'는 '370.4타점'에 한 번 발생하지만 'CUSUM-관리도'는 그의 '약 2.5배' 이상 길다는 것을 알 수 있다. 우연히 발생되는 '오 경보'가 적다는 뜻이다. 또 '관리 이탈 상태에서의 ARL_1' 경우, 실제는 프로세스에 이상

---

102) Olatunde A. Adeoti. (2013). Application of Cusum Chart for Monitoring HIV/AIDS Patients in Nigeria. International Journal of Statistics and Applications 2013, 3(3): 77-80.

이 생겼음에도 계속 알림 없이 지연되다 드디어 경보를 알려주는 시점 때까지의 타점 수로써 이 값이 클수록 피해를 많이 받게 된다. [표 Ⅱ-60]에서 'CUSUM-관리도'가 'Shewhart 관리도'에 비해 약 1/4 수준으로 그만큼 프로세스에 문제가 있으면 있다고 알려주는 민감도가 높다고 볼 수 있다.

다시 (식 Ⅱ-31)의 'Decision Interval, h'를 구하는 문제로 돌아가 보자. 이제 'Shewhart 관리도'와 유사하게 'ARL=370', 'Reference Value'는 최적으로 평가받는 'k=0.5'인 상황에서 'h'를 계산하면 다음과 같다.

$$h \approx \frac{370+4}{370+2}\ln\left(\frac{370}{2}+1\right) - 1.166 \cong 4.09 \qquad \text{(식 Ⅱ-33)}$$

실제 가장 일반적인 'h' 값은 '4~5'이며, 미니탭에서도 디폴트로 '4'가 설정되어 있다. 이제 (식 Ⅱ-33)을 이용해 [표 Ⅱ-56]의 원 데이터에 대한 '관리 한계'를 구하면 다음 [표 Ⅱ-61]과 같다.

[표 Ⅱ-61] 'Tabular CUSUM 유형'의 '관리 한계(Control Limit)' 계산 결과

상황	관리도	계산식	비고
'상위 누적 합'과 '하위 누적 합'으로 타점됨.	CUSUM-관리도	$UCL = +4 \times \frac{1.3534/1.128}{\sqrt{1}} \cong +4.8$ $CL = 0$ $LCL = -4 \times \frac{1.3534/1.128}{\sqrt{1}} \cong -4.8$	$-\sqrt{n} = 1$ $-\hat{\sigma} = \overline{MR}/d_2$ $-\text{h}=4$

[표 Ⅱ-61]의 결과를 [그림 Ⅱ-54]의 'CUSUM-관리도' 내 '관리 한계' 값과 비교해보기 바란다.

(V-mask CUSUM 유형)

'V-mask'를 이용해 '관리 이탈' 여부를 판단한다. 우선 'V-mask'의 구조와 요소별 용어를 정리하면 다음 [그림 Ⅱ-52]와 같다.

[그림 Ⅱ-52] 'V-mask' 개요도와 용어

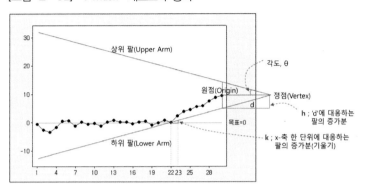

[그림 Ⅱ-52]에서 '원점(Origin)'은 가장 최근의 타점이며, '상위 팔(Upper Arm)'과 '하위 팔(Lower Arm)'[103]은 'Shewhart 관리도'에서의 '관리 상·하한'에 대응한다. 새로운 타점이 추가되면 '원점'은 다시 가장 최근의 타점 위치로 이동한다. 프로세스 평균(부분군 평균)이 위 또는 아래로 이동(Shift)하면 팔의 기울기가 변하며, 가장 최근의 타점을 '원점'으로 'V-mask'를 작성한다. 이때 '상·하위 팔'을 넘어간 타점들 모두를 '관리 이탈'로 판정한다.

[그림 Ⅱ-52]에서 '하위 팔(Lower Arm)'의 기울기 'k'와, '원점(Origin)-정점(Vertex)' 사이의 거리 'd'에 대한 수직 높이 'h'를 '설계 파라미터(Design Parameter)'라고 부른다(미니탭은 이 파라미터들을 사용한다). 'V-mask'를 그리는 데 꼭 알아둬야 할 필수 요소들이기 때문에 '설계'란 용어가 붙었다. 또

---

103) '상(하)위 팔'은 필자가 번역한 용어로 혼선을 피하기 위해 영어 단어를 포함시켰다.

는 'd'와 '정점 각(Vertex Angle), Θ'로도 'V-mask'를 그릴 수 있어 이 두 요소 역시 '설계 파라미터'로 불린다. 직접 계산할 필요는 없으나 'd'와 'Θ'는 다음의 식으로 얻는다. 그냥 참고만 하자(예를 들어, 'd' 경우 [그림 Ⅱ-52]에서 직각삼각형의 닮은꼴로부터 [(23-22): d=k: h] ⇒ [1: d=k: h] ⇒ [d×k=h] ⇒ [d=h/k] 과정으로 얻어짐).

$$d = \frac{h}{k} = \frac{(1/\delta) \times \ln[(1-\beta)/(\alpha/2)]}{\delta/2} = \frac{2}{\delta^2}\ln\left(\frac{1-\beta}{\alpha/2}\right), \qquad \text{(식 Ⅱ-34)}$$

$$\theta = \tan^{-1}\left(\frac{k}{a}\right) = \tan^{-1}\left(\frac{\delta/2}{a}\right) = \tan^{-1}\left(\frac{\delta}{2a}\right)$$

$where,$ 'δ'는 양수
　　　　'a'는 $Aspect\ Ratio$로 가로축 한 눈금에 대응하는 세로축 눈금 수와의
　　　　　　비율
　　　　'α'는 '제1종 오류' – 프로세스 평균이 목표 값과 일치하는데도
　　　　　　　　다르다고 보는 오류
　　　　'β'는 '제2종 오류' – 프로세스 평균이 목표값에서 벗어났는데도
　　　　　　　　그렇지않다고 보는 오류

관리도 작성에 들어가기 전 'CUSUM-관리도'의 두 유형 'Tabular CUSUM'과 'V-mask CUSUM'에서 쓰이는 파라미터 중 표기는 동일하나 정의가 틀린 'h'와 'k'를 다음 [표 Ⅱ-62]에 정리하였다. 참고하기 바란다.

[표 Ⅱ-62] 'CUSUM-관리도 Plan' 시 쓰이는 파라미터의 CUSUM 유형별 정의

CUSUM 유형	h	k
Tabular CUSUM (One-sided CUSUMs)	중심선과 관리 한계 사이에 들어가는 '표준 편차'의 수, 'Decision Interval'이라 함.	프로세스에서 허용 가능한 여유도(Slack). 'Reference Value, K' 계산 시 변동의 크기를 지정
V-mask CUSUM (Two-sided CUSUMs)	'd'에 대한 수직 높이([그림 Ⅱ-52] 참조)	V-mask 팔의 기울기([그림 Ⅱ-52] 참조)

④ '선'을 그리고 타점한다.

지금까지의 내용을 토대로 관리도를 작성한다. 'Tabular(또는 Algorithmic) CUSUM'과 'V-mask CUSUM' 두 유형이 있었으므로 관리도 역시 두 개로 나눠 설명할 것이다.

(Tabular(또는 Algorithmic) CUSUM 유형)

타점될 개별 값들은 [표 Ⅱ−57]에서 얻었고, '중심선(CL)'은 '0', '관리 한계'는 [표 Ⅱ−59]와 [표 Ⅱ−61]에 따라 '0±4.8'이다. 또 '설계 파라미터'는 가장 일반적인 'h=4'와 'k=0.5'를 다음과 같이 설정하였다(「통계 분석(S) > 관리도(C) > 시간 가중 관리도(T) > 누적합[CUSUM](C)…」).

[그림 Ⅱ−53] 'CUSUM-관리도(Tabular 유형)'의 파라미터 설정

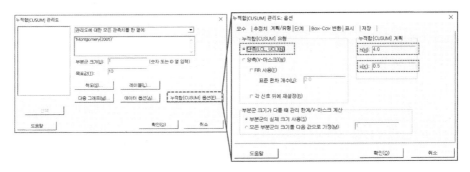

'Shewhart 관리도'와 비교하기 위해 원 데이터([표 Ⅱ−56])가 '부분군 크기=1'임에 따라 다음 [그림 Ⅱ−54]와 같이 'I-관리도'를 추가하였다(정확한 비교를 위해 '대화 상자'의 '관리도 옵션(P)...'에서 '모수 평균=10'으로 설정함).

[그림 Ⅱ-54] 'I-관리도'와 'CUSUM-관리도(Tabular 유형)'

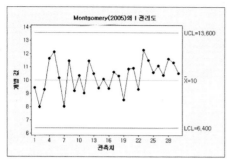
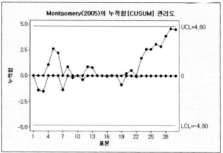

[그림 Ⅱ-54]의 왼쪽 'I-관리도'는 개별 부분군(n=1)의 변동(오르내림)을 독립적으로 관찰하지만 오른쪽 'CUSUM-관리도'는 직전의 값들을 누적하는 구조이므로 후반부의 패턴에 극명한 차이를 보인다. 이것은 'I-관리도'의 후반부 타점들이 중심선보다 약간 위쪽에 분포하므로 '$\overline{x_i}$(또는 개별 값) $-T$'을 계속 누적하면 'CUSUM-관리도'의 후반부처럼 우/상향 패턴의 뚜렷한 결과를 얻게 된다. 또 하나 [표 Ⅱ-57]에서 'CUSUM-관리도'의 타점들이 '상위 누적 합'과 '하위 누적 합'으로 나뉘어 작성된 바 있으므로 '중심선(CL)=0'을 사이에 두고 위쪽 타점과 아래쪽 타점으로 구분되어 있다. 만일 'I-관리도'의 특정 영역 타점들이 '중심선' 아래쪽에 연속 분포한다면 'CUSUM-관리도' 경우 동일 영역의 중심선으로부터 아래쪽으로 멀어져가는 하향 패턴이 나타날 것이다.

현재의 'CUSUM-관리도' 해석은 '관리 한계'를 벗어난 타점이 없으므로 "관리 상태에 있다"로 요약된다. 그러나 관리도의 후반부에 프로세스의 '목표 값=10'보다 조금 큰 쪽으로 점진적 증가 이동이 관찰되므로 타점이 추가된다면 '관리 이탈' 가능성도 배제할 수 없으며, 현재 자체만의 패턴으로도 '+' 쪽으로의 편의 발생에 대한 원인 규명 및 개선 후 재발 방지책 마련을 검토할 필요성이 있어 보인다. 물론 이에 대한 판단은 관련 담당자들의 몫이다.

(V-mask CUSUM 유형)

타점될 개별 값들은 [표 Ⅱ-58]에서 얻었고, '중심선(CL)=0', '관리 한계'는 'V-mask'가 대신하므로 '설계 파라미터'인 'k와 h', 또는 'd'와 'θ[(식 Ⅱ-34)]'를 결정한다. 미니탭은 'CUSUM-관리도'의 '<u>누적합[CUSUM] 옵션(P)...</u>'으로 들어가 다음 [그림 Ⅱ-55]와 같이 설정한다.

[그림 Ⅱ-55] 'CUSUM-관리도(V-mask 유형)'의 '대화 상자' 옵션 설정

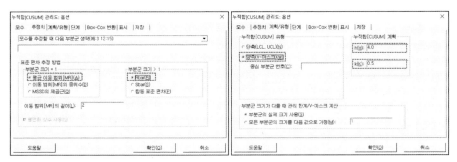

'Tabular CUSUM 유형'도 동일한데 [그림 Ⅱ-55]의 「추정치」 탭에서 '표준 편차'의 추정은 '부분군 크기=1'인 경우와 '부분군 크기>1'로 나뉘며, 현재(원 데이터 [표 Ⅱ-56])는 전자에 해당하므로 그에 적합한 옵션을 선택한다. 본문에서는 '부분군 크기'에 관계없이 공통적으로 '범위(R)'의 방식을 채택하였다. 또 「계획/유형」 탭에서는 '누적합[CUSUM] 유형'에 '양측(V-마스크)(<u>W</u>)'를, 특별한 이유가 없는 한 'h=4'와 'k=0.5'를 각각 설정한다(디폴트). 다음 [그림 Ⅱ-56]은 원 데이터인 [표 Ⅱ-56]에 대한 'V-mask CUSUM 유형'의 관리도 결과이다.

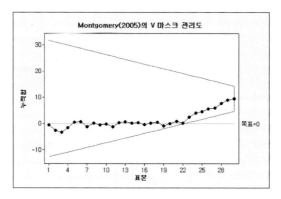

[그림 Ⅱ-56] CUSUM-관리도(V-mask 유형)

[그림 Ⅱ-56]의 해석은 'V-mask'의 '상(하)위 팔'을 넘어선 타점이 없으므로 '관리 상태'로 판단한다. 복잡하고 많은 이론적 배경과는 달리 결과 해석은 'Shewhart 관리도'와 별반 차이가 없다.

4.9. EWMA-관리도

'EWMA-관리도'는 '기하 이동 평균 관리도(Geometric Moving Average Control Charts)'로도 불리며, 'Exponentially Weighted Moving Average'의 첫 자를 따서 지어진 이름이다. 우리말로는 "지수 가중 이동 평균 관리도"이다. 'CUSUM-관리도'와 함께 "작은 변동을 검출하는 데 유리하며 최근 데이터에 가중을 더해주는 특징"이 있다. 기원은 1959년 S. W. Roberts에 의한 "지수 가중 이동 평균 관리도"로 시작됐지만([표 Ⅱ-1]의 「품질의 역사 관련 시간 대별 사건 표 - ⑦」 참조) 이미 오래전부터 계량 경제학자들이 경기 관련 흐름을 파악하기 위한 도구로 유용하게 사용하여 왔다. 경제 분야의 항시 관심은 "다음은 어찌 될 것인가?"일 텐데 모든 분야가 그렇듯 아주 가까운 미래에 일어날 일들은 과거와 현재 상태의 흐름을 연장함으로써 예측력을 높일 수 있다. 벼락처럼 급격한 변화가 일어날 수도 있겠으나 벼락 역시 하늘에서 어느 정도의 조짐 같은 정보를 사전에 보여준다는 점에서 가까운 미래를 보는 일이 꼭 불가능한 것만은 아니다. 이런 이유로 주식에 'EWMA-관리도'가 유용하게 쓰이는지도 모르겠다. 하지만 "아하!" 하고 섣불리 애용해서도 곤란하다. 이 관리도를 주식에 사용해서 떼돈을 번 사람들이 많았다면 증권거래소는 벌써 없어졌을지도 모를 테니 말이다. 'EWMA-관리도'를 공식적으로 처음 논한 Roberts(1959)[104]는 'EWMA-관리도'가 프로세스의 평균 변화량이 작을 때 감지 능력이 뛰어나다는 것을 시뮬레이션을 통해 증명하였다. 또 관리도 원리를 이용해 분석적으로 발전시킨 이가 Crowder(1987), 예측을 위한 용도로 다진 이는 Box, Jenkins and MacGregor(1974)[105] 등이 있다. 이로 미루어보건대 'EWMA-관리도'는 다음과 같은 특징이 있다.[106]

1) '$\bar{x} - R$ 관리도'나 'I-관리도'에서 탐지 민감도를 높이기 위해 도입한 'WECO Rules' 없이, 시간에 따라 수집된 모든 데이터만을 이용하여 프로세스의 '관리 상태'를 판단한다.
2) 'CUSUM-관리도'에 비해 좀 더 큰 이동(Shift)량을 감지할 수 있다.
3) '프로세스 평균'을 추가할 경우 '표준 편차'의 모니터링이 가능하다.
4) '프로세스 평균'을 예측하는 데 이용할 수 있다.

---

104) Roberts, S. W. (1959). "Control Chart Tests Based on Geometric Moving Averages", Technometrics, Vol.1, 239-250.
105) Box, G. E. P., Jenkins, G. M. and MacGregor, J. F.(1974). "Some Recent Advances in Forecasting and Control", Applied Statistics, 23, 158-179.
106) Keith M. Bower, Using exponentially weighted moving averae charts, minitab.com 의 Technical Doc.

5) 정규성 가정에 민감하지 않다. Montgomery[107]는 "정규성 가정이 약간 또는 보통 수준으로 지켜지지 않아도 'Shewhart 관리도'는 여전히 잘 작동한다"고 했고, Schilling and Nelson[108]은 "'표본 크기'가 네 개 이하면 비정규일 경우 '오 경보율'이 심각한 수준에 이를 것"이라 했다. 일반적으로 'I-관리도'는 '$\bar{x} - R$ 관리도'에 비해 정규성 가정에 더 민감하다. 그러나 'EWMA-관리도'와 용도가 유사한 'CUSUM-관리도'는 정규성 가정에 민감한 반면 'EWMA-관리도'는 정규성에 둔감하므로[109] 프로세스에서의 작은 변화를 감지하는 데 훨씬 유리한 입장을 고수한다.

'EWMA-관리도'가 다른 관리도들과 달리 '정규성 가정'에 크게 영향 받지 않는 대신 '시간순으로 수집된 표본들 간 서로 독립이다'라는 가정의 지배를 받는다. 만일 '시간 독립'이 깨지면 다음의 가능한 상황이 발생한다.

1) 우선 양의 '자기 상관'이 생긴다. 작은 값은 연달아 작은 값이 이어지거나, 큰 값은 연달아 큰 값이 이어지는 경향이 생긴다. 이 경우 '관리 한계 폭'이 줄어들어 '오 경보'의 빈도를 높인다.
2) 또는 음의 자기 상관이 생긴다. 예로써 종종 '과잉 교정(Over-correction)'이 이루어지는 프로세스가 될 수 있다. 이 경우 '관리 한계 폭'이 크게 넓어질 수 있어 '이상 원인'에 의한 변동을 놓칠 수 있다.

'EWMA-관리도'는 'Shewhart 관리도'에 비해 평균의 이동량이 큰 경우는

---

107) Montgomery, D. C. (1996). Introduction to Statistical Quality Control, 3rd Edition. John Wiley & Sons.
108) Schilling, E. G., Nelson, P. R. (1976). "The Effect of Non-Normality on the Control Limits of X charts." Journal of Quality Technology, Vol. 25.
109) 주) 90.

잘 반응하지 않는 것으로 알려져 있다. 따라서 장치 산업 등에서의 효과 있는 사용을 위해 다른 관리도와 마찬가지로 운영의 묘나 프로세스에의 적응성 연구 등 시간을 두고 깊이 있게 관찰하는 자세가 필요하다. 예를 들어 이동량이 큰 경우 탐지력이 떨어지는 단점을 보완하기 위해 '$\overline{X}$-관리도'와 함께 사용하면 프로세스 관리에 시너지 효과가 생긴다. 이때 어느 한쪽의 관리도에서 '관리 한계선'을 벗어나더라도 프로세스에 '이상 변동'이 발생한 것으로 간주한다. 지금부터 다음 각 단계별로 관리도를 하나씩 완성해보자.

① 데이터를 수집한다.

부분군이나 개별 값 모두 가능하며, '부분군 크기'가 서로 달라도 해석에 문제는 없다. 다만 가급적 동일한 크기로 수집하는 것이 관리에 효율적이다. 다음 [표 II-63]은 한 화학 공장의 중합 탱크 내 온도 관리를 위해 40일 동안 하루 다섯 개씩 데이터를 수집한 결과이다.

[표 II-63] '중합 탱크 온도' 자료에 대한 최근 40일간 데이터 예

1	2	3	4	5	6	7	8	9	10	11	12	13	14	15	16	17	18	19	20
99.09	88.51	98.14	100.32	101.54	99.81	103.71	104.36	94.49	109.10	87.17	102.77	86.39	88.63	107.14	116.84	118.37	80.10	96.06	101.16
91.40	111.40	85.72	90.24	102.15	98.96	79.16	90.55	105.61	97.03	89.27	86.37	102.00	80.63	89.89	98.11	119.25	94.43	105.27	107.97
99.27	128.02	102.84	90.88	113.39	94.80	86.26	122.21	86.27	108.96	107.11	103.76	97.60	100.16	104.08	72.76	104.54	91.66	95.15	93.17
89.99	88.44	97.02	96.59	117.37	95.96	96.07	90.72	96.01	88.64	72.75	100.32	97.33	122.64	111.35	89.71	98.21	107.56	92.05	105.97
99.72	99.72	107.44	114.63	102.65	104.99	101.96	73.97	91.60	114.57	93.76	97.61	107.62	94.12	106.78	87.09	111.32	112.11	112.31	86.54

21	22	23	24	25	26	27	28	29	30	31	32	33	34	35	36	37	38	39	40
98.97	103.33	107.75	125.63	117.49	116.21	119.19	99.33	105.03	106.19	112.25	113.04	119.30	134.89	94.90	103.34	95.95	98.95	104.99	111.00
112.24	98.76	120.57	123.56	107.08	107.43	110.52	111.57	128.67	109.37	93.80	109.62	104.92	128.66	103.05	112.69	103.91	97.01	125.64	109.37
95.42	101.40	111.46	130.25	106.63	99.94	112.73	113.14	103.78	130.31	94.31	118.48	94.18	107.68	106.43	117.02	116.88	107.04	120.99	102.22
102.46	101.92	113.63	110.68	111.89	108.12	109.08	95.77	109.55	106.30	107.23	108.23	131.95	116.71	130.87	96.53	115.05	103.81	117.12	76.13
120.33	109.69	108.43	99.01	113.97	105.28	110.39	115.58	100.98	127.28	108.74	134.60	112.90	112.95	97.72	104.88	112.06	115.67	107.69	103.32

'CUSUM-관리도'와 마찬가지로 [표 II-63] 역시 관리도에 타점할 수 있도록 조정이 필요하다. 다음의 관계식을 통해 일자별 타점 값이 결정된다.

$$z_i = \lambda \overline{x_i} + (1-\lambda)z_{i-1}, \qquad i = 0,1,2....$$ (식 II-35)

$where,$ $\overline{x_i}$ 는 개별 값일 경우 'x_i' 로 대체
z_0(시작값) : 목표값($Target$), or 과거 평균, or
표본데이터 전체평균($\overline{x}$)
λ(가중치) : $0 < \lambda \leq 1$

‘가중치(λ)’는 여러 출처에서 가이드라인을 제시하는데, Hunter(1986)[110]는 근거가 미약하지만 계량 경제학에서의 데이터 처리 경험상 0.2~0.3을, Lucas and Saccucci(1990)[111]는 테이블에서 결정하도록 하고 있다. 또 국내 대부분의 기업에서 혁신 프로그램으로 도입했던 ‘6시그마 교재’에서는 일반적으로 ‘0.05 ~0.25’나 ‘2÷(부분군 크기+1)’를 제시하기도 한다. 작은 이동(Shift)을 감지할 수록 ‘가중치(λ)’는 작은 값을 사용하며, 미니탭은 디폴트로 ‘0.2’를 적용한다. (식 II-35)에서 ‘λ=1’일 경우 ‘Shewhart 관리도’가 된다. 다음 [표 II - 64]는 원 데이터인 [표 II - 63]을 (식 II-35)로 변환한 결과이다(‘λ=0.2’ 적용).

[표 II-64] ‘중합 탱크 온도’ 자료에 대한 최근 40일간 데이터 예(λ=0.2)

부분군	1	2	3	4	5	6	7	8	9	10	11	12	13	14	15	16	17	18	19	20
1	99.09	88.51	98.14	100.32	101.54	99.81	103.71	104.36	94.49	109.10	87.17	102.77	86.39	88.63	107.14	116.84	118.37	80.10	96.06	101.16
2	91.40	111.40	85.72	90.24	102.15	98.96	79.16	90.55	105.61	97.03	89.27	86.37	102.00	80.63	89.89	98.11	119.25	94.43	105.27	107.97
3	99.27	128.02	102.84	90.88	113.39	94.80	86.26	122.21	86.27	108.96	107.11	103.76	97.60	100.16	104.08	72.76	104.54	91.66	95.15	93.17
4	89.99	88.44	97.02	96.59	117.37	95.96	96.07	90.72	96.01	88.64	72.75	100.32	97.33	122.64	111.35	89.71	98.21	107.56	92.05	105.97
평균	95.89	103.22	98.23	98.53	107.42	98.90	93.43	96.36	94.80	103.66	90.01	98.16	98.19	97.24	103.85	92.90	110.34	97.17	100.17	98.96
Z_i	102.69	102.80	101.88	101.21	102.45	101.74	100.08	99.34	98.43	99.48	97.58	97.70	97.80	97.68	98.92	97.71	100.24	99.63	99.73	99.58

부분군	21	22	23	24	25	26	27	28	29	30	31	32	33	34	35	36	37	38	39	40
1	98.97	103.33	107.75	125.63	117.49	116.21	119.19	99.39	105.03	106.19	112.25	113.04	119.30	134.89	94.90	103.34	95.95	98.95	104.99	111.00
2	112.24	98.76	120.57	123.56	107.08	107.43	110.52	111.57	128.67	109.37	93.80	109.62	104.92	128.66	103.05	112.69	103.91	97.01	125.64	109.37
3	95.42	101.40	111.46	130.25	106.63	99.94	112.73	113.14	103.78	130.31	94.31	118.48	94.18	107.68	106.43	117.02	116.88	107.04	120.99	102.22
4	102.46	101.92	113.63	110.68	111.89	108.12	109.08	95.77	109.55	106.30	107.23	108.23	131.95	116.71	130.87	96.53	115.05	103.81	117.12	76.13
5	120.33	109.69	108.43	99.01	113.97	105.28	110.39	115.58	100.98	127.28	108.74	134.60	112.95	97.72	106.88	77.28	104.88	115.67	107.69	103.32
평균	105.89	103.02	112.37	117.82	111.41	107.40	112.38	107.09	109.60	115.89	103.26	116.79	112.65	120.18	106.59	106.89	108.77	104.49	115.28	100.41
Z_i	100.84	101.28	103.50	106.36	107.37	107.38	108.38	108.12	108.42	109.91	108.58	110.22	110.71	112.60	111.41	110.50	110.15	109.02	110.27	108.30

110) J. Stuart Hunter. (1986). "The Exponentially Weighted Moving Average", Journal of Technology, Vol. 18, No, October 1986.
111) Lucas, J. M. and Saccucci, M. S. (1990). "Exponentially weighted moving average control schemes: Properties and enhancements", Technometrics 32, 1-29.

이해를 돕기 위해 부분군 1, 2, 3에 대해 직접 계산 과정을 보이면 다음과 같다.

$$z_1 = 0.2 \times \overline{x_1} + (1 - 0.2) \times \overline{\overline{x}} = 0.2 \times 95.89 + 0.8 \times 104.39 \qquad \text{(식 II-36)}$$
$$\cong 102.69$$
$$z_2 = 0.2 \times \overline{x_2} + (1 - 0.2) \times z_1 = 0.2 \times 103.22 + 0.8 \times 102.69$$
$$\cong 102.80$$
$$z_3 = 0.2 \times \overline{x_3} + (1 - 0.2) \times z_2 = 0.2 \times 98.23 + 0.8 \times 102.80$$
$$\cong 101.88$$
$$\ldots$$

(식 II-36)의 'z_1' 계산 중 (식 II-35)의 '$z_{1-1} = z_0 = \overline{\overline{x}}$'를 적용했다. 그 이후부터는 '$z_{2-1} = z_1, z_{3-1} = z_2$' 등으로 직전 데이터에 '0.8배' 한 뒤 더해 주면서 타점 값들을 형성한다. 직접 계산해본 뒤 [표 II-64]와 비교해보기 바란다.

② '중심선(CL)'을 계산한다.

'중심선(CL)'은 수집된 전체 데이터의 '총 평균'을 적는다. 만일 '모평균'이 알려져 있으면 그를 이용한다. 예를 들어 미니탭은 '지수가중이동평균[EWMA] 옵션(P)...'의 '모수' 탭에 들어가 알려진 '모평균'을 입력할 경우 '중심선(CL)'은 데이터의 '총 평균' 대신 입력된 '모평균'이 적용된다. 데이터의 '총 평균'은 다음과 같다.

$$\overline{\overline{x}} = \frac{99.09 + 91.40 + 99.27 + \ldots + 102.22 + 76.13 + 103.32}{200} = 104.39 \qquad \text{(식 II-37)}$$

대부분은 모수인 'μ'가 알려져 있지 않으므로 과거 데이터를 통해 추정의 과정을 거친다(즉 '$\overline{\overline{x}}$'의 사용).

③ '관리 한계'를 계산한다.

'관리 한계'를 얻기 위해서는 (식 II-35)를 통해 얻어지는 'z_i'들의 '분산(또는 표준 편차)'을 알아야 한다. 이를 위해 (식 II-35)를 다음과 같이 쓸 수 있다.

$$z_i = \lambda \overline{x_i} + (1-\lambda)z_{i-1}. \qquad i = 0,1,2 \ldots \qquad \text{(식 II-38)}$$

$$
\begin{aligned}
z_1 &= \lambda \overline{x_1} + (1-\lambda)z_0 \\
z_2 &= \lambda \overline{x_2} + (1-\lambda)\left[\lambda \overline{x_1} + (1-\lambda)z_0\right] \\
&= \lambda \overline{x_2} + \lambda(1-\lambda)\overline{x_1} + (1-\lambda)^2 z_0 \\
z_3 &= \lambda \overline{x_3} + (1-\lambda)\left[\lambda \overline{x_2} + \lambda(1-\lambda)\overline{x_1} + (1-\lambda)^2 z_0\right] \\
&= \lambda \overline{x_3} + \lambda(1-\lambda)\overline{x_2} + \lambda(1-\lambda)^2 \overline{x_1} + (1-\lambda)^3 z_0 \\
&\ldots \\
z_i &= \lambda \overline{x_i} + (1-\lambda)\left[\lambda \overline{x_{i-1}} + \lambda(1-\lambda)\overline{x_{i-2}} + \ldots + \lambda(1-\lambda)^{i-2}\overline{x_1} + (1-\lambda)^{i-1} z_0\right] \\
&= \lambda \overline{x_i} + \lambda(1-\lambda)\overline{x_{i-1}} + \lambda(1-\lambda)^2 \overline{x_{i-2}} + \ldots + \lambda(1-\lambda)^{i-1}\overline{x_1} + (1-\lambda)^i z_0 \\
&= \sum_{k=0}^{i-1} \lambda(1-\lambda)^k \overline{x_{i-k}} + (1-\lambda)^i z_0, \quad i \geq 1
\end{aligned}
$$

좀 복잡해 보이지만 차근차근 쫓아가면 이해 못할 것도 아니다. (식 II-38) 을 보면 오래된 데이터('$\overline{x_i}$'가 현재, '$\overline{x}_{i-1}, \ldots, \overline{x}_1$'가 이전 데이터)에 '지수'가 '가중'된다. 예를 들어 'z_3' 경우 현재 데이터인 '$\overline{x}_3$'엔 '$(1-\lambda)^0$'이, '$\overline{x}_2$'엔 '$(1-\lambda)^1$', '$\overline{x}_1$'엔 '$(1-\lambda)^2$' 등이다. 과거 데이터로 갈수록 '1'보다 작은 값을 자꾸 거듭제곱하므로 해당 값은 점점 작아진다. 즉 오래된 자료일수록 가중치가 점점 작아진다. 왜 '지수 가중 이동 평균'으로 불리는지도 식으로부터 이해될 수 있다.

Montgomery, D. C.(1991)는 (식 II-38)의 맨 끝에 적힌 'z_i 식'으로부터 'z_i'의 '기댓값'과 '분산'을 다음과 같이 제시한다.[112]

---

112) Montgomery, D. C. (1991). Introduction to Statistical Quality Control, Second Edition, John Wiley and Sons, New York.

$$E(z_i) = \sum_{k=0}^{i-1} \lambda(1-\lambda)^k E(\overline{x}_{i-k}) + (1-\lambda)^i = \mu_0 \qquad \text{(식 II-39)}$$

$$Var(z_i) = \sum_{k=0}^{i-1} \lambda^2 (1-\lambda)^{2k} Var(\overline{x}_{i-k})$$

$$= \frac{\sigma^2}{n} \left(\frac{\lambda}{2-\lambda} \right) \left[1 - (1-\lambda)^{2i} \right]$$

'지수 가중 이동 평균'의 '분산'은 '주) 112'에 따라 'i'가 증가하면 다음의 상수로 수렴한다는 것이 알려져 있다.

$$Var(z_i) = \lim_{i \to \infty} \left(\frac{\sigma^2}{n} \left(\frac{\lambda}{2-\lambda} \right) \left[1 - (1-\lambda)^{2i} \right] \right) \cong \frac{\sigma^2}{n} \left(\frac{\lambda}{2-\lambda} \right) \qquad \text{(식 II-40)}$$

$$Std(z_i) = \frac{\sigma}{\sqrt{n}} \underbrace{\sqrt{ \frac{\lambda}{2-\lambda} \left[1 - (1-\lambda)^{2i} \right] }}_{\text{수렴 전}} \cong \frac{\sigma}{\sqrt{n}} \underbrace{\sqrt{ \frac{\lambda}{2-\lambda} }}_{\text{수렴 후}}$$

(식 II-39)와 (식 II-40)의 유도 과정은 논문 '주) 112'를 탐독해야 한다. 관심 있는 독자는 관련 문헌을 참고하기 바란다.

(식 II-40) 중 '관리 한계'에 쓸 '표준 편차'는 미니탭 경우 수렴하기 전의 식을 사용한다('수렴 전' 참조). 부분군 순서가 뒤로 갈수록 'i'가 증가하므로 점점 '수렴 후' 값의 일직선 양상을 보인다. [표 II-65]는 '관리 한계' 계산식이다.

[표 II-65] 'EWMA-관리도'의 '관리 한계(Control Limit)' 계산식

상황	관리도	계산식	비고
모수가 알려진 경우	EWMA 관리도	$UCL = \mu + \frac{\sigma}{\sqrt{n}} \sqrt{ \frac{\lambda}{2-\lambda} \left[1 - (1-\lambda)^{2i} \right] }$ $CL = \mu$ $LCL = \mu - \frac{\sigma}{\sqrt{n}} \sqrt{ \frac{\lambda}{2-\lambda} \left[1 - (1-\lambda)^{2i} \right] }$	- '$\lambda = 1$'이면 'I-관리도' - 'λ'가 작을수록 프로세스의 '평균 이동(Shift)'을 더 빠르게 감지함 - '부분군 크기'가 다를 경우 '표준 편차' 추정은 미니탭 도움말의 「방법 및 공식」 참조
모수가 알려져 있지 않은 경우 (주로 사용됨)		$UCL = \overline{\overline{x}} + \frac{\overline{R}/d_2}{\sqrt{n}} \sqrt{ \frac{\lambda}{2-\lambda} \left[1 - (1-\lambda)^{2i} \right] }$ $CL = \overline{\overline{x}}$ $LCL = \overline{\overline{x}} - \frac{\overline{R}/d_2}{\sqrt{n}} \sqrt{ \frac{\lambda}{2-\lambda} \left[1 - (1-\lambda)^{2i} \right] }$	

좀 복잡하다! '관리 한계' 계산식 중 '$(1-\lambda)^{2i}$'는 부분군 순서가 'i=15번째' 쯤 되면 'λ=0.2' 경우, '$(1-0.2)^{2\times15}=1.24\times10^{-3}$'으로 점점 '0'에 수렴해간다. 따라서 '관리 한계'는 앞서 설명한 대로 초기에 점진적 증가를 보이다 일직선 양상을 보인다([그림 II-58] '관리 한계'선 참조). [표 II-66]은 [표 II-65]에 포함된 '$\bar{R}$'를 얻기 위해 각 부분군의 '범위(Range)'를 계산한 결과이다.

[표 II-66] '중합 탱크 온도' 자료의 '범위(Range)' 계산 결과

부분군	1	2	3	4	5	6	7	8	9	10	11	12	13	14	15	16	17	18	19	20
1	99.09	88.51	98.14	100.32	101.54	99.81	103.71	104.36	94.49	109.10	87.17	102.77	86.39	88.63	107.14	116.84	118.37	80.10	96.06	101.16
2	91.40	111.40	85.72	90.24	102.15	98.96	79.16	90.55	105.61	97.03	89.27	86.37	102.00	80.63	89.89	98.11	119.25	94.43	105.27	107.97
3	99.27	128.02	102.84	90.88	113.39	94.80	86.26	122.21	86.27	108.96	107.11	103.76	97.60	100.16	104.08	72.76	104.54	91.66	95.15	93.17
4	89.99	88.44	97.02	96.59	117.37	95.96	96.07	90.72	96.01	88.64	72.75	100.32	97.33	122.64	111.35	89.71	98.21	107.56	92.05	105.97
5	99.72	99.72	107.44	114.63	102.65	104.99	101.96	73.97	91.60	114.57	93.76	97.61	107.62	94.12	106.78	87.09	111.32	112.11	112.31	86.54
범위	9.73	39.59	21.73	24.39	15.83	10.19	24.55	48.24	19.34	25.94	34.36	17.39	21.23	42.01	21.46	44.07	21.04	32.01	20.26	21.44

부분군	21	22	23	24	25	26	27	28	29	30	31	32	33	34	35	36	37	38	39	40
1	98.97	103.33	107.75	115.63	117.49	116.21	119.19	99.39	105.03	106.13	113.04	134.60	119.30	134.89	94.90	103.34	95.95	98.95	104.99	111.00
2	112.24	98.76	120.57	123.56	107.08	107.43	110.52	111.57	128.67	109.37	93.80	109.62	104.92	128.66	103.05	112.69	103.91	97.01	125.64	109.37
3	95.42	101.40	111.46	130.25	106.63	99.94	112.73	113.14	103.78	130.31	94.31	118.48	94.18	107.68	106.43	117.02	116.88	107.04	120.99	102.22
4	102.46	101.92	113.63	110.68	111.89	108.12	109.08	95.77	109.55	106.30	107.23	108.23	131.95	116.71	130.87	96.53	115.05	103.81	117.12	76.13
5	120.33	109.69	108.43	99.01	113.97	105.28	110.39	115.58	100.98	127.28	108.74	114.60	112.90	112.95	97.72	104.88	112.06	115.67	107.69	103.32
범위	24.91	10.93	12.82	31.24	10.86	16.27	10.11	19.81	27.69	24.12	18.45	26.37	37.77	27.21	35.97	20.49	20.92	18.67	20.65	34.87

R_bar = 24.12

[표 II-66]으로부터 '$\bar{R} \cong 24.12$'임을 알 수 있다. [표 II-65]를 이용하여 '부분군 1, 2'와 '부분군 40'의 '관리 한계'를 각각 계산하면 다음과 같다.

$$\begin{cases} UCL_1 = 104.39 + 3 \times \dfrac{24.12/2.326}{\sqrt{5}} \sqrt{\dfrac{0.2}{2-0.2}\left[1-(1-0.2)^{2\times1}\right]} \cong 107.18 \\[2mm] LCL_1 = 104.39 - 3 \times \dfrac{24.12/2.326}{\sqrt{5}} \sqrt{\dfrac{0.2}{2-0.2}\left[1-(1-0.2)^{2\times1}\right]} \cong 101.61 \end{cases}$$
(식 II-41)

$$\begin{cases} UCL_2 = 104.39 + 3 \times \dfrac{24.12/2.326}{\sqrt{5}} \sqrt{\dfrac{0.2}{2-0.2}\left[1-(1-0.2)^{2\times2}\right]} \cong 107.95 \\[2mm] LCL_2 = 104.39 - 3 \times \dfrac{24.12/2.326}{\sqrt{5}} \sqrt{\dfrac{0.2}{2-0.2}\left[1-(1-0.2)^{2\times2}\right]} \cong 100.83 \end{cases}$$

$$\cdots$$

$$\begin{cases} UCL_{40} = 104.39 + 3 \times \dfrac{24.12/2.326}{\sqrt{5}} \sqrt{\dfrac{0.2}{2-0.2}\left[1-(1-0.2)^{2\times40}\right]} \cong 109.03 \\[2mm] LCL_{40} = 104.39 - 3 \times \dfrac{24.12/2.326}{\sqrt{5}} \sqrt{\dfrac{0.2}{2-0.2}\left[1-(1-0.2)^{2\times40}\right]} \cong 99.75 \end{cases}$$

(식 II-41)로부터 'UCL'은 처음에 점점 증가하다 뒤로 갈수록 '109.03'에

수렴을, 'LCL'은 처음에 점점 작아지다 뒤로 갈수록 '99.75'에 수렴함을 알수 있다. 이제 원 데이터([표 Ⅱ-63])의 'EWMA-관리도'를 작성해보자.

④ '선'을 그리고 타점한다.

다음 [그림 Ⅱ-57]은 미니탭의 '대화 상자'에 입력할 주요 파라미터 예이다. '가중치(λ)=0.2', '표준 편차'는 '$\overline{R}$'로 추정한다(「통계 분석($\underline{S}$) > 관리도($\underline{C}$) > 시간 가중 관리도($\underline{T}$) > 지수 가중 이동 평균[EWMA]($\underline{E}$)…」).

[그림 Ⅱ-57] '중합 탱크 온도' 자료의 '대화 상자' 입력 예

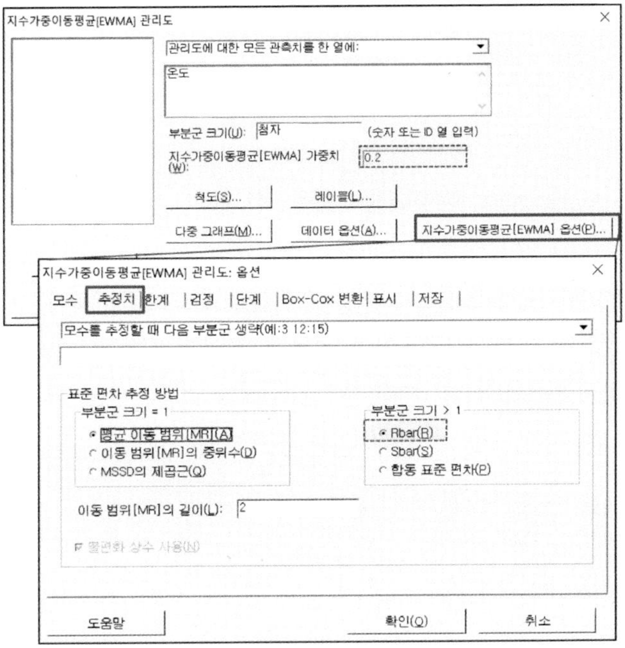

다음 [그림 Ⅱ-58]은 지금까지의 타점과 '관리 한계' 모두를 확인할 수 있

는 차트이다. 기존 관리도와의 비교를 위해 '$\overline{X}$-관리도'를 포함시켰다. 각 '타점'들은 [표 Ⅱ-64], '관리 한계'는 [표 Ⅱ-65]와 [표 Ⅱ-66] 및 (식 Ⅱ-41)을 통해 작성된 결과이다.

[그림 Ⅱ-58] '중합 탱크 온도' 자료의 '$\overline{x}$-관리도'와 'EWMA-관리도' 결과

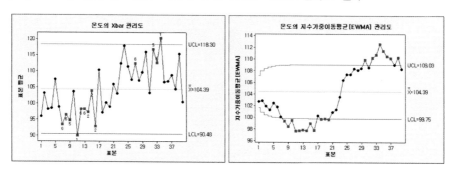

[그림 Ⅱ-58]을 보면 예상대로 '관리 한계'는 초반부에 점점 증가하거나 (UCL), 감소하다(LCL) 일정한 값으로 수렴해가는 것을 확인할 수 있다. '$\overline{X}$-관리도'보다 'EWMA-관리도'가 훨씬 프로세스의 작은 이동에 민감하다는 것을 뚜렷한 등락을 통해 알 수 있다. 8번째 부분군부터 '관리 하한'을 벗어났고, 후반부 역시 '관리 이탈 상태'를 보여준다. 결론적으로 문제의 원인을 찾아 개선 후 재발 방지책 마련이 시급한 것으로 보인다.

4.10. 다변량 관리도(Multi-variate Control Charts)

'다변량'은 영어로 'Multivariate'이다. '변량'이란 사전적 정의로 "통계에서, 조사 내용의 특성을 수량으로 나타낸 것. 신장이나 체중 따위처럼 구간 내 값

을 연속적으로 취할 수 있는 연속 변량과, 득점처럼 분리된 값만 취하는 이산 변량이 있다"이므로 "다수 개의 변화하는 값" 정도로 해석된다. 프로세스에서 사용하는 용어로 바꾸면 "여러 개의 특성들"이란 뜻이다.

'관리도'가 Walter A. Shewhart에 의해 1924년 탄생된 이후, 제2차 세계대전을 거치면서 프로세스 관리에 없어서는 안 될 중요한 도구가 되었지만 실제 생산 관리에 있어서는 특성들을 하나씩 따로 관리하기보다 동시에 여럿을 관리해야 하고, 또 그들 간 상관관계의 결합된 형태가 품질에 영향을 주므로 품질 특성들을 묶어 동시에 모니터링 해야 할 필요성이 자연스럽게 대두되었다. 이를 "Multivariate Quality Control (or Process Monitoring)"이라고 한다. 이 분야의 선구자는 미국의 수리 통계학자인 Harold Hotelling(1895.09.~1973.12.)이다. Hotelling은 1931년 평균의 차이를 검정할 때 쓰는 'Student's t-distribution' 대신 그를 일반화시킨 다변량 모수들의 검정법 'T^2 test'에 대한 논문을 발표했으며,[113] 이 논리를 기반으로 본문에서 설명할 다변량의 품질 관리 방법을 1947년에 도입하였다([표 Ⅱ-1]-②, ⑤ 참조).[114] 이 방법은 그의 이름을 붙여 'Hotelling's T^2(호텔링의 T제곱)'로 불리며, 추가로 'MEWMA (Multivariate Exponentially-Weighted Moving Average)', 'MCUSUM(Multivariate Cumulative Sum)'과 더불어 다변량 관리에 쓰이는 가장 대표적인 통계로 꼽는다. 60년대까지는 계산의 복잡성으로 큰 인기를 끌지 못하다 컴퓨터의 성능 향상과 함께 현재까지 다변량 관리에 대한 수많은 논문이 발표되며 발전을 거듭하고 있다. 'T^2-관리도'와 'MEWMA-관리도'는 현재 미니탭에 기본 모듈로 탑재되어 있다.

---

113) Hotelling, H. (1931). "The generalization of Student's ratio." Annals of Mathematical Statistics 2 (3): 360–378.
114) Hotelling, H. (1947). "Multivariate Quality Control Illustrated by Air Testing of Sample Bombsights", C. Eisenhart et al., pp.111~184.

이 단계에서 의문이 생긴다. 왜 품질 특성들을 하나씩 관리하기보다 모아서 한 번에 관리하려는 것일까? 굳이 '다변량 관리도'를 써야 할 이유에 대해 논리적으로 짚고 넘어가야 할 것 같다. 그냥 막 가다간 "웬만하면 기존에 쓰던 걸로 그냥 가시죠?" 하는 저항에 바로 부딪칠 수 있기 때문이다. 바쁜데 말이다. 이 의문에 답을 준 사람은 Montgomery이다.[115] 만일 두 특성의 '평균'을 모니터링할 때 각각이 '3×표준 편차 관리 한계'를 벗어날 확률은 잘 알려져 있다시피 '0.0027'이다. 그 반대는 각각이 '관리 상태'에 있을 확률이므로 '약 0.9973(=1-0.0027(α))'이다. 그러나 두 특성이 동시에 '관리 상태'에 있을 확률은 '하나가 관리 상태**이고** 다른 하나가 또 관리 상태'여야 하므로 '(1-α)×(1-α)' 여야 한다. 결국 프로세스에서 여러 품질 특성들을 동시에 관리해야 할 엔지니어 입장에서는 그 수만큼의 제곱이 가해져 '$(1-\alpha)^p$, p는 품질 특성의 수'가 된다. 즉 '품질 특성 수'가 많아질수록 그들이 동시에 '관리 상태'에 있을 확률은 점점 줄어든다. 따라서 "실제는 관리 한계를 벗어나지 않았음에도 벗어났다고 판단할 '오 경보(False Alarms)'인 '제1종 오류(α-risk)'는 증가한다." [그림 Ⅱ-59]는 '품질 특성 수(p)'와 '제1종 오류(α)' 간 관계를 나타낸 것이다.

관리해야 할 특성 수가 많고, 또 그들을 모두 관리도로 모니터링 한다는 이유만으로 '오 경보'가 증가한다면 애초에 좋은 품질을 만들어보겠다고 '관리도'를 제안한 Shewart의 의도와는 정면으로 배치된다. 결국 특성들이 여럿일 경우 '오 경보'를 줄이려는 노력이 필요한데 이것이 '다변량 관리도'가 연구되고 탄생한 주된 배경이다.

---

115) Montgomery, D. C. (1996). Introduction to Statistical Quality Control, Third Edition, John Wiley: Sons.

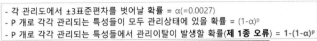

[그림 Ⅱ-59] '품질 특성 수(p)' 대 '오 경보(α)' 관계도

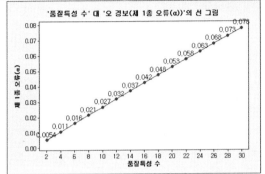

- 각 관리도에서 ±3표준편차를 벗어날 확률 = α(=0.0027)
- P 개로 각각 관리되는 특성들이 모두 관리상태에 있을 확률 = $(1-α)^P$
- P 개로 각각 관리되는 특성들에서 관리이탈이 발생할 확률(제 1종 오류) = $1-(1-α)^P$

'다변량 관리도'는 그 중심에 Hotelling의 'T^2-관리도'가 자리한다. 작동 원리를 이해하기 위해서는 기업인이 알아야 할 통계 지식의 한계를 많이 넘어선다. 배우겠다는데 끝이 있을 리 만무하지만 주로 본업이 이론보다 활용이나 응용 쪽에 무게가 실린 탓에 대학원 과정에나 있을 법한 '다변량 정규 분포(Multivariate Normal Distribution)'나 'Hotelling's T^2 Distribution', 또 이들을 '주성분 분석'이나 '타원 방정식' 등과 연계해 해석하고 이해하려면 엉덩이에 땀띠(?)가 날 정도로 앉아 있어도 답을 내기 어렵거니와 그럴 필요까지 있을까란 의구심도 든다. 그래도 이론에 관심 있는 독자는 해당 문헌을 직접 찾아 참고하기 바란다. 본문에서는 관리도를 활용할 수 있을 정도의 적당한 수준까지만 이론을 포함시키고 나머지는 독자의 몫으로 돌린다.

Hotelling[주) 114]에 따르면 익히 알고 있는 't-통계량'을 제곱함으로써 'Hotelling's T^2-통계량'이 다음과 같이 유도된다.[116]

---

116) 't-통계량'은 「Be the Solver_확증적 자료 분석」편의 "두 번째 원리_가설 검정" 참조. 원리는

$$t = \frac{\overline{x} - \mu_0}{s/\sqrt{n}} \Rightarrow t^2 = \left(\frac{\overline{x} - \mu_0}{s/\sqrt{n}}\right)^2 = n(\overline{x} - \mu_0)(s^2)^{-1}(\overline{x} - \mu_0) \qquad (\text{식 II-42})$$

(식 II-42)는 예를 들어, 한 개 특성의 '부분군=(2, 4, 7, 5, 3)'이 추출되었고, 이것의 '평균($\overline{x}$)=4.2', '표준 편차(s)=1.924'이며, '모평균(μ_0)=4.0'인 상황을 떠올려 대응시키면 나머진 수식적인 전개만 남는다. 다만 왜 '제곱'을 했는지 등은 '통계적 거리(Statistical Distance)'라고 하는 개념의 측도를 통해 '관리 이탈'점을 찾아내려는 노력과 관계한다.

(식 II-42)가 '일변량(Univariate)'에 대한 것이므로 현재 여럿의 변량을 다루는 '다변량' 체계에서는 한 개의 특성을 여럿의 특성으로 확장할 필요가 있다. 이때 그 특성이 '1개 → p개'로 늘어나고 동시 관리가 필요한 상황이면 다음과 같은 일반화가 이루어진다.

$$T^2 = n(\overline{x} - \overline{\overline{x}})' \underline{S}^{-1} (\overline{x} - \overline{\overline{x}}). \ where, \ \overline{\overline{x}} = \begin{bmatrix} \overline{x}_1 \\ \overline{x}_2 \\ ... \\ \overline{x}_p \end{bmatrix} \qquad (\text{식 II-43})$$

'$\overline{x}$'는 '$\overline{x}$'의 벡터 표기이며, 한 특성 내 각 부분군의 '평균'을 열로 모아놓았다는 뜻이다. '$\overline{\overline{x}}$'는 한 특성에 대한 '부분군들의 전체 평균'이다. (식 II-43)에서 'p개의 특성'을 가정하고 있다. 또 (식 II-42)의 '$(s^2)^{-1}$'은 '$\underline{S}^{-1}$'로 바뀌었는데, 역시 '$\underline{S}$'의 벡터 표기이며 '분산-공분산 행렬(Variance-covariance Matrix)'을 나타낸다. '분산-공분산 행렬'은 행렬의 대각선 방향은 각 부분군의 '분산'이, 좌우 비대각 위치에는 '공분산'이 포함된 행렬이다. 수리통계나 대수

---

http://www.itl.nist.gov/div898/handbook/pmc/section5/pmc543.htm을 번역해 옮김.

학 등에서 다변량 해석에 쓰이는 주요 표기법이다. 어렵다! 특성이 한 개이면 각 부분군의 '흩어짐 정도'를 '분산'으로 알 수 있지만, 만일 특성이 두 개일 때의 각 부분군에 대한 '흩어짐의 정도'는 공통의 분산인 '공분산'을 통해 파악된다. 특성 수가 두 개가 아닌 그보다 더 많아지면 (식 II-43)과 같이 'S'는 행렬 표기로 일반화된다(독자는 현 상황이 머릿속에 잘 그려지지 않을 수 있다. 그게 정상이다. 일단 그냥 밀고 나가기 바란다).

특성이 한 개일 경우의 '$\bar{X}$-관리도'와 마찬가지로 (식 II-43)의 '모평균=μ_0'는 알려져 있지 않으면 추정치인 '$\bar{\bar{x}}$'로 대체된다. 현재는 특성이 여럿이므로 다음과 같이 벡터 표기법을 사용한다.

$$T^2 = n(\underline{\bar{x}} - \underline{\bar{\bar{x}}})'(\underline{S})^{-1}(\underline{\bar{x}} - \underline{\bar{\bar{x}}}) \qquad \text{(식 II-44)}$$

여전히 (식 II-44)는 실제 데이터가 어떤 구조로 되어 있고, 그들로부터 'T^2'이 어떻게 얻어지는지 직접 와 닿지 않으므로 아래 첨자 표기법으로 다음에 재정리해보았다(미니탭 '도움말' 산식 참조).

(벡터 표기)   : $T^2 = n(\bar{x} - \bar{\bar{x}})' S^{-1}(\bar{x} - \bar{\bar{x}})$.

(부분군별 표기) : $T_i^2 = n_i(\bar{x}_i - \bar{\bar{x}}_j)' S^{-1}(\bar{x}_i - \bar{\bar{x}}_j)$.   n=부분군(표본) 크기

▷ $\bar{x} = \frac{1}{n}\sum_{i=1}^{n} x_{ijk}$, $\bar{\bar{x}} = \frac{1}{m}\sum_{k=1}^{m} \bar{x}_{jk}$. m=부분군(표본) 수, j=j번째 특성, k=k번째 부분군(표본)

▷ S=표본 공분산 행렬$= \begin{bmatrix} \bar{S}_1^2 & \bar{S}_{12} & \bar{S}_{13} & ... & \bar{S}_{1p} \\ ... & \bar{S}_2^2 & \bar{S}_{23} & ... & \bar{S}_{2p} \\ ... & ... & \bar{S}_3^2 & ... & ... \\ ... & ... & ... & ... & ... \\ ... & ... & ... & ... & \bar{S}_p^2 \end{bmatrix}$

－ $\bar{S}_j^2 = \frac{1}{m}\sum_{k=1}^{m} S^2_{jk}$,

   $S^2_{jk} = \frac{1}{n-1}\sum_{i=1}^{n}(x_{ijk} - \bar{x}_{jk})^2$ (k번째 부분군에서 j번째 특성의 표본분산).

－ $\bar{S}_{jh} = \frac{1}{m}\sum_{k=1}^{m} S_{jhk}$,

   $S_{jhk} = \frac{1}{n-1}\sum_{i=1}^{n}(x_{ijk} - \bar{x}_{jk})(x_{ihk} - \bar{x}_{hk})$ (공분산).

    (식 II-45)

역시 (식 Ⅱ-45)만 놓고 봐도 무슨 일이 벌어지고 있는지 알 길이 없다. 복잡하다! '다변량 관리도'가 1947년에 개발되었음에도 확산에 많은 시간이 소요된 이유를 짐작하고도 남는다. 컴퓨팅의 도움 없인 매번 계산이 너무 어렵다는 것을 쉽게 알 수 있다. 표기법에 대해서는 단계별 계산 방법을 설명하는 [그림 Ⅱ-64]와 (식 Ⅱ-50)을 참고하고 내용에 대해서는 답답하겠지만 인내하고 좀 더 읽어나가 보자….

'Hotelling's T^2'의 개념을 조금이라도 이해하기 위해서는 다변량의 관리에 없어서는 안 될 '통계적 거리(Statistical Distance)'가 무엇인지 알아야 한다.[117] 우선 'Shewhart 관리도'는 단일 특성의 변동을 보여주며 다른 특성들과는 무관하게 작동한다. 그러나 '다변량 관리도'는 하나가 아닌 여럿의 특성들 간 상관관계를 염두에 두고 한꺼번에 모니터링 함으로써 개별적으로 운영할 때의 '오 경보'를 줄이는 데 주요 목적이 있다. 따라서 지금까지 언급된 변수들의 분산, 공분산, 상관관계들을 모두 아우르면서 '통계적 거리'를 해석할 수 있어야 'T^2-관리도'를 현업에 적용하고 응용할 수 있다. 이하는 '주) 117'의 본문을 번역해 옮기면서 약간의 보완을 거친 내용이며, 정말 어려운 원리를 너무도 쉽게 소개하고 있어 발견 당시 매우 흥분되고 감사했었다. 또 한편으론 왜 우리한테는 이 같은 서적이나 자료가 주변에 잘 구비되어 있지 않은지 개탄스럽기까지 하다. 부족한 실력으로 옮겨 다소 거칠 수도 있으므로 양에 못 미치는 독자는 별도 문헌 등을 통해 스스로 학습하기 바란다.

'다변량 분석'은 그들 간에 존재하는 상관관계를 고려해서 전개되어야 한다. 이해를 돕기 위해 다음과 같이 '온도'와 '압력'으로 이루어진 4개 데이터 셋을 고려해보자.

---

117) 이하 내용은 Robert L. Mason, John C. Youn (2002), "Multivariate Statistical Process Control with Industrial Applications" by ASA SIAM, pp.13~22를 참조하여 전개함.

점 1=(178, 76),　　점 2=(180, 80),

점 3=(170, 70),　　점 4=(172, 74),　　평균 점=(175, 75)

괄호 내 첫 번째 값은 '온도'이고, 두 번째 값은 '압력'이다. '평균 점'은 '온도'와 '압력' 각 네 개의 평균으로 이루어진 점이다. 다음 [그림 Ⅱ-60]은 이들로 이루어진 산점도(Scatter Plot)를 보여준다.

[그림 Ⅱ-60] 점들의 거리를 설명하기 위한 산점도

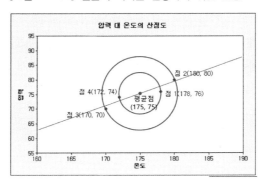

[그림 Ⅱ-60]은 산점도에 '적합선(Fitted Line)'을 포함시켰으며, 반지름 'r_1'과 'r_2'를 이용해 각 원 위에 두 점들이 함께 속하도록 나타내었다. 만일 좌표 점들 간 거리를 고려할 때 '평균 점'인 중심으로부터 각 좌표 점까지의 거리는 다음과 같이 계산되며, 이 값을 '유클리드 거리(Euclidean Distance)'라고 한다.

$$D_{\text{점 } 1} = \left[(178-175)^2 + (76-75)^2\right]^{1/2} = 3.16 \qquad (\text{식 Ⅱ-46})$$
$$D_{\text{점 } 2} = \left[(180-175)^2 + (80-75)^2\right]^{1/2} = 7.07$$
$$D_{\text{점 } 3} = \left[(170-175)^2 + (70-75)^2\right]^{1/2} = 7.07$$
$$D_{\text{점 } 4} = \left[(172-175)^2 + (74-75)^2\right]^{1/2} = 3.16$$

(식 Ⅱ-46)을 통해 '점 1'과 '점 4'는 '평균'으로부터 동일한 거리에 위치하고 있으며 '반지름=3.16'이다. 또 '점 2'와 '점 3' 역시 '반시름=7.07'로 동일한 거리에 위치함을 알 수 있다.

그러나 (식 Ⅱ-46)과 같이 점들 간 거리를 계산할 때 논란의 소지가 있는데, 첫째, 두 특성들의 변동(Variation)을 고려하지 않은 점이다. [그림 Ⅱ-60]을 보면 '온도' 축에서의 점들의 산포가 '압력' 축에서의 산포보다 훨씬 크다는 것을 알 수 있다. 단순히 '평균점'만을 구해 서로 간 거리를 구하기보다 '산포'의 영향도 반영해야 한다는 것을 알 수 있다. 둘째는 '온도'와 '압력'의 '공분산'을 고려하지 않은 점이다. '공분산'이란 한 변수가 증가(또는 감소)할 때, 다른 변수도 증가(또는 감소)하는지에 대한 척도이다. 증가나 감소의 '방향'성만 나타내므로 '크기'를 알기 위해 '상관계수'를 이용하기도 한다. [그림 Ⅱ-60]에서 적합선을 통해 두 변수 간 '양의 상관관계'가 존재함을 유추할 수 있다. 즉 두 변수 간 '상관관계' 역시 다변량 해석에 반영해야 함을 뜻한다. 결국 '평균'만을 반영한 '유클리드 거리'가 아닌 '분산', '공분산', '상관관계'까지 반영된 '통계적 거리(SD, Statistical Distance)'가 현 상황에 필요하다는 것을 알 수 있다. 이를 위해 주어진 점들에 대한 '분산(Variance)'과 '공분산(Covariance)'을 구하면 다음과 같다.

(분산) (식 Ⅱ-47)

$$s^2_{온도} = \frac{\sum_{i=1}^{n} (x_{온도,i} - \bar{x}_{온도})^2}{n-1} = \frac{(178-175)^2 + \dots + (172-175)^2}{4-1} = 22.67$$

$$s^2_{압력} = \frac{\sum_{i=1}^{n} (x_{압력,i} - \bar{x}_{압력})^2}{n-1} = \frac{(76-75)^2 + \dots + (74-75)^2}{4-1} = 17.33$$

(공분산)

$$s_{온도,압력} = \frac{\sum_{i=1}^{n} (x_{온도,i} - \bar{x}_{온도})(x_{압력,i} - \bar{x}_{압력})}{n-1}$$

$$= \frac{(178-175)(76-75) + \dots + (172-175)(74-75)}{4-1} \cong 18.67$$

'평균'과 '분산', '공분산', '상관관계'들을 반영한 '통계적 거리, SD'는 다음과 같이 계산된다.

$$(SD)^2 = \frac{1}{(1-r^2)}\left[\left(\frac{x_1 - \overline{x}_1}{s_1}\right)^2 - 2r\left(\frac{x_1 - \overline{x}_1}{s_1}\right)\left(\frac{x_2 - \overline{x}_2}{s_2}\right) + \left(\frac{x_2 - \overline{x}_2}{s_2}\right)^2\right] \quad \text{(식 II-48)}$$

여기서 '$r = s_{12}/s_1 s_2$'이며 '표본의 상관 계수(Sample Correlation Coefficient)'를, 첨자 '1'은 '온도 데이터'를, 첨자 '2'는 '압력 데이터'를 각각 나타낸다.

좀 어렵긴 해도 (식 II-48)은 '타원 방정식'이며, 이 때문에 '타원 거리(Elliptical Distance)', 또는 발견한 사람의 이름을 따 'Mahalanobis's Distance' 또는, 'Hotelling's T^2', 줄여서 'T^2'이라고 부른다('공분산'과 '상관 계수' 간 관계, '타원 방정식' 성질들에 대해서는 관련 자료를 참조하기 바란다). 주어진 네 개 데이터 셋 각각에 대한 'SD'를 구하면 다음과 같다.

$$SD^2_{\text{점}1} = \frac{1}{(1-0.942^2)}\left[\left(\frac{178-175}{\sqrt{22.67}}\right)^2 - 2*0.942\left(\frac{178-175}{\sqrt{22.67}}\right)\left(\frac{76-75}{\sqrt{17.33}}\right) + \left(\frac{76-75}{\sqrt{17.33}}\right)^2\right] \cong 1.5 \text{ (식 II-49)}$$

$$SD^2_{\text{점}2} = \frac{1}{(1-0.942^2)}\left[\left(\frac{180-175}{\sqrt{22.67}}\right)^2 - 2*0.942\left(\frac{180-175}{\sqrt{22.67}}\right)\left(\frac{80-75}{\sqrt{17.33}}\right) + \left(\frac{80-75}{\sqrt{17.33}}\right)^2\right] \cong 1.5$$

$$SD^2_{\text{점}3} = \frac{1}{(1-0.942^2)}\left[\left(\frac{170-175}{\sqrt{22.67}}\right)^2 - 2*0.942\left(\frac{170-175}{\sqrt{22.67}}\right)\left(\frac{70-75}{\sqrt{17.33}}\right) + \left(\frac{70-75}{\sqrt{17.33}}\right)^2\right] \cong 1.5$$

$$SD^2_{\text{점}4} = \frac{1}{(1-0.942^2)}\left[\left(\frac{172-175}{\sqrt{22.67}}\right)^2 - 2*0.942\left(\frac{172-175}{\sqrt{22.67}}\right)\left(\frac{74-75}{\sqrt{17.33}}\right) + \left(\frac{74-75}{\sqrt{17.33}}\right)^2\right] \cong 1.5$$

(식 II-49)의 결과로부터 평균, 분산, 공분산, 상관관계 모두를 고려할 때 네 개의 점들은 중심으로부터 모두 동일한 거리에 있음을 알 수 있다. 이 상황은 다음 [그림 II-61]의 타원 위 점들로 나타낼 수 있다.

[그림 Ⅱ-61] '통계적 거리, SD' 설명 산점도

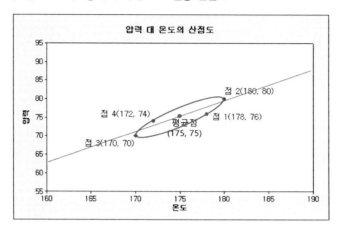

[그림 Ⅱ-61]의 산점도상으로는 '점 1, 점 4'는 '점 2, 점 3'에 비해 평균
과의 거리가 직관적으로 더 가깝게 보인다. 물론 '유클리드 거리' 관점에선 맞
는 표현이나 변수들 간 '분산'의 차이와 '상관관계'를 고려하면 '통계적 거리'
는 같다는 결론에 이른다.

정리하면 여러 변수들을 동시에 관리할 경우 그들로부터 '통계적 거리(또는
Hotelling's T^2)'를 구하면, 그들 간 평균, 분산, 공분산, 상관관계 모두가 반영
된 결과가 되며, 중심(평균점)으로부터 떨어진 거리에 대응한다. 따라서 이 거
리가 평균점으로부터 먼 위치에 타점될수록 '이상 원인'에 의한 변동이 발생
한 것으로 간주한다. 지금까지의 설명은 이변량 자료에 대해서였지만 개념을
확장하면 그 이상의 변수들에 대해서도 동일하게 적용할 수 있다. 다만 행렬
등 수식의 복잡성이 더해진다. 다음 [그림 Ⅱ-62]는 '타점'과 '타원' 및 '통계
적 거리'인 'T^2'을 설명한 개요도이다.

[그림 Ⅱ-62] '이상점'의 확인

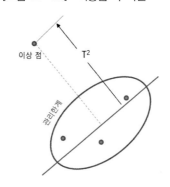

[그림 Ⅱ-62]에서 타원은 '관리 한계' 역할을 하며, 그 안의 타점들은 '우연 원인'에 의한 변동을, 밖으로 벗어난 타점은 '이상 원인'에 의한 변동을 각각 나타낸다. 이때 'T^2' 계산을 통해 '통계적 거리'가 측정되며 변동성을 확인할 수 있다.

'통계적 거리(Statistical Distance)'나 '공분산', '타원 방정식' 등 추가적인 설명이 필요한 부분도 있지만 선량한 직장인들을 더 이상 괴롭히는 일은 없어야겠기에 이쯤에서 원리 설명은 정리한다. 이론에 목마른 독자는 '주) 117' 등 관련 문헌을 참고하기 바란다. 이어 작성 절차에 대해 알아보자.

① 데이터를 수집한다.

변수(특성, 관리 항목)가 여럿이고 부분군별로 구분되어야 하며, 여러 값들을 계산해야 하므로 접근성이 좋은 데이터를 예로 드는 게 좋을 것 같다. 다음 [그림 Ⅱ-63]은 미니탭에서 기본적으로 제공되는 '병원.mtw'이다. 참고로 '부분군 크기=1'의 경우도 본 관리도 사용이 가능하다.

[그림 Ⅱ-63] 미니탭 제공 '병원.mtw' 데이터와 '(식 Ⅱ-45)' 표기

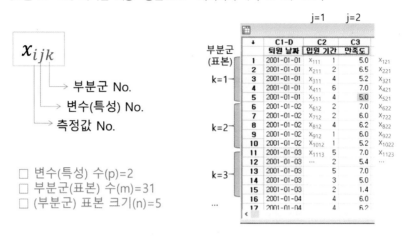

□ 변수(특성) 수(p)=2
□ 부분군(표본) 수(m)=31
□ (부분군) 표본 크기(n)=5

[그림 Ⅱ-63]은 'T^2-일반화 분산 관리도' 작성에 사용될 미니탭 기본 제공 데이터이며, 표기법은 (식 Ⅱ-45)와 연계되어 있다. 예를 들어 '$x_{ijk} = x_{521}$'은 "위에서 5번째 값들 중('4'와 '5.0'), 변수는 2번째인 '만족도' 데이터에서 ('5.0'), 부분군이 1번째인 x=5.0"을 가리킨다. 그냥 쉽게 쓰면 "'만족도' 데이터 중 5번째 값"이다. 또 데이터 크기에 대해서는 '변수(특성) 수(p)'가 '입원 기간'과 '만족도' 총 '2개', '부분군(표본) 수(m)'는 하루에 5개씩 31일(1개월) 동안 수집됐으므로 '31개', '(부분군) 표본 크기(n)'는 매회 '5개'씩 임을 알수 있다. 이들 표기법과 (식 Ⅱ-45)를 비교하면 필요한 계산 값을 골라낼 수 있다.

(**T^2 통계**) 'T^2-관리도'는 [그림 Ⅱ-63]의 값을 그대로 타점하는 것이 아니라 말 그대로 'T^2'을 구해 타점하므로 (식 Ⅱ-45), (식 Ⅱ-47)~(식 Ⅱ-49)를 이용해 다음과 같이 계산한다.

퇴원 날짜	입원 기간(X1)	만족도(X2)	X1 평균	X2 평균	X1 분산	X2 분산	X1X2공분산	T2
2001-01-01	1	5.0						
2001-01-01	2	6.5						
2001-01-01	4	5.2	3.4	5.74	3.8	0.888	0.805	2.074919
2001-01-01	6	7.0						
2001-01-01	4	5.0						
2001-01-02	2	7.0						
2001-01-02	2	6.0						
2001-01-02	4	6.2	2	6.08	1.5	0.412	0.3	12.23991
2001-01-02	1	6.0						
2001-01-02	1	5.2						
2001-01-03	5	7.0						
2001-01-03	2	5.4						
2001-01-03	5	7.0	3.4	5.16	2.3	5.248	2.72	0.243813
2001-01-03	3	5.0						
2001-01-03	2	1.4						
		평균	3.510	4.913				
		합			72.300	62.862	22.200	

각 합을 '부분군 수'인 31로 나눔

X1 평균분산	X2 평균분산	X1X2 평균공분산	상관계수(r)	상관계수(r²)
2.33225806	2.02780645	0.716129032	0.3292985	0.10843749

　각 부분군별 'T^2'을 구한다. 이를 위해 각 부분군별 변수들의 '평균', '분산', '공분산'을 알려진 식으로부터 구한다. 또 그들의 합을 전체 '부분군(표본) 수=31'로 나누어 [그림 Ⅱ-64]의 아래쪽 작은 표와 같이 'X1, X2'의 '평균 분산'과 '평균 공분산'을 얻는다. '상관 계수'는 (식 Ⅱ-48)의 'r'에 대응한다. 이제 이들을 이용해 (식 Ⅱ-48)과 (식 Ⅱ-49)와 같이 'T^2'을 구한다. 다음은 첫 번째 부분군에 대한 계산 과정이다.

$$T_1^2 = \frac{5}{(1-0.329^2)} \left[\left(\frac{3.4-3.51}{\sqrt{2.33}} \right)^2 - 2*0.329 \left(\frac{3.4-3.51}{\sqrt{2.33}} \right) \left(\frac{5.74-4.91}{\sqrt{2.03}} \right) + \left(\frac{5.74-4.91}{\sqrt{2.03}} \right)^2 \right] \quad \text{(식 Ⅱ-50)}$$

$$\cong 2.081$$

주의할 점은 (식 Ⅱ-45)에선 '$T^2 = n(\overline{x} - \overline{\overline{x}})'S^{-1}(\overline{x} - \overline{\overline{x}})$'와 같이 (식 Ⅱ-48)에 없던 '(부분군) 표본크기=n'이 곱해진다는 것이다. 이 경우는 '5'이다. 물론 (식 Ⅱ-45)처럼 벡터 행렬 곱의 형태로도 동일한 결과를 얻을 수 있으나 이 정도 선에서 타점 계산을 정리한다. 'T^2'의 전체 값들은 미니탭에서 'T^2-관리도'를 실행할 때 '대화 상자'의 'ㅜ제곱 옵션(P)..' 내 '저장' 탭에서 "표시된 점 (P)"을 선택해 확인할 수 있다(미니탭 결과는 '2.0751'로 소수점 이하 처리로 약간의 차이가 생김).

(일반화 분산 통계) 'T^2-일반화 분산 관리도' 중 '일반화 분산-관리도'는 '$\overline{X}-R(or\,S)$ 관리도'의 분산, 즉 '$R(or\,S)$-관리도'에 대응한다. 따라서 이들에 대한 타점 값도 계산해야 한다. '다변량 관리도'가 남다른 데가 있으므로 계산 과정도 순조롭진 않다. 계산 원리와 방법은 Montgomery(2001)에 따른다.[118] 단, 'T^2'값과 달리 '일반화 분산-관리도'는 '부분군'이 아닌 '개별 값'은 관리 도 작성에서 제외된다. 다음 [그림 Ⅱ-65]는 원 데이터와 '일반화 분산'의 계 산방법을 정리한 개요도이다.

[그림 Ⅱ-65] '일반화 분산' 계산 과정

---

118) D. C. Montgomery (2001). Introduction to Statistical Quality Control, 4th edition, John Wiley & Sons.

나름 쉽게 설명하기 위해 그림에도 계산 과정을 포함시켰으나 그럴수록 더 복잡해 보인다. 보이기야 어찌 됐든 노력만큼은…. 이제 [그림 Ⅱ－65]의 '표본 공분산 행렬'을 이용해 '일반화 분산'을 계산한다. 먼저 '첫 번째 부분군(5개)'의 예를 들면, 두 변수 'X1'과 'X2'에 대해 미니탭 「통계 분석(S) > 기초 통계(B) > 공분산 분석(V)…」, 또는 (식 Ⅱ-47)을 이용해 '표본 공분산 행렬'을 만든다. 이것은 다음의 구조로 이루어져 있다.

[그림 Ⅱ－66] '표본 공분산 행렬(S)' 구조와 '일반화 분산' 계산 과정

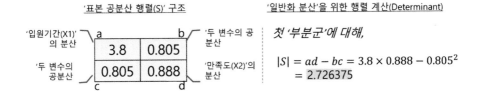

관리도에 타점될 '일반화 분산' 값을 '행렬식(Determinant)'으로 구하는 이유는 'a×d'는 두 변수의 '분산' 간 곱이고, 'b×c'는 두 변수의 '공분산'이므로 그 차가 크다면 두 변수들 중 하나 이상이 어떤 원인에 의해 분산이 증가했다는 것을 시사한다. 모든 '일반화 분산' 값들은 'T^2-관리도'와 마찬가지로 '대화 상자'의 │일반화 분산 옵션(P)..│ 내 '저장' 탭에서 "표시된 점(P)"을 선택해 확인할 수 있다.

② '중심선(CL)'을 계산한다.

'T^2-일반화 분산 관리도'의 각 '중심선(CL)'은 다음과 같이 계산된다.

(T^2 통계) 통상 'T^2-관리도'의 '중심선(CL)'은 계산하지 않는다. 다만 미니

탭 경우 계산식의 설명 없이 관리도상에 값만 표시한다. 따라서 중요 사항은 아니므로 참고만 하기 바란다. 조금 복잡한데 앞서 (식 Ⅱ-50)에서 구한 'T^2'들은 'F-분포'를 따르는 것으로 알려져 있으며, 그 분포의 '중앙값(Median)'을 'T^2-관리도'의 '중심선(CL)'으로 설정한다. 즉 다음과 같다.

$$\odot\ T^2 \sim \frac{p(m-1)(n-1)}{mn-m-p+1} F_{p,\,mn-m-p+1} \quad ---------- (a) \qquad \text{(식 Ⅱ-51)}$$

$$where,\ p = 변수의수,\ m = 부분군(표본)수,\ n = 부분군(표본)크기.$$

$$\odot'\ T^2 - 관리도'의\ 중심선(CL) = (a)의\ 중위수(Median)$$

식을 가만히 들여다보면 모두 '데이터 개수'에만 관계함을 알 수 있다. 다시 말해, 각 변수들의 측정값들이 변해도 '중심선(CL)'은 (식 Ⅱ-51)이 '데이터 개수'가 일정하면 항상 같은 값을 유지한다. 현재 예인 '병원.mtw'는 'p=2, m=31, n=5'이므로 '중앙값'을 찾기 위한 분포는 다음과 같다.

$$\odot\ T^2 \sim \frac{2\times(31-1)\times(5-1)}{31\times5-31-2+1} F_{2,\,31\times5-31-2+1} \cong 1.95\times F_{2,\,123} \qquad \text{(식 Ⅱ-52)}$$

$$\odot 중심선(CL) = Median\left[1.95\times F_{2,\,123}\right]$$

(식 Ⅱ-52)의 '$1.95\times F_{2,\,123}$'은 미니탭 「계산(C) > 랜덤 데이터(R) > F 분포(F)…」에서 '랜덤 데이터'를 만든 후 '1.95'를 곱한 최종 데이터로부터 '중앙값'을 구한다. 과정은 생략하고 직접 계산한 결과를 요약하면 다음과 같다.

$$중심선(CL) = Median\left[1.95\times F_{2,\,123}\right] \cong 1.36 \qquad \text{(식 Ⅱ-53)}$$

참고로 '랜덤 데이터'는 참값에 근사토록 충분한 크기인 '10,000개'를 얻어 계산하였다.

(**일반화 분산 통계**) '일반화 분산-관리도'의 타점들은 [그림 Ⅱ-65]와 [그림 Ⅱ-66]을 통해 소개한 바 있다. 즉 각 '부분군'의 '표본 공분산 행렬(S)'을 얻어 그의 '행렬식(Determinant)'을 사용했다. 유사하게 '중심선(CL)'도 '행렬식(Determinant)'을 통해 계산되는데, 다만 '분산'과 '공분산'의 '전체 평균'들을 이용한다. 이들은 [그림 Ⅱ-64]의 아래쪽 작은 표에 'X1 평균 분산 =2.3323', 'X2 평균 분산=2.0278', 'X1X2 평균 공분산=0.7161'을 활용한다. 과정을 요약하면 다음과 같다.

[그림 Ⅱ-67] '일반화 분산-관리도'의 '중심선(CL)' 계산 과정

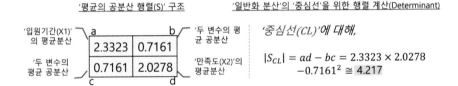

그림에서 '일반화 분산-관리도'의 '중심선(CL)'은 '약 4.22'임을 알 수 있다.

③ '관리 한계'를 계산한다.

'관리 한계'도 'T^2-관리도', '일반화 분산-관리도' 각각이 필요하다. 관리도별 설명은 다음과 같다.

(**T^2 통계**) 이전의 '$\overline{X}-R$ 관리도'의 '관리 한계'는 타점들을 '정규 분포'로

가정하고, 중심으로부터 '±3×표준 편차' 지점에 위치했었다. 또 '유의 수준'은 양쪽 기준 '약 0.0027'이었으며, 'T^2-관리도'에서도 이와 유사한 상황을 적용한다. 다만 타점들이 'T^2'의 표현처럼 음수는 존재하지 않으므로 기본적으로 'LCL'은 고려하지 않는다. 우선 (식 II-51)에서 'T^2'은 모두 'F-분포'를 따르므로 '유의 수준'에 해당하는 넓이(또는 확률)인 '0.9973(=1-0.0027)'을 가르는 'F 값'이 'UCL'이다. 계산 과정은 다음과 같다.

$$\odot\, UCL = \frac{p(m-1)(n-1)}{mn-m-p+1} F_{1-\alpha,\,p,\,mn-m-p+1}, \quad \alpha = 0.0027. \qquad \text{(식 II-54)}$$

$$where,\, p = 변수의\,수,\ m = 부분군(표본)\,수,\ n = 부분군(표본)\,크기.$$

$$\odot\, UCL = \frac{2\times(31-1)\times(5-1)}{31\times5-31-2+1}\times F_{1-0.0027,\,2,\,31\times3-31-2+1} = 1.9512\times F_{0.9973,\,2,\,123}$$

$$= 1.9512\times 6.20825 \cong 12.11$$

'병원.mtw'의 예 경우 'UCL=12.11'임을 알 수 있다. 따라서 타점들 중 이 한계선을 넘게 되면 '이상 원인'에 의한 변동이 발생한 것으로 간주한다. 특히 각 타점들이 여러 변수들의 결합 상태를 반영하므로 그 원인이 어느 변수로부터 유래됐는지 거꾸로 파악해야 하며, 이때 '분해(Decomposition)' 기능이 필요하다. 미니탭에서 'T^2-관리도'를 실행하면, '관리 이탈' 시 기본적으로 '세션 창'에 '분해' 정보를 제공한다.

(**일반화 분산 통계**) '일반화 분산-관리도'의 '관리 한계'는 유도 과정과 산식이 매우 복잡하다. 이론에 너무 치우치지 않기 위해 알려진 식을 이용하는 선에서 정리하겠다. 계산 과정이 필요한 독자는 관련 자료를 참고하기 바란다. 다음은 '일반화 분산-관리도'의 '관리 한계' 계산식이다.

[표 Ⅱ-67] '일반화 분산-관리도'의 '관리 한계(Control Limit)' 계산식

계산식	비고
$UCL = \dfrac{\lvert S \rvert}{b_1}\left(b_1 + 3b_2^{1/2}\right)$ $CL = \lvert S \rvert$ $LCL = \dfrac{\lvert S \rvert}{b_1}\left(b_1 - 3b_2^{1/2}\right)$	$-\; b_1 = \dfrac{1}{(n-1)^p}\displaystyle\prod_{i=1}^{p}(n-i)$, n=부분군(표본) 크기, p=변수(특성) 수 $-\; b_2 = \dfrac{1}{(n-1)^{2p}}\displaystyle\prod_{i=1}^{p}(n-i)\left[\prod_{j=1}^{p}(n-j+2) - \prod_{j=1}^{p}(n-j)\right]$ $-$ LCL의 최솟값은 '0'

그동안 못 보던 괴상한 기호까지 등장했다. 수학 기호 'Σ'는 주어진 조건 항을 모두 더하란 것과 같이 'Π'는 모두 곱하란 뜻이다. 이 괴상한(?) 식을 이용해서 '일반화 분산-관리도'의 '관리 한계'를 계산하면 다음 [표 Ⅱ-68]과 같다(식에서 '$\lvert S \rvert = 4.217$'은 [그림 Ⅱ-67]의 결과 값임).

[표 Ⅱ-68] '일반화 분산-관리도'의 '관리 한계(Control Limit)' 계산 결과

계산식	비고
$UCL = \dfrac{4.217}{0.75} \times (0.75 + 3 \times 0.844^{1/2}) \cong 19.71$ $CL = \lvert S \rvert = 4.217$ $LCL = \dfrac{4.217}{0.75} \times (0.75 - 3 \times 0.844^{1/2}) \cong -11.28 \Rightarrow 0$	$b_1 = \left[1/(5-1)^2\right] \times (5-1) \times (5-2) \cong 0.75$ $b_2 = \left[1/(5-1)^{2\times2}\right] \times (5-1) \times (5-2)$ $\quad \times \left[\begin{array}{l}(5-1+2) \times (5-2+2) \\ -(5-1) \times (5-2)\end{array}\right] \cong 0.844$

'b_2'가 다소 복잡해 보이는 걸 빼고는 계산에 큰 어려움은 없다. 'LCL'은 음수가 나옴에 따라 최솟값인 '0'으로 설정한다.

④ '선'을 그리고 타점한다.

다음 [그림 Ⅱ-68]은 '병원.mtw'에 대해 'T^2-일반화 분산 관리도'를 작성한 결과이다(「통계 분석(<u>S</u>) > 관리도(<u>C</u>) > 다변량 관리도(<u>M</u>) > T제곱-일반화 분산 관리도(<u>S</u>)…」).

[그림 Ⅱ-68] 'T^2-일반화 분산 관리도' 결과

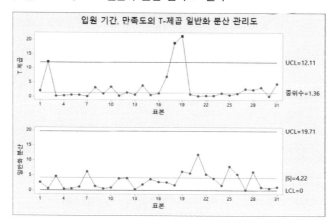

　　[그림 Ⅱ-68]의 '중심선(CL)', '관리 한계' 등을 앞서 계산한 결과와 비교해
보기 바란다. 'T^2-관리도'로부터 2, 18, 19번째 데이터가 '관리 이탈'로 관찰된
다. 각 타점은 '입원 기간(X1)'과 '만족도(X2)'가 병합된 결과이므로 어떤 변수
(특성) 때문에 프로세스에 '그룹 간 변동'이 발생했는지 추적해야 한다. 그래야
정확한 개선에 이를 수 있기 때문이다. 이를 위해 '세션 창'에 병합된 타점을
'분해'한 결과가 함께 실려 있으며, 다음 [그림 Ⅱ-69]에 내용을 옮겨놓았다.

[그림 Ⅱ-69] 'T^2-관리도' 분해 결과

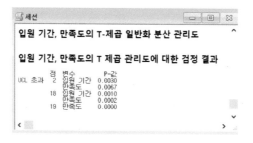

[그림 Ⅱ-69]는 '관리 한계'를 벗어난 2일째와 18일째 경우 '입원 기간 (X1)'과 '만족도(X2)' 모두가 '유의 수준=5%'에서 유의함에 따라 두 변수 모두의 영향이, 19일째는 '만족도(X2)'만의 변동성이 반영된 결과로 나타났다. 각각의 정보를 토대로 프로세스에서 평상시와 다른 변경점이나 특이 사항, 외적 요인들에 대해 그 원인을 규명하고 개선 후 재발 방지책의 접근이 요구된다.

⑤ 적용 사례

'T^2-일반 분산화 관리도'가 다소 생소하기도 하고, 정확하게 어떤 상황에서 어떻게 적용되며, 또 효과는 어떻게 나타나는지 잘 와 닿지 않을 것 같아 적용 사례를 추가했다. 본 내용은 문제 해결과 도구들에 대해 전 세계적으로 교류할 수 있는 'www.isixsigma.com'에 실린 내용으로 문제 해결 전문가인 'Carl Berardinelli'이 기고하였다. 출처와 작성인 프로필에 대해서는 '주) 119'를 참고하기 바란다.119)

다음 [그림 Ⅱ-70]은 한 사출성형 공정의 개요도이며, 제어해야 할 주요 요인들 간 '상관 계수'를 보여준다.

[그림 Ⅱ-70] '사출 성형' 공정 개요도와 주요 요인들 간 '상관 계수'

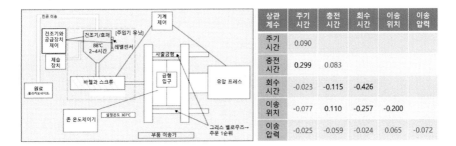

상관 계수	주기 시간	충전 시간	회수 시간	이송 위치	이송 압력
주기 시간	0.090				
충전 시간	0.299	0.083			
회수 시간	-0.023	-0.115	-0.426		
이송 위치	-0.077	0.110	-0.257	-0.200	
이송 압력	-0.025	-0.059	-0.024	0.065	-0.072

---

119) (출처) http://www.isixsigma.com/tools-templates/control-charts/multivariate-
control-charts-t2-and-generalized-variance/
(작성인 프로필) http://www.isixsigma.com/members/cfberardinelli/

[그림 Ⅱ - 70]의 오른쪽 표에서 빨간 숫자는 '유의 수준=10%'에서 두 요인 들 간 '상관관계'가 있음을 보여준다. 만일 '상관관계' 등을 고려하지 않고 이 들을 관리하기 위해 'I-관리도'를 작성한 결과는 다음 [그림 Ⅱ - 71]이다.

[그림 Ⅱ - 71] 핵심 요인들의 'I-관리도' 작성 예

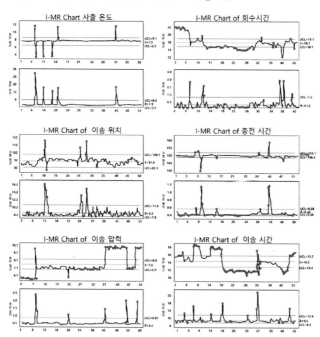

관리도를 이용해 상당히 많은 요인들을 개별적으로 모니터링 하면 그들 간 '상관관계'는 고려치 않겠다는 것을 전제한다. 또 [그림 Ⅱ - 71]과 같이 '관리 이탈' 상황들에 어떻게 대처해야 할지 매우 난감하다. 따라서 지금까지 학습했 던 'T^2-일반화 분산 관리도'로 모두를 통합해 하나의 관리도로 만든 뒤 분석 에 임해보기로 하자. 다음 [그림 Ⅱ - 72]는 다섯 개 요인들을 병합해 하나로

작성한 'T^2-일반화 분산 관리도' 예이다.

[그림 Ⅱ-72] 모든 요인들의 'T^2-일반화 분산 관리도'와 우선순위 파레토 예

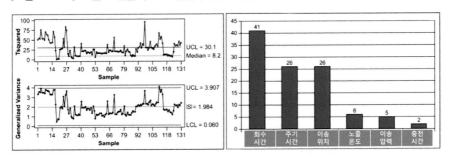

[그림 Ⅱ-72]의 'T^2-일반화 분산 관리도'로부터 상당한 타점들이 '관리 이탈' 상황임을 알 수 있으며, 유의한 정도 순으로 '파레토 차트'를 작성한 결과가 오른쪽 그래프이다. 이 결과로부터 '회수 시간'이 가장 큰 영향을 미친다는 것을 알 수 있었으며, 해당 엔지니어들과 개선 활동을 추진한 결과가 다음 [그림 Ⅱ-73]이다.

[그림 Ⅱ-73] '회수 시간' 개선 후 'T^2-일반화 분산 관리도'와 파레토 예

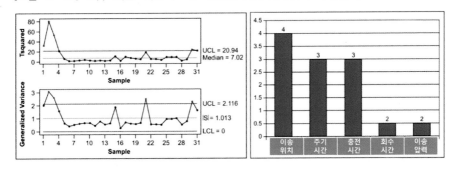

관리도의 상태는 훨씬 안정되어 보이며, '관리 이탈'에 영향을 주는 요인은 다시 '이송 위치'가 유의함을 알 수 있다. 담당 엔지니어가 추가적인 개선에 들어가면 프로세스는 훨씬 더 안정될 것이다. 이후 과정은 생략한다.

사례를 통해 담당하는 프로세스에 'T^2-일반화 분산 관리도'가 유용하게 활용될 수 있는지 가늠해보기 바란다. 한 자료에 따르면 '다변량 관리도'의 단점을 다음과 같이 서술하고 있다.[120]

1) 타점과 '관리 한계' 등 계산 과정이 복잡하다.
2) 변수가 하나인 경우와 달리 '다변량 관리도'에서의 'Y-축 척도 값'은 모니터링 중인 개별 변수들의 척도와는 무관하기 때문에 불편하다. 왜냐하면 여러 변수들의 값들이 병합된 'T^2'들이 타점되기 때문이다.
3) '다변량 관리도'에서 '관리 이탈'이 관찰되면 어느 원인 변수에 의한 것인지 파악이 어렵다. 이에 대해 여러 연구가 추진되었으나(Woodall and Montgomery, 1999)[121] 원인 변수를 찾는 문제는 여전히 풀어야 할 숙제 중 하나이다.

미니탭에서는 '다변량 지수 가중 이동 평균 관리도(MEWMA, Multivariate Exponentially Weighted Moving Average Chart)'가 포함되어 있고, 이 외에 MCUSUM(Multivariate Cumulative Sum Chart)' 등이 있다. 이들에 대해서는 이전의 'EWMA'나 'CUSUM' 관리도의 연장선상에 있으므로 본문에서의 설명은 생략한다. 다만 동일한 용도이면서 변수가 여럿인 경우면 적극 활용할 것을 권장한다.

---

120) Assoc. prof. s. ümit oktay firat res. ass. çiğdem aricigil, "Multivariate Quality Control: A Historical Perspective", Yildiz Technical University, Economics and Administrative Sciences Faculty, Department of Business Administration.
121) Woodall, W. H. and Montgomery, D. C. (1999). "Research Issues and Ideas in Statistical Process Control", Journal of Quality Technology, 31(4).

4.11. 희귀 사건 관리도(Rare Events Control Charts)

'희귀 사건 관리도'는 프로세스에서 아주 드물게 일어나는 사건들을 분석하는 도구이다. 발생 빈도가 아주 낮기 때문에 기존의 'Shewhart 관리도'로는 변동성 파악이 거의 어렵다. 매월 한두 개, 또는 분기나 반기에 발생하는 몇몇 사건들을 다루려면 원래의 'Shewhart 관리도' 용도와 괴리가 생긴다. 따라서 이 같은 한계를 극복하기 위해 '희귀 사건 관리도'가 개발되었으며, 여기에는 'g-관리도'와 't-관리도'가 있다. 'g-관리도'는 'p-관리도'의 특별한 형태로, 't-관리도'는 'I-관리도'의 특별한 형태이다.

'g-관리도'의 최초 출현은 Northeastern University, James C. Benneyan 박사의 1991년도 '대학원 논문(Master Thesis)'으로 알려져 있다.[122] 당시 상황을 이해하기 위해 그 이후 많은 관련 논문들 중 미니탭에 포함시킨 근거가 된 2001년도 문헌의 도입부를 다음에 옮겨놓았다.[123]

> · **미니탭에 포함된 'g-관리도'의 처음 제시 논문 도입부** (Health Care Management Science, Vol 4, pages 305-318, 2001) 이 논문은 감염이나 심장 수술 합병증, 오염된 주사기 찔림, 의료 사고 등의 발생 수를 모니터링 하는 데 적절한 통계적 프로세스 관리의 새로운 유형을 제시한다. 새로운 관리도는 "g"와 "h" 관리도로 불리며, '기하 분포'나 '음 이항 분포'로부터의 '역 표집(Inverse Sampling)'에 기반을 둔다. [(필자) 참고로 '역 표집'이란 어떤 특정 조건이 충족될 때까지, 예컨대 특정한 형의 주어진 개수가 나타날 때까지 계속적으로 무작위 추출을 시행하는 표집 방법이다.] 이 새로운 관리도는 기존 관리도가

---

122) Benneyan J. C. (1991). Statistical Control Charts Based on Geometric and Negative Binomial Populations, masters thesis, University of Massachusetts, Amherst.
123) Benneyan J. C. (2001). "Number-Between g-type Statistical Control Charts for Monitoring Adverse Events", Health Care Management Science, 4(4):305-318.

계속

> 개선 후 변화를 확인할 수 있는 정도의 민감도 수준에 부합하며, 특히 발생 빈도
> 가 드물고 결점률이 낮은 사건에 적합하다.(중략)… 예를 들어, 일반적으로 'p-
> 관리도'를 통해 합리적인 의사 결정을 이루기 위한 '표본 크기'는 "np≧5"로 알
> 려져 있다. 만일 현재 관리 중인 프로세스로부터의 '불량률=1%(0.01)'이면
> "n×0.01≧5"로부터 최소 'n=500개'가 필요하다. 또 'p-관리도'를 작성하기
> 위해 적정 수인 25개 부분군이 필요하면 대충 요구되는 '표본 크기'는 '12,500
> 개(=500개×25부분군)'가 필요하다. 이것은 적절한 표본을 확보하기 위해 훨씬
> 더 긴 기간을 기다린 뒤 관리도를 작성하고 개선해야 하는데 그러기엔 (의료 문
> 제 같은) 심각한 절차가 요하는 체계에선 너무 늦는 결과를 초래한다(중략)….

'도입부' 설명에서 의료 사고의 모니터링 목적으로 개발됐음을 알 수 있다. 이는 Benneyan 박사가 'Healthcare Systems Engineering Institute'의 소속으로 있으면서 관련 분야를 다방면으로 연구해온 데 따른 결과이다. 또 의료 사고는 그 발생 빈도가 매우 낮으므로 충분한 표본을 확보하기란 현실적으로 어렵다는 점도 쉽게 이해되는 대목이다. 물론 '희귀 사건 관리도'는 의료 분야뿐만 아니라 동일한 상황의 모든 분야에 적용될 수 있음은 두말할 나위도 없다. 특히 식품업이나 반도체 등 고수율의 생산 체계라면 변수 모니터링을 위해 '희귀 사건 관리도'의 적용 검토가 필요하다.

'g-관리도(g-Chart)'는 드물게 일어나는 오류나 빈도가 아주 낮은 유해한 사고들 사이에서의 '사건 수(Cases or Procedures between Adverse Events)'를 관리하는 데 유용하다. 예를 들어, 제품 생산 라인에서 설비가 멈추는 사고가 발생할 때 그 멈춤 사고들 사이의 '생산 제품 수'를 관리하는 용도 등이다. 물론 이 예에서 설비 멈춤 사고는 발생 빈도가 아주 낮은 경우이다. 알파벳 'g'는 "Geometric"의 첫 자를 딴 것으로 알려져 있으며, 드물게 일어나는 사고들

사이의 사건 발생 빈도가 'Geometric Distribution'을 따르는 데서 유래한다.

't-관리도(t-Chart)'는 이전 사건으로부터의 '경과된 시간(Time between Events)'을 측정해서 관리도상에 타점한다. 따라서 측정 단위는 시간, 일, 주, 달 등이 쓰인다. 만일 빈도가 낮은 사건에 대해 'Shewhart 관리도'를 적용한다면 대부분의 타점은 '0'에 위치하고 간혹 돌출하는 값을 관찰하게 될 것이다. 't-관리도'는 'g-관리도'와 마찬가지로 의도되지 않거나 부작용 같은 사건의 발생률 변화를 감지하는 데도 이용된다. 예를 들어, 만일 't-관리도'에서 '관리 상한'을 넘는 타점이 관찰되면 사건들 사이의 '경과 시간'이 증가했음을 나타내며, 다른 말로 의도되지 않은 사건들의 발생률은 줄어들었음을 의미한다. 반대로 타점이 '관리 하한'을 넘어서면 원치 않는 사건들의 발생률이 증가했음을 나타낸다(시간 간격이 줄어들었으므로 단위 시간당 발생률은 증가). 't-관리도'는 'Weibull Distribution'을 가정한다.

'g-관리도'와 't-관리도'의 가장 큰 차이는 데이터 유형에 있다. 전자는 특정 사고들 사이에서 발생된 '사건 빈도(불량품 수, 환자 발생 수 등)'를 측정하므로 '이산 자료'가 쓰이며, 후자는 경과된 '시간'을 측정하므로 '연속 자료'가 쓰인다. 각각의 작성 방법에 대해 알아보자.

① 데이터를 수집한다.

유사성을 고려해 'g-관리도'와 't-관리도'를 함께 기술한다. 아무래도 비슷한 용도인데 따로 설명할 경우 혼란이 예상되기 때문이다. 한눈에 서로 비교하면 이해도 그만큼 빨라진다.

'g-관리도'는 어느 기간이나 사건들 사이의 '계수(計數)'나 '빈도'를 수집한다. 영어로는 'Days between', 'Hours between', 'Batches between', 'Occurrences between' 등으로 표현된다. 예를 들어 관심 두는 사건(불량, 결점, 감염 등)이 2015년 3월 2일 발생하고 이어 4월 20일 다시 발생했다면, 타점에 쓰일 값은

'49일(=2015/4/20-2015/3/2)'이다('Days between' 예에 해당). 또는 '빈도'도 가능한데, 예를 들어 특정 결점이 발생하고 이어 시간이 지난 뒤 다시 결점이 발생했다면 그 사이에 생산된 '부품 수'를 타점으로 활용할 수 있다('Occurrences between' 예에 해당). 다음 [표 Ⅱ-69]는 'g-관리도'를 위해 수집될 '데이터 구조'와 '입력 방법' 및 미니탭 '대화 상자'의 '선택 항목' 예이다.

[표 Ⅱ-69] 'g-관리도'의 '데이터 입력 방법'과 미니탭 '선택 항목' 예

데이터 구조	미니탭 대화 상자 선택 항목
['날짜'로 수집될 경우] 13/02/03, 15/02/08, 15/02/28…로 입력 → 미니탭은 37, 20으로 자동 계산해 타점함.	
['사건 발생 간'으로 수집될 경우] 사건이 4번째, 19번째, 36번째 발생 → 워크시트에 '사이 빈도'인 14, 16을 입력	
['사건 발생까지'로 수집될 경우] 사건이 4번째까지, 19번째까지, 36번째까지 발생 → 워크시트에 '사이 빈도+1'인 15, 17 입력(~까지는 종료 값을 포함)	

[표 Ⅱ-69]에서 '[날짜로 수집될 경우]'와 '[사건 발생 간으로 수집될 경우]'는 전과 후 사이의 빈도를 계수하므로 둘은 동일한 처리 방법이고, 다만 '[사건 발생까지로 수집될 경우]'는 앞의 두 경우와 유사하나 "~까지"를 포함시켜야 하므로 둘 사이의 빈도에 '+1' 한 값을 입력한다. 주의할 점은 엑셀의 자료를 복사해 미니탭으로 옮기든, 아니면 미니탭 자체 워크시트에 데이터를 입력하든 반드시 '날짜 서식'을 지정해줘야 한다. 예를 들어 '13/02/03' 형식으로 입력했다면 엑셀은 해당 데이터 셀에서 오른쪽 마우스 버튼을 눌러 '셀

서식 > 사용자 지정'에서, 미니탭은 동일한 과정으로 '열 서식($\underline{A}$) > 날짜/시간 ($\underline{D}$)…'에서 "yyyy/mm/dd" 형식을 지정하는 예이다. 따라서 관리도 작성 후 값이 제대로 타점됐는지 점검하는 일도 매우 중요하다. 엉뚱한 값들로 결과 해석에 임할 수 있기 때문이다. [표 Ⅱ-70]은 '2013/02/03~2013/12/16' 기간 동안의 질병 감염일을 기록한 '[날짜로 수집될 경우]'의 미니탭 제공 데이터 예이다.

[표 Ⅱ-70] 'g-관리도'의 '감염일.mtw' 데이터

1	2	3	4	5	6	7	8	9	10	11	12	13
2013-02-03	2013-02-17	2013-02-28	2013-04-05	2013-04-13	2013-04-26	2013-04-29	2013-05-22	2013-05-26	2013-06-03	2013-06-26	2013-07-10	2013-07-15
14	15	16	17	18	19	20	21	22	23	24	25	26
2013-07-16	2013-07-23	2013-07-31	2013-08-06	2013-08-07	2013-08-25	2013-08-27	2013-09-07	2013-09-11	2013-09-23	2013-09-28	2013-10-04	2013-10-14
27	28	29	30	31	32	33	34	35	36	37		
2013-10-26	2013-10-26	2013-10-26	2013-10-26	2013-10-26	2013-10-28	2013-11-05	2013-11-11	2013-11-17	2013-11-30	2013-12-16		

[표 Ⅱ-70]은 그대로 미니탭 '워크시트'에 열로 입력한 후 '대화 상자'의 「데이터 형태($\underline{F}$)」를 "사건 발생 날짜"로 지정하면 자동으로 두 날짜 사이의 '일수'를 계수해 관리도상에 타점한다.

't-관리도'의 데이터 수집과 편집 역시 약간의 고려가 필요하다. 'g-관리도'와의 기본적인 차이는 '연속 자료'란 점이다. 예를 들어 'g-관리도'의 예제 데이터인 [표 Ⅱ-70]을 't-관리도'로 분석하면 동일한 값들로 타점된다. 두 날짜 사이의 차이를 계산할 때 빈도를 '계수'한 경우와 '연속 자료' 경우가 동일하기 때문이다. 그러나 't-관리도'는 날짜에 "2015/03/27 09:12:37"과 같이 초 단위까지 포함시켜 표기할 수 있는데, 만일 극단적인 예로 두 시점 간 '1초'가 차이 나면 타점 값은 약 '0.0000116(1초를 1일 단위로 나타내기 위해 24×60×60으로 나눠 줌)'처럼 소수점으로 기록된다. 그러나 't-관리도'는 '희귀 사건'을 다루기 때문에 '시간'이나 '분', '초' 등의 단위는 가끔 일어나는 사건

으론 부적합하므로 타점은 모두 '일'의 단위로 바뀐다. 다음 [표 II-71]은 't-관리도'를 위해 수집될 '데이터 입력 방법'과 미니탭 '대화 상자'의 '선택 항목' 예이다.

[표 II-71] 't-관리도'의 '데이터 입력 방법'과 미니탭 '선택 항목' 예

데이터 구조	미니탭 대화 상자 선택 항목
['일시'로 수집될 경우] 13/02/03 09:16:23, 13/2/26 10:19:10…으로 입력 → 미니탭은 차이를 '일'로 계산한 약 23.0436 일로 자동 계산해 타점함.	T 관리도 C1 주사바늘 찔림 날짜 데이터 형태(E): 사건 발생 날짜/시간 또는 사건 발생 간 시간
[사건 간 '경과 시간'으로 수집될 경우] 다음 사건이 93시간 16분 57초 뒤에 발생했다면 '워크시트'에 '[h]:mm:ss' 형식(예, 93:16:57)으로 입력 → 형식 그대로 타점됨. 초를 기록 안 하면 '[h]:mm:00'으로 인식됨.	상동
[사건 간 일 or 시간'으로 수집될 경우] 사건 간의 경과일 또는 경과 시간을 직접 입력함 → 4.5일, 또는 12.25시간 등. 만일 '0'이면 두 사건이 동시에 일어난 것임.	T 관리도 C2 경과일 데이터 형태(E): 사건 발생 간 구간 수 구간 단위(U): 일

입력 방식이 다소 혼란스럽게 느껴질 수 있다. 그러나 현업에서 실제 수집되고 있는 형식이 하나로 통일되어 있진 않을 것이므로 약간의 확인 노력이 필요하다. 주의할 사항 중 '[사건 간 경과 시간으로 수집될 경우]'에서 엑셀 또는 미니탭 '열 서식'이 'hh:mm:ss'가 아닌 '[h]:mm:ss'로 설정되어야 하는 점이다. 전자는 시간대를 의미하고 후자는 경과 시간의 표현이다. 예를 들어 '14시 26분 15초'이면 전자 형식을 빌려 '[14]:26:15'로 되지만 '사건이 발생한 이후 14시간 26분 15초 뒤에 다시 새로운 사건이 발생'한 경과 시간을 표현하면 후자 형식을 빌려 '14:26:15'가 된다. 둘이 같지 않은 이유가 만일 경과 시간이 '96시간 20분 56초'였다면 '[h]:mm:ss' 형식만이 입력이 가능하다

(그렇지 않으면 오류 메시지가 뜸). 이를 위해 미니탭 '워크시트'에서 해당 열에 대해 오른쪽 마우스 버튼을 누른 뒤 '열 서식(A) > 날짜/시간(D)…'에서 "[h]/mm/ss" 형식을 지정한다. 또 [일시로 수집될 경우]로 지정됐을 때 미니탭이 자동으로 계산한 타점 값을 직접 계산해서 입력하면 '[사건 간 일 또는 시간으로 수집될 경우]'에 해당한다. 각각의 미니탭 옵션 지정은 [표 Ⅱ-71]을 참고하기 바란다.

[표 Ⅱ-72]는 '2013/01/02~2013/12/31' 기간 동안의 '주사 바늘 찔림 사고' 일시를 기록한 '일시로 수집될 경우'의 미니탭 제공 데이터 예이다.

[표 Ⅱ-72] 't-관리도'의 '주사 바늘 찔림 날짜 및 시간.mtw' 데이터

1	2	3	4	5	6	7	8	9	10
13-1-2 12:00	13-1-10 3:10	13-1-17 11:33	13-1-21 4:02	13-1-21 9:00	13-1-29 14:59	13-2-4 7:01	13-2-6 8:17	13-2-7 20:06	13-2-9 4:58
14	15	16	17	18	19	20	21	22	23
13-2-9 22:53	13-2-11 3:26	13-2-14 0:44	13-2-14 12:20	13-2-19 8:31	13-2-19 11:18	13-2-20 3:30	13-2-21 22:27	13-2-25 17:52	…

② '중심선(CL)'을 계산한다.

'g-관리도'의 '중심선(CL)'은 '기하 분포(Geometric Distribution)'의 '중앙값(50th 퍼센타일)'으로 설정된다. 'g-관리도'가 '기하 분포'에 기반하고 있기 때문이다. '중심선(CL)'을 계산하기 전 '기하 분포'에 대해 간단히 소개하면 다음과 같다.

> · **기하 분포(Geometric Distribution)** (위키백과) 베르누이 시행에서 처음 성공('실패'로 정의하면 '처음 실패'까지가 될 것임)까지 시도한 횟수 X의 분포, '이산 확률 분포 함수'는 다음과 같다. 지지집합은 {1, 2, 3…}이다.
>
> $$\Pr(X=x) = (1-p)^{x-1}p, \quad x=1,2,3\cdots \qquad (a)$$

계속

(필자) 일반적으로 '기하 분포' 이해를 위해 '이항 분포'와 낳이 비교하곤 한다. 예를 들어, 기존 성공 확률(양품률 등, 반대인 실패 확률도 가능)이 'p=0.2'로 알려진 상황에서 세 개를 '표집'했을 때, 실패(불량), 실패(불량), 성공(양품)이 나올 확률은 '이항 분포' 경우 '성공' 관점에서 "3개 중 1개"를 선택하는 경우이므로 '$\frac{3!}{1! \times (3-1)!} \times 0.2^1 \times 0.8^{3-1} = 0.384$'이다. 즉 '실패–실패–성공'이 되든, '실패–성공–실패'가 되든, 또는 '성공–실패–실패'가 되든 그 순서와는 무관하다. 그러나 '기하 분포'는 '실패–실패–성공'과 같이 그 순서가 중요하다. 분포 함수에 따라 '$(1-0.2)^{3-1} \times 0.2 = 0.128$'이다. 이것은 정의대로 "첫 번째 성공이 세 개째 나올 확률"이며, 'g-관리도'처럼 사건 간 오랜 시간 소요 뒤 '성공(또는 실패)'이 나오는 상황에 비유된다.

바로 앞의 '기하 분포' 설명과 같이 'g-관리도'를 적용하는 이유가 '사건 간 소요되는 시간이 매우 긴 상황'일 때이므로 그를 설명할 적정 분포로 '기하 분포'가 도입되었다. 분포의 도입 이유는 '중심선(CL)'이나 '관리 한계(Control Limit)' 설정의 원조 격인 'Shewhart 관리도'에서 (정규)분포의 '3×표준 편차'를 적용하고 있기 때문이다. '분포' 없이 매번 변동하는 데이터에 대해 일관된 '한계'를 정할 순 없다. '한계'가 있어야 '관리 이탈'과 같은 의사 결정이 가능하기 때문에 상황에 맞는 분포의 선택은 필연적이다.

'기하 분포'는 '이산 확률 분포'들 중 하나지만 '연속 자료'에 쓰이는 '지수 분포'와 유사하다. 다음 [그림 Ⅱ-74]는 미니탭에서 '기하 분포'의 '(랜덤 데이터=10,000개)'를 생성해 히스토그램으로 작성한 결과이다('이항 분포(n=10)'는 비교를 위해 데이터를 별도 생성 후 겹쳐 그렸음).

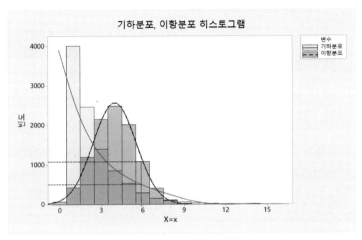

[그림 Ⅱ-74]로부터 데이터는 '이산 자료'지만 히스토그램의 외형은 '지수 분포'와 유사하다. '이항 분포' 경우 '선택 건수(X)'가 증가할수록 '정규 분포'의 형태를 보이는 것과 달리, '기하 분포'는 '지수 함수'적으로 감소한다. 만일 'X-축'의 'x=6(개)'에 대해 '이항 분포'는 "성공 확률(p)=0.4인 환경에서 10개 중 6개가 선택될 확률이 약 10%"인 반면, '기하 분포'는 "성공 확률(p)=0.4인 환경에서 다섯 번 실패한 뒤 성공이 여섯 번째 처음으로 나올 확률은 약 5%"를 나타낸다. 둘 간의 해석에 상당한 차이가 있음을 알 수 있다.

　'g-관리도'의 '중심선(CL)'은 '기하 분포'의 '중앙값(Median)', 즉 '50퍼센타일'에 둔다고 설명한 바 있다. '기하 분포'에선 '파라미터'가 'p'이므로 미리 주어지지 않으면 데이터로부터 '추정(Estimation)'해야 한다. '중심선(CL)'에 대한 산식과 방법은 다음과 같다.

$$\Pr(X=x)=(1-p)^{x-1}p \text{ 에서,} \qquad\qquad\qquad \text{(식 II-55)}$$

$$CL=\phi_p^{-1}(0.5)-1,\ \ where\ '\phi_p^{-1}\text{'는 '기하분포'의 '역누적분포함수'.}$$

이때 파라미터 'p'는 알려져 있지 않으므로 다음 식으로 추정, 즉

$$\hat{p}=\frac{(N-1)/N}{\bar{x}+1},\ where\ N=\text{데이터 수('날짜'로 수집된 경우 '1'을 뺌)},\ \bar{x}=\text{평균}$$

[표 II－70]의 'g-관리도' 원 데이터를 근거로 (식 II-55)를 계산하면 다음과 같다(용어들을 처음 접한 독자는 어수선할 것이다. 일단 우직한 소처럼 밀고 나가기 바란다…).

$$\bar{x}=8.78\,(\text{날짜 간 일수들로부터 얻음}). \qquad\qquad \text{(식 II-56)}$$
$$N=N-1=37-1=36\,(\text{날짜로 수집되었으므로 '1'을 뺌})$$

$$\hat{p}=\frac{(36-1)/36}{8.78+1}\cong 0.09941$$

$$CL=\phi_{0.09941}^{-1}(0.5)-1\cong 6.632\,(\text{0.5의 위치 }x\text{는 6개와 7개의 보간법})-1\cong 5.632$$
$$\therefore \text{미니탭 결과} \begin{cases} p=0.4665,\ x=6 \\ p=0.5195,\ x=7. \end{cases}$$

주어진 분포에서 '역 누적' 계산이나 과정에 대한 설명은 생략한다. 다행히 '정규 분포'에 대해 '역 누적 값'을 구하는 예는 주변에서 쉽게 구할 수 있으므로 이에 대해 학습이 필요한 독자는 관련 자료를 참고하기 바란다.[124] 기본 개념은 분포에 관계없이 동일하다.

(식 II-56)의 결과는 'g-관리도'가 '이산 자료'를 다루므로 50퍼센타일(확률 0.5)의 x값을 소수점으로 낼 수 없어, 'p=0.4665'를 가르는 'x=6'과, 'p=0.5195'

---

124) '정규 분포'에 대한 설명은 「Be the Solver_문제 해결 역량 향상법」편 참조.

를 가르는 'x=7'을 '세션 창'에 내주었다. 따라서 우리에게 필요한 '0.5'를 가르는 x값은 보간법을 통해 '중심선(CL)=5.632'를 최종 얻는다.

't-관리도'는 '이산 자료'가 아닌 '연속 자료'를 이용한다. 따라서 [그림 Ⅱ－74]와 유사한 양상을 보이나 '이산 확률 분포 함수'가 아닌 '연속 확률 분포 함수'들 중 상황에 적합한 '지수 분포 함수'나 '와이블 분포 함수'가 적용된다. 후자가 다양한 형태에 수용성이 뛰어나므로 주로 활용된다.

[표 Ⅱ－72]의 't-관리도' 원 데이터로부터 '중심선(CL)'을 구하기 위해서는 (식 Ⅱ-55), (식 Ⅱ-56)과 동일한 방식인 분포를 결정하고, 원 데이터로부터 '파라미터'를 추정한 다음, '50퍼센타일' 위치를 찾는다. 요약하면 다음과 같다.

$$f(x) = \frac{\beta}{\alpha^\beta} x^{\beta-1} \exp\left[-\left(\frac{x}{\alpha}\right)^\beta\right] \text{ 의'와이블분포'에서,} \qquad \text{(식 Ⅱ-57)}$$

중심선$(CL) = \phi_{\alpha,\beta}^{-1}(0.5),\ where\ '\phi_p^{-1}$'는'와이블분포'의'역누적분포함수'.

이때 파라미터 $'\alpha, \beta$'는 알려져 있지 않으므로'주어진 방식'으로 추정.

(식 Ⅱ-57)에서 '와이블 분포'에 속한 두 파라미터 'α(척도 모수)', 'β(형상 모수)'는 통상 알려져 있지 않으므로 [표 Ⅱ－72]의 원 데이터로부터 추정한다. (식 Ⅱ-57)의 맨 끝 문장 중 "주어진 방식으로 추정"이라고 정리했는데, 만약 원 데이터에 한 개 이상의 '0'이 포함될 경우 '확률지를 이용한 도시적 방법', 또는 미니탭의 「통계 분석(S) > 신뢰성/생존분석(L) > 분포 분석(우측 관측 중단)(D)」의 기능을 이용해 알아낸다(미니탭 '그래프(G) > 확률도(Y)…, 단일'에서 'Weibull 분포'로도 계산 가능). 그러나 본문에서 이들을 설명하기엔 주제에서 너무 벗어나므로 "주어진 방식으로 추정"처럼 여러분의 스스로 학습으로 돌리고 여기선 결과 값만을 사용한다.

(식 II-58)

- 원 데이터의 날짜 간 '일수'를 얻은 뒤,
- 미니탭 '신뢰성/생존분석' 모듈을 통해,

$\alpha \cong 1.1495,\ \beta \cong 4.6414$ 를 추정.

$\therefore 중심선(CL) = \phi_{1.1495,\,4.6414}^{-1}(0.5) \cong 3.37424$

(식 II-58)과 같이 원 데이터의 날짜들 간 '일수'를 얻어, '와이블 분포'의 파라미터를 미니탭 '신뢰성/생존' 모듈로부터 추정한 뒤, '50퍼센타일(확률 0.5)'을 가르는 'x값=3.37424'를 얻었다. 작성된 관리도의 결과와 비교해보기 바란다('와이블 분포'의 파라미터 추정은 't-관리도'를 얻으면 결과에 출력됨).

③ '관리 한계'를 계산한다.

'관리 한계'도 '중심선(CL)'을 얻었을 때와 동일하게 'g-관리도'는 '기하 분포'를, 't-관리도'는 '와이블 분포'를 이용한다. 또 'Shewart-관리도'와의 연장 선상에서 한쪽 영역의 '유의 수준=0.00135'나 '표준 편차'의 세 배인 '3' 등을 적용한다. 관리도별 '관리 한계' 계산식과 주어진 원 데이터로부터 얻은 '관리 상·하한'을 [표 II-73]과 [표 II-74]에 각각 정리하였다. **'g-관리도'**의 '관리 한계(Control Limit)'는 다음 [표 II-73]과 같다.

[표 II-73] 'g-관리도'의 '관리 한계(Control Limit)' 계산식과 계산 결과

항목	계산식	비고
'g-관리도'의 '관리 한계'	$UCL = \phi_p^{-1}(0.99865) - 1$ $CL = \phi_p^{-1}(0.5) - 1$ $LCL = \phi_p^{-1}(0.00135) - 1$	— 'ϕ_p^{-1}'는 '기하 분포'의 '역 누적 분포함수' — $\hat{p} = ((N-1)/N)/(\bar{x}+1)$ — 원 데이터가 '날짜'인 경우 'N'에서 '1'을 뺌 — '$\bar{x}$'는 타점들의 평균
[표 II-70]의 원 데이터 '관리 한계' 계산	$UCL = \phi_{0.09941}^{-1}(0.99865) - 1$ $\cong 63.11 - 1 \cong 62.11$ $CL = \phi_{0.09941}^{-1}(0.5) - 1 \cong 5.63$ $LCL = \phi_{0.09941}^{-1}(0.00135) - 1$ $\cong 0.01358 - 1 \cong -0.986$ $= 0(음수이므로)$	— $\bar{x} = 8.78$ (날짜 간 일수들로부터 얻음) — $N = N - 1 = 37 - 1 = 36$ ('날짜'므로 '1'을 뺌) — $\hat{p} = \dfrac{(36-1)/36}{8.78+1} \cong 0.09941$

'중심선(CL)' 계산에 익숙해졌으면 '관리 한계'도 확률만 다를 뿐 과정은 동일하다. 최종적으로 'UCL=62.11', 'LCL=0'을 얻었다. 이어 't-관리도'에 대해 알아보자.

't-관리도'의 '관리 한계(Control Limit)'는 좀 더 복잡하다. 사실 그냥 슬쩍 넘어가고 싶지만 계산식이 빠지면 형평성(?) 문제가 생겨 포함은 시켰다. 선량한 직장인을 괴롭히려는 의도는 전혀 없으니 양해 바라는 바이다. 다음 [표 Ⅱ-74]와 같다.

[표 Ⅱ-74] 't-관리도'의 '관리 한계(Control Limit)' 계산식과 계산 결과

항목	계산식	비고
't-관리도'의 '관리 한계'	$UCL = \phi_{\alpha,\beta}^{-1}[\psi_z(K_z)]$ $CL = \phi_{\alpha,\beta}^{-1}(0.5)$ $UCL = \phi_{\alpha,\beta}^{-1}[\psi_z(-K_z)]$	- '$\phi_{\alpha,\beta}^{-1}$'는 '와이블분포'의 '역누적분포함수' - 'ψ_z'는 '표준정규분포'의 '누적분포함수' - 'K_z'는 일반적으로 '±3'
[표 Ⅱ-72]의 원 데이터 '관리 한계' 계산	$UCL = \phi_{1.1495,4.6414}^{-1}[\psi_z(3)]$ $\quad = \phi_{1.1495,4.6414}^{-1}(0.99865)$ $\quad \cong 23.99$ $CL = \phi_{1.1495,4.6414}^{-1}(0.5)$ $\quad \cong 3.37424$ $UCL = \phi_{1.1495,4.6414}^{-1}[\psi_z(-3)]$ $\quad = \phi_{1.1495,4.6414}^{-1}(0.00135)$ $\quad \cong 0.0148$	- 원 데이터로부터, 미니탭 '신뢰성/생존분석'기능을 이용 $\alpha \cong 1.1495,\ \beta \cong 4.6414$ 를 추정 - 미니탭 '계산 > 확률분포'로부터, $\psi_z(3) = 0.99865$ $\psi_z(-3) = 0.00135$

좀 특수한 관리도이므로 계산 과정도 순탄치만은 않다. 그러나 프로세스를 관리함에 있어 "망치(도구)만 들고 있으면 모든 문제가 못으로만 보인다"라는 부정적 문구처럼, 적합한 상황에 적합한 도구를 적용하는 지극히 상식적인 노력임을 상기하며 우리들의 역량을 높이는 계기로 삼았으면 한다.

④ '선'을 그리고 타점한다.

[표 Ⅱ-70]과 [표 Ⅱ-72]를 이용해 'g-관리도'와 't-관리도'를 작성한다(미니탭 「통계 분석(S) > 관리도(C) > 희귀 사건 관리도(R) > G(G)…, 또는 T(T)…」). 비교를 위해 가장 유사한 'u-관리도'와 'I-MR 관리도'를 각 관리도와 함께 작성하였다.

'g-관리도'의 결과는 다음 [그림 Ⅱ-75]와 같다.

[그림 Ⅱ-75] 'u-관리도'와 'g-관리도' 결과 비교

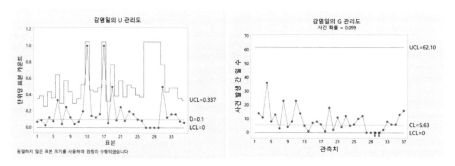

(식 Ⅱ-56), [표 Ⅱ-73]의 '중심선(CL)' 및 '관리 한계'와 [그림 Ⅱ-75]의 'g-관리도' 내 해당 값들이 일치한다. 'u-관리도'에서 '관리 상한' 방향으로 돌출된 두 개 타점은 날짜 간격이 하루 차이에서 감염 사건이 발생되어 '100% 결점률'로 나타났기 때문이다. 시각적으로 두 관리도의 해석이 완전히 달라질 수 있음을 알 수 있다.

'g-관리도' 경우 '관리 상한'을 벗어나면 두 날짜 간 떨어진 기간이 길다는 뜻이므로 희귀 사건이 오랜만에 발생했음을 암시한다. 만일 데이터 내용이 해를 끼치는 사건이면 긍정적 상황일 수 있다. 본 예에서는 '관리 상한' 방향으

로의 이탈은 관찰되지 않는다. 다만 '관리 하한' 쪽에 두 개의 '관리 이탈' 신호가 관찰되며, 자세히 보면 'B'라고 적혀 있다. 'B'는 "Benneyan 검정"의 첫 자를 딴 부호이며,[125] 'CP(Consecutive Points)'라는 값을 계산해 그 수만큼 '0'이 생기면 타점에 'B'라고 표시한다. 이 같은 접근은 'g-관리도'의 '관리 하한(LCL)'이 대부분 '0'으로 설정되는데, 타점이 '관리 하한'과 동일한 '0'이면 사건이 같은 날 발생했거나 연속적인 순서로 발생한 것이다. 이 경우 이미 '희귀 사건'이란 상황 설정에 부합하지 못하므로 기록자가 한 번의 사건을 여러 번 잘못 기록했는지 등의 이상점으로 간주한다. 총 4개의 '검정 항목'들에 대해서는 미니탭 '대화 상자'의 ' G 관리도 옵션(P)... ' 중 '검정' 탭을 참고하기 바란다.

't-관리도'의 결과는 다음 [그림 Ⅱ-76]과 같다.

[그림 Ⅱ-76] 'I-MR 관리도'와 't-관리도' 결과 비교

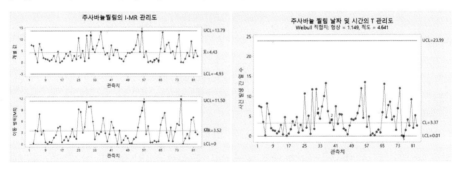

't-관리도'의 '검정 항목'들은 'I-MR 관리도'의 그것과 동일한 '총 8개'로 구

---

125) J. C. Benneyan (2001). "Performance of Number-Between g-Type Statistical Control Charts for Monitoring Adverse Events", Health Care Management Science, 4, 319-336.

성된다. 물론 적용된 분포가 다른 만큼 해석도 [그림 Ⅱ-76]에서 보이듯 차이가 있다. 't-관리도' 결과에는 '검정 항목'들 중 '검정 2, 검정 4, 검정 5'가 표시되어 있다. 특히 '검정 2'는 "9개의 연속된 점이 중심선으로부터 같은 쪽에 있음"을 나타내며 '중심선(CL)' 상단에 아홉 개 타점이 위치한 점으로 볼 때, 수집된 데이터가 해를 끼치는 사건들일 경우 발생 간 기간이 상당히 길었다는 뜻으로 해석되어 개선의 좋은 실마리가 될 수도 있다.

(식 Ⅱ-58), [표 Ⅱ-74]의 '중심선(CL)' 및 '관리 한계'와 [그림 Ⅱ-76]의 't-관리도' 내 해당 값들이 일치하는지 확인해보기 바란다.

4.12. 짧은 생산 주기 관리도(Short-run Production Control Charts)

'관리도'는 프로세스가 지속성을 유지하고 있는 환경에서 단일 특성을 대상으로 작성되는 게 일반적이다. 작업이 끊어진다든가 한 번에 여러 특성들을 고려하는 일은 드물다. 그러나 건설 장비나 항공기 관련 부품, 선박 등의 산업에서는 대량으로 양산하기보다 작게는 한 개에서 많게는 몇 대 정도로, 그것도 같은 공간에서 여러 모델을 생산하는 경우가 다반사다. 이와 같은 운영을 '다품종 소량 생산 방식'이라고 한다.

앞서 설명했던 관리도들은 거의 모두 하나의 특성이 오랜 기간을 두고 지속적으로 타점되는 것을 전제하므로 지금껏 '다품종 소량 생산 방식'의 관리도에 대해서는 언급하거나 고려해본 적이 없다. 그렇다고 현실적으로 많은 기업에서 이행되고 있는 생산 방식을 현재의 관리도들에 끼워 맞출 수는 없으므로, 거꾸로 생산 현장의 운영 방식에 맞는 도구를 찾아보거나 개발하는 노력이 필요하다. 다행히 '주) 71'에서 이 부분을 잘 다루고 있어 내용을 옮겨보았다. 이에는 '$\overline{\overline{R}}$-관리도', '$X_d - MR_d$ 관리도', '$Z - MR_Z$ 관리도'가 있으며, 함께 고려해야 할 이유 때문에 셋을 포함시켰다. '$Z - MR_Z$ 관리도'는 미니탭에도 포함되어 있다($Z - MR$ 관리도). 그 외의 다양한 기타 관리도들에 대해서는 '주) 71'의 본문을 참고하기 바란다.

우선 '$\overline{\overline{R}}$-관리도'는 주어진 자료를 토대로 '관리 한계'를 얻은 뒤, 그 결과에 따라 '$X_d - MR_d$ 관리도'가 적합한지, 아니면 '$Z - MR_Z$ 관리도'가 적합한지를 판단하는 용도로 쓰인다. 따라서 '$X_d - MR_d$ 관리도'와 '$Z - MR_Z$ 관리도'를 각각 설명하는 중에 '$\overline{\overline{R}}$-관리도'의 용도에 대해서도 함께 기술하겠다. 우선 [표 Ⅱ-75]는 '$X_d - MR_d$ 관리도'를 설명하기 위한 데이터 예이다.[126]

[표 Ⅱ-75] '$X_d - MR_d$ 관리도' 예제 데이터

부분군	제품	측정	X_d	MR_d	부분군	제품	측정	X_d	MR_d	부분군	제품	측정	X_d	MR_d
1	A01	21	1	—	11	A01	20	0	1	21	A02	31	1	0
2	A01	20	0	1	12	A02	31	1	1	22	A02	30	0	1
3	A02	30	0	0	13	A02	29	−1	2	23	A02	28	−2	2
4	A02	32	2	2	14	A02	31	1	2	24	A01	21	1	3
5	A01	22	2	0	15	A01	21	1	0	25	A01	23	3	2
6	A02	28	−2	4	16	A01	20	0	1	26	A01	23	3	0
7	A02	30	0	2	17	A01	19	−1	1	27	A02	32	2	1
8	A02	29	−1	1	18	A02	29	−1	0	28	A02	33	3	1
9	A01	22	2	3	19	A02	30	0	1	29	A01	23	3	0
10	A01	19	−1	3	20	A01	21	1	1	30	A01	22	2	1

(비고) ※ 'X_d=측정값-제품별 목표값', A01=측정값-20, A02=측정값-30

　　　※ $MR_d = |X_{d,i} - X_{d,i-1}|$

---

126) 통계적 공정관리, 박성현·박영현·이명주, 민영사, p.213.

[표 Ⅱ-75]는 동일한 설비에서 두 종류의 제품 'A01'과 'A02'를 번갈아 생산하고 있으며(또는 그 이상도 가능), 전자의 '목표값=20', 후자의 '목표값=30'이다. 이때 'X_d'는 '제품별 측정값-목표값'을, 'MR_d'은 'X_d의 이동 범위($|MR|$)'를 각각 계산해 입력한 결과다. 즉 엔지니어가 원하는 바는 "서로 다른 제품들이 한 설비에서 짧은 생산 주기로 만들어질 때 프로세스의 변화를 한눈에 쉽게 관리하고 싶은 것", 또는 "제품 하나에 속한 여럿의 품질 특성치를 동시에 관리하고 싶은 것"이다.

관리도 작성에 들어가기 전 '$\overline{\overline{R}}$-관리도(또는 평균 범위 관리도)'를 이용해 [표 Ⅱ-75]의 자료가 '$X_d - MR_d$ 관리도'로 해석되는 게 적절한지 검토해보자. 다음 [표 Ⅱ-76]은 그 판단 기준이다.

[표 Ⅱ-76] '$\overline{\overline{R}}$-관리도'를 이용한 '짧은 생애 주기 관리도' 유형 선정 기준

관리도	계산식	비고	'관리도' 선택 판단 기준
$\overline{\overline{R}}$-관리도	$UCL = \overline{\overline{R}} + Hd_3\overline{\overline{R}}/(d_2\sqrt{k})$ $CL = \overline{\overline{R}}$ $LCL = \overline{\overline{R}} - Hd_3\overline{\overline{R}}/(d_2\sqrt{k})$	– '$\overline{\overline{R}}$'는 총 평균 범위 – 상수 'H'는 아래 표 참조 ('m'=제품 종류 수) – d_2와 d_3는 '$n=2$'에서의 '비편향상수', [표 I-17]	– 제품별 평균 범위를 구해 '$\overline{\overline{R}}$-관리도'의 '관리 한계'에 모두 들어가면 → '$X_d - MR_d$ 관리도'. – 하나라도 안 들어가면 → '$Z-MR_z$ 관리도'

m	2	3	4	5	6	7	8 이상
H	1.82	2.38	2.61	2.75	2.87	2.94	3.00

좀 복잡하다. [표 Ⅱ-75]의 자료에 맞는 '짧은 생애 주기 관리도'를 선택하기 위해 [표 Ⅱ-76]을 수행하려면 먼저 [표 Ⅱ-75]를 각 제품별로 나눈 뒤 '이동 범위의 평균'을 얻어야 한다. 현재는 제품이 '두 개(A01, A02)'이므로 'm=2'이다. 다음 [표 Ⅱ-77]은 [표 Ⅱ-75]의 각 제품별 '이동 범위의 평균'을 얻은 결과이다.

[표 Ⅱ-77] 제품별 이동 범위와 '$\overline{\overline{R}}$'([표 Ⅱ-75])

A01															
부분군	1	2	5	9	10	11	15	16	17	20	24	25	26	29	30
측정치	21	20	22	22	19	20	21	20	19	21	21	23	23	23	22	평균
이동범위	-	1	2	0	3	1	1	1	1	2	0	2	0	0	1	1.07

$\overline{\overline{R}}$ 1.50

A02															
부분군	3	4	6	7	8	12	13	14	18	19	21	22	23	27	28
측정치	30	32	28	30	29	31	29	31	29	30	31	30	28	32	33	평균
이동범위	-	2	4	2	1	2	2	2	2	1	1	1	2	4	1	1.93

[표 Ⅱ-77]로부터 '제품 A01'의 '이동 범위 평균=1.07', '제품 A02'의 '이동 범위 평균=1.93', '$\overline{\overline{R}}=(1.07+1.93)/2 \cong 1.50$'이므로, 만일 [표 Ⅱ-76]에 기술한 '$\overline{\overline{R}}$-관리도'의 '관리 한계' 내에 '1.07'과 '1.93'이 모두 들어가면 "$X_d - MR_d$ 관리도"를, 하나라도 포함되지 않으면 "$Z - MR_Z$ 관리도"를 선택한다. [표 Ⅱ-75]에 대해 '$\overline{\overline{R}}$-관리도'의 '관리 한계'인 [표 Ⅱ-76]을 계산하면 다음과 같다.

$$UCL = \overline{\overline{R}} + Hd_3 \overline{\overline{R}}/(d_2 \sqrt{k}) = 1.5 + 1.82*0.853*1.5/(1.128* \sqrt{14}) \cong 2.05 \qquad (식 \ Ⅱ\text{-}59)$$
$$CL = \overline{\overline{R}} = 1.50$$
$$LCL = \overline{\overline{R}} - Hd_3 \overline{\overline{R}}/(d_2 \sqrt{k}) = 1.5 - 1.82*0.853*1.5/(1.128* \sqrt{14}) \cong 0.95$$

$where, k = $ 제품별 '범위' 데이터 수

결론적으로 [표 Ⅱ-77]의 두 값 '1.07'과 '1.93'이 모두 (식 Ⅱ-59)의 '$\overline{\overline{R}}$-관리도' '관리 한계' 안에 포함되므로 [표 Ⅱ-75]는 '$X_d - MR_d$ 관리도'로 해석하는 게 적절하다고 판단한다.

다음 [표 Ⅱ-78]은 '$X_d - MR_d$ 관리도'의 '중심선'과 '관리 한계' 계산식이며, [표 Ⅱ-75]에 대한 계산 예도 포함한다. 참고로 '$X_d - MR_d$ 관리도'는 '차이 관리도(Difference Charts)'로도 불린다.

[표 Ⅱ-78] '$X_d - MR_d$ 관리도'의 '중심선'과 '관리 한계(Control Limit)' 계산식

관리도	계산식	비고	[표 Ⅱ-75] 계산
X_d-관리도	$UCL = 3 \times \overline{MR}_d / d_2$ $CL = 0.0$ $LCL = -3 \times \overline{MR}_d / d_2$	- N(총 데이터 수)=30	$UCL = 3* \overline{MR}_d / d_2$ $= 3*1.276/1.128 = 3.394$ $LCL = -3* \overline{MR}_d / d_2$ $= -3*1.276/1.128 = -3.394$
MR_d-관리도	$UCL = (d_2 + 3d_3)* \dfrac{\overline{MR}_d}{d_2}$ $CL = \overline{MR}_d$	- $\overline{MR}_d = \sum MR_d/(N-1)$ $= 37/29 = 1.276$ - 'LCL'은 없음.	$UCL = (d_2 + 3d_3)* \overline{MR}_d / d_2$ $= 3.69*1.276/1.128 = 4.169$ $CL = \overline{MR}_d = 1.276$

사실 [표 Ⅱ-78]은 'I-MR 관리도'의 그것과 동일하다. 단지 [표 Ⅱ-75]에서 원 데이터가 아닌 'X_d'로 관리도를 작성하는 점만 차이가 있을 뿐이다. 다음 [그림 Ⅱ-77]은 미니탭 입력과 관리도 결과를 보여준다.

[그림 Ⅱ-77] '$X_d - MR_d$ 관리도' 결과

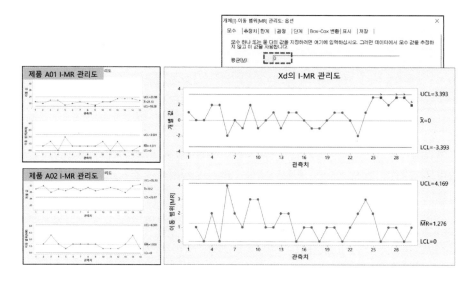

[그림 Ⅱ-77]의 왼쪽 관리도 두 개는 [표 Ⅱ-75]의 제품별 원 데이터로 'I-MR 관리도'를 작성한 것이고, 중앙 큰 관리도는 'X_d'로 작성한 것이다. 장점은 제품별로 따로 관리하지 않고 한 설비에서 나오는 대로 품질 모니터링이 가능하다는 점과 따로 관리했을 때 보지 못한 비정상 패턴(끝단의 네 개 타점)을 관측할 수 있다는 점이다. 단지 미니탭 「통계 분석(<u>S</u>) > 관리도(<u>C</u>) > 개별값 계량형 관리도(<u>I</u>) > I-MR(<u>R</u>)…」의 ' I-MR 옵션(<u>P</u>)... '에서 그림과 같이 "모수" 탭의 "평균(<u>M</u>):"에 "0"을 입력하는 것만 주의한다('모수'를 알고 있는 경우의 '관리 한계' 식 적용).

이제 '$\overline{R}$-관리도' 평가로부터 '$Z-MR_Z$ 관리도'를 선택하는 예에 대해 알아보자. [표 Ⅱ-79]는 한 설비에서 두 개 제품이 생산될 때의 데이터 예이다.

[표 Ⅱ-79] '$Z-MR_Z$ 관리도' 예제 데이터

부분군	제품	측정	Z	MR_z	부분군	제품	측정	Z	MR_z	부분군	제품	측정	Z	MR_z
1	A	31	0.08	-	11	A	32	0.29	0.29	21	A	29	-0.35	0.63
2	B	45	0.00	0.08	12	B	47	1.02	0.73	22	A	34	0.71	1.05
3	A	26	-0.98	0.98	13	B	43	-1.02	2.04	23	B	47	1.02	0.31
4	A	33	0.50	1.47	14	A	27	-0.77	0.25	24	A	28	-0.56	1.58
5	A	30	-0.14	0.63	15	A	36	1.13	1.90	25	B	44	-0.51	0.05
6	A	26	-0.98	0.84	16	A	27	-0.77	1.90	26	A	33	0.50	1.01
7	B	47	1.02	2.00	17	B	45	0.00	0.77	27	B	47	1.02	0.52
8	B	45	0.00	1.02	18	B	43	-1.02	1.02	28	A	36	1.13	0.11
9	B	44	-0.51	0.51	19	B	46	0.51	1.53	29	B	45	0.00	1.13
10	B	45	0.00	0.51	20	A	32	0.29	0.22	30	B	42	-1.53	1.53

(비고) ※ 'Z=(측정값-제품별 평균)/$\hat{\sigma}$', $\hat{\sigma}=\overline{R}/d_2$ → (A)$Z=$(측정값-31)/4.75,

(B) $Z=$(측정값-45)/1.96, ※ $MR_Z=|Z_i-Z_{i-1}|$

[표 Ⅱ-79]는 "여러 제품을 적은 양씩 필요에 따라 교대로 생산"하는 경우로 본 예는 두 종류의 제품 'A'와 'B'를 가정하였다(또는 그 이상도 가능). 제품별로 분리해서 얻은 'A 제품의 평균=31', 'B 제품의 평균=45'이며, 각각의 '모 표준 편차' 추정 값은 '4.75'와 '1.96'이다([표 Ⅱ-80] 참조). 'Z', 'MR_Z'을 얻는 데 필요한 산식은 [표 Ⅱ-79]의 '비고'란을 참조하기 바란다. 다음 [표 Ⅱ-80]은 관리도 선택을 위한 '$\bar{\bar{R}}$-관리도' 평가 목적으로 계산된 결과다.

[표 Ⅱ-80] 제품별 이동 범위와 '$\bar{\bar{R}}$'([표 Ⅱ-79])

제품 A															평균	표준편차
데이터	31	26	33	30	26	32	27	36	27	32	29	34	28	33	36	31	4.75
이동범위	-	5	7	3	4	6	5	9	9	5	3	5	6	5	3	5.36	

$\bar{\bar{R}}=$ 3.79

제품 B															평균	표준편차
데이터	45	47	45	44	45	47	43	45	43	46	47	44	47	45	42	45	1.96
이동범위	-	2	2	1	1	2	4	2	2	3	1	3	3	2	3	2.21	

[표 Ⅱ-80]으로부터 '제품 A'의 '이동 범위 평균=5.36', '제품 B'의 '이동 범위 평균=2.21', '$\bar{\bar{R}}=(5.36+2.21)/2 \cong 3.79$'이므로, 만일 [표 Ⅱ-76]에 기술한 '$\bar{\bar{R}}$-관리도'의 '관리 한계' 내에 '5.36'과 '2.21'이 모두 들어가면 "$X_d - MR_d$ 관리도"를, 하나라도 포함되지 않으면 "$Z - MR_Z$ 관리도"를 선택한다. [표 Ⅱ-79]에 대해 '$\bar{\bar{R}}$-관리도'의 '관리 한계'인 [표 Ⅱ-76]을 계산하면 다음과 같다.

$$UCL = \bar{\bar{R}} + Hd_3\bar{\bar{R}}/(d_2\sqrt{k}) = 3.79 + 1.82 \times 0.853 \times 3.79/(1.128 \times \sqrt{14}) \cong 5.18 \qquad (식 \ Ⅱ-60)$$
$$CL = \bar{\bar{R}} = 3.79$$
$$LCL = \bar{\bar{R}} - Hd_3\bar{\bar{R}}/(d_2\sqrt{k}) = 3.79 - 1.82 \times 0.853 \times 3.79/(1.128 \times \sqrt{14}) \cong 2.39$$

$where, k = $ 제품별 '범위' 데이터 수

결론적으로 [표 Ⅱ-80]의 한 개 값 '5.36'이 (식 Ⅱ-60)의 '$\bar{\bar{R}}$-관리도', '관리 한계' 내에 포함되지 않으므로 [표 Ⅱ-79]는 '$Z-MR_Z$ 관리도'로 해석하는 것이 적절하다고 판단한다.

다음 [표 Ⅱ-81]은 '$Z-MR_Z$ 관리도'의 '중심선'과 '관리 한계' 계산식이며, [표 Ⅱ-79]에 대한 계산 예도 포함한다. 이 역시 미니탭의 'I-MR 관리도'로 작성이 가능하다.

[표 Ⅱ-81] '$Z-MR_Z$ 관리도'의 '중심선'과 '관리 한계(Control Limit)' 계산식

관리도	계산식	비고
Z-관리도	$UCL = 3.0$ $CL = 0.0$ $LCL = -3.0$	— 표준화시켰으므로 '표준 정규 분포'로 가정함.
MR_Z-관리도	$UCL = d_2 + 3d_3 = 1.128 + 3 \times 0.853 = 3.687$ $CL = d_2 = 1.128$	— 'LCL'은 없음.

관리도의 타점은 [표 Ⅱ-79]에 미리 계산해놓은 'Z'를 이용하며, 미니탭 입력은 「통계 분석(S) > 관리도(C) > 개별값 개량형 관리도(I) > I-MR(R)…」이다. 특히 ' I-MR 옵션(P)… '에서 "모수" 탭의 "평균(M):"에 "0", "표준 편차(S):"에 "1"을 각각 입력하는 것만 주의한다('모수'를 알고 있는 경우의 '관리 한계' 식 적용). 다음 [그림 Ⅱ-78]은 '$Z-MR_Z$ 관리도'의 결과이다.

[그림 Ⅱ-78]을 보면 '다품종 소량 생산 방식'이지만 관리도 한 개에 모두를 관리할 수 있는 큰 이점이 있다. 그러나 맹목적으로 적용하기보다 운영해나가면서 적합성 여부의 판단과 필요 시 조정 및 해당 프로세스만의 특징들을 잡아나가는 노력이 필요하다.

[그림 Ⅱ-78] '$Z-MR_Z$ 관리도' 결과

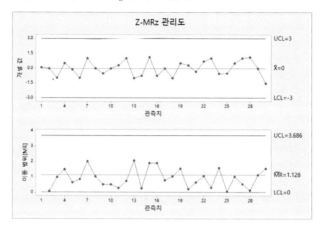

미니탭에는 '다품종 소량 생산 방식'과 동일한 용도인 '$Z-MR$ 관리도'가 있다. '$Z-MR_Z$ 관리도'와 동일하나 약간의 차이점이 있다면 동일 제품에 대한 측정값이 3개 이상씩 반복해 수집되는 경우에 매우 유용하다. 앞서 설명한 내용과 큰 차이가 없으니 본문에서의 설명은 생략한다. 관심 있는 독자는 미니탭 기본 제공 파일을 통해 스스로 학습해보기 바란다.

사실 지금까지 설명된 관리도 외에도 무수히 많은 관리도들이 서로 다른 상황에 맞도록 개발되어 있다. 관리도 하나만 보더라도 너무 친숙한 '$\overline{X}-R$ 관리도'나 'p-관리도'들만이 능사가 아니라 과연 내 프로세스의 상황을 가장 잘 대변해줄 수 있는 관리도가 어느 것인지 적용 전, 또는 운영하고 있는 관리도들에 대해 깊이 있는 고민과 연구가 뒷받침되어야 한다.

다음 단원부터는 관리도 해석에 필요한 용어와 현상 및 특징들에 대해 알아본다. 지금까지의 이론과 작성법을 토대로 관리도 활용에 큰 시너지가 날 것이다. 파이팅!

5. 관리도의 해석

이 단원에선 관리도에 나타나는 여러 현상과
패턴들을 분류하고 해석한다. Western Electric社의 핸드북 경우, 관리도에서
관찰되는 패턴은 크게 두 가지이다. 하나는 '정상 패턴(Natural Patterns)'이고,
다른 하나는 '비정상 패턴(Unnatural Patterns)'이다.

설명에 앞서 핸드북 내에서 사용되는 용어들의 이해가 필요한데, 이들 중
모호한 예가 '불안정(Instability)'이다. 이 단어는 최초 Shewhart의 '±3×표준
편차'인 '관리 한계'를 넘었을 때의 상황을 지칭하다 Western Electric社에서
정립한 세 개 규칙을 더한 전체 네 개의 검정에 부합한 상황을 이르는 단어로
확대되었고([표 Ⅱ-5] 참조), 이어질 다음 소주제인 '비정상 패턴'의 설명에
도 '불안정(Instability)'이 포함되어 있어, '불안정(Instability)', '불안정 패턴
(Patterns of Instability)', '특이 패턴(Unnatural Patterns)' 들에 두루 쓰이고
있다. 따라서 이 시점에 용어 정의에 대한 관계 정립이 필요할 것으로 보인다.
다음 [표 Ⅱ-82]는 '관리도 패턴'들 간 용어 정의와 관계를 정리한 표이다.

[표 Ⅱ-82] '관리도 패턴(Patterns of Control Chart)'에 대한 용어와 그들 간 관계

구분		설명
정상 패턴 (Natural Patterns)		─ 「5.1. 정상 패턴(Natural Patterns)」에서 정의한 패턴
비정상 패턴 (Unnatural Patterns)	불안정 패턴 (Patterns of Instability)	─ 중심선 위 또는 아래만 평가. ─ WE Rules(4개), Nelson Rules(8개) 등. ─ 발생 시 검정 제일 끝 타점에 'X' 표시.
	특이 패턴 (Unusual Patterns)	─ 중심선 위와 아래 모두 포함. ─ 소개될 총 12개 항목('정상 패턴' 제외). ─ 발생 시 패턴 제일 끝 타점에 '⊗' 표시.

[표 Ⅱ-82]로부터 관리도 해석 시 관찰되는 패턴은 크게 '정상 패턴 (Natural Patterns)'과 '비정상 패턴(Unnatural Patterns)'으로 구분된다. '정상'은 「5.1. 정상 패턴(Natural Patterns)」에서 정의한 패턴을, '비정상'은 '검정(Test)'에 의해 확인되는 '불안정 패턴(Patterns of Instability)'과, 특이한 움직임을 보이는 '특이 패턴(Unusual Patterns)'들로 다시 구분된다. 특히 전자 는 관리도 중심선 위 또는 아래 영역만, 후자는 두 영역 모두를 고려하며 시 각적으로 구분하기 위해 'X'와 'ⓧ'의 다른 표식을 각각 적용한다.

'비정상 패턴'들 중 '특이 패턴(Unusual Patterns)'들에는 '주기(Cycles)', '돌 출(Freaks)', '수준의 점진적 변화(Gradual Change in Level)', '군집 또는 뭉 침(Grouping or Bunching)', '불안정(Instability)', '상호작용(Interaction)', '혼 합(Mixtures)', '층화(Stratification)', '수준의 급변(Sudden Shift in Level)', '규칙성 변동(Systematic Variation)', '동조 성향(Tendency of One Chart to Follow Another)', '경향(Trends)'이 있다. 용어는 처음 정한 이의 의도를 따르 는 게 의미 전달이 명확하므로 앞으로의 전개는 'WE 핸드북'의 내용 위주로 설명을 이어나갈 것이다. 각 패턴들의 설명은 다음의 용도로 이용된다.

(1) 관리도에 어떤 유형의 패턴이 포함됐는지 확인한다.
(2) 예시된 관리도와 실제 관리도를 비교, 분석한다.
(3) 패턴들을 학습한 뒤, '$\overline{X}$', 'R', 'p', 'I' 관리도 종류별로 본문에 제시된 원인들과 각자 운영 중인 프로세스의 원인들을 비교한다.

'관리도의 해석'에 대한 학습은 크게 두 가지로 전개된다. 하나는, 관리도의 가장 대표 격인 '$\overline{X}-R$ 관리도'의 기본적인 해석은 이미 이전 본문에서 설명 했으므로 '$\overline{X}$-관리도'를 'R(범위)-관리도'와 연계시켜 해석하는 방법을 설명한 다. 이를 통해 독자는 기존 '검정 항목'들에만 치우친 기계적 해석에서 탈피해 관리도로부터 프로세스를 통찰하는 기회와 역량을 갖출 수 있다. 두 번째는 '특이 패턴'들의 유형별 모양과 예상되는 원인들을 익힘으로써 실제 관리도에서 일어나는 다양한 패턴 연구뿐만 아니라 프로세스에서 '이상 원인'을 찾아내는 데 일조할 것이다.

5.1. 관리도 해석의 기본 이해

본격적인 관리도 해석으로 들어가기에 앞서 학습 효율을 높이고자 관리도의 기본 사항과 내용들을 다시 요약 복습한다. 내용의 기본 바탕은 'WE 핸드북'을 참고하였다.

관리도에서의 한계는 선으로 표시하고 '관리 한계(Control Limits)'로 명명한다. 다른 설명이 없는 한 '관리 한계'는 '3×표준 편차'를 적용한다. '관리 한계'는 패턴들이 '정상(Natural)'인지 아니면 '비정상(Unnatural)'인지를 결정하는 데 이용된다. 이와 같은 관리도에서의 결정 과정은 다음과 같다.

1) 등락하는 패턴과 '관리 한계'가 충돌하는지 점검한다. 여기서 '충돌'이란 (a) 타점이 '관리 한계'를 벗어나거나, (b) '관리 한계' 내에서 '비정상 패턴'을 형성하는 경우이다.

2) '비정상 패턴'들 중 '검정 항목'에 부합하면 'X'로, '특이 패턴'에 관계하면 'Ⓧ'로 표시한다.

3) 만일 패턴이 '관리 한계'와 '충돌'이 없으면(즉, 'X'나 'Ⓧ' 표시가 없음), '정상 패턴'만 존재하는 것으로 판단한다. 일반적으로, '비정상 패턴' 없이 일련의 타점들이 길어질수록 관리도가 '정상 패턴'이라는 확신은 점점 더 강해진다(프로세스가 '관리 상태'라는 확신이 증가함). 단, 타점이

길어지면 이상이 발생하지 않았음에도 통계적으로 우연히 발생되는 '비정상 패턴'이 존재할 수 있다(「2.5. 확률 계산을 통한 관리노에서의 '가설 검정'」참조).

4) 만일 패턴이 '관리 한계'와 충돌하면(즉, 'X'가 존재함) 그 패턴은 '비정상'으로 간주하고, 프로세스는 '관리 이탈'로 판단한다. 'X'가 많아질수록 해당 프로세스는 관리가 결여됐음을 강하게 암시한다.

5) '검정(Test)'은 주로 통계적 방법을, '특이 패턴'은 시각적 방법을 통해 '관리 이탈' 여부를 판단한다.

패턴이 '정상(Natural)'이면 외부로부터 '이상 원인'들이 프로세스에 작용하지 않는다는 것을 뜻한다. 또 패턴이 '비정상(Unnatural)'이면 해당 프로세스에 외부로부터 방해(?)가 있다는 뜻으로 그를 찾아 개선과 재발 방지책 마련이 요구된다.

원활한 전개를 위해 다음 소단원부터 '정상 패턴(Natural Patterns)'을 설명한 뒤, 총 12개 유형의 '특이 패턴(Unusual Patterns)'들에 대해 알아본다.

5.2. '$\bar{X}$-R 관리도'의 해석

'$\bar{X}$-관리도'와 'R-관리도'는 따로 해석하되 최종적으로는 서로를 결합해 결론을 유도해야 한다. 이에 대한 필요성은 다음으로 요약된다.

1) 두 관리도들은 분포를 이해하는 데 서로를 보완해준다. 즉 분포란 '중심'과 '산포' 둘 다의 정보가 필요하기 때문이다.

2) 둘을 함께 해석할 경우, 각각을 따로 해석할 때와 비교해 새로운 정보를

얻을 가능성이 높아진다. 예를 들면, 표집이 이루어진 분포의 산포 특이성이나 왜곡 같은 주요 정보 등이 추가될 수 있다.

이들 추가 정보를 얻기 위해서는 기본 지식이 요구된다. 예로써, 표본이 '정규 분포'로부터 무작위로 추출되면, 그때는 '$\overline{X}$'와 'R' 값들 사이에는 어떤 상관성도 존재하지 않는다. 즉 '$\overline{X}$' 값이 크다고 해서 'R' 값이 큰 것은 아니다(그 역도 성립). 결론적으로 일련의 표본들이 관리도에 타점될 때, 그들이 '정규 분포'로부터 왔다면 '$\overline{X}$'와 'R' 타점들은 서로를 따라야 할 아무런 이유도 존재하지 않게 되며, 따라서 둘의 패턴은 "관련 없음", 또는 "임의성을 보임"으로 해석된다.

만일 표본들이 분포가 한쪽으로 기울어진 모집단으로부터 추출되면, 이때는 '$\overline{X}$'와 'R' 타점들 간 명확한 상관성을 보인다. 모집단이 높은 쪽으로 긴 꼬리를 갖는다면 '$\overline{X}$' 타점들은 'R' 타점들을 따르는, 즉 같은 방향인 양의 관계를 보인다. 반대로 표본들이 낮은 쪽으로 긴 꼬리를 갖는 모집단으로부터 추출되면 '$\overline{X}$'와 'R' 타점들은 음의 관계를 갖는다. 이 경우 '$\overline{X}$-관리도'는 'R-관리도'와 비교해 역전된 이미지 모양을 띠며, 다른 말로 '$\overline{X}$' 타점들이 'R' 타점들의 반대 방향으로 움직이는 성향이 관찰된다.

분포의 기운 정도가 크면 클수록 타점들이 서로를 따라가는 성향은 더욱 짙어진다. 주의할 사항은 여기서의 "따라가는 성향"은 앞으로 설명이 있을 「5.6. 수준의 점진적 변화(Gradual Change in Level)」를 의미하진 않는다. '상관관계'란 '$\overline{X}$-관리도'의 한 점이 오르거나 내리면 'R-관리도'의 한 타점이 따라 오르거나 내린다는 뜻이다(역도 성립).

'$\overline{X}$-관리도'와 'R-관리도'를 따로 보든 결합해서 보든 최종 결론을 유도할 때는 엔지니어가 두 관리도에서 임의성(Randomness)이 관찰되지 않을 경우 문제의식을 갖고 접근하는 것이 가장 중요하다.

'정상 패턴'은 긴 기간 동안 일련의 타점들에서 특이성이 전혀 관찰되지 않는 안정적인 패턴을 말한다. 당연히 '경향(Trend)'이나 갑작스러운 중심의 이동, 급등이나 급락이 없으므로 관리도상에 'X' 표기도 없다. '원인계'는 치우침 없이 균형을 이루고 있으며, 프로세스는 '관리 상태(in Control)'에 있다.

그러나 프로세스가 '안정(Stability)'이라고 해서 "패턴이 정상이다!"라고 규정짓긴 어렵다. '층화(Stratification)' 패턴은 '안정'하지만 '이상 원인(Assignable Causes)'의 영향하에 있다는 것이 잘 알려져 있기 때문이다. 따라서 '정상 패턴'과 '비정상 패턴'의 특징에 대한 구분이 필요하다.

'정상 패턴'의 특징(Characteristics of a Natural Pattern)

'정상 패턴'의 일차적인 특징은 타점들의 유동이 무작위적이고, '우연의 원칙(the Laws of Chance)'을 따른다는 점이다. 이것은 타점들을 보고 특별히 지적할 만한 '배열(System)'이나 '순서(Order)'를 찾을 수 없다는 뜻이다. 그 외에 다음의 특징들이 존재한다.

표본 분포에 있는 대부분의 값들은 중심 주변에 모이는 경향이 있으므로, 관리도의 타점들 역시 '중심선(CL)' 근처에 자연스럽게 위치한다. 또 대부분의 표본 분포들이 대칭 성향을 보이므로, 관리도 '중심선(CL)'의 상하 각 영역의 타점들 수 역시 비슷한 수준을 유지한다. 끝으로 대부분의 표본 분포들이 '±3×표준 편차'까지 연장되는 '꼬리(Tails)'를 갖고 있으므로, 관리도의 한 타점이 '3×표준 편차 관리 한계'에 위치하는 것은 자연스러운 일이다. 이들 특징을 관리도 관점에서 간단히 요약하면 다음과 같다.

1) 대부분의 타점들은 '중심선(CL)' 근처에 모여 있다.

2) 일부 타점들은 중심 근처를 벗어나 '관리 한계' 근처에 이를 수 있다.

3) 어떤 타점도 '관리 한계'를 벗어나지 못한다(또는 아주 드물게 벗어남).

'정상 패턴'은 앞서 설명된 세 개의 특징들 모두를 동시에 만족한다. 만일 **셋 중 하나라도 만족하지 못하면 그 패턴은 '비정상(Unnatural)'이라고 판단**한다. 다음 [그림 Ⅱ-79]는 '정상 패턴'의 특징을 관리도와 함께 나타낸 예이다.

[그림 Ⅱ-79] '정상 패턴(Natural Pattern)'의 특징

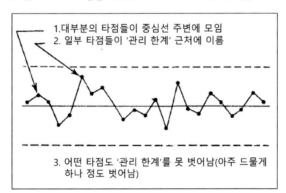

'비정상 패턴'의 특징(Characteristics of an Unnatural Pattern)

'비정상 패턴'은 상하 변동 폭이 크거나 대칭성이 깨지는 성향을 보인다. 또 너무 등락 폭이 작아도 비정상으로 간주한다. '비정상 패턴' 여부는 항상 '정상 패턴'을 규정짓는 세 개 특징들 중 한 개 이상이 부족한 때를 기준으로 삼는다. 다음은 '비정상 패턴'의 예를 보여준다.

1) '중심선(CL)' 주변에 타점들이 없으면 '비정상 패턴'이며, 이를 특히 "혼합(Mixture)"이라고 한다.

2) '관리 한계(Control Limit)' 주변에 타점들이 없으면 '비정상 패턴'이며, 이를 특히 "층화(Stratification)"라고 한다.

3) '관리 한계(Control Limit)'를 벗어난 타점들이 생기면 '비정상 패턴'이며, 이를 특히 "불안정(Instability)"이라고 한다.

관리도에서 시각적으로 여러 유형의 '비정상 패턴'들을 관찰할 수 있지만, 형식을 갖춘 '검정(Test)'이 이루어지면 과학적 기반하에서 그들을 해석할 수 있다. '검정'에 대해서는 본문 중 「2.2. '관리도'에서의 '결정 규칙(Decision Rules)'」을 참고하기 바란다.

'정상 패턴'과 관련된 분포는 봉우리가 한 개이면서 굉장히 매끄러운 특징이 있다. 또 한쪽으로 기울거나 편평한 것과는 거리가 있다. 그러나 '정상 패턴'이라고 해서 꼭 '정규 분포'가 되는 것은 아니다. 다음 [그림 Ⅱ-80]은 '정상 패턴'을 보여주는 관리도 형태와 분포들의 예이다.

[그림 Ⅱ-80] '정상 패턴(Natural Pattern)'의 관리도 형태와 분포 예

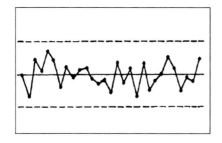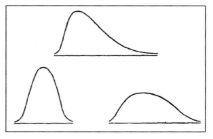

다음 [표 Ⅱ-83]은 관리도별 '정상 패턴'이 갖는 의미를 요약한 것이다. 관리도 해석 때 활용하면 도움 받을 수 있다.

[표 Ⅱ-83] 관리도별 '정상 패턴(Natural Pattern)'의 의미

관리도	예상되는 원인
$\overline{X}-R$ 관리도	– '$\overline{X}$–관리도'와 'R–관리도' 둘 다에서 '정상 패턴'이 관찰되면 각 관리도의 중심이 '모평균'이라는 직접적 증거이다. 또 타점된 기간 동안은 평균의 변화가 없었다는 뜻이며, 대부분의 제품은 실제 중심선(CL) 주변에 위치한다는 것을 의미한다. '$\overline{X}$–관리도'와 'R–관리도' 둘 다가 '관리 상태'이면 프로세스 상태를 관리도의 상태로부터 파악하는 것이 가능하다.
R–관리도	– 'R–관리도'의 '정상 패턴'은 프로세스가 한결같이 고른 상태란 증거다. 만일 관리도가 오퍼레이터의 작업을 포함한다면 관리도는 오퍼레이터의 기술을 드러내 보여준다. 이를 통해 다른 오퍼레이터와의 업무 비교가 가능하다. 만일 관리도가 설비의 규모를 포함한다면 그로부터 설비의 능력을 알 수 있다(즉, 허용차에 얼마나 가깝게 유지할 수 있는지 등). 따라서 다른 설비와의 비교가 가능하다. 또 '모 분산'을 예측할 수 있다.
p–관리도	– 'p–관리도'의 '정상 패턴'은 제품 내 결점이 일정하게 유지 관리 되고 있음을 나타낸다. 또 표집도 임의성을 띤다.
I–관리도	– 'I–관리도'의 '정상 패턴'은 분포가 평균과 분산 둘 다에 대해 안정적임을, 또 모양이 대칭임을 나타낸다.

만일 상당한 기간에 걸쳐 관리도의 패턴이 '관리 상태'이면, 프로세스는 외부 요인들로부터 영향 받지 않고 안정적이며 정상으로 운영된다는 것을 의미한다. 이때 조업에서 관리도를 해석할 때 취할 수 있는 조치는 "관리도와 규격을 비교하는 일"이다. 또, 만일 '프로세스 능력 연구'에서 이와 같은 패턴이 계속 관찰되면 기술적 문제가 여전히 해결되지 않았음을 의미할 수 있다. 따라서 개선이나 비용 절감을 가져오기 위해 '정상 패턴'이나 '관리 상태'의 프로세스 운영을 한번 흔들어보는 활동도 필요하다.

'정상 패턴'임에도 현재 식별되지 않은 원인들이 있다고 판단되면 설사 안정한 상태더라도 언제든 찾아내려는 노력을 기울여야 한다. 이론적으로는 모든 변동이 '0'이 될 때까지 원인들을 찾아 제거할 수 있다.

그러나 실제로 원인들을 분리하고 구별해내는 일은 점점 더 어려워질 것이므로 변동을 '0'으로 줄일 수 있는 현실적인 대안은 없다. 따라서 '정상 패턴'의 환경에서 원인들을 더 줄여나가기 위해서는 새로운 프로세스의 도입 등 특

단의 노력이 요구된다.

5.4. 주기(Cycles)

  '주기(Cycles)'는 데이터 속에서 일어나는 패턴의 반복이다. '패턴의 반복'이
란 높은 영역과 낮은 영역이 반복적으로 생기는 현상으로 패턴은 평상시 임의
성(Randomness)을 보여야 하기 때문에 이런 현상은 '이상 원인'에 의한 영향
으로 간주한다. '주기'의 발생 원인은 프로세스 변수들이 규칙성을 띠며 영향
을 주고 있기 때문인데, '규칙성'이란 기계의 연속적인 움직임 등과 관련한다.
수작업으로 이루어지는 환경에선 피로도, 선적 스케줄, 주야간 교대 등과 연관
될 수 있다. 제품 유형에 따라서는 아주 느리게 영향을 미치는 계절 변화와도
관계할 수 있다. 다음 [그림 Ⅱ-81]은 '주기(Cycles)' 패턴을 보여준다.

[그림 Ⅱ-81] '주기(Cycles)' 패턴과 '주기' 발생 시 '이봉 분포' 예

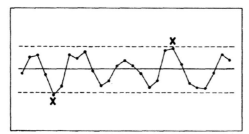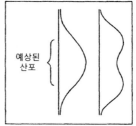

  '주기'가 존재할 때 형성되는 분포는 'R-관리도'로부터 예측되는 정상적인
분포보다 좀 더 펑퍼짐해진다. 두 개의 봉우리가 올라온 모양인 '이봉 분포
(Bimodal Distribution)' 형상을 보일 수 있다([그림 Ⅱ-81]의 오른쪽 분포).

'주기'는 프로세스 요소들(Elements)을 조사해 봉우리나 골 간의 연속된 시간 간격이 왜 일어나는지 알아낼 수 있다. 다음은 '주기'의 원인 규명 사례이다.

a) 엔지니어가 일곱 번째 측정값이 매번 다른 값들보다 낮다는 것을 발견하고, 이 현상을 구멍이 일곱 개인 고정기와 관련지을 수 있었다.

b) 관리 책임자는 철사에 연결된 세 번째 부품이 높아 보인다고 늘 의심하고 있었는데, 확인 결과 표본이 실제 25㎜만큼 돌출되어 있었다. 그는 이런 현상이 원주가 75㎜인 디스크를 철사가 통과할 때 첫 번째 25㎜구간, 두 번째 25㎜구간, 세 번째 25㎜구간 중 마지막 구간과 접촉되는 디스크의 표면 결점과 관계함을 알아냈다.

c) 리베팅 작업에서 관찰된 주기적 패턴이 하루의 시간대와 관련된다는 것을 알았다. 이것은 작업자의 작업 기술을 주초와 주말, 점심시간, 휴식시간, 교대 등의 변동과 관련지을 수 있었다.

다음 [표 Ⅱ-84]는 '주기'가 관찰됐을 때 관리도별로 어떤 원인이 존재하고 있는지 경험을 토대로 기술한 것이다. 개선 때 활용하기 바란다.

[표 Ⅱ-84] 관리도별 '주기(Cycles)' 발생에 대한 프로세스 원인 예

관리도	예상되는 원인
$\bar{X}$-관리도 (단, 'R-관리도'는 반드시 '관리 상태'여야 한다)	– 온도나 습도와 같은 계절적 영향, 잠금 장치의 닳은 위치나 나삿니, 롤러 특이성, 작업 담당자 피로도, 담당자의 교대, 검사 담당자가 사용 중인 게이지 간 차이, 전압의 기복, 주야간 교대의 환경 차이
R-관리도	– 유지 관리 계획, 작업 담당자 피로도, 고정구나 게이지의 순환 사용, 주야간 교대의 환경 차이, 툴이나 금형의 마모(과도한 작용을 하게 함), 날카로운 툴(파편 조각들을 생성함)
p-관리도	– 구분된 업무의 실행, 표집 실행, 공급자 간 규칙적으로 일어나는 차이
I-관리도	– '$\bar{X}$-관리도'나 'R-관리도'의 원인들

'돌출(Freaks)'은 단일 제품이나 단일 측정값이 다른 것들과 크게 차이 나는 현상이다. '돌출'은 일반적으로 관련성이 별로 없는 '원인계(System of Causes)'에 의해 발생된다. 그러나 때론 '돌출'로 보이는 측정값이 정상적인 프로세스의 일부일 수도 있다. 예를 들어, '절연 파괴'는 절연 강도가 꼬리가 긴 분포를 형성하기 때문에 생기는 정상적인 결과일 수 있다. 따라서 '돌출' 패턴은 상황을 파악한 뒤 그 발생 여부를 판단한다. 다음 [그림 Ⅱ-82]는 관리도에서의 '돌출' 발생 예이다.

[그림 Ⅱ-82] '돌출(Freaks)' 패턴과 '돌출' 발생 시 '이봉 분포', 'L-자형 분포' 예

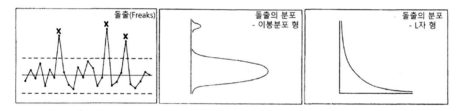

'돌출'의 주요 원인에 '계산 오류'가 있다. '범위(R)'를 계산할 때의 잘못된 뺄셈, '$\bar{X}$'나 'p'의 계산에서의 나눗셈 오류는 때로 '돌출' 패턴을 형성한다. 또 타점할 때도 오류가 발생하는데 'Y-척도'를 잘못 이해하는 일, 그 외에 '돌출'에 영향을 줄 수 있는 요인으로 '갑작스러운 훼손'이나 '취급 부주의' 등이 있다.

'돌출' 패턴은 관리도에서 확인이 쉽고, 원인 규명도 비교적 용이하다. 그 특징이 정상적인 제품에서 보이는 양상과 큰 차이를 보이기 때문이다. 경험적으로 다음 [표 Ⅱ-85]의 원인들이 존재한다.

[표 Ⅱ-85] 관리도별 '돌출(Freaks)' 발생에 대한 프로세스 원인 예

관리도	예상되는 원인
$\overline{X}$-관리도 (단, 'R-관리도'는 반드시 '관리 상태'여야 한다)	'돌출'은 보통 'R-관리도'에 징후가 드러나야 '$\overline{X}$-관리도'에서 관찰되는 특징이 있다. 예외적으로 갑작스러운 '비정상적 원인'에 의해 표본 모두가 '돌출'로 판명 나는 경우도 있다. 이들 원인엔 다음의 것들이 포함된다. – 잘못된 세팅이 있은 후 바로 복구된 경우 – 측정 오류, 타점 오류 – 비선형 척도를 갖는 데이터(로그, 지수 등) – 절연 저항 – 불완전한 조업, 작업의 누락, 시설의 고장 – 실험 제품의 갑작스러운 포함
R-관리도	– 취급 중 일어난 갑작스러운 손상 – 불완전한 조업, 작업의 누락, 시설의 고장 – 시험에 쓰인 제품, 셋업 부품 – 뺄셈 오류, 측정 오류, 타점 오류 – 물리적 비정상은 '돌출' 제품 조사로 찾을 수 있다.
p-관리도	– '표본 크기'의 변동 – 다른 분포로부터의 표집 – 아주 좋은 로트나 아주 나쁜 로트의 유입
I-관리도	– 'R-관리도'와 동일함.

때로 '돌출'은 타점들이 비선형적 추이를 보일 때 나타나기도 한다. 예를 들어, 특정 온도나 압력이 급상승하는 경우, 또는 다음 [그림 Ⅱ-83]처럼 특성 값의 급락 등이다. 만일 프로세스가 급락 점에 놓이면 직전 제품의 특성은 높

[그림 Ⅱ-83] '돌출(Freaks)'의 원인: 특성의 '비선형성' 예

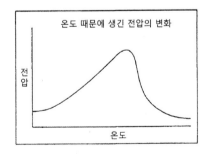

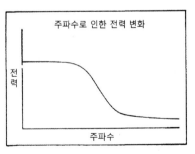

은 값을, 직후 제품의 특성은 급락함으로써 결국 '돌출' 패턴을 형성한다.

5.6. 수준의 점진적 변화(Gradual Change in Level)

'수준의 점진적 변화'는 다음의 두 경우 중 하나가 관찰될 때이다.

1) 처음에 일부 제품에만 영향을 주던 프로세스 내 요소들이 시간이 갈수록 영향의 정도가 세지는 경우이다. 예를 들어, 한 무리의 신입 직원들이 투입되고, 작업률을 높이도록 훈련받을 때 분포는 점진적으로 영향 받기 시작한다. 또는 새로 설계된 고정구가 하나씩 도입될 때도 동일한 현상이 발생한다. 그 외에 재고 상태에서 관리가 잘 안 되던 로트가 관리가 잘 되는 로트로 대체될 때, 설비에 대한 유지 보수 프로그램의 대상 범위가 점점 넓어질 때, 작업 담당자가 관리도 활용도를 점점 높여나갈 때 등이다. 일단 앞서 사례가 발생하면 관리도에는 높은 값에서 낮은 값으로, 또는 그 반대로의 점진적 수준의 변화가 나타난다.

2) 프로세스 내 일부 요소들의 급작스러운 변화가 생기면 제품은 시차를 두고 그 영향하에 놓이게 되므로 점진적 패턴을 보일 수 있다. 이 예는 '갑작스러운 수준의 이동'을 야기하는 원인이 되기도 한다. 다음 [그림 Ⅱ-84]는 '수준의 점진적 변화'의 예이다. 즉 수준의 점진적 변화를 통해 형성된 두 영역으로, 분포는 'R-관리도'에서 기대한 것보다 더 퍼져 나타난다.

만일 한 수준에서 다른 새로운 수준으로 점진적 변화가 일어난 후 [그림 Ⅱ-84]와 같이 안정화된 영역이 관찰되지 않으면 이때는 '수준의 점진적 변화'가 아닌 '경향(Trends)'에 해당한다. 특히 품질 관리 프로그램을 시작하는 초

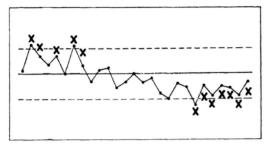
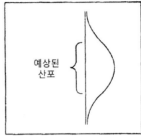

기 단계 경우 '수준의 점진적 변화'는 개선의 긍정적 방향으로 읽힌다. 이러한 패턴의 일반적인 원인들로는 다음의 것들이 있다.

[표 Ⅱ-86] 관리도별 '수준의 점진적 변화' 발생에 대한 프로세스 원인 예

관리도	예상되는 원인
$\overline{X}$-관리도 (단, 'R-관리도'는 반드시 '관리 상태'여야 한다)	(다음이 점진적으로 도입될 때) — 새로운 원료, 더 능력 있는 관리자, 더 높아진 숙련도나 작업 담당자의 부품에 대한 관심 등 — 유지 보수 프로그램의 변화, 다른 영역에서의 프로세스 관리 체계 도입
R-관리도	(낮은 수준으로 변화시키는 경우) — 더 나아진 고정구(Fixture), 더 나아진 방법, 더 높아진 숙련도나 작업 담당자의 부품에 대한 관심 (높은 수준으로 변화시키는 경우) — 위 상황과 반대의 상황
p-관리도	— '$\overline{X}-R$ 관리도'에 영향 주는 원인들 — 요구 사항의 추가나 제외 — 표준을 엄격하게 하거나 반대로 느슨하게 하는 경우
I-관리도	— '$\overline{X}$-관리도'와 동일

   자연적으로 형성된 패턴의 특징들 중 하나는 측정값들이 데이터 전체 영역에 골고루 퍼진다는 것이다. 만일 유사한 측정값들 모두 또는 대부분이 서로 밀접하게 몰려 있다면 부자연스러운 현상으로 판단한다. 관리도에 '군집'이 발생하는 이유는 '다른 원인계'가 갑작스럽게 유입될 때이다. [그림 Ⅱ-85]는 실수로 잘못 선적된 불량 부품 때문에 생긴 '군집' 패턴의 한 예이다.

[그림 Ⅱ-85] '군집(Grouping or Bunching)' 패턴의 예

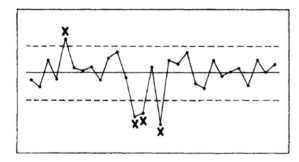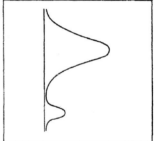

   [그림 Ⅱ-85]의 기본 분포는 '혼합(Mixture)' 양상을 띠며, 종종 제품의 주 분포로부터 일부가 떨어져나간 모습을 보인다. '군집'은 '$\overline{X}$-관리도'에서 관찰되는 것보다 'R-관리도'나 'I-관리도', 또는 'p-관리도'에서 더 자주 발생한다. 특히 'I-관리도'가 '군집'에 가장 민감하다. 경험적으로 알려진 '군집'의 원인들엔 다음의 것들이 있다.

관리도	예상되는 원인
$\overline{X}$-관리도 (단, 'R-관리도'는 반드시 '관리 상태'여야 한다)	– 측정의 어려움, 측정 설비의 보정 후 변화, 다른 담당자가 측정값을 얻음, 한시적으로 분포가 이동
R-관리도	– 데이터의 돌출, 분포들의 혼합
p-관리도	– 분류 기술의 변화, 제품의 기본 분포들 중 하나가 이동, 제품 구성의 변화
I-관리도	– 관련성 없는 원인에 의해 한시적으로 분포가 달라짐, 타점 오류

5.8. 불안정(Instability)

패턴이 '불안정'하다는 것은 타점들이 비정상적으로 크게 요동칠 때를 말한다. 좀 더 구체적으로 패턴은 '중심선(CL)' 양쪽에서 위와 아래로 불규칙하게 움직이는데, 이때 그 오르내림이 '관리 한계'와 비교해 아주 넓어 보이는 경우이다. '불안정'은 다음 두 가지 방식으로 일어난다.

1) 분포의 중심이나 퍼짐에 영향을 주는 단일 원인이 불규칙하게 프로세스에 영향을 미칠 수 있다.
2) 분포의 중심이나 퍼짐, 또는 둘 다를 움직일 수 있는 다중 원인계가 서로 연관되어 프로세스에 작용할 수 있다.

'2)'의 경우 '불안정 패턴'들은 매우 복합적인 양상을 띠며 식별해내기도 어렵다. 기본 분포는 더 넓어지고 모양도 불규칙할 수 있으며 다수의 봉우리가 보일 수 있다. 다음 [그림 Ⅱ-86]은 '불안정' 패턴을 보여준다.

[그림 Ⅱ-86] '불안정(Instability)' 패턴의 예

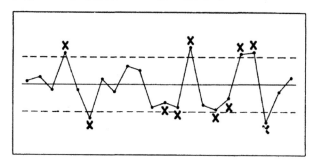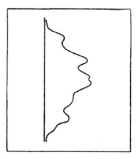

프로세스에서의 '불안정'은 종종 '혼합'과 연계되기도 하는데, "불안정형 혼합(Unstable Mixtures)"은 '불안정(Instability)'의 특별한 형태이다. '2)'의 '복합적인 불안정의 원인'들을 찾아내는 방법엔 다음의 두 가지가 있다.

1) 확실한 '불안정형 혼합(Unstable Mixtures)'인지 알려면 「5.10.2. 불안정형 혼합(Unstable Mixture)」에 기술한 방법으로 프로세스를 점검한다. 쉽게 접근할 수 있는 원인부터 찾아 제거하면, '불안정형 혼합'이 없어지고 '불안정 패턴'은 훨씬 더 쉽게 해석될 수 있다.
2) 만일 패턴이 계속해서 복합적인 양상을 띠며, 프로세스를 작은 세그먼트나 작업으로 나누고, 각각에 대해 관리도를 따로 작성해본다. 관리도들 중 최초 복합적 양상을 띤 패턴과 가장 근사한 패턴을 찾아 분리한다. 패턴이 쉽게 해석될 때까지 이 같은 과정을 반복한다.

복합 패턴의 원인들을 찾아낼 때, 그들이 복잡하게 얽혀 있어 밝히기 쉽지 않은 것도 사실이지만, 최후의 원인들은 아주 단순하다는 것을 기억하자. '불안정'을 야기하는 일반적 원인들은 다음과 같다.

관리도	예상되는 원인
$\overline{X}$-관리도 (단, 'R-관리도'는 반드시 '관리 상태' 여야 한다)	(단순한 원인들) 설비의 과 조정(담당자가 관리도가 아닌 한두 개 측정값만 보고 조정함), 고정구나 홀더가 제 위치를 잡아주지 못함, 온도 제어기나 시간 설정 장치를 소홀히 다룸, 재고 창고에서 다른 원료의 로트가 혼입됨, '단편 부품(Piece Parts)'들이 작업 중 혼재됨, 다른 코드(설계가 다르거나 조립의 어려움과 관련), 다른 시험 셋이나 게이지 차이, 일부러 규격의 높은 쪽이나 낮은 쪽에서 작업함(중심치 이탈을 야기하기도 함), 자동 제어기의 갑작스러운 변화 (복합 원인들) 다수의 변수들이 최종 특성에 영향을 줌, 선별 작업들이 여러 프로세스 단계에서 영향을 줌, 제품 선적을 위해 적재되어진 후의 시험이나 게이징 방법의 차이, 시험이나 개발 활동의 영향 ※복합 원인들이 '$\overline{X}$-관리도'에 영향을 미치지 못하도록 '$\overline{X}-R$ 관리도'를 가능한 프로세스 끝단에 위치시킴. 또 '$\overline{X}$-관리도'에서의 '불안정'이 'R-관리도'의 '관리 이탈'과 동반하는지에 주목함. 이 경우 '$\overline{X}$-관리도'는 중심이 안정적임에도 위와 아래로 불규칙한 움직임을 보이게 됨.
R-관리도	(높은 쪽) 훈련되지 않은 작업 담당자, 위치를 잡아주는 고정구의 지나친 작용, 원 재료의 혼입, 수리가 필요한 설비, 불안정한 시험 장비, 작업 담당자 부주의, 중심치가 벗어난 조립, 결점 있는 부품 (낮은 쪽) 잘 훈련된 작업 담당자, 균일한 단편 부품들, 좋은 작업 습관, 바로 앞 작업 위치에서 운영 중인 관리도의 긍정적 영향
p-관리도	(높은 쪽) 작업 담당자 경험 부족이나 부주의, 적절치 못한 유지 보수, 결점 있는 부품이나 재료, 시험 설비의 문제 (낮은 쪽) 작업 담당자 기능 향상, 좋은 품질의 하위 조립품, 좋은 설비나 재료, 표준의 완화, 부적절한 점검 (다른 원인들) '표본 크기'의 변화, 아주 좋고 아주 나쁜 로트가 이따금씩 혼입됨, 다른 분포에서의 표집, 무작위 표집이 아님.
I-관리도	'$\overline{X}-R$ 관리도'와 동일

5.9. 상호작용(Interaction)

'상호작용'은 한 개 변수가 다른 변수의 흐름을 변화시키는 형태, 또는 두 개 이상의 변수들이 한 개로는 만들어내지 못할 복합적 영향을 생산하는 형태가 있다. '상호작용'을 잘 확인할 수 있는 알려진 방법이 '실험 계획(Design of Experiment)'이다. 비공식적으로는 '프로세스 능력 연구(Process Capability Studies)'를 통해서도 확인될 수 있다.

'상호작용'이 '실험 계획'이나 '프로세스 능력 연구'의 두 방법으로 확인될 수 있으면 '$\overline{X}$-관리도'에 그 현상이 나타난다. 추가로 미리 확인되지 못한 변수들에 의해 형성된 '상호작용'은 'R-관리도'에서 검출될 수 있다.

[그림 Ⅱ-87] '상호작용(Interaction)' 패턴의 예

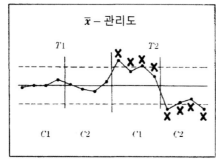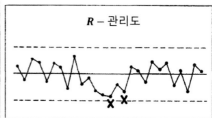

[그림 Ⅱ-87]의 '$\overline{X}$-관리도'를 보면 '변수 T'와 '변수 C'의 각 수준의 조합이 바뀔 때마다 등락 패턴이 반복된다. 물론 아무 정보가 없는 상태에서 '상호작용'을 발견해내는 일은 쉽지 않다. 프로세스에 대한 이해와 오랜 경험 등이 연계되어야 가능하다. 다음 설명은 확인되지 않은 변수와의 '상호작용'을 'R-관리도'에서 알아내는 방법이다([그림 Ⅱ-87]의 'R-관리도' 참조).

즉, 한 프로세스에서의 모든 변동은 '상호작용'의 결과로 이해될 수 있다. 잠재력이 큰 변수들이 여러 수준의 값을 형성하며 프로세스에 존재한다. 이 변수들은 다른 수준 값을 형성하는 또 다른 변수들에 의해 그 영향력에 변화가 생긴다. '설비의 영향'은 유지 보수나 원자재의 유형에 따라 변모한다. '작

업 담당자의 영향'은 훈련의 정도나 내용에 따라 달라진다. 수작업은 작업 툴 (집게나 게이지)의 차이에 영향을 받는다. 사실 '상호작용'을 하지 않는 프로세스 변수를 찾아내기란 쉽지 않다.

'실험 계획'에서 분석을 목적으로 일부 변수들을 제외시키면, 모든 변수들의 효과는 '상호작용'이 분석에서 배제된 채 얻어진다. 제외된 변수들은 통계적으로 '잔차'나 '실험 오차(Experimental Error)'에 포함된다. 동일하게 '프로세스 능력 연구'에서 '분석이 안 된 상호작용'은 'R-관리도'에 포함된다('그룹 내 변동' 속에 묻힘). 만일 유의한 변수들이 존재하고 한 개 이상의 수준(Level)값을 갖고 있으면, 그들은 'R-관리도'에서 "(사실과 다르게) 과장시키는" 결과를 초래한다. 만일 유의한 변수들 중 하나를 의도적으로 오직 한 개 수준에서만 작용하도록 조치하면, 이때 'R-관리도'에서의 "과장 현상"은 바로 사라진다.

[그림 Ⅱ-87]의 'R-관리도'에서 '중심선(CL)' 아래쪽 패턴은 보통 프로세스 안에 존재하는 '과장된 경향'의 일부가 일시적으로 제거됐음을 나타낸다. 이로부터 중요한 '상호작용' 변수는 한 개 수준으로 유지시켜야 한다는 결론에 이른다. [그림 Ⅱ-87]의 'R-관리도'는 만일 해당 변수가 한 개 수준으로 영원히 유지된다면 이 변수는 통상적인 산포의 반 이하로 줄어들 수 있음을 보여준다. [그림 Ⅱ-87]의 'R-관리도'에 표시된 'X'들은 '프로세스 능력 연구'에서 일어날 수 있는 가장 중요한 징후들 중 하나이다.

'상호작용'하는 변수들 식별하기

[그림 Ⅱ-87]의 'R-관리도'에서 아래쪽 'X'들의 하락 패턴이 특정 변수의 수준을 한 개 값으로 고정시켜 나타난 결과라면, 이를 중요 '상호작용'의 식별에 이용할 수 있다.

a) 만일 아래쪽 'X'들을 측정했던 표본들이 모두 한 명의 검사자로부터 나

온 거라면, 여러 명의 검사자들이 중요 '상호작용' 변수가 될 수 있다.

b) 만일 아래쪽 'X'들을 측정했던 표본들이 모두 한 개의 고정구(Fixture)로부터 나온 거라면, 다수의 고정구들이 중요 '상호작용' 변수가 될 수 있다.

c) 만일 아래쪽 'X'들을 측정했던 표본들이 모두 새 고정구(Fixture)로부터 나온 거라면, 평탄치 않거나 뒤틀린 기존 고정구들이 중요 '상호작용' 변수가 될 수 있다 등.

만일 '상호작용' 변수들 중 어느 수준(Level)이 한 개로 줄어든다면 통상적으로 '분산' 역시 줄어들 수 있다는 점을 기억하라. 만일 변수들 중 하나가 경제성을 고려할 때 한 개 수준(Level)으로 줄일 수 없다면, 다른 변수를 줄일 수 있는지 검토한다. 예를 들어, 유지 보수의 정도가 서로 다른 상황에서 사용 연한이 제각각인 설비들이 중요 변수가 될 수 있다(즉, 설비 연한과 유지 보수 간 '상호작용'이 존재한다). 상황을 고려할 때 한 개 설비만으로 작업할 수는 없으므로 유지 보수의 효과 간 차이를 알아내는 데 집중해야 한다. 비슷하게 '조업 담당자의 차이'와 '훈련의 정도' 사이에 '상호작용'이 존재할 수 있다.

이 같은 관점에서 품질 관리 프로그램이 추구해야 할 최고의 목표들 중 하나는 '단편 부품(Piece Parts)'들을 개선하고, 툴 디자인을 향상시키며, 더 나은 훈련과 감독 강화를 꾀하는 일이다. 이를 통해 조업 담당자, 설비, 원료 배치들이 바뀌어도 균일한 제품을 얻을 수 있다.

5.10. 혼합(Mixtures)

패턴이 '중심선(CL)'을 벗어나 '관리 한계' 근처에 대다수 집중될 때 '혼합'의 징후로 판단한다. 관리도에서 '영역 C(±1σ 영역)'에는 타점들이 없고 '관리 한계' 근처를 번갈아 8개가 연속해서 존재할 때 '혼합'으로 판단한다.

[그림 II-88] '혼합(Mixtures)' 패턴 예

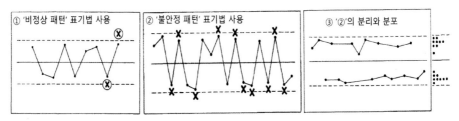

[그림 II-88]에서 '혼합' 패턴은 연속 8개가 중심선 영역은 비운 채 '관리한계' 근처를 반복해서 오르내리고 있다(첫 번째 관리도). '그림 ①'은 '특이패턴(Unusual Pattern)' 표기법인 'ⓧ'를, '그림 ②'는 '불안정 패턴(Patterns of Instability)' 표기법인 'X'를, '그림 ③'은 '그림 ②'의 타점들을 유사 군들로 나눠 각기 선으로 연결한 결과다. '혼합'은 같은 관리도에 두 개의 다른 패턴이 조합된 상태이므로, 위/아래 두 영역으로의 분리가 가능하다.

분포 관점에선 두 그룹의 값들 간 차이가 커서 두 개 분포로 관찰되는 형태와, 값 차이가 얼마 나지 않아 하나의 분포로 관찰되는 형태가 있으며, 전자에

[그림 II-89] 두 그룹 간 데이터 차이에 따른 '혼합(Mixtures)' 분포 예

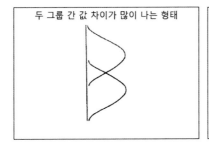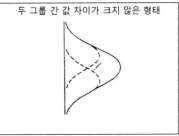

포함될수록 '혼합' 패턴 여부를 쉽게 분간할 수 있다. [그림 Ⅱ-89]는 두 분포 형태의 개요도이다.

만일 두 분포를 이루는 값들이 서로 잘 분리되어 있고 일정 시간 동안 타점 빈도가 유사한 경우면 "안정형 혼합(Stable Mixture)"이라 하고, 반대로 값과 시간 길이가 일정치 않으면 '불안정형 혼합(Unstable Mixture)'이라고 한다. 이들 두 유형을 야기하는 원인이 서로 다르기 때문에 이어지는 소단원과 같이 별도로 구분해서 설명할 필요가 있다.

5.10.1. 안정형 혼합(Stable Mixture)

'혼합'의 특별한 유형이다. '안정형 혼합'은 균일한 분포가 한 개 이상 혼재되어 있을 때 형성된다. 이 '혼합'은 관리도의 '검정(Test)'을 통해 걸러질 수도, 걸러지지 않을 수도 있으나 '중심선(CL)' 근처나 '관리 한계' 근처에 흔히 있어야 할 타점들이 별로 없으므로 정상적이지는 않은 패턴이다. '$\overline{X}$-관리도', 'R-관리도', 'p-관리도', 'I-관리도' 등 모두에서 관찰될 수 있다. [그림 Ⅱ-90]은 대표적인 '안정형 혼합'으로 '중심선' 근처에 타점이 없는 게 특징이다.

[그림 Ⅱ-90] '안정형 혼합(Stable Mixtures)' 형태와 분포 예

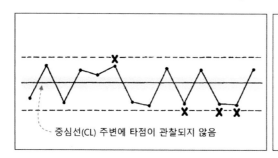
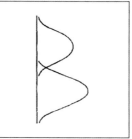

중심선(CL) 주변에 타점이 관찰되지 않음

[그림 Ⅱ-90]에서 분포는 다소 넓게 분리된 모습이고, 두 그룹 간 상대적 위치도 일정 거리를 유지하고 있으며, 전체 시간 기간 동안의 빈도 역시 비슷한 수준이다. 표본들은 서로의 분포에서 각각 분리된 채 추출되었거나(이 경우 '$\overline{X}$-관리도'나 'p-관리도'에서 관찰될 수 있음), 또는 두 개가 결합된 분포로부터 추출됐을 수도 있다(이 경우 '혼합'은 'R-관리도'에서 관찰될 수 있음).

좀 복잡해지긴 해도 '안정형 혼합'은 다시 두 개의 유형으로 나뉘는데, 표집이 매우 체계적으로 이루어질 때 나타나는 '혼합'이 그것이다. 표집의 체계적 방법엔 "층화(Stratification)"와 "규칙성 변동(Systematic Variation)"이 있으며, 이후 「5.11. 층화(Stratification)」와 「5.13. 규칙성 변동(Systematic Variation)」에서 별도로 설명이 있을 예정이다.

'안정형 혼합'은 그를 야기하는 원인들 역시 안정적이고 영속적이다. 예를 들어, 두 개의 서로 다른 출처로부터 일정하게 들어오는 제품, 설비의 설계 차이, 첫 번째와 두 번째 교대 사이가 일정한 것 등이다. '안정형 혼합'은 측정값을 조업 초기가 아닌 최종 제품에서 취했을 때 그 발생 빈도가 매우 높다. 그러나 '불안정형 혼합(Unstable Mixture)'보다 덜 발생하는 특징이 있다. 전형적인 원인들에는 다음의 것들이 포함된다.

[표 Ⅱ-89] 관리도별 '안정형 혼합(Stable Mixtures)'에 대한 프로세스 원인 예

관리도	예상되는 원인
$\overline{X}$-관리도 (단, 'R-관리도'는 반드시 '관리 상태'여야 한다)	- 원재료, 작업자들 간 일관된 차이 등(분포들이 후에 혼합됨), 재고 창고에 있는 서로 다른 많은 재료, 라인에서 혼합된 다량의 '단편 부품(Piece Parts)'들, 코드 차이, 시험 셋이나 게이지에서의 차이
R-관리도	- 재고 창고에 있는 서로 다른 많은 재료, 라인에서 혼합된 다량의 '단편 부품(Piece Parts)'들, 자동화 관리에서 자주 일어나는 드리프트나 튐, 시험 셋, 게이지의 차이
p-관리도	- 무작위적이지 않은 표집 방법, 두 개 이상의 서로 다른 출처로부터 유입된 로트들, 조업 전 일부 로트들을 선별함, 프로세스 점검 담당자들 간 차이, 시험 셋이나 게이지에서의 차이
I-관리도	- '$\overline{X}$-R 관리도'와 동일

5.10.2. 불안정형 혼합(Unstable Mixture)

'혼합'의 특별한 유형이다. '불안정형 혼합'은 가장 중요하면서도 빈도 또한 높은 패턴이다. '불안정형 혼합'이 생기는 이유는 측정의 대상인 제품이 중심이 다르거나 빈도가 서로 다른 여러 분포로부터 유입되기 때문이다. 예를 들어 하나의 분포가 프로세스로 유입된 뒤 바로 빠져나간다거나, 분포들 중 하나가 다른 몇몇 분포들과 다른 평균이나 산포로 이동하는 예 등이다. 다음 [그림 Ⅱ-91]은 '불안정형 혼합'의 예이다.

[그림 Ⅱ-91] '불안정형 혼합(Unstable Mixtures)' 형태와 분포 예

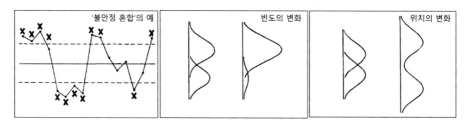

표본들이 서로 다른 출처로부터 분리되어 추출되는 경우 '혼합' 패턴은 '$\bar{X}$-관리도'를 통해 관찰될 수 있으며, 결합된 출처들로부터 각각 무작위로 추출되면 'R-관리도'에서 그를 확인할 수 있다. 각 경우에 있어 '불안정형 혼합'은 'p-관리도'나 'I-관리도'에서도 잘 드러나는 경향이 있다. '불안정형 혼합'은 다음과 같은 네 가지 패턴들과 밀접한 관련이 있다.

1) 불안정(Instability)
2) 'R-관리도'에서의 '상호작용(Interaction)'
3) 군집 또는 뭉침(Grouping or Bunching)

4) 돌출(Freaks)

일반적으로 '불안정형 혼합'의 검출과 제거는 다른 패턴들의 해석을 쉽게 만든다. 여러 '혼합'의 유형들이 복합적으로 영향을 주는 상황이면 '불안정형 혼합'은 현재의 한 유형에서 다른 유형으로 빠르게 변화할 수도 있다. 예로써, 만일 데이터의 '돌출'이나 터무니없는 수치가 아주 다량 포함되어 있다면, 그들은 '불안정형 혼합'으로 해석된다. '불안정형 혼합'을 만들어내는 '우연 원인(Common Causes)'에는 다음의 것들이 포함된다.

[표 II-90] 관리도별 '불안정형 혼합(Unstable Mixtures)'의 프로세스 원인 예

관리도	예상되는 원인
$\overline{X}$-관리도 (단, 'R-관리도'는 반드시 '관리 상태'여야 한다)	- 재료, 작업자, 시험 셋 등의 차이로 분포가 변화 - 시설이나 자동화 관리의 고장, 프로세스의 과 조정, 실험이나 개발 활동의 영향, 온도 관리나 시간 장치 등을 설정할 때의 부주의, 잘못된 표집 과정, 측정 방법의 변화, 타점 오류, 불완전한 조업, 셋업 부품들
R-관리도	- 둘 이상의 재료·설비·작업자·설비 설정 담당자·시험 셋·게이지 등, 고정구의 과도한 역할, 신뢰할 수 없는 잠금장치, 재료의 혼합, 느슨한 척들, 부적절한 유지 보수 계획, 훈련이 필요한 작업자, 작업자의 피로, 수리가 필요한 기계, 고정구나 홀더가 위치를 제대로 못 잡음, 정렬 결여, 갑작스러운 손상, 완료되지 않은 조업, 시설의 고장, 불안정한 시험 장비, 실험 유닛들, 결점 있는 '단편 부품(Piece Parts)'들, 계산이나 타점 중의 오류
p-관리도	- 여러 로트를 생산하는 프로세스에서의 심각한 관리 부족, 신뢰할 수 없는 점검 장비나 방법의 사용, "모두 좋음"과 "모두 나쁨"으로만 평가되는 특성들, 제품이 검사 단계에 이르기 전 체계성 없는 선별, 표본 크기의 변화, 작위적인 표집
I-관리도	- '$\overline{X}-R$ 관리도'와 동일

'충화'는 관리를 통해 유지되는 '안정형 혼합'의 한 형태이다. 관리도에서 타점들이 관리 상·하한에 일부가 근접하기도 하고 또 자연스럽게 등락하는 움직임과 달리, '충화'는 '중심선(CL)'으로부터 약간의 거리를 두고 그를 껴안는 듯한 모습을 보인다. 다른 말로 부자연스러울 정도로 작은 등락을 하거나 '관리 한계' 근처에 타점들이 거의 없는 패턴이다. 다음 [그림 Ⅱ-92]는 '충화' 패턴과 분포를 각각 보여준다. '충화'의 기본 분포는 출처가 다른 분포들을 합쳐놓은 양상을 보인다([그림 Ⅱ-92]의 오른쪽).

[그림 Ⅱ-92] '충화(Stratification)'의 관리도 형태와 분포 예

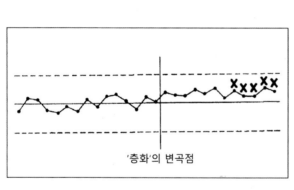 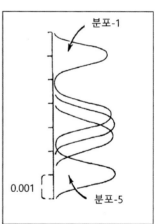

'충화'는 때로 패턴이 "비정상적으로 잠잠하다"란 표현을 쓰기도 한다. [그림 Ⅱ-92]의 왼쪽 관리도처럼 등락이 크지 않기 때문인데 그렇다고 "관리가 잘 되고 있다"로 생각하면 오산이다. 왜 이런 현상이 일어나는지 다음의 '충

화' 패턴에 대한 설명을 보자.

'층화' 패턴의 형성 과정

'층화'는 한 개 이상의 아이템들이 서로 다른 분포들로부터 추출되어 하나의 표본(부분군)을 형성하는 방식 때문에 생겨난다. 이런 방식을 설명하는 가장 일반적인 예는 표본을 선택하는 여러 오퍼레이터들에게 하나씩의 부품(또는 각 설비로부터 하나의 부품, 또는 한 개 설비에 대해 서로 다른 위치별 등)을 취해오도록 하는 것이다. 때로 사람들은 표본이 '대표성'을 가져야 한다는 점에 집중한 나머지 표집에 따른 안 좋은 영향을 간과하곤 한다.

표집이 이와 같은 방식으로 이루어질 때, 아이템의 선택은 무작위적이지 않고 결국 패턴도 무작위적으로 등락하지 않는다. 예를 들어, 분포들 사이의 차이가 클 때 'R-관리도'에서의 'Y-축 수준(Level)'은 비정상적으로 높아진다(서로 다른 오퍼레이터들로부터 한 개씩 추출해 부분군을 형성했으므로). 그러나 높은 값들로 구성된 분포의 가장 하단 값과 반대로 낮은 값들로 구성된 분포의 가장 상단 값들이 하나의 표본을 형성하면 그들로부터 계산된 '범위(R)'는 일정한 영역에 구속된 값들이 되어, 타점들의 등락(Fluctuations)은 비정상적으로 작아진다. 이것은 다음의 예에서 설명된다.

"분포들이 서로 완전히 다른 다섯 대의 기계들을 상상하자[그림 Ⅱ-92]의 오른쪽). 각 개별 분포의 스프레드(±3σ)는 '±0.001'이지만 가장 높은 분포와 가장 낮은 분포 사이의 거리는 거의 '0.005'이다(분포1과 분포5의 중심 간 거리). 프로세스 점검 담당자가 각 설비로부터 한 개씩의 부품을 취해서 5개로 이루어진 한 개의 표본(부분군)을 만든다. 담당자가 이런 방식으로 한 개 표본(부분군)을 취해서 '범위(R)'를 계산할 때, 이 값은 가장 높은 값(최댓값)과 가장 낮은 값(최솟값) 사이의 차이로 나타나며, 이때의 'R 값'은 대부분 '0.005'에 근사할 것이다. 이것은 평균이 서로 다른 분포의 각 값이 항상 표본에 포함되어 있으므로 예상할 수 있는 결과이다. 또 [그림 Ⅱ - 92]로부터 다른 '범위' 값들은 '0.007[=그림에서 높은 쪽 분포의 상단 값(0.007) - 낮은 쪽 분포의 하단 값(0.000)]'보다 너 크거나 '0.003[=그림에서 높은 쪽 분포의 하단 값(0.005) - 낮은 쪽 분포의 상단 값(0.002)]'보다 더 낮은 '범위(R)'를 얻을 가능성은 없다. 즉 그들의 등락 패턴은 무작위 때 나타나는 '범위' 값, 예를 들어 '0'부터 '0.011'까지 등락하는 정상적인 'R 값'들(대략 '0.005'의 평균 범위를 가정)과는 전혀 다른 양상을 보인다. 결과적으로 '층화'의 패턴은 같은 '평균 범위'를 갖는 정상 패턴과 비교해 비정상적으로 작은 등락을 하게 된다. 비슷한 과정으로 'p-관리도' 등에서도 유사 패턴이 형성된다."

'R-관리도'에서 '층화' 패턴을 연구할 때 유념할 사항은 분포들이 얼마나 멀리 분리되어 있는지 평가가 가능하다는 점이다.

'p-관리도'에서의 '층화'

만일 여러 제품 컨테이너들 사이에 차이가 크다면, 그리고 표본들이 항상 각 컨테이너로부터 일부 아이템들을 포함하는 방식으로 선택된다면 '층화' 패턴이 'p-관리도'에 나타날 수 있다. 극단적인 예를 들면 다음과 같다.

"만일 하나의 컨테이너만 오로지 불량품으로 구성되어 있고, 다른 컨테이너들에는 불량품이 전혀 없을 때, 그리고 점검 담당자가 각 컨테이너로부터 동일한 수의 아이템들을 취한다면 그 담당자의 모든 표본들은 정확히 동일한 수의 불량품들을 포함한다. 이때 담당자의 데이터로 이루어진 'p-관리도'는 평균 불량률이 직선으로 나타나는 것 외에는 아무것도 관찰되지 않을 것이다. 이 경우 '층화' 현상은 너무 강력해서 표본의 등락이 관찰되지 않을 수 있다. 실제는 완전한 불량품 컨테이너와 완전한 양품 컨테이너가 존재하진 않으나 그들의 각 점유율이 상당하다면 이 경우 불량률의 패턴은 작은 등락을 보일 것이다(즉 '층화' 발생)."

'층화'의 원인들

'층화'의 원인은 표본들에 지속적으로 산포를 유발시키는 프로세스 내 모든 요소(Element)들이 해당된다. 만일 각 설비로부터 하나의 부품을 취한다면 프로세스 내 요소는 '설비'이다. 만일 기계의 축으로부터 부품 한 개를 취한다면 이때의 요소는 '기계 축'이다. 또 만일 각 상자로부터 부분군의 부품을 취한다면 '제품의 상자'들이 요소가 된다. 관리도별 '층화'의 가장 일반적이고 공통된 원인들은 다음과 같다.

[표 Ⅱ-91] 관리도별 '층화(Stratification)'의 프로세스 원인 예

관리도	예상되는 원인
$\overline{X}$-관리도	− '혼합'을 야기할 수 있는 원인은 '층화'에도 영향을 줄 수 있다. 그러나 '$\overline{X}$-관리도'에서의 '층화'는 'R-관리도'보다는 덜 관찰된다. − '$\overline{X}$-관리도'에 분명하게 나타난 '층화' 패턴은 종종 '관리 한계' 계산의 부정확 때문에 생긴다. − 소수점이 잘못 표현되어 '층화'가 나타날 수도 있다.
R-관리도	− '안정형 혼합'에 기술된 원인들과 동일하다.
p-관리도	− '안정형 혼합'에 기술된 원인들과 동일하다.
I-관리도	− '층화'는 두 개 이상의 분포들로부터 한 개의 표본(부분군)을 형성할 때 그 내부의 값들 간 산포 때문에 생겨나므로 개별 측정값을 위한 'I-관리도'에서는 발생할 수 없다. 그러나 때로 개별 값들에 대한 '관리 한계'가 불규칙한 데이터나 '혼합'으로 인해 팽창될 수 있으며, 이때 '층화'와 유사한 효과가 나타날 수 있다.

5.12. 수준의 급변(Sudden Shift in Level)

'수준의 급변'은 한 방향으로 분명한 변화가 나타나는 패턴이다. 다수의 'X'가 관리도의 한쪽에만 표시된다. 만일 두 개 기간 동안 빈도 표에 따로 타점

하면, 분포가 구분되어 보일 것이다. 만일 두 개 기간들을 합치면 분포는 각각의 봉우리를 드러내며 퍼질 것이다. 다음 [그림 Ⅱ-93]은 '수준의 급변' 패턴과 분포의 예를 보여준다.

[그림 Ⅱ-93] '수준의 급변(Sudden Shift in Level)' 패턴과 분포 예

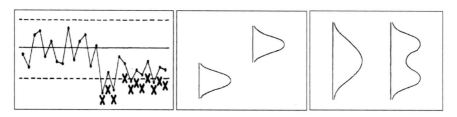

'급변'은 일반적으로 모든 관리도에서 관찰되며 다음과 같은 특징이 있다.

1) '$\bar{X}$-관리도'에서 이런 유형의 패턴은 분포의 중심을 새로운 위치로 이동시킨 뒤 작용을 멈춘다. 대개 새로운 (프로세스) 요소나 원인(보통 '표본'이나 '단일 원인')이 프로세스에 갑작스럽게 유입될 때 나타난다. 패턴은 '중심선(CL)'으로부터 위나 아래로 이동하고 새로운 수준에서 빠르게 안정화된다.

2) 'R-관리도'에서 수준의 갑작스러운 상승은 일반적으로 이전 제품의 분포에 덧붙여 새로운 분포가 유입됐음을 의미한다. 수준의 갑작스러운 하락은 일반적으로 한 개 이상의 분포들이 제거되었음을 의미한다.

3) 'p-관리도'에서 이 패턴은 제품 측정 방법이나 제품 분포에 큰 변화가 있다는 것을 나타낸다. 'p-관리도'에 나타나는 '수준의 급변'은 변화가 아래쪽 방향인지 아니면 위쪽 방향인지에 따라 해석에 차이가 있다. 'p-관리도'가 '불량률'을 관리한다면 낮은 방향으로의 급변은 프로세스 개

선의 좋은 신호가 될 수 있으나 높은 방향으로의 급변은 그 반대의 상황이 될 수 있다.

4) 'I-관리도'에서 '수준의 급변'은 '$\overline{X}$-관리도'에서의 경우와 동일하게 해석된다.

'수준의 급변'은 어느 관리도에서도 해석하기에 가장 쉬운 패턴들 중 하나이다. 관리도별 전형적인 원인들은 다음과 같다.

[표 Ⅱ-92] 관리도별 '수준의 급변(Sudden Shift in Level)'의 프로세스 원인 예

관리도	예상되는 원인
$\overline{X}$-관리도 (단, 'R-관리도'는 반드시 '관리 상태'여야 한다)	– 다른 종류의 재료 유입으로 변화가 일어남. – 신입 오퍼레이터, 신입 검사 담당자, 새로운 시험 셋, 새로운 설비, 새로운 설비의 설정, 셋업 또는 방법의 변화
R-관리도	– 오퍼레이터들의 동기부여 변화, 신입 오퍼레이터, 신규 설비, 다른 재료로의 변화 또는 '단편 부품(Piece Parts)'들의 공급자 변화 (다음 원인들은 R 패턴을 상승시킨다) – 부적절한 유지 보수, 값이 싸고 정확도도 떨어지게 설계된 기계나 시설, 수리가 필요한 위치 유지 장치, 제품의 균일성을 떨어트리는 대상 (다음 원인들은 R 패턴을 하락시킨다) – 향상된 기량, 효율이 향상된 기계·시설, 균일성을 높여주는 대상
p-관리도	(공통으로 영향을 주는 수준 변화) – 새로운 로트의 재료, 설비나 오퍼레이터가 바뀜, 테스트 셋의 정렬이 바뀜, 방법의 변화, 표준의 변화 (높은 수준으로의 변화를 야기하는 원인) – 안 좋은 재료, 성능이 떨어진 설비·툴·고정구·'단편 부품(Piece Parts)' 등, 신입 또는 부적절하게 훈련된 오퍼레이터, 요구 사항의 추가나 엄격함. (낮은 수준으로의 변화를 야기하는 원인) – 작업 능력이 좋아진 오퍼레이터, 더 좋은 방법이나 재료, 요구 사항들의 완화 또는 제거
I-관리도	'$\overline{X}$-관리도', 'R-관리도', 'p-관리도'에 영향을 주는 원인들

 '정상 패턴'의 특징들 중 하나는 타점-대-타점의 등락이 규칙적이지 못하거나 예측이 어렵다는 것이다. 만일 어떤 이유로 패턴이 예측 가능해지면(예들들어, 만일 낮은 타점이 항상 높은 타점을 따르거나 또는 그 반대), 패턴은 정상적이지 못하며 '이상 원인'이 존재하는 상황이다. '규칙성 패턴'은 프로세스나 데이터에 '규칙성 변수'가 존재한다는 것을 의미한다. 이와 같은 패턴의 가장 공통된 모습은 [그림 Ⅱ-94] 왼쪽과 같이 규칙적인 톱니 모양을 보인다.

[그림 Ⅱ-94] '규칙성 변동(Systematic Variation)'의 관리도 형태와 분포 예

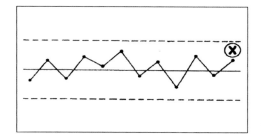

 톱니 모양의 패턴을 동반하는 분포는 넓게 산포하고 윗부분이 편평한 특징이 있다. 봉우리는 타점들의 높낮이 거리에 따라 둘로 분리될 수도 있고 그렇지 않을 수도 있다.

 '주기(Cycles)'는 규칙적이거나 반복적인 패턴의 한 형태이다. '규칙성 변수(Systematic Variables)'는 다음의 설명과 같이 프로세스 또는 데이터 둘 중하나에서 비롯된다.

---

127) 원문엔 'Variables'로 되어 있으나, '패턴'의 한 유형을 표현하고 있고, 등락을 반복하는 형상임을 감안해 '변동(Variation)'으로 바꿈. 따라서 원래의 'Systematic Variables'는 원인을 총칭하는 '규칙성 변수'로 번역해서 사용함.

'규칙성 변수'가 '프로세스'에서 비롯되는 경우

'$\overline{X}$-관리도'에서 목록화된 원인들 중 만일 그들이 규칙적으로 변화할 경우 모두가 '규칙적 변수'로 작용할 수 있다. 예를 들어, 정오 교대는 항상 높고, 야간 교대는 항상 낮게 나타나는 경우 등이다.

'규칙성 변수'가 '데이터'에서 비롯되는 경우

이들은 종종 표본들을 형성할 때 데이터가 나누어지는 방법에 따라 결정된다. 예를 들어, 엔지니어가 같은 아이템을 성능 저하나 불안정 수준을 연구하기 위해 일정 기간 반복해서 시험한다고 가정하자. 10개의 아이템들이 시험되었으나 일을 간편하게 할 생각으로 5개의 표본들만 타점하고 싶어 한다. 그는 10개의 아이템들을 5개씩 두 그룹으로 나누고 그들을 관리도에 번갈아 타점한다. 이때 그 결과가 [그림 II-94]의 왼쪽이다. 이 경우 규칙적인 상·하향의 타점들은 프로세스 변화로 인한 것이 아니라 나누어진 한 그룹의 평균(또는 범위)이 다른 쪽의 그것보다 높아서 발생된다는 사실이다. 당연히 그룹들 간 차이가 너무 커서 다른 변동을 검출해내지 못한다. 규칙성 효과를 피하기에 가장 좋은 방법은 관리도를 두 개로 분리해서 각 그룹을 별개로 타점하는 것이다. '규칙성 변동'에 영향을 주는 원인들은 다음과 같다.

[표 II-93] 관리도별 '규칙성 변동(Systematic Variation)'의 프로세스 원인 예

관리도	예상되는 원인
$\overline{X}$-관리도	- 교대 간 차이, 시험 장비 간 차이, 제품이 차례로 표집되는 조립공정 간 차이, 데이터를 나누는 규칙적인 방식
R-관리도	- 이 효과는 일반적으로 데이터를 나누는 규칙적인 방식에 기인함. - 발생 빈도는 낮지만 차례로 표집이 이루어지는 서로 다른 컨베이어들 간, 교대 간, 재료들, 출처 간 산포에 큰 차이가 있을 수 있음.
p-관리도	- 이 효과는 거의 다른 출처들로부터 규칙적으로 표본을 가져오는 데 원인이 있음.
I-관리도	- '규칙성 변동'은 툴들, 척들, 위치들, 조립 고정구들, 구멍의 위치들 간 차이에 기인함. - 특히 측정값이 제품의 순서대로 기록될 때, 그리고 프로세스의 이전 단계 요소들이 생산 순서에 따라 원인으로 작용할 때 관찰됨.

'임의성(Randomness)'의 의미는 패턴을 예측할 수 있다거나 동일한 패턴이 반복해서 나타나는 것과는 거리가 멀다는 뜻이다. 각각이 무작위로 등락하고 있고, 인과관계로 서로 연결되어 있지도 않은 두 개의 관리도들 사이엔 서로를 따르는 성향은 존재하지 않는다. 거꾸로 두 개의 관리도들이 서로의 패턴을 따르면 최소한 그들 사이에 어떤 관계성이 있을 것이란 의심을 가질 수 있다. 패턴들이 서로를 따르는 성향에는 다음의 두 가지 방식이 있다.

1) '타점-대-타점의 대응 관계'가 존재할 수 있다. 즉 개별 타점들이 다른 주변의 타점들과 조화를 이뤄 위와 아래로 움직이는 성향을 보일 수 있다([그림 Ⅱ-95] 참조). 만일 이것이 규칙적으로 오랜 기간 일어난다면 그들 간 어떤 관련성이 있다고 의심할 수 있다.

[그림 Ⅱ-95] '타점-대-타점'의 대응 관계

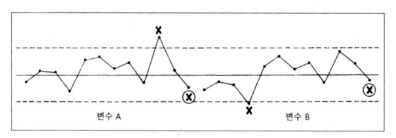

2) '수준-대-수준의 대응 관계'가 존재할 수 있다. 즉, 두 패턴들이 같은 시간대 한 수준(Level)에서 이동을 하거나 또는 동시에 유사한 '경향'을 보이는 경우이다([그림 Ⅱ-96] 참조). 이 역시 '타점-대-타점의 대응 관계'

를 수반할 수도 있고, 반대로 수반하지 않을 수도 있다.

[그림 Ⅱ-96] '수준-대-수준'의 대응 관계

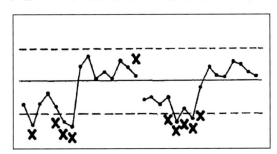

타점-대-타점의 대응(Point-to-Point Correspondence)

'타점-대-타점의 대응'은 일반적으로 두 개의 대응하는 패턴들에 대해 타점 값들이 동일한 표본들로부터 측정됐을 때 발생한다. 예를 들어, '$\overline{X}$-관리도'와 'R-관리도' 내 각 타점 값들이 동일한 표본들로부터 얻어지는 경우다. 또는 서로 다른 관리도의 타점들이 같은 표본들로부터 수집되는 경우도 있는데, 예를 들어 5개 부품들의 표본을 추출하고 이들 부품에 대해 몇 개의 다른 특성들을 측정할 때이다. 그리고 나서 분리된 관리도에 타점은 하지만 이들은 모두 같은 표본들을 대표하게 되므로 대응 간계가 형성될 수 있다.

'타점-대-타점의 대응'이 '$\overline{X}-R$ 관리도'의 두 패턴들 사이에서 관측될 때 (즉, '$\overline{X}$-관리도'의 타점이 하나씩 'R-관리도'를 따름), 이것은 모 분포가 한쪽으로 기울어져 있음을 의미한다(「5.2. '$\overline{X}-R$ 관리도'의 해석」 참조).

'타점-대-타점의 대응'이 두 개의 다른 '$\overline{X}-R$ 관리도'상에 두 개의 서로 다른 특성들 사이에서 관측될 때(예로써, 전력 출력에 대한 $\overline{x}_{power}$ 타점들이 어느 치수 'B'에 대한 $\overline{x}_B$ 타점들과 함께 위와 아래로 움직이는 성향이 있음),

그것은 두 특성들 간 '인과관계'를 의심할 수 있다. '인과관계'는 둘 중 하나가 원인이 되거나(치수 'B'가 실제 전력 출력의 원인으로 작용), 또는 세 번째 변수를 통해 간접적으로 작용할 수 있다(차원 'B'는 어느 간극에 영향을 미치고 이 간극은 다시 전력 출력을 지배함).

두 특성들이 상당한 기간에 걸쳐 '$\overline{X}$-관리도'에서 '타점-대-타점의 대응'을 보일 때, 둘의 관련성은 매우 밀접하다고 볼 수 있다. 덧붙여 두 개의 'R-관리도'가 '타점-대-타점의 대응'을 보이면 둘의 관련성은 훨씬 더 강하다. 두 개의 특성들이 실제 '1-대-1 관계'를 갖는다면(그리고 동일한 표본들이 양쪽 관리도에 사용됨), 그들의 패턴들은 거의 복사품이 될 것이다. 이런 이유로 '$\overline{X}-R$ 관리도'는 '상관관계'를 연구하는 데 이용된다.

수준-대-수준의 대응(Level-to-Level Correspondence)

동일한 '$\overline{X}-R$ 관리도'에서 두 개의 패턴들 간 '수준-대-수준의 대응'이 관찰될 때(즉, $\overline{x}$ 수준이 R 수준과 동일한 시간대에서 변함), 이것은 필연적인 관계에 있다고 보지 않는다. 특별한 경우를 제외하고, 한 특성의 '표준 편차'가 그 특성 값에 비례해서 변하면 $\overline{x}$ 수준과 R 수준은 완전히 독립이다.

'수준-대-수준의 대응'이 두 개의 다른 관리도에서 두 개의 서로 다른 특성들로부터 관측될 때(그들이 동일한 표본들로부터 왔는지에 관계없음), 두 특성들은 관련성이 있을 수도 있고, 없을 수도 있다. 예를 들어, 대다수 'p-관리도'들은 프로세스 관리 프로그램의 초기 단계에서 개선을 보여주는 경향이 있다. 그렇지만 이들은 '우연 원인'에 의해 서로 느슨하게 엮여 있어, 하나의 특성이 다른 특성에 원인 제공을 하거나 지배한다고 볼 만한 이유도 없다.

'수준-대-수준의 대응'은 반드시 '인과관계'를 나타낸다고 볼 수는 없지만, 패턴들이 서로 반응하는 성향을 보일 땐 언제든지 높은 수준의 '인과관계'가 존재한다고 판단한다. 결과적으로 엔지니어가 여러 관리도들의 수준 변화를 동시에 관찰할 때, 그들 간 수준의 관련성이 존재하는지 주의 깊게 점검할 필요가 있다. 이때, 담당자는 본인의 이론적 지식을 모두 동원해 '인과관계'가 실제 존재하는지를 확인한다. 물론 이전에 알지 못한 관련성을 발견함으로써 새로운 지식을 습득할 수도 있다. 만일 두 개의 특성들이 실제 관련성이 있다고 여겨지면 엔지니어는 한 개의 특성을 포함시키거나 제외시켰을 때 패턴이 그와 연계되어 거동하는지를 관찰한다.

5.15. 경향(Trends)

'경향'은 "위와 아래로의 연속된 움직임"으로 정의된다. 관리도의 한쪽에 위치한 'X'가 다른 쪽에 위치한 'X'를 따르는 현상이다. 즉 길게 늘어선 일련의 타점들이 방향을 바꾸지 않고 연결된다. '경향'에 대한 두 개의 예가 다음 [그림 Ⅱ-97]에 나타나 있다.

[그림 Ⅱ-97] '경향(Trends)' 패턴 예

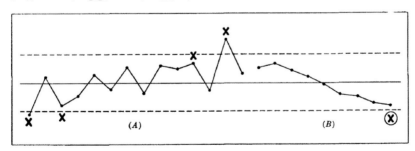

[그림 Ⅱ-97]의 '(A)'는 특정 지점에서 '관리 이탈'이 확인된 뒤 시간이 지난 시점에 다시 '관리 이탈'이 관찰되고 있다. '(B)'는 타점들이 전체적으로 오른쪽 아래로 계속 감소하는 모습을 보인다.

'경향'이 존재할 때, 전체 분포는 윗부분이 편평해지고 'R-관리도'에서 예상된 산포보다 더 넓어진다. '경향'은 시간에 걸쳐 한쪽 방향으로 점차 위치를 이동시키므로, 일반적으로 식별이 쉽고 프로세스와의 관련성도 명백하다. '경향'은 프로세스에 점진적으로 작용하는 어떤 원인들에 의해 나타나는데, 원인의 성질은 관리도 종류에 따라 결정될 수 있다. 만일 '$\overline{X}$-관리도'에서 관측되면 한 원인이 높은 쪽에서 낮은 쪽으로(또는 그 반대로) 견실하게 분포의 중심을 이동시키고 있는 것이다. 만일 'R-관리도'에서 관측되면, 분산이 점차 증가하거나 감소하는 현상이다. 또는 'p-관리도'에서 관측되면, 불량률이 점차 증가하거나 감소하는 현상이다. '경향'을 해석할 땐 주의가 필요한데 왜냐하면 '정상 패턴'에서 위와 아래로 불규칙하게 움직이는 타점을 두고 분석에 미숙한 엔지니어는 '경향'이라고 판단할 수 있기 때문이다.

때때로 관리도에 '경향'으로 보이는 변화가 실제는 점진적인 증가나 하락이 아닐 수 있다. 전기적 특성 변화나 라인 변경을 예방하는 실천 활동, 또는 단순히 데이터에서의 우연한 등락의 결과로 갑작스런 변화들이 '경향'처럼 보일 수 있다. 대부분의 빈도 높은 '경향'의 원인들은 다음의 것들이 포함된다.

[표 Ⅱ-94] 관리도별 '경향(Trends)'의 프로세스 원인 예

관리도	예상되는 원인
$\overline{X}$-관리도 (단, 'R-관리도'는 반드시 '관리 상태'여야 한다)	– 툴 마모, 나삿니의 마모, 지지 장치나 게이지 마모, 판이나 부식액의 열화, 노화, 시험 셋에 대한 부적절한 유지 보수, 계절적 영향(온도와 습도 포함), 휴먼 변수(관리 팀장의 관심에 따라 영향 받음 등), 오퍼레이터의 피로도, 생산 계획의 증가나 감소, 표준의 점진적 변화, 로트 비율의 점진적 변화, 안 좋은 유지 보수나 시설 관리 절차(예로써 먼지나 부스러기의 쌓임, 구멍의 막힘), 펌프가 오염됨, 탈지제가 다 됨.

R-관리도	(증가하는 '경향') – 대상이 점진적으로 느슨해지거나 마모됨, 툴이 무뎌짐, 로트의 비율이 변함, 여러 유형들의 혼합 (감소하는 경향) – 오퍼레이터 기술이 점진적으로 향상됨, 더 나은 유지 보수 프로그램의 영향, 다른 영역의 프로세스 관리의 영향, 제품이 더 균질해지거나 혼합에 의한 영향이 줄어듦.
p-관리도	(증가하는 경향): 프로세스가 더 많은 불량률을 보인다는 의미임. – 안 좋은 재료의 유입, 오퍼레이터들의 안 좋은 작업 습관, 너무 심한 툴 마모, 시험 장비의 오염, 요구 사항들의 추가나 엄격함. (감소하는 경향): 프로세스가 적은 불량률을 보인다는 의미임. – 숙련도의 향상, 오퍼레이터들이 부품에 대해 더 큰 주의를 보임, 오퍼레이터가 작업하기에 더 좋아진 재료나 툴, 요구 사항들의 완화, 표준들의 완화
I-관리도	– '$\overline{X}$-관리도'에서 경향을 만드는 모든 요인들, 'R-관리도'의 일부. 그러나 'I-관리도'의 경우는 '경향' 관측에 신뢰성이 떨어지므로 '$\overline{X}-R$ 관리도'로 점검이 이루어지는 것이 바람직함.

지금까지 기업에 종사하는 연구원, 엔지니어, 개발자, 그 외에 '관리도'를 필요로 하는 모든 직원들을 위해 관리도 역사부터 유형, 용법과 해석법들에 대해 설명하였다. 본문에 포함되지 않은 여러 내용들에 대해서는 각자가 속한 분야에 관련된 문헌이나 자료들을 통해 보충하기 바란다. 다음 절부터는 'SQC'에서 매우 중요한 도구이며, 관리도와 자매 관계에 있어 항상 둘을 함께 다루어야 할 '프로세스 능력(Process Capability)'과 관련된 여러 사항들에 대해 알아보자.

프로세스 능력(Process Capability)

'프로세스 능력(Process Capability)'은 프로세스 관리에 있어 가장 기본
적인 요소 중 하나이다. 현재의 관리 능력이 얼마나 되는지 알아야 목
표를 정하고, 개선 여부를 검증할 수 있으며, 추이를 통해 유지 관리
상태의 확인과 문제 발생 시 의사 결정에 참여할 수 있다. 지금까지는
'공정 능력'이란 용어로 쓰여 왔지만 제조에 특화된 뉘앙스 때문에 모
든 부문에서 활용할 수 있도록 광의의 해석으로 '프로세스 능력'이라
명명한다. 앞서 설명된 '관리도'와는 해석 시 함께 고려해야 할 없어서
는 안 될 중요한 역할을 하므로 '관리도'와 '프로세스 능력'을 따로 분
리할 수 없는 이유가 여기에 있다.

1. 프로세스 능력 개요

　　　　　　　　　　고민이 많았다. 용어 선택을 '공정 능력'으로 할 것인가, 아니면 '프로세스 능력'으로 할 것인가의 기로에서….

　수년 전쯤으로 기억된다. 제품을 생산하는 기업이 아닌 A 생명보험사에서 '공정 능력'에 대해 수 시간 동안의 교육을 마치고 주관 부서 담당자와 점심을 함께하던 중에 눈치를 보는 듯하면서도 결연한 의지가 담긴 어투로 담당자가 다음과 같은 말을 던졌다. "사실 저희에게는 '공정 능력'이란 단어가 매우 어색합니다. 영어인 'Process Capability'로는 충분히 그 의미가 통하긴 한데 '공정 능력'은 왠지 우리가 배워선 안 된다는 느낌을 주거든요…." 말을 듣는 순간 머리가 "띵" 하고 울렸다. 제품을 생산하지도 않는 생명보험사 직원들을 두고 "공정 어쩌고, 무슨 공정 ○○" 등으로 표현했던 강의가 왠지 낯설게 느껴졌다. 사실 사업 전반에 걸쳐 "'서비스 부문'과 '제조 부문'은 서로 "다르다!"라는 기본 통념이 있는지라 서로 간에 기법을 나누거나 벤치마킹 하는 일조차 매우 드물다는 것을 망각했다. 생각할 것도 없이 눈에 보이는 실체를 제작하고 다듬는 '공정' 체계와, 눈에 보이지 않는 서비스 품질을 관리하는 '프로세스' 체계는 어딘가 모르게 다르다는 느낌을 떨쳐버리기 어렵다. 식사를 마치고 오후교육에 들어가면서부터 '공정 ○○'이란 단어는 모두 사라졌다. '프로세스 ○○'이 '공정 ○○'을 슬그머니 대체하기 시작한 것도 바로 그 무렵부터다. 그런데 정말 바꿔야 하나?

　'공정'은 한자어로 '工(장인 공)'과 '程(단위 정)'이다. '장인'은 "물건 만드는 일을 업으로 하는 사람"이므로 '공정'은 "일이 만들어지는 단위"쯤으로 해석된다. 국어사전에서는 다음과 같이 정의한다.

> · **공정(工程)** (국어사전)
>   1. 일이 진척되는 과정이나 정도.
>   2. 한 제품이 완성되기까지 거쳐야 하는 하나하나의 작업 단계.

그렇다면 영어사전엔 어떻게 정의되어 있을까? 'Process'가 그 실체가 되겠다.

> · **Process** (영어사전)
>   1. (특정 결과를 달성하기 위한) 과정[절차].
>   2. (자연스러운 변화가 일어나는) 과정.
>   3. 공정(工程).

   국어사전을 보면 좀 헷갈린다. '1'을 택하면 모든 부문에서의 사용에 전혀 무리 없어 보이지만 '2'의 의미로는 제조 부문에 특화된 것처럼 보인다. 영어사전의 경우는 '3'에 한정할 경우 국어사전의 '1'과 '2' 모두를 수용할 수 있어 그 선택에 이견을 달기가 어려워 보인다. 그런데 왜 하필 빈도도 두 개로 높고 우선순위도 앞서 있는 '과정(절차)'을 뒤로하고 세 번째 위치하면서 어감도 달리 느껴지는 '공정'을 'Process'의 번역 용어로 결정했을까? 아마 산업화가 한창이던 시기에 일본의 'Process' 해석을 그대로 따라 한 것은 아닐까 추정해본다. 번역 전문가들도 'Process'를 상황에 따라 '공정', '과정' 또는 '프로세스'로 달리 해석하는 걸로 봐서는 'Process'가 꼭 '공정'만의 전유물은 아닌 듯싶다. 필자는 'Process'를 '흐름'인 'Flux'에 있다고 보고 영어 단어가 품고 있는 뉘앙스 그대로를 전달하기 위해 우리말 '프로세스'로 번역해 적용하고자 한다. '과정'이란 표현이 '공정'보다 나아 보이긴 하나 'Process Capability'를

'과정 능력'으로 읽기보다 '프로세스 능력'으로 읽는 편이 그나마 전달에 문제 없어 보이기 때문이다. 그냥 해왔던 대로 '공정 능력'이라면 되지 뭐 하러 '프로세스 능력'으로 바꿔 헷갈리게 만드느냐고 반문할지 모르지만 그 전에 여러 분야에서 함께 공유할 수 있는 'Process Capability'가 우리말 '공정 능력'으로 번역되면서 한쪽 분야는 문제없고, 다른 쪽 분야는 받아들이기 어렵다고 하는 이유에 대해 먼저 답을 해야 한다. '자장면'이 현실을 반영해 '짜장면'도 표준어가 됐듯이 큰 문제가 되지 않는다면 그냥 한번 조그만 파장을 일으켜보고 싶다. "음, 프로세스 능력!"

독자가 별 중요하게 여기지 않는 사안에 서두가 길었다. 본론으로 들어가기에 앞서 '프로세스 능력'이 어떤 과정을 거쳐 발전되어 왔는지 그 이면을 먼저 보고자 한다. 늘 그래왔듯이 그 안에서 왜 우리가 배워야 하고, 또 무엇을 알아야 하는지를 찾을 수 있기 때문이다.

1.1. '프로세스 능력(Process Capability)'의 발전

다른 분야에 비해 '프로세스 능력'은 주변에서 너무 자주 애용되고 있고, 역사도 오래지 않아 발전 과정을 추적하는 일은 그리 어렵지 않다. 또 수리적 실체가 명백해 글보다는 계산식을 함께 논하는 게 이해가 편할 듯싶다.

일반적으로 '프로세스 능력'이라 함은 '프로세스 능력 지수(PCI, Process Capability Indices)'를 일컫는 경우가 많다. 여기엔 잘 알려져 있다시피 Cp, Cp_k, Cpm 등이 속해 있다. 이들이 크게 회자되던 시기가 20세기에도 한참 들어선 1970년대부터이나 사실 그 이전에도 '프로세스 능력'이란 용어는 산업 현장에서 계속 쓰여왔다. 그 첫 단추를 찾는 것이 본 단원의 주제이다. '프로세스 능력'이 산업 현장에서 공식적으로 거론된 시점은 역시 Western Electric 社의 1956년도 핸드북이 아닌가 싶다. '프로세스 능력'에 대해 다음과 같이 정의하고 있다.

· **프로세스 능력(Process Capability)** (Western Electric SQC Handbook, p.45) 용어 "프로세스 능력"은,

: '통계적 관리 상태'에서 관측되는 프로세스의 반응(Behavior of a process).

: 외부 원인들의 간섭이 없는 상태에서 프로세스로부터 얻어지는 예측 가능한 결과.

: 유사성을 나타내는(이질성이 제외된) 프로세스의 고유 능력.

: 정해진 조건들하에서 연속된 기간 동안 통계적 프로세스 관리가 이루어졌을 때 얻어진 최고의 분포.

: '프로세스 능력'은 '불량률'이나 하나의 '분포'로써 표현될 수 있다. 여기서 '분포'란 경제적 관점에서 더 이상 줄일 수 없는 산포를 가졌을 때를 말한다.

결국 프로세스 하나를 두고 그의 능력을 논할 때 "어떤 조건에서 값을 얻을 것인가?"란 의문에 자연스럽게 봉착한다. 이것은 과거와 현재 간의 능력 비교, 다른 사업부끼리의 능력 비교, 타 비즈니스 간 능력 비교를 위해 필수적으로 갖춰야 할 전제 조건이다. 이 같은 의미에서 Western Electric社의 용어 정의에 포함된 조건들(밑줄 친 내용들)은 시사하는 바가 매우 크다. 특히 계량화란 측면에서 맨 끝에 기술된 '불량률(Percent Defective)'은 앞으로 있을 Cp, Cp_k, Cpm과 같은 수치화된 지수들의 역사적 탄생과 연장선상에 놓여 있다. 참고로 핸드북에는 관리도 종류별로 '불량률'을 계산하는 방법에 대해 자세히 논하고 있다.

Kurt Palmer(1999)[128]의 '프로세스 능력'과 관련된 조사에 따르면, '프로세

---

128) K. Palmer, K. L. Tsui (1999). A review and interpretations of process capability

스 능력'의 개념은 미국 통계학자들에 의해 처음 개발되었으나, '프로세스 능력 지수' 경우 미국 내 산업 현장으로 확산되지 못하고 오히려 일본과의 무역, 또는 그들의 생산 방법들에 대한 보고서가 미국 저널에 발표되면서 역으로 알려지게 되었다. 최초로 '프로세스 능력(Process Capability)'을 정량적으로 표현한 사람은 Feigenbaum(1951)과 Juran(1951, 1st ed)[129]이며, 이때 '6σ' 값이 '프로세스의 고유 변동(Inherent Variability of a Process)'[130]을 대변한다고 주장하였다. 그러나 '6σ'가 내부 변동에만 초점을 맞춘 값이므로 고객이 요구하는 '규격'과는 거리가 있었으며, 이는 '프로세스 성능(Process Performance)'의 탄생을 예고하게 된다. 이후 Juran(1962, 2nd ed)[131]은 프로세스 개선 활동의 필요성을 판단할 방편으로 이전의 '6σ'를 '공차 폭(Tolerance Width)'과 비교함으로써 '프로세스 변동(Process Variability)'과 '고객 규격' 사이를 처음으로 연계시켰다. 그러나 이때까지도 '프로세스 능력(Process Capability)'은 여전히 '규격'과는 별개로 해석되고 있었다(개선 활동 판단용에 활용했으므로). 결국 Charbonneau & Webster(1978)[132]에 이르러 '프로세스 변동'과 '고객 규격'을 서로 직접 비교하는 최초의 '능력 비(Capability Ratio)'가 제안되기에 이른다(프로세스 변동이 공차의 얼마만큼을 차지하는지에 대한 척도로 '100'이 곱해지거나 생략되기도 하며, 산업계에서의 활용도는 그리 높지 않음). 이때의 산식은 다음과 같다.

---

indices. Annals of Operations Research, 04-1999, Volume 87, Issue 0, pp.31~47.
129) Feigenbaum, A. V. (1951). Quality Control. McGraw-Hill, New York; Juran, J. M. (1951). Quality Control Handbook. McGraw-Hill, New York(1st ed).
130) 단어 'Inherent'는 'Potential'과 같은 의미로 쓰임.
131) Juran, J. M. (1962). Quality Control Handbook. McGraw-Hill, New York(2nd ed).
132) Charbonneau & Webster (1978). Industrial Quality Control (Prentice Hall, Englewood Cliffs, New Jersey).

$$Cability\ Ratio = 100 \times \frac{6\sigma\ Variation}{Tolerance\ Width(USL-LSL)}$$

$$or\ \ 100 \times \frac{1}{Cp}$$

(식 III-1)

공식적으로 현대적 '프로세스 능력'을 처음으로 거론한 이는 루마니아 태생이지만 1912년 가족과 함께 미국으로 이주해 이후 '품질 관리의 전도사'로 알려진 주란(Joseph Moses Juran, 1904.12.~2008.2.)이다. 우연인지는 모르지만 1925년에 일리노이주 Cicero 지역에 있던 Western Electric社의 Hawthorne Works 공장 내 '고객 불만 처리부서'에서 첫 업무를 시작했는데 그 공장엔 1918년에 Shewhart가 연구부서(Engineering Department)에서 활동하고 있던 곳이기도 하다. 세기의 명사들이 한곳에 모여 있었다는 사실이 참 신기할 따름이다. 주란은 그의 저서(1974)[133]에서 [그림 III-1]과 같은 최초의 '프로세스 능력 지수(PCI, Process Capability Index)'를 거론한다. 그러나 이 지수는 80년대 초까지 큰 관심을 끌진 못한다.

'프로세스 능력 지수(Process Capability Indices)'들을 미국에 공식적으로 소개한 사람은 Sullivan(1984, 1985)[134]이다. Sullivan(1985)은 일본의 생산 공정에서 사용 중인 것으로 알려진 다섯 개의 지표들을 알렸는데, 이들엔 'Cp', 'Cp_k', 'k', 'Cp_u', 그리고 'Cp_l'이 포함된다. 같은 해 Kane(1984)[135]은 'Cp_k', 지수와 표집과의 연계 및 지표의 일부 수정안을 제시하였다. Kane의 논문은 인터넷에 공개되어 있고 설명도 쉬워 지표를 이해하고 정리하는 데 도움 받을 수 있으니 여유가 생길 때 참고하기 바란다.

---

133) Juran J. M. (1974). Juran's quality control handbook (3rd ed). McGraw-Hill. New York: NY. (참고) 최초 PCI를 제안한 출처는 문헌마다 조금씩 차이가 있다.
134) Sullivan, L. P. (1984). Reducing variability: A new approach to quality. Quality Progress 17: pp.15~21; Sullivan, L. P. (1985). Letters, Quality Progress 18: pp.7~8.
135) Kane, Victor E.; "Process Capability Indices", Journal of Quality Technology, Volume 18, Number 1, January 1986.

(식 Ⅲ-1)이 그렇듯이 '프로세스 능력 지수(PCI, Process Capability Indices)'도 '고객 규격'과 '프로세스 변동'을 명료하게 연결 짓고 있어 고객 만족을 위해 공급자가 책임져야 할 사항이 무엇인지 식을 통해 확인이 가능하다. 그러나 '프로세스 성능(Process Performance)'이 향상되면 관련 지수도 좋아진다는, 즉 "향상될수록 좋다"라는 상식과 (식 Ⅲ-1)은 정면 배치된다. '분모'는 '규격 폭'이므로 일정한 반면 프로세스가 좋아져 '분자'의 '표준 편차'가 줄 경우 '능력 비'도 줄기 때문이다. 반면에 '프로세스 능력 지수'는 다음 [그림 Ⅲ-1]과 같이 "프로세스 성능이 좋아질수록('표준 편차'가 줄수록) 커지는 구조" 때문에 이해가 쉽다. 전 산업 군으로 전파하게 된 충분한 이유들 중 하나이다.

[그림 Ⅲ-1] '프로세스 능력 지수(Process Capability Index)'- Cp

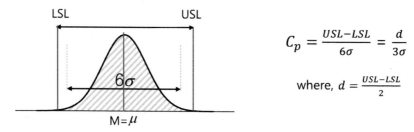

$$C_p = \frac{USL - LSL}{6\sigma} = \frac{d}{3\sigma}$$

$$where, \ d = \frac{USL - LSL}{2}$$

[그림 Ⅲ-1]에서 '6σ'는 '자연 공차(Natural Tolerance)'라고 하며, '규격'과 비교할 용도로 도입되었다. 지금도 마찬가지지만 당시 '프로세스 능력'을 평가할 항목들에 '프로세스 평균(μ)', '프로세스 분산(σ²)', '제품 규격(Specification)'이 있었다. '규격'은 제품마다 모두 천차만별이다. 따라서 모든 특성들 각각을 한 번에 그리고 일목요연하게 관찰하고 그를 기반으로 이후 활동들에 대한 판단을 제때 하기가 매우 어렵다. 이에 [그림 Ⅲ-1]처럼 '규격'과 프로세스 파라미터인 '표준 편차'의 '비(Ratio)'를 구함으로써 '단위'가 모

두 사라지고, 또 보기도 쉬우면서 다른 특성 간 비교도 매우 수월하다는 장점이 주란이 'Cp'를 거론한 주된 이유였다[주) 135].

그러나 잘 알려져 있다시피 [그림 Ⅲ-1]에는 '프로세스 평균(μ)'이 규격의 중심인 'M(Midpoint)'과 일치하는 경우만 '프로세스 능력'을 제대로 평가할 수 있다. 만일 '분포의 중심'이 이동하면 '프로세스 능력'은 엉망일 수 있음에도 'Cp'는 높게 나올 수 있어, 이 문제점을 보완하기 위해 '프로세스 능력 지수'들 중 하나인 'Cp_k'가 등장한다. 'Cp_k'를 공식적으로 다룬 주요 문서에 1986년 Victor E. Kane의 것이 있다.

[그림 Ⅲ-2] '프로세스 능력 지수(Process Capability Index)'-Cp_k

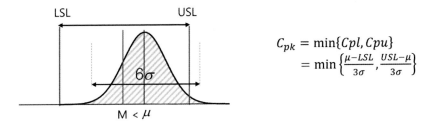

[그림 Ⅲ-2]를 보면 분포의 중심이 오른쪽으로 이동했으며, 그에 따라 오른쪽으로의 '불량률'도 증가했다. 이때 '반쪽짜리 Cp(그림 산식 참조)'를 구해 분포가 이동한 쪽의 값(그림 예 경우 'Cp_u')을 선택한다. '반쪽짜리 Cp'에서 '분자의 양'이 작은 쪽이 '분포가 이동한 방향'이기 때문에 현 프로세스를 반영하는 지수로써 의미가 있다.

'Cp_k'의 'k'에 대해서는 필자도 그 출처에 대해 매우 궁금한 때가 있었다. 이에 대해서는 「Be the Solver_프로세스 개선 방법론」편에 당시 상황과 출처를 밝힌 바 있다. 혹자는 Kane이 'Cp_k'를 발표했으므로 그의 이름 첫 자를 딴 것으로 알고 있지만 사실 그의 논문 46쪽에 다음과 같이 언급하고 있다.

> "The k factor is used in Japan as an index describing the amount the process means is off-center." 직역하면 "k인자는 일본에서 프로세스 평균이 중심치에서 이탈된 양을 나타내는 지표로 사용되고 있다."

현재형으로 쓰인 점을 감안하면 논문을 쓴 당시인 1986년에도 일본에서 'k'를 계속 사용하고 있었음도 알 수 있다. 「Be the Solver_프로세스 개선 방법론」편에 기술된 'k'의 의미를 옮기면 다음과 같다.

· 'k'의 출처 (Be the Solver_프로세스 개선 방법론, p.216)
…(중략) Victor Kane이라는 사람의 'K'를 사용했다는 얘기도 전해지지만, 이보다는 일본의 경제 부흥기였던 1970년대 당시 일본 학계 및 제조사들이 Cp, Cpl, Cpu, Cpk 등의 프로세스 능력 관련 지수들을 만들었다는 시기로 거슬러 올라간다. 당시 'Cpk'의 'k'는 일본어 영문 표기인 'katayori' 또는 'kitayuri'에서 유래되었으며, 일영사전에서의 그 의미는 'deviation, inclination, or offset'의 뜻으로 사용되고 있다.

결국 '프로세스 능력 지수(PCI)'는 Juran이 최초 'Cp'를 제안한 이후, 이것을 일본 기업에서 받아들여 실제 적용하고 발전시켰으며, 그 결과물을 다시 서구의 연구가들이 고도화시키는 순환 과정이 있었음을 엿볼 수 있다. 'Cp'가 알려진 1974년 이후부터 Kane이 지수를 정리한 1986년 사이에 일본 기업에서 무슨 일이 벌어졌는지는 공식적으로 알려진 바가 없다. 아마 일본 내 사내 일부 문헌을 통해 확인할 수 있지 않을까 추측만 해볼 따름이다.

'Cp', 'Cp_k' 외에 만일 분포의 '평균(μ)'이 '규격'의 중간 값인 'M(Midpoint)'

과 일치하지 않고 다른 값을 지향한다면 '*Cpm*'이 쓰인다. '*Cpm*'은 Hsiang and Taguchi(1985),[136] Chan, Cheng, and Spiring(1988)[137]이 각각 발표했다. 전자는 '손실 함수(Loss Function)'의 개념이 포함되어 있으며, 주로 후자의 산식을 주변에서 자주 접한다. 다음은 미니탭 '도움말'에 포함된 산식을 옮긴 것이다.

[그림 Ⅲ-3] '프로세스 능력 지수(Process Capability Index)'-*Cpm*

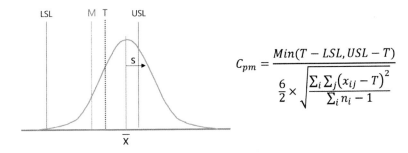

$$C_{pm} = \frac{Min(T - LSL, USL - T)}{\frac{6}{2} \times \sqrt{\frac{\sum_i \sum_j (x_{ij} - T)^2}{\sum_i n_i - 1}}}$$

[그림 Ⅲ-3]을 보면 '규격(LSL, USL)'의 중간 지점인 'M(Midpoint)'이 존재한다. 보통은 분포의 중심(μ)을 'M'에 위치하도록 관리하지만 특별한 경우 'M'이 아닌 'T'에 '목표(Target)'를 둘 경우 '*Cpm*' 산식을 이용한다.

이 밖에도 '평균의 이탈'에 민감도를 높인 지수(*Cpm_k*)라든가 앞서 보인 모든 지수들을 하나로 통합한 다음과 같은 지수[138]로 발전하면서 '프로세스 능력 지수(PCI)'의 활용도가 높아지고 있다.

136) Hsiang, T. C. and Taguchi, G. (1985). A tutorial on quality control and assurance The Taguchi method. ASA Annual Meeting, Las Vegas.

137) Chan, L. K., Cheng, S. W. and Spiring, F. A. (1988a). A new measure of process capability: Cpm. J. Quality Technology 20, 162-175.

138) Kerstin Vannman (1995). "a Unified Approach to Capability Indices", Statistica Sinica 5(1995), 805-820.

$$Cp(u, v) = \frac{d - u|\mu - M|}{3\sqrt{\sigma^2 + v(\mu - T)^2}}. \qquad \text{이때,} \qquad \text{(식 III-2)}$$

$$Cp(0,0) = Cp, \qquad Cp(1,0) = Cp_k,$$
$$Cp(0,1) = C_{pm}, \qquad Cp(1,1) = Cpm_k$$

Vannman은 (식 III-2)의 유용한 값으로 '$u = 0$'과 '$v = 4$'를 제안하였다.

20세기 후반에 들어서면서 비즈니스의 복잡화와 다양화, 또 전사적 관점에서 제품 및 서비스의 품질을 논하는 시대가 왔다. 단순히 제품을 생산하는 협의의 공간이 아닌 주변 지원부서는 물론 기업의 테두리를 벗어난 공급자, 최종 고객들까지로 범위가 확대되고 따라서 이들에 대한 프로세스 관리의 중요성이 대두되었다. 이에 따라 '프로세스 능력 지수'에도 변화가 불가피해졌다. 예를 들어 주문을 받으면서 접수증에 확인해야 할 모든 사항들이 올바르게 기재됐으면 '주문 완료'지만 납품 날짜 등이 잘못 기재되어 향후 문제가 생긴다면 '주문 미완료'로 분류된다고 할 때, 이 프로세스의 능력은 어떻게 산정될까?

기존에 알려진 'Cp', 'Cp_k'로는 아리송한 상황에 직면한다. 왜냐하면 이들이 '연속 자료'에 기반하고 있어 '범주형 자료(Categorical Data)'처럼 'LSL'이나 'USL'의 설정이 애매한 경우는 계산 자체가 어렵기 때문이다. 결국 'Cp', 'Cp_k'는 기본적으로 ① '연속 자료'이면서 ② 규격이 있어야 산정이 가능하다. 그러나 이런 문제점을 극복하고 새로운 시대적 배경에 부응할 목적으로 탄생한 것은 아니지만 하나의 국면 전환의 계기가 마련되었는데 바로 '6시그마'의 탄생이다. 이를 통해 공식적으로 통용되는 'Six Sigma Capability'가 도입되었다. 따라서 기존의 'Cp', 'Cp_k', 'Cpm'을 '전통적 프로세스 능력 지수(Traditional Process Capability Indices)'로 분류하기도 한다.

상기한 바와 같이 '프로세스 능력'의 측정은 1980년대 '6시그마'로 불리는 혁신 프로그램이 도입되면서 큰 변화를 겪는다. 위키백과(한글판)에 따르면 "6

시그마는 1986년 모토로라의 엔지니어인 Bill Smith(1929~1993)가 정립하였으며, 품질 불량의 원인을 찾아 해결해내는 체계적인 방법론이다. 이전에 많이 쓰이던 불량률 제로 운동, 총체적 품질 경영 활동 등 다양한 품질 관리 기법에서 많은 영향을 받아 만들어졌다. 그러나 1995년 Jack Welch(1935~)가 General Electric社에 도입하면서 한층 더 알려지고 발전하였다. 이때부터 기업에서 전략적으로 완벽에 가까운 제품이나 서비스를 개발하고 제공하려는 목적으로 정립된 품질 경영 기법 또는 철학, 또는 기업 조직 내의 다양한 문제를 구체적으로 정의하고 현재 수준을 계량화하고 평가한 다음 개선과 유지 관리하는 경영 기법으로 발전하였다." 그러나 무엇보다 '프로세스 능력' 관점에서 'Six Sigma Capability[측정값은 Sigma Level(시그마 수준)]'란 측도를 사용한 점이 큰 성과라 할 수 있다. 한 자료에 따르면[139] 이에 대한 이력을 다음과 같이 서술하고 있다.

측정 표준으로써의 '6시그마(6σ)'를 도입한 최초의 계기는 Carl Friedrich Gauss(1777~1855)가 '정규 곡선'의 개념을 완성한 1809년으로 거슬러 올라가야 한다. 그러나 제품 변동을 측정하기 위한 측도로써의 '6시그마(6σ)'는 1924년 Walter Shewhart가 분포 중심으로부터 '$\pm 3\sigma$' 지점이 프로세스의 보정이 이루어져야 할 분기점으로 정한 데서부터다. 물론 그 이후 측정 표준으로써 Cp_k, Zero Defects 등이 쓰여왔다. '6시그마(6σ)' 측도를 만든 장본인은 모토로라 엔지니어인 Bill Smith이며, 특히 'Six Sigma'는 자국에 등록된 모토로라의 상표이기도 하다.

모토로라 엔지니어들은 '수천 개 기회당 결점 수(Defects in Thousands of Opportunities)'들을 측정하는 전통적인 품질 수준들이 상태를 명확하게 표현하지 못한다고 생각했으며, 대신 '백만 기회당 결점 수(Defects per Million Opportunities)'가 올바르단 판단을 하였다. Bob Galvin이 회장으로 재임 중이던 1987년 1월 15일, 그는 "The Six Sigma Quality Program"

---

139) http://www.isixsigma.com/new-to-six-sigma/history/history-six-sigma/,
http://www.pqa.net/ProdServices/sixsigma/W06002009.html

이라고 하는 향후 5년간(1992년까지)의 장기 품질 향상 프로그램을 선포하고 '6시그마(6σ)' 능력 수준(Capability Level)을 3.4DPMO(백만 기회당 3.4개 수준)로 표준화한 새로운 목표를 설정하였다. 모토로라는 이 같은 새로운 측정 표준을 개발하고 그와 연결된 방법론과 일하는 문화를 바꾸었다. 이 노력의 일환으로 모토로라는 $16Billion 이상을 절감하는 효과를 보았다.

Bob Galvin이 목표로 정한 '3.4DPMO'는 무슨 데이터로, 또 어떻게 측정된 것일까? 이에 대해 한 출처의 관련 내용을 아래에 옮겨놓았다.[140]

'Sigma'는 '변동성'을 설명하기 위해 도입한 그리스 알파벳 'σ'를 지칭한다. 6시그마에서의 모든 측정은 '백만 기회당 결점 수'를 나타내는 'DPMO(Defects per Million Opportunities)'이며, '기회(Opportunity)'[141]는 부품, 일정분의 재료, 프로그램 한 줄, 행정용 양식, 시간이나 거리 등 모든 것을 포함할 수 있다[필자] 이것이 전통적 프로세스 능력 지표와 차별되는 특징으로 보인다). 'DPMO'로부터 **시그마 수준**이 얻어지며, 이 지표는 결점들이 얼마나 자주 발생할 것인지를 표시한다. 예를 들어, '시그마 수준'이 높을수록 프로세스는 결점들을 덜 만들어낸다. 결국 '시그마 수준(Sigma Level)'이 증가하면 제품의 신뢰성은 향상되고, 시험과 검사 필요성은 줄어들며, 재공품(Work in Process)과 사이클 타임, 비용이 줄고, 고객 만족도는 올라간다. 시그마 품질 수준을 좀 더 이해하기 위해서는 '단기(Short-term)'와 '장기(Long-term)' 프로세스 능력을 학습할 필요가 있다.

'단기 프로세스 능력(Short-term Process Capability)'은 만일 측정 대상이 'USL' 또는 'LSL'을 벗어날 경우 '불량'으로 분류되며, 통상 '목표값(T)'은 규격의 '중심(Midpoint)'과 일치할 때의 능력이다. 다음 [그림 Ⅲ-4]는 '단기 프로세스 능력'을 설명하기 위한 분포이며, '표준 편차의 변화 vs. PPM/DPMO' 간 비교를 나타낸다. (필자)

---

140) http://www.pqa.net/ProdServices/sixsigma/W06002002.html
141) '기회(Opportunity)'와 'DPMO'들에 대해서는 「Be the Solver_프로세스 개선 방법론」편을 참조하기 바람.

이 분포도는 '규격 중심(M)'과 'USL' 사이에 '표준 편차'가 6개 들어가는 수준(맨 안쪽 주황색 분포)이면 좌우 양측으로 규격을 벗어나는 넓이가 '0.002PPM(또는 2ppb, 10억 개당 2개)'임을, 관리가 안 되어 '표준 편차'가 늘어나 2개 들어가는 수준(가장 바깥쪽 파란색 분포)이면 좌우 양측으로 규격을 벗어나는 넓이가 '45,500PPM'임을 나타냄.

[그림 Ⅲ-4] 여러 '표준 편차의 변화' 대 'PPM/DPMO'

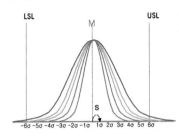

M과 USL 사이 표준편차 수	%양품	PPM/DPMO
2	95.45	45,500
3	99.73	2,700
4	99.9937	63
5	99.999943	0.57
6	99.9999998	0.002

[그림 Ⅲ-4]의 표로부터 '규격 중심(M)'과 'USL' 사이에 '표준 편차'가 '4개' 들어가는 수준이면 'M'을 중심으로 좌우 대칭 넓이가 약 '99.9937'이고, 이때 규격을 벗어나는 양은 '63PPM'임을 알 수 있다. 'PPM'은 'Parts per Million'으로 '백만 개당 수량'의 개념이다. 분포 전체 넓이를 '1'로 보면 '확률'이 되고, '100'으로 보면 '%'가, '100만'으로 보면 얻어진 넓이는 'PPM 또는 DPMO'가 된다. 'PPM'과 'DPMO'의 관계는 만일 측정 대상(예로써 부품 등)에 기회(잘못될 가능성)가 한 개이면 두 지표는 같고, 측정 대상에 기회가 여럿이면 둘은 차이를 보인다. 자세한 내용은 '주) 141'을 참고하기 바란다. '시그마 수준'이 낮아질수록 분포의 중심이 좌 또는 우로 이동하거나 산포가 증가하게 되어 규격을 벗어나는 양 역시 증가한다('시그마 수준'은 '규격'을 벗어난 넓이를 모두 오른쪽으로 옮긴 후 역 누적 과정을 거쳐 계산된다. 자세한 설명은 「2.4.1. '시그마 수준(Sigma Level)'의 계산」 참조).

‘**장기 프로세스 능력(Long-term Process Capability)**’은 프로세스를 장기적으로 관찰했을 때의 능력이다. 분포를 장기적으로 관찰하면 툴의 시간에 따른 마모, 원재료 변경, 담당자의 교체, 관리 미흡 등 다양한 원인들로 ‘평균’이 이동(Shift)한다. 따라서 변동의 양상도 훨씬 클뿐더러 운영 중인 프로세스의 실질적인 관리 능력을 대변하는 척도이기도 하다. 이때 D. H. Evans(M. J. Harry도 이 문헌을 참고함)는 프로세스 관리가 잘 되어도 분포 자체는 오랜 기간 동안 왼쪽 또는 오른쪽으로 평균 ‘약 1.5s’만큼 움직인다고 주장했다.142) 일반적으로 ‘프로세스 능력’은 단기로 파악되므로 ‘장기 프로세스 능력’을 얻었다면 그 ‘시그마 수준’에 ‘1.5’를 더한다. 이와 같은 움직임을 “**Motorola’s Shift**”라고 부른다. 다음 [그림 Ⅲ-5]는 이미 ‘1.5Shift’를 반영한 ‘장기 프로세스 능력(시그마 수준)’과 그에 ‘1.5’를 더해 ‘단기 프로세스 능력’으로 바뀐 수준 및 ‘장기 프로세스 능력’에서 계산된 ‘PPM/DPMO’를 나타낸다.

[그림 Ⅲ-5] 여러 ‘시그마 수준(장기)’ 대 ‘시그마 수준(단기)’ 및 ‘DPMO’

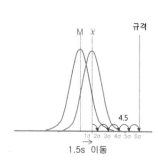

시그마 수준 (단기)	시그마 수준 (장기)/1.5Shift	%양품	PPM/DPMO
1.5	0	50.0	500,000.0
2	0.5	69.14625	308,537.5
3	1.5	93.31928	66,807.2
4	2.5	99.37903	6,209.7
5	3.5	99.97674	232.63
6	4.5	99.99966	3.4

1.5를 더해서 나온 ‘시그마 수준’ (장기)데이터로부터 얻어진 ‘시그마 수준’ ‘시그마 수준(장기)’로 계산된 확률(%, PPM)

---

142) D. H. Evans (1975). Statistical Tolerancing: The State of the Art Part III, Shifts and Drifts.; M. J. Harry (1988). The Nature of Six Sigma Quality.

[그림 Ⅲ-5]의 '시그마 수준(장기)'은 '1.5s 이동' 때문에 '시그마 수준(단기)'와 비교해 '1.5'만큼 줄어 있으며(분포 그림 참조), 표에 적힌 'PPM'은 [그림 Ⅲ-4]의 그것에 비해 증가했는데, 바로 분포가 한쪽으로 '1.5s'만큼 이동했으므로 규격을 벗어나는 양이 증가했기 때문이다([그림 Ⅲ-4]와 '시그마 수준(단기)'의 'PPM'과 비교). 현재는 '시그마 수준(장기)+1.5=시그마 수준(단기)'의 관계가 성립한다. 혹 계산에 혼선이 있을 독자를 위해 토를 달면 "우리가 실제 수집한 데이터로부터 계산된 값은 [그림 Ⅲ-5]의 표에서 '시그마 수준(장기)'이고, 이에 따라 '%양품', 'PPM/DPMO'들이 각각 결정된다. 그런데 통상 '시그마 수준(단기)'으로 현상을 논해야 하므로 '시그마 수준(장기)+1.5'를 사용하며, 이때의 값이 [그림 Ⅲ-5]의 표 첫 번째 열에 포함되어 있다"이다. 참고로 '이동(Shift)'에 대한 자세한 설명은 「Be the Solver_Quick 방법론, pp.125~128」편을 참고하기 바란다.

　'1.5Shift'의 근거에 대해 사실 많은 사람들이 의구심을 갖는다. '산업 평균적으로…'라는 게 근거인데, 이 값은 'Motorola's Shift'란 표현이 나타내듯 모토롤라社에서 만들어낸 일종의 경험으로부터 얻어진 보정 상수이다. 사실 '프로세스 시그마(시그마 수준)'를 계산할 때 쓰는 '표준 정규 분포 테이블'엔 기존의 '±3' 패러다임에 입각해 'z-값'이 '3'까지만 마련되어 있었는데, 1992년 모토롤라가 출간한 「Six Sigma Producibility Analysis and Process Characterization (Mikel J. Harry & J. Ronald Lawson)」에 따르면 유일하게 'z-값'이 '6'까지 확장되어 있다. 테이블에는 '6 시그마'의 이론적 계산 값인 '10억 기회당 2개 결점 수'와, 한편으로 '1.5Shift'를 고려해 '4.5 시그마'에 해당하는 '백만 개 기회당 3.4개 결점 수'가 포함되어 있다. '1.5'의 변화는 모토롤라가 결정한 값으로 프로세스를 오랜 기간 운영하면서 데이터를 수집해오면 모토롤라가 "Long-term Dynamic Mean Variation"이라 칭하는 변동이 통상 '1.4~1.6'이라는 데 근거한다. Mikel J. Harry와 Schroeder가 쓴 「The Breakthrough

Management Strategy Revolutionizing The World's Top Corporations」에서 이 주제에 대해 다음과 같이 서술하고 있다.

> "정규 분포를 1.5만큼 보정함으로써, 오랜 기간 생산을 담당하던 프로세스에 조정이 일어나는…. 단순히 그것은 원치 않는 오류나 오차 또는 시간에 따른 프로세스의 이동을 대변한다. '1.5시그마'의 적용으로 생산이나 설계뿐만 아니라 상업적인 프로세스까지도 품질을 높이는 데 매우 긍정적 영향을 미친다. 또 제품이나 서비스를 설계할 때 프로세스, 부품, 재료로부터 오는 피할 수 없는 변동에 영향 받지 않도록 (현실적인) 올바른 지표를 제공한다."

그러나 6시그마가 탄생했던 핵심 기간인 1984년부터 1991년 사이에 모토로라에서 통계 방법론을 연구하던 부서장 Mario Perez-Wilso는 한 인터넷 사이트[143])에서 당시 '1.5shift'의 근거로 삼던 David H. Evans의 자료, 또 M. J. Harry의 자료 그 어떤 곳에서도 왜 '1.5shift'를 해야 하는지에 대한 근거가 전혀 없었다고 주장한다. 다음은 주장 내용 중 일부를 옮긴 것이다.

> "나는 1984년부터 1991년까지 모토로라의 통계 방법 지원 부서장으로 일했으며, 주요 업무는 회사 품질 방침인 "5개년 목표, 즉 모든 부문에서 1992년까지 6시그마 능력을 달성하는 것"을 성취하도록 통계적 방법의 사용을 전파하는 일이었다. 1987년 1월 15일 'Our Six Sigma Challenge' 문서가 배포되었을 때 '±1.5Shift'와 '3.4ppm 결점 수준'을 참고해 목표가 설정됐는데 이 내용을 입증할 만한 자료를 전혀 찾지 못했으며(중략)… 1987년 Bob Galvin도, Bill Smith, Mikel Harry, 또 나 역시도 그 내용을 지지할 만한 어떤 자료도 갖고 있지 않았으며(중략)…."

참 헷갈리는 상황이다. 어찌 되었든 미국 기업들의 최근 자체 품질 관리 매

---

143) http://www.mpcps.com/index.html

뉴얼에도 '1.5Shift'를 공식적으로 적용하고 있어 일단 보편적인 현실로 받아 들이는 게 좋을 듯하다. '프로세스 능력'의 산출에 '1.5Shift'를 고려한다는 점 자체가 이미 기존 산출 방법과의 차별성을 갖는 것으로 보인다.

이제 초반에 설명했던 'Cp_k(또는 Pp_k)'와 현재의 '시그마 수준'과의 관계에 대해 알아보자. (식 III-3)은 일반적으로 사용되지만 엄밀히 말하면 올바른 표현은 아니다([표 III-8], (식 III-25)~(식 III-27), 그리고 [그림 III-28]에 정확한 해석을 포함시켰으니 필요하면 해당 내용을 참고하기 바란다).

$$Z_{within} = 3 \times Cp_k, \quad Z_{long-term} = 3 \times Pp_k \qquad \text{(식 III-3)}$$

[표 III-1] '시그마 수준'과 'Cp_k' 간 전환

시그마 수준 (단기), Z_{st}	Cp_k	시그마 수준 (장기), Z_{lt}	Pp_k	PPM/DPMO
0.0	0.00	−1.5	−0.50	933,192.8
1.0	0.33	−0.5	−0.17	691,462.5
1.5	0.50	0.0	0.00	500,000.0
2.0	0.67	0.5	0.17	308,537.5
3.0	1.00	1.5	0.50	66,807.2
4.0	1.33	2.5	0.83	6,209.7
5.0	1.67	3.5	1.17	232.63
6.0	2.00	4.5	1.50	3.4

※ $Z_{st} = Z_{lt} + 1.5$,

※ $Z_{within} = 3 \times Cp_k$

※ $Z_{lt} = 3 \times Pp_k$

'Z_{st}'과 'Z_{within}'을 동등시하는 등의 활용상 오류가 많음. 'Z_{st}', 'Z_{within}', 'Z_{lt}'과 관련된 용어 정의는 「2.4.2. '시그마 수준(Sigma Level)'의 계산 - 정규 분포」 내 "6시그마 능력(Six Sigma Capability) 용어 정의" 참조

이들의 좀 더 상세한 계산 과정이 필요한 독자는 「2.4.2. '시그마 수준 (Sigma Level)'의 계산 - 정규 분포」를 참고하기 바란다.

품질관련 자료를 볼 때면 으레 단골로 나오는 내용이기도 하거니와 처음 입문하는 기업인들의 잦은 질문 사항이기도 하다. 영문으론 'Process Capability'와 'Process Performance'로 각각 불린다. 주변에서 쉽게 구해지는 자료에서 일관된 정의를 보이므로 헷갈릴 사안은 아니지만 최초 둘의 구분을 언급한 시점으로 돌아가면 의미상 약간의 차이를 보인다. 다음은 1956년도 발행된 Western Electric社의 SQC 핸드북(p.45)에 쓰인 설명을 옮긴 것이다.

프로세스의 "Capability(능력)"와 "Performance(성능)"는 의미가 다른데, "Capability"는 외부로부터 들어오는 영향들을 모두 제거한 후 얻어지는 자연스럽고 방해받지 않은 상태에서의 성능을 의미하는 반면, "Performance"는 '원인계(Causes System)'에 존재하는 불필요한 변수들과 원치 않는 장애 요소들 모두를 포함한 상태에서의 성능을 말한다. 현재가 어느 성능을 보이는지는 데이터를 '관리도'에 타점함으로써 결정된다.

이 정의가 시사하는 바는 매우 크다. 즉 "Capability(능력)"는 온전히 '우연 원인'에 의한 변동만을 고려할 때의 프로세스 수준이므로 '그룹 내(또는 군내)', '잠재(Potential)', '고유(Inherent)', '단기(Short-term)' 등의 수식어가 붙는 이유를, 반면에 'Performance(성능)'는 '이상 원인'에 의한 모든 변동을 포함할 정도로 오랜 기간 수집되어야 함에 따라 '전체(Overall)', '장기(Long-term)' 등의 수식어가 붙는 이유를 설명한다. 참고로 미니탭의 '공정 능력' 결과 그래프를 얻어보면 '전체 공정 능력'은 Pp, Pp_k로, '잠재적(군내) 공정 능력'은 Cp, Cp_k로 각각 구분되어 있다. '시그마 수준'을 논할 때 '1.5Shift'를 고려하는 것도 설명할 수 있는데, 수집된 장기 데이터는 여러 외부 요인들의 영향을 모두 포함한 변동을 나타내므로 이로부터 얻어진 '시그마 수준(장기)'은 'Performance'의 의미를 갖는다. 반면에 외부 영향이 없는 상태에서 순수 능력을 예측하기 위해 '1.5'를 더함으로써 가야 할 목표점을 가늠하거나, 개선 후 관리도의 안정적인 모습을 추정할 때는 'Capability' 의미를 갖는다. 결국 '관리도'에서 모든 변동들을 포함하면 'Performance'가, 개선을 통해 '관리 상태'에 이르면 'Capability'가 되는 점도 쉽게 알 수 있다.

그러나 Kane(1986)[주) 135] 경우 프로세스의 산포만 반영된 'Cp'는 '(Process) Potential'로, 산포와 함께 중심 이동까지를 고려한 'Cp_k'는 '(Process) Performance'로 구분한다. 'Potential(잠재적)'과 'Performance(성능)'의 의미를 정의했다고 볼 수 있는데 사실 기업에서 통용되는 매뉴얼 경우 일반적으로 다음 [표 Ⅲ-2]와 같이 구분한다.

[표 Ⅲ-2] '지수 매트릭스(Indices Matrix)'

산포/평균 고려 표준편차 추정치 고려	프로세스 산포에만 관심을 둠 (Process Potential)	프로세스 산포와 목표값 모두에 관심을 둠 (Process Performance)
프로세스 능력 지수 (Process Capability Indices)	Cp	Cp_k
프로세스 성능 지수 (Process Performance Indices)	Pp	Pp_k

[표 Ⅲ-2]를 통해 산포만 고려하느냐, 프로세스 평균의 이동까지 함께 고려하느냐에 따라 '(Process) Potential'과 '(Process) Performance'로 구분한다. 또 바로 이어서 설명하겠지만 '표준 편차'를 '그룹 내 변동'인 '$\overline{R}/d_2$'를 적용할 것인지, 아니면 '그룹 내 변동+그룹 간 변동' 모두를 반영한 's'를 쓸 것인지에 따라 'Capability (Indices)'와 'Performance (Indices)'로 나눠져 있음도 알

수 있다(이 해석은 Western Electric社 SQC Handbook의 'Capability' 및 'Performance' 정의와 차이가 있으며, AIAG SPC Handbook[주] 144 참조] 정의를 따르고 있다. 현재로선 출처별 차이를 인정해야 한다). 특히 단어 'Performance'는 양측 모두에 걸려 있어 독자들은 용어 선택에 따라 의미가 달라질 수 있음을 명확히 인지하고 현명하게 잘 대처하길 바란다. 우리 주변의 자료를 보면 너무 뒤섞여 있어 의미 파악이 제대로 안 되는 경우를 심심찮게 경험하기 때문이다.

　'Process Capability'와 'Process Performance'의 차이를 '변동(Variation)'의 관점에서 좀 더 와 닿도록 설명한 문헌은 미국 Big3社(DaimlerChrysler, Ford, GM)가 내놓은 'AIAG SPC Manual'에서다.[144] 우선 '변동(Variation)'의 설명부터 보자. 다음 [그림 Ⅲ-6]은 '그룹 내 변동(Within-Subgroup Variation)'과

[그림 Ⅲ-6] '그룹 내 변동'과 '그룹 간 변동' 개요도

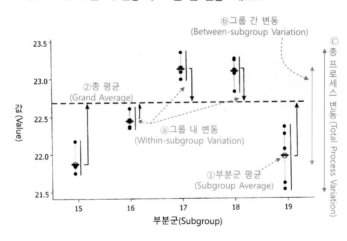

144) DaimlerChrysler Corporation, Ford Motor, and General Motors Corporation, "Statistical Process Control(SPC) Reference Manual", Second Edition, Issued July 2005. 본문에서는 'AIAG SPC Manual'로 지칭함.

'그룹 간 변동(Between-Subgroup Variation)', '총 프로세스 변동(Total Process Variation)' 간 관계를 표현한 개요도이다(매뉴얼 pp.130~131).

[그림 Ⅲ-6]에서 4, 5개 정도의 '표본 크기'로 이루어진 '부분군(Subgroup)'은 개별 타점과 그의 '평균'을 형성하며('① 부분군 평균' 참조), 그들을 모두 고려한 '총 평균'이 존재한다('② 총 평균' 참조). 다시 개별 '부분군'들은 각기 자체 내의 변동성을 보이며('ⓐ 그룹 내 변동' 참조), 각 '부분군 평균'과 '총 평균' 간 차이들로부터 부분군들 간 변동이 형성된다('ⓑ 그룹 간 변동' 참조). 끝으로 'ⓐ 그룹 내 변동'과 'ⓑ 그룹 간 변동'을 모두 합친 전체 변동이 존재한다('ⓒ 총 프로세스 변동' 참조). 매뉴얼에 언급된 '변동(Variation)'들의 용어 정의는 다음과 같다(매뉴얼 p.131). 추가로 '고유 프로세스 변동(Inherent Process Variation)'도 포함되어 있다.

○ 고유(또는 잠재) 프로세스 변동(Inherent Process Variation, σ) → 오로지 '우연 원인(Common Causes 또는 Systematic Causes)'에 의해서만 나타나는 프로세스 변동.

○ 그룹 내 변동(Within-subgroup Variation, σ_W) → 오로지 부분군 내에서의 차이 때문에 발생된 변동. 만일 프로세스가 통계적 '관리 상태'에 있으면 이 변동은 '고유 프로세스 변동(Inherent Process Variation)'의 평가에 유용하게 쓰인다. 관리도로부터 '$\overline{R}/d_2$, 또는 $\overline{s}/c_4$'에 의해 추정된다.

○ 그룹 간 변동(Between-subgroup Variation, σ_B) → 부분군들 간 평균의 차이로 인해 발생된 변동. 만일 프로세스가 '통계적 관리 상태'에 있으면 이 변동은 '0'이 되어야 한다(임의성을 띠므로 '총 평균' 위쪽과 아래쪽 부분군 평균을 합하면 '0'이 된다는 의미임).

○ 총 프로세스 변동(Total Process Variation, σ_P) → '그룹 내 변동'과 '그룹 간 변동'을 합해서 형성된 변동. 만일 프로세스가 '관리 이탈 상태'라면 '총 프로세스 변동'은 '우연 원인'들뿐 아니라 '이상 원인'에 의한 영향도 포함한다. 이 값

은 관리도에 포함된 모든 개별 값들, 또는 프로세스 연구를 통해 얻은 자료로부터 '$\sigma_P = s = \sqrt{\sum_{i}^{n} \frac{(x_i - \bar{x})^2}{n-1}}$'의 식으로 얻는다('$\bar{x}$'는 총 평균, 'n'은 전체 표본 크기).

주의할 사항은 '고유 프로세스 변동(Inherent Process Variation)'이다. 이 변동은 실제 운영 중인 프로세스에 내재된 '고유한 변동'이므로 프로세스의 '참 변동'이라 할 수 있다. 신의 영역(?)으로 볼 수 있으므로 알 수는 없지만 프로세스가 '관리 상태'일 경우 '그룹 내 변동'으로 가늠할 수 있음을 지적한다.

앞서 설명된 '변동'들의 정의를 토대로 매뉴얼은 '프로세스 능력'과 '프로세스 성능'을 다음과 같이 정의한다.

○ 프로세스 능력(Process Capability) → 프로세스가 오로지 통계적으로 안정한 상태에서 얻은 '고유 프로세스 변동', 즉 '$6\hat{\sigma}_c$'를 지칭('$\hat{\sigma}_c$'의 'c'는 'Capability'). '$\hat{\sigma}_c$'는 '고유 프로세스 변동'을 대변하는 'σ'를 써야 하나 보통 '$\bar{R}/d_2$, 또는 $\bar{s}/c_4$' 같은 추정값을 사용한다(일반적 표기는 '$\hat{\sigma}_W$'도 사용).

○ 프로세스 성능(Process Performance) → '총 프로세스 변동', 즉 '$6\hat{\sigma}_p$'를 지칭('$\hat{\sigma}_p$'의 'p'는 'Performance'). '$\hat{\sigma}_p$'는 '총 프로세스 표준 편차'인 s를 사용한다.

만일 프로세스가 통계적으로 '관리 상태'에 있으면 '프로세스 성능(Process Performance)'은 '프로세스 능력(Process Capability)'에 근사해진다. 둘 간의 큰 차이는 '이상 원인'의 존재 유무에 달려 있다. 결국 '프로세스 능력'과 '프로세스 성능'은 '표준 편차'의 사용에 따라 갈리며, '프로세스 성능 → 프로세스 능력'으로의 추진이 프로세스 개선을 위한 하나의 이정표가 될 수 있다.

용어 정의 측면에서 'AIAG SPC Manual'이 주는 또 하나의 주요 특징은 '프로세스 능력(또는 성능)'은 '$6\hat{\sigma}$'로 얻어지며, 다시 이 양과 '규격 공차와의 비'를 구함으로써 Cp, Cp_k, Pp, Pp_k, 즉 '프로세스 능력(또는 성능) 지수(PCI)'를 얻는다. '프로세스 능력(또는 성능)'과 '프로세스 능력(또는 성능) 지수'가 산식에 있어 크게 다르다는 점 명심하기 바란다. 이들의 실질 계산 과정은 「2. 프로세스 능력 산출」에서 사례와 함께 상세하게 다루어진다.

'AIAG SPC Manual'에서 직전의 설명 내용과 관련해 강하게(Strongly) 강조하는 부분은 "동일 데이터 군에 대해 Cp, Cp_k, Pp, Pp_k 네 개 모두를 반드시 구해놓고 프로세스를 판단하라"는 것이다. 이것은 드러나지 않은 프로세스의 문제점들을 통찰하고 시간순으로 개선해야 할 목록을 우선순위화하는 데 도움 되기 때문이다. 예를 들어, ① Cp와 Cp_k, 또는 Pp와 Pp_k 각각의 값이 작으면 전자는 '그룹 내 변동'이, 후자는 '총 변동'의 이슈가 있다는 뜻이며, 특히 ② '$6\hat{\sigma_c}$'와 '$6\hat{\sigma_p}$' 간 차이(Gap)를 직선 그래프로 간단히 작성(⊏⊐)해 비교함으로써 프로세스 내 '이상 원인'의 존재 유무를 판단하는 데 유용하게 활용된다('$\hat{\sigma_c}$'의 'c'는 'Capability', '$\hat{\sigma_p}$'의 'p'는 'Performance'를 각각 지칭함).

지금까지 설명된 용어 정의와 활용들에 대해서는 약간의 논란의 소지가 있을 수 있다. 'AIAG SPC Manual'에서조차 'Control(관리)', 'Capability(능력)', 'Performance(성능)'와 관련된 개념과 정의 등에 주변 여러 의견들이 있음을 지적하고, 매뉴얼에서 그들 모두를 해결하려는 시도보다 수면 위로 올림으로써 보다 바람직한 해법을 찾는 데 독자들이 기여해줄 것을 독려하고 있다. 참고하기 바란다.

1.3. '프로세스 능력'과 '관리도'와의 관계

관리도 교육 중에 꼭 하는 질문이 있다. "혹시 '프로세스 능력'과 '관리도'가 서로 관련이 있을까요? 없을까요?" 하면 십중팔구 대다수가 "관련이 있을 것 같은데요” 하고 답한다. 이 경우 필자의 대답은 “관련이 없습니다” 하고 응수한다. 왜냐하면 ‘관리도’는 ‘관리 한계(Control Limit)’를 기준으로 해석하는 도구이고, ‘프로세스 능력’은 ‘규격 한계(Specification Limit)’를 통해 합부 상태를 평가한다. 들이대는 잣대가 틀리니 해석과 결과도 다를 수밖에 없다. 그런데 똑같은 질문에 간혹 “관련이 없는데요” 하고 답하는 교육생(?)이 있다. 이럴 때면 다음과 같이 답을 한다. “관련이 있거든요. ‘프로세스 능력’을 평가하기 전에 관리도를 그려서 ‘관리 상태’인지 여부가 먼저 확인되어야 합니다”라고.

두 가지 답변을 같은 장소에서 모두 듣는 교육생이면 다 자란 사람 앉혀놓고 약 올리는 것도 아니고…. 성격 급한 사람이나 일진 안 좋은 사람이 있을 경우 한 소리 들을 법도 하다. 사실 이 간단한 질문과 답변 속에 이십여 년 넘게 기업의 여러 과제들을 접한 필자로서 우선 눈에 보이는 현상들만이라도 깊이 있게 고민해줬으면 하는 바람이 드는 경우가 여럿 있었다. 그들 중 하나가 바로 ‘프로세스 능력’을 평가하는 일이다. 다음 [그림 III-7]은 ‘프로세스 능력’을 평가하기 전 ‘$\bar{X}-R$ 관리도’를 작성한 예이다(부분군 크기=4).

[그림 III-7] ‘프로세스 능력’ 평가를 위한 사전 ‘$\bar{X}-R$ 관리도’ 작성 예

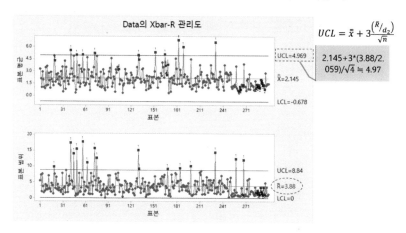

[그림 Ⅲ-7]을 보면 '$\bar{X}-R$ 관리도'에 상당한 양의 타점들이 'UCL'을 벗어나 있다. '불안정' 결과로부터 프로세스 내 영향력 있는 '이상 원인'이 존재한다는 것을 알 수 있다. 이 관리도를 작성한 목적은 '프로세스 능력'을 산출하는 데 있으며 지금과 같은 상황에선 사실 이들의 원인을 찾아 개선이 먼저 선행되어야 한다. 왜냐하면 '프로세스 능력'은 관리도가 '관리 상태'인 경우에만 의미가 있기 때문이다. 이미 프로세스 내 규명해야 할 상당한 요소들이 간단한 관리도 하나만으로 파악된 것이다. 그러나 이다음부터가 문제다. 원래 그렇다고 치부해버리든가, 혼자 해결이 안 된다든가, 아니면 알고 있지만 어쩔 수 없다는 등등의 수많은 이유로 통계 패키지의 '공정 능력' 버튼을 눌러버리고 만다. '가설 검정' 같은 복잡한 통계적 절차를 거치지 않더라도 한 번의 관리도 작성만으로 뭔가 왜곡되고 영향 받는 프로세스 내 해결거리들이 눈앞에 산적해 있는데도 말이다. 데이터 분석이나 프로세스 능력 등을 포함해 이 시점엔 '이상 원인'을 규명하는 일 외엔 더 이상 중요한 일이 존재할 수 없다는 것이 유일한 해답이다. 따라서 '불안정 상황'을 타개할 문제 해결로 바로 들어가는 접근이 필요하며 이 활동을 '프로세스 능력 연구(Process Capability Study)'라고 한다. 이 내용은 「3. 프로세스 능력 연구」를 참고하기 바란다.

그럼 **왜 '프로세스 능력'을 평가하기 전에 관리도를 통해 프로세스 '관리 상태' 여부를 파악해야 할까?** 이 부분에 대해서는 'Kane(1986)[주] 135]'에 잘 언급되어 있다. 예를 들어 [그림 Ⅲ-7]에 'UCL'을 계산하는 식이 포함되어 있다. 관련 식은 [표 Ⅱ-16]과 [표 Ⅱ-18]에 사례와 함께 잘 설명되어 있다. 그들 중 'UCL'만을 옮기면 다음과 같다.

$$UCL = \bar{\bar{x}} + 3\frac{\hat{\sigma}}{\sqrt{n}} = \bar{\bar{x}} + 3\frac{\left(\bar{R}/d_2\right)}{\sqrt{n}} \qquad \text{(식 Ⅲ-4)}$$
$$= 2.145 + 3 \times (3.88/2.059)/\sqrt{4} \cong 4.97$$

(식 Ⅲ-4)를 통해 '$\overline{R}$'가 증가하면 'UCL'이 커져 [그림 Ⅲ-7]의 '$\overline{X}-$관리도'
경우 '이상 변동성'이 줄고 '관리 상태'로 점점 변환하게 된다. 'UCL'과
'LCL' 폭이 증가하기 때문이다. 여기서 '$\overline{R}$'가 커진다는 의미는 결국 그를 얻
는 데 필요한 각 부분군 내의 산포(여기선 한 표본을 이루는 네 개 값들의 차
이)가 크다는 것과 같은 의미다. 결국 'σ'의 추정량인 '$\overline{R}/d_2$'의 증가는 '프로
세스 능력($6\hat{\sigma}=6\overline{R}/d_2$)'을 떨어트리는 결과로 이어진다. 거꾸로 표집 시 표본
간격을 밀접하게 해서 그들 간 값들의 차이를 줄이면 '프로세스 능력'은 증가
한다. 그러나 이 경우 (식 Ⅲ-4)에 의해 'UCL'과 'LCL' 폭은 오히려 줄어들
어 '관리 이탈' 가능성은 이전과 반대로 증가한다. 이들의 간단한 예를 봐서도
'관리도'와 '프로세스 능력(6σ)'은 동시에 고려될 수밖에 없으며, 우리에겐 '프
로세스 능력'의 향상이 저비용과 고품질, 고 신뢰성 달성이라는 최종 목표와
직결되는 만큼 관리도만으로 관찰되는 '관리 이탈' 상황들을 간과해서는 안
된다. 지금까지의 관계들을 간단히 표기하면 「'R-관리도' 관리 이탈↑ → '$\overline{R}$'
↑ → '$\overline{X}$-관리도' 상·하한 폭↑ → 프로세스 능력($6\hat{\sigma}$)↓」으로 설명된다. [그림
Ⅲ-7]과 같은 현상이 관찰되면, 표집 과정에 문제가 없었는지, 아니면 실질적
인 '이상 원인'에 의한 '그룹 간 변동'이 심화된 것인지에 대해 원인규명과 개
선 및 재발 방지책이 마련되어야 한다. 결코 무심하게 지나쳐선 안 된다는 사
실만 꼭 기억하자!

모든 프로세스의 '프로세스 능력'과 '관리도' 평가를 통해 현상 파악과 진단
이 가능하다. 다음 [표 Ⅲ-3]을 보자(AIAG SPC Manual, p.20).

[표 Ⅲ-3] 프로세스 진단을 위한 '프로세스 능력 vs. 관리도' 비교 표

Control / Capability		통계적 관리	
		관리 상태	관리 이탈 상태
프로세스 능력	수용함	Case 1	Case 3
(Process Capability)	수용하지 못함	Case 2	Case 4

프로세스가 '수용'이 되기 위해서는 반드시 "통계적 관리 상태"가 되어야 하고, '우연 원인'에 의한 변동만으로 이루어진 '프로세스 능력(6σ)'이 '규격 공차'보다 작아야 한다. 따라서 'Case 1'은 프로세스가 '관리 상태'이면서 '규격 공차'를 만족하는 능력이 "수용"에 있으므로 가장 이상적인 프로세스에 해당한다. 'Case 2'는 '관리 상태'에 있지만 '우연 원인'에 의한 변동이 과도한 경우이며, 필히 줄이도록 노력해야 한다. 'Case 3'은 프로세스가 '규격 공차'는 만족하지만 '관리 이탈 상태'인 경우이며, '이상 원인'에 의한 변동이 작용하고 있으므로 찾아 조치를 해야 한다. 'Case 4'는 프로세스는 '관리 상태'에 있지도, '규격 공차'를 만족하지도 않는 경우이다. '우연 원인'과 '이상 원인'에 의한 변동 모두를 줄여야만 한다. 그러나 때로 고객은 생산자에게 'Case 1'이 아닌 'Case 3'의 운용을 요청할 수도 있는데 이 경우는 다음에 해당한다.

1) 고객이 규격 안에서의 특성 변동에는 영향 받지 않는 경우
2) '이상 원인'을 제거하는 데 드는 비용이 고객 이익을 초과하는 경우
3) '이상 원인'이 식별되고 문서화됨으로써 늘 예측이 가능한 경우

[표 Ⅲ-3]을 통해 각자의 프로세스가 어느 'Case'에 있는지 진단해보고 조치할 사안들에 대해 고민해보기 바란다.

2. 프로세스 능력 산출

　　　　　　　　　　　'프로세스 능력'이라고 하면 대부분의 독자들
에겐 바로 이 단원의 내용에 큰 관심을 가질 듯싶다. 그러나 혹자는 현업에서
너무 자주 활용하고 있고, 해왔던 일과 큰 차이도 없으므로 특이할 것도 없다
고 판단할 수 있다. 또 한편으론 전체 중 극히 일부만 새롭게 느껴질 수도 있
다. 그러나 가능하면 본문을 정독해주기 바란다. 왜냐하면 기존에 알고 있던
내용이 크고 중요한 덩어리였다면 본문을 통해 그 사이사이 놓치고 지나간 달
콤한 초콜릿을 발견할 수 있기 때문이다. 알고 있는 내용을 튼튼하게 보강해
서 업무 개선에 응용력을 높일 수 있는 계기가 되었으면 한다. 특히, '전통적
프로세스 능력 지수'인 'Cp', 'Cp_k', 'Cpm'은 물론 다양한 데이터 유형들에
대한 'Six Sigma Capability', 즉 '시그마 수준(Sigma Level)'까지 포함시켰다
는 점은 '프로세스 능력'의 정량화 활동에 큰 도움을 줄 것이다.

2.1. '프로세스 능력(Process Capability)'의 계산과 분석

　'프로세스 능력' 하면 'Cp'와 같은 '프로세스 능력 지수(PCI, Process
Capability Indices)'를 떠올리기 일쑤지만 「1.1. 프로세스 능력의 발전」에서
이미 설명한 바와 같이 '지수(Index)'와 명확히 구분되는 Feigenbaum(1951)
과 Juran(1951, 1st ed)의 '6σ' 값이 '프로세스 능력'으로 정의된다.

$$프로세스능력(Process\ Cability) = 6\sigma \qquad (식\ \text{III}-5)$$

(식 Ⅲ-5)의 '프로세스 능력'은 '표준 편차'를 어느 걸 쓰느냐에 따라 '프로세스 능력(Process Capability)'과 '프로세스 성능(Process Performance)'으로 갈린다. 이때 표기는 '6σ'을 사용하고 따라서 앞서 언급한 대로 'σ' 경우, '프로세스 능력'이면 추정치인 '$\overline{R}/d_2$', '프로세스 성능'이면 's'가 쓰인다([표 Ⅲ-4] 참조).

다만 용어 **'프로세스 능력'은 관습에 따라 본문 전체에 걸쳐 프로세스의 '현 수준'을 계량화한 모든 값들의 총칭어로 사용할 것이다(지수, 시그마 수준, 불량률, ppm, DPMO 등).** 이에 독자는 용어에 혼선이 없길 바란다.

이제부터 두 값의 '계산법'과 그들을 이용해 실제 '프로세스 능력'을 평가하는 '분석법'들에 대해 자세히 알아보자.

2.1.1. '프로세스 능력(Process Capability)'의 계산

잘 알고 있다고 자신했던 '프로세스 능력'이 저명한 문헌 자료들을 참고하면서 여지없이 무너지고 말았다. 어쩜 출처별로 정의나 표기법들이 이리도 다를까? 차라리 크게 다르면 빈도가 높은 쪽을 선택하겠지만 아주 조금씩, 심지어 같은 문헌 내에서도 야금야금 왔다 갔다 한다(!). 어느 것이 맞고 틀리다 할 수 없고 또 필자가 정할 수도 없는 일이라 하는 수 없이 독자들의 판단에 맡겨야 할 일부 내용들은 본문에 그 차이점을 간단히 요약해놓았다.

[표 Ⅲ-4]는 '프로세스 능력(Process Capability)'과 '프로세스 성능(Process Performance)'의 계산 과정을 간단히 요약한 것이다. 중요 정의들에 대해서는 가급적 삼척동자도 다 알 만큼 무게감 있는 'AIAG SPC Manual 2Ed.'과 'Juran's Quality Handbook, 5Ed.'을 참고했고, 부연이 필요한 사항들은 주변

여러 문헌들을 보조 자료로 활용하였다. 표 아래의 '비고'란 '3)'을 통해 정의들에 대한 특징과 차이점들을 기술했으니 다음 주제로 넘어가기 전 꼭 한빈씩 읽어주기 바란다.

[표 III-4] '프로세스 능력'과 '프로세스 성능'의 단계별 계산 과정

	프로세스 능력 (Process Capability)	프로세스 성능 (Process Performance)
①	예) '부분군 크기(표본 크기)=5개'의 '부분군(표본) 수=30개' 추출. 각 부분군은 '합리적 부분군'이 되도록 추출함(출처에 따라 '부분군 수'는 '30~40개' 주문).	
②	– (AIAG SPC Manual) 둘 모두 관리도로부터 'a) 관리 상태, b) 정규성 확인' – (Juran's Quality Handbook, 5th Ed.)[145] '프로세스 성능'은 'a), b)' 가정 불필요	
③	'모 표준 편차' 추정 → $\hat{\sigma_c} = \bar{R}/d_2$ or $\bar{s}/c_4$ 단, $\bar{R} = \sum_{i=1}^{30} R_i/30$, $\bar{s} = \sum_{i=1}^{30} s_i/30$	'모 표준 편차' 추정 → $\hat{\sigma_p} = s$ 단, $s = \sqrt{\sum_{i=1}^{150}\left(x_i - \bar{\bar{x}}\right)^2/(150-1)}$
④	'프로세스 능력' → $6\hat{\sigma_c} = 6\bar{R}/d_2$ (or $6\bar{s}/c_4$)	'프로세스 성능' → $6\hat{\sigma_p} = 6s$

(비고)
1) '합리적 부분군(Rational Subgroup)'은 「2.6. '이상 원인'과 '우연 원인'의 이해」 참조
2) '비편향 상수(Unbiasing Constants)'는 [표 II-17] 참조
3) AIAG의 SPC Manual(2rd Ed.)에서는 '프로세스 능력'과 '프로세스 성능'을 구한 뒤, 이것과 '규격 범위'와의 비를 구하면 'Process Capability(or Performance) Indices'가 되는 것으로 설명. 이들엔 C_p, C_{pk}, P_p, P_{pk} 등이 포함됨.
4) '②'에서, 무게 있는 두 출처가 서로 차이를 보임. Juran's Handbook 경우 'a)'와 'b)'가 모두 만족되면 결국은 '프로세스 성능' 역시 '프로세스 능력'을 밝히는 결과가 되므로, '프로세스 성능'은 반드시 두 가정을 만족할 필요가 없는 것으로 기술됨.
5) '③'에서, Juran' Handbook 경우 $\bar{s}/c_4$에 대한 언급은 없음.

[표 III-4]에서 '$6\hat{\sigma_c}$'와 '$6\hat{\sigma_p}$'의 첨자 'C'와 'P'는 'Capability'와 'Performance'의 첫 자를 각각 딴 것이다. [표 III-4]의 '①'과 '②'의 각 단계를 좀 더 상세히 기술하면 다음과 같다.

---

145) J. M. Juran; A Blanton Godfrey (1999). Juran's quality handbook(5th Ed.), New York: McGraw Hill.

① 한 개 '부분군 크기(표본 크기)'는 '최소 4~5개'가 되도록 취하고, '부분군(표본) 수'는 '30~40개'가 되도록 한다. 분포를 그리려면 전체 데이터가 '100개' 이상은 되어야 한다. [표 Ⅲ-4] 경우, 한 개 '부분군 크기(표본 크기)=5개', '부분군 수=30개'이므로 전체 데이터 수는 '150개(=5×30)'이다.

② '프로세스 능력' 측정의 전제 조건은 프로세스의 '관리 상태'와 '정규성'을 유지하는 것이다. 이 말은 프로세스에 '이상 원인'에 의한 변동이 없어야 하며, 순수 '우연 원인'에 의한 '고유 변동(Inherent Variability)'만을 보여야 한다는 뜻이다. '고유 변동'을 얻기 위해서는 다음 [표 Ⅲ-5]와 같은 세부 절차를 밟는다('R-관리도' 예).

[표 Ⅲ-5] '고유 변동(Inherent Variability)'을 얻는 세부 단계('R-관리도' 적용)

	'고유 변동(Inherent Variation)' 또는 '관리 상태'의 결정
ⅰ)	최소 '표본 크기'가 '4~5개'의 '합리적 부분군' 30~40개 추출
ⅱ)	각 부분군의 범위(Range), 범위(R)들의 평균($\overline{R}$), 'R-관리도'의 '관리 한계' 계산 후 'R-관리도' 작성
ⅲ)	'UCL'를 벗어난 타점 경우, '이상 원인'이 알려져 있으면 제거. 만일 원인 규명이 안 되면 그 타점은 그대로 유지
ⅳ)	'범위(R)'들의 평균, '관리 한계'의 재계산
ⅴ)	모든 (범위의) 타점들이 통계적 '관리 상태'에 이를 때까지 ⅲ), ⅳ) 반복
ⅵ)	프로세스 '표준 편차(σ_c)'의 추정 $\hat{\sigma_c} = \overline{R}/d_2$
ⅶ)	규격중심을 프로세스 평균으로 보고, 정규성 가정하에 정규곡선을 그림. 규격 내에 포함된 점유율을 계산함. 프로세스 평균은 조정될 수 있다고 가정
ⅷ)	규격을 벗어난 점유율을 계산. 같은 데이터로 '$\overline{X}$-관리도'를 작성한 후 규격을 벗어난 영역에 대해 단서가 될 만한 원인을 찾음. 단순히 분포 평균을 이동시켜 해결될 수도 있지만 '이상 원인'이 존재할 수도 있음.
ⅸ)	만일 규격을 만족하지 못하면 개선을 통해 프로세스를 변경하거나 산출물 전수를 검사/분류하거나 평균의 중심화, 또는 불량제품 제외 등의 조치를 취함.
ⅹ)	장래 프로세스의 개선과 관리를 위해 '$\overline{X} - R$ 관리도' 운영 체계를 마련함.

[표 Ⅲ-5]에서 '고유 변동'을 결정하는 일은 '관리 상태'를 만든다는 의미이므로 손쉬운 과정은 아니다. 보통 관리도를 그리면 '관리 이탈 상태'가 태반이고 그들을 건드는 일 자체가 어마어마한 개선 활동(그래서 큰 부담)으로 여겨지기 때문이다. 일단 현실과의 갭은 숙제로 남겨두고 계속 진행해보자.

'프로세스 능력(또는 성능)'의 척도인 '6σ' 산정은 [표 Ⅲ-4]의 '②'를 만족시키기 위해 '정규 확률 분포'를 가정해야 하지만 현실적으로 이 규칙을 곱게 따라주는 프로세스는 그리 많지 않다. 예를 들어 프로세스가 규격의 중심에 위치해 있고 '정규 확률 분포'를 따를 때, '6σ 범위(또는 ±3σ 한계)'는 규격 중심을 기점으로 좌우 약 99.73%의 점유율을 보여야 하지만 '기운 분포(Skewed Distribution)'는 이 규칙을 따르지 않는다. 몇몇 출처들은 '정규성'을 보이지 않는 경우에 대해 별도의 '6σ' 산정법을 제시한다.

'6σ'를 구하기 위한 '정규성'의 기본 가정 외에 [표 Ⅲ-4]에서 언급된 '관리 상태' 역시 모든 프로세스에서 공통적으로 'Nice!'하게 나타나는 현상은 아니다. 만일 '관리 상태'이면 계산된 '6σ'를 '규격 공차(Specification Tolerances)'와 비교해 적절한 상황 판단을 할 수 있지만 그렇지 않을 경우 현실과의 적절한 타협을 제안하기도 한다. '규격 한계'와의 비교로 이어지는 관련 내용들에 대해서는 다음 주제에서 다룬다.

2.1.2. '프로세스 능력(Process Capability)'의 분석

[표 Ⅲ-4]에서 얻은 '프로세스 능력'과 '프로세스 성능'을 이용해 현 프로세스를 분석하는 접근은 크게 세 가지이다. 하나는 그 둘을 직접 비교하는 접근이고, 다른 하나는 '규격 한계(Specification Limits)'와 비교하는 것이다. 그리고 공통적으로는 그래프(직선)로 비교함으로써 개선이 필요한 시점을 알 수 있다.

'프로세스 능력'과 '프로세스 성능'의 직접 비교. 다음 [그림 III-8]은 두 값을 직접 비교하기 위한 개요도이다.

[그림 III-8] '프로세스 능력'과 '프로세스 성능'의 직접 비교 예

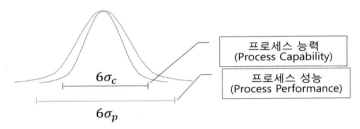

'AIAG SPC Manual[주) 144]'에 따르면 [그림 III-8]의 그래프는 '프로세스 능력($6\sigma_c$)'과 '프로세스 성능($6\sigma_p$)' 간 차이(Gap)를 비교한 직선들로 ① 만일 두 길이의 차이(Gap)가 크면 프로세스에 '이상 원인'으로 인한 변동 존재 가능성을 추정해볼 수 있으며, 또 ② '프로세스의 소리(VOP, Voice of Process)'와 '고객의 소리(VOC, Voice of Customer)' 사이에 보조를 맞추기 위한 목표 설정 용도로 유용하게 활용된다.

'그래프 분석' 방법은 '프로세스 능력 지수'가 사용되지 않는 상황에서 유용한 정보가 될 수 있다. 이때 특히 주의할 점은 평가를 위해 여러 프로세스 특성들의 '능력'이나 '성능'을 결합하거나 평균 하나로 통합하는 일은 삼가야 한다. 즉 특성 하나를 두고 '프로세스 능력($6\sigma_c$)'과 '프로세스 성능($6\sigma_p$)'을 각각 구해 비교·분석하는 것이 중요하다.

'규격 범위(Specification Range(Spread))'와의 비교. '고객의 소리(VOC)'와 직접적으로 비교·분석함으로써 실질적인 품질 향상을 꾀할 수 있다. 프로세스가 '정규 확률 분포'를 따를 경우 '±3σ' 사이에는 99.73%의 높은 비율이 점유된다. 다음 [표 III-6]은 '프로세스 성능(6s)'과 '규격 범위'의 비교를 위한 진

행 절차이다.

'프로세스 성능'과 '규격 범위'의 비교 분석을 위한 진행 절차
i) 프로세스로부터 무작위로 최소 100개의 표본을 추출함.
ii) '모평균'과 '모 표준 편차' 추정을 위해 '표본 평균'과 '표본 표준 편차' 계산
iii) 분포도를 작성하고 정규성 여부를 파악함. 비정규일 경우 데이터 전환이나 다른 모델을 찾음.
iv) 분포도상에 'USL'과 'LSL'을 포개어 그림.
v) 만일 히스토그램의 일부가 '규격 범위'를 벗어나면, 평균을 조정해서 중심에 맞추도록 함.
vi) 비교 분석함. 예를 들어 '6s'가 '규격 범위'보다 더 크면 해당 프로세스는 'Capable' 하지 못한 것으로 판단함.

[표 III-6]의 절차를 보면 '표본 표준 편차, s'를 사용하므로 '프로세스 성능'을 얻어 '규격 범위'와 비교하는 절차이다. 이어 다음 [그림 III-9]는 발생 가능한 유형들의 개요도를 보여준다.

[그림 III-9] '프로세스 성능(6s)'과 '규격 범위'의 비교

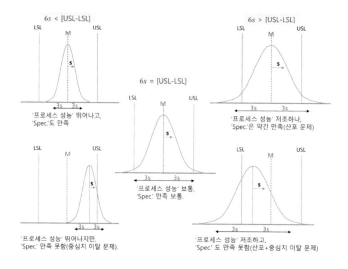

[그림 III-9]의 (정중앙) 그림은 '프로세스 성능 한계'와 '규격 한계'가 일치 (6s=[USL-LSL])하는 구조이며, 평균이 어느 쪽으로든 조금만 이동해도 규격을 벗어나는 양이 많아질 수 있는 상태이다. '평균'의 이동이 있는지 상시 모니터링하기 위해 '관리도'를 활용한다. (왼쪽 위) 그림은 정중앙 그림의 산포가 크게 줄어든 구조며, 규격 폭 안에 분포가 대부분 속해 있다. 고객 요구보다 프로세스 관리 능력이 훨씬 더 뛰어난 경우이므로, 규격 폭을 줄이도록 고객에게 요청할 수 있고, 고객은 재작업이 줄며, 제품 신뢰성은 높아지는 등 긍정적인 결과로 이어진다. (오른쪽 위) 그림은 정중앙 그림의 산포가 커진 구조며, '프로세스 성능'은 저조하고 '규격'에 대한 만족은 크지 않은 상태이다. 산포를 줄이기 위한 프로세스 개선, 산출물 전수 검사, 불량품 손실 최소화, 또는 프로세스 운영에 대한 새로운 결단 등이 필요한 상황이다. (왼쪽 아래) 그림은 '프로세스 성능'은 뛰어나지만 '규격'을 만족시키지 못하는 구조며, 프로세스 '평균($\overline{X}$)'을 '규격 중심(M)'으로 이동시키는 전략이 필요하다. 이에 반해 (오른쪽 아래) 그림은 '프로세스 성능'도 떨어지고, '규격'도 만족시키지 못하는 구조이므로 프로세스에 대해 특단의 조치가 요구된다.

2.2. 프로세스 능력(성능) 지수 – Cp, Pp의 계산

'프로세스 능력(6σ)'을 분석하기 위해 그래프(직선) 비교보다 손쉽게 계산할 수 있는 '지수(Index)'가 만들어졌는데 바로 '프로세스 능력 지수(Process Capability Indices)'이다. 최초의 기본 구조는 Juran(1974)의 저서[주) 133 참조]에서 제시되었으며, Sullivan(1984, 1985)[주) 134 참조]이 일본의 'Cp' 사용을 서방에 소개하였다. 즉 '프로세스 능력(6σ)'의 활용이 서구에서 이루어진 접근이면, 'Cp' 같은 지수의 활용은 일본에서 이루어진 접근이다. 둘은 근본적으로 차이가 없다는 것은 앞서 본문의 설명을 통해 설명한 바 있다.

그러나 상식적으로 '프로세스 능력(6σ)'은 '표준 편차'가 증가하면 '6σ' 값도 커지는데, 이때 '프로세스 능력'은 떨어진다. 즉 "수치가 커지면 능력은 떨어지고, 수치가 작아지면 반대의 결과"가 생기며, 이것은 "수치가 커지면 능력도 커지는" 쉬운 관념과 배치된다. 이에 반해 'Cp'는 "값이 커지면 능력도 커지고, 값이 작아지면 능력도 그에 맞춰 줄어드는 관계"에 있으므로 기존 '프로세스 능력=6σ'보다 실무자들이 이해하고 활용하기가 수월하다. 우리 주변에서 '프로세스 능력 지수'가 더 보편화되고 친숙하게 된 이유를 간접적으로 확인할 수 있다.

'Cp'는 다음 (식 Ⅲ-6)과 같이 "'규격 범위(USL-LSL)'와 '프로세스 능력'과의 비(Ratio)"로써 얻어진다(편의를 위해 '프로세스 능력 지수'와 '프로세스 성능 지수'를 함께 전개하고 있다). 'Cp(or Pp)'를 구하는 동일 표현들을 모아놓았다. 분자끼리, 분모끼리는 모두 같은 의미들이다.

$$Cp(\text{or } Pp) = \frac{Design\ Tolerance}{Process\ Capability} = \frac{규격\ 범위}{면적의\ 99.7\%를\ 포함하는\ 폭}$$ (식 Ⅲ-6)

$$= \frac{규격\ 범위}{프로세스\ 능력} = \frac{공차폭}{프로세스\ 능력} = \frac{허용가능한측정범위}{실제\ 측정범위}$$

$$= \frac{USL - LSL}{Process\ Spread} = \frac{USL - LSL}{자연공차} = \frac{USL - LSL}{6\sigma}$$

이전과 마찬가지로 '모 표준 편차(σ)'의 추정치에 따라 'Cp'와 'Pp'로 구분된다. 전자는 '$\overline{R}/d_2$'가, 후자는 's'가 계산에 이용되므로 이들을 반영해 (식 Ⅲ-6)을 정확하게 쓰면 다음과 같다.

$$Cp = \frac{USL - LSL}{6\overline{R}/d_2}, \qquad Pp = \frac{USL - LSL}{6s} \qquad \text{(식 III-7)}$$

사실 (식 III-7)의 '표기법'에 대해서도 출처마다 큰 차이가 있어 어느 것으로 정해야 할지 난감하다. 예를 들어 'AIAG SPC Manual' 경우는 'Cp'와 'Pp'로 구분하지만, 'Juran's Quality Handbook' 경우 'Cp'와 '$Pp = \hat{Cp}$'로 초반에 각각 정의했다가 이후 'Pp'의 계산에서는 '$Pp = \hat{Cp}$' 표현은 모두 사라지고 '$Cp = (USL - LSL)/6s$'로만 기술한다. '표준 편차(s)'가 쓰이는 걸로 봐서는 분명 'Pp'가 되어야 하는데 말이다. 참고로 Kane(1986)[주) 135]은 'Cp'를 'Process Potential'로 설명하고 '표준 편차' 추정을 's'로 쓰면서 표기는 '$\hat{Cp}$'를 사용한다. 가히 세계적인 명사들이 지은 바이블들임에도 일관성 없이 뒤죽박죽이다.

본문에서는 다음과 같이 정의한다. 즉 '$Cp(\text{or } Pp) = (USL - LSL)/6\sigma$'이 모체고, '$\sigma$'를 알 수 없으니 그 추정치인 '$\overline{R}/d_2$'와 '$s$'로 각각 대체해야 한다. 따라서 '$Cp \rightarrow \hat{Cp}$'로, '$Pp \rightarrow \widehat{Pp}$'로 써야 올바르다. 그러나 이미 '$Cp$'와 '$Pp$'처럼 알파벳 자체가 다르고, '표준 편차' 추정에 있어 공통적으로 'Cp'는 '$\overline{R}/d_2$'와 'Pp'는 's'가 대부분의 출처에서 일관되게 쓰이고 있어 번잡한(?) 추정의 의미인 '$\wedge$(hat)'는 생략하고 'Cp'와 'Pp'로만 표기할 것이다.

일반적으로 '프로세스 능력 지수'는 'Cp'를 일컫는다. 'Cp'는 사용 빈도가 높은 만큼 불리는 이름도 다양한데 "Process Capability Index", "Process Potential Index", "Process Capability Ratio", 또는 "Inherent Capability Index" 등이다. Kane(1986)[주) 135]에 따르면, 'Cp'는 오직 '6σ'와 '규격 범위'에만 관계하며 분포의 평균은 규격의 중심과 일치한다고 전제하므로 실질적 능력이기보다 '잠재적 프로세스 능력 지수(Potential Process Capability Index)'로 간주된다.

특히, (식 Ⅲ-6)의 분모인, '6σ'는 '프로세스 능력'이지만 '프로세스 능력 지수'와 함께 쓰일 때는 일반적으로 '자연 공차(Natural Tolerance)'로 불린다. 이에 대한 사전적 정의는 다음과 같다.

· **자연 공차(Natural Tolerance)** (http://mvpprograms.com/help/) 대부분의 분포는 이론상 ±∞의 영역을 변역으로 두므로 '자연 공차'라고 하는 영역을 분포의 범위로 정해 여러 분석에 활용한다. 프로세스의 '자연 공차'는 분포의 99.73%가 속해 있는 범위이다. '정규 분포'는 '6σ' 범위에 해당하며, '비정규 분포'도 분포 적합을 통해 중간 영역을 기점으로 99.73%의 범위를 정할 수 있다. 이 비율은 프로세스에 존재하는 '고유 변동의 정도(the Degree of Inherent Variation)'를 대변한다.

'자연 공차'를 결정짓는 양 끝 값들을 '자연 공차 한계(Natural Tolerance Limits)'라 하며, '자연 공차 상한(UNTL, Upper Natural Tolerance Limit)'과 '자연 공차 하한(LNTL, Lower Natural Tolerance Limit)'은 분포의 '모평균(μ)'을 중심으로 다음과 같이 결정된다.

$$LNTL = \mu - 3\sigma, \qquad UNTL = \mu + 3\sigma \qquad \text{(식 Ⅲ-8)}$$

'μ'와 'σ'는 프로세스의 '모평균'과 '모 표준 편차'를 각각 나타낸다.

'Cp'와 'Pp'의 실제 계산 예에 대해 간단히 알아보자(미니탭 기본 제공 데이터인 '캠축.MTW'의 '공급업체2', 부분군 크기=5, USL/LSL=600±2로 가정). 계산을 위해 기본적으로 [표 Ⅲ-4]의 순서를 따르며, 관리도 작성을 통해 '관리 상태' 여부를 판단한다. 다음 [그림 Ⅲ-10]은 해당 데이터를 이용해 '$\overline{X} - R$ 관리도'를 작성한 예이다.

[그림 Ⅲ-10] 'Cp/Pp' 계산을 위해 사전 '관리 상태' 여부 확인

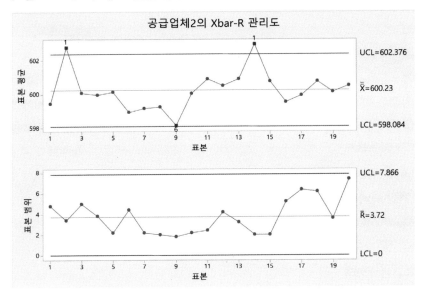

공급업체2의 Xbar-R 관리도

[그림 Ⅲ-10]의 관리도 검정으로부터 'R-관리도'는 '관리 상태'여서 '$\overline{R}/d_2$'
의 추정은 가능하나 '$\overline{X}$-관리도'는 현 상태가 '관리 이탈 상태'로 파악됐으므
로 [표 Ⅲ-5]의 절차를 통해 현 프로세스가 '우연 원인'에 의한 '고유 변동
(Inherent Variation)'만을 포함하도록 개선한다. 현재로서는 'UCL'을 이탈한
두 타점들의 원인이 규명되어 개선됐고, '검정 6'인 "5개의 점들 중에서 4개
의 점들이 중심선으로부터 1 표준 편차 범위 밖에 있음"은 확인이 안 되어 계
산에 그대로 포함시키기로 결정했다(고 가정한다). 따라서 이탈 점들을 제외하
고 다시 작성된 '$\overline{X}-R$ 관리도'는 다음 [그림 Ⅲ-11]과 같다.

[그림 Ⅲ-11] 'UCL' 이탈 점 개선 후 관리도('관리 상태' 확인)

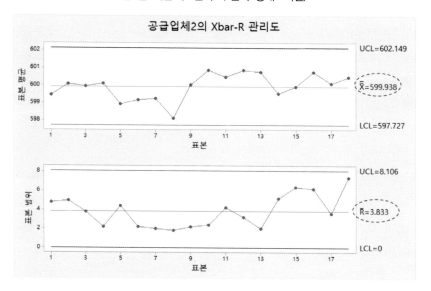

[그림 Ⅲ-11]은 '이상 원인'에 의한 타점들을 개선한 후 '관리 상태'에 이른 결과를 보여준다('검정 6'은 자연적으로 '관리 상태'로 바뀜). 이 상태에서 'Cp'와 'Pp'를 (식 Ⅲ-7)을 이용해 계산하면 다음과 같다([표 Ⅱ-17]로부터 '$d_2(5) = 2.326$', [그림 Ⅲ-11]로부터 '$\overline{R} = 3.833$', 's'는 별도 계산으로 s=1.71).

$$Cp = \frac{USL - LSL}{6\overline{R}/d_2} = \frac{602 - 598}{6*3.833/2.326}, \quad Pp = \frac{USL - LSL}{6s} = \frac{602 - 598}{6*1.71} \quad \text{(식 Ⅲ-9)}$$
$$\cong 0.4046 \qquad\qquad\qquad \cong 0.3899$$

(식 Ⅲ-9)의 결과를 미니탭으로 확인하려면 「통계 분석(S) > 품질 도구(Q) > 공정 능력 분석(A) > 정규 분포(N)…」에서 해당 값들을 입력한다. '대화 상자'에 입력할 내용과 결과를 다음 [그림 Ⅲ-12]에 나타냈다('부분군 크기=5'로

동일. 따라서 '불편화 상수' 선택 여부와 관계없이 '표준 편차' 결과는 같음).

[그림 Ⅲ-12] '프로세스 능력(성능) 지수' 산정 결과

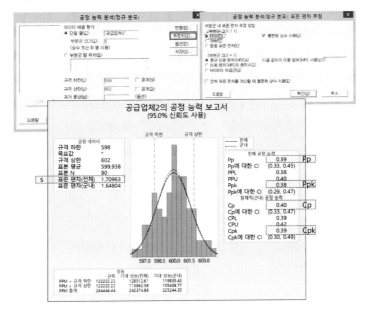

주의할 점은 버튼 '추정치(E)...'에서 '부분군 내 표준 편차 추정 방법'을 'Rbar'로 선택한다. [그림 Ⅲ-12]에 'Cp=0.40'과 'Pp=0.39'로 (식 Ⅲ-9)의 계산과 동일한 결과를 얻었다.

'Cp'의 해석에 대해 Kane(1986)[주) 135]은 "과연 단기 표집 계획에 근거한 Cp를 통해 프로세스의 장기적 관리 상태를 결정할 수 있는가?"란 의문에 빠졌다(Kane은 'Cp'를 계산하기 위해 표준 편차 's'를 사용했으며, 추정의 의미로 '$\hat{Cp}$'로 표현하였다. 즉 그의 '$\hat{Cp}$'는 계산상 현재의 'Pp'에 대응한다). 이에 대한 해답으로 그는 당시 생산 현장에서 설비의 '통계적 관리 상태' 여부에

별 관심을 두지 않는 점을 지적하고, 흔히 쓰는 관리도의 사용만으로 또는 '표본 크기'가 30~100개 사이의 짧은 생산 기간 동안의 데이터 추출만으로도 상당한 양의 문제들이 파악될 수 있다고 주장했다. 즉 같은 프로세스에서 안정한 상태(또는 '관리 상태')에서보다 불안정한 상태일 때의 '표준 편차'가 더 크다는 가정이 맞는다면, 그땐 단기 프로세스의 잠재적 능력 연구를 통해 문제가 일어나는 영역을 파악해 개선할 수 있고, 이는 곧 '장기 프로세스 성능'의 예측에도 영향을 미칠 것이란 지적이다. 그러나 Kane은 다시 '단기 능력 연구'에는 필시 변경점(새로운 툴, 잘 훈련된 작업 담당자, 특별하게 투입된 재료)들로 인해 품질 문제가 유발되며, 이들은 관심 사항인 'Cp'와는 구별되어야 한다고 주장했다. 또 특별한 요인들 때문에 생긴 큰 변동성은 품질 연구를 통해 해결하고, 관심 사항인 'Cp'는 큰 변동성을 제외한 프로세스의 고유 변동성(프로세스 잠재 변동)에 초점을 맞춰야 한다고 하였다. 이후 잦은 개선을 통해 'Cp 지수'를 높여나간다. 이런 잠재적 변동을 파악하려면 프로세스가 '관리 상태'여야 하므로 '관리도'가 필요한 이유도 설명된다.

그렇다면 실제 프로세스 관리에 있어 'Cp'의 적정 값은 얼마일까? 당연히 'Cp'를 잘 응용하고 있는 분야나 과거의 경험, 프로세스 운영 노하우 등에 의존하겠지만 프로세스 해석에 필요한 가이드라인은 이미 선각자들에 의해 다음 [표 III-7]과 같이 주어졌다.

[표 III-7] 프로세스 운영에 필요한 적정 'Cp'의 가이드라인

Ekvall & Juran(1974)[146]	Montgomery(1996)[147]	Chou, Owen & Borego(1990), Kushler & Hurley(1992)[148]
Cp<1 "적절치 못함."	현 프로세스에 대해 "1.33"	신뢰 구간 정의 □ Lower Limit= $\hat{Cp}\sqrt{\chi^2_{\alpha/2,n-1}/(n-1)}$
1≤Cp≤1.33 "적절하나 1에 가까우면 집중 관리 필요함."	신규 프로세스, 또는 현 프로세스라도 안전이나 강도처럼 핵심 특성인 경우 "1.50"	□ Upper Limit= $\hat{Cp}\sqrt{\chi^2_{-\alpha/2,n-1}/(n-1)}$
Cp>1.33 "적절 이상"	신규 프로세스에서 핵심 특성 경우 "1.67"	$Where,\ \chi^2_{\alpha,\nu}$는 카이제곱분포의 100α번째 퍼센타일

가장 일반적이면서 대부분의 기업에서 적용되는 기준은 Ekvall & Juran(1974)의 값이다. 또 'Cp'를 정해진 하나의 값으로 얘기하기보다 범위로 관리하는 것이 측정 때마다 변하는 값에 대응하기 유리하므로 [표 III-7]의 '신뢰 구간'을 이용하는 것도 한 방법이다(다른 계산 방식도 존재함).

프로세스 상황에 따른 적정 'Cp'의 설정 근거에 대해서는 Kane(1986)[주] 135]에 일부 설명이 나와 있다. 예를 들어 (식 III-7)에서 분자인 'USL-LSL'과 분모인 '6σ'가 일치하면 'Cp=1'로 '보통 수준'의 '프로세스 능력'이 된다. 영어로는 "Capable" 또는 "a Barely Capable Process" 등으로 불리므로 프로세스 운영에 필요한 최소 수준으로 여겨진다. 그러나 'Cp=1.0'을 최소 허용 가능한 수준으로 볼 경우 실제 프로세스 운영 중에 표집 방법이 바뀌거나 설비 한계 등의 변동으로 그보다 작은 운영 수준이 될 가능성이 높다. 따라서 최소 수준으로 'Cp=1.33'을 고려하는 것이 안전한데(이론적 불량률 0.0064%), 불량품 발생을 예방하는 차원에서 효율적인 전략이 될 수 있다. 이 기준은 '이상 원인'이 추가될 경우에도 'Cp=1.0'을 보증할 수 있어 권장된다. [그림 III-13]은 'Cp'값별 '프로세스 분포도'와 '프로세스 능력'의 판단을 비교한 개요도이다.

146) Ekvall, D. N. and Juran, J. M. (1974). "Manufacturing Planning", Quality Control Handbook, Third Edition.

147) Montgomery, D. C. (1996). Introduction to Statistical Quality Control, Third Edition, New York: John Wiley & Sons.

148) Chou, Y., Owen, D. B. and Borrego, S. A. (1990). "Lower Confidence Limits on Process Capability Indices", Journal of Quality Technology, 22, 223-229. Corrigenda, 24, 251.; Kushler, R. H. and Hurley, P. (1992). "Confidence Bounds for Capability Indices", Journal of Quality Technology, 24, 188-195.

[그림 Ⅲ-13] 'Cp 지수'별 '프로세스 분포도'와 '프로세스 능력'

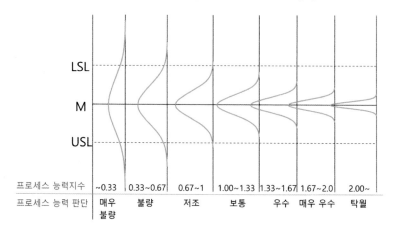

프로세스 능력지수	~0.33	0.33~0.67	0.67~1	1.00~1.33	1.33~1.67	1.67~2.0	2.00~
프로세스 능력 판단	매우 불량	불량	저조	보통	우수	매우 우수	탁월

또 'Cp'와 'Pp'로 'Cp-Pp'를 계산해서 그 차이를 비교해봄으로써 프로세스 진단에 이용할 수 있다. 수식으로 표현하면 다음과 같다.

$$Cp - Pp = \frac{USL - LSL}{6 \times \overline{R}/d_2} - \frac{USL - LSL}{6 \times s} \qquad \text{(식 Ⅲ-10)}$$

(식 Ⅲ-10)은 '$\overline{R}/d_2$'와 's' 간 차이에 따라 그 크기가 결정된다. 전자의 경우 '관리 상태'에서의 '그룹 내 변동'만 반영하므로 '우연 원인'들에 의해 형성된 변동이며, 프로세스의 고유한(또는 잠재된) 변동이다. 이것은 [표 Ⅲ-5]에서 보듯 '합리적 부분군', 즉 외적 요인들의 영향을 최소화시켜 얻은 부분군(예로, 동일한 작업자가 짧은 시간 안에 거의 동시에 생산된 제품의 특성 값들을 추출하는 등)이므로 이론상 '부분군 크기=5개' 경우 그들 간 값들의 차이는 최소화되어 있다. 따라서 상시 큰 변화는 없다고 봐야 한다. 그에 반해

's'는 부분군들의 평균 차이를 반영하므로 프로세스가 처한 상태에 따라 요동(?)치고 이에 상대적으로 큰 값을 갖는다. 따라서 (식 Ⅲ-10)에서 그 역수인 '$1/s$'은 '$1/(\overline{R}/d_2)$'보다 상대적으로 작아지고, 전체 식은 양의 값을 유지한다.

(식 Ⅲ-10)의 차이가 크면 클수록 '$1/s$'은 작은 값을, 다시 이것은 's'가 커졌음을, 또 이 상황은 '그룹(평균) 간 변동'이 증가했다는 뜻이므로 프로세스 내 '이상 원인'들에 의한 '그룹 간 변동' 발생 가능성을 예견할 수 있다. 일반적으로 두 값의 차이가 '≥ 0.2'면 '이상 요인'의 영향 가능성을 점치기도 한다. 그러나 장기적인 관리 노하우를 통해 적정 관리 기준을 마련할 필요가 있다.

2.3. 프로세스 능력(성능) 지수 – Cp_k, Pp_k의 계산

'Cp_k'는 공식적으론 Kane(1986)[주) 135]이 제기했다고 알려져 있으나 그의 논문에서조차 이미 그 이전부터 일본 기업들이 사용했다고 쓰고 있다. 따라서 70년대에 일본 기업들의 성장이 두드러진 점과, Juran이 'Cp'를 논한 1974년을 고려할 때 탄생 시점은 70년대 중반쯤으로 유추해본다.

'Cp_k'의 탄생 배경은 잘 알려져 있다시피 'Cp'의 단점을 보완하기 위해 도입되었다. 다음 [그림 Ⅲ-14]를 보자('관리 상태' 및 '정규 분포'로 가정).

[그림 Ⅲ-14] 'Cp_k' 설명 개요도 및 계산 식

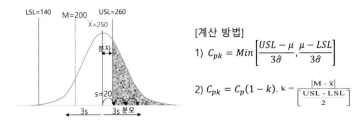

[그림 Ⅲ-14]의 분포를 보면 '평균($\bar{x}$)'이 'USL' 쪽으로 이동했으며, '규격 공차(=260-140)'와 '자연 공차(=6×20)'로부터 'Cp'를 계산하면 다음과 같다(표 준 편차를 's'로 쓰고 있지만 편의상 'Pp'가 아닌 'Cp' 표기를 사용한다).

$$Cp = \frac{USL - LSL}{6 \times \hat{\sigma}} = \frac{260 - 140}{6 \times 20} = 1.0 \qquad \text{(식 Ⅲ-11)}$$

'$Cp = 1.0$'은 [표 Ⅲ-7]의 가이드라인에 따라 간신히(?) '양호'한 수준이다. 그러나 [그림 Ⅲ-14]에서 보듯 'USL'을 벗어난 불량률이 '약 30.9%'에 이른 다. 만일 '$Cp \geq 1.0$'로 관리하고 그 외의 모니터링 지표가 전혀 없는 기업이라 면(좀 가정이 심했다!) 이 정도 불량률이 나와도 적정 '프로세스 능력'으로 판 단하고 사태를 방관만 하게 될 것이다. 'Cp'만 관리하므로 '평균'의 이동에 대 해서는 전혀 정보가 없기 때문이다. 즉 (식 Ⅲ-11)의 'Cp'만으로는 식 속에 오 직 '표준 편차'만 들어 있어 '평균($\bar{x}$)'의 이동을 감지할 수 없으므로 '산포'는 물론 '평균'의 이동까지 감지할 새로운 지표의 탄생을 기대할 수밖에 없다.

새로운 지표는 '산포'의 변화뿐만 아니라 '평균'의 이동도 감지해야 한다. 이에 대해 Kane(1986)[주] 135은 세 개 단계로 'Cp_k'의 산식을 설명하고 있 다. 그 첫 번째로, ① 만일 '규격이 한쪽만 있는 경우(Single Specification Limit)'의 'Cp'는 [그림 Ⅲ-14]로부터 '자연 공차(6σ)'의 반인 '3σ'와 '($USL - \bar{x}$) 또는 ($\bar{x} - LSL$)'의 비를 다음과 같이 구한다.

$$Cp_u = \frac{allowable \ upper \ spread}{actual \ upper \ spread} = \frac{USL - \mu}{\text{자연공차}/2} = \frac{USL - \mu}{3\hat{\sigma}} \qquad \text{(식 Ⅲ-12)}$$

$$Cp_l = \frac{allowable \ lower \ spread}{actual \ lower \ spread} = \frac{\mu - LSL}{\text{자연공차}/2} = \frac{\mu - LSL}{3\hat{\sigma}}$$

참고로, 이 둘을 합치면 (식 III-7)에서 보였던 'Cp'를 얻는다.

$$Cp = \frac{Cp_u + Cp_l}{2} = \frac{1}{2}\left(\frac{USL - \mu}{3\hat{\sigma}} + \frac{\mu - LSL}{3\hat{\sigma}}\right) = \frac{USL - LSL}{6\hat{\sigma}} \qquad \text{(식 III-13)}$$

두 번째로, ② 양쪽 규격 경우, '프로세스 평균'의 이동이 없으면 (식 III-12)는 같은 값이 나오지만, '평균'의 이동이 생기면 (식 III-12)들 중에 작은 쪽, 즉 '분자가 작은 쪽'이 '평균'이 이동한 방향이다. 또 '평균'이 이동한 방향으로 분포가 움직였을 것이므로 규격을 벗어나는 '불량률'도 증가한다. 반대쪽을 고려하면 규격을 벗어난 '불량률'이 오히려 줄어들 것이므로 선택의 필요성은 없다. 예를 들어, [그림 III-14]는 프로세스 분포가 오른쪽('USL' 방향)으로 움직였으므로 (식 III-12)들 중 'Cp_u'를 선택하는 식이다. [그림 III-14]에 쓰인 '분자'와 '분모'의 두 거리를 '비(Ratio)'로 표현하면 다음의 'Cp_k' 일반식을 얻는다. 이해를 돕기 위해 [그림 III-14]의 값들로 'Cp_k'를 구하였다.

$$Cp_k = \min\{Cp_l,\, Cp_u\} = \min\left\{\frac{\mu - LSL}{3\hat{\sigma}},\, \frac{USL - \mu}{3\hat{\sigma}}\right\} \qquad \text{(식 III-14)}$$

[그림 III-14]에서,
$USL = 260,\ LSL = 140,\ \bar{x} = 250,\ \hat{\sigma} = 20$이므로
$$Cp_k = \min\left\{\frac{250 - 140}{3 \times 20},\, \frac{260 - 250}{3 \times 20}\right\} = \min\{1.83,\, 0.167\} = 0.167$$

세 번째, ③ (식 III-14)를 이용해 '평균'의 이동량, 'k'를 정의할 수 있다.

$$Cp_k = \min\{Cp_l,\ Cp_u\} = \min\left\{\frac{\mu - LSL}{3\hat{\sigma}},\ \frac{USL - \mu}{3\hat{\sigma}}\right\} \text{에서,} \qquad \text{(식 III-15)}$$

[그림 III-14]에서, '분사'는 다음과 같이 변경 가능(꼭 그림 참조할 것)

$$
\begin{aligned}
Cp_k &= \min\left\{\frac{\mu - LSL}{3\hat{\sigma}},\ \frac{USL - \mu}{3\hat{\sigma}}\right\} = \frac{USL - \mu}{3\hat{\sigma}} = \frac{(USL - M) - |\mu - M|}{3\hat{\sigma}} \\
&= \frac{[USL - (USL + LSL)/2] - |\mu - M|}{3\hat{\sigma}} = \frac{[(USL - LSL)/2] - |\mu - M|}{3\hat{\sigma}} \\
&= \frac{(USL - LSL)/2 \times \{1 - |M - \mu| / [(USL - LSL)/2]\}}{3\hat{\sigma}} \\
&= \frac{(USL - LSL)/2}{3\hat{\sigma}}(1 - k) \\
&= Cp(1 - k). \qquad (0 \le k \le 1)
\end{aligned}
$$

$$where,\ M = (USL + LSL)/2,\ k = |M - \mu| / [(USL - LSL)/2]$$

'Pp_k' 역시 '표준 편차'만 다를 뿐 유도 과정은 (식 III-15)와 동일하다. 'Cp' 와 'Pp'의 계산 예로 쓰였던 동일 데이터(미니탭 기본 제공 데이터인 '캠 축.MTW'의 '공급업체2', 부분군 크기=5, USL/LSL=600±2로 가정)로 'Cp_k'와 'Pp_k'를 계산하면 다음과 같다([표 II-17]로부터 '$d_2(5) = 2.326$', [그림 III-11] 로부터 '$\overline{R} = 3.833$', $\overline{\overline{x}} = 599.94$, s=1.71).

$$
\begin{aligned}
Cp_k &= \min\left\{\frac{\overline{\overline{x}} - LSL}{3\overline{R}/d_2},\ \frac{USL - \overline{\overline{x}}}{3\overline{R}/d_2}\right\}, \qquad \text{(식 III-16)} \\
&= \min\left\{\frac{599.94 - 598}{3 \times (3.833/2.326)},\ \frac{602 - 599.94}{3 \times (3.833/2.326)}\right\}, \\
&= \min\left\{\frac{599.94 - 598}{3 \times (3.833/2.326)},\ \frac{602 - 599.94}{3 \times (3.833/2.326)}\right\} = \min\{0.392, 0.417\}, \\
&= 0.392
\end{aligned}
$$

$$
\begin{aligned}
Pp_k &= \min\left\{\frac{\overline{\overline{x}} - LSL}{3s},\ \frac{USL - \overline{\overline{x}}}{3s}\right\} \\
&= \min\left\{\frac{599.94 - 598}{3 \times 1.71},\ \frac{602 - 599.94}{3 \times 1.71}\right\} = \min\{0.378, 0.402\} \\
&= 0.378
\end{aligned}
$$

방금 얻어진 'Cp_k', 'Pp_k'와 미니탭 결과 비교는 [그림 III-12]를 통해 확인하기 바란다.

실제 프로세스 운영에서의 '$Cp(Pp)$'와 '$Cp_k(Pp_k)$'는 주어진 자료로부터 동시에 구한 뒤 현상을 해석한다. 그 이유는 [그림 III-6]에서처럼 'Cp, Cp_k'와 'Pp, Pp_k'를 구성하는 '표준 편차'가 '그룹 내 변동'과 '그룹 간 변동'으로 나뉘어 있고, '$Cp(Pp)$'와 '$Cp_k(Pp_k)$'의 '프로세스 중심'이 '규격의 중심(Midpoint)'에 있는지, 아니면 '이동(Shift)'한 것인지에 차이를 두기 때문이다. 일반적인 두 유형 '$Cp(Pp)$'와 '$Cp_k(Pp_k)$' 분포도를 함께 관찰하면 다음 [그림 III-15]와 같다.

[그림 III-15] 유형별 '$Cp(Pp)$'와 '$Cp_k(Pp_k)$' 분포도, 통합 분석

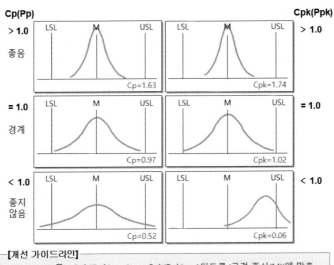

[그림 Ⅲ-15]의 '[개선 가이드라인]'을 보면 '$Cp(Pp)$'와 '$Cp_k(Pp_k)$'의 조합별로 어떤 접근을 취해야 할지 정리되어 있다. 만일 현재 프로세스 평가 결과가 세 번째인 '$Cp(Pp) \geq 1, \text{and } Cp_k(Pp_k) \geq 1$'이면 매우 긍정적 상황이며, '1.33', '1.67', '2.00' 각각에 '3'을 곱할 경우 '4~6시그마 수준'의 '프로세스 능력'을 보인다.

실제 프로세스 상황을 반영한 지수는 'Pp'와 'Pp_k'이다. '그룹 내 변동'과 '그룹 간 변동' 모두를 반영한 '표준 편차, s'를 적용하기 때문이다. 제조 부문 경우 다음과 같은 기준을 적용해 사용되기도 한다.

$$P_p - P_{pk} \leq 0.33. \qquad\qquad (\text{식 } Ⅲ\text{-17})$$

이것을 풀어 의미를 파악해 보면,
$$
\begin{aligned}
P_p - P_{pk} &= P_p - P_p \times (1-k) = P_p \times k \\
&= \frac{USL - LSL}{6s} \times \frac{|M - \overline{x}|}{(USL - LSL)/2} \\
&= \frac{|M - \overline{x}|}{3s} \leq 0.33 \\
\therefore |M - \overline{x}| &\leq 1s
\end{aligned}
$$

(식 Ⅲ-17)의 최종 결과를 해석하면 '프로세스 평균($\overline{x}$)'이 '규격 중심(M)'으로부터 '±1×(표준 편차)' 안에 유지되도록 관리하는 기준임을 알 수 있다. 따라서 수집된 데이터로부터 '프로세스 능력 지수' 모두를 구한 뒤 (식 Ⅲ-17)을 사용하여 현 상태를 진단하고 이전의 자료들과 값을 비교하면 확실히 좋은 길잡이가 될 수 있다. '±1×(표준 편차)' 범위가 넓다고 여겨지거나 좀 더 긴밀하게 관리되는 수준이면 상황에 맞게 조정하는 것도 좋은 관리 방침이 될 것이다. 다음 [그림 Ⅲ-16]은 간단한 예를 통해 개선이 이루어지는 과정을 설명한 것이다. 전체적인 정리에 필요하니 직접 계산하면서 정독하기 바란다.

[그림 Ⅲ-16] 'Pp'와 'Pp_k' 개선 과정 사례

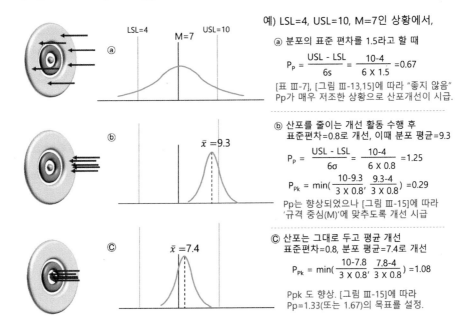

예) LSL=4, USL=10, M=7인 상황에서,

ⓐ 분포의 표준 편차를 1.5라고 할 때

$$P_P = \frac{USL - LSL}{6s} = \frac{10-4}{6 \times 1.5} = 0.67$$

[표 Ⅲ-7], [그림 Ⅲ-13,15]에 따라 "좋지 않음"
Pp가 매우 저조한 상황으로 산포개선이 시급.

ⓑ 산포를 줄이는 개선 활동 수행 후
표준편차=0.8로 개선, 이때 분포 평균=9.3

$$P_P = \frac{USL - LSL}{6\sigma} = \frac{10-4}{6 \times 0.8} = 1.25$$

$$P_{Pk} = min(\frac{10-9.3}{3 \times 0.8}, \frac{9.3-4}{3 \times 0.8}) = 0.29$$

Pp는 향상되었으나 [그림 Ⅲ-15]에 따라
'규격 중심(M)'에 맞추도록 개선 시급

ⓒ 산포는 그대로 두고 평균 개선
표준편차=0.8, 분포 평균=7.4로 개선

$$P_{Pk} = min(\frac{10-7.8}{3 \times 0.8}, \frac{7.8-4}{3 \times 0.8}) = 1.08$$

Ppk 도 향상. [그림 Ⅲ-15]에 따라
Pp=1.33(또는 1.67)의 목표률 설정.

[그림 Ⅲ-16]에서 '분포 ⓐ'는 '분포 평균($\bar{x}$)'이 '규격 중심(M)'에 있다고 가정된 상태에서 '$Pp=0.67$'을 얻었다. '분포 평균=7'로 '규격 중심(M)'과 일치한다고 가정해도 '$Pp=0.67$' 수준이다. 따라서 [그림 Ⅲ-15]의 '[개선 가이드라인]'들 중 '두 번째'에 해당하며, "산포 개선이 시급"한 것으로 판단된다.

'분포 ⓑ'는 산포 개선의 노력으로 '표준 편차=1.5에서 0.8'로 줄었으며, 'Pp' 역시 '1.25'로 증대되었다. 그러나 '$Pp_k=0.29$'로 'USL' 쪽으로의 '중심치 이탈(Off-target)'이 심각한 수준이며, [그림 Ⅲ-15]의 '[개선 가이드라인]'들 중 '첫 번째'에 해당된다. 이때의 개선 방향은 "'분포 중심($\bar{x}$)'을 최대한 '규격 중심(M)'으로 옮기는 일"이다. '분포 ⓒ'는 평균 개선의 노력으로 '표준 편차'는

이전을 유지한다고 가정한 상태에서 '평균=7.4'로 개선되었으며, 이때의 'Pp_k'는 '1.08'이다. 이 수준은 [그림 III-15]의 '[개선 가이드라인]'들 중 '세 번째'에 해당되며, 'Pp'를 '1.33' 이상으로 높이는 활동이 요구된다.

끝으로 (식 III-17)을 [그림 III-16]의 'ⓐ, ⓑ, ⓒ' 각 예에 적용해보자. 다음과 같다.

$$
\begin{aligned}
a)\ & Pp - Pp_k = 0.67 - 0.67 = 0\ < 0.33 \\
b)\ & Pp - Pp_k = 1.25 - 0.29 = 0.96\ > 0.33 \\
c)\ & Pp - Pp_k = 1.25 - 1.08 = 0.17\ < 0.33
\end{aligned}
\qquad \text{(식 III-18)}
$$

(식 III-18)에서 'ⓐ'와 'ⓒ'는 요구 수준인 '0.33' 이하를 만족한다. 전자는 '분포 평균($\bar{x}$)'과 '규격 중심(M)'이 일치한다고 가정한 'Pp'를 이용했고, 후자는 '산포', 특히 '분포 평균'을 개선한 후이므로 예상대로 '0.33 이하'로 나타났다. 다만 'ⓑ'의 경우, '분포 평균($\bar{x}$)'이 '규격 중심(M)'에서 'USL' 방향으로 크게 이탈된 상황을 '0.33'보다 큰 '0.96'의 값으로부터 예상할 수 있다. 이것은 바로 '평균($\bar{x}$)'의 개선이 필요한 것으로 판단할 수 있으며, [그림 III-16]의 활동과 일치하는 대목이다.

'Cpm'은 사용 목적이 명확하고 산식에 의한 계산 외에는 앞서 설명한 지수들에 비해 활용도가 크지 않으므로 [그림 III-3]의 개요도와 산식으로 대체하고 별도의 설명은 생략한다.

2.4. '시그마 수준(Sigma Level)'의 이해

이 단락에서는 '시그마 수준(Sigma Level)' 산정법에 대해 알아본다. 'Cp_k

(Pp_k)'가 "프로세스 능력을 '정규 분포'의 '평균'과 '산포'로 지수화한 측도"를 제공한다면 '시그마 수준' 역시 '정규 분포'의 '평균'과 '산포'를 동시에 적용해서 얻는다. 그러나 그에 덧붙여 '정규 분포'처럼 '연속 자료'가 아닌 '이산 자료'는 물론 '명목 척도', 심지어 적절한 '운영적 정의(Operational Definition)'만 거치면 거의 모든 상황의 지수화가 가능하다. 결국 기존 '프로세스 능력 지수' 모두를 수용하면서 그 외의 다양한 상황까지 '시그마 수준'으로 전환할 수 있는 유연성까지 갖춰 명실상부 '프로세스 능력' 측도로써 가장 높은 위계에 자리한다.

우선 '시그마 수준'을 계산하려면 사전 지식으로 '이항 분포', '정규 분포', '표준 정규 분포'들에 대한 기본 이해가 필요하다. 또 '결점'이나 '기회(Opportunity)'의 설정에 대해서는 '포아송 분포'도 사전 지식에 포함된다. 그러나 이들을 본문에서 논하는 것은 분량도 그렇거니와 주제에서도 살짝 벗어나므로 이에 대해 이해가 부족하거나 보충이 필요한 독자는 「Be the Solver_확증적 자료 분석(CDA)」편에 상세히 기술되어 있으니 해당 서적을 참고하기 바란다. 여기서는 바로 '시그마 수준'을 수치화하는 방법으로 들어간다. 참고로, 이어지는 계산 원리는 「Be the Solver_문제 해결 역량 향상법」편에 수록된 내용을 일부 편집해 옮겼다.

2.4.1. '시그마 수준(Sigma Level)'의 계산

'시그마 수준(Sigma Level)'은 "프로세스의 질을 나타내는 척도"이다. 네이버 지식백과에 포함된 '시그마 수준'은 다음과 같이 설명된다.

비록 '시그마 수준'의 정의 대신 '6시그마 수준'을 설명하고 있지만 개념은 동일하다. 다음 [그림 Ⅲ-17]은 '시그마 수준'을 설명하기 위한 개요도이다.

[그림 Ⅲ-17] '시그마 수준' 정의 개요도

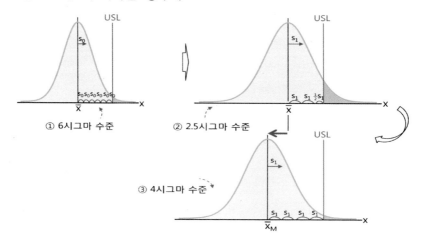

[그림 Ⅲ-17]에서 상단 왼쪽의 분포는 '6 시그마 수준' 정의에 따라 '평균($\bar{x}$)'과 '규격(USL)' 사이에 '표준 편차(S_0)'가 '6개' 들어간다. 이 분포가 만일 관리가 잘 되지 않아 중심은 그대로인 반면 '표준 편차'만 처음의 'S_0'에서

'S₁'으로 증가되었다고 가정한 예가 상단 오른쪽 분포도다. '규격(USL)'은 고정되어 있으므로 '평균($\overline{x}$)'과 '규격(USL)' 사이에 '표준 편차(S₁)'가 '2.5개' 들어가 '2.5 시그마 수준'임을 알 수 있다. 거리는 동일한데 '표준 편차' 크기만 커졌으므로 당연한 결과다. 물론 '표준 편차'가 '1.5개' 들어가면 '1.5 시그마 수준'이, '3개' 들어가면 '3 시그마 수준'이다. 다시 [그림 Ⅲ-17]의 아래 분포도는 바로 위 분포의 '표준 편차(S₁)'는 고정인 상태에서 '평균'이 기존 '$\overline{x}$'에서 '$\overline{x}_M$'로 이동한 예이다. 이 경우도 '규격(USL)'은 고정이므로 '평균($\overline{x}_M$)'과 '규격(USL)' 간 거리가 늘어나 들어갈 수 있는 '표준 편차(S₁)' 수는 이동하기 전인 '2.5개'에서 이동한 후 '4개'로 늘어난다. '4시그마 수준'이 된 것이다. 이와 같이 '시그마 수준'은 '산포'가 변하든, '평균'이 변하든 또는 둘 다가 변하든 그 크기가 커질수록 관리 중인 프로세스 질도 개선됨을 정량적으로 알려준다. 수학적으로는 '시그마 수준'이 무한대 값을 가질 수 있으나 프로세스 관리에서는 '6'의 값만 얻더라도 정의에 기술한 바와 같이 '2ppb', 즉 "10억 개 중 2개의 결점만을 발생시키는 품질 수준"이다. 이 자체만 놓고 보더라도 현실에서 달성이 매우 어려운 높은 수준의 관리 상태임을 알 수 있다. 예를 들어 다음 [그림 Ⅲ-18]의 상황을 가정해보자('정규 분포'를 따르며, $\overline{x}$=3.6. s=0.88, USL=4).

[그림 Ⅲ-18] 현 상황 도해와 '시그마 수준' 구하기

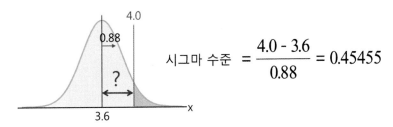

$$\text{시그마 수준} = \frac{4.0 - 3.6}{0.88} = 0.45455$$

[그림 Ⅲ-18]의 "?"는 '평균'과 '규격' 사이에 '표준 편차(0.88)'가 몇 개 들어가는지를 묻는 것이다. 분포도 바로 옆에 계산된 '시그마 수준'은 '약 0.45455'로, 그 의미는 "'평균'과 '규격' 사이에 '약 0.45455 개'의 '표준 편차'가 들어간다"이다('단기 데이터' 가정으로 '1.5'를 더하지 않음).

프로세스 관리에 경험이 많은 독자라면 "왜 규격을 'USL'만 사용하지? '망대 특성'과 같이 'LSL'만 있는 경우도 있고, '망목 특성'에선 'LSL'과 'USL'을 동시에 적용해야 하는데…. 특히 '망목 특성' 경우 '평균'과 '규격' 사이의 어느 쪽을 선택해서 계산해야 하는지…" 등의 의문을 제기할 수 있다. 이 물음에 대한 정답은 "'망대 특성'이든 '망목 특성'이든 항상 불량 넓이를 오른쪽으로 몰아넣은 뒤 마치 [그림 Ⅲ-17]과 같은 '망소 특성'의 형태로 고쳐 '시그마 수준'을 계산한다"이다. 이때 다시 다음 [그림 Ⅲ-19]와 같은 의문이 생긴다.

[그림 Ⅲ-19] '망목 특성'을 '망소 특성'으로 전환했을 때의 'USL'은?

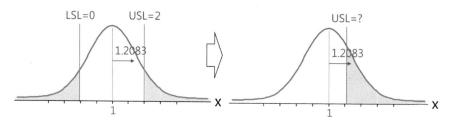

즉, [그림 Ⅲ-19]에서처럼 'LSL=0' 이하의 '불량률'을 오른쪽 'USL=2' 이상의 '불량률' 영역에 통합하면 어차피 '넓이'의 합이므로 '총 불량률'의 차이는 없다. 따라서 [그림 Ⅲ-17]과 동일한 원리로 '시그마 수준'을 계산할 수 있으나, 이때 새롭게 형성된 'USL(왼쪽으로 밀릴 것이다!)'을 모르므로 '평균'과 '규격(USL)' 간 거리를 알 수 없어 계산이 불가한 상태에 놓인다. 따라서 '시그마 수준'을 계산하는 다른 방식의 접근이 필요한데, 이때 '표준 정규 분포'

를 이용한다. '표준 정규 분포'는 이미 '평균'과 '표준 편차'가 알려져 있으므로 '불량(또는 수율)'을 알고 있는 상태에서 'z(시그마 수준)'의 계산이 가능하다. 다음 [그림 Ⅲ-20]은 '시그마 수준'을 구하는 또 다른 방식에 대한 개요도이다.

[그림 Ⅲ-20] '표준 정규 분포'에서의 '시그마 수준'

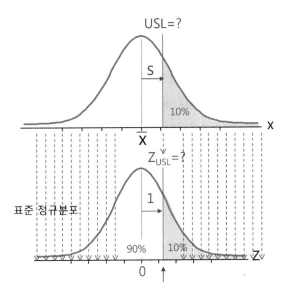

[그림 Ⅲ-20]의 위쪽 분포도는 프로세스로부터 수집된 데이터로서 일반적으로 접하는 '정규 분포'이고, 아래쪽은 '표준 정규 분포'를 나타낸다. '표준 정규 분포'가 어떻게 만들어지고, 또 왜 필요한지에 대해선 「Be the Solver_확증적 자료 분석(CDA)」편에 상세히 소개하고 있으니 관심 있는 독자는 참고하기 바란다. '표준 정규 분포'의 사전적 정의를 옮기면 다음과 같다.

· **표준 정규 분포(Standard Normal Distribution)** (사이언스 올 과학 공유사전)
실수 전체의 값을 취하는 확률 변수 Z가 a, b일 때,

$$P(a \le Z \le b) = \frac{1}{\sqrt{2\pi}} \int_a^b \left[e^{-\frac{1}{2}z^2} \right] dz$$

를 만족시킨다면, Z의 확률 분포를 '표준 정규 분포'라고 한다. 여기서 e는
2.71828…인 자연 로그의 밑으로 무리수이다. 이때, Z의 평균값은 0, 분산은 1
이다. (중략)….

정의에서 기억할 구절은 "평균은 '0', 분산은 '1'이다"이다. '분산=1'이면 제
곱근해도 '1'이므로 '표준 편차' 역시 '1'이다. '평균'과 '표준 편차'가 고정된
분포이고, 또 그 값도 알려져 있으므로 이 분포 내에서는 모든 확률 계산이
가능하다. 주변에서 수집된 자료로 '정규 분포'를 만들면 그 모든 분포를 '표
준 정규 분포'로 전환할 수 있고, 물론 그 역도 가능하다.

[그림 III-20]의 위쪽 분포도의 모든 'x_i'들은 아래 '표준 정규 분포' 내 각
각에 대응하는 'z_i'로 변환된다. 따라서 'USL'도 하나의 'x값'이므로 이 역시

[그림 III-21] '표준화' 과정 및 산식

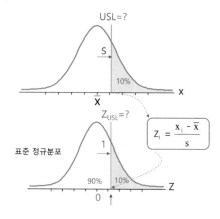

대응하는 특정의 'z값'으로의 변환이 가능하다. 이제 어떻게 변환하는지 그 수식만 알면 위에서 아래로, 또 아래에서 위로의 변환은 그 식을 통해 언제든 이루어질 수 있다. [그림 III-21]을 보자.

[그림 III-21]에 'x_i'를 'z_i'로 전환하는 변환 일반식이 주어져 있다. 변환하려고 하는 값(x_i)과 분포의 평균($\overline{x}$)과의 차이를 분포의 '표준 편차(s)'로 나누면 '표준 정규 분포'상 'z_i'로의 변환이 완료된다. 이때 'USL'도 '$x-축$'상의 한 값이므로 해당하는 'z_{USL}'을 얻기 위한 변환 식은 다음과 같다.

$$Z_{USL} = \frac{x_{USL} - \overline{x}}{S}$$ (식 III-19)

(식 III-19)를 가만히 들여다보면 매우 낯익다는 생각이 든다. 왜일까? 바로 [그림 III-17], [그림 III-18]에서 설명했던 '시그마 수준'을 얻는 방법과 정확히 일치한다. 즉 "USL을 표준화하는 식은 '시그마 수준'의 정의, 또는 얻는 산식과 정확히 일치한다"이다. 이 원리를 이용하면 [그림 III-20]처럼 '망목 특성'과 '망대 특성'을 '망소 특성'으로 전환해서 'USL'의 구조를 만든 뒤, 그 'USL'을 '표준화'해서 바로 '시그마 수준'을 얻는다. 따라서 모든 특성들을 '망소 특성' 하나의 분포도로 변경하면 통일된 방식으로 '시그마 수준'을 얻을 수 있다. 그러나 여전히 새롭게 형성된 'x_{USL}'을 모르므로 계산이 불가하긴 마찬가지다.

다시 [그림 III-21]을 보자. 어떤 경로로 만들어졌든 'USL'이 존재하는 '망소 특성'의 분포도가 완성되면 '불량률'은 반드시 알려져 있어야 한다. 이 경우는 '10%'이다. 이때, 나머지 넓이는 자연스럽게 '수율(또는 양품률)'이 되며, 본 예 경우 그 값은 '90%'이다. '표준 정규 분포'의 큰 장점 중 하나가 '평균'과 '표준 편차'가 각각 '0'과 '1'로 고정되어 있으므로 우리는 미니탭의 '역 누적 확률' 기능을 통해 '넓이를 가르는 z_{USL} 값'을 계산해낼 수 있다. 미니탭은 왼쪽 넓이만 얻도록 프로그램화되어 있으므로 [그림 Ⅲ-21]에서의 '90%', 즉 '0.9'를 '역 누적 확률'로 계산하면 '0.9'를 가르는 'z_{USL}'이 나타나는데, 이 값은 '시그마 수준의 정의'와 일치된 값이므로 곧 '시그마 수준'이다. 이 과정을 수식으로 정리하면 다음과 같다.

$$[\text{그림 } \mathit{II}-20]\text{아랫쪽에서, } Z_{USL} = \Phi_z^{-1}(0.9) = 1.28155 \qquad (\text{식 } Ⅲ\text{-}20)$$
$$([\text{그림 } \mathit{II}-21]\text{참조})$$

$$\text{만일 '장기데이터'라면, } Z_{st} = Z_{lt} + 1.5 = 1.28155 + 1.5$$
$$= 2.78155 \text{시그마 수준}$$

(식 Ⅲ-20)을 얻기 위한 미니탭 '대화 상자' 입력과 결과는 다음과 같다.

[그림 Ⅲ-22] '역 누적 확률'을 통한 'z_{USL}(시그마 수준)' 구하기

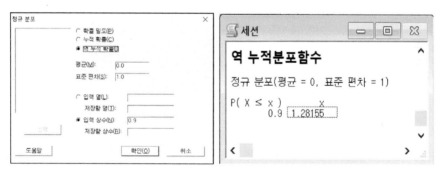

[그림 Ⅲ-22]를 통해 '시그마 수준'을 얻는 두 방법인 (식 Ⅲ-19)와 (식 Ⅲ-20)을 함께 정리하면 다음과 같다.

$$Z_{USL}(\text{or 시그마수준}) = \frac{x_{USL} - \overline{x}}{S} = \varPhi_z^{-1}(\text{수율}) \qquad (\text{식 III-21})$$

(식 III-21)은 '시그마 수준'을 두 가지 방식으로 얻을 수 있음을 알려준다. '$\varPhi_z^{-1}(\text{수율})$' 중 '$\varPhi^{-1}$'는 '역 누적 확률', 즉 "$z$값이 가르는 왼쪽 넓이를 구하는 것이 아닌, 역으로 넓이를 아는 상태에서 그를 가르는 'z값'을 찾는 접근"의 표기이다. 또 밑인 'z'는 그 '역 누적 확률'을 '표준 정규 분포'상에서 진행한다는 뜻이며, 미니탭으로는 [그림 III-22]에 대응한다. 끝으로 괄호 내 '수율'의 계산은, '불량률'을 오른쪽으로 몰아넣은 상태에서 미니탭이 구하는 넓이가 왼쪽이므로 '100 − 불량률=수율'로 얻는다. '데이터 유형'별로 (식 III-21)을 적용하면 다음과 같이 요약된다.

[그림 III-23] '데이터 유형'별 'z_{USL}(시그마 수준)' 구하기 개요도

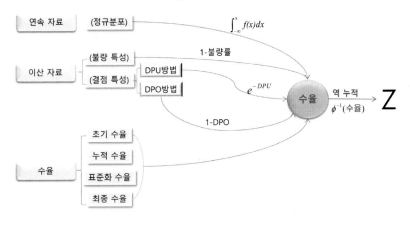

[그림 III-23]의 오른쪽을 보면 '데이터 유형별'로 '수율'을 구한 뒤 '역 누적 확률'을 통해 'z('시그마 수준'에 대응)'을 얻는다. (식 III-20)과 [그림 III

-22]는 같은 내용이다. 다만 '데이터 유형'별로 '수율'을 얻는 방식에 차이가 있으므로 그를 구분해 정리한 개요도이다. **'연속 자료' 경우** 적분을 통해 '수율'을 얻는다. '시그마 수준'을 계산하기 위해서는 '불량률'을 항상 분포의 오른쪽 영역으로 몰아넣는다는 것을 떠올리자. 또 **'이산 자료' 경우**의 <u>불량 특성</u>은 "전체 개수들 중 불량품 개수의 비율"이 '불량률'이므로 '전체(100% 또는 확률=1)'에서 '불량률'을 빼면 '수율'을 얻는다. '결점 특성'은 '수율'을 얻는 두 가지 접근이 있는데 하나는 'DPU 방법'이고 다른 하나는 'DPO 방법'이다. '<u>DPU 방법</u>'은 '포아송 분포'로부터 유도되며 다음과 같다.

$$P(x) = \frac{\lambda^x e^{-\lambda}}{x!}, \text{만일 '결점'이 하나도 나오지 않는 경우,} \qquad \text{(식 III-22)}$$
즉, '수율'은 $x = 0$일 때이므로,

$$P(x=0) = \frac{\lambda^0 e^{-\lambda}}{0!} = e^{-\lambda} \implies 수율 = e^{-DPU}$$

단, λ는 해당 구간(또는 범위)에서 확률 사상의 '평균 발생 횟수'를 의미하며, '결점'의 경우, $\lambda = DPU$임.

'<u>DPO 방법</u>'은 '기회(Opportunity)'가 주어지면 "전체 기회 대비 결점의 비율"을 의미하며, 값이 '100'을 초과하지 않아 '불량률'의 개념과 동일하다. 따라서 '수율'은 '전체(100% 또는 확률=1)'에서 'DPO'를 빼면 얻을 수 있다. 그 외에 '<u>수율</u>' 자체도 제시될 수 있는데 이때는 그대로 '역 누적 확률'을 계산한다. 'DPU'나 'DPO', '초기 수율', '누적 수율', '표준화 수율', '최종 수율'들의 정의와 활용에 대해서는 「Be the Solver_프로세스 개선 방법론」편을 참고하기 바란다.

간혹 교육 중에 나오는 질문이 있다. "강사님! '정규 분포'는 그렇다 치더라도 '이항 분포'나 '포아송 분포'는 분명 '정규 분포'도 아니고, 특히 'DPO'는 분포 축에 들지도 않는데 '시그마 수준' 계산할 때 왜 항상 '(표준) 정규 분포'만 쓰나요?" '기초 통계'에 관심이 있거나 세심한 교육생이면 한 번쯤 의문을 가질 법도 하다. 간단히 설명하면 '정규 분포'는 '이항 분포'의 수학적 처리 한계를 극복하기 위해 탄생한 근사식이다. '이산 자료'의 수가 많아지면 계산량이 큰 폭으로 증가하므로 그를 대처하기 위해 연속형의 근사식을 만들었다. 또 '포아송 분포 vs. 이항 분포', '포아송 분포 vs. 정규 분포'들도 파라미터 변화에 따라 서로 간 근사가 가능하다. '이항 분포'는 '표본 크기(n)'나, 비율의 크기(p), '포아송 분포' 경우 '아이템당 평균 수(λ)'가 적정 값 이상이면 모두 '정규 분포'로 근사시켜 해석이 가능하며, 따라서 [그림 Ⅲ-23]처럼 모든 '데이터 유형'의 '시그마 수준'이 '표준 정규 분포'상에서 다뤄지는 이유이다.

2.4.2. '시그마 수준(Sigma Level)'의 계산 - 정규 분포

'프로세스 능력'의 척도인 '시그마 수준'을 '정규 분포'로부터 얻는 과정은 이미 [그림 Ⅲ-10]~[그림 Ⅲ-12]를 통해 어느 정도 설명이 된 상태다. 당시와의 차이라면 'Cp, Pp'나 'Cp_k, Pp_k'가 '시그마 수준'으로 바뀌었을 뿐이다. 따라서 동일한 과정을 거쳐 [그림 Ⅲ-24]와 같이 미니탭 '대화 상자'로부터 "벤치마크 Z(σ수준)"을 선택한다(「통계 분석(S) > 품질 도구(Q) > 공정 능력 분석(A) > 정규 분포(N)…」).

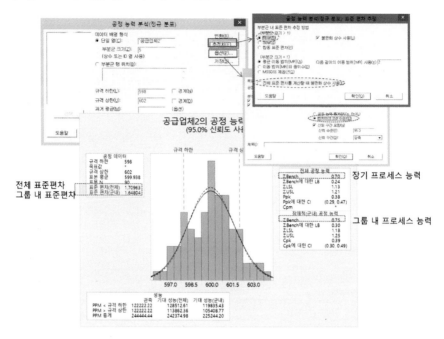

[그림 Ⅲ-24] '정규 분포'의 '시그마 수준' 얻기

　[그림 Ⅲ-24]가 좀 복잡하긴 해도 선택 사항이 많아 일단 모든 화면을 포함
시켰다. 예를 들어, '추정치(E)...'에서 "전체 표준 편차를 계산할 때 불편화 상수
사용" 옵션을 선택하면 '전체 표준 편차'의 추정이 잘되도록 보정 상수가 가
미되는데 수작업으로 계산한 결과와 비교하기 쉽도록 편의상 선택하지 않았다
(선택하면 보정 상수에 의해 '전체 표준 편차=1.7144'가 된다). 또 '옵션(P)...'
에서 "벤치마크 Z(σ수준)(E)"를 선택함으로써 '시그마 수준'이 출력되게 한다.
이때의 '프로세스 능력'은 "장기=0.70시그마 수준", "그룹 내=0.75시그마 수
준"을 얻었다. '그룹 내 프로세스 능력'[149]은 '그룹 내 변동'만을 반영하므로,

---

149) '그룹 내 프로세스 능력'은 '그룹 내 표준 편차'를 적용해 얻은 '시그마 수준'으로 명칭은 필자가 정했

'그룹 내 변동+그룹 간 변동'을 반영한 '장기 프로세스 능력'보다 통상 값이 크다. 이것이 역전되면 뭔가 문제 있는 프로세스로 판단한다. 짧은 기간에 얻은 데이터의 능력이 장기간에 걸쳐 얻은 데이터의 능력보다 떨어진다는 것은 상식에서 벗어나기 때문이다.

만일 이 결과를 얻는 데 쓰인 데이터가 충분히 '장기간'에 걸쳐 수집되었고, 프로세스가 경험할 수 있는 대부분의 '변동성'도 충분히 반영하고 있으면 '장기 프로세스 능력'에 'Motorola's Shift'인 '1.5'를 더해 '단기 시그마 수준'을 얻는다. 이때의 값은 다음과 같다.

$$단기 프로세스능력(Z_{short-term}) = 장기 프로세스능력(Z_{long-term}) + 1.5 \qquad (식 \ \text{III-23})$$
$$Z_{short-term} = 0.7 + 1.5 = 2.2 \, 시그마 수준$$

이제 '시그마 수준'을 직접 얻어보자. 이를 위해 [그림 III-23]과 (식 III-21)을 이용한다. 우선 [그림 III-24]에서 '규격(LSL=598, USL=602)'을 벗어난 양은 그래프 아래쪽 "성능"이란 통계량 표에 나타나 있는데 '기대 성능(전체)'을

[그림 III-25] '수율'의 '역 누적'으로 '시그마 수준' 구하기

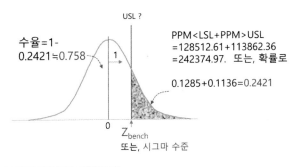

수율=1-
0.2421≒0.758

USL ?

PPM<LSL+PPM>USL
=128512.61+113862.36
=242374.97. 또는, 확률로

0.1285+0.1136=0.2421

Z_{bench}
또는, 시그마 수준

다. '잠재적'이나 '단기' 등의 표현을 쓰지 않으려는 이유는 [표 III-8]과 본문에서 설명해놓았으니 참고하기 바란다.

보면 "PPM<규격 하한=128512.61", "PPM>규격 상한=113862.36"이 있다. '시그마 수준'을 구하려면 '규격 하한'을 벗어난 전체 양을 일단 오른쪽 '규격 상한' 영역에 합친 후 '표준 정규 분포'에서 '수율'을 이용해 'z(시그마 수준)'을 얻는다. 현 상황에 대한 개요도를 그리면 [그림 Ⅲ-25]와 같다.

[그림 Ⅲ-25]의 '수율=0.758'을 이용해 [그림 Ⅲ-22]에서 보였던 미니탭의 '역 누적 확률'을 구하면 [그림 Ⅲ-26]과 같다.

$$Z_{bench} = \phi_z^{-1}(0.758) = 0.699884 \qquad (식 \ Ⅲ-24)$$

장기테이터로 $Motorola's \ Shift$ 반영 시
$$Z_{short-term} = \phi_z^{-1}(0.758) + 1.5 \cong 2.2 시그마 수준$$

[그림 Ⅲ-26] '역 누적 확률'을 통한 '시그마 수준' 구하기

[그림 Ⅲ-26]은 미니탭 결과인 [그림 Ⅲ-24] 및 (식 Ⅲ-23)과 정확히 일치한다. 이제 [그림 Ⅲ-24]의 결과들 중 "그룹 내 프로세스 능력"에 대해 알아보자. 미니탭 용어로는 "잠재적(군내) 공정 능력"이다.

'그룹 내 프로세스 능력'이 '장기 프로세스 능력'과 다른 점은 딱 하나다. 마치 'Cp'와 'Pp'의 '표준 편차'가 다르듯, 두 프로세스 능력 역시 적용되는 '표준 편차'가 다르다. 이것은 [그림 Ⅲ-24]의 왼쪽에 표시된 '전체 표준 편차'

와 '그룹 내 표준 편차(미니탭엔 '표준 편차(군내)'로 되어 있음)'들 중 어느 것을 쓰느냐에 달렸으며, 잘 알려졌다시피 "그룹 내 프로세스 능력"은 후자인 '그룹 내 표준 편차(1.64804)'를 이용해 얻은 결과이다. 기업인을 대상으로 교육을 하다 보면 다른 건 몰라도 '그룹 내 표준 편차'에 교육생들이 매우 헷갈려 한다. 이 부분에 대해 명료하게 정리하고 넘어가보자. 또 본 내용을 통해 [그림 Ⅲ-24]에서 보여준 프로세스의 현황을 진단하고 향후 나아가야 할 방향도 정할 수 있다. 다음 [그림 Ⅲ-27]은 '그룹 내 표준 편차'와 '전체 표준 편차'를 계산한 개요도이다.

[그림 Ⅲ-27] '그룹 내 표준 편차'와 '전체 표준 편차' 직접 구하기

공급업체2	부분군 1					부분군 2					부분군 3					...
	601.6	600.4	598.4	600	596.8	598.4	599.6	603.4	600.6	598.4	598.2	602	599.4	599.4	600.8	...
범위	4.80					5.00					3.80					...
범위의 평균(ΣRᵢ/18)	3.83333															
그룹내 표준편차(R_bar/d₂)	1.64804															
전체 표준편차(s)	1.70963															

$$\sigma_{within} = \frac{\bar{R}}{d_2} = \frac{3.833}{2.326} = 1.648$$

$$\sigma_{overall} = \sqrt{\frac{\sum_{i=1}^{i=90}(x_i - \bar{x})^2}{N-1}} = \sqrt{\frac{260.1316}{90-1}} = 1.7096$$

앞에서도 설명했듯이 '그룹 내 표준 편차'는 부분군 각각의 '범위'를 구한 뒤 그로부터 계산된 '표준 편차'이므로 값이 매우 작다. 왜냐하면 같은 부분군 내에서의 다섯 개끼리는 이론상 같아야 함에도 뭔지 모르는 '우연 원인'들에 의해 약간의 변동성을 보이기 때문이다. 그에 반해 '전체 표준 편차'는 개별 데이터 전체를 대상으로 한 '표준 편차'이므로 크고 작은 값들 모두의 변동성을 반영해 '그룹 내 표준 편차'보다 큰 특징이 있다. 일반적으로 '그룹 내 표준 편차'는 잘 변하지 않으므로 '고유한(Inherent)', '잠재된(Potential)', '단기의(Short-term)'와 같은 수식어가 붙고, '전체 표준 편차'는 프로세스의 실제 변동을 반영하므로 '전체의(Overall)', '장기의(Long-term)'와 같은 수식어가

붙는다. 이제 '장기 프로세스 능력'과 '그룹 내 프로세스 능력' 같은 'Six Sigma Capability'를 'Cp', 'Cp_k', 'Pp', 'Pp_k'인 'Process Capability Indices'와의 비교를 통해 서로 어떤 관계가 있는지 알아보자([그림 III-24]의 데이터 활용).

[표 III-8] '6시그마 능력'과 '프로세스 능력 지수'의 속성 비교

	6시그마 능력 (Six Sigma Capability)			프로세스 능력 지수 (Process Capability Indices)			
	장기 프로세스 능력($Z_{long-term}$)	그룹 내 프로세스 능력(Z_{within})	잠재 프로세스 능력($Z_{potential}$)	Cp	Cp_k	Pp	Pp_k
평균 위치	전체 평균 ($\bar{x}$)	전체 평균 ($\bar{x}$)	규격 중심 (M)	규격 중심 (M)	전체 평균($\bar{x}$)	규격 중심 (M)	전체 평균($\bar{x}$)
표준 편차	s	$\bar{R}/d_2$	$\bar{R}/d_2$	$\bar{R}/d_2$	$\bar{R}/d_2$	s	s
계산 값	0.7	0.75	$3Cp$	0.4046	0.392	0.3899	0.378
대응 관계	□	☆	○	○	☆	–	□

[표 III-8]을 보면 현재 쓰고 있는 용어들에 극히 혼란스럽다. '프로세스 능력 지수'의 네 개 지수들과 '6시그마 능력'의 두 개 수준($Z_{long-term}$, Z_{within})을 서로 비교하면 계산에 사용되는 '평균'과 '표준 편차'가 같은 것끼리 쌍을 이루는데, 그들 중 'Cp'와 'Pp'에 대응하는 '6시그마 능력'은 없다. 'Cp'와 'Pp'는 '프로세스 평균'이 '규격 중심(M, Midpoint)'에 있다고 가정하는 데 반해 '6시그마 능력'은 항상 측정된 '프로세스 평균'을 반영하기 때문이다. 이때 '프로세스 능력'을 높이려는 엔지니어 입장에서 한 가지 의문이 생긴다. "도대체 우리 프로세스의 능력을 어느 수준까지 높일 수 있을까?" 또는 "최대로 다다를 수 있는 능력이 얼마란 걸 알면 내가 이번에 개선한 수준이 어느 정도인지 알 수 있을 텐데!" 등이다. 여기서 우리 "프로세스 최고의 수준"이란 간단히 말해 "'표준 편차'는 '우연 원인'에 의한 변동만 반영되고, '평균'은 규격

중심에 있을 때"이다. 물론 'R-관리도'는 '관리 상태'여야 한다. [표 III-8]을 보자. 이 조건에 만족되는 항목은 바로 'Cp'다. 따라서 '6시그마 능력'에 'Cp'에 대응하는 측도가 있다면 "현 프로세스 최고의 수준"에 해당하게 되므로 여러 분석에 기준으로 활용될 수 있다. 일반적으로 '$Z_{potential} = 3 \times Cp$'이다.

'프로세스 평균'을 '규격 중심(M)'으로 옮기는 개선, 그리고 이어 '이상 원인'에 의한 변동 폭을 계속 줄여나가 '그룹 내 변동' 수준에 이르게 하는 일은 힘들지만 불가능하진 않다. 따라서 이렇게 "프로세스 평균이 규격 중심에 있다고 가정하고, '표준 편차'는 '그룹 내 표준 편차'를 적용"한 최고의 수준을 소위 "잠재적(Potential)", 또는 "고유한(Inherent)"의 수식어를 붙여 '잠재적 프로세스 능력($Z_{potential}$)'으로 불릴 만하다.

· **'6시그마 능력(Six Sigma Capability)' 용어 정의** (필자) 다음과 같이 정의한다.

'6시그마 능력' 항목	정의
장기 프로세스 능력 ($Z_{long-term}$)	과거 '장기간'에 걸쳐 수집된 데이터로부터 얻어짐. 평균= '$\bar{x}$', 표준 편차='s'를 사용해 계산
그룹 내 프로세스 능력 (Z_{within})	'합리적 부분군'으로 수집된 데이터. 평균='$\bar{x}$', 표준 편차 ='σ_{within}'으로 계산
단기 프로세스 능력 ($Z_{short-term}$)	'장기 프로세스 능력'에 'Motorola's Shift'인 '1.5'를 더해 얻은 '시그마 수준'
잠재 프로세스 능력 ($Z_{Potential}$)	'합리적 부분군'으로 수집된 데이터. 평균='규격 중심(M)', 표준 편차='σ_{within}'
비고	▷'장기간'이란 상황에 따라 차이가 있지만 '이상 원인'으로 인한 충분한 변동성이 포함된 데이터. 예로써 비수기와 성수기가 있다면 연간 데이터가 해당될 것임. ▷'σ_{within}'은 미니탭 「공정 능력 분석」의 '도움말'에서 '표준 편차 추정'에 포함된 총 6개들 중 하나를 지칭함.

지금까지 나왔던 '프로세스 능력'을 이 시점에 다시 한번 정리하자. 본문에서는 미니탭 용어와 약간의 충돌이 있지만 혼선을 피하기 위해 이들 용어를 나음과 같이 정의하고 계속 사용코자 한다. 어디에 어떻다고 명료하게 언급된 곳도 없으니 '대왕 문어' 없는 곳에 꼴뚜기라도 뛰어야겠다는 심정이다.

현업에서는 '그룹 내 프로세스 능력'과 '단기 프로세스 능력' 및 '잠재 프로세스 능력' 간에 혼선이 상당하다. 물론 다행스러운 일은 계산상 분명한 차이가 있다는 것이고 따라서 쓰임새도 다를 것이니 이참에 확실히 해두자.

예를 들어, [표 III-8]의 '프로세스 능력 지수'들에 대해 "가장 이상적인 지수"에서 "가장 현실적인 지수"로 나열하면 "$Cp > (Pp \gtrsim Cp_k) > Pp_k$"쯤 된다. '$Cp$'는 '중심'이 '규격 중심(M)'에 있고, '표준 편차'도 가장 작은 'σ_{within}'을 쓰므로 좀 이상적일 수 있고, 'Pp_k'는 '평균'과 '표준 편차($\sigma_{overall}$)' 모두 측정값 그대로 쓰니 현실을 가장 잘 대변한다. 다만 중간이 헷갈린데, 'Pp'와 'Cp_k'는 현실을 대변하는 's'와 '$\bar{x}$'를 각각 하나씩 나눠 갖고 있다. 만약 '산포(s)'가 매우 안정적인 프로세스면 "가장 이상적인 지수" 쪽에 'Pp'를 둬야 하고, '$\bar{x}$'가 '규격 중심(M)'에서 운영되는 프로세스면 'Cp_k'가 우선한다(산포가 현실을 대변할 것이므로 'Pp'는 오른쪽에 위치). 그러나 일반적으로 프로세스 관리 측면에서 '산포의 퍼짐'보다 '평균의 이동'에 관심이 더 가는 점을 고려하면 어디가 더 안정적인가란 측면에서 'Pp'가 'Cp_k'보다 우선하는 것이 바람직하다. 이에 부등호는 '$Pp \gtrsim Cp_k$'로 해석된다. 처한 상황마다 해석에 차이가 있을 수 있다는 점만 감안하자.

추가로 '6시그마 능력'의 '시그마 수준'들도 우선순위를 둘 수 있다. [표 III-8]과 "$Cp > (Pp \gtrsim Cp_k) > Pp_k$"의 순서를 참고하면 "$z_{potential}(Cp) > (z_{short-term} \geq z_{within}(Cpk)) > z_{long-term}(Ppk)$"쯤 될 것이다(괄호는 대응하는 '프로세스 능력 지수'임). '$z_{short-term}$' 경우, '표준 편차'는 '$z_{long-term}$'과 같은 's'를 쓰는 대신 '평균

=1.5σ'만큼의 혜택이 있으므로 'z_{within}'보다 더 이상적인 측면이 있다. 그러나 '평균 이동'의 혜택보다 'z_{within}'의 'σ_{within}'이 매우 작아 이상적인 프로세스에 근접하면 둘의 순위는 바뀌어야 한다.

용어에 대한 이해가 섰으면 '6시그마 능력'과 '프로세스 능력 지수'와의 관계에 대해 알아보자. 이를 위해 '시그마 수준' 계산에 쓰였던 (식 Ⅲ-21)을 다시 가져와 다음과 같이 수정한다.

$$z_{USL} = \frac{x_{USL} - \bar{x}}{s} \quad \Rightarrow \frac{z_{USL}}{3} = \frac{x_{USL} - \bar{x}}{3s} = Cp_u \qquad \text{(식 Ⅲ-25)}$$

$$\therefore Cp_u = \frac{z_{USL}}{3}, \text{ or } z_{USL} = 3 \times Cp_u$$

(식 Ⅲ-25)를 해석하면 "프로세스가 USL 방향으로 이동했을 때, USL을 표준화한 값(z_{USL})은 해당 위치에서의 '프로세스 능력 지수(Cp)'에 세 배를 한 것과 같다"이다. 반대로 프로세스가 'LSL' 방향으로 움직였다면 그때는 'LSL'을 기준으로 다음과 같이 'Cp_l'이 얻어진다.

$$z_{LSL} = \frac{\bar{x} - x_{LSL}}{s} \quad \Rightarrow \frac{z_{LSL}}{3} = \frac{\bar{x} - x_{LSL}}{3s} = Cp_l \qquad \text{(식 Ⅲ-26)}$$

$$\therefore Cp_l = \frac{z_{LSL}}{3}, \text{ or } z_{LSL} = 3 \times Cp_l$$

결국, 프로세스가 어느 쪽으로 이동했느냐에 따라 'Cp_u' 또는 'Cp_l' 둘 중 하나를 선택할 경우 (식 Ⅲ-14)와 동일한 '$Cp_k(\text{or } Pp_k)$'를 얻는다. 따라서 '$Z_{LSL, \text{ or } USL}$'과 '$Cp_k(Pp_k)$' 간 일반적 관계는 다음과 같이 정리된다.

$$Cp_k = \min\{Cp_l, Cp_u\} = \min\left\{\frac{z_{LSL}}{3}, \frac{z_{USL}}{3}\right\}$$ (식 Ⅲ-27)

$$Pp_k = \min\{Pp_l, Pp_u\} = \min\left\{\frac{z_{LSL}}{3}, \frac{z_{USL}}{3}\right\}$$

단, Cp_k 때는 $\hat{\sigma} = \overline{R}/d_2$, Pp_k 때는 $\hat{\sigma} = s$ 를 사용.

주변의 여러 자료를 보면 '6시그마 능력'과 '프로세스 능력 지수' 간 관계 설명이 실제 (식 Ⅲ-27)의 형태보다 "$z_{within} = 3 \times Cp_k$, $z_{long-term} = 3 \times Pp_k$"인 경우를 더 자주 접한다. 둘 중 어느 쪽이 원리와 현상을 잘 설명하는지, 아니면 한쪽이 잘못 표현된 것인지 알아보기 위해 실제 값들로 관계를 정리해보았다. 이어지는 [그림 Ⅲ-28]은 규격이 'LSL=2.0'과 'USL=6.0'인 상황에서 미니탭의 '랜덤 데이터' 발생 기능을 이용해 '평균'과 '표준 편차'를 각각 '(2.2, 1.2), (3.1, 1.2), (3.9, 1.2), (4.2, 2.0), (5.7, 1.2)'를 100개씩 얻은 뒤 '6시그마 능력'과 '프로세스 능력 지수'를 정리한 표이다(그룹 간 변동성을 주기 위해 일부 부분군 값 변경). 예를 들어, '(2.2, 1.2)'는 그의 평균이 'LSL=2.0'에 매우 근접한 경우이고, '(3.1, 1.2)'는 조금 근접한 경우, '(3.9, 1.2)'는 '규격 중심(M)=4.0'에서 조금 왼쪽, '(4.2, 2.0)'은 '규격 중심(M)'에서 조금 오른쪽으로 이동이면서 산포는 큰 경우, 끝으로 '(5.7, 1.2)'는 'USL=6.0'에 근접한 경우를 각각 나타낸다.

결론만 먼저 요약하면 "$Z_{within} = 3 \times Cp_k$, $z_{long-term} = 3 \times Pp_k$"의 표현이 상황에 따라 맞을 수도, 또는 그렇지 않을 수도 있다. [그림 Ⅲ-28]의 내용과 본문 설명을 보자.

[그림 Ⅲ-28]의 'a'는 (식 Ⅲ-27)을 확인하기 위한 결과로, '$3 \times Cp_k$'는 '프로세스 평균'이 다가간 규격 방향 쪽의 'Z_{LSL}(또는 'Z_{USL})'과 같음을 알 수 있다. 예를 들어, '①'의 경우 분포가 'LSL'에 매우 근접해 있으므로 '$3 \times Cp_k$'는 'Z_{LSL}'과, '⑤'의 경우는 'USL'에 매우 근접해 있으므로 'Z_{USL}'과 거의 같은 값

을 갖는다. 이것은 '표준 편차=s'를 적용한 'Pp_k'에서도 동일하다('$3 \times Pp_k = Z_{LSL}$ or Z_{USL}').

[그림 Ⅲ-28] '6시그마 능력'과 '프로세스 능력 지수' 값 비교

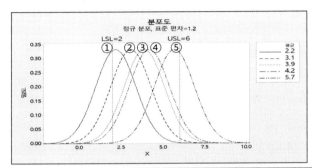

$\bar{R}/d_2$ →	Cpk	3*Cpk	Z.LSL	Z.USL	Z.within	Cp	3*Cp
s →	Ppk	3*Ppk	Z.LSL	Z.USL	Z.overall	Pp	3*Pp
① (2.2, 1.2)	0.12	a 0.36	0.36	3.76	0.36 b	0.69	2.07
LSL 근접	0.11	0.33	0.32	3.36	0.32	0.61	1.83
② (3.1, 1.2)	0.35	1.05	1.04	2.71	0.80	0.63	1.89
LSL 쪽	0.29	0.87	0.87	2.26	1.03	0.52	1.56
③ (3.9, 1.2)	0.66	1.98	1.98	2.35	0.83	0.72	2.16
규격 중심	0.53	c 1.59	1.6	1.90	1.38	0.58	1.74 d
④ (4.2, 2.0)	0.39	1.17	1.47	1.17	0.87	0.44	1.32
규격중심(산포 큼)	0.3	0.9	1.13	0.89	0.48	0.34	1.02
⑤ (5.7, 1.2)	0.17	a 0.51	3.74	0.51	0.51 b	0.71	2.13
USL 근접	0.11	0.33	2.35	0.32	0.30	0.45	1.35

또, 분포가 'LSL'에 매우 근접해 있으면 상대적으로 'USL'을 넘어선 넓이 (불량률)는 거의 '0'에 가까우므로 '①'의 'b'와 같이 '시그마 수준'인 'Z_{within}(미니 탭은 Z_{Bench})'과 별반 차이가 없다. 즉 '$3 \times C_{pk} \approx Z_{LSL} \approx Z_{within}$(미니탭에선 Z_{Bench})' 이다. 이 과정은 'USL'에 매우 근접한 '⑤'의 경우도 동일하게 적용되며, 이 때는 '$3 \times Cpk \approx Z_{USL} \approx Z_{within}$'의 관계가 성립한다('$Pp_k$'도 동일하게 성립). 그 러나 '분포의 평균'이 '규격 중심=4' 근처에 위치할 경우, '중심치 이동'이 조 금이라도 'LSL 쪽'인지, 아니면 'USL 쪽'인지에 따라 '$3 \times Cp_k$(or Pp_k)' 값은

'Z_{LSL}'이나 'Z_{USL}' 중 하나와 일치(또는 근사)한다. 예를 들어, '③' 경우, 분포의 '평균=3.9'로 거의 '규격 중심=4'에 가까이 있으나 약간 'LSL' 방향으로 치우침에 따라 '$3 \times Cp_k (\text{or } Pp_k)$' 값은 '$Z_{LSL}$'에 매우 근사한다. 그러나 '$c$'를 보면 '$Z_{Bench}(Z_{within}, \text{ or } Z_{overall})$'과의 관계 해석이 이전과 다른데, 즉 분포가 '규격 중심'에 위치하면 'LSL'과 'USL' 양쪽을 넘어선 넓이(불량률)가 존재하므로 한쪽만의 'Z_{USL}' 또는 'Z_{LSL}'을 얻는 것만으론 'Z_{Bench}'를 얻을 수 없다.

또 'd'는 '$Z_{potential} = 3 \times Cp(\text{or } Pp)$'와 '$Z_{Bench}$'를 서로 비교하기 위함인데, 이 값이 '$Z_{Bench}$'와 동일한 '표준 편차($\overline{R}/d_2$)'를 사용함에도 차이를 보이는 이유는 '$Z_{Bench}$'는 '프로세스 평균($\overline{x}$)'의 이동을 반영하고 있기 때문이다. 따라서 정상적이라면 '$Z_{Potential} = 3 \times Cp(\text{or } Pp)$'는 '$Z_{Bench}$'보다 훨씬 수준이 높아야 한다(실제 그렇게 관찰되고 있음). 이런 점을 감안하면 '$Z_{Potential}$'은 운영 중인 프로세스에서 최고로 올릴 수 있는 수준으로 보이며, '6시그마 방법론'에서는 이를 '절대수준(Entitlement)'이라고 부른다. 수식을 통해 '6시그마 능력'과 '프로세스 능력 지수' 간 관계를 확실히 이해해 평상시 혼선이 없도록 하자.

지금까지 '6시그마 능력' 산정법, 또 그와 관련된 '프로세스 능력 지수' 간 관계에 대해서도 알아보았다. 끝으로 이제 '$Z_{potential}$', '$Z_{long-term}$'을 이용해 현 프로세스를 진단하는 '4-Block Diagram'에 대해 알아보자. [그림 Ⅲ-29]는 '4-Block Diagram'을 나타낸 것이다.

[그림 Ⅲ-29]에서 '$Z_{lont-term}$'은 '우연 원인'과 '이상 원인' 모두의 변동성을 반영한 '표준 편차, s'를 사용하므로 '$Z_{potential}$'보다는 수준이 낮아야 정상이다. 왜냐하면, '$Z_{potential}$'은 '우연 원인'에 의한 변동성만 반영한 '그룹 내 표준 편차, $\overline{R}/d_2$'만 적용하면서, '평균'의 이동도 없다고 고려하기 때문이다. 'Y-축'은 '$Z_{shift} = Z_{potential} - Z_{long-term}$'으로 만일 '$Z_{lont-term}$'의 '표준 편차, s'를 누르고 눌러 '그룹 내 표준 편차, $\overline{R}/d_2$'까지 변동 폭을 줄이면(또는 개선되면) 'Z_{shift}'는

[그림 Ⅲ-29] 프로세스 진단을 위한 '4-Block Diagram'

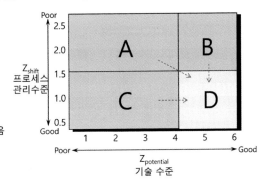

■ **지표 산출방법**

❏ $Z_{Potential}$ = 3×Cp

❏ $Z_{Long\text{-}term}$ = 3×Ppk

❏ Z_{Shift} = $Z_{Potential}$ - $Z_{Long\text{-}term}$

주) $Z_{Long\text{-}term}$이 4.5 이상이며, Z_{Shift} 가
1.5 이하일 경우 이 CTQ는 6시그마
수준 이상이므로 개선할 필요가 없음

■ **영역별 해석**

A : 프로세스 관리 상태 불량. 기술 수준이 낮음

B : 프로세스 관리 수준이 낮으나, 기술 수준은 우수

C : 프로세스 관리는 우수하나, 기술 수준이 낮음.

D : 세계 최상급 수준 회사

점점 작아질 것이다. '프로세스 평균'의 이동이나 '표준 편차, s'의 증가는 모두 관리 수준에 따른 결과이므로 [그림 Ⅲ-29]의 'Y-축'을 "프로세스 관리 수준"으로 부르기도 한다. 반면, '그룹 내 표준 편차'를 줄이는 일은 매우 높은 기술 수준이 필요하므로 'X-축'을 '기술 수준'으로 명명한다. 따라서 '좌표 점 ($Z_{potential}$, Z_{shift})'을 찍어 현재의 프로세스 능력을 진단하고 향후 나아갈 방향을 모색할 수 있다. 참고로 '$Z_{potential}$' 대신 현실성을 감안해 '그룹 내 표준 편차'인 '$\overline{R}/d_2$'와 '프로세스 평균'의 '이동'을 고려한 'Z_{within}'을 적용해 '4-Block Diagram'을 해석하기도 한다. 이 경우 미니탭의 '프로세스 능력' 결과에 나타난 '시그마 수준' 값을 그대로 활용할 수 있어 편리하다.

'정규 분포'가 아닌 경우의 '프로세스 능력 지수' 계산은 '정규 분포'에서 했던 기본 개념을 그대로 도입한다. 예를 들어, '비정규 분포'의 왼쪽 꼬리 '0.00135(0.135%)'와 오른쪽 꼬리 '0.00135(0.135%)'를 가르는 'x 값'을 각각 찾아, 둘 사이의 거리를 '정규 분포'에서의 '6'에 대응시켜 계산한다. 즉, 양측 구간 사이의 넓이는 '정규 분포'의 '±3×표준 편차' 사이의 넓이인 '99.73%'와 같다. 그러나 양쪽 꼬리의 '0.00135'를 가르는 'x 값'은 '역 누적' 과정이 필요한데 그러려면 '비정규 분포 함수'를 알아야 한다. 이때 제시된 함수 찾는 방법이 'Pearson Curve-fitting Technique'이다. 이 방식의 핵심은 '왜도(Skewness)', '첨도(Kurtosis)', 'K값'을 이용하는데 이 과정 모두를 거쳐 얻어진 'Cp'와 'Cp_k'의 쓰임새는 비교적 실용적이지 못해 실제 산업 군에서 얼마나 활용되고 있는지는 약간 의문이 간다. 따라서 현상을 객관적으로 파악하려면 '6시그마 능력'의 사용이 바람직하다.

'6시그마 능력(시그마 수준)'을 평가하기 위해 '정규성 검정'을 한 결과 '$p-$ 값'이 '0.05'보다 작으면 어떻게 해야 할까? 물론 알려진 여러 대응 방안이 있다. 즉, 'Box－Cox 변환'이나 '비정규 분포(와이블, 대수 정규 등)'를 적용해 계산한다. 이때 미니탭 등 통계 패키지를 사용하면 매우 쉽게 '프로세스 능력'을 얻을 수 있다. 다음 [표 Ⅲ-9]는 '비정규 분포'일 때 '프로세스 능력' 측정 방법을 정리한 것이다.

---

150) 본 내용은 「Be the Solver_프로세스 개선 방법론」 내용을 옮겨 편집함.

[표 Ⅲ-9] '프로세스 능력' 평가 방법(비정규성의 경우)

구 분	방 법	미니탭 위치	비 고
데이터가 정규성으로 예상되는 경우	Box-Cox 변환	통계분석(S)/관리도(C)/Box-Cox 변환(B)	• 음수가 있으면 변환 불가 • (최댓값÷최솟값)이 '2' 이상인 경우 • 'λ' 추정치가 -5~5 사이만 해당
	Johnson 변환	통계분석(S)/품질도구(Q)/Johnson 변환(J)	• Box-Cox 변환이 안 될 때 수행 • 음수도 가능
	복합 시그마 수준	-	• 이상점이나 이봉 분포 존재. 따로 분리해서 평가 후 재합산 • 메뉴 편집기(D)의 브러시(B)기능 사용
데이터가 정규성으로 예상되지 않는 경우	비정규 분포 사용	통계분석(S)/품질도구(Q)/공정능력분석(A)/비정규분포(L)	• 와이블(Weibull) 외 12개 비정규 분포 제공 • '시그마 수준' 산출 가능 • 주로 공학적 특성(신뢰성 등)에 활용
	관측 성능 (Observed Performance)	통계분석(S)/품질도구(Q)/공정능력분석(A)/정규분포(N)	• '연속 자료'면서 '규격' 존재할 때 • '정규 분포'로 능력 평가하되 '이산 자료(불량)' 결과(즉, 불량률)와 동일

　　수집된 데이터가 정규성을 보이지 않는 경우 이 데이터가 원래는 정규성을 보여야 함에도 관리 문제로 왜곡되어 보이는 것인지, 아니면 원 데이터 특성이 비정규성인 '와이블 분포(Weibull Distribution)'나 '대수 정규 분포(Lognormal Distribution)' 등을 따르는 것인지를 파악해볼 필요가 있다. 측정코자 하는 '특성'이 현재는 정규성을 보이지 않지만 프로세스 관리상 '데이터가 정규성으로 예상되는 경우' [표 Ⅲ-9]에 분류된 바와 같이 'Box-Cox 변환'이나 'Johnson 변환' 등을 통해 정규화한 후 '프로세스 능력'을 평가한다. 다만 이 같은 과정은 단지 분포를 정규성으로 예쁘게 포장만 하는 것이므로 대내외적인 보고용으로만 활용하되 항상 원래의 왜곡된 분포는 함께 보존해야 한다. 왜냐하면 정규성을 보여야 함에도 그렇지 못하다면 이를 바로잡기 위한 개선 노력이 필요하기 때문이다.

그 외 '복합 시그마 수준(Composite Sigma Level)'이 있다. 데이터에 '이상점'이 일부 포함되어 있거나 다른 데이터가 혼재되어 '이봉 분포(Bimodal Distribution)'로 보일 경우, 이상점을 제외하거나 '이봉 분포'를 분리한다. 이때 정규성을 띤다면 '복합 시그마 수준'의 방법으로 '프로세스 능력'을 평가한다.

만일 수집된 데이터가 현재 정규성을 보이지 않을뿐더러 프로세스 관리상으로도 '데이터가 정규성으로 예상되지 않는 경우'는 굳이 '정규 분포'로 변환하여 평가할 이유가 없다. 예를 들어 재료의 강도(Strength)라든가, 제품의 수명 등 신뢰성과 관련된 공학적 특성들이 그것이다. 이때는 미니탭을 이용하여 적합한 '비정규 분포'를 찾아 '프로세스 능력'을 평가한다.

한편 정규화가 불필요한 분포도 있다. 예를 들면 계획과 실적의 차이를 지표로 사용하거나, 정해진 시간 내에 일이 처리되는지 알아보기 위해 '소요 시간' 데이터 등을 수집할 때 등이다. 대부분 간접 부문이나 서비스 부문에서 관찰되는데 이들의 데이터는 주로 '0'이나 특정 값의 빈도가 매우 높게 나타나므로 굳이 '정규 분포'로 해석할 이유가 없는 유형들이다. 단, '연속 자료'면서 한쪽 규격이나 양쪽 규격이 존재하면 미니탭의 '관측 성능(Observed Performance)'을 활용하여 '프로세스 능력'을 평가한다. 본문에서는 '복합 시그마 수준'과 '관측 성능'에 대해 알아본다.

① 복합 시그마 수준(Composite Sigma Level) 평가법

'복합 시그마 수준'은 '정규 분포'를 이루는 데이터 군에 몇 개의 이상점이 포함되어 결과적으로 '정규성 검정'에서 '$p-$값'이 '0.05'보다 작게 나오거나, 변동이 심한 데이터가 혼재되어 '이봉 분포'를 보일 때 적용하는 방법이다.

이상점이 포함된 경우, [그림 Ⅲ-30]은 수집된 데이터를 미니탭의 「통계 분석(<u>S</u>) > 기초 통계(<u>B</u>) > 그래픽 요약(<u>G</u>)…」에서 얻은 결과이다.

'정규성 검정'의 'p-값'이 '0.005'로 '정규 분포'하지 않으며, '첨도'가 '13.4018'로 '정규 분포'에 비해 위로 뾰족한 형상임을 알 수 있다. 아래 '상자 그림(Box Plot)'을 통해 '이상점'이 최소한 3개 정도 있는 것으로 관찰된다. 즉 이들의 영향이 '첨도'를 상승시킨 것으로 추측된다. 우선 정규성을 보이지 않으므로 '프로세스 능력'을 평가하기 위해 '정규 분포'를 적용할 수 없다. 따라서 먼저 해야 할 일은 정규성을 왜곡시키고 있는 '이상점'들을 분포로부터 따로 떼어내는 작업부터 수행한다('이상점'의 원인 규명이 안 되어 포함시키는 경우임).

이 작업은 미니탭의 「편집기(D) > 브러시(B)」 기능을 사용한다. [그림 Ⅲ-30]의 '그래픽 요약' 결과처럼 이상점 3개가 명확하게 보이는 경우는 현 그래프 상태에서 '브러시' 기능을 이용해 바로 분리할 수 있다. 예를 들어, [그림 Ⅲ-31]과 같이 메뉴에서 '브러시(B)'를 선택하면 왼쪽 위에 작은 윈도우가 나타나는데 '상자 그림'의 이상점들을 마우스 포인터로 지정하면 그 데이터 위치가 윈도우 안에 찍힌다('이상점'이 양쪽에 있으므로 모두 선택하기 위해서는

'Shift' 키를 누른다). [그림 Ⅲ-31]은 메뉴에서 '브러시(B)' 선택과, '상자 그림'에서 '이상점'들을 지정해 '브러시 윈도우'에 나타낸 결과이다.

[그림 Ⅲ-31] '브러시'로 '이상점' 분류하기

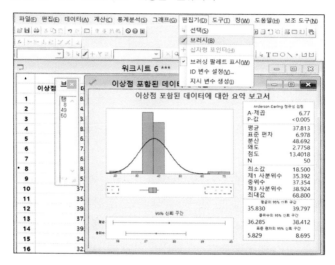

그래프 바로 왼쪽의 '브러시 윈도우'에 '8, 49, 50'이 '이상점'들의 위치임을 알리고 있고, '워크시트'를 보면 '8번 행' 앞에 '흑점'이 표시되어 있다. 보이진 않지만 '49행'과 '50행'에도 '흑점'이 찍혔음을 예상할 수 있다. 이제 '이상점'들을 데이터 군에서 분류해내기 위해 다시 「편집기(D) > 지시 변수 생성(I)」 기능을 이용해 '워크시트'에 변수를 만들고, 「데이터(A) > 열 분할(U)…」 기능을 통해 '이상점'들을 분리한다.

'이상점'들을 떼어낸 데이터([그림 Ⅲ-32]의 '워크시트' 내 'C1 열')를 '그래픽 요약'으로 확인한 결과 p-값이 '0.116'으로 '정규성'을 보였다. 따라서 미니탭의 「통계 분석(S) > 품질 도구(Q) > 공정 능력 분석(A) > 정규 분포(

<u>N)</u>…」에 들어가 규격을 벗어난 '총 PPM(83,702.98)'을 구한다(규격은 LSL =
30, USL = 40을 가정). 이 값은 '50개 중 47개'가 만들어낸 양이므로 조정된
PPM은 [그림 Ⅲ-32] 오른쪽 맨 아래의 비율 산식에 의해 '78,680.8PPM'이
된다. 다음 '이상점'들(그림 '워크시트'의 'C2 열')의 'PPM'을 구하면 '50개
중 3개'가 벗어난 비율에 '100만'을 곱해 '60,000PPM'을 얻는다. 이제 두 개
의 'PPM'을 합한 뒤 '프로세스 능력'을 구하면 '2.59시그마 수준'이다. 이 능
력은 수집된 자료를 '장기 데이터'로 간주하고 'Motorola's Shift'인 '1.5'를 반
영해 얻은 '단기 시그마 수준'이다([그림 Ⅲ-32] 참조).

[그림 Ⅲ-32] '복합 시그마 수준' 평가 결과

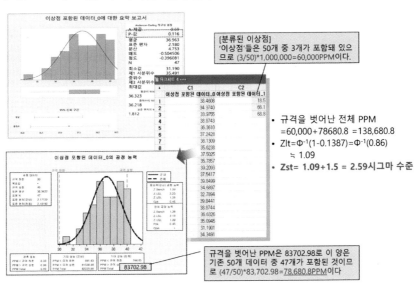

이봉 분포(Bimodal Distribution)인 경우도 유사한 과정으로 '프로세스 능력'
을 산정한다.

[그림 Ⅲ-33] 그래픽 요약(이봉 분포)

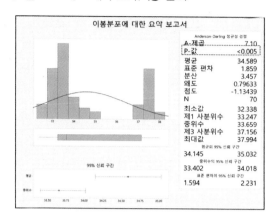

[그림 Ⅲ-33]에서 '정규성 검정'의 '$p-$값'이 '<0.005'로 '프로세스 능력'을 평가하기 위해 '정규 분포'를 사용할 수 없음을 알 수 있다. 본 예 경우 수집된 '이봉 분포' 데이터 모두가 관리 특성을 나타내는 것으로 가정한다(그렇지 않으면 이상점들을 찾아 제거해야 하므로 본 예에 해당되지 않는다). 이전과

[그림 Ⅲ-34] 브러시로 '이봉 분포' 분류하기

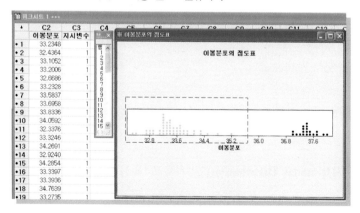

같이 '상자 그림'에서 '이상점'들만 브러시로 떼어낼 수 없으므로 미니탭의 「그래프(G) > 점도표(D)…」 기능을 사용한다. '이봉 분포'가 점으로 표시되어 브러시로 분류하기 용이하다.

[그림 Ⅲ-34]에서 이전과 동일하게 브러시 윈도우에 데이터 위치가 표시되고, 행 번호 앞에는 '흑점'이 찍힌다. 이를 다시 미니탭의 「편집기(D) > 지시변수 생성(I)」을 이용하여 '변수 열(그림의 '지시 변수' 열)'을 만든 후, 미니탭의 「데이터(A) > 열 분할(U)…」을 통해 따로 분리한다. 분리된 각각의 '프로세스 능력' 평가 결과를 다음 [그림 Ⅲ-35]에 나타내었다. 규격은 'LSL = 32', 'USL = 38'을 적용하였다.

[그림 Ⅲ-35] '이봉 분포'의 분리된 결과로 '시그마 수준' 구하기

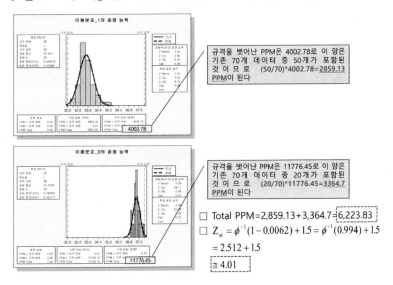

'이상점'들의 경우와 동일하게 각각의 전체 개수 대비 'PPM'을 구하면 '2,859.13PPM', '3,364.7PPM'이 되며, 이들을 모두 합한 'Total PPM'은

'6,223.83PPM'이다. 따라서 '프로세스 능력(단기 시그마 수준)'은 다음과 같다.

$$Z_{st} = \phi_z^{-1}(1 - 0.0062) + 1.5 = \phi^{-1}(0.994) + 1.5 \qquad (식\ \mathrm{III}\text{-}28)$$
$$= 2.512 + 1.5$$
$$\cong 4.01$$

② '관측 성능(Observed Performance)' 평가법

'연속 자료'라고 해서 일일이 계량적 방법으로 접근하다 보면 간접이나 서비스 분야의 '오류 건수'나 '연체 건수(또는 연체일)' 등과 같이 규격은 있지만 정규성을 보이지 않아 굳이 '와이블 분포'와 같은 '비정규 분포'까지 써가며 현 수준을 평가해야 하나 의문을 가질 때가 종종 있다. 또 'Box-Cox 변환'을 거쳐 '정규 분포'에 성공했더라도 현 수준을 평가하는 편리성 외에는 다른 아무런 정보를 주지 못한다. 즉, 단지 대외적으로 현 수준을 제공할 수 있다는 장점이 있을 뿐, 프로세스가 의외로 좋을 것이라는 오해의 소지가 있어서는 안 되기 때문에 어차피 원 분포에 대한 개선의 여지는 항상 남겨둬야 한다. [그림 III-36]의 히스토그램은 특정 값의 빈도가 비이상적으로 높은 경우이다.

[그림 III-36] 히스토그램(우변 기운 분포)

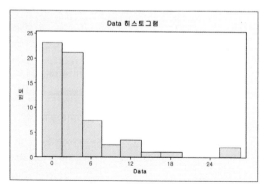

'우변 기운 분포(Right-skewed Distribution)'이며 만일 평가 특성이 '연체일'일 때, '상한 규격'을 '3일' 이상 벗어난 건수를 '불량'이라고 하자. '정규성 검정'을 하지 않아도 '$p-$값'이 '0.05'보다 작다는 것을 충분히 예상할 수 있다. 'Box-Cox 변환'이 유효하지만 건수를 '0일'로 모으는 것이 목적이다. 따라서 분포로 관리할 필요성이 없어 '이산 자료'로 '프로세스 능력'을 평가한다고 가정한다. 이 경우 '[표 Ⅲ-9] 프로세스 능력 평가 방법(비정규성의 경우)'에서 '관측 성능(Observed Performance)'을 적용한다. '관측 성능'은 '정규 분포'로 가정하고 미니탭의 「통계 분석(S) > 품질 도구(Q) > 공정 능력 분석(A) > 정규 분포(N)…」에 들어가 평상시와 같이 '프로세스 능력'을 측정한다. 단, 결과 그래프에서 기존에 활용하던 'Z.Bench' 대신 '관측 성능'으로 표기된 부분의 정보를 이용해 '시그마 수준'을 산정한다. [그림 Ⅲ-37]은 입력을 위한 '대화 상자'를 보여준다.

[그림 Ⅲ-37] '관측 성능' 입력 예

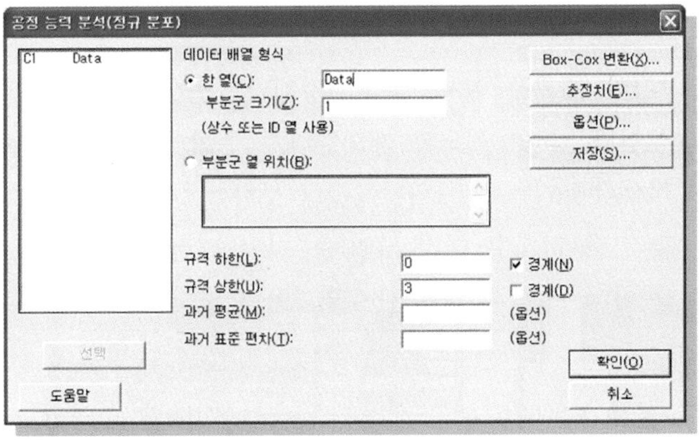

데이터와 '규격 상한'을 입력한다. 주의할 것은 '연체일' 자체가 음수가 나

오는 경우는 없을 것이므로 '0일' 이하의 불필요한 정보가 나오는 것을 방지하기 위해 '규격 하한(L)'에 '0'을 입력하고, 그 오른편에 있는 '경계'에 '체크'한다. 이렇게 하면 '0일'을 벗어나는 정보('연속 자료'이므로 '0일' 이하가 의미가 없더라도 일단 'ppm'은 계산하게 된다)는 제외된다.

[그림 Ⅲ-38] '프로세스 능력' 평가(관측 성능) 결과

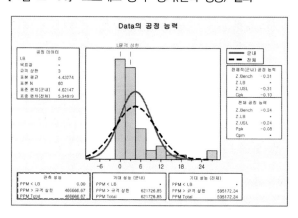

[그림 Ⅲ-38]의 결과를 보면 우선 '경계'를 선택했으므로 'PPM<LB'는 '*'로 처리되어 있다. '0일' 이하는 제외했다는 뜻이다. '관측 성능'의 'PPM>규격 상한'이 '466666.67', 즉 '3일' 이상의 불량이 '466666.67PPM'임을 보여준다. 이 수치는 "전체 개수 대비 '3일'을 벗어난 건수의 비율에 100만을 곱해서 얻어진 값"이다. 산식은 다음 (식 Ⅲ-29)와 같다.

$$466666.67 = \frac{3일을 넘어간 개수}{데이터 총 개수} \times 100만 \qquad (식 \ Ⅲ\text{-}29)$$
$$= \frac{x}{60} \times 1000000$$

$$\therefore 3일(규격)을 넘어간 개수(x) = 28개$$

'시그마 수준'은 '이산 자료'의 '불량 특성' 데이터와 동일하게 '60개' 중 '28개'가 불량이므로 확률로는 '466666.67/1000000≒0.47'이 되고, 이 값으로 미니탭 「계산(C) > 확률 분포(D) > 정규 분포(N)…」에 들어가 [그림 Ⅲ-39] 와 같이 입력한다.

[그림 Ⅲ-39] '관측 성능' '시그마 수준' 구하기

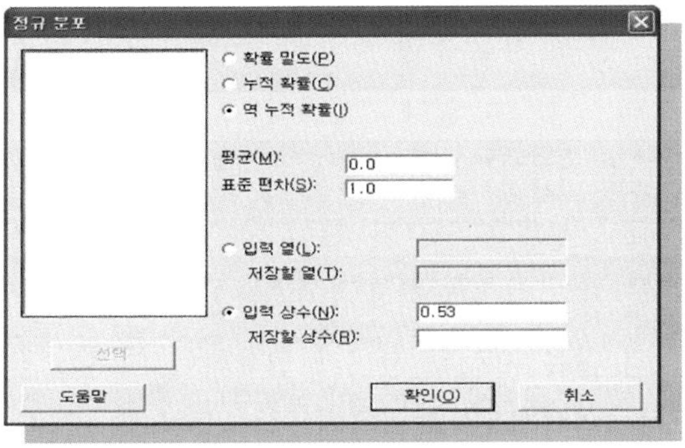

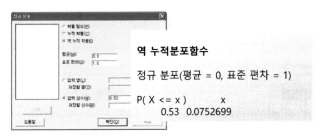

'입력 상수(N)'에 '0.53'을 넣은 것은 앞서 구한 '0.47'은 '불량'에 해당되므 로 '수율'인 '0.53(=1-0.47)'이 필요하다. 맨 위의 '역 누적 확률(I)'은 '확률 값'으로 '시그마 수준'을 구할 때 선택되며, '평균(M)'과 '표준 편차(S)'는 '표 준 정규분포'를 사용하므로 그대로 둔다. 결과는 [그림 Ⅲ-40]과 같다.

[그림 Ⅲ-40] '프로세스 능력' 평가(단일 데이터)

역 누적분포함수

정규 분포(평균 = 0, 표준 편차 = 1)

P(X <= x)   x
      0.53 0.0752699

결과로부터 '시그마 수준'은 약 '0.08'이고, '장기 데이터'일 경우 단기로 'Zst = 0.08 + 1.5 ≒ 1.58시그마 수준'이다.

2.4.4. '시그마 수준(Sigma Level)'의 계산 - 이항 분포

'시그마 수준'은 '연속 자료'뿐만 아니라 '이산 자료'를 포함한 거의 모든 데이터 유형으로부터 구할 수 있다. '이항 분포 함수'는 '항'이 두 개, 즉 '불량품/양품', 'Pass/Fail', '참/거짓'처럼 분류가 단 두 개뿐인 데이터를 설명하는 함수이다. 현업에서는 '불량률 3%'와 같이 '불량 개수'를 '전체 개수'로 나누어 '%' 값으로 표현한다. 다음 [표 Ⅲ-10]은 '원 데이터' 예이다('장기 시그마 수준'을 위해서는 더 많은 기간의 자료가 필요하나 여기선 간단히 하였다). 만일 데이터가 '불량률' 한 개 값만 있으면 (식 Ⅲ-21)과 [그림 Ⅲ-23]의 방식으로 '시그마 수준'을 계산하고, [표 Ⅲ-10]과 같이 수집된 데이터가 있으면 [그림 Ⅲ-42]처럼 '이항 분포'를 이용한다.

[표 Ⅲ-10] '이항 분포'를 사용할 데이터 구조 예

	1일차	2일차	3일차	4일차	5일차	6일차	7일차	8일차	9일차	합
불량 수	3	6	2	1	3	9	3	1	3	31
부분군	36	24	41	55	63	67	37	47	51	421
불량률(%)	8.33	25.00	4.88	1.82	4.76	13.43	8.11	2.13	5.88	7.36

만일 [표 Ⅲ-10]의 '총 불량률=7.36%' 한 개 데이터만 있으면 (식 Ⅲ-21)과 [그림 Ⅲ-23]을 이용해 '시그마 수준'을 다음과 같이 계산한다.

[그림 Ⅲ-41] 단일 값으로 된 '불량률'의 '시그마 수준' 계산

$$Z = \varphi_Z^{-1}(\text{수율}) = \varphi_Z^{-1}(1 - 0.0736) = \varphi_Z^{-1}(0.926)$$

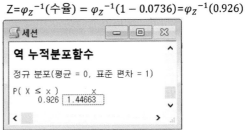

만일 [표 Ⅲ-10]처럼 '1일 차~9일 차'까지의 원 데이터로부터 '이항 분포'를 이용해 '시그마 수준'을 계산하면 다음 [그림 Ⅲ-42]와 같다(미니탭「통계 분석(S) > 품질 도구(Q) > 공정 능력 분석(A) > 이항 분포(B)…」).

[그림 Ⅲ-42] '이항 분포'를 이용한 '시그마 수준' 계산

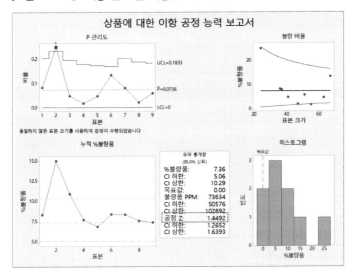

우선 [그림 Ⅲ-42]에서 강조해놓은 '공정 Z=1.4492'는 [그림 Ⅲ-41]의 '시그마 수준' 결과와 일치한다(소수점 이하 누락으로 약간 차이 남). 그러나 값 외에 중요한 평가 항목이 하나 더 있는데 바로 'p-관리도'이다. 'p-관리도'를 통해 프로세스가 '관리 상태'가 되어야 비로소 '프로세스 능력 평가'의 의미가 생긴다. 현재는 '2일 차'에 '불안정 요소'가 관찰되며, 원인 규명과 개선 및 재발 방지책 마련이 선행되어야 한다. 이 작업이 완료되면 타점을 제외하고 다시 작성한다(현재는 원인 규명이 안 된 것으로 보고 이탈 타점을 포함시킨 것으로 가정). [그림 Ⅲ-42]의 상단 오른쪽의 '불량 비율'은 '불량률'이 '표본 크기'에 영향 받는지 확인하는 용도이며, '임의성'을 띠면 관계없다고 판단한다. 현재는 약간의 곡률성을 보이지만 '불안정 타점'을 제외하면 '임의성'으로 관찰된다. 의심나면 기간을 늘려 데이터를 더 수집한 뒤 경과를 지켜봐야 한다. 하단 왼쪽은 '불량 개수'를 계속 누적해서 얻은 비율로 특정 '불량률'에 대해 점점 수렴해가는 모습을 보여야 한다. 현재는 '7.5%' 주변으로 수렴해가는 양상을 보인다. 하단 오른쪽은 날짜별 '불량률'로 작성된 '히스토그램'이다. 장기간 '불량률' 관리가 잘 이루어지면 특정 값을 중심으로 '정규 분포'할 가능성이 높다. 종합하면 '2일 차의 불안정 타점'에 대한 개선이 선행된 후 '관리 상태'에서 '6시그마 능력(시그마 수준)'의 재평가가 요구된다.

2.4.5. '시그마 수준(Sigma Level)'의 계산 - 포아송 분포

'이항 분포'에서 '불량품'으로 분류되면 '사용 못함'의 상황이 되지만, 일부 기능에 문제가 생기면 '결점'으로 분류된다. 이 경우 "결점이 발생한 기능만 사용 못함"의 차이가 있다. 사용이 불가한 '불량품'은 아니란 뜻이다. 이때 '아이템(Item, 또는 Unit)당 발생된 결점 수'를 날짜별로 수집하면 '포아송 분포'

로 해석한다. 여기서 '아이템'은 '제품 하나', '약품 1kg', '물 1L', '1시간', '1년', '1m', '양식 1장' 등 다양한 형태가 올 수 있다. 각 '아이템' 안에 미리 정해놓은 잘못될 사건이 실제 몇 개가 발생했는지를 세면 '결점 수'가 된다. 간단한 예를 들기 위해 다음 [표 Ⅲ-11]을 가정하자('장기 시그마 수준'을 위해서는 더 많은 데이터가 요구되나 계산 과정을 위해 표본 수를 단순화하였다).

[표 Ⅲ-11] '포아송 분포'를 사용할 데이터 구조 예

	1일차	2일차	3일차	4일차	5일차	6일차	7일차	8일차	9일차	합
결점 수	1	3	2	5	1	2	4	6	3	27
아이템 수	87	78	69	81	90	65	75	71	88	704
결점률(DPU)	0.0115	0.0385	0.0290	0.0617	0.0111	0.0308	0.0533	0.0845	0.0341	0.0384

'이항 분포'의 예와 동일하게 전체 합으로부터 얻은 '0.0384'를 이용해 '6시그마 능력(시그마 수준)'을 계산한다. 이때 (식 Ⅲ-22)를 이용한다. 참고로 'DPU'는 'Defects per Unit'의 약자로 '아이템(단위)당 평균 결점 수'이다. 본 예의 경우 'DPU=0.0384'이므로 '아이템당 평균 0.0384개의 결점'이 생기는 품질 수준이다. '시그마 수준'은 다음 [그림 Ⅲ-43]과 같이 계산되며, 이렇게

[그림 Ⅲ-43] 단일 값으로 된 '결점률(DPU)'의 '시그마 수준' 계산

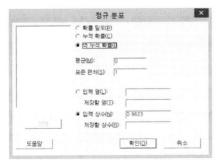
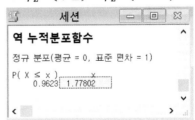

$$수율 = e^{-DPU} = e^{-0.0384} = 0.9623$$
$$Z = \varphi_Z^{-1}(수율) = \varphi_Z^{-1}(0.9623)$$

얻는 방식을 'DPU 방식'이라고 한다(단기로 '1.5Shift' 고려 안 함).

이어 [표 III-11]을 이용해 '포아송 분포'로 '6시그마 능력(시그마 수준)'을 계산해보자(「통계 분석(S) > 품질 도구(Q) > 공정 능력 분석(A) > 포아송(O)…」).

[그림 III-44] '포아송 분포'를 이용한 '시그마 수준' 계산

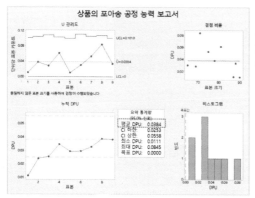

[DPU 방식]
$$수율 = e^{-DPU} = e^{-0.0384} = 0.9623$$
$$Z = \varphi_Z^{-1}(수율) =$$
$$\varphi_Z^{-1}(0.9623) = 1.778$$

[DPO 방식] 단위 당 기회 수=1개로 가정
$$Z = \varphi_Z^{-1}(수율) =$$
$$\varphi_Z^{-1}(1 - 0.0384) = \varphi_Z^{-1}(0.9616) =$$
$$1.7696$$

[표 III-43]에서 '이항 분포'와 동일하게 'u-관리도'로부터 프로세스가 '관리 상태'임을 확인한다. 특히 '누적 DPU' 그래프에서 타점이 여전히 안정화 단계에 들어가지 않고 '상승 중'으로 관찰되며, 필요 시 데이터의 추가 수집을 고려한다. '표본 통계량'을 보면 '이항 분포' 때와 달리 '시그마 수준' 없이 'DPU'만 계산되어 있다. 따라서 [그림 III-43]과 동일한 과정([DPU 방식])을 거쳐 '시그마 수준'을 얻든가 아니면 [그림 III-44]처럼 'DPO 방식'으로 계산한다.

'DPO'는 'Defects per Opportunity'의 약자로 '기회당 평균 결점 수'이다. 예를 들어 '양식 한 장'에 점검할 항목이 '10개' 있으면, '기회', 즉 "아이템당 잘못될 가능성이 10개 존재"한다는 뜻이며, 이들 중 점검을 통해 실제 잘못된

항목이 나오면 '결점'이 발생한 것이다. 만일 '90장'의 양식 중 총 '12개'의 결점이 발견됐다면 '기회당 평균 결점 수≒0.013개(=12÷900)'에 해당한다. 양식이 '총 90장'이고, 한 장당 '10개 항목의 기회'가 존재하기 때문에 '총 기회 수 =900개'이다. 이것은 '총 결점 수'가 '전체 기회 수'인 '900개'를 초과할 수 없으므로 '불량률' 개념과 동일하며, 따라서 '수율' 계산도 '1-0.013=0.987'로 '시그마 수준'을 계산한다. '포아송 분포'를 통해 '수율'을 계산하는 'DPU 방식'과는 과정이 다르므로 동일 데이터라 하더라도 결과 '시그마 수준'은 차이가 날 수밖에 없다. [그림 Ⅲ-44]의 '[DPO 방식]'은 '아이템당 기회 수'가 '한 개'라고 가정했으므로 '결점'이 생기면 그 상품은 '불량'으로 처리되며, 따라서 '총 결점률=0.0384'는 '총 불량률' 개념과 동일하다. 이때 '수율은 1-0.0384=0.9616'이고, 이의 '역 누적' 계산을 통해 '1.7696 시그마 수준'을 얻는다(단기로 '1.5Shift' 고려 안 함).

'DPU 방식'과 'DPO 방식' 중 어느 것을 이용할지는 상황에 따라 판단한다. '결점률(DPU)'은 한 개 아이템에서 결점이 여럿 나올 수 있으므로 이론상 '1을 초과'할 수 있다. '결점률'이 너무 큰 경우 '수율'을 얻을 때 왜곡이 생기지 않는지 확인한다. 만일 아이템당 잘못될 가능성(기회)을 미리 여럿 정해놓은 경우면 당연히 'DPO 방식'을 사용한다. 어느 지표든 일관되게만 사용하면 문제 되지 않는다. 예를 들어, 단일 과제에서 현재가 어느 수준이고 개선 후 기존 대비 얼마나 향상되었는지의 척도로 사용될 수 있다.

3. 프로세스 능력 연구

품질 문제를 다루다 보면 주변에서 '프로세스 능력 연구(Process Capability Study)'란 단어를 가끔 접하곤 한다. 그냥 '프로세스 능력'으로 통합해 이해하기도 하고, 별 관심 없이 익숙한 듯 지나쳐버리기도 한다. 또는 가끔 교육 중에 질문도 있긴 하지만 빈도는 그리 높지 않다. 사실 어미에 '연구'라는 단어가 붙으면 대학이나 연구 기관에서 추진되는 프로젝트 뉘앙스가 있어 현업에서의 'Study'는 어딘지 모르게 어색하다. 번역이 잘못된 것일까? 아니면 적합하고 세련된 단어를 찾지 못한 것일까? 아니면 생산과 관련된 주제를 정해놓고 진짜 '연구'를 하려는 것일까?

그러나 처음엔 낯설었지만 자꾸 불러대면 어색함이 사라진다. 개그맨들이 만드는 "느낌 아니까~", "당황하셨어요?" 같은 유행어도 그렇고, 요즘같이 하루가 다르게 발전하는 IT 분야의 신기술 이름도 그렇다. 특히 구글의 스마트 옷감을 연구하는 프로젝트 '자카드(Jacquard)'에서의 '커넥티드 옷감', 손동작만으로 기기를 조작하는 프로젝트 '솔리(Soli)'같이 현재는 낯설지만 향후 고유명사로 발전될 명칭이나 기술 내용들이 이에 해당된다. 그런데 '프로세스 능력 연구'는 왜 우리 내 생산 현장이나 엔지니어들에게 바로 와 닿지 않게 느껴질까? 그 이유를 다양한 도구들을 현업에서 접하는 우리 내 방식에서 찾아보면 어떨까?

서구에서 개발되고 발전된 다양한 기법들을 필자가 가만히 되새겨보면 단지 '도구(Tool)'로써만 활용했단 생각이 강하게 든다. 잠재 문제를 도출하기 위해 FMEA를 쓰고, 최적화를 위해 DOE, 모니터링을 위해 관리도…. 그래서 그런지 한번 접한 도구들의 용법을 다시 접할 때면 마치 잘 알고 있는 것처럼 느껴져 "몰라서"가 아니라 "더 탐구해보자"의 자세를 취했던 것 같다. 물론 그

도구의 용법에 한해서다. FMEA 강의를 하다 보면 과정 참여에 매우 미온적 반응을 보이는 교육생들을 보곤 한다. 이전에 몇 번 학습 받은 경험이 있다는 게 그 이유다. 한마디로 "다 알고 있는" 내용을 바쁜데 끌려서(?) 또 듣게 됐다는 생각을 가진 듯하다(실제도 그렇게 생각하는 경우가 꽤 있다). 그러나 "D-FMEA 과정 중 언제 P-FMEA로 넘어갑니까?", 또는 "제품 특성 매트릭스를 언제 왜 쓰죠?"와 같은 물음엔 거의 답을 못한다. 단지 'FMEA Sheet'를 채우는 연습에 너무 익숙해온 탓이다. 우리가 무엇을 놓치고 있는 걸까?

평상시 '기법', 또는 '도구'들을 대할 때면 우리는 그 자체, 즉 '도구(Tool)'로써 받아들이지만 서구에서의 활용은 좀 다르다. 바로 '문제 해결 방법론(Methodology for Solving Problems)'으로 바라본다. 조직에서 행하는 모든 활동은 모두 문제 해결의 연속이다. 가만히 앉아서 손발만 움직이는 일도 사실 문제 해결이 필요하다. 왜냐하면 계속하면 힘들기 때문에 어찌해야 좀 편하게 할지를 고민할 것이기 때문이다. 하물며 다양한 고객들이 사용하는 제품이나 상품들이야 말할 것도 없다. 회사 가면 왜 밤늦게까지 머리 싸매고 고민하고 스트레스를 받을까? 해결할 일이 있어서가 아닐까? 그럴 때마다 상황에 맞는 도구들을 탁탁 가져다가 쓸 수 있고, 그래서 그 문제를 해결했다고 치자. 똑같은 일이 또 발생하면 모르지만 처리해야 할 일들이 항상 같을 수만은 없다. 또 알고 있는 노하우 모두를 나만 갖고 있을 순 없다. 조직 속에 있기 때문에 주고받아야 한다. 따라서 이런 유형의 문제들은 "이러이러하게 처리하자"라고 하는 공식적인 문서를 만들어놓는다. 그것도 사람마다 해석이 다를 수 있기 때문에 아주 세밀하게 절차와 방법들을 규정해놓는다. 바로 'Handbook'이나 'Manual' 얘기다.

서구의 자료들을 보면 모든 '도구'들은 하나의 '문제 해결 방법론', 즉 'Methodology' 속에서의 한 기능을 담당한다. '도구'는 문제 해결을 위한 전체 속의 일부이고, 그래야 존재 의미를 갖는다. 부분을 알고 있다고 해서 전체를 알고 있다고 생각하는 것은 착각이다. 다음 [그림 III-45]는 1956년도 발행된 Western Electric社의 「SQC Handbook」 중 목차의 일부를 옮긴 것이다.

[그림 Ⅲ-45] Western Electric社의 'SQC 핸드북' 목차 일부 예

Fundamental Principles

Part A. Introduction to Statistical Quality Control
A-1 Meaning of the Term "Statistical Quality Control" 3
A-2 Meaning of "Process" 3
A-3 Essential Techniques in Statistical Quality Control 4

Part B. Introduction to Control Charts
B-1 Statistical Phenomena in the World Around Us 5
B-2 Principal Kinds of Control Charts. 10
B-3 $\bar{X}$ and R Charts. 12
B-4 p-Charts and Other Attributes Charts 17
B-5 Charts for Individual Measurements with Control Limits Based on the Moving Range 21
B-6 Tests for Unnatural Patterns 23
B-7 Tests to Be Used When the Control Limits Are Not Symmetrical 28
B-8 Other Unnatural Patterns 28
B-9 Simple Interpretation of Control Charts 30

Part C. Essential Elements in a Quality Control Program
C-1 Process Capability Studies to Obtain Information and Solve Problems. 34
C-2 Process Control Charts to Secure Tangible Results in the Shop. 36
C-3 Statistical Sampling Plans to Reduce the Cost of Inspection. 38
C-4 Quality Control Meetings to Make Quality Control Work . 39

[그림 Ⅲ-45]의 강조된 부분은 'Process Capability Study'가 "문제 해결을 위해 필요한 접근"이라는 목적을 명확히 하고 있다. 그 아래 '관리도'는 "조업에서 수행 결과를 눈으로 볼 수 있게 하기 위한 목적"을, '통계적 표집 계획'은 "검사 비용을 줄이기 위한 목적"임을 명확히 하고 있다. 또 이들 역시 "Quality Control Program"으로 불리는 전체 문제 해결 과정의 일부라는 것도 목차를 통해 알 수 있다. FMEA 역시 "DFQ Process(Design for Quality Process)"라고 하는 문제 해결 과정 속에서의 'D-FMEA'와 'P-FMEA'가 존재 의미를 갖는다. 물론 이뿐만이 아니다. 'TQC' 속에서의 'QC 7가지 도구', '6 시그마' 속에서의 다양한 도구들, 'CEDAC'의 'Windows Analysis', 'RCA(Root

Cause Analysis)'에서의 'Why Because Analysis', 'VE(Value Engineering)'의 'FAST(Function Analysis Systems Technique)'도 그렇다.

서론이 길었다. '프로세스 능력 연구(Process Capability Study)'로 다시 돌아와서 그 의미를 되새기면 "프로세스 능력을 높이기 위해 프로세스 안에 존재하는 문제들을 찾아 제거하는 체계적 활동"쯤으로 정리할 수 있다. 한 출처에서의 '프로세스 능력 연구'에 대한 정의를 옮기면 다음과 같다.

> · **프로세스 능력 연구(Process Capability Study)**
> (Western Electric社 SQC Handbook, p.45) '프로세스 능력 연구'는 관리도를 사용해서 프로세스의 능력을 알아내고, 필요하면 더 나은 능력을 얻기 위해 프로세스를 변경하는 과학적이고 체계적인 절차이다. 이 절차는 연구를 촉발시킨 문제가 해결될 때까지 계속된다…. (중략) 어쨌든 용어 '프로세스 능력 연구'는 "문제의 해결"을 의미한다.

여러 출처에서 '프로세스 능력 연구'에 대해 단계별 절차와 내용을 상세히 다루고 있으나 본문에서는 원조 격인 Western Electric社의 'SQC Handbook'을 위주로 다룬다. 이후에 비즈니스 상황에 맞도록 형성된 다양한 접근은 응용적 측면에서 고려될 수 있기 때문이다. 참고로 기본 내용이 「3.1.1. 관리도 도입 준비」에도 설명되어 있으므로 본문으로 들어가기 전 미리 참고하는 것도 도움 될 것이다.

3.1. '프로세스 능력 연구'의 과학적 기반

이 단원은 '프로세스 능력 연구'의 이론과 과정을 담고 있다. 연구의 시작은 수행할 문제가 무엇인지 결정하는 일부터 시작하며, 문제는 '통계적 문제'로 전환된다. 다시 '통계적 문제'는 정해진 일련의 절차에 따라 통계적으로 해석되고, 끝으로 해석결과는 다시 프로세스 언어로 재해석되어 개선과 연결된다.

'프로세스 능력 연구'는 모든 공학 분야에서 고려될 수 있는 중요한 연구 기법들 중 하나이며, 생산 프로세스로부터 얻어진 모든 데이터 유형을 대상으로, 분석의 기반하에 엔지니어, 관리자, 그 외의 모든 담당자들에 의해 수행된다. 기존의 품질 관리를 프로세스에 응용하는 접근이므로 품질 관리팀과 연계되어 많은 연구가 이루어진다.

3.2. '프로세스 능력 연구'의 범위

'프로세스 능력 연구'를 위한 응용 분야는 관리, 공학, 생산 또는 검사 분야의 거의 모든 문제에 적용될 수 있을 정도로 폭넓다. 이들 분야에서의 문제들은 대게 품질, 비용, 새로운 지식이나 정보 수집의 필요성, 표준이나 추정치들의 설정, 새로운 연구 개발에서 생기는 유형들이 포함된다. 다음은 '프로세스 능력 연구'를 통해 해결될 수 있는 전형적인 문제들의 목록이다. 목록 내용들은 서로 배타적이 아니라 상호작용의 형태로 존재하며, 주로 '분포'의 특성과 관계한다. 따라서 '프로세스 능력 연구'는 관찰되는 분포를 분석하고 개선 쪽으로 분포를 변화시키는 방법을 제공한다.

(1) 품질
- 조업을 끝낸 뒤 발견되는 많은 결점들
- 검사를 마친 뒤 발견되는 많은 결점들
- 불안정한 제품
- 분포 변형, 왜곡(분포가 필요한 경우)
- 조립 라인으로 흘러들어 온 불량 부품이나 재료

(2) 비용
- 너무 많은 검사
- 너무 많은 조정
- 너무 많은 수리나 재작업
- 과도한 제품의 손실
- 회의 스케줄상의 문제 발생
- 낮은 수율

(3) 정보
- 문제 원인들을 추적할 필요성
- 왜 문제가 일어나는지를 밝힐 필요성
- 상관성을 밝혀야 할 필요성
- 초기 특성들이 최종 제품에 어떻게 영향을 주는지 밝힐 필요성
- 어느 국면이 중요한지를 찾아낼 필요성
- 재료, 방법, 검사 장비, 제품 유형에 대한 새로운 지식을 얻을 필요성
- 파일럿 수행으로부터 신뢰할 수 있는 정보를 얻을 필요성
- 새로운 툴, 방법, 설비들의 능력을 파악하는 일
- 설계, 툴, 조립 방법들을 비교하는 일

- 설계 변경의 영향을 연구하는 일
- 새로운 설계로 전환할 때의 영향을 연구하는 일
- 간헐적인 조업을 연속 조업으로 유지하는 일
- 기술 데이터로부터 의미를 찾는 일
- 실험의 결과를 해석하는 일
- 작업자의 훈련 수준을 파악하는 일
- 유의적 차이를 검정하는 일
- 경향을 검출해내는 일
- 조건들이 일정한지 여부를 파악하는 일
- 측정 오류를 점검하는 일
- 이상 원인을 찾아내는 일
- 통계적 변동성을 이해하지 못하는 경우

(4) 표준
- 기술적 목적으로 사용이 필요한 추정 값들: 예를 들어, 장려 급여, 표준 원가, 통상 검사 총비용, 통상 손실, 통상 수율, 통상 용량, 조업상 통상 분류 비용, 전체 능력, 설비 Capa. 자연 공차
- 모든 종류의 규격들
- 테스트 설비, 게이지, 다른 표준들의 신뢰성
- 유지 계획
- 기술적 책임 대 조업 책임 등

(5) 신규 개발
- 신제품
- 신공법

- 원가 절감
- 자동화
- 기계와 툴 설계
- 새로운 유형의 기계, 설비 셋 등의 구매
- 어렵거나 비싼 조업의 제거

3.3. '프로세스 능력 연구'의 수행 순서

'프로세스 능력 연구'에 쓰이는 '과학적 탐구 방법(Method of Scientific Research)'은 다음의 네 단계로 구성된다.

(1) 실험 수행
시점별 서로 다른 관점에 따라 형성된 관측 값들을 실험을 통해 수집한다.

(2) 가설 수립
만일 관측 값들이 안정한 프로세스로부터 왔다면 가설은 "'우연 원인'에 의한 변동만을 반영한다"이다.

(3) 가설 검정
'관리도'를 작성하고 정상 패턴 여부를 검정한다. 만일 패턴이 비정상적이면 '이상 원인'이 정상 프로세스에 간섭을 주는 것으로 판단한다. 원인의 규명은 패턴 연구를 통해 이루어지며 문제에 따른 영향이 추적된다.

(4) 추가 실험

관찰된 패턴의 모습에 따라 프로세스 개선을 위해 추가 실험이 진행될 수 있으며, 이때 추가 데이터의 수집, 규격 개정 등이 뒤따른다.

[표 Ⅲ-12]는 '프로세스 능력 연구'를 위해 '4-Step'을 쉬운 용어로 재표현한 것이다.

[표 Ⅲ-12] '프로세스 능력 연구'의 절차

과학적 실험	프로세스 능력 연구
1) 실험 수행(Experiment) 2) 가설 수립(Hypothesis) 3) 가설 검정(Test of Hypothesis) 4) 추가 실험(Further Experiment)	Step-1. 프로세스로부터 데이터 수집 Step-2. (통계적) 패턴 그리기 Step-3. 패턴 해석 Step-4. 패턴 해석 결과를 이용해 '프로세스 능력'을 달성할 때까지 개선 진행

만일 'Step-4'에서 완전한 해법을 찾았으면 그 시점에 결론을 내리지만 통상 한 번의 연구로 결론에 이르기는 어려우며, 이 경우 'Step-4'는 두 번째 연구를 위한 '시작 단계'가 된다.

3.4. 데이터 수집(Obtaining the Data)

'프로세스 능력 연구'는 대상이 되는 프로세스로부터 직접 데이터를 수집한다. 예를 들어, 실험을 통해 얻은 데이터 셋 내에서의 변동, 또는 가열로에서 수집된 열처리 온도의 변화 등이 해당한다. 혹은 관심 대상의 프로세스가 제품에 미친 영향을 관찰함으로써 탐구되기도 한다. 예를 들어, 부품의 직경이나 조립체의 결점 존재, 각 프로세스 단계에서 이루어진 일련의 측정이나 불량률 데이터의 누적을 근거로 '프로세스 능력 연구'를 시작한다.

'연속 자료'와 '이산 자료'의 측정값들 중 어느 유형이 적합한지는 실측값을 얻는 방법에 따라 다르며, 수집 방식의 결정은 '$\overline{X}-R$ 관리도'의 민감도 향상에 중요한 역할을 한다. '연속 자료' 측정값을 얻는 일이 불가능한 경우, 설명된 '준 변수(Semi-Variables)'의 활용을 검토한다([표 III-13] 참조).

'연속형 관리도' 사용법과 장소

'$\overline{X}-R$ 관리도'는 동일한 정보량일 경우 다른 어떤 '관리도'보다 데이터양이 적게 든다. 이 관리도는 측정이 어렵거나 비용이 많이 들 때, 파괴 시험, 최소의 노력으로 최대의 효과를 얻으려 할 때 매우 유용하다. '$\overline{X}-R$ 관리도'는 다음과 같은 두 개의 장점이 있다.

(1) *문제 유형이 다르면 관리도상에 다른 방식으로 표현된다.* 예를 들어, 잘못된 설비 세팅은 '$\overline{X}$-관리도'에서 드러나는 반면, 수리가 필요한 설비 문제는 'R-관리도'에 나타난다. 비슷하게, 조립이나 화학 처리 등의 공정에서 발생되는 여러 문제들이 관리도에서 구분될 수 있다. '$\overline{X}-R$ 관리도'는 다음의 질문들에 답을 주는 최적의 관리도이다. "왜 우리는 일관된 결과를 얻지 못하는가?" "450 Cycles에서 그와 같은 문제를 유발시키는 것은 무엇 때문인가?" "이 프로세스를 향상시키고 더 잘 작동하도록 하기 위해 할 수 있는 일은 무엇인가?" 일반적으로 새로운 일이 시작되거나 특정 제품에 대해 알아야 할 것이 많아질수록 '$\overline{X}-R$ 관리도'의 필요성은 더 높아진다.

(2) *'$\overline{X}$-관리도'는 규격이 없는 상태에서 프로세스 탐구에 유리하다.* 'p-관리도'에서는 없는 특징이다. 왜냐하면 'p-관리도'를 작성할 수 있

다는 것은 불량품의 분류가 끝났다는 것이며, 이것은 이미 '규격'을 통해 양/불 판단을 내렸다는 의미이다. '$\overline{X}-R$ 관리도'는 프로세스 가동과 함께 시작해서 프로세스 상태를 독립적으로 모니터링 할 수 있으며, 규격이 없어도 문제가 있다면 관리도에 드러난다. 이 때문에 '$\overline{X}-R$ 관리도'를 통해 규격의 변화를 감지할 수 있으며, 조업에 적합한 실질적인 한계 값을 설정하는 데도 유용하다. 규격의 변경을 고려한다면 '$\overline{X}-R$ 관리도'의 용도는 더욱 부각된다.

'$\overline{X}-R$ 관리도'를 조업 초창기 때 사용하면 크게 도움 받을 수 있다. 왜냐하면 이후 결과에 미치는 원인들을 규명하는 데 유용하기 때문이다. 개개의 관리 특성, 조업 상태, 설비 운영, 기계 설정, 이동, 전압 공급원 등에 '$\overline{X}-R$ 관리도'를 사용한다. 만일 프로세스 끝단의 최종 검사에서 관리도가 이용된다면 그 영향력은 크게 줄어든다.

'이산 자료' 관리도의 사용 방법과 장소

'p-관리도'는 '$\overline{X}-R$ 관리도'보다 더 많은 '표본 크기'가 필요하며, 다음 이유 때문에 '$\overline{X}-R$ 관리도'보다 용도와 민감도가 떨어진다.

- 'p-관리도'는 다음 사항들을 알려줄 수 없다. 특성의 '평균값' 관리가 안되어서 문제가 야기된 것인지 여부, 또는 규격 근처에 너무 근접해 있는지의 여부, 또는 제어가 어려운 공정 산포에 기인한 것인지 여부, 또는 관리가 필요하지만 규격 대비 너무 퍼져 있는지의 여부 등.
- 'p-관리도'는 만일 특정 경향이 지속되어 실제로 불량품을 만들어내지 않는 한 프로세스의 변화나 경향을 미리 경고할 수 없다.

한편, 'p-관리도'는 조업에서 과거부터 관리해오던 기록들을 모두 사용할 수 있다는 장점이 있다. 일반적으로 '$\overline{X}-R$ 관리도'는 특정 프로세스에 딱 맞는 데이터를 얻어야 하지만, 'p-관리도'는 모든 결점들과 모든 특성들의 문제를 '%' 하나로 표현할 수 있으므로, 프로세스 전체를 모니터링 하는 '전체 관리도(Overall Chart)' 수단으로 활용될 수 있다. 따라서 그 자체로 '프로세스 능력 연구'를 위해 가치를 제공할뿐더러, 다른 연구 활동의 결과로 형성된 변화, 보정 또는 개선 효과들에 좋은 측도를 제공한다.

반대로 'p-관리도'를 전체 프로세스의 모니터링용으로 활용할 경우 해석에 어려움도 따르는데, 특히 '비정상 패턴'의 원인들이 너무 깊이 숨겨져 있을 경우 관리도에서 발견해내기란 사실상 불가능하다. 이때는 'p-관리도'를 개개의 원인별로, 또는 개개의 결점별로 쪼개어 작성하는 것이 바람직하며, 해석이 여전히 어려우면 '$\overline{X}-R$ 관리도'를 사용한다. 'p-관리도'는 다음의 경우에 사용한다.

(1) '연속 자료' 측정이 어렵거나 비현실적인 특성
(2) 설비 설정이나 관리를 직접 담당하는 작업자, 또는 기계에 의해 생성된 결점의 탐구
(3) 중도에 선별된 양, 감소된 양 또는 특정 조업에서의 스크랩양에 대한 직접적 연구

한 명의 작업자나 한 대의 설비가 작업하는 위치에서 'p-관리도'용 데이터를 수집한다. 별다른 설명이 없으면 'p-관리도'의 해석은 'np-관리도', 'c-관리도', 'u-관리도'에도 그대로 적용할 수 있다.

측정 시 주의할 점
'프로세스 능력 연구'를 할 때 적합한 데이터를 수집하기 위해서는 미리 주

의 깊게 계획할 필요가 있다. 다음 규칙들은 많은 엔지니어들의 경험에 근거한다.

(1) 가능하면 제품이 만들어지는 시간 순서로 데이터를 수집한다.
(2) (만일 탐구 목적이 선별이나 조정이 아니라면) 선별이나 조정 작업 후 수집하기보다 완성된 제품의 데이터를 수집한다. 물론 이후 선별이나 조정 전·후 모두의 데이터를 수집할 수도 있다.
(3) 측정에 적합한 기술을 미리 결정한다.
(4) 부품별로 어떻게 측정하는지, 또 정확히 어디서 측정되는지를 결정한다.
(5) 실측과 더불어 적정한 식별자가 기록되는지 확인한다. 예를 들어 일시, 설비 번호, 담당자명, 데이터 셋 번호, 계측기 번호 등이다.
(6) 탐구 기간 동안 측정 담당자에게 프로세스에서의 모든 알려진 변화를 기록하도록 지시한다.
(7) 만일 데이터가 제품에 대해 수집된 것이고, 제품의 생산 위치가 한 개 이상이면(예로, 설비, 작업자, 실험 세트 등), 이들 원천 모두 또는 한두 개만을 포함할 것인지 여부를 결정한다.
(8) 만일 데이터가 처리 조건들을 수집한 것이고, 거기에 한 세트 이상의 조건들이 있다면 모두 또는 한두 개만을 포함할지 여부를 결정한다.

측정 오차(Error)

만일 측정을 신뢰하지 못하면 '프로세스 능력 연구'의 이점을 완전히 활용하지 못한다. 이것은 측정은 반드시 정확하고 탐구될 문제와 관련지어 수집되어야 한다는 뜻이다. '프로세스 능력 연구'의 초창기 타점 때는 '관리 이탈' 패턴이 다반사로 일어난다.

제품의 일부를 관찰할 때는 수치화가 필요하며, 이때 '실제 값'과 '측정 값'

간 차이가 발생한다. 만일 '측정'이 제품의 부품들 값보다 더 많은 변동을 야기하면, 문제를 해결하는 데 중요한 원인과 결과 간 관계 규명에 어려움이 생긴다. 따라서 자동 측정이나 신뢰할 수 있는 또는 적절하게 훈련된 담당자를 배치한다. 만일 측정 방법이 적절한지에 의심이 간다면 제품의 변동성 탐구 전 측정 방법 자체에 대한 연구를 수행한다.

(a) 측정의 정확성은 표준인 '참값'과 비교하고, 별도의 (b) 정밀성과 재현성을 점검해야 한다.

'준 변량(Semi-variables)'의 측정

'연속형 변수(Variables)'의 측정을 원하지만 평상시 속성치로만 얻어지는 경우, 발생 정도를 보고 등급에 맞춰 순위를 매기는 'Semi-variable'을 얻을 수 있다. 예로, 쇠거스러미(burr)를 포함하는 문제에서 다음과 같이 변수로 전환한다.

[표 III-13] 'Semi-variables'의 사용

쇠거스러미(Burr)의 크기	인위적으로 부여된 숫자(Semi-variables)
No burr	0
Small burr	1
Medium burr	2
Large burr	3
Very large burr	4

숫자 '0, 1, 2, 3, 4'를 '연속 자료'로 보고 '$\overline{X}-R$ 관리도'를 작성할 수 있다. 숫자를 유형별로 할당하기 전에 일관되게 판단할 수 있도록 표준을 정한다. 'Semi-variable' 데이터에서의 '측정 오류'는 애초부터 관측 값들을 분리해서 얻거나, 여러 독립된 관측자들이 순위 매김 하는 방법으로 줄일 수 있다.

'측정 오류' 평가는 기존에 알려진 방식 그대로를 활용할 수 있다.

'워크 샘플링(Work Sampling)' 측정값

'프로세스 능력 연구'에 쓰일 자료는 수집하는 빈도나 방법의 결정이 중요하다. 수집을 위해서는 사무직 담당자 또는 엔지니어들이 평상시 수치 측정이 어렵다고 생각하는 상황이나, 특정한 화학 처리·세정·탈지·열처리 조업 등이 일상에서 잘 실행되고 있는지 확인할 목적으로, 그들의 조사 시간 분배에 대한 적절성을 검토해야 한다.

(1) 점검을 원하는 모든 활동들의 목록을 준비한다. 그 목록엔 (a) 표준을 정하고 싶은 활동이나 권장하고 싶은 활동들, (b) 프로세스로부터 그들을 제거하거나 줄일 필요성이 있는, 또는 탐구를 원하거나 원치 않는 활동들을 포함한다. 또 필수적이지만 세정 탱크에서 물을 교체하거나 작업을 위해 대기하는 것 같은 비생산적인 활동들도 포함한다. '워크 샘플링' 탐구의 성공 열쇠는 점검 목록의 준비 여부에 달렸다.

(2) 한 명의 관찰자가 임의 간격으로 방문해 활동의 순간적인 관찰 값들을 기록한다. 관찰된 활동은 점검 항목에 정해진 표시 체계에 따라 기록한다. 관찰자의 조사 간격을 임의로 결정하는 방법은 카드 한 벌에서 첫 장은 시간을, 두 번째 장은 관찰자를 결정하는 형태, 또는 이와 유사한 방식이면 충분하다. 수집되어야 할 관찰 수량과 빈도는 프로세스의 성질과 '프로세스 능력 연구'의 목적에 맞도록 설정한다.

이런 방법으로 얻은 데이터는 '표본'이 되며, 다수의 관련 기록들이 동반된다. '표본 크기'는 관찰된 전체 수와 일치한다. 'p-관리도'를 위한 '속성 데이터'는 '표본의 전체 관찰 수' 대비 '분류된 활동이나 그룹에 대해 기록된 관찰

수'의 %를 취해 얻어진다.

'워크 샘플링' 측정값들은 '프로세스 능력 연구', '프로세스 관리도'를 위해, 또는 '표본'들에 근거한 '추정' 등을 위해 이용된다.

'프로세스 능력 연구'를 위해 필요한 데이터양
($\overline{X}-R$ 관리도)

'프로세스 능력 연구'를 시작하기에 적절한 '표본 크기'는 다음과 같이 시기에 따라 세 개 유형으로 분류된다.

최초 기간(First Period): 50개 측정값
두 번째 기간(Second Period): 25개 측정값
세 번째 기간(Third Period): 25개 측정값

이것은 프로세스에서 총 100개 측정값들을 기준한 예이다.

(p-관리도)

'$\overline{X}-R$ 관리도'와 동일하게 세 개 시기로 구분하여 '표본 크기'를 결정한다. 각 시기별로는 '20~25개'의 '부분군 수'가 적정하며, 각 부분군에는 약 50 또는 100개의 제품(또는 부품) 수가 포함되도록 한다. 즉 각 시기별로 '20~25개'의 '불량률' 값들이 얻어지는 셈이다.

(I-관리도: MR에 근거해 '관리 한계'를 갖는 개별 측정 관리도)

표본이 매우 제한적인 경우에 해당되며, 대표성을 가지려면 10개가 연속적으로 타점될 정도만큼이 필요하다. 예를 들어, 만일 관리도가 제품 손실이나 회계 수치를 나타낸다면 연구를 위해 대략 일 년의 기간이 고려되어야 한다.

표본들의 선택

표본들은 '그룹 간 변동'보다 '그룹 내 변동'이 최소화되도록 수집되어야 하며, 이를 위해 연속적으로 생산된 아이템(Unit)들로 부분군을 형성하는 것도 한 방법이다. 즉 '합리적 부분군(Rational Subgroup)'이 되어야 한다.

데이터의 식별

측정값을 수집할 때, 시점이나 데이터 수집 위치에서 미리 알려진 변경점들, 또는 결과에 영향 줄지도 모를 프로세스 내 요소·주변 조건들을 파악해둔다. 예를 들어, 데이터가 수집된 작업이 다른 위치로 이동했거나, 설계 변경, 새로운 감독관의 배치, 표집 검사하는 작업 엔지니어의 업무 변경 결정 등이 해당된다. 데이터를 분류하는 방법이 많을수록 '프로세스 능력 연구'로부터 얻어지는 정보도 그에 비례해서 많아진다. 따라서 분류 방법을 고민하는 일은 관리도를 분석하기 위해 필요한 첫 번째 원칙들 중 하나이며, 분석력을 뒷받침해준다. 수집된 자료는 '설계 실험'에도 응용된다.

데이터가 수집되어야 하는 지점

데이터는 문제가 있다고 생각되는 위치에서 수집되어야 한다. 그러나 최종 제품에서 발견된 문제들의 대부분은 조업 초기 단계에 있는 경우가 많다. 따라서 조업 초기 단계를 제일 먼저 연구함으로써 시간을 절약할 수 있다.

3.5. 데이터 분석(Analyzing the Data)

타점을 위한 눈금 조정

눈금은 '관리 한계'를 가독할 수 있을 정도의 폭이 되어야 한다. '관리 한계'는 가급적 2.5㎝ 이상이 되도록 하되, 5㎝를 초과하지 않도록 한다. '$\overline{X}-R$ 관리도'에 대해 '관리 밴드의 폭(즉, 중심선과 각 관리 한계 사이의 거리)'을 '$\overline{X}$-관리도'와 'R-관리도' 둘 다 동일하게 조정한다. 비교용으로 쓰일 'p-관리도' 경우 같은 수준의 눈금을 사용한다.

'관리 한계'의 계산

'프로세스 능력 연구'에 포함된 데이터의 부분군이 여럿일 때, '중심선'과 '관리 한계'를 그들 데이터로부터 계산할 것인지, 아니면 특정 영역에 한정할 것인지 결정이 어려울 수 있다. 만일 데이터 수가 적정 수 이상이면, '프로세스 능력 연구'를 위해 '중심선'과 '관리 한계'의 결정은 큰 문제 될 것이 없다. 데이터 선택에 따라 '관리 한계'는 달라질 수 있지만 해석에 직접적 영향을 미치진 않기 때문이다. 이것은 다음 [그림 Ⅲ-46]에 잘 나타나 있다.

[그림 Ⅲ-46] '관리 한계'의 결정(5월과 6월의 패턴이 다른 경우)

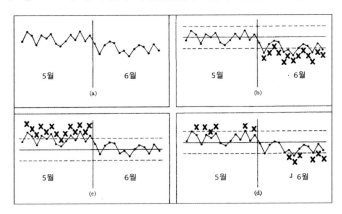

[그림 Ⅲ-46]의 '(a)' 예는 '관리 한계'가 없는 패턴이며, 만일 '관리 한계'들

이 5월 데이터로만 계산되면 '(b)'가 된다. 이 관리도는 5월과 6월이 달라 보이며 5월이 더 높다. 만일 '관리 한계'들이 6월의 데이터만 가지고 계산된다면 '(c)'처럼 보일 것이다. 즉 '중심선'과 '관리 한계'들이 서로 다르지만 같은 이야기를 담고 있다. 5월은 6월보다 여전히 더 높다. 만일 '관리 한계'들이 5월과 6월을 합쳐 계산된다면, '(d)'가 될 것이나 여전히 해석은 동일하다. 일반적으로 계산에 쓰인 데이터의 양이 충분하면 '관리 한계'를 결정하는 표본의 결정은 해석에 영향을 미치지 않는다.

'설계 시험' 때처럼 데이터 수가 제한적일 때는, 데이터 모두를 '관리 한계' 계산에 이용한다. 만일 관리도에 타점할 때 20개 이하이면 데이터 수는 "제한적(Limited)"이라고 판단한다. 측정값 수가 작을수록, 정확한 한계를 결정하는 일은 정확도가 떨어질 수밖에 없다. [그림 III-46]의 상황은 '$\overline{X}$-관리도', 'p-관리도' 또는 'I-관리도' 모두에 적용할 수 있다.

데이터의 추가

앞서 주어진 규칙들은 능력 연구를 위해 필요한 '관리 한계'의 초기 계산에 쓰인다. 이후 데이터가 더 많이 추가되면, '관리 한계'를 연장해서 추가된 데이터를 타점한다. 이때 만일 추가된 데이터가 앞서 작성된 데이터와 유의하게 다른 패턴으로 확인되면, 원할 경우 추가 데이터를 위한 새로운 '관리 한계'를 계산할 수 있다. 따라서 새로운 '관리 한계'를 이용해 추가 데이터의 타점들이 '관리 상태'인지를 검정한다.

그러나 만일 이전 데이터의 타점과 추가 타점들 간 유의한 차이가 없다면 '관리 한계'를 새로 계산해서는 안 된다. 차이가 없음에도 새롭게 추가된 데이터들에 대해 '관리 한계'를 재계산한다면 해석 시 잘못된 판단을 내릴 수 있다. 이전, 이후 데이터 모두가 '관리 상태'임에도 '관리 한계'를 따로 작성해서 분리할 경우 서로 다른 데이터 군으로 판단할 수 있기 때문이다.

타점의 돌출(Freaks)에 대한 조치

종종 타점들이 제멋대로 등락할 때 그들의 일부를 버려야 하는지, 아니면 '돌출(Freak)'성 타점으로 분류해야 하는지 판단이 어려울 때가 있다. 만일 특정 원인이 일부 측정값들에 영향을 주었고, 다른 타점엔 그렇지 않다고 하는 명확한 증거 자료가 확보되지 않는 한 타점된 데이터를 결코 버려서는 안 된다. 만일 계산 시 또는 타점 때 '돌출(Freak)' 타점들을 인위적으로 배제시키면 문제 해결에 중요할 수 있는 정보를 없애는 우를 범할 수 있다.

예외가 있다면 주로 설계 중이거나 신제품의 초기 연구 단계에서 제멋대로 등락하는 측정값들이 자주 관찰되는데, 이 경우 그들을 다른 원인계에 의한 영향으로 보고 따로 분리해 별도의 관리도에 타점한다. 이를 통해 초기 연구 과정에서 나타나는 다양한 돌출 측정값들을 별도로 해석할 수 있게 되고, 개발 과정에서의 문제점들도 개선할 수 있는 기회가 생긴다.

'돌출 패턴'의 반복

만일 능력 연구에서 반복적으로 '돌출 패턴(Freaks)'이 발생할 경우, 그 반복은 '돌출(Freaks)'이 아닌 그 프로세스에서 규칙적으로 작동하는 몇몇 원인의 결과로 볼 수도 있다. 따라서 그들의 존재를 과소평가하지 말고 데이터로부터 제거해서는 안 된다.

관리도 타점하기

'프로세스 능력 연구'를 할 때 관리도 타점은 표준 절차를 정하고 그에 따르도록 한다. 개별 측정값들 또는 부분군으로 이루어진 관리도는 '$\overline{X}-R$ 관리도'의 해석에 도움을 주며, 관리도의 'X-축' 눈금을 '시간'이 아닌 '조업'별 등으로 바꿀 경우 'p-관리도' 또는 'c-관리도'를 해석하는 데 도움이 된다.

패턴 연구하기

'프로세스 능력 연구'를 위한 예비 분석에는 다음의 두 단계가 포함된다.

(1) '측정 시 주의할 점'과 '데이터의 식별'에서 설명된 바와 같이 데이터에 대해 알려진 모든 기존의 사실들을 관리도상에 낱낱이 기록한다. 이들은 후에 원인별로 데이터를 분리할 때 유용하게 사용된다. 또 결과에 영향을 줄지 모를 주변의 관련된 조건들이나 요소들도 기록한다. 예를 들어 시설의 수리, 시험 셋의 재영점 조정, 또는 유지 보수 작업이 실시되었던 사실들은 올바른 해석에 주요한 정보가 될 수 있다.

(2) 패턴을 주의 깊게 관찰한다. 그리고 그들이 위치한 곳에 'X'를 표시한다. 만일 불안정이나 다른 패턴들이 나타나면, 패턴의 유형을 결정한다 (예를 들어, 주기, 경향, 점진적 변화, 수준의 급변, 불규칙 변동, 돌출, 상호작용 등). 표기된 'X' 주변에 패턴의 유형을 기록한다. 또 패턴의 유형과 관련된 배경 정보가 있다면 같이 기록한다. 예를 들어, "경향 - 툴 마모 추정" 등이다. 그 외에 한 관리도와 다른 관리도 간 상관성을 알려주는 '동조 성향'이나 '층별', '안정형 혼합', '규칙성 변동'에 대해 확실히 점검한다. 이들 패턴과 관련된 어떤 배경 정보라도 관리도상에 기록한다. 예를 들어, "층별 - 두 갈래로 나뉜 스프링 표본들로 기인한 것으로 판단됨" 등이다. 만일 패턴이 정상이면 이어 설명될 「정상 패턴(Natural Pattern)으로부터 결론 이끌어내기」를, 만일 비정상적인 패턴일 경우 「비정상 패턴으로부터 결론 이끌어내기」의 지침을 따른다. 패턴이 정상이든 그렇지 않든 관계없이 적합하게 수행된 '프로세스 능력 연구'는 가치 있는 정보를 제시해야 한다. 패턴의 정상과 비정상에 따라 관리도 용도가 달라진다.

'정상 패턴(Natural Pattern)'으로부터 결론 이끌어내기

관리도가 '정상 패턴'만으로 이루어졌으면 프로세스는 '통계적 관리 상태'라고 한다. 이 같은 프로세스는 안정하며, 외부 요인들로 인해 방해받지 않는다. 안정화된 패턴은 계속 지속될 것이고 결과적으로 예측도 가능하다. '정상 패턴'에 근거해 계산이 이루어지며, 이때 프로세스의 고유 특성을 결정할 수 있다. '정상 패턴'에 근거한 계산엔 다음의 것들이 있다. 만일 관리도가 '관리 상태'에 있지 않으면 다음 계산들 중 어떤 것도 시도해선 안 된다.

(1) 프로세스 분포의 중심($\overline{X}$)을 추정한다.
(2) 히스토그램을 통해 프로세스 분포의 '형상(Shape)'을 추정한다.
(3) 프로세스 분포의 퍼짐(분산, $\overline{R}/d_2$ 등)을 추정한다.
(4) 프로세스 분포를 규격이나 다른 정해진 표준 값들과 비교한다.
(5) '규격 한계'를 벗어나는 비율(불량률)을 추정한다.
(6) 필요 시, '$\overline{X}$–R 관리도'의 '중심선'들로 허용차의 영향을 계산한다.
(7) 만일 관리도의 경제적 한계를 설정하고 싶으면 '중심선'들을 이용한다.
(8) 만일 예산, 인센티브 등 기준 설정이 필요하면 '중심선'들을 이용한다.

'p-관리도' 경우, 이후에 나올 「p-관리도로부터 퍼센티지 추정하기」처럼 '프로세스 능력'을 추정하고, 앞서 지적한 (7)과 (8)을 얻기 위해 '중심선'을 사용한다.

(주의) 특히 다음을 필요로 할 때 '정상 패턴'은 필수적이다.
- '프로세스 능력'을 결정하고 싶을 때
- 표준과 비교하고 싶을 때
- 일반화하고 싶을 때
- 예측하고 싶을 때

'정상 패턴'이 아닌 상황에서는 다른 새로운 정보를 얻을 수 있지만, 바로 앞에 나열된 네 개의 용도로는 활용할 수 없다.

'비정상 패턴(Unnatural Pattern)'으로부터 결론 이끌어내기

'비정상 패턴'은 프로세스가 외부 원인계로부터 방해받고 있거나, 또는 '관리 이탈 상태'인 프로세스를 말한다. 이 같은 프로세스는 불규칙하고 예측이 어렵다. 또 이런 양상이 반복될 수도 있고 그렇지 않을 수도 있다. 통상 '관리 이탈' 데이터로 임의의 계산을 하면 프로세스의 고유 특성들을 파악하기 어렵고, 일반화나 예측을 위해서도 사용이 어렵다. 그러나 아래와 같은 다른 유용한 정보를 얻을 수 있다.

(1) '프로세스 능력 연구'에서 '비정상 패턴'의 존재는 프로세스를 분석하고 연구하는 활동에 큰 지장을 주는 원인들의 존재를 알게 해준다. '정상 패턴'들이 주로 표준의 설정과 값들의 추정에 사용되는 반면, '비정상 패턴'들은 프로세스에 대한 새로운 지식을 얻는 데 주로 이용된다.

(2) '비정상 패턴'들은 프로세스 변수, 프로세스 변화, 원인과 결과의 관련성, 비용 절감 가능성, 그리고 개선 가능성에 대한 정보를 제공한다. '비정상 패턴'에 포함된 정보는 '정상 패턴'에 포함된 정보보다 기술적 목적을 위해 훨씬 더 중요할 수 있다.

분석 방법

'비정상 패턴'은 다음과 같이 두 개의 유형으로 나뉠 수 있다.

(a) 단순한 비정상 패턴

상대적으로 '단순한 패턴(Simple Patterns)'들에는 다음이 속한다.

- 주기(Cycles)
- 경향(Trends)
- 수준의 갑작스러운 또는 점진적인 변화
- 규칙성 변동의 형태(Certain Types of Systematic Variation)

(b) 복잡한 비정상 패턴

상대적으로 '복잡한 패턴(Complex Patterns)'들에는 다음이 속한다.
- '안정형과 불안정형 혼합'을 포함한 모든 종류들의 혼합
- 돌출(Freaks)
- 군집 또는 뭉침(Grouping or bunching)
- 층별(Stratification)
- 동조 성향(Tendency of one chart to follow another)
- 상호작용(Interaction)
- 불안정성(Instability)

'단순한 비정상 패턴'은 대게 '기술적 지식'이나 '프로세스 경험'을 통해 해석될 수 있다. 상대적으로 '복잡한 비정상 패턴'들은 보통 그들이 해석되기 전에 '단순한 비정상 패턴'들 중 하나로 줄여져야만 한다.

'복잡한 패턴'들의 단순화

'복잡한 패턴'들을 단순화시키는 기본적 접근은 변동의 원천별로 데이터를 분리하는 것이다. 실제 많은 연구를 통해 이와 같은 분리가 가능해지고 있다. 예를 들어, 설비별, 교대별, 작업자별, 툴별, (드릴 등의) 물림쇠별, 공급원별, 조립 방법별, 열처리 등에 존재하는 서로 다른 수준들이 해당된다. 즉 데이터를 각 원천들로 분리해서 관리도를 따로 작성하는 일은 매우 유익하다. → 아

래 '방법 A' 참조.

때로 데이터의 분리가 쉽지 않을 수 있는데, 예를 들어 만일 수리가 잘 안 된 설비는 여러 대가 작동하는 것처럼 불규칙한 반응을 보일 수 있으며, 고정구가 충분히 고정되어 있지 않거나 반대로 과도하다면 여러 대의 고정구에서 나오는 변동처럼 관찰된다. 비슷한 수준의 주의력 저하나 적절하게 훈련되지 않은 작업자는 여러 명이 발생시키는 변동처럼 느껴질 수 있다. 균일하지 않은 부품들, 또는 협력 업체 한 곳으로부터 공급되었지만 혼합된 로트로부터 온 부품들은 두 종류의 부품들처럼 반응할 수 있다. 이런 경우 데이터를 분리하기 위해 훨씬 더 기발한 접근이 요구된다. → 아래 '방법 B' 참조. 다음의 데이터를 분리하는 방법들은 '기술적 연구(Engineering Studies)'에 이용된다.

방법 A. 단순한 고장
방법 B. 변수들의 제거
방법 C. 데이터의 재배열
방법 D. 설계된 실험들

상기 방법 모두는 기본적으로 목적이 같으며, 이들의 활용으로 데이터를 원천별로 구분할 수 있고 단순화를 통해 패턴들의 해석 능력을 키울 수 있다.

(방법 A): 단순한 고장

이 방법은 복잡하게 얽힌 변동의 일부 원천이 알려져 있거나 적어도 심증이 가는 상황에서 사용된다. 엔지니어는 다음을 추진한다.

(1) 알려진 원천들이나 주요 부품에 따라 데이터를 분리한다. 각 원천별로 관리도를 따로 작성한다. 패턴을 최소로 안정화시키거나 또는 원래의 복잡한 패턴과 거의 흡사한 패턴을 만드는 원천이나 부품은 중요한 원

인들을 포함할 가능성이 매우 높다.

(2) 최소로 안정화시킬 수 있는 영역의 데이터를 취한 뒤, 그를 더 쪼갠다. 즉 새로운 원천이나 하위 부품들 각각으로 분리시켜 타점한다. 다시 가 장 유의한 패턴을 보이는 원천이나 부품은 중요한 원인들을 포함할 가 능성이 매우 높다.

(3) 분리 과정을 통해, 패턴들은 더 단순화되거나 더 두드러져 보인다. 패턴 들이 정상이 될 때까지 이 과정을 계속하거나, 또는 그들이 a) 수준의 단순한 이동(Shifts)이나 (b) 단순한 경향을 보일 때까지 계속한다. 이 점에서 이후 나올 「매우 단순한 이동과 경향을 보이는 패턴으로부터의 계산」에 보인 바와 같은 계산이 가능해진다.

만일 원천별로 분리했음에도 패턴들이 여전히 복잡해 보이면, '방법 B'에 있는 지도 방식을 따른다.

(방법 B): 변수들의 제거

이 방법은 데이터를 분리'할 수 있는 사전 기반이 전혀 없는 경우에 적용된 다. 기술적 과정은 다음과 같다.

(1) 최초의 패턴은 제거해야 할 변수들(보통은 단일 변수)을 발견하는 데 사 용된다. 이를 위해 관리도에서의 패턴 지식과 해석 능력이 요구된다.

(2) 첫 변수가 발견된 직후 이 변수를 제거하는 데 필요한 활동으로 들어간 다. 그리고 나서 데이터를 수집한 뒤 두 번째 '프로세스 능력 연구'를 효과적으로 수행한다. 이미 중요도가 높은 변수를 제거했으므로 두 번째 연구에서의 패턴들은 더 단순하게 관찰된다([그림 III-57] 참조).

(3) '정상 패턴'이 될 때까지, 또는 (a) 수준에서의 단순 이동, (b) 단순 경

향을 포함할 때까지 과정을 반복한다.

패턴을 단순화시키는 이 방법은 어떤 상황에서도 적용될 수 있다. 또 만일 변수들이 복잡하거나 기술적 지식이 매우 취약한 경우에 유일하게 사용이 가능한 방법이다.

<u>(방법 C와 D): 데이터의 재배열과 정식의 설계 실험</u>

만일 연구에 사용된 데이터가 특정 방식으로 식별되어 왔다면, 데이터를 재배열하는 것만으로 단순화가 가능하다. 이 예는 [그림 III-62], [그림 III-63]에 주어져 있다. 상관성 연구, 산점도와 측정값들의 '경향 재배열(Trend Arrangements)', 그리고 정식의 '설계된 실험' 들은 모두 데이터를 분류하고 재배열하는 방법들이다. 이들은 여러 방식으로 데이터를 배열함으로써 패턴을 단순화시키고 그를 통해 원인들을 식별해낸다.

진짜 원인을 찾았는지 확인하는 점검

패턴에 영향을 주는 원인들이 적절하게 식별되었다면, 차후 패턴 변화가 생겼는지, 사라졌는지를 입증한다. 원인을 넣거나 빼는 방식으로 패턴의 변화를 관찰할 수 있다. 이때 원인이 된다고 믿을 만한 논리적이고 기술적인 근거가 있어야 한다. 하나의 조건이 시간적으로 다른 것에 우선하기 때문에 원인이 될 것으로 단정 짓지 않도록 주의한다.

매우 단순한 이동(Shifts)과 경향(Trends)을 보이는 패턴에서의 계산

'이동(Shift)'이나 '경향(Trend)'의 원인이 알려져 왔다면, 이전 「'정상 패턴(Natural Pattern)'으로부터 결론 이끌어내기」에서와 같은 방법으로 단순 패턴들로부터 계산을 수행한다. '이동(평균의 등락)' 경우, 각 수준별로 분리해서 계산한다. '경향'의 경우, 직선의 기울기를 따라 수준별로 계산을 수행한다.

3.6. '프로세스 능력' 추정하기

'프로세스 능력'은 다음의 두 가지 방법으로 얻어진다.

(a) 중심(Center), 형상(Shape) 그리고 퍼짐(Spread)이 있는 분포로써, 또는
(b) 특정한 한계를 벗어난 퍼센티지로써 표현된다.

첫 번째 경우에서, 능력은 '$\overline{X}-R$ 관리도'로부터 추정된다. 두 번째 경우는 'p-관리도'를 이용한다. '$\overline{X}-R$ 관리도'로부터의 정보를 통해 퍼센티지로의 전환이 가능하다. 그러나 그 반대인 'p-관리도'로부터 분포 정보를 얻는 일은 가능하지 않다.

'$\overline{X}-R$ 관리도'로부터 중심, 형상, 퍼짐 추정하기
'프로세스 능력 연구'의 결과 '관리 상태'의 패턴들을 얻었으며, 이들 패턴으로부터 프로세스의 '분포'를 찾을 수 있다.

- 중심(Center) → 분포의 중심은 '$\overline{X}$-관리도'의 '중심선' 값이다.
- 형상(Shape) → '히스토그램'으로 알 수 있으며, 수백 개 자료가 필요하다.
- 퍼짐(Spread) → '표준 편차'를 계산한다. 다음과 같이 진행한다.
  (a) '정규 분포'에 대해, '$\pm 3\overline{R}/d_2$'로 추정한다. '$\overline{R}$'을 얻는 데 사용된 'd_2'는 '표본 크기'에 따른 '비편향 상수([표 Ⅱ-17] 참조)'이다.
  (b) '비정규 분포'에 대해 '$\overline{R}/d_2$'를 추정한다. 분포는 한쪽은 '3σ' 이상이,

다른 쪽은 '3σ' 이하가 될 수 있다. 그 전체는 거의 '6σ'가 될 것이다.

'형상'과 마찬가지로 '산포'의 추정은 만일 분포에 '왜도(Skewness)'가 있다면 영향 받을 수 있다.

영구적·비-영구적 왜도(Permanent & Non-permanent Skewness)

'왜도'는 분포의 '중심'과 '산포'가 정상적으로 관리될 때도 대부분의 프로세스에서 기운 모습으로 나타날 수 있다. 만일 분포가 실제 기울어졌다면 우선 왜 기울어졌는지, 그리고 프로세스의 영구적 특징이라는 점을 증명할 기술적 설명이 있어야 한다. 기운 분포를 지속적으로 보이기 위한 프로세스 내 원인들을 나열하면 다음과 같다.

(1) 중단된 상태에서 포함된 부품들
(2) 용접 강도에서와 같이 재료의 물리적 한계에 이르는 측정값들
(3) 작업을 최소화하기 위해 한계 값 안에서 조정하는 수작업들
(4) 기형, 뒤틀림, 불균형, 마모 등과 같은 특성들, 여기서 한계는 '0'임.

[그림 Ⅲ-47] '왜도'를 위한 '특이 분포' 예

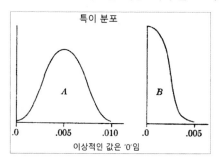

프로세스에서 기울어진 분포는 바람직할 수 있으며, [그림 Ⅲ-47]에서 '분포 B'가 '분포 A'보다 관리에 더 긍정적이다. **엔지니어들은 보통 잘 관리되는 프로세스일수록 '정규 분포'로 기대하는 성향이 있는데 좋은 접근은 아니다.** 다음 [그림 Ⅲ-48]은 '기운 분포'가 존재할 수밖에 없는 이유를 수학적으로 설명하고 있다.

　　"사각 부품이 들어 있는 제품을 생산한다고 가정하자. 이때 많은 수의 사각 부품 측면들을 측정하고 그들의 분포가 대칭이라는 것을 발견한다. 만일 사각 부품들의 측면이 대칭 분포를 이룬다면 이때 사각 부품들의 넓이는 대칭 분포를 형성할 수 없다. 왜냐하면 넓이를 측정하면 그 분포는 그림에서 설명된 이유로 분명히 기운 분포가 되기 때문이다(Skewed)."

[그림 Ⅲ-48] '길이' 분포가 '넓이'에서는 '기운 분포'가 되는 예

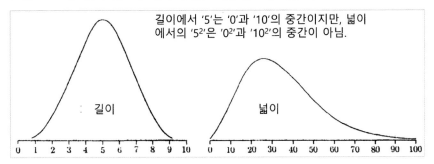

[그림 Ⅲ-48]의 관계는 분포를 영구적으로 기울어지게(Skewness) 만든다. 추가로 다음 원인들은 분포를 일시적으로 기울어지게 한다.

(1) 조업에서 인위적으로 분류하거나 선별하게 되면 분포는 [그림 Ⅲ-49]에서 보이는 시점에 일시적으로 기운 분포가 될 수 있다. 이런 분포를

'Truncated Distribution(절단 분포)'라고 한다. 그림에서와 같이 절단은 일반적으로 최대 또는 최소 한계에서 발생한다.

[그림 Ⅲ-49] 선별에 의해 형성된 기운 분포 예

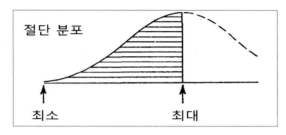

(2) 기울어짐이 관리도에서 '관리 이탈 상태'와 관련될 때이며, 이것은 두 개 또는 그 이상의 분포가 혼합된 결과일 수 있다. 이런 유형의 기울어짐은 [그림 Ⅲ-50]과 같이 '비정규성'과 '불안정'이 되는 경향이 있다.

[그림 Ⅲ-50] 혼합에 의해 형성된 기운 분포 예

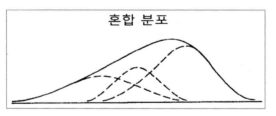

때로 분포가 한쪽으로 긴 꼬리를 형성하는 원인이 '돌출(Freaks)'에 기인하는 경우가 있다. 이 경우, 기울어진 분포로 결정하기 전에 '돌출(Freaks)'을 프로세스의 정상적인 일부로 볼 것인지를 먼저 결정해야 한다.

'$\overline{X}-R$ 관리도'로부터 퍼센티지 추정하기

'규격 한계'를 벗어난 넓이(퍼센티지)를 '$\overline{X}-R$ 관리도'부터 계산할 수 있다. 계산은 분포의 '중심', '형상', '퍼짐(Spread)'의 정보를 이용한다. 분포가 정규성을 보이면 '퍼센티지'는 다음과 같은 과정으로 추정된다.

(1) 'R-관리도'의 '중심선'으로부터 '$\hat{\sigma}$'를 추정한다. '$\hat{\sigma}=\overline{R}/d_2$'이며, '$d_2$'는 '비편향 상수'로 [표 Ⅱ-17]을 참조한다.

(2) 'USL'과 'LSL' 중 벗어난 넓이를 알고 싶은 쪽의 공식을 선택하여 't'를 계산한다.

$$z = \frac{\overline{\overline{X}}-USL}{\hat{\sigma}}, \quad z = \frac{LSL-\overline{\overline{X}}}{\hat{\sigma}} \qquad \text{(식 Ⅲ-30)}$$

(3) 'z-분포 Table(「부록 C」참조)'을 이용하거나, 또는 미니탭 「계산(C) > 확률 분포(D) > 정규 분포(N)…」 기능을 이용해 직접 계산한다.

<u>계산 예</u>

핵심 판 두께에 대한 '프로세스 능력 연구'에서, 5개 표본들에 대한 '$\overline{R}$=0.0030'이고 '$\overline{\overline{X}}$=0.7512'이었다. 두 패턴 모두는 '관리 상태'에 있다. 엔지니어가 분포는 "적정하게 정규"하고 있다고 판단할 때, 다음과 같이 '표준 편차'를 계산했다.

$$\hat{\sigma} = \frac{\overline{R}}{d_2} = \frac{0.0030}{2.326} \cong 0.0013 \qquad \text{(식 Ⅲ-31)}$$

핵심 판 두께에 대한 규격이 '0.750±0.003'일 경우, 두 '규격 한계'를 다음과 같이 따로 분리해 'z-값'을 계산한다. 먼저 'USL=0.7530'에 대해,

$$z = \frac{\overline{\overline{X}} - USL}{\hat{\sigma}} = \frac{0.7512 - 0.7530}{0.0013} = \frac{-0.0018}{0.0013} \cong -1.385 \qquad \text{(식 Ⅲ-32)}$$

'z-분포 Table'에서 '-1.38'을 찾으면, 벗어난 퍼센티지(넓이는 '확률'이므로 0.084)는 '약 8.4%'임을 알 수 있다. 이제 'LSL=0.7470'을 고려하면,

$$z = \frac{LSL - \overline{\overline{X}}}{\hat{\sigma}} = \frac{0.7470 - 0.7512}{0.0013} = \frac{-0.0042}{0.0013} \cong -3.231 \qquad \text{(식 Ⅲ-33)}$$

'z-분포 Table'에서 '-3.23'을 찾으면, 퍼센티지가 '약 0.1%'임을 알 수 있다. 규격을 벗어난 전체 '퍼센티지'를 알기 위해, 상·하한 불량률을 더한다.

$$8.4\% + 0.1\% \cong 8.5\% \text{ Total} \qquad \text{(식 Ⅲ-34)}$$

분포가 "적정하게 정규"인지를 결정하기 전, 데이터로부터 작성된 히스토그램과 '정규 분포'를 눈으로 비교한다(또는 '정규성 검정' 수행).

비정규 분포

만일 분포가 한쪽으로 기운 분포를 보이면 바로 앞서 설명된 절차를 따르되, 단계 '(3)'에서 기울어진(Skew) 방향에 따라, 't-분포 Table'을 이용해 값을 읽는다.

계산 예

'중심($\overline{\overline{X}} = 0.12225$)'과 '표준 편차($\hat{\sigma} = 0.00045$)'를 데이터로부터 얻었다고 가정한다. 또 데이터는 '$\overline{X}$와 R-관리도'상에서 각각 '관리 상태'일 때, 분포는 다음 [그림 Ⅲ-51]처럼 '좌변 기운 분포(Left-skewed Distribution)'를 보인다 ('k=-1'인 「부록 F」 Table 활용).

[그림 Ⅲ-51] '좌변 기운 분포'의 넓이(확률) 계산

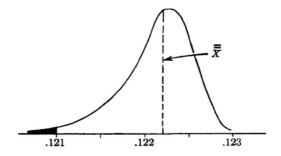

'$\overline{\overline{X}} \pm 0.001$'을 벗어난 퍼센티지를 계산한다.

(1) '$\overline{\overline{X}} + 0.001 (= 0.12325)$'을 벗어난 퍼센티지는,

$$t = \frac{0.12225 - 0.12325}{0.00045} = -2.22 \qquad \text{(식 Ⅲ-35)}$$

't-분포 Table(「부록 F」)'에서 '-2.22'를 찾으면(Max.를 벗어난 퍼센티지), '0%'임을 알 수 있다.

(2) '$\overline{\overline{X}} - 0.001 (= 0.12125)$'를 벗어난 퍼센티지에는,

$$t = \frac{0.12125 - 0.12225}{0.00045} = -2.22 \qquad (\text{식 III-36})$$

't-분포 Table(「부록 F」)'에서 '-2.22'를 찾으면(Min.을 벗어난 퍼센티지), '3.6%'임을 알 수 있다. 따라서 규격을 벗어난 전체 퍼센티지(넓이)는,

$$\text{'}\overline{\overline{X}} \pm 0.001\text{'을 벗어난 퍼센티지(Total Percentage)} = 3.6\% \qquad (\text{식 III-37})$$

만일 분포의 기운 정도가 심하면 작성된 히스토그램을 참고해 추정한다. 원활한 추정을 위해 꼬리 영역의 데이터가 '관리 상태'인지를 '$\overline{X} - R$ 관리도'와 함께 'p-관리도'를 통해서도 종합적으로 판단한다.

'P-관리도'로부터 퍼센티지 추정하기

'프로세스 능력 연구' 결과, '관리 상태' 여부를 알려주는 타점들을 얻고 그들로부터 '퍼센티지(또는 불량률)'를 계산해 '프로세스 능력'을 얻었다. 이때 규격을 벗어난 퍼센티지는 'p-관리도'에서는 '중심선' 값에 해당한다. 만일 'p-관리도'가 여러 개 프로세스로부터 나온 불량 데이터로 작성됐다면 '중심선'인 '불량률'은 잠정적 수치로만 참고하고, 전체 능력을 추정하려면 출처별로 분리해서 연구되어야 한다. 출처별, 결점 유형별, 또는 혼합 패턴에 영향을 준 정도에 따라 데이터를 쪼갠다. '퍼센티지'는 출처가 여럿인 경우 분리해서 추정되어야 하고, 이후 전체 불량률은 각 추정 값들을 합산해서 결정한다(「2.4.3. '시그마 수준(Sigma Level)'의 계산 - 비정규 분포」 참조).

'관리 상태'에 있지 않은 패턴으로부터 능력 추정하기

주로 '$\overline{X} - R$ 관리도', 또는 'p-관리도' 둘 중 하나에 해당한다. 때로 관리도

를 작성하기 전 '프로세스 능력'을 추정할 필요가 있는데, 이 경우 추정 값들은 **'관리 상태'가 아니기 때문에 실제 능력이라기보다 잠정적 수치로만 의미를 갖는다.** 다만 능력 연구 초기 단계에서 패턴을 통해 얻은 추정 값들은 설사 '관리 이탈'이더라도 전혀 없는 것에 비하면 훨씬 의미 있는 정보를 제공한다. 예를 들어, '관리 이탈' 패턴이 실제 '프로세스 능력'을 보여주진 못하지만 왜 이와 같은 문제가 생겼고, 또 목표 값을 위해 얼마만큼 노력해야 하는지에 대한 안내 역할을 해준다. '관리 이탈' 패턴(Uncontrolled Patterns)으로부터 최상의 추정 값을 얻으려면 다음의 단계를 거친다.

(1) 만일 패턴이 '추세'를 보이면 '추세'의 원인을 찾는다. 그리고 '추세'를 보이는 타점들 중에서 향후에도 해당 프로세스가 계속 동일한 추세를 보일만한 영역을 선택한다([그림 Ⅲ-52] 참조). 이때 '프로세스 능력'은 오직 패턴 중 선택된 부분에 대해서만 추정 값을 얻는다(「$\overline{X}-R$ 관리도'로부터 중심, 형상, 퍼짐 추정하기」 참조). 다음 [그림 Ⅲ-52]는 '추세'에 대한 '프로세스 능력'을 얻는 개요도이다.

[그림 Ⅲ-52] '경향' 패턴의 능력 계산

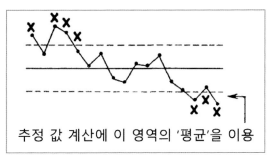

추정 값 계산에 이 영역의 '평균'을 이용

(2) 만일 프로세스에서 관리 문제가 주기적으로 발생할 경우 패턴이 두 개 이상으로 분리되어 나타날 수 있다. 이때 '원인'들을 찾아낼 수 있고 일정 시간 경과 후에 '관리 상태'로 정상화시킬 수 있다면 하나의 수준을 선택해 '프로세스 능력'을 계산한다. 다음 [그림 Ⅲ-53]은 이에 대한 개요도를 보여준다.

[그림 Ⅲ-53] '이중' 패턴의 능력 계산

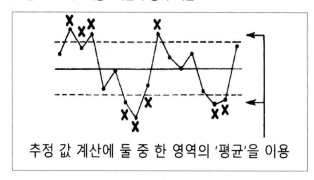

추정 값 계산에 둘 중 한 영역의 '평균'을 이용

관리도만 보고 능력 계산에 필요한 적정 수준(위치)을 선택해도 충분한 추정 값이 될 수 있으며, 패턴을 분리하기 위해 필요한 영역의 결정은 기술적 판단을 통해 이루어질 수 있다.

(3) 만일 눈으로 분리가 어려울 정도로 패턴이 불규칙하면, '프로세스 능력'의 추정 값은 '관리 이탈' 패턴의 '중심선'을 이용한다. 그러나 실제 '프로세스 능력'을 얼마나 잘 대변할지에 대해서는 다소 신뢰도가 떨어지므로 참고 이상의 용도로는 활용하지 않는다. 다음 [그림 Ⅲ-54]는 이에 대한 개요도를 보여준다.

[그림 Ⅲ-54] '불규칙' 패턴의 능력 계산

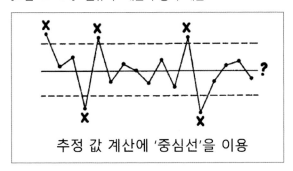

추정 값 계산에 '중심선'을 이용

추정 값들이 '관리 이탈' 패턴들로부터 얻어질 경우, 추정에 대한 근거를 항상 설명하고 추정 값에 이용했던 패턴도 공유한다. 또 '관리 상태'가 아닌 데이터로부터 얻은 추정 값은 신뢰할 수 없음을 항상 명심한다. 추정 값에 대한 높은 신뢰성은 데이터가 '관리 상태'인 경우에만 가능하다.

잘못된 '프로세스 능력' 추정 방법

올바르지 못한 통계적 방법으로 '프로세스 능력'을 얻는 다음 두 가지 예가 있다. 추정 값 계산이나 표준을 수립할 때 특히 엔지니어들이 이 같은 우를 범하지 말아야 한다.

① 관리도 없이 분포의 사용은 자제한다.

만일 분포를 구성하는 데이터가 '관리 상태'가 아닌 프로세스로부터 왔다면 신뢰할 만한 추정 값을 얻지 못한다. '관리 상태' 여부는 오직 관리도에 데이터를 타점함으로써 결정된다. 분포를 사용해서 '프로세스 능력'을 올바로 결정하려면 관리도에 (가능하면 생산 순으로)데이터를 타점하고, 데이터가 누적된 시간 동안 어떤 유의한 변화가 있었는지 여부를 판단한다. 만일 유의한 변화가 있었다면 그 분포는 능력을 판단하는 데 사용되어서는 안 된다.

② 관리도 없이 과거 데이터의 평균을 사용해서는 안 된다.

비록 오랜 기간 숙련됐고 잘 알고 있는 지식일지라도 과거 데이터로부터 평균을 얻어 '프로세스 능력'을 추정하는 것은 옳지 않다. 능력 추정을 위해 과거 데이터를 올바로 사용하기 위해서는 먼저 유의한 변화가 있는지 여부를 결정하기 위해 관리도의 방법에 따라 통계적으로 데이터를 점검한다. 만일 유의한 변화가 발견되면 그 데이터는 만족할 만한 수준에 이르기 전까진 능력 결정에 사용될 수 없다.

이들 두 개의 주의 사항들은 '기술 계획(Engineering Planning)'과 '프로세스 관리(Process Control)' 관점에 시사하는 바가 매우 크다. 만일 진짜 능력이 파악되지 않은 상태에서 과거 성능(Performance)을 사용할지 여부는 단지 승인 사항이며, 이 경우 이후 프로세스에 속한 여러 조건들과 작업 활동은 모호함 속에서 이루어질 수밖에 없다.

'단기(Short-term)'와 '장기(Long-term)' 능력의 의미

프로세스의 단기('Short-term) 능력'은 주어진 짧은 시간에 얻을 수 있는 정상 상태를 말한다. 이에 반해 프로세스의 '장기(Long-term) 능력'은 공구 마모, 재료의 배치(Batch)부터 배치까지의 미미한 변동들, 작은 예상되는 변동 등 정상적 영향 모두를 포함한 수준이다. 관리도는 주로 프로세스의 '장기(Long-term) 능력'을 모니터링하기 위해 운영된다.

프로세스의 '단기 능력'은 '자연 공차(Natural Tolerance)'의 개념을 포함한다. 분포가 대칭일 경우, '자연 공차'는 보통 '중심'으로부터 '±3시그마'가 되도록 취해진다. 비대칭 분포의 경우는 어느 쪽 방향이든 퍼짐이 '3시그마'보다 더 크거나 작을 수 있고, '자연 공차'를 설정하기가 어렵다.

　모든 종류의 분포들에 '자연 공차'를 사용하면 분포 '중심'으로부터 해당 양만큼을 더하거나 뺌으로써 상황을 쉽게 표현할 수 있다. 예를 들어, "프로세스의 자연적 퍼짐은 ±0.003이 되도록 추정한다"거나, "프로세스의 자연적 퍼짐은 +0.004, -0.002가 되도록 추정된다"와 같이 이용하면, 이때의 용어 "자연 공차의 퍼짐(Natural Spread)"은 항상 '단기 능력'을 나타낸다.

3.7. '프로세스 능력 연구'에서 얻은 정보 활용하기

　'프로세스 능력 연구'로부터 나온 정보들 중 최종적으로 얻은 능력이 과연 기대한 수준과 얼마나 일치하는가가 제일 먼저 검토될 대상이다. 실제 프로세스는 '관리 상태'에 있더라도 능력 수준이 기대에 크게 못 미칠 수 있기 때문이다. '관리 상태'에서도 '프로세스 능력'은 규격 밖으로 '50%'가 벗어날 수 있고, 규격 안에 대부분이 포함되어 있더라도 여전히 작업 중 조정이나 조립 시 불필요한 문제를 야기하고 있을 수도 있다. 또 산포가 커서 사실상 높은 수율을 기대하기 어려울 수도 있다. 조금 떨어져서 보면 심각한 측정 문제들에 직면해 있을 수도 있고, 더 많은 데이터가 필요하거나 또는 문제 해결을 위해 다른 영역의 데이터가 필요할 수도 있다. 좀 심각한 경우이긴 하지만 때로 규격이 추가되어야 하거나, 문구를 바꾸는 일 또는 범위를 넓히거나, 제거 같은 조치가 필요할 수도 있다.

　'프로세스 능력 연구' 결과 조치가 필요한 유형들엔 다음의 것들이 있다.

　　a. 프로세스에 대한 조치
　　b. 데이터에 대한 조치

c. 규격에 대한 조치

조치가 필요한지를 결정하기 위해 먼저 다음을 수행한다.

- 관리도가 '통계적 관리 상태'인지 확인한다.
- '$\overline{X}$-관리도'나 'p-관리도'의 평균이 기대 수준과 일치하는지 점검한다.
- '$\overline{X}-R$ 관리도'를 포함하는 연구의 경우, 프로세스가 너무 넓게 퍼져 있는
  지 확인하기 위해 'R-관리도'의 '중심선'을 점검한다.

위의 정보에 기초해서 다음 단계들을 수행한다.

프로세스에 대한 조치
  (1) 알려진 '이상 원인'들에 대해 취해야 할 조치를 결정한다. 프로세스에
      서 '이상 원인'들을 제거할 수도 있고 일부는 유지시킬 수도 있다. 유
      지되는 원인들의 유형은 다음과 같다.

- 정상적인 공구 마모
- 설비 세팅 시 예상되는 변동
- 재료 배치 중에 발생되는 어쩔 수 없는 변동
- 작업자들 간의 평상시 차이 등

프로세스에서 유지시켜야 할 '원인'들에 대해서는 항상 그 영향에 대해
긴장의 끈을 놓지 말아야 한다. 만일 그들의 영향력을 없애거나 최소화
시키려면, 그들 역시 '관리도'로 관리한다.
  (2) 규격 간격을 좁혀 그 안에서 '프로세스 능력'을 관리한다면 많은 절감

효과를 거둘 수 있다. 그러나 프로세스의 설계 변경 등 비용적인 측면을 고려해야 하며, 이 경우 '프로세스 능력 연구'를 추가 수행하거나 설계된 실험을 수행할 수 있다.

(3) 더 나은 결과나 더 높은 수율을 얻도록 현재 프로세스를 이동시킬 수 있다. 이를 위해 재료 변경, 공구나 고정구의 재설계, 작업자의 조업 패턴 변경을 통해 프로세스 평균을 높이거나 낮출 수 있다. 만일 프로세스가 유리한 쪽으로 이동된다면 지속적으로 그 상태가 유지될 수 있는지 검토한다. 만일 지속성에 문제가 있다면 '프로세스 관리도'로 관리한다.

(4) 더 경제적인 프로세스를 사용해서 비용 절감이 가능한지 검토한다. '프로세스 능력 연구'는 비용 절감이 조사될 때까지 완료되어서는 안 된다.

(5) 만일 능력 연구가 마무리되는 시점에 프로세스가 만족할 만한 수준에 이르고 분포의 퍼짐도 '관리 상태'에 있다면, 또 위 조치들의 어떤 것도 필요치 않으면, 현재의 상태가 지속될 수 있을 것인지 점검하기 위해 앞의 단계를 다시 밟는다. 이때 '프로세스 관리도'가 필요할 수도 있다.

프로세스에 필요한 조치들이 상당수 존재할수록 '프로세스 관리도' 역할은 중요해진다. '프로세스 관리도' 설치 방법에 대해서는 「3. 관리도의 적용 사전 학습」을 참고하기 바란다.

데이터에 대한 조치

다음 두 유형을 고려한다.

(1) 측정 오류. 측정값들의 재현성이 떨어질 수 있다. 이 경우 엔지니어는 추가 데이터를 수집하기 전 측정 오류를 먼저 연구할 필요가 있다.

(2) 부적절한 데이터양. 관리도 패턴들의 신뢰성이 떨어질 수 있다. 만일 그렇다면 문제 해결을 위해 더 많은 데이터를 수집한다.

규격에 대한 조치

이에 대해서는 최소 여섯 개의 접근이 고려될 수 있다.

(1) '프로세스 능력(6σ)'보다 더 좁은 규격은 넓히는 안을 검토한다.
(2) 규격을 좁혔을 때 경제적인 이득이 있거나 불평이 줄어들 수 있으면 좁히도록 한다.
(3) 불필요한 것으로 밝혀진 규격들은 제외시킨다.
(4) 필요하거나 희망하는 것으로 밝혀진 규격들은 추가한다.
(5) 잘못된 위치에 있다고 밝혀진 명목상 규격들은 이동시킨다.
(6) 수정이나 해명이 필요한 것으로 밝혀진 규격들은 내용을 밝힌다.

한 번의 '프로세스 능력 연구'가 끝나고 이어 다른 연구로 이어지거나 지속하는 일이 발생해도 의욕이 꺾여서는 안 된다. 대면하고 있는 문제들은 오랜 기간 해결이 안 된 것들이므로 단기간에 해결될 가능성은 매우 희박하다. 수 개월 동안 연구가 지속될 수 있음을 명심한다. 추가 연구 활동을 해야 할지의 결정은 비용 절감이나 품질 향상, 또는 둘 다에 대해 개선에 필요한 정보를 계속해서 찾아낼 수 있는가에 따라 판단한다.

3.8. '프로세스 능력 연구'를 '프로세스 관리도'로 옮기기

'프로세스 능력 연구'를 통해 엔지니어는 어느 분포, 또는 어느 분포들의 범위가 경제적으로 유리할 것인지 알게 된다. 이제 원하는 분포를 유지시키고 기대하는 효과를 얻기 위해 프로세스에 필요한 관리도를 설치해야 한다. 이때 '표준 프로세스 관리도'가 필요하다.

사실 '프로세스 능력 연구'와 '프로세스 관리도'가 기준과 해석에 차이가 있더라도 엔지니어는 기대 목표 달성을 위해 두 개 모두 사용해야 한다는 점을 명심한다. 둘의 차이점에 대해서는 다음 [표 Ⅲ-14]에 요약하였다. '프로세스 관리도'를 설치하기 전에 둘의 차이를 숙지한다.

[표 Ⅲ-14] '프로세스 능력 연구'와 '프로세스 관리도'의 차이

특성	프로세스 능력 연구	프로세스 관리도
목적	정보를 얻기 위함.	미리 정해진 분포를 유지하기 위함.
표본	상대적으로 적음.	표본이 연달아 추출됨.
분석	매우 주의 깊은 분석과 해석함.	패턴이 분명하게 변화했는지를 주시함.
조치	어떤 변경은 좋든 나쁘든 중요할 수 있다.	원치 않는 변화들이 생기면 조치가 이루어진다.
정보	분포 형상이 평균, 퍼짐과 함께 연구된다.	주로 평균과 퍼짐(또는 퍼센트 불량)에 주의를 기울인다.
중심선	'중심선'들은 연구 대상 프로세스의 분포를 알기 위해 데이터로부터 계산된다.	'중심선'은 품질과 비용 사이의 균형을 대변하도록 설정된다. '중심선'은 프로세스 운영에 필요한 위치에 있어야 한다.
규격과의 관계	규격과의 관련성을 주의 깊게 검토한다. 연구는 프로세스나 규격의 변경으로 이어질 수 있다.	규격은 관리도가 설치될 때에 적절하게 관계한다.

관리도 설치를 위한 준비

'프로세스 관리도'가 설치되기 전, 엔지니어는 프로세스의 모든 요소들에 대한 실험이 완료되어야 한다. 즉 재료, 방법, 사람과 공구들이 변동에 미치는 영향을 연구를 통해 파악해야 한다. 또 변경점 발생이 경제성에 어떤 영향을 미치는지 알아야 하며, 이 결과를 토대로 연구 결과 마련된 프로세스 표준들은 실질적인 경제적 의미를 갖게 된다. 그러나 엔지니어가 관리도 설치 전 이

모든 것들을 고려해서 능력 연구를 수행하기란 좀처럼 쉽지 않다. 다음은 프로세스 관리도를 설치하는 데 유용한 절차들이다.

(1) 큰 개선 효과를 낼 수 있도록 엔지니어는 충분한 실험을 동반한 짧고 강력한 연구를 수행한다.
(2) 그러고 나서 프로세스 관리도를 설치하고, 관리도의 일상적인 응용 연구를 계속한다.

지속적인 관리도 운영으로 개선은 꾸준하게 이루어지고, 시간이 지남에 따라 결국 프로세스의 궁극적인 능력이 결정된다. 그사이 엔지니어는 또 다른 연구를 수행한다.

'프로세스 능력 연구'에 기반한 관리도의 활용

다음 절차는 '프로세스 능력' 정보를 영구적인 관리 형식으로 전환하는 데 사용된다.

(1) '프로세스 관리도'는 '단기(Short-term) 프로세스 능력'보다 연구 과정에서 보여주었듯이 '장기(Long-term) 프로세스 능력'에 기초한다.
(2) 관리도의 평균을 하나의 값으로 유지할 것인지, 아니면 분포 이동을 허용할 것인지를 결정한다. 만일 이동이 허용된다면 이동량이 위쪽에만, 아니면 아래쪽에만, 또는 양쪽 모두에 한정지어져야 하는지도 결정한다. 이 결정에 따라 '중심선'을 설정한다.
(3) 경우에 따라 '프로세스 능력 연구' 시 관리된 패턴들과 '$\overline{R}$' 또는 '$\overline{p}$'를 이용해 관리도의 '관리 한계'를 계산한다. 관리도를 설치하는 세부 사항들은 품질 관리 팀과 공동 작업으로 진행되어야 한다.

(4) '관리도'로부터 얻어지는 양질의 정보를 이용해 대상 프로세스를 규칙적으로 연구한다.

'$\overline{X}-R$ 관리도'에 대해, '규격 한계(한쪽, 양쪽)'의 존재는 관리도 설치 시 중요한 요소로 작용한다. 또 다른 경제적 고찰들 역시 엔지니어 의사 결정에 강한 영향을 미친다. 다음을 보자.

(1) 일부 프로세스들 경우, 현재의 기술과 제조 지식으로는 명시된 규격들을 만족시킬 만한 제품을 생산할 수 없다.

(2) 일부 규격들은 서로 호환될 수 없다. 만일 프로세스가 한 개 규격을 만족할 수 있게 운영되면 많은 제품들이 다른 규격으로부터 벗어나게 마련이다.

(3) 일부 프로세스들은 다음 프로세스에서 조업이 잘 이루어질 수 있는 최적의 수준을 가질 수 있다. 이 경우, 엔지니어는 현재 규격 내에서 프로세스를 잘 가동시키려 할 것이다. 또는 명목 평균보다 위쪽 또는 아래쪽에서 가동되도록 결정할 수 있다.

(4) 일부 프로세스들, 예로 용접이나 함침 등은 분포들의 특성을 이동시키는 데 영향을 미칠 수 있다.

(5) 재료, 일부 부품 등에는 피할 수 없는 조건들이 있으며, 그들에 대해서는 이후 프로세스에서 보정이 이루어질 필요가 있다.

(6) 규격을 벗어난 제품은 다른 어떤 것보다도 비경제적이다. 규격의 낮은 쪽 또는 높은 쪽 중 수리에 비용적으로 유리한 쪽을 선택한다.

(7) 일부 프로세스들은 특정 수준에서 운영될 때 최대로 안정적이고 예측 가능한 상태가 된다.

(8) 일부 특성들은 규격이 없어도 관리는 필요할 수 있다.

(9) 규격들도 '프로세스 관리도'로부터 얻은 정보를 통해 변경될 수 있다.

'프로세스 관리도' 설치의 전형적인 예

다음 [그림 III-55]는 '프로세스 능력 연구'로부터 유도된 전형적인 '프로세스 관리도'를 보여준다. 능력 연구로부터 얻은 대표적인 영역이 관리도의 왼쪽에 나타나 있다. 향후 관리도 운영에 유용한 안내 역할을 한다. 척도, 제목, 관리 한계를 기입한다. 관리도 오른편의 선들은 프로세스 운영 시 엔지니어의 경제적 판단을 돕는 기준 역할을 한다.

[그림 III-55] '프로세스 능력 연구'에 기반을 둔 '프로세스 관리도' 예

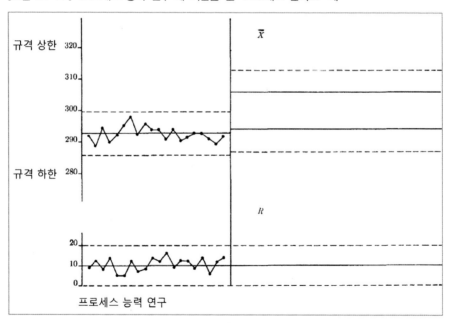

관리도의 오른쪽 공간은 표본들을 추출해 타점하는 영역이다. 프로세스를 가동할 때 담당 부서에 관리 재량을 주기 위해 '$\overline{X}$-관리도'에 두 개의 '중심선'을 제공했다. 이 경우 두 중심선들 사이에 형성된 패턴들은 정상으로 간주하고, 만일 상·하 중심선들 중 하나와 '관리 한계' 사이에 패턴이 형성되면 비정상 패턴들로 간주하고 필요한 검정을 수행한다.

만일 새로운 연구 결과 '관리 한계'의 갱신이 필요하면, 연구 과정 중에 얻어진 새로운 능력 정보는 이전 정보를 대신해 관리도의 왼쪽에 위치시킨다. 이때 관련 담당자들 모두가 항상 상황을 파악할 수 있도록 공유하며, 현 관리도와 기술 연구의 결과를 비교해나간다.

3.9. '프로세스 능력 연구'의 간단한 사례

다음은 '프로세스 능력 연구'의 전형적인 예들이다. 이들은 (a) '$\overline{X}-R$ 관리도'의 사용과, (b) 'c-관리도' 사용을 설명한다. 첫 번째 경우는 연구 초기부터 끝까지 진행된 예이고, 두 번째는 시작 단계만 보여준다. 두 개의 연구들은 이전 「복잡한 패턴」들의 단순화」에서 설명했던 단순화 내용을 포함한다.

첫 번째 '프로세스 능력 연구' 예: $\overline{X}-R$ 관리도

이 문제는 전기 부품인 스위치의 전기적 특성을 측정한다. 스위치는 12개의 서로 다른 헤드(Head) 설비에서 생산되었다. 성능이 일정치 않은 이유는 헤드들 간 큰 차이가 있는 것으로 보이며, 제품 불량률(퍼센티지)이 높은 상태로 파악되고 있다. '프로세스 능력 연구'는 품질 보증 팀에서 수행하였다. 팀은 데이터를 수집하기 전 다음의 내용들을 결정하였다.

- 타점의 특성: 스위치의 작동 값
- 표본당 스위치들의 수: 5
- 연구에 쓰인 표본들의 수: 50
- 사용될 관리도 유형: $\overline{X}-R$ 관리도
- 연구될 출처: 제품별 개별 출처 (Head No. 6)
- 데이터 수집 담당자(지침은 별도): 데이터를 수집하고 연구 기간 동안 프로세스에서 알려진 모든 변화들을 기록하는 설비 설정 담당자
- 기간과 데이터양: 서로 다른 날짜별 10~15 표본들

<u>상황에 대한 코멘트</u>

팀은 미리 적절한 데이터 수집 계획을 수립하였다. 관리도 유형에 대한 결정, 연구될 출처와, 데이터를 수집할 담당자의 결정 등이 정해진 절차에 따라 이행된다. 데이터 수집 기간은 데이터가 대표성을 갖도록 충분히 길게 잡는다. 예를 들어, 만약 생산 주기가 월간이면 연구는 적어도 한 달 동안 수행되어야 한다. 데이터가 수집될 위치를 정한다.

<u>관리도</u>

초기 데이터로부터 얻어진 관리도가 다음 [그림 III-56]에 나타나 있다. 상당 수 타점들이 '관리 이탈'을 보이고 있다. 이 관리도는 연구 시작 단계에서 종종 관찰되는 복합형 패턴들의 전형적인 예이다.

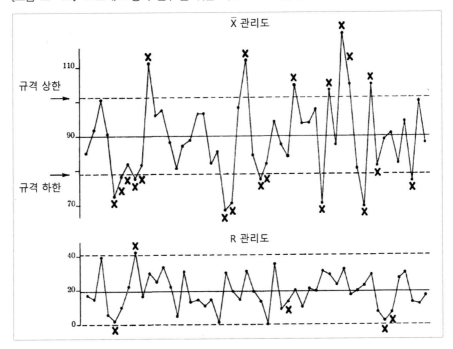

[그림 Ⅲ-56]의 통계 분석

이 형태는 복합 패턴을 보여준다. 팀은 이 관리도와 관계된 것과 관계되지 않은 것을 구분하는 것이 중요하다. 다음은 관리도 패턴과 관계없는 것들을 열거한 예들이다.

(1) 난해하지만 포기하지 않는다. 그리고 관리도로부터 통계적 품질 관리를 적용하기에 적절한 상태가 아니라고 결론짓는다.

(2) 이 패턴을 무시하기로 결정하지 말고 더 많은 데이터를 수집하면서 해

당 문제가 사라지는지 여부를 관찰한다.

(3) 이 패턴에서 '관리 이탈' 점들에 대한 '이상 원인'들을 찾기 위해 시간을 낭비하지 않는다. 현 상태에서 담당자들이 패턴을 찾는 것은 실제로 불가능할 것이다.

그러나 다음을 실행하고 인지한다.

(1) 복합 패턴을 적절하게 파악하기 위해, 'R-관리도'를 해석할 수 있어야 한다. 여기서 'R-관리도'의 패턴은 "가려져 있거나" 또는 잘 알려져 있지 않다. 숨겨진 변수들의 존재 때문에 사실과 다르게 부풀려 관찰될 수 있다는 뜻이다. 'R-관리도'를 해석하기 위해 이 부풀려짐은 줄이거나 제거될 필요가 있다.

(2) 부풀림을 줄이기 위해 최소한 큰 프로세스 변수들 중 하나를 제거해야 한다. 이전 「'복잡한 패턴'들의 단순화」를 참고한다. 패턴은 항상 이 변수에 대해 하나의 단서를 줄 것이다.

현재 '$\overline{X}$-관리도'상에서의 오르내림이 'R-관리도'상에서의 오르내림보다 훨씬 더 큰 폭으로 관찰되고 있다. 이것은 '과 조정(Over-adjustment)'의 한 현상이다. 그러므로 추가 데이터를 수집하기 전에 확실하게 영향 주는 특정 프로세스를 찾아 조정을 통해 이것을 제거한다.

<u>분석 결과로 취해진 조치</u>

설비 설정 담당자의 기록을 점검한 팀은 프로세스가 불안정해지는 것을 막기 위해 미터기가 가끔씩 조정되어 왔음을 발견했다. 그들은 추가 데이터를 수집하는 기간 동안 이 미터기가 조정되지 않도록 지시했다. 이 조치의 결과는 다음 [그림 III-57]이다.

[그림 Ⅲ-57] '과 조정'을 제어한 후 '$\overline{X}-R$ 관리도 - 2'

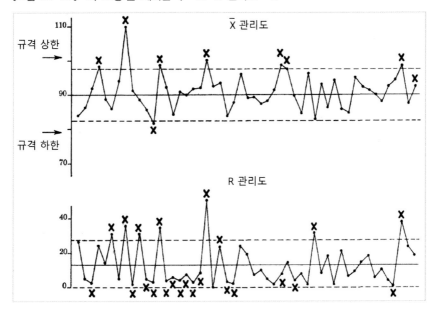

[그림 Ⅲ-57]의 통계 분석

[그림 Ⅲ-57]의 관리도는 요인 한 개를 제어해서 나타난 효과이다. 즉 미터 기 조정을 하지 않도록 해 '$\overline{X}$-관리도'의 패턴이 다소 안정화된 모습이다('과 조정'이 제어됨). 그러나 반대로 'R-관리도'는 진폭이 이전에 비해 더 증가된 모습을 보인다. [그림 Ⅲ-56]에서 '관리 이탈'이 '5개'였던 것이 '23개'로 늘어 났다. 일부 담당자들에게 이 패턴은 [그림 Ⅲ-56]보다 더 안 좋게 보일 수 있 다. 그럼에도 'R-관리도'는 문제를 해결하는 데 핵심적인 역할을 한다. [그림 Ⅲ-56]과 [그림 Ⅲ-57]에서의 'R-관리도'를 좀 더 주의 깊게 관찰해보자. 첫 패턴은 이해하기 쉽지 않고 해석하기도 어렵다. 두 번째는 명확하고 쉽게 해 석될 수 있다. 'X'들로 표시된 타점들 중 날카로움이 증가된 것은 주요 변수

들 중 하나를 제거했다는 사실로 해석된다. 마치 전자 회로에서 노이즈를 걸러낸 효과와 비슷한데, 노이즈 일부가 제거되었을 때 신호 또는 숨겨진 패턴이 훨씬 더 선명하게 드러나는 현상과 비교된다. [그림 Ⅲ-57]에서 'R-관리도'의 해석을 좀 더 진행해보자.

(1) 이 패턴은 일단 "불안정"으로 구분된다(「5.8. 불안정(Instability)」 참조). 패턴의 특징을 보면 오르내림이 매우 크고 불규칙하며 날카롭다. 이것은 프로세스 안에 불규칙하게 작용하는 단 한 개의 원인이 있거나, 또는 상호작용하는 한 무리의 원인들이 존재할 수 있다. 따라서 '불안정형 혼합'을 일으키는 원인 찾는 일이 급선무다.

(2) 이제 "불안정형 혼합"의 특징을 파악한다(「5.10.2. 불안정형 혼합(Unstable Mixture)」 참조). 조사로부터 제품 내 몇 개의 분포들이 동시에 포함되어 있다고 보이며, 출처가 다른 여러 원인들이 결합되어 혼합의 형태로 'R-관리도'에 나타난 것이다. '혼합(Mixture)' 자체는 일순간 담당자에 의해 알아 챌 수 있는 형태가 아니기 때문에 원인 규명을 위해 여러 발생처를 탐색하는 일은 너무 어려운 접근이다. '불안정형 혼합'의 발생이 '상호작용', '군집 또는 뭉침'이나 '돌출(Freaks)'로 나타날 수 있다는 설명에 주목한다. 이 같은 해석은 [그림 Ⅲ-57]의 'R-관리도' 패턴과 무관해 보이지 않는다.

(3) 이제 「5.10.2. 불안정형 혼합(Unstable Mixture)」의 'R-관리도'상에 존재할 수 있는 '원인'들의 목록을 점검한다. 이들 중에 다음의 것들이 눈에 들어온다.

- 둘 이상의 재료, 조업 등
- 고정구(Fixture)의 과도한 역할

- 신뢰할 수 없는 잠금 장치
- 느슨한 척(Chuck)
- 수리가 필요한 기계
- 고정구나 홀더가 위치를 제대로 못 잡음
- 정렬(Alignment) 결여 등

이들 중 일부는 본 프로세스와 관련성이 떨어져 바로 제외될 수 있으며, 그 외에 관련성이 높다고 판단되는 항목들에 관심을 기울인다. 본 예에서는 부품들을 고정하는 일부 장치들에 특별한 주의를 기울이기로 결정한다.

(분석 결과로 취해진 조치)
팀은 조립품들을 정위치시키거나 고정 역할을 하는 모든 기계 장치들을 점검했다. 이를 통해 고정구(Fixture)들 중 하나를 교체했으며 일부 부품들의 자기장 정렬을 시행했다. 이 조치의 결과가 [그림 III-58]이다.

[그림 III-58]의 통계 분석
이 관리도는 고정구 교체와 일부 주요 부품들의 위치 잡기(Positioning) 및 정렬(Alignment) 조치를 취한 후의 결과이다. 'R-관리도'에서 관찰되었던 많은 불안정 요소들이 사라졌다. 이때 '$\overline{X}-R$ 관리도'에서도 변화가 일었는데 오르 내림 폭이 다소 줄었고, 정도는 약하지만 규칙적인 주기로 반복되는 패턴이 관찰된다. 사실 주기들(Cycles)은 최초 패턴인 [그림 III-56]과, 두 번째인 [그림 III-57]에도 존재했으나 다수의 크고 불규칙한 변수들이 막고 있는 상황에서 그들의 존재를 파악하는 것은 쉬운 일이 아니었다.

[그림 III-58] 고정구 교체와 '자기장 정렬' 시행 후 '$\overline{X}-R$ 관리도 - 3'

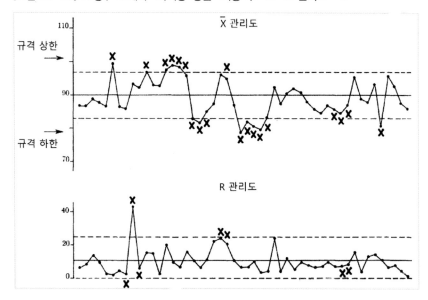

'주기'들의 원인을 추적하기는 비교적 쉽다(「5.4. 주기(Cycles)」참조). 조사 결과 조립품들이 척(Chuck)에서 벗어나기 전 가해지는 '냉각 시간'과 관련된 다는 것을 알아냈다.

패턴이 단순화되면 관리도에서 얻는 정보가 많아진다. 예를 들어 [그림 III-56] 경우, '$\overline{X}-R$ 관리도'에서의 주기들은 'R-관리도'에서의 주기들을 "따르는" 경향이 있다. 과거의 많은 사례를 통해 이 같은 변동이 차례차례 서로를 따르는 행태는 제품의 '한쪽 기운 분포(왜도, Skewness)'를 형성한다.

수작업 프로세스에서 '한쪽 기운 분포'가 나오는 원인들 중 하나는 오퍼레이터가 조업을 쉽게 하려는 경향 때문에 생기며(이전의 「영구적·비-영구적 왜도(Permanent & Non-permanent Skewness)」참조), 조사 결과 [그림 III-58]의 '주기(Cycles)'들의 원인과 일치하였다.

또, 'R-관리도'나 'X̄-관리도'에서의 '돌출(Freaks)' 역시 추적될 수 있다. 이들은 휴식이나 점심시간 직전이나 직후에 일어나는 것으로 밝혀졌으며, 이들 역시 '주기(Cycles)'들과 일치하였다.

분석 결과로 취해진 조치
　　오퍼레이터가 스위치들을 너무 빨리 옮기는 것을 막기 위해 자동 타이머를 설치했다. 이것의 결과가 다음 [그림 Ⅲ-59]에 나타나 있다.

[그림 Ⅲ-59] '자동 타이머' 설치 시행 후 'X̄-R 관리도 - 4'

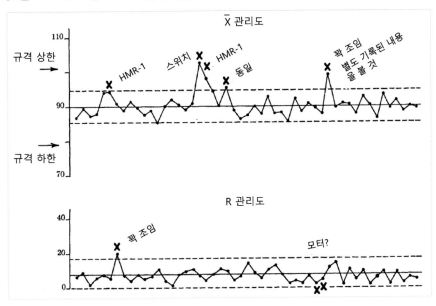

[그림 Ⅲ-59]의 통계 분석
　　이 관리도는 '자동 타이머'를 설치한 효과를 나타낸다. 'R-관리도' 경우 단

한 점이 '관리 이탈' 상태이며, 이것은 영향력 있던 '이상 원인'들이 대부분 제거되었음을 나타낸다. 그 외에 '$\bar{X}$-관리도'에서 관찰되는 '관리 이탈' 타점들은 여러 원인들이 복합되어 나타난 것이라기보다 단독 원인에 기인하는 것으로 파악된다. [그림 III-59]에 기록된 바와 같이 몇 개 타점들은 강한 조임 때문에 생겨난 것으로 조사되었다.

분석 결과로 취해진 조치

엔지니어는 각 헤드(Head)에 있던 개별 모터들을 헤드 앞쪽에서 헤드 뒤쪽으로 이동시켰다. 이 결과 헤드 슬라이딩부에서의 조임 상태가 완화되었다. 조치 후 결과는 다음 [그림 III-60]과 같다.

[그림 III-60] 헤드부로 이동 시행 후 '$\bar{X}-R$ 관리도 - 5'

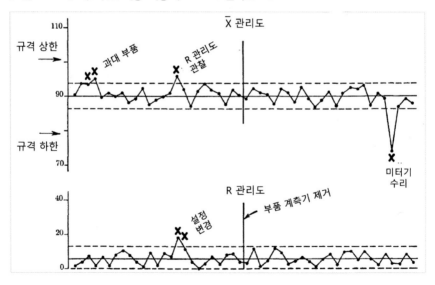

<u>[그림 Ⅲ-60]의 통계 분석</u>

'프로세스 능력 연구'에서 얻은 다섯 번째 관리도이다. 네 번째와 큰 차이는 없다. 'R-관리도'의 등락 폭이 약간 떨어졌는데 모터들을 이동시킨 결과로 보인다. 일상적인 생산 변수들의 변경 관련 내용들이 관리도에 흔적을 남기며, 따라서 '관리 이탈'이 발생될 때 추적이 가능하다. [그림 Ⅲ-60]은 프로세스가 점점 고유 능력에 접근하고 있음을 보여준다.

<u>본 프로세스의 능력 계산</u>

이 프로세스의 능력은 다음과 같이 계산된다.

$$\overline{X} = 90\,amp.turns\ \text{(일관되게 유지될 수 있는 경우)}$$
$$\sigma = \overline{R}/d_2 = 6.5/2.326 = 2.8\,amp.turns \qquad \text{(식 Ⅲ-38)}$$
$$Spread\,of\,Distribution = \overline{\overline{X}} \pm 3\sigma = 90\,amp.turns \pm 8.4$$

이때, 규격은 $90\,amp.turns \pm 11$ 이다.

프로세스는 이 규격 조건을 잘 만족하고 있으며, 경제성도 있는 것으로 보인다.

<u>결과에 대한 기록</u>

최초 분포('프로세스 능력 연구' 전)는 적어도 ±25의 퍼짐($3\hat{\sigma}$)을 가졌고, 제품의 40% 가까이가 규격을 이탈하였다. 이 능력을 (식 Ⅲ-38)과 비교해보자.

(a) 줄어든 불량품, (b) 시간당 더 많은 조립품 생산, 그리고 (c) 줄어든 검사 비용 등이 실현되었고, 제품의 신뢰성 또한 크게 향상되었다.

'Head No. 6'에 대한 개선 과정과 정보가 다른 헤드(Heads)들로 횡 전개되었으며, 유사한 '프로세스 관리도'가 다른 모든 헤드들에 제공되었다.

관리도는 현 프로세스에서 인위적 변경이 이루어진 후의 효과를 평가하는 데 이용될 수 있다. 예를 들어, 어느 부품들을 100% 측정하는 단계를 없애고 싶을 때, 관리도에 어떠한 부정적 영향도 나타나지 않으면([그림 Ⅲ-60]처럼) 이 변경은 지속될 수 있음을 의미한다.

두 번째 '프로세스 능력 연구' 예: c-관리도

다음은 오퍼레이터의 작업을 연구하기 위한 'c-관리도'의 사용 예이다. 최초 얻은 패턴은 [그림 Ⅲ-61]에서 보이듯 복잡하다. '관리 한계'가 매우 좁아 보이며, 타점들은 매우 불규칙하게 등락한다. 해석 결과 '불안정' 패턴으로 파악되었다(「5.8. 불안정(Instability)」 참조).

[그림 Ⅲ-61] 'c-관리도'를 사용한 '프로세스 능력 연구' 예

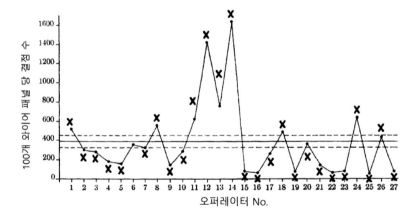

관리도에서의 복잡한 패턴을 해석하려면 단순화가 이루어져야 한다(이전 「'복잡한 패턴'들의 단순화」 참고). 이 패턴의 단순화는 다음 단계를 거친다.

(1) 복잡한 패턴의 존재는 애초 관리도 작성을 목적으로 했던 변수가 유의한 변수가 아니라는 것을 의미한다. [그림 Ⅲ-61]에서 타점들은 오퍼레이터가 작성한다. 패턴을 단순화하기 위해 유의할 만한 변수를 선택하고, 'X-축'상에 기입한다. 예를 들어, 교대 근무별로 결점 수가 바뀌거나 작업 시간에 따라 다를 수 있다. 선택된 변수에 따라 척도를 재설정한다.

(2) 새로 선정된 변수와 조정된 척도에 따라 관리도에 타점한다. 단 최초 관리도에 적용했던 '관리 한계'는 그대로 유지한다. 만일 구분된 영역별로 패턴의 수준 이동이나 경향이 나뉘면 새로 도입된 변수는 유의한 변수이다.

(3) 만일 패턴이 분산되지도 더 단순화되지도 않으면, 변수를 바꿔나간다. 패턴이 단순화된 상태에서 추가적인 단순화가 필요하면 두 번째 하위 변수를 선택해 결점 패턴의 변화를 관찰한다.

이 같은 단순화를 (a) 패턴 평균의 단순한 이동, 또는 (b) 단순한 경향이 나타날 때까지 계속한다. 다음 [그림 Ⅲ-62]와 [그림 Ⅲ-63]은 [그림 Ⅲ-61]과 연계되어 작성된 관리도 예이다.

[그림 Ⅲ-62] '교대 근무'별로 재작성된 'c-관리도' 예

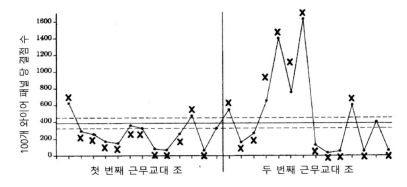

[그림 Ⅲ-62]의 패턴은 여전히 복잡하다. '근무 교대'보다 더 중요한 다른 변수가 있어 보이며, 다음 [그림 Ⅲ-63]과 같이 '근무 주(Weeks)'별로 재작성해 보았다.

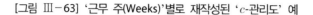

[그림 Ⅲ-63] '근무 주(Weeks)'별로 재작성된 'c-관리도' 예

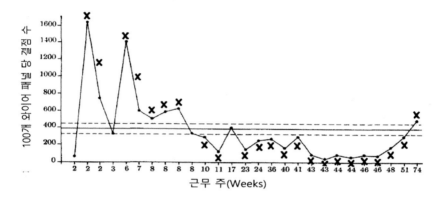

[그림 Ⅲ-63]의 패턴이 이전에 비해 더 단순화되었다. '근무 주(기간)'는 결점들의 원인에 중요한 단서가 된다. 이런 점에서 안정적으로 보이는 약 44주의 경험을 갖는 오퍼레이터에 대해 '프로세스 능력'을 잠정적으로 추정할 수 있으며, 가장 길게 근무(74주)한 오퍼레이터에 대해 패턴 변화의 원인을 조사할 필요가 있다. [그림 Ⅲ-63]은 최초 '관리 한계'에 비해 불합리하게 좁아 보이지 않는다(개선을 통해 조정될 소지가 크므로). 'p-관리도'의 복잡한 패턴들은 'c-관리도'에서와 같은 방식으로 단순화된다.

3.10. '프로세스 성능 연구'의 간단한 사례

'성능 연구(Performance Studies)'는 '관리 한계'를 계산하고 데이터가 '관리 상태'인지 결정하고자 할 때, 임의 기간 동안 데이터를 수집해 '공정 능력 연구'를 수행하는 임시적 활동이다. 즉 엔지니어가 앞으로 진행될 공식적인 '능력 연구'로부터 얻고자 하는 결론의 일부를 임시 활동을 통해 알아볼 수 있으며, 완성도 높은 연구가 이행될 때까지 지속될 수 있다.

만일 특정 기간에 걸쳐 영향력 있는 원인들을 찾아 제거하는 연구 활동이 계속 이어진다면 '프로세스 능력 연구'와 동일한 성격을 갖는다. 수행 절차는 다음과 같다:

(1) 약 20개의 타점들을 얻을 만큼의 데이터를 수집한다. 관리도를 계산하고 패턴이 '관리 상태'에 있는지를 평가한다. 이 관리도와 모든 조건이 일치하는 임시 '프로세스 관리도'를 셋업 한다.

(2) 패턴의 관리나 개선으로 연결되도록 프로세스 담당자와 함께 작업한다. 패턴이 개선되면 약 20개 타점들을 포함할 수 있는 기간을 선택해서 새로운 '관리 한계'를 계산한다. 이 새로운 관리도를 두 번째 임시 '프로세스 관리도'로 사용한다.

(3) 이 단계를 점진적인 개선이 이루어지도록 반복한다.

다음 [그림 III-64]는 '프로세스 성능 연구'가 '프로세스 능력 연구'와 어떻게 비교되는지를 보여준다.

[그림 Ⅲ-64] '프로세스 성능 연구'와 '프로세스 능력 연구'의 비교 예

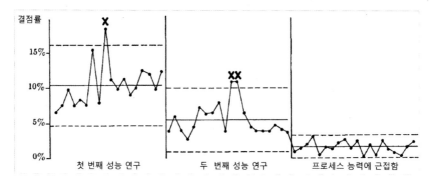

[그림 Ⅲ-64]는 만일 '성능 연구'가 계속 반복되면 '프로세스 능력 연구'와 동일해질 수 있음을 보여준다.

이로써 '관리도'와 '프로세스 능력'에 대해 꼭 알아둬야 할 내용들을 마무리한다. 더 필요한 사항이나 부족한 부분은 관련된 서적이나 문헌들을 참조하기 바란다.

부록(Appendix)

A. '비편향 상수'의 이해

'비편향 상수(Unbiased Constant)'는 '불편화 상수'로도 불리며, '편의(偏倚)를 없애주는 상수'란 뜻이다. 여기서 다시 '편의'란 "편차(偏差), 즉 수치, 위치, 방향 따위가 일정한 기준에서 벗어난 정도나 크기"를 뜻한다. 이때 무엇이 무엇으로부터 벗어났기에 그를 보정해줄 필요가 있는지가 우리의 관심사이다.

'비편향 상수'는 주로 모집단을 추정하는 데서 발생한다. 일반적으로 수행하는 모집단의 추정은 '모평균'과 '모 표준 편차'를 대상으로 한다. 우리나라 20세 이상 성인들의 평균 신장을 알아본다고 가정하자. 이때 20세 이상 성인 남자들의 전체 집단을 '모집단(母集團, Population)'이라 하고, 그들의 '모수(Parameter)'들 중 하나가 '모평균(母平均, Population Mean)'이며, 이를 알아내기 위해 모두의 신장을 측정할 순 없으므로 일부를 선택할 때, 이를 '표본(Sample)'이라고 한다. 이미 잘 알고 있는 용어들이다.

이제, 우리나라 20세 이상 성인 남자들 중 5명을 임의로 선택해 그들의 키를 측정한 결과가 "165, 176, 172, 163, 164"이며, '표본 평균=168cm'가 나왔다고 가정하자. 이 값은 요행히 '모평균'과 딱 맞아떨어질 수도 있지만 통상적으론 '모평균'을 기준으로 작은 값을 보이거나, 혹은 큰 값을 보이는 양상을 띠며, 어느 쪽으로 치우칠 것인가는 확률적으로 반반의 경우이다. 이와 같이 어느 값을 얻어 모집단의 '모평균'을 추정할 때 그 결과 값이 큰 쪽으로 치우치든, 아니면 작은 쪽으로 치우치든 공평하게 반반의 가능성을 보이면 이를 '비편향 추정값(Unbiased Estimate)'이라고 한다. 성인 남자 신장의 예에서 '168㎝'는 바로 '비편향 추정값'이다.

현재 알고 싶은 '모집단'의 '모수(Parameter)'에는 방금 앞서 설명한 '모평균'외에 '모 표준 편차'가 있다. 일반적으로 '모 표준 편차'를 추정하기 위해서는 '표본 평균=168㎝'를 얻을 때 쓰였던 '표본 크기=5'의 '표준 편차'를 구한다. 그 값은 약 '5.7㎝'이다. 이때 막 구한 '표본 표준 편차'는 '표본 평균'과 동일하게 '비편향 추정값'일까? 만일 '모 표준 편차'를 추정하는데 그보다 작을 수도, 또는 클 수도 있다면 '표본 평균'과 같이 공평한 상황이 되므로 '비편향 추정값'이 되겠지만, 반대로 계속해서 한쪽으로 치우친 경향을 보이면 그를 바로잡기 위한 보정 작업이 필요할 수 있다. 다음은 '표본 표준 편차'가 항상 '모 표준 편차'보다 작은 쪽으로 치우친다는 것을 확인하는 과정을 담고 있다.[151] 참고로 기초가 부족한 독자들은 이하 내용을 쉽게 이해하기 위해 「Be the Solver_확증적 자료 분석(CDA)」편의 '산포도'를 정독한 후 돌아오기 바란다.

일반적으로 '표본 분산'을 계산하는 산식은 다음과 같다.

$$s^2 = \frac{\sum_{i=1}^{n}(x_i - \overline{x})^2}{n-1} \qquad \text{(식 A.1)}$$

(식 A.1)에서 '흩어짐의 정도'를 대변하는 양은 분자의 '$\sum_{i=1}^{n}(x_i - \overline{x})^2$'이며, 각 표본의 측정값과 '표본 평균' 간 차이들을 모두 합친 값이다. 이를 '변동(Variation)'이라고 부른다. 이때 '변동'에서 '$\overline{x}$' 대신 'μ'를 입력한 뒤 두 개의 변동, 즉 '$\sum_{i=1}^{n}(x_i - \overline{x})^2$'와 '$\sum_{i=1}^{n}(x_i - \mu)^2$'의 대소를 비교해 전자가 항상 작게 나온다는 것이 확인되면 일종의 보정이 필요하단 결론에 이를 수 있다. 이를 설명하기 위해 다음의 관계식을 활용하겠다.

---

151) 설명 과정은 위키피디아(영문판)에서 "Bessel's Correction"에 포함된 내용을 편집해 옮겼다.

$$(a+b)^2 = a^2 + 2ab + b^2 \qquad \text{(식 A.2)}$$

앞서 우리나라 20세 이상 성인 남자들의 신장을 알아보기 위해 5명의 표본을 추출했으며, 그들의 '표본 평균=168㎝'임을 확인한 바 있다. 만일 진정한 '모평균'이 '170㎝'라고 할 때(물론 통상적으론 알려져 있지 않다) 두 평균들을 포함한 각 '변동'을 (식 A.2)를 활용해 서로 비교해보자. 다음은 앞서 추출했던 한 개 값, '165㎝'와 '모평균'과의 차이를 전개한 예이다.

$$(165-170)^2 = ((165-168)+(168-170))^2 \qquad \text{(식 A.3)}$$
$$= (165-168)^2 + 2(165-168)(168-170) + (168-170)^2$$

(식 A.3)의 좌변은 '$(x_1$-모평균$)^2$'이며, 우변은 '±168(표본 평균)'을 삽입해 전개한 것이다(동일한 숫자를 더하고 뺐으므로 식의 변화는 없다!). 표본이 모두 5개이므로 이들을 (식 A.3)과 같이 각각 전개한 뒤 좌변은 좌변끼리, 우변은 우변끼리 모두 합하면 그 안에는 '$\sum_{i=1}^{n}(x_i-\bar{x})^2$'와 '$\sum_{i=1}^{n}(x_i-\mu)^2$' 둘 다가 포함되어 두 변동 간의 대소를 비교할 수 있다. 다음 (식 A.4)는 이와 같은 상황을 수치로 표현한 결과이다. '표본 크기'가 '5개'이므로 총 5개의 항등식이 도입되었다.

$$(165-170)^2 = (165-168)^2 + 2(165-168)(168-170) + (168-170)^2 \quad \text{(식 A.4)}$$
$$+ (176-170)^2 = (176-168)^2 + 2(176-168)(168-170) + (168-170)^2$$
$$+ (172-170)^2 = (172-168)^2 + 2(172-168)(168-170) + (168-170)^2$$
$$+ (163-170)^2 = (163-168)^2 + 2(163-168)(168-170) + (168-170)^2$$
$$+ (164-170)^2 = (164-168)^2 + 2(164-168)(168-170) + (168-170)^2$$

$$\text{(일반식) } \sum_{i=1}^{n}(x_i-\mu)^2 = \sum_{i=1}^{n}(x_i-\bar{x})^2 + 2[\sum_{i=1}^{n}(x_i-\bar{x})](\bar{x}-\mu) + n(\bar{x}-\mu)^2$$

(식 A.4)의 우변 중간 항은 항상 '0'이다. 개별 데이터와 그들로부터 얻은 '평균'과의 차의 합은 항상 '0'이 되기 때문이다. 예를 들어 다음과 같다.

$$\sum_{i=1}^{5}(x_i - \overline{x}) = (165 - 168) + (176 - 168) + (172 - 168) + (163 - 168) \qquad \text{(식 A.5)}$$
$$+ (164 - 168) = -3 + 8 + 4 - 5 - 4 = 0$$

따라서 최종 남는 항은 다음 (식 A.6)과 같다.

$$\sum_{i=1}^{n}(x_i - \mu)^2 = \sum_{i=1}^{n}(x_i - \overline{x})^2 + n(\overline{x} - \mu)^2 \qquad \text{(식 A.6)}$$

(식 A.6)을 보면 확실히 의미 있는 결론을 내릴 수 있다. 좌변은 '모 분산'을 얻을 때 쓰이는 '변동'이고, 반면 우변 첫 항은 '표본 분산'을 계산할 때 쓰이는 '변동'이다. 그러나 둘이 같으려면 우변의 떨거지, 즉 '$n(\overline{x} - \mu)^2$'만큼이 더 필요하다. 이 양을 현재 예로 표현하면 '$5 \times (168 - 170)^2$'이며 항상 양의 값을 보인다. 결국 '표본 평균'과 '모평균'이 똑같지 않는 한 표본으로부터 얻은 변동, 즉 '$\sum_{i=1}^{n}(x_i - \overline{x})^2$'은 모평균이 포함된 변동, 즉 '$\sum_{i=1}^{n}(x_i - \mu)^2$'보다 항상 작을 수밖에 없으며, 따라서 (식 A.6)의 떨거지 '$n(\overline{x} - \mu)^2$'만큼의 보정이 요구된다. 그러나 우리는 '모평균'이 얼마인지 평상시엔 알 수 없다.

이 문제는 일찍이 17세기 독일의 천문학자이자 수학자인 Friedrich Bessel에 의해 해결책이 마련된다. 당시의 '표본 분산'의 산식은 (식 A.1)의 'n-1'이 아닌 'n'으로 '변동'을 나누어주었었다. 즉 다음과 같다.

$$s^2 = \frac{\sum_{i=1}^{n}(x_i - \overline{x})^2}{n} \qquad \text{(식 A.7)}$$

그러나 (식 A.7)은 (식 A.6)에서와 같이 '모 분산'보다 항상 작은 쪽으로 치우치는 경향이 있어 보정이 요구된다. 이와 같은 필요성은 다음의 과정을 통해 (식 A.7)에 수정이 가해졌다.[152]

$$
\begin{aligned}
E(s^2) &= E\left\{\frac{1}{n}\sum_{i=1}^{n}(x_i - \bar{x})^2\right\} \qquad\qquad\qquad\qquad (\text{식 A.8})\\
&= E\left\{\frac{1}{n}\sum_{i=1}^{n}(x_i^2 - 2x_i\bar{x} + \bar{x}^2)\right\}\\
&= E\left\{\frac{1}{n}\sum_{i=1}^{n}x_i^2 - 2\bar{x}\frac{1}{n}\sum_{i=1}^{n}x_i + \frac{1}{n}\cdot n\bar{x}^2\right\}\\
&= E\left\{\frac{1}{n}\sum_{i=1}^{n}x_i^2 - \bar{x}^2\right\}\\
&= E\left\{\frac{1}{n}\sum_{i=1}^{n}x_i^2 - (\frac{1}{n}\sum_{i=1}^{n}x_i)^2\right\}\\
&= E\left\{\frac{1}{n}\sum_{i=1}^{n}x_i^2 - \frac{1}{n^2}\left(\sum_{i=1}^{n}x_i^2 + \sum_{\substack{i=1\\i\neq j}}^{n}\sum_{j=1}^{n}x_i x_j\right)\right\}\\
&= \frac{1}{n}\sum_{i=1}^{n}E\{x_i^2\} - \frac{1}{n^2}\left(\sum_{i=1}^{n}E\{x_i^2\} + \sum_{\substack{i=1\\i\neq j}}^{n}\sum_{j=1}^{n}E\{x_i x_j\}\right) \quad \because E\{x_i x_j\} = \mu^2\\
&= \frac{1}{n}\sum_{i=1}^{n}E\{x_i^2\} - \frac{1}{n^2}\left(\sum_{i=1}^{n}E\{x_i^2\} + \sum_{\substack{i=1\\i\neq j}}^{n}\sum_{j=1}^{n}\mu^2\right)\\
&= \frac{1}{n}\sum_{i=1}^{n}E\{x_i^2\} - \frac{1}{n^2}\left(\sum_{i=1}^{n}E\{x_i^2\} + (n^2-n)\mu^2\right) \; ; i\neq j \text{ 여야 하므로 } i=j \text{인 개수만큼 빼줌.}\\
&= \frac{n-1}{n^2}\sum_{i=1}^{n}E\{x_i^2\} - \frac{n-1}{n}\mu^2\\
&= \frac{n-1}{n}E\{x_i^2\} - \frac{n-1}{n}\mu^2 \qquad\qquad \because E\{x_i^2\} = \sigma^2 + \mu^2\\
&= \frac{n-1}{n}(\sigma^2 + \mu^2) - \frac{n-1}{n}\mu^2\\
&= \frac{n-1}{n}\sigma^2
\end{aligned}
$$

상당히 복잡하다. '기대치'를 구하는 과정인데 '기대치'란 무한히 반복했을

---

152) "What is the sample variance a biased estimator", Stephen So, phd, MIEEE.

때 기대되는 값이다. 통상 '평균'을 얘기할 때, "동전의 앞면이 나올 확률"은 잘 알고 있다시피 '1/2'이다. 이것은 동전을 무한히 던졌을 때 앞면이 나오는 비율이 '0.5'에 수렴한다는 뜻이다. (식 A.8)은 '표본 분산'의 '기대치'를 전개한 것인데, 과정이야 어떻든 결과는 '모 분산(σ^2)'이 안 나오고 '모 분산'에 '(n-1)/n'만큼 군살이 붙어 있는 형상을 띤다. 따라서 '표본 분산'을 통해 '모 분산'을 제대로 추정하기 위해서는 양변에 'n/(n-1)'을 곱해줘야 한다. 이에 '모분산, 즉 σ^2'의 '비편향 추정값'은 다음과 같다.

$$\sigma^2 = \frac{n}{n-1}s^2 = \left(\frac{n}{n-1}\right) \times \left(\frac{\sum_{i=1}^{n}(x_i - \overline{x})^2}{n}\right) = \frac{\sum_{i=1}^{n}(x_i - \overline{x})^2}{n-1} \qquad \text{(식 A.9)}$$

몇몇 출처[153]의 용어 정의에 따르면 (식 A.9)와 같이 '분산' 계산에서 'n' 대신 'n-1(정확히는 n/(n-1)의 도입)'을 쓴 경우를 17세기 독일의 천문학자 Friedrich Wilhelm Bessel의 노력을 기려 '베셀 보정(Bessel's Correction)'이라고 부른다. 우리에게 익숙한 '자유도(Degree of Freedom)'를 연상케 한다.

통상 '모평균'이 포함된 '$\sum_{i}^{n}(x_i - \mu)$'는 '오차(Error)'들이며 'μ'가 상수이므로 데이터 크기는 'n'이다. 그러나 '표본 평균'이 포함된 '$\sum_{i}^{n}(x_i - \overline{x})$'는 '잔차(Residual)'들이며, '$\overline{x}$'가 '$x_i$'에서 유래했으므로 '$\sum_{i}^{n}(x_i - \overline{x}) = 0$'의 제약관계가 성립해 전체 데이터 크기는 '(n-1)개'를 형성한다. 다시 말해 자유도가 하나

153) 1) W. J. Reichmann, W. J. (1961). Use and abuse of statistics, Methuen. Reprinted 1964-1970 by Pelican. Appendix 8.
  2) Upton, G.; Cook, I. (2008). Oxford Dictionary of Statistics, OUP. ISBN 978-0-19-954145-4 (entry for "Variance (data)").

줄어든다. 직관적으로 '베셀 보정(Bessel's Correction)'은 바로 '자유도'로써 이해된다.

　지금까지의 설명은 '표본 분산'이 '모 분산'에 비해 작아지는 경향과, 그를 보정하기 위한 '비편향 추정량'을 설명하였다. 그러나 사실 지금까지 '분산'에 대해서만 언급했지 정작 관리도의 '관리 상·하한'을 얻기 위해 필요한 '표준 편차'에 대해서는 설명이 없었다. 엥? '표본 표준 편차'는 '비편향 추정값'인 '표본 분산', 즉 (식 A.9)를 '제곱근($\sqrt{}$)'하면 되는 거 아닌가요? 하! 아니기 때문에 하는 소리다. '표본 분산', 즉 's^2'의 분포와 '표본 표준 편차', 즉 's'의 분포는 서로 차이가 난다. 어차피 분산도 측정할 때마다 값이 달라질 것이므로 '분포'를 형성하는데 그 중심 값을 제곱근 한다고 해서 '표본 표준 편차' 분포의 중심이 나오란 법은 없기 때문이다. '분산=100'은 제곱근 했을 때 '10'으로 확 줄지만 '분산=1'같이 작은 값들은 상대적으로 줄어드는 폭이 작기 때문에 분포 형태가 바뀐다. 결론은 하나! '표본 표준 편차' 역시 '모 표준 편차' 보다 ① 작은 쪽으로 기우는 경향이 있으므로 이에 맞는 ② 보정(상수 적용)이 필요하다. 이들을 수식으로 검증하는 것은 간단치만은 않지만 설명해놓은 서적도 없어 일단 다음에 실어보았다.[154] 보정 상수 'c_4'에 대한 추가 정보는 WIKIPEDIA에서 검색어 "Unbiased estimation of standard deviation"으로 들어가면 확인할 수 있다. 여러분의 무한한 탐구 정신을 기리며…☺

　데이터 집합 $x_1 \cdots x_n$의 편의 없는 표본 분산은 '$s^2 = \frac{1}{n-1}\sum_{i=1}^{n}(x_i - \bar{x})^2$'이다. 이 때 만일 '$x_i$'들이 '정규 분포'한다면 Cochran's theorem은 다음의 관계를 설명한다. 즉

---

154) http://stats.stackexchange.com/questions/11707

$$\frac{(n-1)s^2}{\sigma^2} \sim \chi^2{}_{n-1}. \quad where \ \sigma^2 \text{은 실제 모분산}$$

이때 χ_k^2 분포는 다음의 '확률 밀도 함수'를 갖는다.

$$p(x) = \frac{(1/2)^{k/2}}{\Gamma(k/2)} x^{k/2-1} e^{-x/2}$$

따라서 '표준 편차 s의 기댓값(평균)'은 다음의 과정을 거쳐 계산된다.

$$
\begin{aligned}
E(s) &= \sqrt{\frac{\sigma^2}{n-1}} \cdot E\left(\sqrt{\frac{s^2(n-1)}{\sigma^2}}\right) \\
&= \sqrt{\frac{\sigma^2}{n-1}} \int_0^\infty \left[\sqrt{x} \, \frac{(1/2)^{(n-1)/2}}{\Gamma((n-1)/2)} x^{((n-1)/2)-1} e^{-x/2} \right] dx \\
&= \sqrt{\frac{\sigma^2}{n-1}} \cdot \frac{\Gamma(n/2)}{\Gamma((n-1)/2)} \int_0^\infty \left[\frac{(1/2)^{(n-1)/2}}{\Gamma(n/2)} x^{(n/2)-1} e^{-x/2} \right] dx \\
&= \sqrt{\frac{\sigma^2}{n-1}} \cdot \frac{\Gamma(n/2)}{\Gamma((n-1)/2)} \cdot \frac{(1/2)^{(n-1)/2}}{(1/2)^{n/2}} \int_0^\infty \left[\frac{(1/2)^{n/2}}{\Gamma(n/2)} x^{(n/2)-1} e^{-x/2} \right] dx
\end{aligned}
$$

적분은 '$\chi_n^2 -$분포'에 대한 것이므로 '1'이다. 따라서 나머지를 정리하면 다음과 같이 'c_4'가 유도된다(② 증명 끝).

$$\mu_S = E(s) = \left[\sqrt{\frac{2}{n-1}} \cdot \frac{\Gamma(n/2)}{\Gamma((n-1)/2)} \right] \cdot \sigma = c_4(n)\sigma \qquad \text{(식 A.10)}$$

또, 실제 값인 '모 분산(σ)'과 '표본 표준 편차(s)의 기대치' 간 차이를 'Bias'라 하는데 둘이 같다면 '0'이 될 것이다. 이를 검증하면 다음과 같다.

s의 $Bias$는 $n \to \infty$일 때,

$$\sigma - F(s) = \sigma \left[1 - \sqrt{\frac{2}{n-1}} \cdot \frac{\Gamma(n/2)}{\Gamma((n-1)/2)} \right] \cong \frac{\sigma}{4n}$$

결국 'n'이 유한할 경우 Bias는 '0'이 될 수 없으므로 '표본 표준 편차'는 '편의'되었다고 할 수 있다(① 증명 끝).

'$\bar{s} = \frac{1}{m} \sum\limits_{i=1}^{m} s_i$'이고, '$E(\bar{s}) = c_4 \sigma$'가 됨에 따라 'σ의 비편향 추정량'은 다음으로 정리된다.

$$\hat{\sigma} = \frac{\bar{s}}{c_4}. \qquad 'c_4'는 표본크기에 따라 결정되는 상수 \qquad \text{(식 A.11)}$$

'통계량 s의 표준 편차(σ_S)' 역시 '$E(s)$'와 유사 방식으로 얻어지는데 결과만 옮기면 다음과 같다.

$$\sigma_S = \sigma \sqrt{1 - c_4^2} \qquad \text{(식 A.12)}$$

(식 A.10)~(식 A.12)는 'S-관리도'에서의 '중심 값(CL)'과 '관리 한계(Control Limit)' 계산에 그대로 적용된다.

B. '이항 분포'의 '평균'과 '분산' 유도

다음의 '이항 분포'에 대해 '확률 변수(X)'에 대한 '평균'과 '분산'을 유도한다(위키피디아 참조).

$$p(X) = \binom{n}{x} p^x (1-p)^{n-x}. \ where \ \binom{n}{x} = \frac{n!}{x!(n-x)!} \qquad \text{(식 B.1)}$$

1) '평균'의 유도

명확한 유도를 위해 다음의 식을 이용한다.

$$\sum_{x=0}^{n} \Pr(X=x) = \sum_{x=0}^{n} \binom{n}{x} p^x (1-p)^{n-x} = 1 \qquad \text{(식 B.2)}$$

먼저 '기댓값'의 정의를 적용하면,

$$E(X) = \sum_{x=0}^{n} x \cdot \Pr(X=x) = \sum_{x=0}^{n} x \cdot \binom{n}{x} p^x (1-p)^{n-x} \qquad \text{(식 B.3)}$$

첫 번째 항, '$x=0$'은 'E(X)=0'이므로 제외시키고 '$x=1$'부터로 변경. 또 'n'과 'x'를 Factorial에서 한 개씩 빼내 정리하면 다음과 같다.

$$\begin{aligned} E(X) &= \sum_{x=1}^{n} x \cdot \frac{n!}{x!(n-x)!} p^x (1-p)^{n-x} \qquad \text{(식 B.4)} \\ &= \sum_{x=1}^{n} x \cdot \frac{n \cdot (n-1)!}{x(x-1)!(n-x)!} p \cdot p^{x-1} (1-p)^{n-x} \\ &= np \sum_{x=1}^{n} \frac{(n-1)!}{(x-1)!(n-x)!} p^{x-1} (1-p)^{n-x} \end{aligned}$$

(식 B.4)에서 '$n-1=m$', '$x-1=s$'로 치환하면,

$$E(X) = np \cdot \sum_{s=0}^{m} \frac{m!}{s!(m-s)!} p^s (1-p)^{m-s} \qquad \text{(식 B.5)}$$

$$= np \cdot \sum_{s=0}^{m} \binom{m}{s} p^s (1-p)^{m-s}$$

전체 합 부분은 '이항 분포'이므로 '1'이 되며, 따라서 (식 B.5)는 다음과 같이 정리된다.

$$E(X) = np \cdot 1 = np \qquad \text{(식 B.6)}$$

2) '분산'의 유도

명확한 유도를 위해 다음의 식을 이용한다.

$$Var(X) = E(X^2) - (E(X))^2 \qquad \text{(식 B.7)}$$

(식 B.7)에서 두 번째 항에 속한 '$E(X)$'는 이미 (식 B.6)에서 구했으므로 그대로 대입하고, 필요한 '$E(X^2)$'만 얻으면 된다.

$$E(X^2) = \sum_{x=0}^{n} x^2 \cdot \Pr(X=x) = \sum_{x=0}^{n} x^2 \cdot \binom{n}{x} p^x (1-p)^{n-x} \qquad \text{(식 B.8)}$$

(식 B.4)와 (식 B.5)를 그대로 적용하면,

$$E(X^2) = \sum_{x=0}^{n} \left\{ x \cdot \left[x \cdot \binom{n}{x} p^x (1-p)^{n-x} \right] \right\} \tag{식 B.9}$$

$$= np \cdot \sum_{s=0}^{m} \left\{ x \cdot \left[\binom{m}{s} p^s (1-p)^{m-s} \right] \right\}, \ \because ' x = s+1 ' \text{이므로}$$

$$= np \cdot \sum_{s=0}^{m} \left\{ (s+1) \cdot \left[\binom{m}{s} p^s (1-p)^{m-s} \right] \right\}, \text{두 개 항으로 풀면}$$

$$= np \cdot \left(\sum_{s=0}^{m} \left\{ s \cdot \binom{m}{s} p^s (1-p)^{m-s} \right\} + \sum_{s=0}^{m} \left\{ 1 \cdot \binom{m}{s} p^s (1-p)^{m-s} \right\} \right)$$

큰 괄호 속 첫 번째 항은 (식 B.3)과 동일한 '평균$=mp$'와 같고, 두 번째 항은 '이항 분포'이므로 '1'이다. 따라서

$$E(X^2) = np \cdot (mp+1), \ \text{여기서 } ' m = n-1 ' \text{이므로} \tag{식 B.10}$$
$$= np \cdot ((n-1)p+1)$$
$$= np(np-p+1)$$

'분산'을 구하는 (식 B.7)로 돌아가

$$Var(X) = E(X^2) - (E(X))^2 \tag{식 B.11}$$
$$= \left[np(np-p+1) - (np)^2 \right]$$
$$= np(1-p)$$

C. ARL(Average Run Length) 구하기

계산이 복잡한 'ARL'을 쉽게 파악하도록 미리 계산해 표로 구성한 예는 다음과 같다. 많은 연구를 통해 프로세스 평균이 약 1σ 이동할 때의 가장 적합한 ARL은 'h=4, 5', 'k=0.5'로 알려져 있다.[155]

[표 C.1] 'ARL Performance(성능) of Tabular CUSUM' [k=0.5, h=4 or 5]

δ^* (평균의 이동량, σ배수)	h=4	h=5
0.00	168	<u>465</u>
0.25	74.2	139
0.50	26.6	38.0
0.75	13.3	17.0
1.00	8.38	10.4
1.50	4.75	5.75
2.00	3.34	**4.01**
2.50	2.62	3.11
3.00	2.19	2.57
4.00	1.71	2.01

$$ARL = \frac{e^{-2\triangle b} + 2\triangle b - 1}{2\triangle^2}, \qquad\qquad (식 \text{ C.1})$$
$$where, \triangle \neq 0, \quad \triangle = \delta^* - k, \quad b = h + 1.166, \quad \delta^* = (\bar{x} - T)/\sigma$$

if $\delta^* = 0$, 관리상태에서의 $'ARL_0'$을 구함
if $\delta^* \neq 0$, 관리이탈상태에서의 $'ARL_l'$을 $(\bar{x} - T)$, 즉 $shift$를 결정한 후 구함.

⇒이때 양쪽 관리한계를 갖는 $CUSUM$의 ARL은,

$$ARL = \left(\frac{1}{ARL^+} + \frac{1}{ARL^-} \right)^{-1}$$

---

155) 1) Montgomery, D. C. (2000). Introduction to Statistical Quality Control, 4th ed., Wiley, New York, NY.
2) Woodall, W. H. and Adams, B. M. (1993). "The Statistical Design of CUSUM Charts", Quality Engineering, 5(4), 559-570.

[계산 예 1]

만일 k=0.5, h=5, $\delta^* = \dfrac{(\bar{x}-T)}{\sigma} = 0$인 경우, 즉 '관리 상태'에서의 'ARL₀'를 구하는 문제이다. 이때 (식 C.1)에 의해 다음 값들을 얻을 수 있다.

$$\triangle = \delta^* - k = 0 - 0.5 = -0.5 \qquad\qquad\qquad (식\ C.2)$$
$$b = h + 1.166 = 5 + 1.166 = 6.166, \text{ 따라서}$$

$$ARL^+_{\ 0} = \frac{e^{-2*(-0.5)*6.166} + 2*(-0.5)*6.166 - 1}{2*(-0.5)^2} = 938.2$$

대칭이므로, $ARL^+_{\ 0} = ARL^-_{\ 0}$

따라서 '양측 CUSUM'에 대한 '관리 상태'에서의 'ARL'은 다음과 같다.

$$ARL = \left(\frac{1}{ARL^+_{\ 0}} + \frac{1}{ARL^-_{\ 0}}\right)^{-1} = \left(\frac{1}{938} + \frac{1}{938}\right)^{-1} = \frac{938}{2} = 469.1 \qquad (식\ C.3)$$

(식 C.3)의 결과는, [표 C.1]을 보면 $\delta^* = 0$, h=5인 경우의 실제 'ARL=465'에 매우 근접하다는 것을 알 수 있다.

[계산 예 2]

만일 평균 이동량이 '2σ'라고 가정하면 '$\delta^* = \dfrac{(\bar{x}-T)}{\sigma} = \dfrac{2\sigma}{\sigma} = 2$'에 해당한다. [계산 예 1]과 동일하게 k=0.5, h=5인 상황에서 ARL은 다음과 같다.

상위 단측 ($Upper\,one-sided\,CUSUM$) : $\triangle = 2 - 0.5 = 1.5$ (식 C.4)
하위 단측 ($Lower\,one-sided\,CUSUM$) : $\triangle = -2 - 0.5 = -2.5$

$$ARL^+{}_l = \frac{e^{-2\times(1.5)\times 6.166} + 2\times(1.5)\times 6.166 - 1}{2\times(1.5)^2} \cong 3.89$$

$$ARL^-{}_l = \frac{e^{-2\times(-2.5)\times 6.166} + 2\times(-2.5)\times 6.166 - 1}{2\times(-2.5)^2} = 1.961\times 10^{12}$$

$$ARL = \left(\frac{1}{ARL^+{}_l} + \frac{1}{ARL^-{}_l}\right)^{-1} = \left(\frac{1}{3.89} + \frac{1}{1.961\times 10^{12}}\right)^{-1} = \frac{3.89}{1} \cong 3.89$$

(식 C.4)의 결과는 [표 C.1]을 보면 $\delta^* = 2$, h=5인 경우의 실제 'ARL=4.01'
에 매우 근접하다는 것을 알 수 있다.

D. t-값을 이용해 넓이(확률) 구하기(정규 분포)

(표에서 't'를 'z'로 읽기 바람)

TABLE I
NORMAL DISTRIBUTION

	Percentage Outside of Max. $t = \dfrac{\bar{X} - Max.}{\sigma'}$			Percentage Outside of Min. $t = \dfrac{Min. - \bar{X}}{\sigma'}$	
t	If t is negative	If t is positive	t	If t is negative	If t is positive
0.0	50.0%	50.0%	0 0	50.0%	50.0%
0.1	46.0%	54.0%	0.1	46 0%	54.0%
0.2	42 1%	57.9%	0 2	42.1%	57 9%
0 3	38.2%	61.8%	0.3	38.2%	61.8%
0.4	34.5%	65 5%	0 4	34.5%	65 5%
0 5	30 8%	69.2%	9.5	30.8%	69.2%
0.6	27.4%	72.6%	0 6	27.4%	72.6%
0 7	24.2%	75.8%	0.7	24 2%	75 8%
0.8	21.2%	78.8%	0.8	21.2%	78 8%
0.9	18 4%	81.6%	0 9	18 4%	81.6%
1 0	15.9%	84.1%	1 0	15 9%	84.1%
1.1	13 6%	86 4%	1.1	13 6%	86.4%
1.2	11.5%	88 5%	1 2	11 5%	88 5%
1.3	9 7%	90 3%	1.3	9 7%	90 3%
1.4	8 1%	91 9%	1.4	8 1%	91.9%
1.5	6 7%	93.3%	1.5	6.7%	93 3%
1 6	5 5%	94.5%	1 6	5 5%	94 5%
1.7	4 5%	95.5%	1 7	4 5%	95.5%
1 8	3 6%	96.4%	1.8	3.6%	96 4%
1.9	2.9%	97.1%	1 9	2 9%	97.1%
2 0	2.3%	97 7%	2 0	2.3%	97.7%
2.1	1.8%	98 2%	2.1	1.8%	98 2%
2.2	1.4%	98.6%	2.2	1.4%	98 6%
2.3	1.1%	98.9%	2 3	1 1%	98.9%
2.4	0.8%	99.2%	2.4	0 8%	99 2%
2.5	0.6%	99.4%	2 5	0.6%	99 4%
2 6	0 5%	99.5%	2.6	0 5%	99.5%
2.7	0.4%	99.6%	2.7	0.4%	99.6%
2 8	0.3%	99.7%	2 8	0 3%	99.7%
2.9	0 2%	99.8%	2 9	0.2%	99.8%
3 0	0.1%	99.9%	3.0	0.1%	99.9%
3.1	0.1%	99.9%	3 1	0 1%	99.9%
3.2	0.1%	99.9%	3 2	0.1%	99.9%
3.3	0.05%	99.95%	3 3	0.05%	99.95%
3 4	0.03%	99.97%	3 4	0 03%	99 97%
3.5	0.02%	99.98%	3.5	0 02%	99.98%
3.6	0.02%	99.98%	3.6	0.02%	99.98%
3 7	0 01%	99.99%	3 7	0.01%	99 99%
3.8	0 01%	99.99%	3.8	0 01%	99.99%
3.9	0 01%	99.99%	3 9	0 01%	99 99%
4.0	0 00%	100.0 %	4.0	0.00%	100.0 %

TABLE II
SECOND APPROXIMATION WITH $k = +1$

	Percentage Outside of Max. $t = \dfrac{\bar{X} - \text{Max.}}{\sigma'}$			Percentage Outside of Min. $t = \dfrac{\text{Min.} - \bar{X}}{\sigma'}$	
t	If t is negative	If t is positive	t	If t is negative	If t is positive
0.0	43.3%	43.3%	0.0	56.7%	56.7%
0.1	39.4%	47.4%	0.1	52.6%	60.6%
0.2	35.8%	51.6%	0.2	48.4%	64.2%
0.3	32.5%	55.0%	0.3	44.6%	67.5%
0.4	29.3%	60.4%	0.4	39.6%	70.7%
0.5	26.4%	64.7%	0.5	35.3%	73.6%
0.6	23.8%	69.0%	0.6	31.0%	76.2%
0.7	21.5%	73.1%	0.7	26.9%	78.5%
0.8	19.4%	77.0%	0.8	23.0%	80.6%
0.9	17.4%	80.7%	0.9	19.3%	82.6%
1.0	15.8%	84.1%	1.0	15.9%	84.2%
1.1	14.3%	87.2%	1.1	12.8%	85.7%
1.2	12.9%	89.9%	1.2	10.1%	87.1%
1.3	11.6%	92.3%	1.3	7.7%	88.4%
1.4	10.4%	95.4%	1.4	5.6%	89.6%
1.5	9.3%	96.0%	1.5	4.0%	90.7%
1.6	8.3%	97.1%	1.6	2.9%	91.7%
1.7	7.4%	98.5%	1.7	1.5%	92.6%
1.8	6.5%	99.3%	1.8	0.7%	93.5%
1.9	5.7%	99.9%	1.9	0.5%	94.3%
2.0	4.9%	100.0%	2.0	0.0%	95.1%
2.1	4.2%	—	2.1	—	95.8%
2.2	3.6%	—	2.2	—	96.4%
2.3	3.1%	—	2.3	—	96.9%
2.4	2.6%	—	2.4	—	97.4%
2.5	2.1%	—	2.5	—	97.9%
2.6	1.7%	—	2.6	—	98.3%
2.7	1.4%	—	2.7	—	98.6%
2.8	1.1%	—	2.8	—	98.9%
2.9	0.9%	—	2.9	—	99.1%
3.0	0.7%	—	3.0	—	99.3%
3.1	0.5%	—	3.1	—	99.5%
3.2	0.4%	—	3.2	—	99.6%
3.3	0.3%	—	3.3	—	99.7%
3.4	0.2%	—	3.4	—	99.8%
3.5	0.2%	—	3.5	—	99.8%
3.6	0.1%	—	3.6	—	99.9%
3.7	0.07%	—	3.7	—	99.9%
3.8	0.03%	—	3.8	—	99.9%
3.9	0.01%	—	3.9	—	99.99%
4.0	0.00%	—	4.0	—	99.99%

TABLE III
SECOND APPROXIMATION WITH $k = -1$

	Percentage Outside of Max. $t = \dfrac{\bar{X} - Max.}{\sigma'}$			Percentage Outside of Min. $t = \dfrac{Min. - \bar{X}}{\sigma'}$	
t	If t is negative	If t is positive	t	If t is negative	If t is positive
0.0	56.7%	56.7%	0 0	43.3%	43.3%
0.1	52.6%	60.6%	0.1	39 4%	47 4%
0.2	48.4%	64.2%	0 2	35 8%	51.6%
0.3	44.6%	67.5%	0.3	32.5%	55.0%
0.4	39.6%	70.7%	0.4	29 3%	60.4%
0.5	35.3%	73.6%	0.5	26 4%	64 7%
0.6	31.0%	76.2%	0.6	23.8%	69.0%
0.7	26.9%	78.5%	0.7	21.5%	73.1%
0.8	23.0%	80 6%	0.8	19.4%	77.0%
0.9	19.3%	82.6%	0.9	17.4%	80.7%
1.0	15.9%	84.2%	1 0	15 8%	84 1%
1.1	12.8%	85.7%	1.1	14.3%	87.2%
1.2	10.1%	87 1%	1 2	12.9%	89.9%
1.3	7.7%	88.4%	1 3	11.6%	92.3%
1 4	5.6%	89 6%	1.4	10 4%	95.4%
1 5	4 0%	90.7%	1.5	9.3%	96.0%
1.6	2.9%	91 7%	1.6	8.3%	97.1%
1.7	1.5%	92 6%	1 7	7.4%	98.5%
1.8	0.7%	93.5%	1 8	6.5%	99 3%
1.9	0 5%	94 3%	1.9	5 7%	99 9%
2.0	0 0%	95 1%	2.0	4.9%	100 0%
2.1	—	95.8%	2.1	4 2%	—
2.2	—	96.4%	2 2	3 6%	—
2 3	—	96.9%	2.3	3.1%	—
2.4	—	97 4%	2 4	2.6%	—
2.5	—	97.9%	2 5	2 1%	—
2.6	—	98.3%	2.6	1.7%	—
2.7	—	98.6%	2.7	1 4%	—
2.8	—	98.9%	2 8	1 1%	—
2 9	—	99.1%	2.9	0 9%	—
3.0	—	99 3%	3 0	0 7%	—
3.1	—	99.5%	3.1	0.5%	—
3.2	—	99.6%	3.2	0.4%	—
3.3	—	99.7%	3.3	0 3%	—
3.4	—	99 8%	3.4	0 2%	—
3.5	—	99.9%	3.5	0 2%	—
3 6	—	99 9%	3 6	0.1%	—
3.7	—	99.9%	3.7	0 07%	—
3.8	—	99.9%	3.8	0 03%	—
3.9	—	99.99%	3.9	0 01%	—
4.0	—	99.99%	4.0	0.00%	—

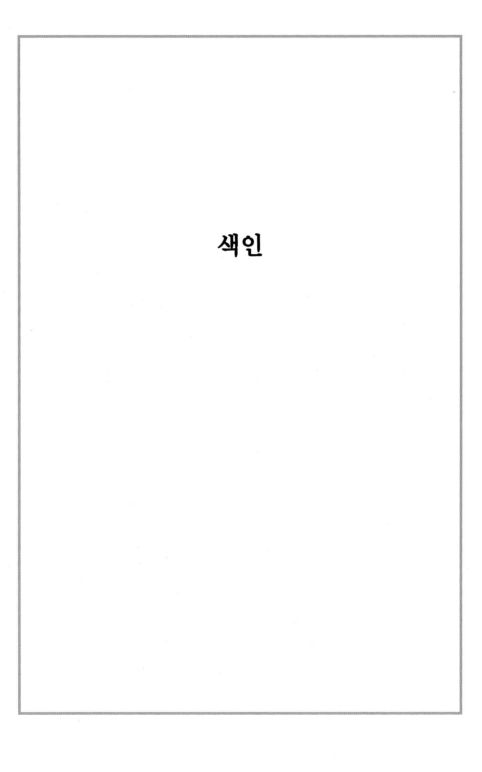

색인

송인식

(현) PS-Lab 컨설팅 대표

한양대학교 물리학과 졸업
삼성 SDI 디스플레이연구소 선임연구원
한국 능률협회 컨설팅 6시그마 전문위원
네모 시그마 그룹 수석 컨설턴트
삼정 KPMG 전략컨설팅 그룹 상무

인터넷 강의: http://www.youtube.com/c/송인식PSLab
이메일: labper1@ps-lab.co.kr

※ 도서 내 데이터 및 템플릿은 PS-Lab(www.ps-lab.co.kr)에서 무료로 받아보실 수 있습니다.

Be the Solver

통계적
품질 관리(SQC)

초판인쇄 2018년 9월 28일
초판발행 2018년 9월 28일

지은이 송인식
펴낸이 채종준
펴낸곳 한국학술정보㈜
주소 경기도 파주시 회동길 230(문발동)
전화 031) 908-3181(대표)
팩스 031) 908-3189
홈페이지 http://ebook.kstudy.com
전자우편 출판사업부 publish@kstudy.com
등록 제일산-115호(2000. 6. 19)

ISBN 978-89-268-8530-7 94320